中国地质调查成果 CGS 2019-012
西北地区矿产资源潜力评价与综合(1212010881632)项目资助
西北地区矿产资源潜力评价系列丛书
丛书主编：李文渊　王永和

西北地区矿产资源潜力评价

XIBEI DIQU KUANGCHAN ZIYUAN QIANLI PINGJIA

李文渊　董福辰　王永和　杨合群　等编著

内容摘要

本书反映了国家地质矿产调查专项"全国矿产资源潜力评价"计划项目所属"西北地区矿产资源潜力评价"工作项目综合研究成果。书中针对23种重要矿产(铁、锰、铬、铜、铅、锌、铝、镍、钨、锡、钼、锑、金、银、锂、稀土、磷、硫、钾盐、硼、重晶石、菱镁矿、萤石)进行潜力评价,分别对西北地区成矿地质背景、成矿规律、矿产预测、重磁资料应用、化探资料应用、重砂资料应用、遥感资料应用、计算机信息集成的成果进行了概论。

本书可供矿产资源调查人员、地质科研人员及地球科学专业师生参考。

图书在版编目(CIP)数据

西北地区矿产资源潜力评价/李文渊等编著. —武汉:中国地质大学出版社,2022.3
(西北地区矿产资源潜力评价系列丛书)
ISBN 978-7-5625-5231-4

Ⅰ.①西…
Ⅱ.①李…
Ⅲ.①矿产资源-资源潜力-资源评价-西北地区
Ⅳ.①F426.1

中国版本图书馆 CIP 数据核字(2022)第 046466 号

西北地区矿产资源潜力评价   李文渊   董福辰   王永和   杨合群   等编著

责任编辑:周 旭	选题策划:毕克成 刘桂涛	责任校对:张咏梅
出版发行:中国地质大学出版社(武汉市洪山区鲁磨路388号)		邮编:430074
电 话:(027)67883511	传 真:(027)67883580	E-mail:cbb@cug.edu.cn
经 销:全国新华书店		http://cugp.cug.edu.cn
开 本:880毫米×1230毫米 1/16		字数:721千字 印张:22.75
版次:2022年3月第1版		印次:2022年3月第1次印刷
印刷:武汉中远印务有限公司		
ISBN 978-7-5625-5231-4		定价:288.00元

如有印装质量问题请与印刷厂联系调换

《西北地区矿产资源潜力评价》

李文渊　董福辰　王永和　杨合群

张　晶　唐小平　李健强　李　朴

谭文娟　姜寒冰　肖朝阳　等编著

《西北地区矿产资源潜力评价系列丛书》
编委会

主　　编：李文渊

副主编：王永和　董福辰　杨合群

编　　委：李文渊　王永和　董福辰
　　　　　杨合群　李宝强　刘宽厚
　　　　　冯治汉　李健强　李　林

序

全国矿产资源潜力评价是20世纪以来矿产领域开展的一项重大工程，也是一项耗时最长、涉及领域最广、参加人数最多的地质综合研究工作。第一项工作是在基础地质上，利用不同时期完成的1：20万和1：25万比例尺填图的原始资料，重新编制构造建造图，并在此基础上进一步编制各省（市、区）、六个大区和全国的地质构造建造图；在重要隐伏地质体及构造单元界线的确定上，应用区域重力和航磁的地质解释资料，甚至区域地球化学和遥感信息资料，编制不同时代的大地构造相图和大地构造单元图，并以此为基础，结合区域矿产资源时空分布特征，编制各省（市、区）、六个大区和全国的成矿单元图。这项工作是这次矿产资源潜力评价工作中除矿床工作外，最为突出且最为耗时和费力的工作。第二项工作是地球物理、地球化学、遥感影像数据应用的工作，还特别抢救性地整理了各省（市、区）以往完成的重砂找矿信息资料。地球物理方面除了对区域上重力和航磁资料的重新整理集成和提供地质背景研究外，重点是在重要矿产预测上重力、航磁、激电资料给予了有利的深部找矿信息，而地球化学也在传统的找矿异常应用的同时给予了区域成矿条件分析的支持，这是本次工作中的重要进展和亮点。遥感数据的应用是这些年来，在地质调查工作中最为活跃的专业之一，特别是高分辨率高光谱WorldView2、WorldView3遥感数据的广泛引用，开辟了地质工作新的技术领域，这次研究对比作了初步的探索。第三项工作是这次矿产资源潜力评价的主体研究工作，即成矿规律和成矿预测工作。针对铁、锰、铬、铜、铅、锌、铝、镍、钨、锡、钼、锑、金、银、锂、稀土、磷、硫、钾盐、硼、重晶石、菱镁矿、萤石等23种重要矿产，开展了不同尺度的成矿规律研究工作，从各省（市、区）、六个大区到全国，从整体到断代，从成矿带到具体矿区，极大地丰富了中国矿床学研究的内容，这项工作应该说还在不断深化之中。而对这23种重要矿种的矿产预测工作，是对中国陆地上可能潜在发现矿产的一种现技术手段下的科学判断，实际目的是为国家中长期发展规划制订资源安全保证提供科学依据。由于地球科学本身的探索性和地质成矿的复杂性，这次预测评价肯定还是阶段性的，但却是一次最为重要的总结，应是划时代的一项重要成果。

《西北地区矿产资源潜力评价》既是全国矿产资源潜力评价工作成果的重要组成之一，更是西北地区一次区域性地质矿产成果的系统集成和理论上升，有很大的创造性，现在正式出版，以飨读者，值得庆贺！西北地区五省（自治区）占据全国近1/3的陆地面积，矿产资源异常丰富，但西北地区同时也是全国发展较后进的地区，亟待高质量快速发展，缩小与东部的差距。随着中、东部现代化进程的加速，已进入后工业化时代，而广大的西北地区仍还处于经济社会发展不充分的工业化进程中，信息化、城镇化和农业现代化的任务还很艰巨，如何高效、绿色地用好西北的重要矿产资源，应是西北地区发展进程中的一项重要任务。随着矿产品供给重心的西移，查明西北地区的重要矿产资源可供性潜力，是地质工作的一项重要任务，更是中国地球科学发展的一个重要方向，作为"一带一路"建设推进的重点地区，同时积极推进"国内大循环国内国际双循环"战略部署，加强国家紧缺矿产资源的研究和评价绿色利用，永远是时代的主题。在这种背景下，《西北地区矿产资源潜力评价》的正式出版具有重要的意义和价值，对西北地区地质矿产工作的良性发展将会起到重要的推动作用，在生态文明建设理念下，科学研究西北地区的矿产资源潜力，寻找国家急需的大矿、好矿，环保、绿色、高效勘查开发利用，是一项新时期的新任务。特此祝贺《西北地区矿产资源潜力评价》正式出版发行！

中国工程院院士 汤中立

2021年1月

前　言

国土资源部（现为自然资源部）为贯彻落实国务院关于加强地质工作决定中提出的"积极开展矿产远景调查评价和综合研究，科学评估区域矿产资源潜力，为科学部署矿产资源勘查提供依据"的精神要求，在全国统一部署了"全国矿产资源潜力评价及综合"计划项目，该项计划由全国汇总项目、六大区项目和各省级项目三类项目组成。本书是六大区项目之一——"西北地区矿产资源潜力评价"项目的成果总结。

西北地区矿产资源潜力评价是在陕西、甘肃、宁夏、青海、新疆五省（自治区）重要矿产资源潜力评价的基础上，按照全国统一的技术要求和标准，系统开展的对成矿地质背景、成矿规律、重力、磁法、化探、自然重砂、遥感、矿产预测和数据库建设等的研究工作。从岩石建造、成岩控岩构造出发，通过对沉积岩、火山岩、侵入岩、变质岩的岩石构造组合和大型变形构造的厘定，编制西北地区大地构造相图；总结西北地区铁、锰、铬、铜、铅、锌、铝、镍、钨、锡、钼、锑、金、银、锂、稀土、磷、硫、钾盐、硼、重晶石、菱镁矿、萤石23种重要矿产资源概况，修订西北地区Ⅱ级成矿单元（成矿省）、Ⅲ级成矿单元[成矿区（带）]划分及其界线，系统提出Ⅳ级成矿单元[成矿亚区（带）]划分方案；编制西北地区重磁系列图件和推断解释成果图件，圈定异常；编制西北地区系列地球化学图件，圈定地球化学找矿预测区；总结不同预测类型矿产的遥感信息找矿模式，开展对西北地区遥感构造的研究；分析西北地区重要矿种和优势矿种资源潜力与找矿方向，建立西北地区重要矿产预测类型谱系，以Ⅲ级成矿区（带）为单元，圈定多矿种综合预测区，依据矿产预测成果，结合最新矿产勘查进展，针对优势矿种提出矿产勘查部署建议；汇总建立西北地区各类区域工作的空间数据库。

这是一项开创性的地质研究工作，过去开展过不同矿种、不同尺度或不同区域的成矿预测工作，但对整个西北地区开展23种重要矿种的成矿预测工作却未曾进行。同时，在预测方法上，将以往1∶20万和1∶25万的区域填图资料，从原始资料起底，重新编制构造-建造图，作为成矿预测的地质基础。这是过去未曾有过的室内填图工作，花费了大量的人力和物力，西北各省（自治区）地勘单位的专业人员为此付出了极大的心血。对西北五省（自治区）23种矿种的已知典型矿床和重要矿床进行全面整理与总结，是一项难度极大的工作，本身带有很大的探索性和阶段性，可以说通过这项工作，一大批青年矿产地质科技人员在老专家的带领下得到了很好的训练。重力、磁法、化探、自然重砂是很专业的地质工作，这次几乎动用了西北各省（自治区）这些专业的所有的老专家和中青年专业骨干，形成了一大批集成性的资料，这些资料集成必将为今后的地质工作产生很大影响。遥感地质信息和数据库建设是开创性的工作，也是正在探索和不断更新的工作，在这次重要矿产资源潜力评价中发挥了独有的作用。由于矿产资源潜力评价是一项设计庞大的计划，各专业研究工作的目标和路径设计有很强的专业性，已经超出了矿产资源潜力评价原定的目标和范畴，因此各专业的研究工作，对推进西北地区基础地质、矿产地质、地球物理应用、地球化学应用、遥感地质应用和地质信息化各专业的科技进步必将产生重大的影响。这也是这项工作预期的重要目标之一。

西北地区矿产资源潜力评价工作于2006年启动，2013年结束，历时8年，由中国地质调查局西安地质调查中心（简称中国地调局西安地调中心）完成。该中心众多技术骨干完成了9个专业课题研究，形成了西北地区大地构造与成矿、重要矿产概论、重要矿产资源潜力分析、区域重磁场特征研究、资源潜力地球化学评价、自然重砂区域分布特征及典型矿床研究、矿产地质遥感应用研究、矿产资源潜力评价数据资源概要以及西北地区大地构造相图、典型矿床地球化学模型图集、地球化学图集、自然重砂图集、遥感地质图集等系列成果。

本书是在这些专业课题成果总结的基础上，对西北地区矿产资源潜力评价项目成果的全面系统总结,是综合性成果集成的最终体现。西北地区约占全国陆地面积的1/3,横跨古亚洲和特提斯成矿域,成矿地质条件优越,是我国战略性矿产资源勘查的重点工作区之一,也是实现矿产资源基地战略西移,寻找大型、超大型矿产资源的战略选区。

西北地区矿产资源潜力评价项目的总体目标任务是指导省级项目组开展成矿地质背景、成矿规律、物探、化探、遥感、自然重砂、矿产预测等的研究、编图和建库工作;开展西北地区成矿地质背景、成矿规律、物探、化探、遥感、自然重砂、矿产预测等综合研究和汇总工作;编制西北地区大地构造相图、矿产预测类型分布图、成矿规律图、成矿预测成果图、勘查部署建议图等;汇总建立西北地区各类区域工作的空间数据库,参加全国汇总研究工作;负责对省级项目组的组织实施与管理,指导省级项目组开展各项技术工作,组织西北地区各省(自治区)相关业务活动。

中国地调局西安地调中心于2006年组建了"西北地区矿产资源潜力评价"项目,项目主负责人李文渊,副负责人董福辰、王永和、杨合群。在项目组之下按专业设置了课题组,分别为成矿地质背景组(王永和、高晓峰)、成矿规律组(杨合群、姜寒冰、赵国斌、彭素霞)、矿产预测组(董福辰、谭文娟、肖朝阳、陈登辉、乔耿彪、王静雅)、重力信息组(刘宽厚、唐小平、郭培虹)、航磁信息组(冯治汉、唐小平、郭培虹)、化探与重砂信息组(李宝强、张晶)、遥感信息组(李健强)、信息集成组(李林),并明确了项目综合组人员,分别为李文渊、董福辰、王永和、杨合群、李宝强、刘宽厚、冯治汉、李健强、李林、谭文娟、姜寒冰、肖朝阳等。项目开始之初,中国地调局西安地调中心领导班子和西北地质调查项目管理办公室(简称西北项目办)相关人员花费了大量精力,指导了西北五省(自治区)矿产资源潜力评价工作的组织、协调、技术方案讨论等工作,使得项目得以顺利开展。

西北矿产资源潜力评价项目任务完成后,全国矿产资源潜力评价总项目组组织完成了各大区中心和各省(自治区)23种矿种潜力评价成果的评审和验收工作,但对各大区综合研究成果出版没有明确要求。为此中国地调局西安地调中心组织专门会议,于2015年明确了出版西北矿产资源潜力评价系列成果的目标要求,认为这是一项极其重要的综合性研究成果,耗费了很大的精力和资源,应该进一步综合整理相关成果,提升理论,并初步确定出版西北地区矿产资源潜力评价、西北地区大地构造与成矿、西北地区重要矿产概论、西北地区重要矿产资源潜力分析、西北地区区域重磁场特征研究、西北地区资源潜力地球化学评价、西北地区自然重砂区域分布特征及典型矿床研究、西北地区矿产地质遥感应用研究、西北地区矿产资源潜力评价数据资源概要,以及西北地区大地构造相图、典型矿床地球化学模型图集、地球化学图集、自然重砂图集、遥感地质图集等系列成果。近年来,西北地区的地质工作发生了很大变化,最主要的是在西北地区矿产资源潜力评价工作基础上,先后又开展全国各省(自治区、直辖市)及重要构造带(或跨省成矿带)的地质志和矿产地质志的研编工作。在这种情况下,如何编制出版代表一个时代的西北地区矿产资源潜力评价总体研究成果,就成为一个颇为值得研究的问题。是将2013年前各专业研究成果综合后直接成书出版呢,还是吸收近年内各学科研究进展,在已有西北地区矿产资源潜力评价的基础上,兼容并蓄,及时汲取地球科学发展的新进展,出版一本确实代表当代西北地区重要矿产资源潜力评价水平的专著,这成了我们出版前必须思考的问题。经充分讨论思考后,我们选择了后者。因此,我们又重新思考和分工,对本书的编著进行系统策划,最终在各编著者的努力下,形成了现在的书稿,希望本书的出版对西北地区的绿色矿业发展产生积极的影响。

全书编写提纲由李文渊提出,经广泛讨论成熟后,分工编写。由于原项目副负责人和成矿规律组负责人杨合群研究员、化探与重砂信息组负责人李宝强教授级高级工程师、重力和航磁信息组负责人刘宽厚和冯治汉教授级高级工程师在书稿编写期间相继退休或工作重心转移,负责的相关工作转交到董福辰教授级高级工程师、张晶和唐小平高级工程师之手,故对该书各章节编写人进行了调整。前言由李文渊完成,第一章绪论及第七章结语由李文渊完成。第二章成矿地质背景第一节西北地区大地构造及其演化由李文渊完成;第二章第二节西北地区大地构造特点,第三节前南华纪古板块构造,第四节南华纪—早古生代板块构造,第五节晚古生代—中三叠世板块构造、板内演化与后碰撞伸展构造,第六节中-新生代板内盆-山构造由王永和、高晓峰完成。第三章地球物理、地球化学、遥感特征第一节区域地球物理特征由唐小平、刘宽厚、冯治汉完成,第二节区域地球化学特征和第三节重砂测量特征由张晶、李宝强、孟广路完成,第四节遥感特征由李健强、任广利完成。第四章重要矿产地质特征及成矿规律,杨合群、姜寒冰提交了初稿,后经讨论认为这一章应重点承载西北地区重要典型矿床成矿特征及主要断代成矿规律研究的研究内容,故对该章编写内容进行了较大幅度的补充、调整和修改完善。修改后的第一节重要矿产的分布特点由杨合群、董福辰、姜寒冰完成,第二节成矿单元划分由杨合群、姜寒冰完成,李文渊稍作修改,第三节典型矿床特征由董福辰、姜寒冰、谭文娟、高永宝、郭周平、乔耿彪完成,第四节成矿规律探讨由董福辰、王永和、姜寒冰、谭文娟、高永宝完成,李文渊制作了4个断代的区域成矿规律立体示意图。第五章重要矿产预测由董福辰、谭文娟、肖朝阳、郭周平、乔耿彪完成。第六章综合信息集成与数据挖掘由李林完成。谭文娟整理了全书的参考文献。

全书最终由李文渊和董福辰统稿成书。由于《西北地区重要矿产资源潜力评价》是集体创作,统稿中我们允许了不同作者之间在一些具体认识上存在的分歧和争论,但书的整体思想是一致的,反映了目前西北地区这些重要矿种潜力评价的地质认识水平。本书的出版要特别感谢中国地调局西安地调中心新老班子的大力支持,尤其是要感谢牺牲在青藏高原的李向同志,他对该项工作一开始就给予了全力支持!感谢汤中立院士,他是西北地区重要矿产资源潜力评价工作的技术顾问!感谢樊钧、杜玉良、徐学义、李志忠同志对本书的出版所作的贡献!感谢全国矿产资源潜力评价计划策划人陈毓川院士、叶天竺先生的大力支持!感谢西北五省(自治区)地矿局新老总工程师王福同、任丰寿、任家琪、宋小文、董连慧、齐文、张新虎等专家!感谢李建星博士为第一章绪论中提供了精美的西北地区遥感影像图!特别要感谢中国地质大学出版社社长毕克成对本系列丛书的出版所给予的大力帮助与支持!感谢编辑的认真负责和版面策划,使本书能够得以面世!

李文渊

2020 年 12 月 10 日于西安

目 录

第一章 绪 论 …………………………………………………………………………（1）
- 第一节 西北地区自然和经济地理 …………………………………………………（1）
- 第二节 成矿地质背景研究 …………………………………………………………（3）
- 第三节 成矿地质特征与矿产资源潜力评价 ………………………………………（6）
- 第四节 取得的主要成果和存在的问题 ……………………………………………（8）

第二章 成矿地质背景 ……………………………………………………………（11）
- 第一节 西北地区大地构造及其演化 ………………………………………………（11）
- 第二节 西北地区大地构造特点 ……………………………………………………（20）
- 第三节 前南华纪古板块构造 ………………………………………………………（21）
- 第四节 南华纪—早古生代板块构造 ………………………………………………（27）
- 第五节 晚古生代—中三叠世板块构造、板内演化与后碰撞伸展构造 …………（34）
- 第六节 中-新生代板内盆-山构造 …………………………………………………（40）

第三章 地球物理、地球化学、遥感特征 ………………………………………（48）
- 第一节 区域地球物理特征 …………………………………………………………（48）
- 第二节 区域地球化学特征 …………………………………………………………（75）
- 第三节 重砂测量特征 ………………………………………………………………（94）
- 第四节 遥感特征 ……………………………………………………………………（102）

第四章 重要矿产地质特征及成矿规律 …………………………………………（116）
- 第一节 重要矿产的分布特点 ………………………………………………………（116）
- 第二节 成矿单元划分 ………………………………………………………………（133）
- 第三节 典型矿床特征 ………………………………………………………………（139）
- 第四节 成矿规律探讨 ………………………………………………………………（187）

第五章 重要矿产预测 ……………………………………………………………（213）
- 第一节 矿产预测主要方法及结果 …………………………………………………（213）
- 第二节 古亚洲成矿域 ………………………………………………………………（217）
- 第三节 特提斯成矿域 ………………………………………………………………（263）

第六章 综合信息集成与数据挖掘 ………………………………………………（323）
- 第一节 集成建库基础 ………………………………………………………………（323）
- 第二节 数据库集成建设 ……………………………………………………………（327）
- 第三节 集成管理系统 ………………………………………………………………（331）
- 第四节 数据挖掘与应用 ……………………………………………………………（333）

第七章 结 语 ………………………………………………………………………（335）

主要参考文献 ………………………………………………………………………（337）

第一章 绪 论

本书对西北五省(自治区)范围内的铁、锰、铬、铜、铅、锌、铝、镍、钨、锡、钼、锑、金、银、锂、稀土、磷、硫、钾盐、硼、重晶石、菱镁矿、萤石23种重要矿产找矿现状和找矿潜力进行评价。矿产资源是国民经济的基础,也是国家实现新型工业化、信息化、城镇化、农业现代化的重要保障,随着我国经济社会发展水平的不断提高,矿产品供应重心的西移,占我国陆地面积近1/3的西北地区,满足我国经济建设不断增长的矿产品需求的任务将日益重要。本书就是在这一背景下,对开展的这项全方位、多矿种、多目标和多专业综合集成的研究成果的系统总结。

第一节 西北地区自然和经济地理

一、自然地理

西北地区包括黄土高原的中西部、青藏高原的东北部、内蒙古高原的西南部、塔里木盆地、准噶尔盆地,以及它们之间的六盘山、贺兰山、祁连山、阿尔金山和天山山脉,秦岭的西北段也在西北地区的范围内。自然地理特征是高山与盆地相间,沙漠、黄土分布广泛,整体属于干旱、半干旱大陆性气候,具有广阔的内陆流域,以以荒漠性为主的土壤与生物为特点,总体上表现为东部温暖带与温带草原区、中部荒漠与高寒草原区和西部温带与暖温带荒漠区(图1-1-1)。

西北地区地处中国内陆,水资源分布极不均衡,总体上表现为缺水,因此水资源已成为限制西北地区经济社会发展最大的自然条件。但黄河、长江源头则在西北的青海三江北段,而补给长江的汉水亦发育于陕西的秦岭深处。西北的河水都往东流,最后流向渤海、东海,进入太平洋,最北面的额尔齐斯河则向北流,流出境内,流向了北冰洋。

西北地区矿产资源异常丰富,除了鄂尔多斯、塔里木两大盆地蕴藏有重要的油气资源外,柴达木、准噶尔、吐鲁番-哈密和额济纳旗等中小盆地内也发现了重要的能源资源。本书研究的23种重要矿产资源大部分是西北的优势资源,主要储藏在地质活动和造山作用形成的山脉中。其中,镍矿产于甘肃省金昌市的金川巨型铜镍钴铂族金属矿床,其镍金属储量居世界第三位,仅次于俄罗斯的诺里尔斯克和加拿大的萨德伯里,最近在青海省海西州又发现有夏日哈木超大型铜镍钴矿床,镍金属储量位居世界前列;钼矿产于陕西省商洛市的金堆城超大型钼矿床,是中国最大的钼矿床之一;钾盐产于新疆维吾尔自治区(以下简称新疆)巴音郭楞蒙古自治州的罗布泊超大型钾盐矿床和青海省海西州的柴达木超大型钾盐矿床;铅锌矿产于甘肃省陇南市与陕西省宝鸡市相交而成超大型铅锌矿床,近年来更是在新疆和田地区发现有火烧云巨型铅锌矿床;铜矿产于有铜城之称的甘肃省白银市的白银厂超大型铜多金属矿床;铁矿产于新疆巴州和伊犁哈萨克自治州之间的阿吾拉勒超大型铁矿床、喀什地区的赞坎大型铁矿床和甘肃省

图 1-1-1　西北地区地形地质矿产图

嘉峪关市的镜铁山大型铁矿床等；锂矿产于新疆阿勒泰地区的可可托海巨型锂等稀有金属矿床，近年来在和田地区又发现有大红柳滩超大型锂矿床等；至于锰矿近年来则在新疆的克孜勒苏柯尔克孜自治州发现有玛尔坎苏大型富锰矿；金、银矿亦是西北地区的优势矿产资源，除新疆阿勒泰地区的阿尔泰山（蒙古语金山之意）有重要矿床发现外，在青海省海西州的东昆仑、甘肃省张掖市、酒泉市的祁连山和陕西省宝鸡市与甘肃省天水市相交的西秦岭地区发现有众多的贵金属矿床；钨、锡、锑矿在新疆东天山、祁漫塔格地区，甘肃省的祁连山地区和陕西的秦岭均有重要发现；铬矿是中国紧缺矿产，在甘肃省的酒泉市有大道吉尔铬铁矿床，在新疆的博州有萨尔托海铬铁矿床。

二、经济地理

西北地区聚居有汉族、蒙古族、藏族、回族、维吾尔族、哈萨克族和裕固族等数十个民族。中华人民共和国成立以来，西北地区的城市建设和经济有了极大的发展，特别是改革开放以来，已经形成了以西安市、兰州市、银川市、西宁市和乌鲁木齐市五个省会城市为龙头，以各省（自治区）几十个地级市为地区节点和以数百个县级市为节点的城市网络，发达的高速公路、高铁和地方交通已构成了全新的经济网络，社会经济发展状况发生了翻天覆地的变化。

西北地区总面积约 30 万 km^2，约占我国陆地面积的 1/3，但人口仅有 9900 余万人，不足全国总人口的 1/10。截至 2019 年，国内生产总值仅占全国（990 865 亿元）的 1/20（54 823.01 亿元）。人均收入仅陕西省达到全国平均水平（近 1 万美元），其他各省均低于全国平均水平。

针对国内外发展形势的急剧变化，国家提出五大国家战略和四大区域板块来进一步解决区域协调发展问题。其中"黄河流域生态保护和高质量发展"战略及其强化举措"推进西部大开发形成新格局"，与西北地区未来的发展紧密相关。因此，在新时代生态环境保护理念下高质量发展西北地区是一项紧迫而意义重大的任务。西北的发展关键在于观念的更新，加快对外开放至关重要，特别是借助"一带一路"向西开放，应充分利用西北地区矿产资源丰富的优势，因地制宜，采取积极有效措施，加快西北地区的高质量发展步伐,乘借国内经济大循环的规划布局实现西北地区的全面发展。

第二节 成矿地质背景研究

一、成矿地质条件

西北地区地处古亚洲成矿域与特提斯成矿域的交会部位,中新生代滨太平洋成矿域对其局部有叠加,总体上呈盆山相间的构造背景,众多的金属矿产均蕴藏在以带状分布的造山带中(图1-2-1)。以塔里木、华北陆块(东段)为界,以北为古亚洲洋构造域作用范围,以南为特提斯构造域作用范围。在地质历史上,古亚洲洋与特提斯洋演化及其相互作用,构筑了西北地区的基本构造地质特征。特提斯洋演化可分为早古生代的原特提斯洋、晚古生代及中三叠世以前的古特提斯洋和晚三叠世以后的新特提斯洋3个阶段,因此研究古生代的古亚洲洋与原特提斯洋和古特提斯洋之间的关系,是探明西北地区构造演化历史的关键。初步研究表明,早古生代古亚洲洋是原特提斯洋的分支,或同一大洋不同位置的表现,早古生代原特提斯洋消减,塔里木陆块拼贴到了冈瓦纳大陆上,但随着晚古生代古特提斯洋的开裂、古亚洲洋的消亡,塔里木陆块又归属于北面古亚洲构造域范畴。

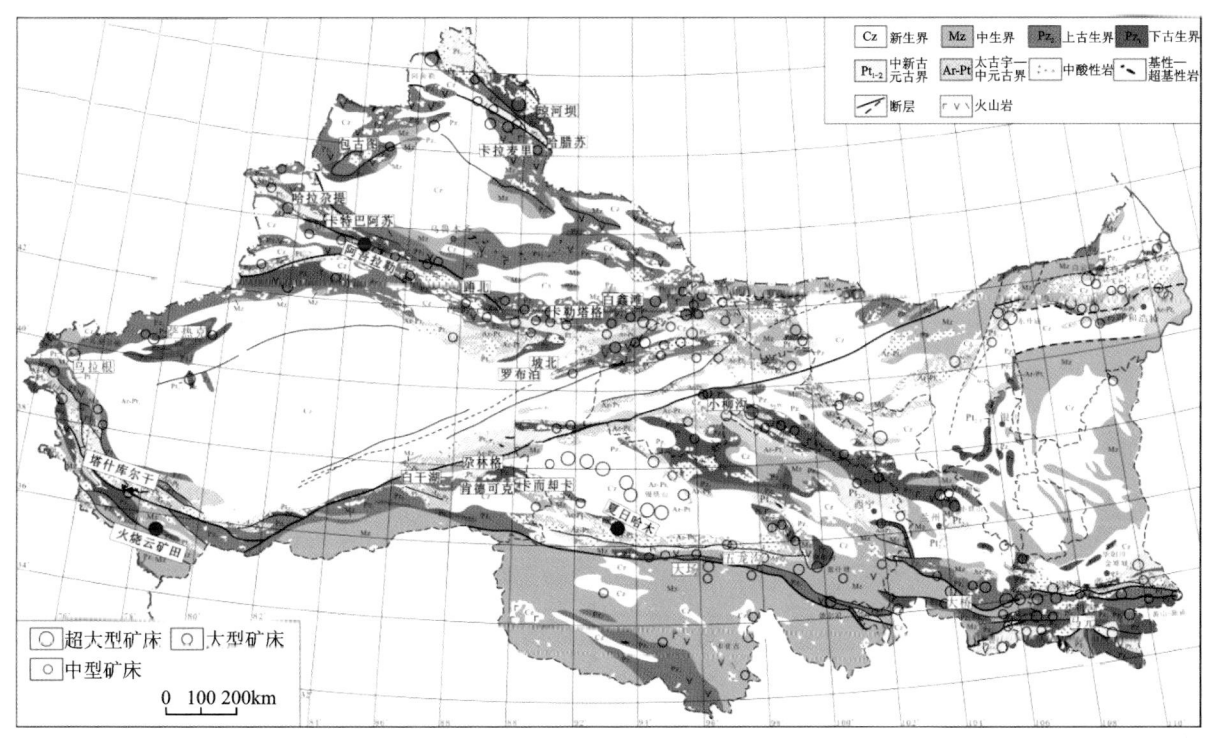

图 1-2-1 西北地区地质矿产简图

据西北地区自太古宙至新生代各个时期不同类型的地质建造记录,可划分为4个大的构造阶段,即前南华纪古板块构造阶段、南华纪—早古生代板块构造阶段、晚古生代—中三叠世板块构造阶段和晚三叠世以来陆内造山阶段。不同阶段的大地构造格局和构造环境明显不同,而同一个构造阶段不同地区则表现出空间上的差异性。这种时空上的构造差异,为不同类型矿产成矿作用的发育提供了有利的地质条件。

新太古代—青白口纪(或称前南华纪)基底演化及古板块构造发育阶段,形成了古生代以来造山带及盆地演化的基底。它可分为太古宙—古元古代中深变质岩系组成的结晶基底、中-新元古代浅变质火山沉积岩系组成的第一个盖层(或称褶皱基底)和中南部普遍发育的新元古代早期活动陆缘构造岩浆热事件记录。西北地区具体表现为塔里木、华北和扬子三大陆块区,以及哈萨克斯坦-准噶尔-敦煌、华南和西伯利亚(阿尔泰)三大陆块群。这个时期在西北地区除形成一些类BIF型的铁矿外,没有重要的矿床发现。

南华纪—早古生代是西北地区板块构造发育最具代表性的时期。南华纪—早古生代早期形成了以裂谷-被动陆缘-洋岛-小洋盆为主的构造格局,以塔里木-敦煌、阿拉善-华北两大陆块群为界,南为原特提斯洋,北为亚洲洋,实则是一个大洋的不同位置的不同表现。早古生代晚期—中泥盆世,作为原特提斯洋分支的北秦岭洋、祁连-阿尔金洋和昆仑华洋盆收缩并总体自北向南逐渐关闭,形成了由多条蛇绿混杂岩和多个弧盆系构成的增生造山带。北面的古亚洲洋则持续到晚古生代的泥盆纪才逐渐关闭。南华纪金川巨型岩浆铜镍钴铂族金属矿床的形成是重要的成矿事件,早古生代北祁连白银厂块状硫化物铜多金属矿床等系列矿床的发现是重要的成矿表现。

晚古生代—中三叠世期间西北地区构造环境及其格局较此前发生了重大变化。北部古亚洲洋作用范围内,石炭纪除西天山发育残留海并向北深俯冲外,在中天山-北山-阿拉善及其以北,发育海相-海陆交互相-陆相火山岩系和"弧岩浆岩"岩石组合面貌及普遍的退积沉积序列,反映了在早古生代弧地壳基底之上后造山阶段裂谷环境特点和/或板内地幔柱的叠加;早二叠世进入板内,塔里木地幔柱大火成岩省是最主要的地质建造表现。而南部则主要表现为原特提斯洋闭合后,古特提斯洋的裂解,在西昆仑—东昆仑—宗务隆—陇山—北秦岭中南部以南,板块构造持续发展,构造岩浆活动一直持续到中三叠世末期。这个阶段是西北地区重要的成矿阶段,几乎西北各个造山带中都有重要的成矿表现。例如天山及邻区石炭纪与中酸性岩浆作用有关的大量铜、铅锌、钨锡和金矿化,以及在鄂尔多斯产出的石炭纪—二叠纪的天然气,在北山银根—额济纳旗一带发现的二叠纪油气,在东昆仑发现的以夏日哈木为代表的泥盆纪早期的岩浆镍钴成矿作用。

晚三叠世—新生代(或称晚三叠世以来),西北地区基本上处于板内构造演化阶段,形成了不同级别造山带与盆地相间的构造格局。受南部新特提斯构造演化、最终闭合俯冲消减和地壳缩短的影响,西北地区形成了青藏高原北部盆山和大规模逆冲推覆系统,造山带中分布着中新生代构造-热隆起和与之密切相关的贱金属、贵金属成矿带,盆地区则是西北重要的能源、化工矿产形成聚居区。

西北地区地质建造时空分布特点,反映了地质历史上古亚洲洋和原特提斯洋、古特提斯洋、新特提斯洋与塔里木、华北、扬子陆块及其相间地块之间的演化关系史。总体上,如同现今对Columbia(哥伦比亚)超大陆的形成与解体研究存在诸多疑问一样,西北地区前南华纪陆块之间的关系及其变化也并未有明了的认识。由于金川巨型铜镍钴矿床的重要性,学者提出了金川矿床的形成代表了罗迪尼亚超大陆于南华纪裂解产物的认识,并由此形成了影响西北地区早古生代构造-岩浆-成矿作用的古亚洲洋、原特提斯洋板块构造演化格局;晚古生代则以古特提斯洋的板块构造为特点,直至中三叠世消减闭合,使西北地区进入板内盆山造山阶段。新特提斯板块构造的汇聚和俯冲消减体系,使西北地区发生了大规模的走滑和逆冲推覆构造作用。

概括起来,就是早古生代的原特提斯洋与古亚洲洋应连为一体,只是位置上的不同称谓而已。古亚洲洋是发育于早古生代劳亚大陆与冈瓦纳大陆之间的大洋,金川超大型铜镍矿床的形成是元古宙罗迪尼亚超大陆裂解三叉裂谷开启大洋的开始,塔里木陆块作为古亚洲洋南岸的一个陆块,早古生代的昆仑洋、祁连洋和秦岭洋不是独立大洋,也不是原始洋,只是原特提斯洋或古亚洲洋的分支或次生洋盆而已。这些次生洋盆于志留纪末闭合,而古亚洲洋则直到晚古生代泥盆纪末才闭合。石炭纪天山及邻区是古亚洲洋闭合后板块构造后碰撞机制与地幔柱作用两种地球动力学机制并存的构造背景,为大规模壳幔混合(染)岩浆作用和成矿爆发提供了可能。古特提斯洋是原特提斯洋在晚古生代的发展和继承,东昆仑夏日哈木超大型铜镍矿床的产生是冈瓦纳大陆北侧志留纪末破裂三叉裂谷开启古特提斯大洋的开始,塔里木和华北等泛华夏陆块群构成了古特提斯洋北岸陆缘。中三叠世末古特提斯洋闭合,进入陆内演化阶段。

二、地球物理、地球化学、遥感信息

西北地区地层平均密度总体符合地层由新到老密度呈增加趋势的基本规律,侵入岩具有从酸性到基性密度增大的特征。新生界为无磁—弱磁性。中生界磁性,磁化率呈由新到老逐渐变强趋势,侏罗系大于三叠系,三叠系又大于白垩系。二叠系磁化率,新疆北部、塔里木以及甘肃北山磁性较强,祁连山、秦岭、阿尔金、昆仑山等磁性较弱。石炭系磁化率,西天山、北山为强磁性,其余为弱磁性。泥盆系磁化率,秦岭、甘肃北山为强磁性,其余为弱磁性。志留系磁化率,甘肃北山造山带为强磁性,其余为弱磁性。奥陶系磁化率,阿尔金、昆仑山、北山为强磁性,其余为弱磁性。寒武系磁化率,甘肃北山为强磁性,其余为弱磁性。震旦系磁化率,塔里木为强磁性,其余为弱磁性。太古宇—古元古界磁化率,塔里木、阿尔金、昆仑山、秦岭、北山为强磁性。中酸性侵入岩磁化率极不均匀,中性侵入岩磁化率普遍偏高,基性侵入岩普遍较高,超基性侵入岩属强磁性。西北地区沉积岩磁性较弱,但某些含火山岩地层埋藏较浅或出露地表时,表现出明显的磁异常。侵入岩整体上磁性较强,是引起磁异常的主要因素,但部分花岗岩由于磁性较弱而不能引起磁异常。基性、超基性岩具有强磁性,常能引起带状强磁异常。火山岩广泛分布,磁性极不均匀,产生杂乱的磁异常。磁铁矿具有强磁性。根据布格重力异常特征和航磁 ΔT 化极异常特征,西北地区可划分为 10 个Ⅰ级异常区,分别为阿尔泰、额尔齐斯、天山-准噶尔-北山、西南天山-红柳河、塔里木-敦煌-阿拉善、华北、秦-祁-昆、羌塘-三江、冈底斯-喜马拉雅和扬子异常区。

重力场整体表现为北高南低,与Ⅰ级构造单元相吻合。各造山系和陆块之间由结合带或深大断裂相接,区域重力场表现为重力梯度带;各造山系和陆块内部重力表现为局部重力高或重力低,这与各造山系和陆块内部的基底隆起或新生代沉积盆地有关。在各造山系和陆块内部航磁异常表现为局部正或负的磁异常,异常形态多为带状或块状分布,强度不等,在结合带或深大断裂部位磁异常呈条带状或串珠状展布。航磁异常主要与沿结合带或深大断裂侵入的岩浆岩有关。以花岗岩类为主的中酸性侵入岩体引起局部重力低异常,异常规模通常较大。大多数中酸性岩体对应航磁低负背景场区,个别类型有低缓磁异常显示,有的在边界出现环状异常特征。平面上部分出露岩体与异常对应,或反映了隐伏、半隐伏岩体的范围。中基性岩体一般表现为弱的重力高异常。基性岩、超基性岩类均具有明显高于一般地层的密度特征,可引起明显的局部重力高和中高磁异常。火山岩磁场一般反映为不均匀跳跃变化场,同时在走向上延伸较大。在西北地区共推断各类岩浆岩体 557 处,其中,中酸性岩体 252 处,中基性岩体 110 处,基性岩体 73 处,超基性岩体 34 处,火山岩 88 处。火山岩的分布范围非常广泛。新疆地区的火山岩具多时代、多阶段的特点,在地壳形成和演化的进程中,均出现大量火山喷发,尤以古生代最为剧烈。

西北地区可划分为湿润半湿润中低山区、黄土覆盖区、高山峡谷景观区、高寒湖泊丘陵区、干旱半干旱高寒山区、干旱荒漠戈壁残山区、湿润半湿润高寒山区、高原丘陵区、冲积平原区和堆积戈壁沙漠区 10 个一级景观区,进一步可以细分为 16 个二级景观区。相对于全国地球化学平均值,西北地区的元素地球化学丰度整体偏低,只有 CaO、Na_2O、Sr、MgO、Ba 等元素(氧化物)的地球化学丰度大于全国的平均地球化学丰度,且西北地区的 Hg、Sn、Cd、Zr、W 等元素贫乏。西北地区可划分出 4 个构造地球化学域、15 个构造地球化学分区、44 个地球化学亚区。其中,15 个构造地球化学分区的显著异常元素特点是:准噶尔-阿尔泰主要为 Cu、Ni、Au、Ag、W、Mo、Pb、Zn、Fe、Sn 等;天山-北山主要为 Fe、Au、W、Sn、Pb、Zn、Cu、Ni、Ag、Mo 等;塔里木克拉通北缘主要为 Fe、Ti、Mn、Cu、Ni、Mo、Pb、Zn、Au、Sb、Mg 等;阿尔金-敦煌地块及周缘主要为 Cu、Pb、Zn、W、Sn、Ni、Sb、Hg、Au、Ag、Pt、Pd、Fe 等;阿拉善陆块及其南缘和河西走廊主要为 Fe、Cu、Au、Pb、Zn、Mo、Mn 等;祁连山主要为 Cu、Pb、Zn、Fe、Cr、Au、Ag、Ni 等;秦岭主要为 Pb、Zn、Cu(Fe)、Au、Ag、Mo、Sb 等；碧口地块主要为 Au、Ag、Pb、Zn、Cu、Fe、Mn、Cr、Ni 等；汉南主要为 Fe、Cu 等；柴达木地块及其周缘主要为 W、Sn、Pb、Zn、Fe、V、Ti、Cu、Co、Au 等；木孜塔格-巴颜喀拉主要为 Sb、Au、Cu、Ni、Pb、Ag、W、Sn 等；西昆仑主要为 Fe、Au、Pb、Zn、Cu 等；麻扎达坂-甜水海主要为 Fe、Au、Bi、Sn 等；青南三江主要为 Au、Ag、Pb、Zn、Fe、Cu、Sn、Hg、Sb、W 等。

西北各省(自治区)地矿部门抢救性地整理了以往完成的重砂找矿信息资料，笔者对其进行了汇集和集中总结，重点讨论了西北地区金、钨、铜、铅、锌、铬、锡石等重砂矿物的分布特征和分布规律，对指导找矿具有一定的指示意义。

西北地区由于地域广阔，重要矿产工作区多地处高山峡谷或荒漠，工作条件艰险，利用遥感数据开展地质工作具有特别重要的意义。近年来，高分辨率高光谱 WorldView2、WorldView3 遥感数据的广泛引用，开辟了地质工作新的技术领域。高分辨率影像具备一定的近红外探测能力，特别是 WorldView2 数据具备 2 个近红外波段，而 WorldView3 数据又增加了 8 个短波红外波段。因此，在矿产资源调查领域，WorldView2 等高分辨率遥感数据可在铁氧化物异常信息中提取，以铁氧化物组成的铁帽为矿体表生氧化露头的显著性标志，亦是最直接的找矿标志之一。笔者初步总结了西北地区分辨率高光谱异常提取和地质解释应用的情况。

第三节 成矿地质特征与矿产资源潜力评价

一、成矿地质特征与区域成矿规律

本书分别论述了西北地区黑色金属矿产(铁、锰、铬)、有色金属矿产(铜、铅、锌、铝、镍、钨、锡、钼、锑)、贵金属矿产(金、银)、稀有稀土金属矿产(锂、稀土)和重要非金属矿产(磷、硫、钾盐、硼、重晶石、菱镁矿、萤石)23 种重要矿产的成矿类型、时空分布特点，列述了西北地区的重要优势矿产。例如镍矿，甘肃的金川巨型镍矿床，青海的夏日哈木超大型镍矿床；钼矿，甘肃的金堆城超大型钼矿床；钾盐，新疆罗布泊、青海柴达木盆地；铁矿，新疆的西天山阿吾拉勒、西昆仑塔什库尔干大型铁矿床，甘肃的祁连镜铁山大型铁矿床等；铜、铅锌矿，新疆的火烧云超大型铅锌矿床、阿舍勒大型铜多金属矿床，甘肃白银厂大型铜铅锌矿床、厂坝-李家沟大型铅锌矿床等；金矿，青海东昆仑大场、五龙沟大型金矿床，甘肃大水大型金矿床，陕西双王、八卦庙大型金矿床和新疆西天山阿希大型金矿床等；锂矿，新疆可可托海超大型稀有金属矿床。近年来又发现有新疆和田的大红柳滩大型锂铍矿床等。

依据区域地质构造演化特点、区域地球物理和地球化学特征，进行了西北地区成矿单元划分。西北地区以塔里木、华北陆块南界为界分属古亚洲成矿域和特提斯成矿域Ⅰ级成矿域。其中，古亚洲成矿域下分阿尔泰、准噶尔-伊犁、塔里木和华北 4 个Ⅱ级成矿省，并进一步划分为 23 个Ⅲ级成矿区(带)、87 个Ⅳ级成矿亚区(带)；特提斯成矿域下分秦岭、祁连、昆仑、巴颜喀拉-松潘、喀喇昆仑-三江和扬子 6 个Ⅱ级成矿省，进一步划分为 18 个Ⅲ级成矿区(带)、65 个Ⅳ级成矿亚区(带)。本书列举了 24 个西北地区具有典型意义或新近发现重要矿床的成矿特征及其成因认识。

按照区域构造演化，笔者分 4 个阶段探讨了西北地区重要矿产的成矿规律，总体上晚古生代是成矿高峰期，但区域上有明显差异。其中，前南华纪主要表现为太古宙—古元古代塔里木南缘铁克里克地块的类 BIF 型铁矿和与中-新元古代大陆裂解有关的中祁连火山-沉积型铁、铜多金属矿产；在南华纪-早古生代超大陆裂解及板块构造作用背景下，最重要的就是与南华纪罗迪尼亚超大陆裂解有关的金川巨型岩浆铜镍钴硫化物矿床的形成，以及与早古生代原特提斯洋—古亚洲洋扩张和消减有关的火山岩型铜多金属矿床、夕卡岩型钨矿床的产出;与晚古生代—中三叠世古特提斯板块构造演化有关的成矿作用,西北地区南、北有别,北部古亚洲成矿域石炭纪—二叠纪是重要的成矿爆发期,可能与造就塔里木大火成岩省的地幔柱和古亚洲洋封闭碰撞后伸展叠加构造背景有关,而南部古特提斯洋扩张、消减和闭合构造转化背景形成了一系列与之相关的矿产,东昆仑夏日哈木超大型岩浆铜镍钴硫化物矿床可能与古特提斯洋的裂解有关(李文渊,2018),但存在争议,有学者认为它与原特提斯洋闭合后伸展环境有关(孙丰月等,2016);晚三叠世进入陆内造山环境,主要表现为东部环太平洋成矿域叠加新特提斯成矿域的作用特点,即太平洋板块向欧亚板块俯冲和印度洋板块与欧亚板块碰撞挤压,形成了一系列与构造-岩浆热液作用有关的铜、铅锌、钨钼、金等矿床,并对以前形成的矿床有一定的改造作用。本书从西北地区23种重要矿种矿床中共厘定出了215个矿床成矿系列。

二、矿产资源潜力评价

本次矿产预测是在总结全国第一轮(1979—1985年)和第二轮(1992—1995年)成矿区划实践经验的基础上,根据叶天竺等(2008)提出了"固体矿产矿床模型综合地质信息预测技术",通过成矿地质背景研究、典型矿床和区域成矿规律研究,结合物探、化探、遥感、自然重砂等综合信息分析,确定预测要素,并通过对模型区和预测工作区的类比,圈定预测区、估算资源量(表1-3-1)。采用固体矿产矿床模型综合地质信息预测技术,全面利用基础地质、矿产勘查与研究资料,以成矿地质要素划分矿产预测类型,按照矿产预测类型在典型矿床研究基础上建立矿床地质模型,在区域成矿规律研究的基础上,建立区域成矿模型,确定成矿要素,结合物探、化探、遥感、自然重砂等多元信息,以成矿特征研究为基础,按照矿产预测方法类型,确定预测要素,建立预测模型,采用GIS技术和数学地质方法对未知区进行类比预测,圈定预测区。采用体积法、成矿地质体参数法、磁异常拟合体积法、水系沉积物似合三维定量估算法、数学地质等方法估算资源量。

表1-3-1 西北地区重要矿产资源预测结果

矿产分类		查明资源量	预测资源量	比例/%
黑色金属	铁矿石	44.35亿t	150.22亿t	29.52
	锰	3 976.91万t	26 958.44万t	14.75
	铬(Cr_2O_3)	520.56万t	3 370.39万t	15.45
有色金属	铜	1 913.44万t	9 280.75万t	20.62
	铅锌	4 076.65万t	27 405.49万t	14.88
	铝矿石	3 523.62t	15 250.69t	23.10
	镍	886.55万t	1 808.08万t	49.03
	钨	46.15万t	537.43万t	8.59
	锡	6.52万t	132.25万t	4.93
	钼	288.93万t	976.74万t	29.58
	锑	45.81万t	289.92万t	15.80
贵金属	金	2 087.09t	11 280.50t	18.50
	银	23 040t	165 011t	13.96
稀有金属	锂	1 854.09万t	7 263.24万t	25.53
稀土矿	氧化物	100.69万t	538.90万t	18.68

续表 1-3-1

矿产分类		查明资源量	预测资源量	比例/%
非金属	磷矿石	3 976.91 万 t	26 958.44 万 t	14.75
	硫矿石	21 749.69 万 t	211 210.64 万 t	10.305
	钾盐	129 087.50 万 t	209 517.90 万 t	61.61
	硼矿石	1 716.23 万 t	15 060.00 万 t	11.40
	菱镁矿	12 667.91 万 t	142 736.19 万 t	8.88
	萤石	539.52 万 t	1 027.61 万 t	52.50
	重晶石	7 037.82 万 t	14 042.13 万 t	50.12

总体上，西北地区在现有条件下查明矿产的比例并不高，整体低于西北地区全部预测资源量的 1/3。非金属矿产仅钾盐、萤石、重晶石和磷矿石查明资源量接近或超过了预测资源量的 50%。其他金属矿产查明资源量除镍外，均不足预测资源量的 1/3，钨、锡甚至低于 10%。镍查明资源量比例较高，达到预测资源量的 49.03%，可能与近年来加强了岩浆铜镍硫化物矿床的勘查工作有关。

所谓综合预测区，是由多个矿种最小预测区浓集地带圈定而成的。依据预测资源量大小划分为 A、B、C 3 类。A 类，为一种或一种以上的矿种预测资源量超过超大型矿床规模储量，或两种以上矿种预测资源量均达到大型矿床规模储量，地质工作程度较高和开采条件优越的综合预测区；B 类，为一种或一种以上的矿种预测资源量超过大型矿床规模储量，区内成矿条件较好或开采条件优越的综合预测区；C 类，为各矿种预测资源量较少，成矿条件较好的综合预测区。西北地区共圈定多矿种综合预测区 583 个，其中 A 类 207 个，B 类 147 个，C 类 229 个。

第四节　取得的主要成果和存在的问题

西北矿产资源潜力评价项目自 2006 年开始，到 2013 年结束，历时 8 年，本书在项目成果总结的基础上，不断充实、完善和修改，现呈现在读者面前。在本书编写过程中，我们相继又参加了多个调查和科研项目，因此在编写各章节时又汲取了新完成或正在完成项目的研究成果。这是地质研究的特点，也是其综合性和系统性的要求，不可能是完全新的开始或旧的结束，而是一项不断积累而提升的过程。因此，我们站在今天的角度，而不是当初完成项目的视角，对项目取得的成果和存在的问题进行简单总结。

一、取得的主要成果

本研究对西北地区铁、锰、铬、铜、铅、锌、铝、镍、钨、锡、钼、锑、金、银、锂、稀土、磷、硫、钾盐、硼、重晶石、菱镁矿、萤石 23 种重要矿产，依据成矿地质条件，充分利用重力异常、磁法异常、重要元素地球化学异常、重砂异常和遥感信息，以 23 种矿种已知矿床成因类型和典型矿床为依托，建立成矿模型，确定成矿边界条件，划分有利成矿区成矿单元，进行多种方法的成矿预测，确定预测靶区等级及可能存在的潜在资源量，分别按成矿带（亚带）、成矿省进行统计，并最终确定西北地区 23 种重要矿产的预测资源量和查明储量及占比预测资源量，首次全面提出了 23 种重要矿产在西北地区的可能找矿潜力。笔者创新性地开展了以下几个方面的研究工作，并取得了重要的研究成果。

（1）将西北地区纳入全球洋-陆演化体系，以活动论的观点，探讨了古亚洲洋、特提斯洋与塔里木等陆块之间的演化关系，提出早古生代古亚洲洋与原特提斯洋一体的认识，古特提斯洋是原特提斯洋闭合后于晚古生代—中三叠世发育的大洋,古特提斯洋闭合后又于晚三叠世开启了新特提斯洋。西北地区整体上,自北而南,依次为以早古生代为主的古亚洲洋—原特提斯洋、以晚古生代—中三叠世为主的古特提斯洋和晚三叠世以来的新特提斯洋的古地理演化格局。三大阶段大洋开启、形成及闭合的板块离散环境和聚敛环境,提供了可能成矿专属性的各种地质背景和条件。同时,早二叠世与地幔柱有关的塔里木大火成岩省的孕育和形成,为塔里木及其北部晚古生代的构造环境和成矿作用增添了新的动力学机制。

（2）在全面系统编制西北地区构造地质建造图的基础上,对西北地质矿产成矿阶段进行了切合实际的划分,划分出前南华纪、南华纪—早古生代、晚古生代—中三叠世、晚三叠世以来4个成矿断代,编制了大地构造相图,划分了4个断代的地质建造大相和亚相,并对其成矿条件分别进行了研究,探讨了各亚相成矿的可能性和有利条件,将地质构造和岩浆、沉积及变质作用与成矿作用有机地联系了起来,为区域成矿规律的认识奠定了地质基础。

（3）在系统编制西北地区重力、航磁、重要元素地球化学、自然重砂和遥感影像图的基础上,结合地质认识,探讨了西北地区重力梯度带的地质意义、重要航磁异常的可能原因、地球化学综合异常的找矿指示价值和遥感影像特征的可能地质地貌因素,分别提出了地质单元划分方案,对西北地区成矿地质背景的认识和理解提供了重要的综合信息,对相关重要矿产的成矿预测提供重要的预测信息。

（4）集中讨论了西北地区23种重要矿产的矿床成因类型及已知矿床分布,系统列举了西北地区23种重要矿产中知名的典型矿床和近年来新发现的代表性矿床,引用每个矿床最新的研究成果,简述其成矿背景、矿床地质地球化学特征、矿床成因认识和找矿模式。依据成矿地质背景最新研究认识和地球物理、地球化学与遥感重要界线的地质解释,提出了西北地区成矿带划分方案,在成矿域划分的基础上,划分了成矿省、成矿带和成矿亚带,结合西北各省（自治区）矿田和找矿预测单元的划分,形成了西北地区Ⅴ级成矿单元划分体系,并初步进行了西北地区矿床成矿系列研究。

（5）全面总结了西北地区23种重要矿产预测成果,以成矿带、成矿亚带为单元阐述了相关优势矿种和成矿类型的成矿条件与找矿潜力,并在此基础上形成了以西北地区成矿省为单元的重要矿产找矿潜力评价认识,编制了各成矿省重要矿产潜力评价图。

（6）简述了西北地区重要矿产资源潜力评价进行矿产预测数据库建设情况,对矿产资源潜力评价运用大数据挖掘和智能化的国内外发展现状与发展方向进行了讨论。

二、存在的问题

西北地区是国家重要矿产资源供给的接替区,成矿条件优越,找矿潜力巨大,开展重要矿产资源潜力评价极其重要且很有必要。本书是在国土资源部2006—2013年推动的全国矿产资源潜力评价基础上,对西北地区矿产资源潜力评价成果的系统总结,同时揉进了近年来西北地区各成矿带重要矿产资源地质调查及各省（自治区）矿产勘查的最新进展成果。

地质矿产工作是一项复杂而系统的工作,是集体力与智力且实践性很强的工作,没有具体的找矿实践,也就无成矿理论的总结。当然成矿理论的总结反过来对找矿实践具有重要的促进作用,一些重要矿床类型的找矿突破,往往与某种成矿理论的突破和推广密切相关,国内外这样的实例很多。矿产资源潜力评价是一项探索性很强的工作,它是依据成熟的成矿理论或探索中的成矿认识对某一地区开展的一项找矿可能性的评价工作。这种预测可能成功也可能失败,但必须要做。通过对一段时间地质找矿实践的全面总结和反思,提升认识,检验理论,修正司空见惯的观念,能够提高找矿的效率。

西北地区矿产资源潜力评价,是一项开创性的工作,过去没有这样全面系统地开展过23种重要矿产的评价工作,更没有这样大地域的集中地质、矿产和物探、化探、遥感等人力专门开展潜力评价工作。既然是探索性的工作,就肯定存在不足或可改进的地方,及时总结,有利于今后这项工作的顺利开展。

首先是不同专业的协调问题，由于各专业本身专业性理论的要求不同，都会形成相对系统的认识，这一方面提高了潜力评价工作的专业性，但另一方面又在某种意义上限制了评价工作的综合性。其次是传统地质理论与现代数字化、智能化结合问题，地质学传统的非定量而定性的习惯，是与定量评价的理念不相符合的，这也是今天地质学发展在方法学上需要重点关注的问题。最后是预测的精确性问题，由于地质认识的不断深入，今天的预测结果只能代表对过去地质认识的判断，预测可能不够精确。预测结果只代表了对一种现状的认识，新的重要矿床的发现或新的地质认识的提出，必然会对矿产预测产生重要影响，但这种预测仍然是重要的且有必要的。

第二章　成矿地质背景

第一节　西北地区大地构造及其演化

在地质上，中国西北地区地处古亚洲构造域与特提斯构造域的交会部位（图 2-1-1），相互作用造就了大小不等的陆块被不同时代造山带缠绕的特征（图 2-1-2）。因此，从板块构造研究来看，离不开对古亚洲洋和特提斯洋的关系判断，研究两个古大洋形成演化及其之间的关系是厘清重要地质构造和成矿事件的关键（李文渊，2018）。

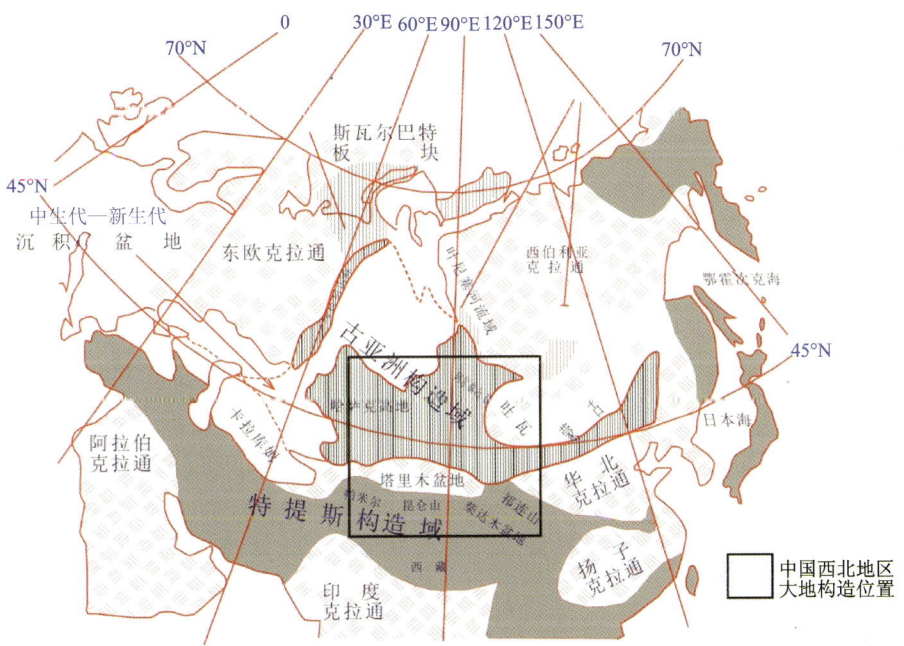

图 2-1-1　中国西北地区大地构造位置图（据 Yakubchuk，2004 修改）

笔者认为早古生代的原特提斯洋与古亚洲洋应连为一体，只是位置上的不同称谓而已。古亚洲洋是发育于早古生代劳亚大陆与冈瓦纳大陆之间的大洋，金川超大型铜镍矿床的形成是元古宙罗迪尼亚超大陆裂解三叉裂谷开启大洋的开始，塔里木陆块作为古亚洲洋南岸的一个陆块，早古生代的昆仑洋、祁连洋和秦岭洋则是原特提斯洋的分支或次生洋盆。这些次生洋盆于志留纪末闭合，古亚洲洋主洋则直到晚古生代泥盆纪末才闭合。石炭纪天山及邻区是古亚洲洋闭合后板块构造后碰撞机制与地幔柱作用两种地球动力学机制并存的构造背景，为大规模壳幔混合（染）岩浆作用和成矿爆发提供了可能。古特提斯洋是原特提斯洋在晚古生代的发展和继承，东昆仑夏日哈木超大型铜镍矿床的产生是冈瓦纳大陆北侧志留纪末破裂三叉裂谷开启大洋的开始，塔里木和华北等泛华夏陆块群构成了古特提斯洋北岸陆缘。石炭纪大洋形成，西昆仑玛尔坎苏大型优质锰矿可能就形成于大洋北侧被动大陆边缘的浅海或

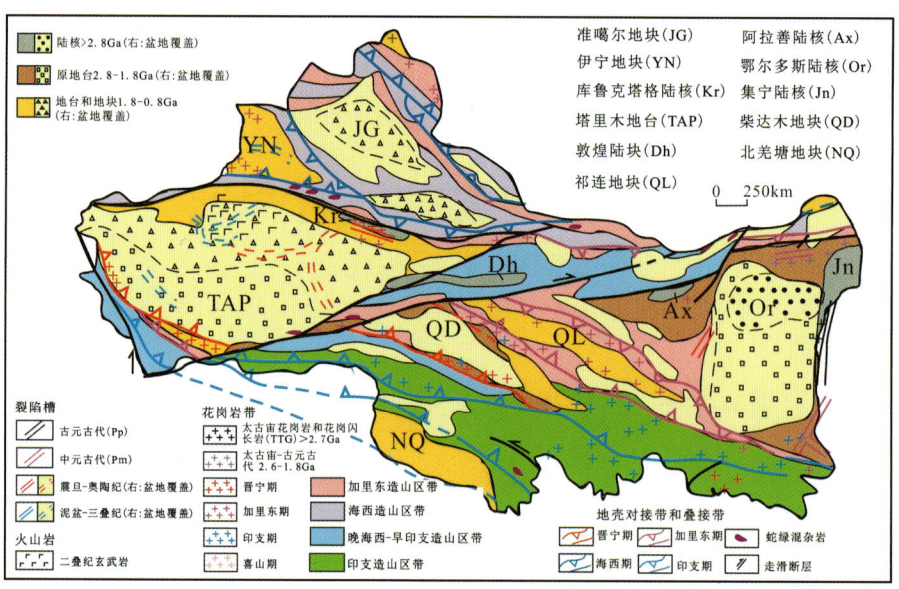

图 2-1-2 中国西北地区大地构造简图

陆表海,成矿物质则很可能来自同时代的大洋中脊。德尔尼大型铜钴矿为晚石炭世大洋中脊塞浦路斯型块状硫化物矿床。而铜峪沟大型铜矿和大场大型金矿等则分别为古特提斯洋消减俯冲岛弧岩浆作用夕卡岩-斑岩矿床和浅成低温热液矿床。中三叠世末古特提斯洋闭合。

一、古亚洲洋和原特提斯洋的形成演化

李春昱等(1982)在编制亚洲古板块构造地质图时,从欧亚大陆或更多从亚洲出发,将全球划分古亚洲构造域、特提斯构造域和环太平洋构造域,相应地从成矿角度也认识为古亚洲成矿域、特提斯成矿域和环太平洋成矿域。近年来有人从现今全球大陆构造演化背景与成矿特征出发,将全球划分为劳亚成矿域、特提斯成矿域、冈瓦纳成矿域和环太平洋成矿域(梅燕雄等,2009),其实也可以认识为相应的构造域。古亚洲构造域其实就是劳亚构造域在亚洲的一部分。但这个古亚洲构造域对东亚,特别是中国北方的地质状貌影响甚大。古亚洲洋的形成演化史就是中国北方构造地质史的框架。对古亚洲洋的研究在中国新疆北部最为深入,其次是中国东北地区。近年来在其交接处的甘肃北部和内蒙古西部的银根-额济纳旗盆地,为勘查石炭系—二叠系的油气分布也开展了较多的调查研究工作。对新疆北部古亚洲洋的研究,主要是对天山-北山和东、西准噶尔的研究,重点是研究古亚洲洋(天山洋)的闭合问题。

古亚洲洋的闭合至少有3种主要观点:①中生代早期早三叠世闭合(Xiao,2010)。也就是说古亚洲洋贯穿于整个古生代3亿多年,由全球超大陆旋回史判断,从劳伦超大陆中裂解出的大洋,似乎不受中间大陆聚散的影响,特别是不受晚古生代潘吉亚超大陆汇聚影响,更重要的是天山、阿尔泰280Ma左右幔源含铜镍硫化物矿体的镁铁-超镁铁质侵入岩体的产出,不可能是岛弧岩浆作用的产物。此认识主要证据是发现有早三叠世的蛇绿岩(Xiao et al.,2004),但越来越多的研究似乎不支持这一跨越地质历史上两个代之久的大洋演化认识。②中石炭世或晚石炭世闭合(李锦轶等,2006)。这一观点一直占据主流,主要是石炭纪大量岛弧火山岩和相应金属矿床的发育,被天山及邻区地质填图人员广泛接受。不过最近几年Xia(2014)对岛弧玄武岩与大陆溢流玄武岩地球化学鉴别的研究,也深刻地影响了该区研究者的认识。③泥盆纪末闭合(Xia et al.,2004)。主要证据是泥盆系与石炭系之间的角度不整合,蛇绿岩主要形成于石炭纪之前和石炭纪岛弧玄武岩被重新鉴别为大陆溢流玄武岩等。关于石炭纪火山岩构造属性学术界还存在不同认识,即对石炭纪大量安山岩的形成环境归属问题存在不同认识。虽主张岛弧

火山岩的认识仍占据着主流话语权,但地幔柱动力作用导致消减物质在软流圈重熔的认识也愈来愈受到重视。

就目前研究而言,天山及邻区(古亚洲洋中南部)晚古生代晚期—早二叠世处于板内演化阶段似乎已存在较小争议,而且塔里木早二叠世大火成岩省已为国际学术界认同。争议较大的是石炭纪构造环境,为此我们提出了一种新的主张:石炭纪,该地区可能是板块俯冲消减与地幔柱共同作用、两种地球动力学机制并存的环境(李文渊等,2012)。展开来阐释就是一种构造体制的结束在时空上存在差异性,古亚洲洋志留纪开始闭合,到泥盆纪已经基本完成了闭合。石炭纪古亚洲洋的主闭合作用虽已完成,但古亚洲洋板块构造体制缝合作用尚未完成,俯冲消减物质的重熔作用不仅没有减弱,反而由于来自深部地幔的地幔柱热能的作用,含水的消减物质和软流圈地幔物质大规模重熔,故而造成大量中性安山质岩浆的喷发和 A 型花岗岩类的产出,但含铜镍镁铁-超镁铁岩的形成少见,这与早二叠世存在显著差异。早二叠世时古亚洲洋的板块构造体制已经结束,代之以地幔柱作用的动力学背景(秦克章等,2017)。但为什么早二叠世岩浆作用的产物还多有地壳消减物质的地球化学特点呢?主要是地幔柱作用软流圈地幔重熔混有消减的地壳物质所致,后期地壳物质强大的地球化学屏蔽效应,使上侵岩浆岩在微量元素地球化学更代表了消减洋壳的特点,但成矿物质和岩浆主体物质则来源于地幔重熔或地幔柱,不过现在还缺乏有效的地球化学方法予以论证。这也是目前天山-北山早二叠世含岩浆铜镍硫化物镁铁-超镁铁岩地质地球化学研究中困惑的问题,地质与地球化学的不匹配,目前还没有足够的证据证明岛弧岩浆作用能够形成有工业价值的铜镍硫化物矿床。因此,仅依靠地球化学投图,而得出岛弧环境的观点是不慎重的,就如同虽有海底海水的同位素屏蔽,但最终还是证实是岩浆流体提供了近 99% 的成矿物质的块状硫化物矿床成因论证(Yang and Scott,1996)。

古亚洲洋一般认为是在新元古代打开成洋的,应是罗迪尼亚超大陆裂解的产物。它在早古生代扩张成为北方劳亚大陆与南方冈瓦纳大陆之间的大洋,如同现今大西洋进一步扩张成为太平洋的过程。从地理几何空间思考,在早古生代古亚洲洋存在面前,以往对于秦祁昆中央造山带为早古生代独立洋的判断是存在问题的(李文渊等,2011),而且北秦岭洋、北祁连洋、东昆仑洋、阿尔金洋和西昆仑洋自成体系,互不关联,残留的蛇绿岩和蛇绿混杂岩时代上主要显示为早古生代,而古亚洲洋也在早古生代扩张为大洋。由此,如何理解古亚洲洋与祁连洋、秦岭洋和昆仑洋的空间关系,是梳理好早古生代这些造山带之间关系的关键。同时代、大致同处于一个大的空间位置的一系列大洋或洋盆,只能有一个大洋,其他只能从属于这个大洋。这个大洋肯定是古亚洲洋,或者称原特提斯洋。祁连洋、秦岭洋和昆仑洋应是原特提斯洋或者古亚洲洋的次生洋盆,沿岸的边缘海或多岛洋,如同今天的太平洋西岸菲律宾、日本岛、中国台湾岛与中国大陆之间边缘海或者说为多岛洋一样。以往我们对早古生代北秦岭、北祁连以及东、西昆仑造山带的研究,限于空间视野,往往将其判定为独立的大洋,进行自成体系的研究,难免与整个洋陆环境不关联或者不协调。以古亚洲洋和原特提斯洋的形成演化为主线,将早古生代祁连洋、秦岭洋和昆仑洋纳入其中开展研究,必将产生更符合亚欧大陆地质历史聚散实际的新认识,进而揭示更符合客观实际的区域成矿作用,指导找矿实践。

目前还缺乏对古亚洲洋和原特提斯洋两岸陆块和微地块随大洋演化时空位置的详细定位与变化研究,仅对塔里木陆块的位置和变化进行初步探讨。早古生代塔里木陆块应是古亚洲洋的南岸,以往对南天山洋的研究也均将其作为南侧的大陆。但塔里木陆块之南的地理景观,由于习惯将新疆南北两分,并分别纳入两个不同的构造动力学体系,在研究天山构造演化时,很少考虑塔里木陆块南缘喀喇昆仑的情形。如果早古生代古亚洲洋存在,就不可能再并列分布一个原特提斯洋,只能是古亚洲洋与原特提斯洋相通,只是不同位置的称谓不同而已(图 2-1-3)。从大的视野来看,塔里木陆块被放置在劳亚大陆和冈瓦纳大陆之间,它就只是一个从冈瓦纳大陆裂离出来的相对较大的小陆块或岛块而已。如果古亚洲洋是罗迪尼亚超大陆裂解而成的,那么亲南岸冈瓦纳大陆的塔里木陆块与北岸劳亚大陆的组成分子也应是相似的。这里存在一个古亚洲洋主洋位置判断的问题,如果南天山洋是主洋,那么中天山就是亲劳亚大陆的组成分子,也是从大陆裂离而成。

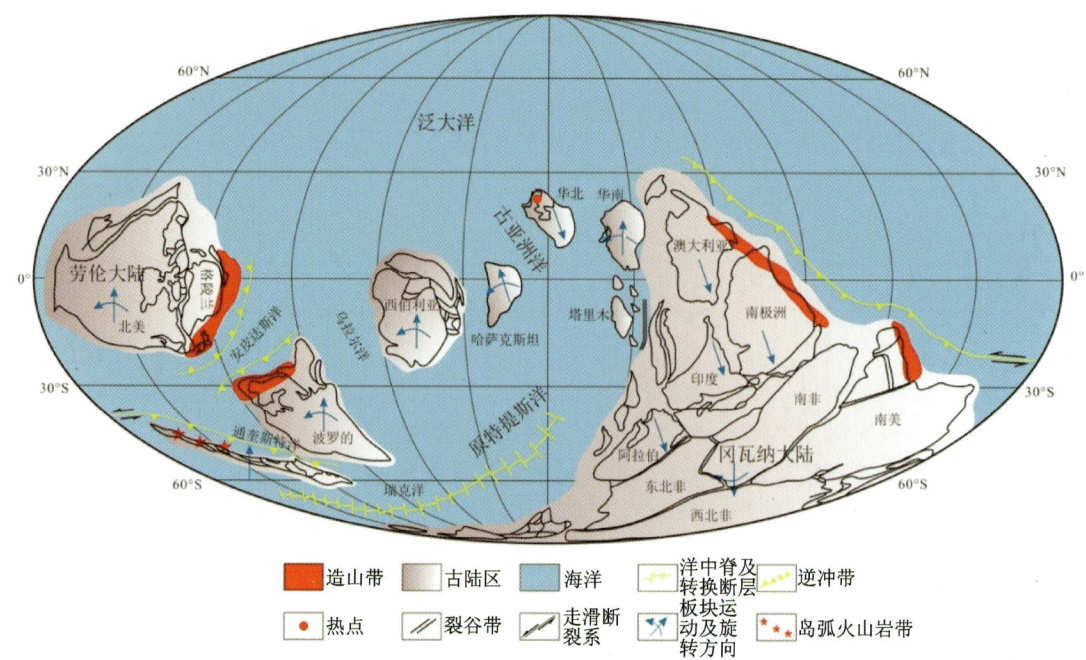

图 2-1-3 古亚洲洋和原特提斯洋早古生代奥陶纪板块构造示意图(据李文渊,2018)

我们再将视野扩大一些,关于古亚洲洋的产生也是存在某些地质线索的。关于金川超大型岩浆铜镍硫化物矿床的形成时代,通过锆石 U-Pb 法定年,确认含矿二辉橄榄岩中锆石年龄为 827Ma(李献华等,2004),是南华纪的产物。它的形成被认为是罗迪尼亚超大陆裂解的产物,进而判断其处于塔里木、阿拉善和西澳大利亚陆块裂解三叉裂点的位置(Zhang et al.,2010)。因此进一步推论,它的位置和形成时代为劳亚大陆和冈瓦纳大陆破裂最初分离的位置和时间节点。金川超大型铜镍矿可视为古亚洲洋开始裂解的产物。裂解后,如果塔里木与西澳大利亚之间分支裂谷夭折,那么塔里木与阿拉善之间、西澳大利亚与阿拉善之间的裂谷将发育成古亚洲洋,因此阿拉善应是亲劳亚大陆的,古亚洲洋主洋位置就落在了北祁连洋。这显然与目前的研究是不一样的,古亚洲洋主洋位置至少应在阿拉善北边的南天山-北山洋中。阿拉善、西澳大利亚和塔里木都是亲冈瓦纳大陆的,只有中天山是亲劳亚大陆的。金川铜镍矿空间位置与古亚洲洋主洋位置的不一致,其地质意义需要深入研究,仅大胆地推测已经远远不能满足问题解决的需求。据王超等(2011)的研究,阿拉善与塔里木古元古代基底是一致的。难道三叉裂谷的裂点与最终形成大洋主洋的位置并不一定重叠?

石炭纪在新疆北部的成矿时期占有重要的地位,除铜镍矿外,斑岩型铜钼矿床、岩浆型铁矿床等大部分金属矿床主要形成于这一时代,即石炭纪是新疆北部的成矿爆发期。为什么会有成矿爆发期,必然与其特殊的构造环境和地球动力学背景有关。单纯的板块构造俯冲消减不足以提供成矿爆发的物质基础和动力学能量,只有板块构造机制与地幔柱作用机制双重叠加,才可能提供独特而强有力的物源和能量。

两种构造体制并存指的是板块构造体制处于行将结束期,而地幔柱动力学体系则是开始期或孕育期。板块构造的贡献更多表现为可见的中性或中酸性喷出岩和侵入岩,在构造体制上可鉴别为浅部后碰撞的动力学机制阶段,但实质上深部地幔柱热动力的贡献更为关键,它是大规模熔融作用发生的主要因素,可表达为地壳物质的重熔物源和地幔深部热源两种构造体系叠加的结果。如东天山土屋—延东—东戈壁一线的斑岩铜钼矿床中发现有中亚型斑岩铜矿,暗示为大陆裂谷或裂陷槽的成矿构造背景,而这种成矿构造背景,只能是新旧两种构造体制交织的结果。再如西天山阿吾拉勒火山岩型铁矿田,表现为大规模岩浆喷发作用不混溶凝结铁矿石的堆积特点,而如此熔融作用的发生,没有深部高温异常是难以形成的。Xia 等(2004)将天山及邻区石炭纪玄武岩分为高 Ti 系列和低 Ti 系列两种,并认为前者是未受地壳物质混染的幔源熔融作用直接分异的产物,后者是强烈遭受地壳物质混染后的结果。我们没有对安山岩和安山质流纹岩的地球化学和成因进行深入研究,所以也就存在较大的争议,至今仍是板块岛弧/地幔柱裂谷两种不相容观点同时存在,各有重要证据支持。因此,两种地球动力学机制并存是可能的,也可以较好地解释相互矛盾的地质事实。我们假设太平洋闭合,板块体制行将结束,沿板块缝合带浅部板块机制的岛弧动力热能不足,岩浆作用消减,但实际以夏威夷洋岛为代表的地幔柱动力学机制并未结束,而是进一步加强,缩减的太平洋缝合带初始岩浆作用明显。这显然是两种地球动力学共同作用的结果,只是一个时代正在结束,而另一个时代正在开始罢了。

二、古特提斯洋的形成演化

由于阿尔卑斯山脉和喜马拉雅山脉在欧亚大陆南缘遗世独立存在,任何构造划分都不可能忽视它们对特提斯构造带的影响。但对特提斯的研究,更多的还是探讨与阿尔卑斯和喜马拉雅形成相关的所谓新特提斯的研究。大家已共识新特提斯洋是中生代裂开,并伴随着中生代的结束于65Ma进入新生代,新特提斯洋闭合造成陆-陆碰撞,使印度陆块俯冲于亚洲陆块之下,形成双陆壳岩石圈叠置模式,导致全球最高峰珠穆朗玛峰的崛起,并对亚洲大陆的地貌和构造形迹与成矿作用产生深刻影响(侯增谦等,2006)。在新特提斯之前,欧亚大陆南缘在漫长的古生代是否存在更古老却已经消减闭合并被新特提斯改造或屏蔽的古老特提斯洋的演化历史?答案肯定是存在的,当然这也不是我们现在意义上的欧亚大陆南缘,而是地质历史上冈瓦纳大陆的北缘,现今东、西昆仑造山带及其西延的地质构造历史。已有的研究认为至少存在两期古老的特提斯洋演化历史:一期是新元古代开裂,早古生代早中期演化成熟,于早古生代末闭合的原特提斯洋构造演化历史;另一期是古特提斯洋构造演化历史。前面已经述及原特提斯洋与古亚洲洋是同时期存在连通的大洋,只是不同位置的不同称谓而已。而古特提斯洋是独立存在的,开启的时间还需进一步深入研究。

Frish 等(2011)认为原特提斯洋是晚前寒武纪伴随元古宙罗迪尼亚超大陆的裂解形成于西伯利亚陆块与哈萨克斯坦陆块之间的大洋,一直延续到泥盆纪,但没有标出古亚洲洋的位置。西伯利亚陆块与华北陆块之间没有标出大洋的空白位置,其实就是古亚洲洋的位置(图2-1-4)。从古板块重建图来看,早古生代奥陶纪(470Ma)劳伦(北美洲)、波罗的(欧洲)和西伯利亚陆块尚未连接成为劳亚大陆,塔里木、华北和华南之间也是相互分离的,在低纬度处与冈瓦纳大陆之间构成有限洋盆,相当于古亚洲洋的分支或边缘海,如同现今太平洋的东海和南海,古亚洲洋则介于哈萨克斯坦陆块和西伯利亚陆块与塔里木、华北和华南陆块之间,向南西即与介于波罗的和西伯利亚陆块之间的原特提斯洋或瑞克洋(Rheic Ocean)相连。可见,早古生代古亚洲洋与原特提斯洋就是连为一体的。

从奥陶纪重建板块的分布来看,古亚洲洋与原特提斯洋构成的洋呈近南北向,到志留纪逐渐向东西向偏移,古亚洲洋在东,原特提斯洋在西。劳伦、波罗的和西伯利亚陆块逐渐汇聚形成新的劳亚大陆,并与冈瓦纳大陆逐步靠近。志留纪末塔里木、华北和华南陆块与冈瓦纳大陆之间的大洋分支或有限洋盆昆仑洋、祁连洋和秦岭洋相继闭合造山,有多处志留纪末高压-超高压变质带榴闪岩、榴辉岩的产出是主要证据,另外青藏高原也发现有相应的缝合带(潘裕生,1994)。最终于泥盆纪末古亚洲洋主洋和原特提斯洋闭合。由于古生代古板块构造的重建是一项需要多学科合作的综合性工作,即使大陆或重要陆块相对位置正确了,就现有的研究程度来说,也难以清楚地确定较小陆块的位置。因此,对古生代塔里木及其周边陆块与南、北大陆(冈瓦纳、劳亚)的时空关系进行研究,是特提斯重大地质问题研究的关键。

通过对东、西昆仑造山带的研究,发现晚古生代的古特提斯洋是存在的,其形成演化和闭合在造山过程中留下了大量的地质构造建造和相应的众多矿产资源。特别是近年来东昆仑夏日哈木超大型岩浆铜镍硫化物矿床、西昆仑玛尔坎苏大型优质沉积碳酸锰矿床等的发现,极大地丰富了古特提斯地质的研究成果。由于新特提斯构造的叠加,尽管学者已经普遍接受对古特提斯洋的认识,但对古特提斯洋的形

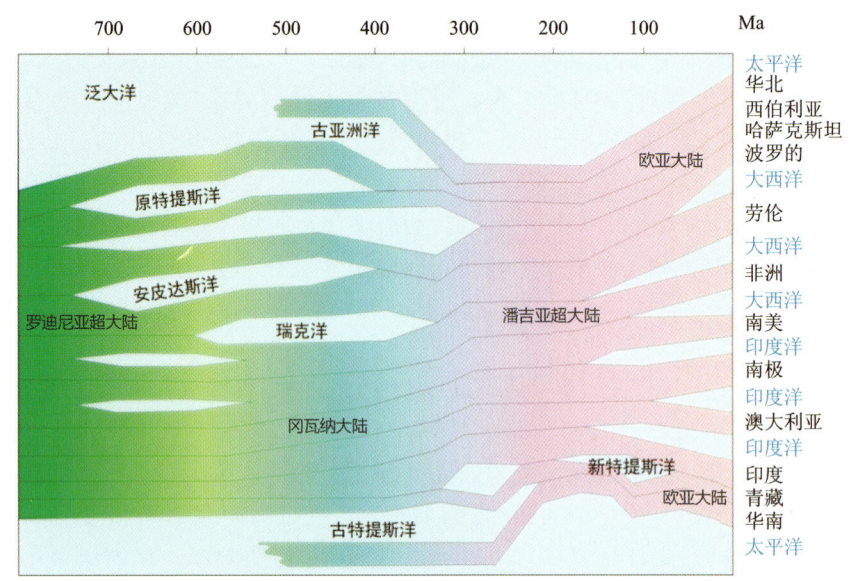

图 2-1-4　罗迪尼亚和潘吉亚超大陆形成前后主要陆块的示意图(据 Frish 等,2011 修改)

成演化和闭合造山的细节并不十分清楚,特别是对古特提斯洋裂解成洋的时限缺乏约束性的研究,有待于进一步寻找证据。从全球超大陆聚散认识出发,古亚洲洋的闭合导致地球表面积的缩减,为实现空间上的平衡,另一个新的陆块开裂伸张事件将必然发生。我们认为东昆仑志留纪末夏日哈木超大型岩浆铜镍硫化物矿床(Li et al.,2015),是这一重要裂解事件的产物,即形成于 411Ma 的夏日哈木含铜镍镁铁-超镁铁质侵入岩是古特提斯洋初期大陆裂谷环境的产物(李文渊,2015),代表了地球表面冈瓦纳大陆的裂解。是什么原因导致冈瓦纳大陆裂解呢? 除前述为维持地球表面积伸缩平衡的动力学原因外,对夏日哈木含铜镍镁铁-超镁铁质岩体的成因的研究是解决古特提斯洋开裂地球动力学机制的关键钥匙。

除在柴达木地块南缘东昆仑造山带元古宙金水口群基底中发现志留纪末的夏日哈木含铜镍岩体外,在东昆仑东段南邻的南祁连化隆微地块中也发现有拉水峡、裕龙沟等多个中小型岩浆铜镍硫化物矿床,含矿岩体年龄为晚志留世(裕龙沟辉长岩锆石 U-Pb 年龄 422Ma,Zhang et al.,2014);在阿尔金构造带上也发现有志留纪的含铜镍镁铁-超镁铁质岩体(马中平等,2009)。迄今为止,并没有充足证据证明岩浆铜镍硫化物矿床除在大陆板内拉张环境中产生外,可以在板块边缘的聚敛环境中形成(李文渊等,2007)。所谓造山带型铜镍矿床,不过是现在分布于鉴别为地史上的造山带中而已,并非岛弧形成,而是在新生的陆壳环境下造山带的缝合线更容易成为部分熔融幔源岩浆上侵通道所致,这就是造山带型铜镍矿床的铁质镁铁-超镁铁岩带往往与先前的蛇绿(混杂)岩带相伴产出的原因。夏日哈木矿区最为典型,对该矿区大比例尺地质填图发现,它不仅有先前 441Ma 的蛇绿混杂岩残块,还发现有 408Ma 左右的榴闪岩等。

当然,闭合后先前俯冲消减洋壳可能拆离,甚至抵达核幔边界深处,诱发地幔柱产生。地幔柱热能促使软流圈地幔物质部分熔融,大量洋壳加入,形成的幔源岩浆在地球化学特点上更趋向岛弧岩浆。因此,岩浆铜镍硫化物矿床仍具有构造环境判别的专属性功能,是大陆裂谷的典型产物。目前,我们还没有充足证据证明夏日哈木矿区是地幔柱作用三叉裂谷裂点的结果。但夏日哈木矿床作为中国仅次于金川超大型矿床,储量位居第二的超大型岩浆铜镍硫化物矿床,它有无可能如同金川超大型矿床是罗迪尼亚超大陆三叉裂点一样,也是冈瓦纳大陆裂解的三叉裂点,只是能量和规模较小而已。我们猜测阿尔金带是夭折的那条裂谷带,而东昆仑(实则穿越现今的东昆仑和南祁连)和西昆仑裂谷则继续发育,直至裂解成古特提斯洋。

随着古特提斯洋新生洋壳的不断产生,形成了新的洋陆空间关系。古亚洲洋在泥盆纪末闭合后,原来作为古亚洲洋南岸的塔里木陆块,在空间位置上发生转化,它拼贴于哈萨克斯坦-西伯利亚大陆(新劳亚大陆)上,成为古特提斯洋的北岸。与此同时,柴达木地块连同新生的祁连造山带、北秦岭造山带新陆块都被纳入古特提斯洋北岸的范畴。石炭纪古特提斯洋逐渐发育成熟,由于先前大陆裂谷或新生洋壳岩浆火山作用提供的物质基础,塔里木南缘作为被动大陆边缘,甚至可能海侵整个塔里木作为陆表海,为玛尔坎苏大型碳酸锰矿层的形成提供了良好的成矿环境。塔里木陆块在晚古生代先后作为古亚洲洋和古特提斯洋的见证,担当了两个大洋的大陆边缘角色,只是时代和位置发生了变化(图 2-1-5)。

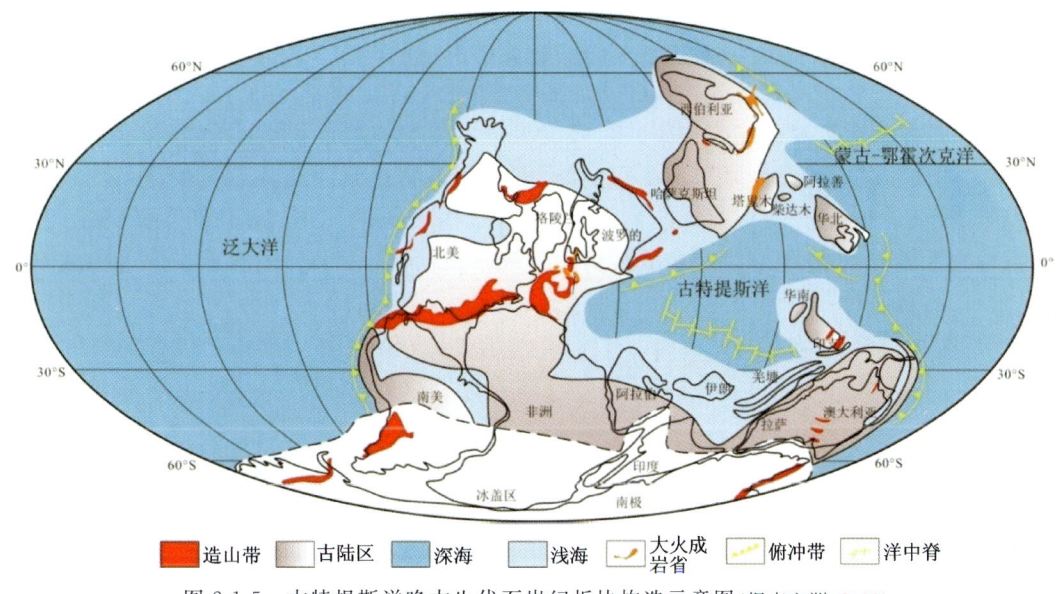

图 2-1-5　古特提斯洋晚古生代石炭纪板块构造示意图(据李文渊,2018)

因此,从塔里木陆块演化出发,新疆南北是一个整体,不存在归属两种构造体系的说法,只是在不同时代归属于不同的构造演化体系而已,不能完全割裂开来看。早古生代,包括塔里木南北均属于古亚洲洋的构造演化体系。晚古生代,由于地幔柱作用的结果,石炭纪地幔柱热动力和板块闭合后碰撞动力并存的构造动力学造成天山-北山及邻区大规模岩浆作用和成矿爆发,构成了新疆北部独特的以石炭纪为突出代表的构造-岩浆-成矿事件,但不能将新疆北部晚古生代的成矿特色归功于古亚洲洋地质作用,与祁连、北秦岭和昆仑的早古生代成矿作用表现一样,早古生代的成矿作用才是古亚洲洋构造体系的结果。为什么晚古生代成矿事件反而强劲呢?一是石炭纪—二叠纪地幔柱的作用。可能大家质疑如此漫长的地幔柱作用,但其实地幔柱作用与板块构造作用一样,是地球两大动力学基本机制,在板块构造没有出现以前,地幔柱作用是地球深部与浅部和地表之间能量及物质交换的主要机制,它贯穿于地球演化史始终,也有孕育期、作用期和衰亡期,即使在作用期也有间歇期,大火成岩省是强度作用的结果。二是晚古生代古特提斯洋构造演化成矿作用的叠加。这方面的研究过去只关注于塔里木南缘的昆仑造山带,对塔里木北缘以及天山西延境外天山成矿作用的研究几乎不被提及或不被重视。

如果地史上的古特提斯洋存在,它就必然对北面陆缘产生影响,也对先成的天山成矿带的成矿作用有过叠加作用。境内和境外天山成矿上的最大区别在于境内有早二叠世的铜镍矿,而境外有石炭纪世界级的斑岩铜矿。如乌兹别克斯坦天山中的阿尔马雷克(Almalyk)超大型斑岩铜矿,铜金属储量高达2400 万 t,位居欧亚大陆第一,形成时代为石炭纪(薛春纪等,2013)。这个石炭纪的铜矿我们无法用地幔柱与板块构造并存的观点来解释,但它又确实存在,并认为是岛弧环境,它是不是古特提斯洋的岩浆火山岛弧呢?

由于中生代以来印度次大陆与亚洲大陆之间强烈的新特提斯地质作用的叠加,我们很难对古特提斯洋的形成演化做出细节性的判断。学术上比较形成共识的是中三叠统与上三叠统之间的不整合,可能代表了古特提斯洋的结束。从空间上来说,古特提斯洋在青藏高原北带,新特提斯洋在青藏高原南带。时间上是先后关系，即先古特提斯洋闭合，后新特提斯洋才开裂。正如特提斯概念的变化一样，从西面的地中海依据希腊神话建立了"特提斯"术语起，就赋予了它无限的想象，直到板块构造认识提出才有了古特提斯洋的概念。我们继续顺着前面的叙述逻辑，古特提斯洋从志留纪末打开，泥盆纪开始扩张，石炭纪形成大洋，早二叠世发展到极限，然后开始衰落，直至中三叠世末闭合，这是它大致的时间演化序次。在空间上，有学者认为与塔里木一样，柴达木、祁连、阿拉善、华北、北秦岭等大小陆块和微地陆块构成泛华夏古陆群，向北拼贴于劳亚大陆，形成古特提斯洋北面的陆缘，南面则是冈瓦纳大陆，而且还认为古特提斯洋并不像太平洋那样"干净"，是多岛洋的洋陆景观（潘桂堂等，2009）。

如果古特提斯洋石炭纪发生俯冲消减，必然会造成岛弧或活动大陆边缘。现今东、西昆仑造山带中哪些地质单元是这些曾经的岛弧或活动大陆边缘的分子，似乎需要梳理，它们是我们分析判断成矿的地质基础。西昆仑玛尔坎苏锰矿的石炭纪碳酸盐岩沉积是古特提斯洋北岸塔里木陆缘浅海或陆表海的产物，还是南岸的物质？若它在北岸塔里木南缘形成，应是还未发生俯冲消减前的被动大陆边缘的背景，成矿物质可能来源于同时代的洋中脊或前世火山岩基底。东昆仑德尔尼铜矿曾被误认为是岩浆铜镍硫化物矿床系列的缺镍单铜钴类型，进一步研究确认为晚石炭世（310Ma）洋中脊铜钴块状硫化物矿床（杨经绥等，2004）。与塞浦路斯型铜矿床相比，东昆仑德尔尼铜矿不仅成铜，而且钴含量还高，且矿体不是产在玄武岩中，而是产在辉长岩中，这也是过去它被误认为是岩浆矿床的原因。鄂拉山铜峪沟、赛什塘铜矿为三叠纪夕卡岩-斑岩铜矿床（曾小华，2014），代表了古特提斯洋消减俯冲形成的火山岛弧环境。大场金矿应是三叠纪岛弧火山岩浅成低温热液矿床类型，是古特提斯洋消减闭合产物。目前新疆西昆仑、祁漫塔格和青海东昆仑镍、铜、锰、铅锌、金银金属矿床已有重大发现，也已形成若干重要矿产资源基地，需要以古特提斯洋的形成演化为研究主线，对构造演化-岩浆作用-成矿响应进行研究，丰富古特提斯洋在中国的地质研究成果。消减压缩后的造山带中各种地质体空间位置的紧密镶嵌，并不能代表其形成时的实际空间关系，何况又有新特提斯的叠加改造，多岛洋模式是否代表了古特提斯洋的特点，需要更全面深入的研究。在压缩后的造山带中，微陆块被保留了下来，大洋多被消减而消失了，多岛洋的特点往往就突显出来了。

欧亚大陆南缘中西段地中海、黑海、咸海、里海最初被认为是特提斯海的残留，但进行板块构造研究后，对其是古特提斯洋的残留还是新特提斯洋的残留，反而并无深究。青海湖作为青藏高原北部最大的咸水湖，是古特提斯洋的残留，还是中生代后更南部新生新特提斯洋的残留？似乎也没有定论。古特提斯洋作为中国华北、华南和塔里木几个大的陆块及众多微陆块最后最重要的分离，消减闭合后连接为一体，对中国大陆研究意义重大。古特提斯洋中三叠世末的最终闭合，使华南与华北陆块拼接在了一起，从此中国大陆构架基本形成。

三、古亚洲洋与古特提斯洋关系

古亚洲洋和古特提斯洋的演化作为欧亚大陆地质历史上古生代最重要两个大洋的演化，实际上反映了欧亚大陆古生代重要陆块之间的聚散演化关系。由于特提斯洋本身有复杂的划分方案，故而有古亚洲洋是由古特提斯洋组成的认识（Yakubchuk，2002），也有古特提斯洋与古亚洲洋并存的观点（李荣社等，2011）。通过上述论述，已经比较清楚地阐明了早古生代的古亚洲洋与早古生代的原特提斯洋是一个相通的大洋，古亚洲洋在东，原特提斯洋在西。在一些著作中有学者不认同早古生代的原特提斯洋，并将其命名为瑞克洋（Robb，2013），但其实指的是一个洋。早古生代的昆仑洋、祁连洋和秦岭洋是早古生代原特提斯洋的组成部分，于早古生代末闭合，古亚洲洋主洋则延续到泥盆纪末闭合。早古生代古亚洲洋与晚古生代古特提斯洋是前后关系，志留纪末冈瓦纳大陆北部裂解，晚古生代形成古特提斯洋，于中生代中三叠世末闭合。相应地三叠纪冈瓦纳大陆南部再次裂解，于中生代形成新特提斯洋，并与古太平洋相连。新特提斯洋于新生代（65Ma）开始闭合而发生陆陆碰撞并使陆壳俯冲，青藏高原大规模隆升。现今的欧亚大陆,自北而南,从大陆腹地向南依次是早古生代的亚洲洋-原特提斯洋、晚古代的古特提斯洋和中新生代的新特提斯洋的时空演化展布,并决定了区域构造-岩浆活动的演化和响应的区域成矿作用。

中亚造山带(CAOB)是晚古生代造山带的认识由来已久,也深入人心,主要原因是天山及邻区石炭纪大规模的岩浆作用和成矿大爆发,吸引了大家的注意力,而忽略了早古生代大洋作用的地质事实。塔里木早二叠世大火成岩省的确认(Yang et al.,2006),唤起了人们对天山及邻区晚古生代,特别是石炭纪—二叠纪构造环境的探索。Xia(2014)近10年通过对天山及邻区石炭纪火山岩的研究,尤其是对石炭纪玄武岩的深入研究,提出了天山及邻区石炭纪—早二叠世大陆裂谷背景大火成岩省的认识,激起了学术界对中亚造山带的重新思考。随着中亚哈萨克斯坦石炭纪—二叠纪油气资源被利用,以及中国境内新疆准噶尔和银根-额尔济斯盆地二叠纪油气的发现,原有的对石炭纪—二叠纪岛弧火山岩的认识受到了更多质疑。从更大视野考察,在劳亚大陆与冈瓦纳大陆之间整个古生代同时存在两个大洋不太可能,应是两个大洋的接替比较符合地球表部洋陆之间的几何学展布。早古生代是古亚洲洋和原特提斯洋的主要发育期,早古生代的祁连洋、秦岭洋和昆仑洋都是其分支或次生有限洋盆,它们在早古生代就先于古亚洲洋主洋而闭合,最终古亚洲洋于泥盆纪末闭合。

古亚洲洋闭合之前,志留纪末古特提斯洋就已经开裂。地质历史上的地球动力学体系之间的转换,不是一夜之间完成的,需要一个衰亡期和孕育期的转换,有时这个转换过程甚至很漫长。同时,一个老的构造体系的结束和新的构造体系的开始,在空间和时间上是存在差异的,并非同时完成。古特提斯洋在经历泥盆纪大陆裂谷的同时,古亚洲洋则正经历着消减闭合过程,到石炭纪古特提斯洋拉开,而古亚洲洋闭合进入了后碰撞阶段,这时中国天山及邻区就同时开始了新的地幔柱地球动力学机制的孕育和发育,两种地球动力学的并存造就了中国天山及邻区石炭纪大规模岩浆作用和成矿大爆发。

随着古亚洲洋闭合进入板内作用阶段,古特提斯洋扩张至二叠纪大洋已经成熟,随即开始消减,于中三叠世末闭合,因此晚古生代是古特提斯洋的主要发育期。古特提斯洋其实也是中国北方古陆(华北、塔里木)与南方古陆(扬子)之间最后的分离,古特提斯洋的闭合使它们最终走到了一起。中国古陆块群在早、晚古生代经历了不同的空间大陆归属,早古生代属于古亚洲洋南岸冈瓦纳大陆裂离的陆块,晚古生代除华南(扬子)和羌塘(?)陆块外,所谓泛华夏陆块群成为了古特提斯洋的北岸。

对古亚洲洋和古特斯洋关系的梳理,古亚洲洋开裂是以827Ma金川超大型铜镍矿床形成为代表的地幔柱作用,罗迪尼亚超大陆三叉裂谷的开裂开始的,金川矿床的形成可视作古亚洲洋的开启;古特提斯洋开裂则是以411Ma夏日哈木超大型铜镍矿床形成为代表的地幔柱作用,冈瓦纳大陆北部三叉裂谷的裂解开始的,夏日哈木的形成也可被看作古特提斯洋的开启。这两个地幔柱作用,除幔源的镁铁-超镁铁岩侵入体外,没有找到大火成岩省的地质遗迹。在290~251Ma的二叠纪欧亚大陆趋向聚合统一的潘吉亚超大陆过程中,欧亚大陆则有3处重要的大火成岩省展布,最早的是290~288Ma(早二叠世)塔里木大火成岩省,其次是259Ma(晚二叠世)峨眉大火成岩省,再次是252Ma(二叠纪—三叠纪交接)的西伯利亚大火成岩省。3个大火成岩省在全球视野和地史尺度上看非常接近,难免被放在一起思考。塔里木大火成岩省是古老陆块边部发生的重大快速岩浆事件,而此时陆块的南侧正经历着古特提斯洋大洋化过程,这犹如太平洋东岸的黄冈大火成岩省事件一样。不过由于塔里木大火成岩省被覆盖隐伏,它的实际规模可能要更大,同时,它能够刺破陆壳上升喷发,在相邻的新生天山造山带陆壳中更可能产出,而且在石炭纪就已活动,从动力学机制可看作是一个地幔柱作用的阶段性过程。峨眉大火成岩省实际发生在古特提斯洋南侧扬子陆块西缘及松潘甘孜和三江造山带的结合部位,也在古老陆块的边缘与新生造山带陆壳中,与塔里木颇为相似,只是时间范围更为有限,从253~251Ma或最多到263Ma(尤敏鑫等,2014)。西伯利亚大火成岩省则完全发生在劳亚大陆的西伯利亚大陆块中,正好处于二叠纪与三叠纪的交接时间,由于其巨大的岩浆喷出侵入规模和铜镍成矿作用被广泛关注,同时被认为是古生代进入中生代许多生物灭绝的原因(Sobolev et al.,2009)。从当时地域空间关系上看,3个大火成岩省可能并无直接关系,但它们集中发生于二叠纪—三叠纪,则可能反映了潘吉亚超大陆的裂解。深部地幔柱与浅部板块构造大洋形成演化之间的关系，除地幔柱作用使陆壳破裂产生大陆裂谷而发生联系外，两者之间关系的研究还有待于深入。

第二节　西北地区大地构造特点

西北地区保留了地质历史时期太古宙—新生代各个时期不同类型的地质建造记录和不同构造阶段构造变形-变质改造遗迹。总观地球演化地质记录，西北地区经历了新太古代—青白口纪（前南华纪）基底演化及古板块构造发育阶段，南华纪—早古生代板块构造、晚古生代—中三叠世板块构造与后造山伸展共同发展、晚三叠世以来陆内造山等几个大的构造阶段。

一个大的构造演化就经历了复杂的伸展-汇聚等不同的动力学体制演化阶段，不同阶段其大地构造格局和构造环境明显不同。如同一地区表现在不同阶段（时间上）演化的差异性；就同一个构造阶段来说，不同地区在空间上表现出差异性。

一、前南华纪

西北地区的前南华纪地质记录总体构成了古生代以来造山带及盆地演化的基底，主体可分为太古宙—古元古代中深变质岩系组成的结晶基底、中-新元古代浅变质火山沉积岩系组成的第一个盖层（或以往称的变质基底、褶皱基底）和西北地区中南部普遍发育的新元古代早期活动陆缘构造岩浆热事件记录，经历了太古宙—古元古代陆核形成、增生与"古中国地台"（哥伦比亚超大陆一部分）形成，中-新元古代哥伦比亚超大陆解体，青白口纪罗迪尼亚超大陆聚合三大阶段的演化。综合地质演化历史过程中沉积盆地、构造岩浆事件、变质变形作用特征及其与大地构造环境的关系，将西北地区前南华纪划分为"三大陆块区"和"三大陆块群"的总体构造格局，反映了地球早期演化阶段"准板块"构造体制下的大地构造特征。三大陆块区是塔里木陆块区、华北陆块区、扬子陆块区；三大陆块群是哈萨克斯坦-准噶尔-敦煌陆块群、华南陆块群、西伯利亚陆块群。

二、南华纪—早古生代

南华纪—早古生代是西北地区板块构造发育最具代表性的时期。在南华纪—早奥陶世罗迪尼亚超大陆伸展-增生-裂解过程中，西北地区普遍形成了以裂谷-被动陆缘-洋岛-小洋盆为主的构造格局，总体以塔里木-敦煌、阿拉善-华北两大陆块可能构成的大陆链为界，其南划归为原特提斯（东部）"多岛洋"，其北划归为古亚洲"多岛洋"。早古生代晚期—中泥盆世，华南陆块、塔里木-敦煌陆块、阿拉善-华北陆块、西伯利亚陆块汇聚，洋盆收缩并总体显示出自北向南逐渐关闭的趋势，形成了由多条蛇绿混杂岩和多个弧盆系构成的增生造山带。从此，西北地区北部基本结束了大规模板块构造的历史。

三、晚古生代—中三叠世

晚古生代—中三叠世西北地区构造环境及其格局较此前发生了重大变化，主要表现为塔里木陆块和柴达木地块在石炭纪—二叠纪可能连为一体形成统一的陆表海。早古生代祁连构造带在该时期已经准克拉通化,并与华北陆块相连。除西天山发育残留海并向北深俯冲外,在中天山—北山—阿拉善及其以北,发育以巨量幔源岩浆为主体的海相-海陆交互相-陆相火山岩系和"弧岩浆岩"岩石组合面貌及普遍的退积沉积序列,综合反映了该时期在早古生代弧地壳基底之上后造山阶段裂谷环境特点和/或板内地幔柱的叠加。在西昆仑—东昆仑—宗务隆—陇山—北秦岭中南部以南,板块构造持续发展,部分地区构造岩浆活动一直持续到晚三叠世末。

四、晚三叠世以来

晚三叠世以来,除喀喇昆仑山—可可西里中生代尚处于特提斯洋北缘具有活动大陆边缘的特点外,西北地区基本上处于板内构造演化阶段,形成了不同级别造山带与盆地相间的构造格局。尤其是新生代以来,受青藏高原地壳隆升、岩石圈加厚并向北推挤这一动力学系统的控制,形成了青藏高原北部盆山巨系统、西北地区西部复活盆山巨系统和西北地区东部南北向盆山巨系统。在造山带中分布着中新生代构造-热隆起和与之密切相关的多金属成矿带,盆地区是西北重要的能源、化工矿产形成聚居区。

第三节　前南华纪古板块构造

一、前南华纪大地构造分区

前南华纪大地构造分区,是在岩石构造组合清理、大地构造环境甄别、露头大地构造相主图和专题图编制的基础上进行的。本书将具有基底和盖层"双层"结构,且尚存区域较大的称之为"陆块",而将"双层"结构不清楚,或者夹裹于后期造山带中出露面积很小的陆壳残块称之为"地块",陆块或地块内不同性质的盆地是其中的次级构造单元。前南华纪总体构造格局只能对各个前南华纪构造块体的物质建造、构造热事件序列、地层层序等作粗略对比,将具有相似性构造的块体作为具一定亲缘性的"陆块群"或"陆块区"进行归类。

通过区域对比将西北地区划分为3个陆块区(华北、塔里木、扬子),3个陆块群(西伯利亚、哈萨克斯坦-准噶尔-敦煌、华南)共6个一级单元,以及19个二级单元,37个三级单元和103个四级单元(图2-3-1,表2-3-1)。

二、大地构造演化及其阶段划分

总括西北地区前南华纪各构造单元大地构造环境特征,我们可以将西北地区前南华纪地质演化概括为以下3个大的阶段:①太古宙—古元古代古结晶基底形成阶段。陆核形成、增生、裂解-汇聚,"古中国地台"(哥伦比亚超大陆的一部分)形成阶段(吕梁运动)。②中元古代"古中国地台"裂解阶段。早期(长城纪)稳定陆块大陆边缘陆表海-裂谷发育,晚期(蓟县纪—青白口纪)伸展背景下被动大陆边缘发展阶段。③新元古代早期罗迪尼亚超大陆形成阶段。青白口纪古板块活动陆缘发展阶段(塔里木运动、晋宁运动)。

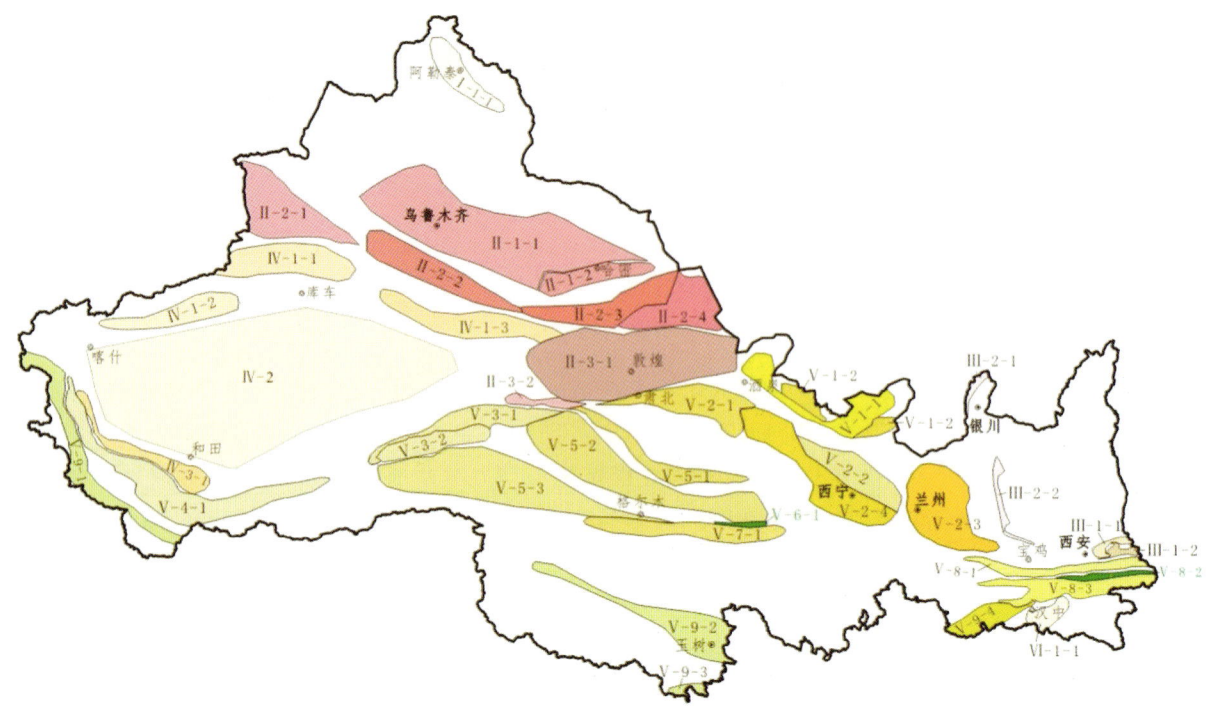

图 2-3-1 西北地区前南华纪一级至三级大地构造单元划分图

表 2-3-1 西北地区前南纪一级至四级的大地构造单元划分表

一级	二级	三级	四级
Ⅰ 西伯利亚陆块群	Ⅰ-1 阿尔泰地块群	Ⅰ-1-1 南阿尔泰地块	Ⅰ-1-1-1 阿尔泰古陆缘盆地(Pt_2)
			Ⅰ-1-1-2 阿尔泰基底残块(Pt_1)
Ⅱ 哈萨克斯坦-准噶尔-敦煌陆块群	Ⅱ-1 准噶尔地块群	Ⅱ-1-1 准噶尔地块	Ⅱ-1-1-1 准噶尔地块东缘古陆缘盆地(Pt_2)
		Ⅱ-1-2 吐哈地块	
	Ⅱ-2 中天山地块群	Ⅱ-2-1 伊犁地块	Ⅱ-2-1-1 伊犁地块北缘基底残块(Pt_1—Ch)
			Ⅱ-2-1-2 伊犁地块北缘古陆表海(Jx—Qb)
			Ⅱ-2-1-3 伊犁地块南缘基底残块(Pt_1—Ch)
			Ⅱ-2-1-4 伊犁地块南缘古陆表海(Jx—Qb)
		Ⅱ-2-2 巴伦台地块	Ⅱ-2-2-1 巴伦台北古陆缘岩浆弧(Qb)
			Ⅱ-2-2-2 巴伦台变质基底残块(Ch)
		Ⅱ-2-3 阿拉塔格-星星峡地块	Ⅱ-2-3-1 星星峡北古裂谷(?)-被动陆缘盆地(Ch—Jx)
			Ⅱ-2-3-2 星星峡古陆表海(Ch)
			Ⅱ-2-3-3 星星峡南古陆缘岩浆弧(Qb—Nh—Z)
			Ⅱ-2-3-4 卡瓦布拉克古裂谷(?)-被动陆缘盆地(Ch—Jx—Qb)
	Ⅱ-3 敦煌-阿北地块	Ⅱ-3-1 敦煌地块	Ⅱ-3-1-1 敦煌地块北缘古裂谷(?)-被动陆缘盆地(Ch—Jx)
			Ⅱ-3-1-2 敦煌地块北古陆表海(Ch)
			Ⅱ-3-1-3 敦煌地块西北缘古岛弧(Pt_3)
			Ⅱ-3-1-4 敦煌地块西北古岩浆弧(Pt_1—TTG)
			Ⅱ-3-1-5 敦煌基底杂岩(Pt_1)
		Ⅱ-3-2 阿北地块	Ⅱ-3-2-1 阿北古陆核(Ar)
			Ⅱ-3-2-2 阿北变质杂岩(Pt)

续表 2-3-1

一级	二级	三级	四级
Ⅲ 华北陆块区	Ⅲ-1 华北东部陆块	Ⅲ-1-1 小秦岭（太华-登封）古岩浆弧（Ar—Pt_1）	Ⅲ-1-1-1 小秦岭北部-骊山古岩浆弧（Ar—Pt_1）
			Ⅲ-1-1-2 小秦岭西南古岩浆弧（Ar—Pt_1）
		Ⅲ-1-2 豫陕古裂谷-陆表海（Pt_{2-3}）	Ⅲ-1-2-1 小秦岭西部古陆内裂谷（Ch）
			Ⅲ-1-2-2 小秦岭东南古陆表海-陆缘盆地（Ch—Jx—Qb）
	Ⅲ-2 鄂尔多斯地块	Ⅲ-2-1 贺兰山基底残块（An—Nh）	Ⅲ-2-1-1 贺兰山中-北段基底残块（Ar—Pt_1）
			Ⅲ-2-1-2 贺兰山中-北古陆表海-陆缘盆地（Ch—Jx）
			Ⅲ-2-1-3 黄旗口古岩浆弧（Pt_1）
		Ⅲ-2-2 鄂尔多斯西缘基底残块（Pt_{2-3}）	Ⅲ-2-2-1 青龙山-云雾山古陆表海（Ch—Jx）
			Ⅲ-2-2-2 六盘山古陆表海（Ch—Jx—Qb）
			Ⅲ-2-2-3 千河-岐山古裂谷（Ch）
Ⅳ 塔里木陆块区	Ⅳ-1 塔里木北缘陆缘带	Ⅳ-1-1 南天山地块	Ⅳ-1-1-1 特克斯古陆缘盆地（Pt_2）
			Ⅳ-1-1-2 南天山变质基底残块（Ch）
		Ⅳ-1-2 柯坪古活动陆缘（Pt_{2-3}）	
		Ⅳ-1-3 库鲁克塔格地块	Ⅳ-1-3-1 达格拉格布拉克古陆核（Ar_{2-3}）
			Ⅳ-1-3-2 兴地塔格基底杂岩（Pt_1）
			Ⅳ-1-3-3 杨吉布拉克古裂谷-被动陆缘（Pt_{2-3}）
			Ⅳ-1-3-4 库首克塔格新元古代晚期岩浆弧（Pt_3）
	Ⅳ-2 塔里木中央陆块		
	Ⅳ-3 塔里木西南缘陆缘带	Ⅳ-3-1 铁克里克地块	Ⅳ-3-1-1 赫罗斯坦新元古代古岩浆弧（Pt_3）
			Ⅳ-3-1-2 赫罗斯坦基底残块（Pt_1）
			Ⅳ-3-1-3 铁克里克古裂谷-被动陆缘（Pt_{2-3}）
Ⅴ 华南陆块群	Ⅴ-1 阿拉善地块	Ⅴ-1-1 阿拉善结晶基底（Ar—Pt_1）	Ⅴ-1-1-1 阿拉善基底残块（Ar_{1-2}）
			Ⅴ-1-1-2 阿拉善古边缘盆地（Ar—Pt_1）
		Ⅴ-1-2 龙首山古陆缘（Pt_{2-3}）	Ⅴ-1-2-1 龙首山西古活动陆缘盆地（Pt_{2-3}）
			Ⅴ-1-2-2 阿拉善古岩浆弧（Pt_{2-3}）
			Ⅴ-1-2-3 墩子沟古被动陆缘（Jx）
	Ⅴ-2 祁连地块	Ⅴ-2-1 祁连山西段（大雪山-镜铁山）古裂谷-被动陆缘（Pt_{2-3}）	Ⅴ-2-1-1 托赖牧场-北大河基底残块（Pt_1）
			Ⅴ-2-1-2 镜铁山-硫磺山古裂谷-被动陆缘（Pt_{2-3}）
			Ⅴ-2-1-3 花儿地-疏勒南山古裂谷-被动陆缘（Pt_{2-3}）
			Ⅴ-2-1-4 野马南山基底残块（Pt_1）
		Ⅴ-2-2 祁连山中段（青海湖-民和）中元古代古陆表海	Ⅴ-2-2-1 湟源-托赖基底残块（Pt_1）
			Ⅴ-2-2-2 湟中-海晏古陆表海（Pt_2）
			Ⅴ-2-2-3 互助古陆表海（Pt_2）
		Ⅴ-2-3 祁连山东段（海原-兴隆山）长城纪古裂谷	Ⅴ-2-3-1 海原古裂谷（Ch）
			Ⅴ-2-3-2 兴隆山-皋兰古裂谷（Ch）
			Ⅴ-2-3-3 马衔山-陇山基底残块（Ar—Pt_1）
		Ⅴ-2-4 木里-化隆新元古代活动陆缘	Ⅴ-2-4-1 木里北中元古代被动陆缘-新元古代岩浆弧（外带）
			Ⅴ-2-4-2 乐都古岩浆弧（外带）（Pt_3）
			Ⅴ-2-4-3 化隆基底残块（Ar—Pt_1）

续表 2-3-1

一级	二级	三级	四级
V 华南陆块群	V-3 阿尔金陆缘带(Pt_{2-3})	V-3-1 阿中(米兰河-金雁山)地块	V-3-1-1 巴什库尔干古陆缘盆地(Ch)
			V-3-1-2 塔昔达坂古被动陆缘(Jx)
			V-3-1-3 索尔库里古裂谷(Qb)
		V-3-2 阿南新元古代活动陆缘(Pt_3)	V-3-2-1 江尕撒依-巴什瓦克增生杂岩带(Qb)
			V-3-2-2 清水泉古前陆盆地(Qb)
	V-4 西昆仑地块群	V-4-1 西昆仑地块	V-4-1-1 西昆仑基底残块(Pt_1)
			V-4-1-2 西昆仑古陆缘盆地(Pt_{2-3})
	V-5 柴达木地块群	V-5-1 全吉地块	V-5-1-1 打柴沟岩浆弧(Qb)
			V-5-1-2 全吉地块基底残块(Pt_1)
			V-5-1-3 大柴旦古岩浆弧(Qb)
			V-5-1-4 柴达木北缘古被动陆缘(Pt_{2-3})
			V-5-1-5 柴达木东北缘古弧间-弧后盆地(Qb)
		V-5-2 柴达木地块	V-5-2-1 柴达木西缘基底隆起带(An—Nh)
			V-5-2-2 鄂拉山岩浆弧(内带)(Pt_3)
			V-5-2-3 白沙河基底残块(Pt_1)
			V-5-2-4 鄂拉山南古岛弧(外带)(Pt_3)
		V-5-3 布尔汗布达地块	V-5-3-1 库木库里周缘古被动陆缘(Pt_2)[东昆中(西部)长城纪被动陆缘—白干湖中-新元古代被动陆缘—祁漫塔格蓟县纪被动陆缘]
			V-5-3-2 布尔汗布达基底残块(Pt_1)
	V-6 清水泉古缝合带(Pt_3)	V-6-1 沟里-塔妥煤矿古蛇绿混杂岩带(Pt_{2-3})	
	V-7 东昆仑地块	V-7-1 东昆仑地块	V-7-1-1 格尔木东古岛弧(Pt_3)(北外带-南内带)
			V-7-1-2 万宝沟古弧间-弧后盆地(Pt_{2-3})
			V-7-1-3 东昆中(东部)古被动陆缘(Ch—Jx)
			V-7-1-4 温泉西古岛弧(Pt_3)
			V-7-1-5 温泉基底残块(Pt_1)
	V-8 秦岭地块群	V-8-1 北秦岭地块	V-8-1-1 天水基底残块(Pt_1)
			V-8-1-2 太白基底残块(Pt_1)
			V-8-1-3 终南山基底残块(Pt_1)
			V-8-1-4 商州基底残块(Pt_1)
		V-8-2 松树沟古蛇绿岩(Pt_3)	
		V-8-3 中-南秦岭地块	V-8-3-1 马道基底残块(Pt_1)
			V-8-3-2 佛坪-长角坝基底残块(Pt_1)
			V-8-3-3 陡岭基底残块(Pt_1)
	V-9 羌塘-摩天岭地块群	V-9-1 喀喇昆仑-甜水海地块	V-9-1-1 布伦阔勒基底残块(Pt_1)
			V-9-1-2 甜水海古被动陆缘(Ch—Qb)
		V-9-2 昌都地块(An—Nh)	V-9-2-1 宁多变质基底残块(Pt_{2-3})
		V-9-3 北羌塘地块(An—Nh)	V-9-3-1 西西前南华纪边缘盆地(An—Nh)

续表 2-3-1

一级	二级	三级	四级
V 华南陆块群	V-9 羌塘-摩天岭地块群	V-9-4 摩天岭地块	V-9-4-1 鱼洞子基底残块（Ar_3—Pt_1）
			V-9-4-2 秧田坝弧后盆地（Pt_{2-3}）
			V-9-4-3 白雀寺古岛弧（Pt_3）
			V-9-4-4 黑木林古构造（蛇绿？）混杂岩（Pt_3）
VI 扬子陆块区	VI-1 上扬子地块群	VI-1-1 汉南地块（Ar—Pt）	VI-1-1-1 南沙河基底残块（Ar—Pt_1）（后河岩群）
			VI-1-1-2 西乡北基底残块（Ar—Pt_1）（后河岩群）
			VI-1-1-3 西乡古裂谷（Pt_2）（三花石群）
			VI-1-1-4 碑坝古岩浆弧（Pt_3）

（一）太古宙—古元古代古结晶基底形成阶段

就目前资料，西北地区较明确的太古宙陆核（>2.7Ga）主要有库鲁克塔格陆核（中-新太古代达格拉格布拉克岩群及 TTG 岩系）和阿北-敦煌陆核（米兰岩群和新太古代 TTG 岩系、敦煌地块中南部的敦煌岩群）。另外，在全吉地块（Sm-Nd 同位素年龄值为 3456Ma；张雪亭等，2007）、汉南地块、阿拉善地块、华北陆块小秦岭地区等前南华纪基底残块中，出现了不少的太古宙年龄信息和孔兹岩系、石墨大理岩等具有地球早期陆核发育的地质信息。

在古陆核和具有古陆核信息的地区（陇山、小秦岭、敦煌、阿北、库鲁克塔格、鱼洞子等），发育新太古代具有类似于现在活动陆缘 TTG-GG 性质的中酸性变质古侵入岩系，反映了陆核或疑似陆核的地区经历了较普遍的新太古代末的汇聚事件，同时也暗示类似板块构造机制可能出现。古元古代铁铜沟组与太华岩群之间的不整合，以及塔里木陆块北缘库鲁克塔格地区古元古代兴地塔格群与达格拉格布拉克杂岩之间的不整合，都为这次陆核增生及拼合汇聚事件提供了佐证。

古元古代，西北地区普遍出现古裂谷或古弧盆系火山-沉积建造，如塔里木陆块区的兴地塔格群（北缘）、赫罗斯坦岩群（南缘）；华北陆块区的铁铜沟组（西南缘）、贺兰山岩群（西缘）；哈萨克斯坦-准噶尔-敦煌陆块群南部的大湖岩群、北山岩群、敦煌岩群；华南陆块群的龙首山岩群、北大河岩群、托赖岩群、湟源岩群、化隆岩群、马衔山岩群、陇山岩群、达肯大坂岩群、金水口岩群、秦岭岩群及扬子陆块区的后河岩群等。这些古裂谷或古弧盆系火山-沉积建造，虽均发生了中—深变质，但从原岩恢复及其所代表的构造环境差别还可与太古宙建造有所区别，它们应该反映了太古宙大陆在形成之后的裂解-聚合过程的构造-沉积-岩浆事件记录。在这一过程中，表现最明显的要算古元古代晚期的构造岩浆事件及变质事件，该事件形成了以明显具有汇聚大陆边缘 TTG 岩浆岩特点的片麻岩套（古生代造山带中夹裹的前南华纪鱼洞子、小秦岭、祁连等地块内结晶基底残块中的古侵入体）和以几乎未变质的侵入岩建造（鄂尔多斯地块基底贺兰山黄旗口岩体等）为代表的活动陆缘弧岩浆岩等，反映了古元古代末期的古大陆边缘的汇聚构造事件。西北绝大多数有长城系和早前寒武纪地层出露的地区都普遍存在长城系与下伏古老变质岩系之间的区域性角度不整合。不整合面上下变质及变形程度差异颇大，这为该期陆块拼合事件提供了依据。由此，形成了黄汲清等（1987）提出的"古中国地台"，可能对应着全球哥伦比亚超大陆的形成。受当时地球古气候缺氧环境和可能的弧盆系构造环境的制约，形成了与之相关的 BIF 型磁铁矿，西北地区以鱼洞子最为典型，其中包括与沉积岩相关的苏必利尔型和与火山岩有关的阿尔戈马型两种。

（二）中元古代"古中国地台"裂解阶段

古元古代末期基本上完成了中国大陆地壳主体的克拉通化（陆松年等，2006），在西北地区形成目前分布在各地块中的长城纪早期以石英砂岩沉积组合为代表的具有高成熟度的陆表海环境是这一过程持续的物质记录,如祁连地块湟中群、敦煌地块北缘的古洞井群、鄂尔多斯地块的黄旗口组等。

稳定中国古大陆的裂解可能起始于1700Ma左右。在古陆块的边缘或内部出现了以裂谷基性火山-沉积岩为代表的建造组合,如鄂尔多斯地块南缘熊耳群双峰式火山岩、敦煌地块北缘铅炉子沟组中基性火山岩、祁连地块西部熬油沟组—桦树沟组和东部的皋兰群—兴隆山群—海原群、东昆仑地块的万宝沟群、阿中地块的巴什库尔干群、塔里木陆块北缘阿克苏群和杨吉布拉克群,塔里木陆块西南赛拉加兹塔格群、伊宁地块南部特克斯群、中天山地块星星峡群、上扬子地块上的三花石群等都属含有与这一构造岩浆事件相关的火山岩或火山-沉积建造,有的具有双峰式火山岩特征。

这一裂解事件各地持续时间不同,有些持续至蓟县纪,有的直至青白口纪。不同地区持续规模发展的程度和地质记录保留也不同。有的进一步发展为古洋盆,如东昆仑的万宝沟群海山、清水泉蛇绿岩,南、北秦岭地块之间的商丹蛇绿混杂岩中的新元古代信息和松树沟蛇绿岩就是例证。但受后来构造的破坏,大多数仅保留了中-新元古代陆块被动边缘-陆表海沉积组合,如祁连地块西段的桦树沟组—大柳沟组、鄂尔多斯地块南缘高山河群—官道口群、中天山地块的卡瓦布拉克组—帕尔岗塔格群、敦煌地块北缘的平头山群—大豁落山群等。

至于这些陆块或地块的亲缘性因地质记录的不连续和地质历史的久远以及经受后期复杂的构造改造等,构造古地理很难恢复。但这一时期,就某些陆块或地块内部的沉积相带和古地理格局还可以恢复,如祁连地块的东、西裂谷和中部稳定陆表海,反映了地块内部的古构造格局;柴达木及周边的全吉地块、柴达木地块和布尔汗布达地块中-新元古代统一盖层,说明了中-新元古代可能属于同一陆块或地块群(柴达木地块群);敦煌地块北部与马鬃山地块、阿拉塔格-星星峡地块的沉积层序、沉积环境、沉积(及成矿)标志层的可对比性等,说明了这些地块在中-新元古代的亲缘性,这也是本次工作将敦煌-阿北地块归属于哈萨克斯坦地块群的主要原因。上述这些都为前南华纪古构造格局的分析及构造单元的划分提供了证据。

(三)新元古代早期罗迪尼亚超大陆形成阶段

新元古代早期(青白口纪,个别有蓟县纪晚期的年龄信息显示),在西北地区的扬子陆块区、塔里木陆块区和华南陆块群及哈萨克斯坦陆块群普遍发育与陆块或地块汇聚相关的构造-岩浆热事件,主要表现为大量发育类似于现代板块活动大陆边缘TTG-GG弧岩浆组合,具有很好对应的构造岩浆岩带和高压变质带(阿克苏等),反映了广泛发育的地块或陆块之间的汇聚构造事件,这次事件相当于晋宁运动,可能对应着全球格伦威尔运动,造成罗迪尼亚超大陆拼合。

在华南陆块群范围内,东昆仑的清水泉—格尔木—鄂拉山地区,新元古代以清水泉蛇绿岩为代表的中-新元古代洋壳向南、北双向俯冲,在东昆仑地块北缘(温泉-格尔木东)和柴达木地块东部形成了具有弧外带(TTG)和弧内带(GG)明显分带的岩浆弧。南、北秦岭地块同样发育了新元古代的弧岩浆组合,但其分带性不甚明显,其间的松树沟蛇绿混杂岩为其缝合带,在摩天岭地块发育新元古代沟-弧-盆体系,阿拉善地块南缘和汉南地区发育明显的弧岩浆构造岩石组合。上述这些地质资料所反映的新元古代可能的地质历程,也是本次工作划分前南华纪构造单元的依据,如将前南华纪东昆仑地块与柴达木地块单独划出,将北秦岭地块归属于华南陆块群等。

在哈萨克斯坦-准噶尔-敦煌地块群的南部伊犁-中天山地块和敦煌—阿北一带,也发育有新元古代早期的构造岩浆事件,岩石构造组合反映了其疑似岩浆弧构造环境。说明在该范围内的所属地块(伊犁地块、巴伦台地块、阿拉塔格-星星峡地块、马鬃山地块和敦煌地块、阿北地块)在新元古代早期参与了超大陆的形成,是超大陆的一部分,更亲近于塔里木陆块或华南陆块群,而可能与哈萨克斯坦陆块群的其他属于北方系统的地块分了家。

新元古代早期陆块拼合的物质记录,还表现在上述青白口纪构造岩浆岩带及相关蛇绿混杂岩带之上,普遍以不整合接触的上覆南华系冰碛岩(南沱组、关家沟组、白杨沟群、全吉群底部、贝义西组等)和震旦系含磷稳定沉积(陡山沱组、临江组等)为主,反映了拼合后的统一大陆的沉积盖层底部建造。

关于新元古代扬子陆块区、塔里木陆块区在全球罗迪尼亚超大陆的位置，国内外学者们研究认为，扬子陆块在罗迪尼亚超大陆的位置紧靠澳大利亚（陆松年等，2006；Pisarevsky et al.，2003），Li 等（2008）将塔里木陆块和华南陆块群分别置于澳大利亚陆块的北、南两边，而将华北陆块置于西伯利亚陆块之东。

（四）前南华纪大地构造有关问题讨论

关于前南华纪"古"板块构造残迹与构造体制，通过基础资料的厘定、对比与划分，我们不难看出西北地区在太古宙晚期—青白口纪，主要由一些不同级别陆块和其间不同类型的构造活动带或盆地所构成，除陕西松树沟、勉略宁和东昆仑地区清水泉等处产出蛇绿岩反映其大洋地壳存在外，其余都不明确。但这些构造活动带和部分陆块的边缘不同程度出现了类似于古生代以来的弧岩浆岩组合，似乎反映了板块俯冲-地壳重熔-壳源岩浆侵位作用的存在，这一点在新元古代末期尤其是青白口纪（晋宁期）表现明显，在古元古代末和新太古代末也有不同程度表现。由此，我们似乎可以推断，在新太古代—青白口纪这一构造阶段，地球演化可能已经进入板块体制演化阶段，但其板块构造机制与古生代以来的板块构造体制有所区别，这可能与地球演化早期的独特性质（高热流变质深等）相关。为了将这一时期的板块构造与古生代以来板块构造加以区别，我们在划分构造单元并根据其性质命名时在大地构造环境前缀以"古"字，以示区分。

第四节 南华纪—早古生代板块构造

西北地区从南华纪开始进入到板块构造体制发育阶段。板块构造体制在西北地区主体（南昆仑构造带及其以北地区）持续到中三叠世结束，之后全面进入板内演化阶段。总体上，在晚三叠世之前，不同地区是陆续结束板块的俯冲碰撞造山的，而且表现出北早南晚、依次结束的规律。

总观南华纪—中三叠世西北地区板块构造地质记录，可以发现南华纪—早古生代（部分地区至中泥盆世）的地质构造格局和晚古生代（部分地区从晚泥盆世开始）—中三叠世的地质构造格局区别较大，就同一个地区来讲（如祁连山、秦岭、北疆地区等）前期与后期的地质作用主体发生了重大改变，决定地壳运动的主要因素（决定地壳性质的矛盾主要方面）发生了改变和重要调整。为了更好地阐述大地构造环境及其演变，我们将板块构造体制下的演化分为南华纪—早古生代（部分地区持续到中泥盆世）和晚古生代（部分地区从晚泥盆世开始）—中三叠世两个阶段。这里重点阐述南华纪—早古生代大地构造特征。

南华纪—早古生代是西北地区板块构造发育最具代表性的时期。南华纪—早奥陶世，随着罗迪尼亚超大陆解体，在西北地区普遍形成了以裂谷-被动陆缘-洋岛-小洋盆为主的构造格局，总体可以现今塔里木-敦煌、阿拉善-华北两大板块可能构成的大陆链为界，其南划归（原）特提斯（东部）"多岛洋"，其北划归古亚洲"多岛洋"。早古生代晚期—中泥盆世，华南板块、塔里木-敦煌板块、阿拉善-华北板块、西伯利亚板块汇聚，洋盆收缩并总体显示出自北向南逐渐关闭的趋势，形成了由多条蛇绿混杂岩和多个弧盆系构成的增生造山带。至此，西北地区北部基本结束了大规模板块构造的历史。

一、南华纪—早古生代大地构造分区

通过对西北地区南华纪—早古生代各个断代沉积建造组合特征及构造古地理研究、火山岩和侵入岩构造岩石组合及大地构造环境分析、变质岩石构造组合及变质区带与大地构造关系研究、大型变形构

造与南华纪—早古生代各大地构造单元关系(特别是对该阶段各大地构造单元边界的控制作用)研究,我们将西北地区大地构造单元总体划分归属为5个板块(西伯利亚、哈萨克斯坦-准噶尔、塔里木、华北和华南-北羌塘)和其间的3个对接带[斋桑-额尔齐斯(查尔斯克-乔夏喀拉-布尔根)对接带、南天山-那拉提-红柳河对接带和茫崖-柴北缘-东昆南-商丹对接带]及2个特殊的增生造山带,共10个一级单元,并进一步划分为37个二级单元,60个三级单元和33个四级单元(图2-4-1,表2-4-1)。

这里要说明的是西昆仑-阿尔金-祁连山-北秦岭增生造山带作为塔里木板块、华北板块南侧的增生带,考虑到其规模巨大及在西北地区早古生代地质演化中的重要性,单独划出作为一级单元处理;柴达木东昆仑增生造山带夹持于茫崖-柴北缘-东昆南-商丹对接带之间,故单独划出作为独立的一级单元处理。

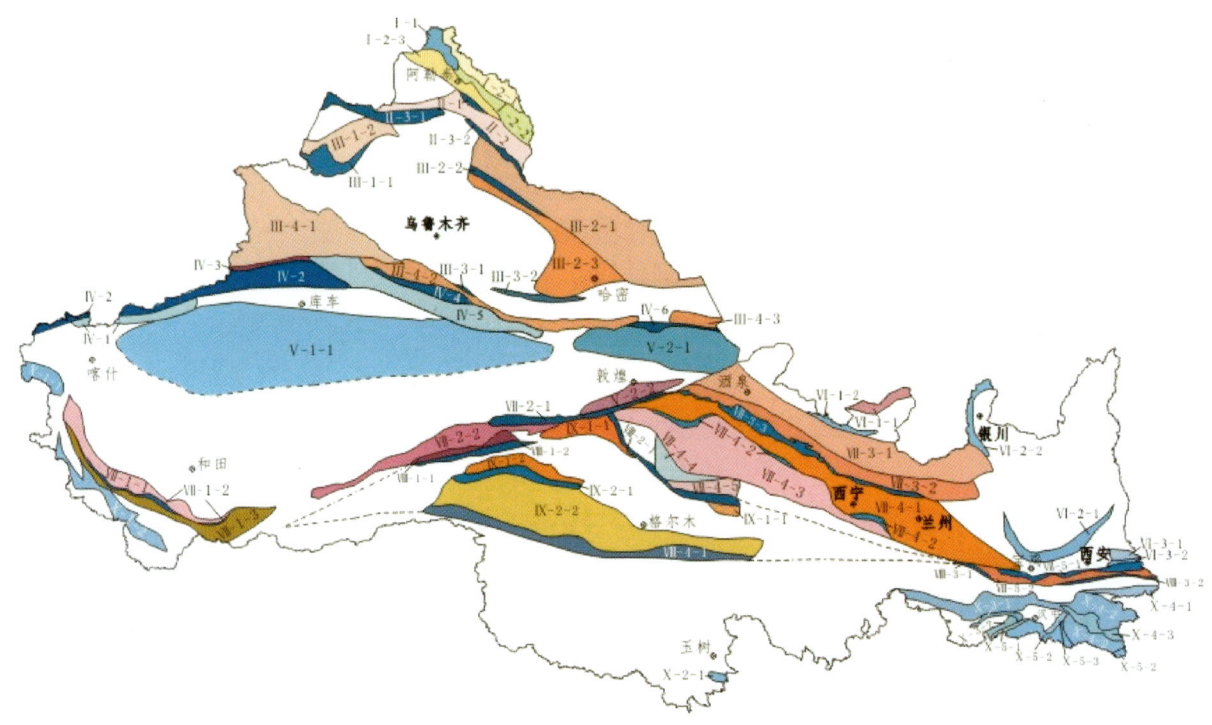

图 2-4-1　西北地区南华纪—早古生代一级至三级构造单元划分图

表 2-4-1　西北地区南华纪—早古生代一级至四级构造单元划分表

一级	二级	三级	四级
Ⅰ 西伯利亚板块	Ⅰ-1 阿尔泰被动陆缘(Nh—∈)		
	Ⅰ-2 阿尔泰弧盆系(O—D_2)	Ⅰ-2-1 阿尔泰岛弧(O—S)	
		Ⅰ-2-2 阿尔泰弧间-弧后盆地(O—D_2)-SSZ型蛇绿岩组合	
		Ⅰ-2-3 阿尔泰南缘增生弧(D_{1-2})	Ⅰ-2-3-1 阿尔泰弧前盆地(D_{1-2})
			Ⅰ-2-3-2 阿尔泰南缘岛弧(D_{1-2})
			Ⅰ-2-3-3 阿尔泰弧后盆地(D_{1-2})
Ⅱ 斋桑-额尔齐斯(查尔斯克-乔夏喀拉-布尔根)对接带(Pz_1—C_1)	Ⅱ-1 乔夏喀拉-布尔根蛇绿岩(Pz_1—C_1)		
	Ⅱ-2 北准噶尔洋内弧或岛弧(D_{1-2}—C_1)		

续表 2-4-1

一级	二级	三级	四级
Ⅱ 斋桑-额尔齐斯（查尔斯克-乔夏喀拉-布尔根）对接带(Pz_1—C_1)	Ⅱ-3 塔尔哈巴台-洪古勒楞-谢米斯台-阿尔曼泰蛇绿混杂带(Pz_1)	Ⅱ-3-1 塔尔哈巴台-洪古勒楞-谢米斯台蛇绿混杂带(Pz_1)	
		Ⅱ-3-2 阿尔曼泰蛇绿混杂带(Pz_1)	
Ⅲ 哈萨克斯坦-准噶尔联合板块	Ⅲ-1 西准噶尔弧盆系(O—D_2)	Ⅲ-1-1 唐巴勒-玛依拉蛇绿构造混杂岩带(Pz_1)	
		Ⅲ-1-2 巴尔雷克岛弧-弧后盆地(S—D_2)	
	Ⅲ-2 东准噶尔-吐哈弧盆系(O—D_2)	Ⅲ-2-1 三塘湖-圆包山复合岛弧带(O—D)	Ⅲ-2-1-1 三塘湖岛弧带(O—D)
			Ⅲ-2-1-2 三塘湖志留纪前陆盆地
			Ⅲ-2-1-3 三塘湖奥陶纪火山弧盆地
			Ⅲ-2-1-4 圆包山（中蒙边境）岩浆弧(O—D)
		Ⅲ-2-2 卡拉麦里蛇绿构造混杂岩带(S—D)	
		Ⅲ-2-3 哈尔力克-大南湖岛弧(O—D_2)	Ⅲ-2-3-1 哈尔力克岛弧(O—D_2)
			Ⅲ-2-3-2 大南湖岛弧(O—D_2)
	Ⅲ-3 冰达坂-米什沟-康古尔结合带(O—S)	Ⅲ-3-1 冰达坂-米什沟蛇绿构造混杂岩带	
		Ⅲ-3-2 康古尔断裂带（蛇绿混杂岩?）	
	Ⅲ-4 伊宁-博洛科努-巴伦台-公婆泉弧盆系(O—S—D_2)	Ⅲ-4-1 博洛科努陆缘弧(O_2—D)	Ⅲ-4-1-1 赛里木-伊犁陆缘被动陆缘(Nh—O_1)
			Ⅲ-4-1-2 博洛科努岩浆弧(O_2—D)
			Ⅲ-4-1-3 特克斯岩浆弧(O_2—D)
		Ⅲ-4-2 巴伦台-阿拉塔格岩浆弧(Pz)	
		Ⅲ-4-3 明水-公婆泉岛弧(O—D)	
Ⅳ 南天山-那拉提-红柳河对接带	Ⅳ-1 西南天山残留海盆地(D—C)		
	Ⅳ-2 东阿莱-哈尔克山弧前增生带(Pz_1—D)		
	Ⅳ-3 哈尔克山北坡高压超高压变质带(S—D_1)		
	Ⅳ-4 乌瓦门-拱拜子蛇绿混杂岩带(S—D)		
	Ⅳ-5 额尔宾山残留海盆地(D—C)		
	Ⅳ-6 红柳河-洗肠井蛇绿混杂岩带(Pz_1)		

续表 2-4-1

一级	二级	三级	四级
Ⅴ 塔里木板块	Ⅴ-1 塔里木陆块	Ⅴ-1-1 塔里木北缘裂谷-被动陆缘	Ⅴ-1-1-1 西南天山-阿克苏-库鲁克塔格被动陆缘（Nh—Pz₁）
			Ⅴ-1-1-2 贝义西南华纪-震旦纪裂谷（Nh—Z）
	Ⅴ-2 敦煌地块	Ⅴ-2-1 敦煌北缘被动-活动陆缘	Ⅴ-2-1-1 敦煌地块北缘被动陆缘（Z—∈）
			Ⅴ-2-1-2 敦煌地块北缘前陆盆地（S—D₂）
			Ⅴ-2-1-3 敦煌地块北缘岩浆弧（O—S）
		Ⅴ-2-2 敦煌地块中南部活动陆缘	Ⅴ-2-2-1 敦煌地块中南部岩浆弧（O—S）
Ⅵ 华北板块	Ⅵ-1 阿拉善地块（Pz）	Ⅵ-1-1 金昌北-阿拉善右旗板内碱性花岗岩带（S）	
		Ⅵ-1-2 龙首山陆缘（冰碛岩）盆地（Nh—Z）	
	Ⅵ-2 鄂尔多斯-贺兰山中段陆表海-被动陆缘	Ⅵ-2-1 鄂尔多斯陆表海碳酸岩台地（Pz₁）	
		Ⅵ-2-2 贺兰山陆表海-被动陆缘盆地（Z—∈—O）	
	Ⅵ-3 小秦岭陆表海-斜坡盆地（(Nh—O）	Ⅵ-3-1 小秦岭中北部陆表海（Z—O）	
		Ⅵ-3-2 小秦岭南部华北南缘斜坡-凹陷盆地（Nh—Z）陶湾群	
Ⅶ 西昆仑-阿尔金-祁连山-北秦岭增生造山带	Ⅶ-1 西昆仑弧盆系	Ⅶ-1-1 奥依旦克-塔木其（塔南）岛弧（O—S）	
		Ⅶ-1-2 库地-祁漫于特蛇绿混杂岩带（Pz₁）叠接带	Ⅶ-1-2-1 库地蛇绿混杂岩带（Pz₁）
			Ⅶ-1-2-2 祁漫于特蛇绿混杂岩带（Pz₁）
		Ⅶ-1-3 柳什塔格-上其汉岛弧（O—S）（中昆仑地块）	
	Ⅶ-2 阿尔金弧盆系	Ⅶ-2-1 红柳沟-拉配泉蛇绿混杂岩带（∈—S）叠接带	
		Ⅶ-2-2 阿中岩浆弧（Pz₁）	Ⅶ-2-2-1 阿中奥陶纪—志留纪岩浆弧（Pz₁）
	Ⅶ-3 北祁连弧盆系	Ⅶ-3-1 走廊弧后盆地（O）-弧后前陆盆地（S）	Ⅶ-3-1-1 走廊寒武纪—奥陶纪被动陆缘
			Ⅶ-3-1-2 走廊奥陶纪弧后盆地
			Ⅶ-3-1-3 走廊志留纪弧后前陆盆地
		Ⅶ-3-2 走廊南山岛弧（∈—O）	
		Ⅶ-3-3 北祁连蛇绿混杂岩带（O—S）叠接带	
	Ⅶ-4 中-南祁连弧盆系	Ⅶ-4-1 中祁连岩浆弧（O—S）	
		Ⅶ-4-2 党河南山-拉脊山蛇绿混杂岩带（O—S）叠接带	Ⅶ-4-2-1 大道尔吉-党河南山蛇绿混杂岩带
			Ⅶ-4-2-2 木里蛇绿混杂岩带
			Ⅶ-4-2-3 拉脊山蛇绿混杂岩带

续表 2-4-1

一级	二级	三级	四级
Ⅶ 西昆仑-阿尔金-祁连山-北秦岭增生造山带	Ⅶ-4 中-南祁连弧盆系	Ⅶ-4-3 南祁连岩浆弧(O—S)	Ⅶ-4-3-1 南祁连北缘岛弧(O—S)
			Ⅶ-4-3-2 南祁连前陆盆地(S)
			Ⅶ-4-3-3 土尔根达坂-天峻同碰撞岩浆带(S)
		Ⅶ-4-4 全吉被动陆缘(Nh—O)	
		Ⅶ-4-5 滩间山岩浆弧(∈—O)	
	Ⅶ-5 北秦岭弧盆系	Ⅶ-5-1 早古生代宽坪蛇绿混杂岩带(∈—O)	
		Ⅶ-5-2 北秦岭岩浆弧(Pz₁)	
Ⅷ 茫崖-柴北缘-东昆南-商丹对接带	Ⅷ-1 阿南结合带	Ⅷ-1-1 江嘎萨依-巴什瓦克高压变质增生杂岩带(Nh—∈)	
		Ⅷ-1-2 阿帕-茫崖蛇绿混杂岩带(∈—S)	
	Ⅷ-2 柴北缘结合带	Ⅷ-2-1 柴北缘蛇绿混杂岩带(∈—S)	
	Ⅷ-3 商丹结合带	Ⅷ-3-1 鸳鸯镇-鹦鹉嘴蛇绿混杂岩带(Pz₁)	
		Ⅷ-3-2 商丹蛇绿混杂岩带(Pz₁)	
	Ⅷ-4 南昆仑结合带	Ⅷ-4-1 东昆仑南坡俯冲增生杂岩带(Pz₁—D₂)	
Ⅸ 柴达木-东昆仑增生造山带	Ⅸ-1 柴达木地块(弧盆系)	Ⅸ-1-1 柴达木地块北缘岩浆弧(O)	
		Ⅸ-1-2 柴达木地块南缘(祁漫塔格北坡)岩浆弧(O—S)	
	Ⅸ-2 东昆仑弧盆系	Ⅸ-2-1 祁漫塔格南坡蛇绿混杂岩带(Pz₁)或弧后盆地(O—S)	
		Ⅸ-2-2 北昆仑岩浆弧(中昆仑-布尔汉布达地块)(Pt₃—D₂)	
Ⅹ 华南-北羌塘板块	Ⅹ-1 阿克赛钦(塔什库尔干)-甜水海被动陆缘	Ⅹ-1-1 塔什库尔干被动陆缘(O—S)	
		Ⅹ-1-2 甜水海被动陆缘(∈—S)	
	Ⅹ-2 昌都地块	Ⅹ-2-1 昌都地块奥陶纪裂谷	
	Ⅹ-3 摩天岭地块	Ⅹ-3-1 临江-茶店被动陆缘(Z—∈)	
		Ⅹ-3-2 摩天岭陆缘裂谷盆地(Nh)	
	Ⅹ-4 中-南秦岭地块	Ⅹ-4-1 中秦岭陆表海(Z—O)	
		Ⅹ-4-2 西倾山-南秦岭陆缘裂谷带(Pz₁)	Ⅹ-4-2-1 西倾山陆缘裂谷带(O—S)
			Ⅹ-4-2-2 南秦岭陆缘裂谷带(Pz₁)
			Ⅹ-4-2-3 南大巴山陆缘裂谷带(Pz₁)

续表 2-4-1

一级	二级	三级	四级
Ⅹ 华南-北羌塘板块	Ⅹ-4 中-南秦岭地块	Ⅹ-4-3 平利-牛山陆缘裂谷-被动陆缘（Nh—Z—∈₁）	
	Ⅹ-5 上扬子地块	Ⅹ-5-1 扬子地块西北缘裂陷带（S）	
		Ⅹ-5-2 米仓山-大巴山被动陆缘（Nh—S₁）	
		Ⅹ-5-3 西乡陆缘裂谷（Nh）	

二、大地构造演化及其阶段划分

总观西北地区及外围南华纪—早古生代的地质记录及其反映的大地构造环境，从地质演化的角度，总体可划为两个大的构造阶段：①南华纪—早奥陶世罗迪尼亚超大陆裂解，岩石圈伸展，裂谷-被动陆缘发育-多岛洋-陆格局形成阶段；②中-晚奥陶世—志留纪（—中泥盆世）岩石圈汇聚，洋壳俯冲，多岛弧盆系发育-弧陆碰撞或陆陆碰撞。就一个构造阶段来说，西北地区不同构造单元的动力学状态和构造体制还有较大差异。

（一）南华纪—早奥陶世罗迪尼亚超大陆裂解伸展-洋陆格局形成

南华纪—震旦纪—寒武纪，罗迪尼亚超大陆裂解，在西北地区形成广泛发育大陆边缘裂谷-被动陆缘沉积建造，并形成标志性的冰碛岩、偏碱性火山岩和侵入岩、双峰式火山岩，以及含磷、锰、钒、铀、重晶石等次深海含矿沉积建造。

在塔里木-敦煌陆块区（阿克苏、库鲁克塔格、铁克里克、洗肠井）及其以北的中天山地块（伊犁、博罗科努），南华系—震旦系底部出现冰碛砾岩夹基性火山岩[拉班玄武岩年龄为(786±3)Ma 及(809±12)Ma]的陆源碎屑浊流沉积（王超等，2009；罗志文等，2016），属古裂谷型建造，不整合于前南华系之上。裂谷中心相为火山岩和深水欠补偿沉积，边缘相以碎屑岩和碳酸盐岩建造为主。同时可见碱性火山活动和震旦纪后碰撞过铝高硅富碱的花岗岩(601~707Ma)（张传林等，2014）发育。

在华北陆块区南缘、全吉地块发育震旦系冰碛岩（烧火筒组、正目观组、罗圈组、全吉群）及被动陆缘含磷沉积建造。在华南陆块区北缘普遍发育南华纪—震旦纪和早古生代两个阶段的裂谷-被动陆缘，前者以平利-牛山陆缘裂谷-被动陆缘、西乡陆缘裂谷和中秦岭陆表海为代表；后者以西倾山-南秦岭-南大巴山陆缘裂谷带为典型。同时在摩天岭地块、塔什库尔干-甜水海地块、昌都地块同样发育裂谷-被动陆缘。

除陆块区外，在秦祁昆造山系也有超大陆解体的地质记录，如祁连山的白杨河组冰碛砾岩和寒武纪裂谷火山沉积建造等。同时，在秦祁昆造山系的西昆仑一带，有过铝钙碱系列 S 型黑云二长花岗岩 SHRIMP 年龄为(815±5.7)Ma（张传林等，2003），具同碰撞-后碰撞花岗岩特征；过铝质高钾钙碱系列二云母花岗岩 U-Pb 年龄为(683±7.5)Ma，具后碰撞花岗岩特征。在东昆仑也见有年龄为(820±9)Ma、(788±32)Ma 等（王秉璋等，2002）的片麻状二长花岗岩的侵入，等等。这些反映了罗迪尼亚超大陆聚合后的伸展构造。

随着超大陆的进一步裂解，裂谷-被动陆缘发展为洋盆。这一过程，在西北不同地区时间上有差异，如在北祁连、南昆仑、北准噶尔(洪古勒楞)等地,存在有震旦纪洋壳建造的时代信息;而大部分地区代表洋壳的蛇绿岩出现在寒武纪—早奥陶世,使西北地区呈现出多岛洋格局。目前从对蛇绿岩性质的研究看,多以与弧后扩张有关的 SSZ 型蛇绿岩为主,而 MORB 型少见且主要集中在斋桑-额尔齐斯、南天山-那拉提-红柳河、茫崖-柴北缘-东昆南-商丹 3 个主要对接带上,反映了 3 个对接带的洋盆规模较其他对接带小洋盆要大。

(二)中奥陶世—志留纪(—中泥盆世)多岛弧盆系-弧陆碰撞拼接时期

这一时期是包括塔里木、华北、西伯利亚南缘在内的西北地区多陆块汇聚时期。陆块开始汇聚,洋壳俯冲主体发生于早奥陶世之后,是西北地区古生代蛇绿混杂岩带(相)、岩浆弧相、俯冲增生杂岩相、高压—超高压变质相、深成岩浆弧相等发育的主要时期。在西北地区形成了以上述 3 个对接带为主干,并在其间发育多条具有叠接带性质的以蛇绿混杂岩为特征的海沟俯冲杂岩,如库地、北阿尔金、北祁连、拉脊山、宽坪、唐巴勒-玛依拉、卡拉麦里、冰大坂-康古尔等;蛇绿混杂岩带之间为叠加在前南华纪古陆块边缘或者南华纪—早古生代早期阶段陆缘之上的"弧盆系",如中祁连、南祁连、滩间山、柴达木、敦煌、中天山、阿中、东昆仑、西昆仑等,都与早古生代洋盆的俯冲消减有关。

高峻等(2008)曾在伊犁裂谷南缘,那拉提山北坡夏特地区发现寒武纪 MORB 型玄武岩(516Ma)辉长岩,中奥陶统下部埃达克质闪长岩(470Ma)和埃达克岩,说明西部吉尔吉斯斯坦北、中天山间的 Terskey 洋已延入北疆地区。阿尔泰、准噶尔、北天山、甘蒙北山等志留纪前陆复理石盆地的出现和志留系不整合于下伏地层之上(北天山-准噶尔等),标志着早古生代准噶尔洋盆的消亡。同时,伊犁地块南、琼库斯台早志留世兰多弗里晚期后碰撞碱长花岗岩岩(430Ma)的发现,证明该洋盆已封闭。以上资料表明,早古生代多岛洋盆于奥陶纪晚期—志留纪闭合,形成哈萨克斯坦-北天山-准噶尔早古生代复合大陆,即哈萨克斯坦-准噶尔联合板块,这与多博列佐夫(2003)论述的观点一致。该观点认为哈萨克斯坦(或哈萨克斯坦-吉尔吉斯斯坦)是海西晚古生代洋中的一个复合古陆,它是由冈瓦纳大陆的碎块和岛弧地体,于志留纪时期拼合而成。

东昆仑祁漫塔格、南祁连、北祁连河西走廊志留纪前陆盆地的发育(祁漫塔格白干湖组、南祁连巴龙贡嘎尔组、北祁连泉沟脑组—旱峡组、北秦岭王家河组等),可能反映了该时期早古生代洋盆已经关闭;西倾山-南秦岭中晚志留世前陆盆地及陆上暴露带的出现(上覆于寒武纪—早志留世裂谷之上),标志着早古生代早期裂谷在早古生代晚期的收缩与封闭;中-晚泥盆世浩山后伸展盆地(祁连老君山组、东昆仑-柴北缘牦牛山组、西昆仑奇自拉夫组等)与下伏早古生代建造的不整合和后造山晶洞花岗岩,反映了早古生代末秦祁昆造山带(北部)的造山运动的结束。

南天山志留纪—早泥盆世蛇绿岩的发育表现出残留洋盆持续发育至晚古生代初期;准噶尔周边泥盆纪—早石炭世 SSZ 型蛇绿岩代表着残余洋盆或弧后再生洋盆的持续发展。然而大范围后造山裂谷的发育,说明北疆地区至鄂尔多斯地块西部世以后,基本进入后碰撞阶段。

李锦轶等(2009)对该地区马家沟组、米钵山组等的碎屑锆石和祁连造山带北部寒武系香山群、大黄山群碎屑锆石研究表明该地区的物源区复杂,寒武纪祁连裂谷北缘物源区并不来自华北陆块和阿拉善地块;中-晚奥陶世上述陆间裂谷物源与华北陆块无关,可能来自阿拉善地块。这些地质记录可能说明早古生代早期(寒武纪—早中奥陶世)包括鄂尔多斯地块、阿拉善地块在内的华北陆块区稳定的构造环境与中-南秦岭地块、中祁连地块距离遥远;早古生代晚期(中奥陶世—志留纪)北祁连造山带是中祁连地块千里迢迢与阿拉善地块汇聚的产物。

第五节 晚古生代—中三叠世板块构造、板内演化与后碰撞伸展构造

晚古生代—中三叠世,西北地区总体来讲还持续着板块构造发展阶段。但较早古生代,西北地区构造格局发生了重大调整。就一个地区来讲(如祁连山、秦岭、北疆地区等),决定地壳运动的主要因素发生了重要改变,这些变化主要表现在以下 4 个方面:①塔里木陆块和柴达木地块在石炭纪—二叠纪可能连为一体形成统一的板块——塔里木-柴达木板块,发育了可以对比的统一陆表海沉积。②早古生代祁连造山带已经准克拉通化,与华北陆块相连,成为华北板块的组成部分,其南部发育晚古生代—三叠纪被动陆缘沉积,构成宗务隆小洋盆之北的被动陆缘。③除西天山发育残留海并向北深俯冲外,在中天山-北山-阿拉善及其以北,以石炭纪—二叠纪巨量大面积幔源岩浆岩为主体的陆相-海陆交互相-海相火山岩系和"似弧而非弧"的岩浆岩岩石构造组合面貌及普遍的退积沉积序列,综合反映了在早古生代—中泥盆世弧盆系基底之上,后碰撞阶段裂谷环境特点(夏林圻,2008)和可能的地幔柱作用(李文渊,2012)的叠加。④在西昆仑-东昆仑-宗务隆-陇山-北秦岭中南部以南,板块构造持续发展。早期普遍经历了晚泥盆世—中二叠世伸展-裂解过程,形成了多个裂谷-被动陆缘-洋岛海山-洋壳(蛇绿岩);晚期(晚二叠世—三叠纪)陆块汇聚,洋盆收缩关闭,形成了塔里木陆块-华北陆块之南的东西昆仑-宗务隆-西秦岭增生造山带和其南西藏-三江造山系北部(双湖对接带以北、昆南带以南)造山带。

一、晚古生代—中三叠世大地构造分区

通过西北地区晚古生代—中三叠世各个断代沉积建造组合特征及构造古地理研究,火山岩和侵入岩构造岩石组合及大地构造环境分析、变质岩石构造组合及变质区带与大地构造关系研究,大型变形构造与南华纪—早古生代各大地构造单元关系(特别是对该阶段各大地构造单元边界的控制作用)研究,我们将西北地区晚古生代—中三叠世大地构造单元总体划分归属为 5 个板块(西伯利亚、哈萨克斯坦-准噶尔-阿拉善、塔里木-柴达木、华北和华南-北羌塘)和其间的 3 个对接带[斋桑-额尔齐斯(查尔斯克-乔夏喀拉-布尔根)对接带、西南天山对接带和康西瓦-苏巴什-阿尼玛卿-勉略拼接带]及塔里木陆块—华北陆块之南的昆仑山-宗务隆-秦岭增生造山带,共 9 个一级单元,并进一步划分为 28 个二级单元,64 个三级单元和 30 个四级单元(图 2-5-1,表 2-5-1)。

二、大地构造演化及其阶段划分

总观西北地区晚古生代—中三叠世地质特征及演化过程,西北地区晚古生代—中三叠世时期,主体可分为北、中、南 3 个大的构造区,在地质演化方面各不相同。

(1)北构造区,相当于前人所称天山兴蒙构造带西部,主体经历了 3 个大的构造演化过程:①早古生代晚期—中泥盆世汇聚形成的哈萨克斯坦-准噶尔联合板块有限裂解(D_3—C_1),后碰撞裂谷系形成;②残留洋盆的统一关闭(C_1末,包括额尔齐斯残留洋、南天山残留海、达拉布特残留洋、卡拉麦丽残留洋、巴音沟-红石山-小黄山红海式小洋盆);③全面进入板内演化阶段(P_2开始)。

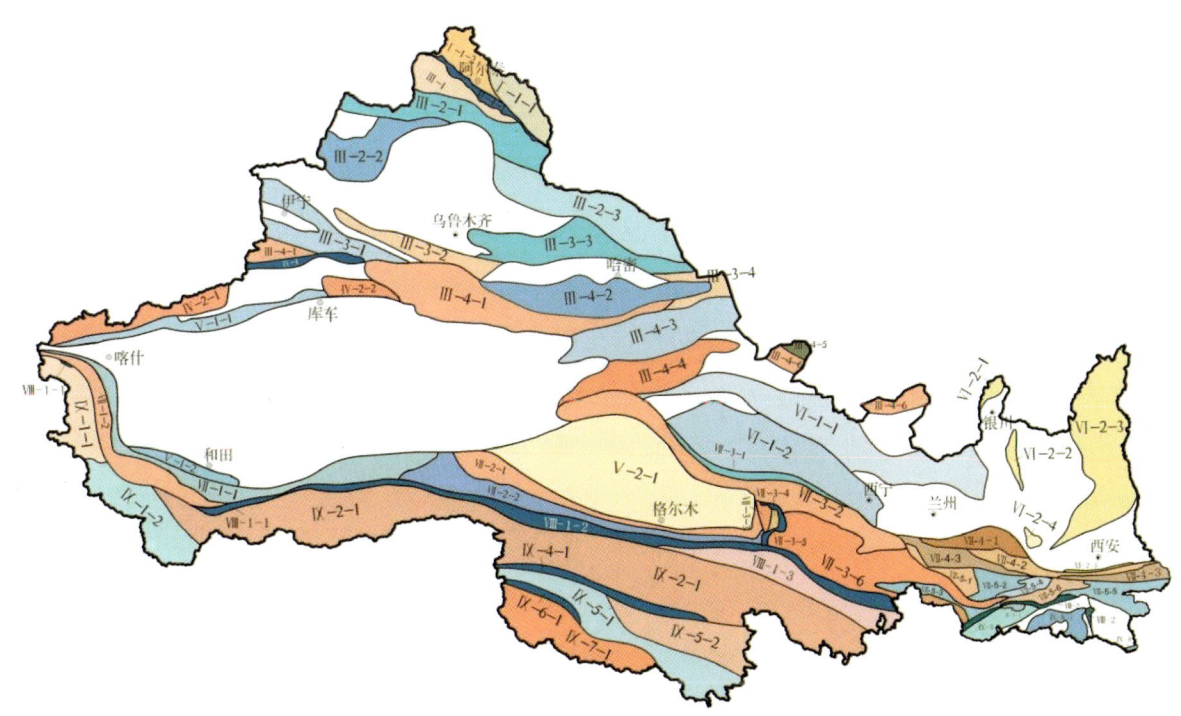

图 2-5-1　西北地区晚古生代—中三叠世一级至三级构造单元划分图

表 2-5-1　西北地区晚古生代—中三叠世一级至四级构造单元划分表

一级	二级	三级	四级
Ⅰ 西伯利亚板块	Ⅰ-1 阿尔泰弧盆系	Ⅰ-1-1 诺尔特弧背盆地(C_1)	
		Ⅰ-1-2 阿尔泰晚古生代陆缘弧(Pz_2)	
Ⅱ 斋桑-额尔齐斯(查尔斯克-乔夏喀拉-布尔根)对接带(Pz_2)	Ⅱ-1 额尔齐斯复合增生楔(Pz_2)	Ⅱ-1-1 额尔齐斯蛇绿混杂岩带(D_3—C_1)	
Ⅲ 哈萨克斯坦-准噶尔-阿拉善联合板块	Ⅲ-1 哈巴河县岩浆弧(D_3—C_1)		
	Ⅲ-2 准噶尔周缘后碰撞伸展裂谷系(D_3—P_2)	Ⅲ-2-1 北准噶尔后碰撞裂谷(D_3—P_2)	Ⅲ-2-1-1 北准噶尔后碰撞裂谷边缘相(C_2—P_2)
			Ⅲ-2-1-2 北准噶尔后碰撞裂谷边缘相-中心相(D_3—C_2)
		Ⅲ-2-2 西准噶尔后碰撞裂谷(D_3—P_2)	Ⅲ-2-2-1 达拉布特晚古生代蛇绿岩(C?)
			Ⅲ-2-2-2 库普裂谷边缘相(P_2)
			Ⅲ-2-2-3 库普-乌尔禾裂谷中心相(D_3—C_2)
		Ⅲ-2-3 东准噶尔后碰撞裂谷(D_3—P_2)	Ⅲ-2-3-1 野马泉-三塘湖裂谷盆地(P_{1-2})
			Ⅲ-2-3-2 恰库尔特哈甫拉克山伊吾后碰撞裂谷中心相(D_3—C_2)
	Ⅲ-3 伊什基里克-阿吾拉勒-巴音沟-博格达-红石山后碰撞伸展裂谷系(弧后盆地)(D_3—P)	Ⅲ-3-1 伊什基里克-阿吾拉勒后碰撞裂谷(弧后盆地)(D_3—C_1)	

续表 2-5-1

一级	二级	三级	四级
Ⅲ 哈萨克斯坦-准噶尔-阿拉善联合板块	Ⅲ-3 伊什基里克-阿吾拉勒-巴音沟-博格达-红石山后碰撞伸展裂谷系(弧后盆地)(D_3—P)	Ⅲ-3-2 依连哈比尔-巴音沟增生杂岩带(D_3—C_2)	
		Ⅲ-3-3 博格达裂谷(C—P)	
		Ⅲ-3-4 红石山-小黄山增生杂岩带(C)	Ⅲ-3-4-1 红石山蛇绿混杂岩(C)
			Ⅲ-3-4-2 明水-旱山岩浆弧(D_3—C)
			Ⅲ-3-4-3 小黄山蛇绿混杂岩(C)
	Ⅲ-4 中天山-东天山-北山-三危山-阿拉善弧盆系(D_3—P)	Ⅲ-4-1 那拉提-巴伦台-额尔宾山东-阿拉塔格岩浆弧(D_3—C_1)	Ⅲ-4-1-1 那拉提岩浆弧(D_3—C_1)
			Ⅲ-4-1-2 巴伦台岩浆弧(D_3—C_1)
			Ⅲ-4-1-3 额尔宾山东岩浆弧(D_3—C_1)
		Ⅲ-4-2 小热泉子-雅满苏-黄山后碰撞裂谷带(C_1—P)	Ⅲ-4-2-1 黄山-四顶黑山裂谷(P)
			Ⅲ-4-2-2 小热泉子-雅满苏后碰撞裂谷(C)
		Ⅲ-4-3 笔架山-柳园后碰撞裂谷(C—P)	
		Ⅲ-4-4 三危山-瓜州岩浆弧(C—P)	
		Ⅲ-4-5 龙首山北断陷盆地(C—P)	
		Ⅲ-4-6 龙首山岩浆弧(C—P)	
Ⅳ 西南天山对接带	Ⅳ-1 哈尔克山高压-超高压变质带(C_1)		
	Ⅳ-2 南天山残留海盆地(D_3—C)	Ⅳ-2-1 西南天山残留海盆地(D_3—C)	
		Ⅳ-2-2 额尔滨山-帕尔岗塔格残留海盆地(D_3—C)	Ⅳ-2-2-1 西南天山晚泥盆世残留海盆地
			Ⅳ-2-2-2 西南天山石炭纪残留海盆地
Ⅴ 塔里木-柴达木陆块	Ⅴ-1 塔里木-敦煌地块	Ⅴ-1-1 西南天山裂谷-前陆盆地(P)	
		Ⅴ-1-2 和田碳酸盐台地(C—P)	
	Ⅴ-2 柴达木地块	Ⅴ-2-1 柴达木陆表海(C—P)	Ⅴ-2-1-1 柴达木西北缘陆表海(C—P)
			Ⅴ-2-1-2 柴达木东南缘陆表海(C—P)
Ⅵ 华北陆块	Ⅵ-1 祁连准克拉通化-被动陆缘盆地(Pz_2)	Ⅵ-1-1 祁连北部海陆交互陆表海(C)-陆相盆地(P—T_2)	
		Ⅵ-1-2 祁连中南部被动陆缘(C—P)-海陆交互相陆表海(T_{1-2})	
	Ⅵ-2 鄂尔多斯-贺兰山中段叠合盆地(C_2—T_2)	Ⅵ-2-1 贺兰山海陆交互相陆表海(C—P_1)-陆相凹陷盆地(P_2—T_2)	
		Ⅵ-2-2 鄂尔多斯西缘海陆交互相陆表海(C—P_1)-陆相凹陷盆地(P_2—T_3)	

续表 2-5-1

一级	二级	三级	四级
Ⅵ 华北陆块	Ⅵ-2 鄂尔多斯-贺兰山中段叠合盆地（C_2—T_2）	Ⅵ-2-3 鄂尔多斯东部海陆交互相陆表海（C—P_1）-陆相凹陷盆地（P_2—T_3）	
		Ⅵ-2-4 鄂尔多斯西南缘压陷盆地（T_{2-3}）	
		Ⅵ-2-5 北秦岭北部陆相凹陷盆地（P_2）	
Ⅶ 昆仑山-宗务隆-秦岭增生造山带	Ⅶ-1 西昆仑弧盆系（C_2—P_2）	Ⅶ-1-1 昆盖山-阿羌裂谷（弧后盆地？）（C_1—P_2）	Ⅶ-1-1-1 昆盖山裂谷（C—P）
			Ⅶ-1-1-2 库中裂谷（C—P）
			Ⅶ-1-1-3 阿羌石炭纪—二叠纪裂谷（C_2—P_2）
		Ⅶ-1-2 西昆中岩浆弧（C_2—T）	
	Ⅶ-2 东昆仑弧盆系（C_2—T）	Ⅶ-2-1 东昆北岩浆弧（C_2—T）	
		Ⅶ-2-2 东昆南被动陆缘（C—P）-上叠周缘前陆盆地（T_{1-2}）	
	Ⅶ-3 宗务隆-兴海-甘加弧盆系（P—T）	Ⅶ-3-1 宗务隆-甘加裂谷（D—P）	
		Ⅶ-3-2 柴达木北缘-青海湖南山岩浆弧（P—T）	
		Ⅶ-3-3 鄂拉山岩浆弧（T）	
		Ⅶ-3-4 赛什塘周缘前陆盆地（T_{1-2}）	
		Ⅶ-3-5 兴海蛇绿混杂岩（D—P）	
		Ⅶ-3-6 隆务河-留凤关弧后盆地-弧后前陆盆地（T）	Ⅶ-3-6-1 隆务河-留凤关前陆盆地（T）
			Ⅶ-3-6-2 西倾山南前陆盆地（T）
	Ⅶ-4 陇山-北中秦岭弧盆系（Pz_2—T）	Ⅶ-4-1 陇山岩浆弧（Pz_2—T）	
		Ⅶ-4-2 北秦岭南部岩浆弧（Pz_2—T_3）	Ⅶ-4-2-1 宝鸡南-太白岩浆弧（Pz_2—T）
			Ⅶ-4-2-2 北秦岭南缘岩浆弧（Pz_2—T_3）
		Ⅶ-4-3 刘岭-大草滩前陆盆地（D—C_1）	Ⅶ-4-3-1 大草滩前陆盆地（D—C_1）
			Ⅶ-4-3-2 刘岭前陆盆地（D）
	Ⅶ-5 南秦岭地块	Ⅶ-5-1 十里墩-五朵金花岛弧（P—T）	
		Ⅶ-5-2 舒家坝被动陆缘（D—P_1）	
		Ⅶ-5-3 西倾山被动陆缘（D—T_1）	
		Ⅶ-5-4 凤县-太白被动陆缘（D—T_2）	
		Ⅶ-5-5 山柞镇旬被动陆缘（D—T_2）	
		Ⅶ-5-6 南秦岭岩浆弧（Pz_2？—T）	

续表 2-5-1

一级	二级	三级	四级
Ⅷ 康西瓦-苏巴什-阿尼玛卿-勉略拼接带	Ⅷ-1 南昆仑结合带(Pz_2—T)	Ⅷ-1-1 木吉-苏巴什蛇绿混杂岩带(C)	
		Ⅷ-1-2 木孜塔格-西大滩-布青山蛇绿混杂岩带(C—P)	
		Ⅷ-1-3 玛多-玛沁增生楔(P—T_2)	
	Ⅷ-2 勉略结合带(Pz_2—T)	Ⅷ-2-1 文县-勉略构造混杂岩带(T)	
		Ⅷ-2-2 高川地块(D—P)	
Ⅸ 华南-北羌塘板块	Ⅸ-1 甜水海地块	Ⅸ-1-1 萨雷阔勒岭-肖鲁克(甜水海地块西部)岩浆弧(PT)	
		Ⅸ-1-2 甜水海地块东部被动陆缘(C—P)-上叠前陆盆地(T_{2-3})	
	Ⅸ-2 巴颜喀拉地块	Ⅸ-2-1 巴颜喀拉前陆盆地(T_{1-3})	Ⅸ-2-1-1 康西瓦-泉水沟(黄羊岭群)被动陆缘(P)-上叠前陆盆地(T_3)
			Ⅸ-2-1-2 巴颜喀拉前陆盆地(T_{1-3})
	Ⅸ-3 摩天岭地块	Ⅸ-3-1 踏坡陆缘裂陷盆地(D—C)	
	Ⅸ-4 西金乌兰结合带(C—P_2)	Ⅸ-4-1 西金乌兰蛇绿混杂岩带(C—P_2)	
	Ⅸ-5 昌都地块	Ⅸ-5-1 昌都地块南部裂谷-被动陆缘-陆表海(D_2—C_1)-上叠岛弧-弧间-双向前陆盆地(P—T)	
		Ⅸ-5-2 昌都地块北部岛弧-弧间-双向前陆盆地(P—T)	
	Ⅸ-6 乌兰乌拉湖结合带(C—P_2)	Ⅸ-6-1 乌兰乌拉湖蛇绿混杂岩(C—P_2)	
	Ⅸ-7 北羌塘地块	Ⅸ-7-1 北羌塘地块北部岛弧-弧间-弧后盆地(P—T)	
	Ⅸ-8 上扬子地块	Ⅸ-8-1 米仓山-大巴山被动陆缘(P—T_2)	

(2)中构造区,包括塔里木-柴达木陆块、祁连-华北陆块区,主体特征表现为:①塔里木-柴达木陆块克拉通化,统一盖层的形成(D_3—C_1);②早古生代末华北陆块西南侧祁连增生造山带的准克拉通化,并与华北陆块本部形成统一盖层(C_2—T_2)。由此说明,中部构造区在早古生代末—泥盆纪早期汇聚之后,该时期全面进入板内演化阶段(D_3开始)。

(3)南构造区,大体相当于前人所称特提斯构造域北部,位于西昆北—东昆北—宗务隆—甘加—陇山—北秦岭(中部)以南。以汉中—宁陕—柞水一线为界,其东、西差异明显:①中西部(西秦岭及其以西),早期($D—P_2$)以伸展为主,晚期($P_3—T_2$)以汇聚为主,整体表现为伸展与汇聚并存,被动陆缘与弧盆系相间(早期)、造山带与前陆盆地相间(晚期)的构造格局;②东部(东秦岭$D—T_2$;上扬子$P—T_2$)整体处于伸展状态,发育被动陆缘;③晚三叠世以后全面进入陆内演化阶段(T_3)。

(一)北构造区(天山兴蒙造山系)

晚古生代末期—中泥盆世发生在准噶尔周边的陆块汇聚事件,形成了哈萨克斯坦-准噶尔联合板块,其内部残留的达拉布特小洋盆可能持续到了石炭纪;联合板块南部边缘(南天山)和北部边缘(额尔齐斯)残留洋盆持续发展。

晚泥盆世—早石炭世,联合板块周边(南天山和额尔齐斯)残留洋盆逐渐萎缩,并在早石炭世维宪期最后关闭的过程中,因南天山洋壳的向北俯冲形成了该时期那拉提-巴伦台-额尔宾山东-卡拉塔格岩浆弧($D_3—C_1$),而北部额尔齐斯洋壳向南、北的双向俯冲形成了同期阿尔泰晚古生代陆缘弧(Pz_2)和南侧萨乌尔洋内弧。同时,联合板块内部处于伸展状态,形成了以后碰撞裂谷系($D_3—C_1$)为主导的构造格局(达拉布特小洋盆可能持续到了石炭纪),形成了伊什基里克-阿吾拉勒-巴音沟-博格达-红石山以巨量幔源物质(矿浆型铁矿、基性超基性岩、串珠状红海型小洋盆)为代表的裂谷中心相岩石构造组合;其南小热泉子-雅满苏-黄山后碰撞裂谷带(C_1)笔架山-柳园后碰撞裂谷(C)和其北准噶尔周缘后碰撞伸展裂谷带($D_3—C$)以裂谷边缘相为主,形成了普遍发育的陆相-海陆交互相-海相沉积建造组合以及它们处于统一构造背景下的海平面升降体系,反映了地壳拉张背景下盆地伸展过程。

早石炭世维宪中后期—二叠纪早中期是主碰撞期后的后碰撞阶段,以强烈的壳幔深部作用和大规模伸展构造为特征,表现为地壳的裂陷、板内偏碱性岩浆活动、幔源岩浆上侵、大型剪切带的形成和大规模金属成矿作用的产生等,形成了著名的岩浆型铜镍矿(黄山、喀拉通克、图拉尔根、坡北—坡十等)

二叠纪晚期(260~250Ma后)稳定克拉通形成,以后碰撞阶段大规模岩浆活动的结束及后造山小型碱性岩类的侵入、陆内断陷、凹陷盆地的发育为标志。

(二)中构造区(塔里木-柴达木陆块、祁连-华北陆块)

晚古生代—中三叠世,塔里木-阿尔金-柴达木地区整体表现出基本可以对比的稳定陆表海-伸展背景沉积建造组合,包括柯坪陆表海(D—P)、和田碳酸盐岩台地(C—P)、阿尔金陆表海(C—P)、柴达木(北缘和南缘)陆表海(C—P),它们构成统一的沉积盖层,标志着塔里木-柴达木陆块已经形成。除此之外,在塔里木北部的库鲁克塔格-柯坪地区和柴达木东部地区,还发育泥盆纪裂谷建造。前者是在早古生代塔里木北缘被动边缘基础上发育起来的陆缘裂谷,后者是早古生代柴达木弧盆系后碰撞裂谷。

北祁连石炭纪(土坡组)来自华北陆块碎屑锆石、北祁连晚石炭世—中三叠世地层与鄂尔多斯的可对比性、北秦岭二叠系石盒子组与鄂尔多斯的可对比性等均说明,祁连构造带(南祁连造山带、北祁连造山带、中祁连地块)和北秦岭造山带,在早古生代末—泥盆纪早期碰撞造山之后,与华北陆块西部的鄂尔多斯地块逐渐连为一体,成为华北陆块区的组成部分,并在石炭纪—二叠纪稳定克拉通化。受宗务隆-甘加裂谷带张裂的影响,祁连-华北陆块区的南缘(中-南祁连)早期($C—P_2$)形成被动陆缘向陆(北部)退积的海进沉积序列,后期受宗务隆裂谷关闭的影响,海盆收缩,形成($P_3—T$)向海(南部)进积的海退序列。

(三)南构造区(特提斯构造域北部)

整体为位于塔里木-柴达木陆块区和祁连-华北陆块区之南的构造活动带。

早古生代末—泥盆纪早期造山后,于中泥盆世开始至中二叠世,整体以伸展为主。它自南向北形成双湖对接带之北多个游离陆块上发育的甜水海地块东部被动边缘(D_2—P,陆表海?),昌都地块南部裂谷-被动陆缘-陆表海(D_2—C_1),巴颜喀拉地块边缘黄羊岭被动陆缘(P);塔里木-柴达木陆块区南侧昆盖山-阿羌裂谷(C_2—P_2),东昆南被动陆缘(C—P);塔里木-柴达木陆块区与祁连-华北陆块区之间的宗务隆-赛什塘-甘加-楼房沟裂谷(D—P);中南秦岭地块发育舒家坝被动陆缘(D—P_1),西倾山、凤县-太白、山柞镇旬被动陆缘(D—T_2),并在南秦岭地块与上扬子地块之间发育勉略裂谷(D—P)等,形成裂谷-被动陆缘沉积-火山岩建造组合。这些裂谷-被动陆缘次深海迁补偿沉积和同生断裂为沉积喷流型铅锌矿提供了条件,形成了晚古生代扬子型铅锌矿多个矿田。上述诸裂谷-被动陆缘的进一步发展形成了多条蛇绿岩带为代表的小洋盆,如双湖-龙木错蛇绿岩、昆南带蛇绿岩[木吉蛇绿岩(C)-苏巴什蛇绿岩(C_1)-塔妥蛇绿岩(C—P_2)-秀沟-布青山蛇绿岩(P—T_2)-布青山蛇绿岩(Pz_2—T)]、西金乌兰蛇绿岩(C—P)、乌拉蛇绿岩(C—P_2)、兴海蛇绿岩(D—P)、宗务隆-甘加蛇绿岩(C_1)。这些蛇绿岩中,除木孜塔格-西大滩-布青山洋和龙木错-双湖洋规模较大发育时间较长,出现了一些MORS型蛇绿岩(如得力斯坦蛇绿岩)外,余者均为汇聚阶段的弧后小洋盆,其蛇绿岩皆属弧盆系体系的SSZ型蛇绿岩。同时该时期在东、西昆仑还发育岩浆弧西昆中岩浆弧(C_2—P_2)-东昆北岩浆弧(C_2),说明在总体伸展的背景下,局部还存在洋盆的俯冲和配套岩浆弧的发育。

东部东秦岭伸展背景下的被动陆缘一直持续到三叠纪,而上扬子地区自志留纪抬升隆起剥露以来,二叠纪开始沉降,形成了米仓山-大巴山被动陆缘(P—T_2)

中晚二叠世—中三叠世,西秦岭及其以西地区整体处于汇聚状态,随着上述诸洋盆的关闭,地块之间的拼接与碰撞形成了蛇绿混杂岩带与相邻的叠加在早期被动陆缘之上的岩浆弧和弧后盆地系统构成的弧盆系[昆南带以北的西昆仑弧盆系(C_2—P_2)、东昆仑弧盆系(C_2—P—T)、宗务隆-兴海-甘加弧盆系(P—T)、陇山-北中秦岭弧盆系(Pz_2—T)构成的昆仑山-宗务隆-秦岭增生带,昆南带以南昌都地块上叠(P—T)弧盆系(岛弧-弧间-双向前陆盆地)、北羌塘地块北部上叠(P—T)弧盆系(岛弧-弧间-弧后盆地)、巴颜喀拉前陆盆地(T)、甜水海地块西部(萨雷阔勒岭-肖鲁克)上叠岩浆弧(P—T)],并在中、晚二叠世间形成从祁连山南部—可可西里不同地块的广泛的不整合。在东昆仑南坡、北昆仑、祁漫塔格、柴北缘、全吉、鄂拉山等地发育的俯冲期花岗岩组合(295~263Ma)(许志琴等,2001;梁斌等,2001;杨经绥等,2005;罗明非等,2014),为木孜塔格-西大滩-布青山洋向北俯冲提供了有力依据;区域上龙木措-双湖带查布-查桑地区高压低温变质作用(同位素年龄值为287~275Ma/Ar-Ar的蓝片岩,邓希光等,2002)也为俯冲提供了依据。二叠纪末期的碱性—钙碱性系列二云母花岗岩-二长花岗岩组合、三叠纪二长花岗岩(228.9~223.6Ma)和晶洞花岗斑岩,以及似环班二长花岗岩等(奚仁刚等,2010;王秉璋等2014;曹建辉等,2015;李金超等,2015;国显正等,2016),这些碰撞-后碰撞花岗岩的出现,说明该洋盆已闭合,形成了昆仑-宗务隆-西秦岭造山带与西藏-三江造山系(部)之间的康西瓦-苏巴什-南昆仑结合带。岩浆弧的发育给晚古生代岩浆热液型铁铜多金属成矿(祁漫塔格)提供了条件。弧盆系中多个前陆盆地(洪水川-闹坚仓沟、隆务河-留凤关、巴颜喀拉等),说明印支期造山带向前陆的逆冲,前陆盆地近源碎屑岩为后期金矿(大场、大水、大桥)成矿提供了矿源层。

第六节　中-新生代板内盆-山构造

晚三叠世—新生代,除喀喇昆仑山-可可西里中生代尚具有特提斯洋北缘活动大陆边缘的特点外,西北地区基本上处于板内构造演化阶段,形成了中生代以来,不同时期、不同级别的造山带与不同类型盆地相间的构造格局。现代造山带与不同类型盆地构成的构造格局主体是新生代以来形成的。

从西北整体来看,中生代除西北南缘(康西瓦-昆南带以南,班公湖-怒江缝合带以北)特提斯构造域尚具有板块构造特征外,西北主体已处于陆内演化过程,新生代全面进入陆内状态。

一、中生代概貌

晚三叠世—白垩纪，昆仑构造带以北主体由一系列构造热隆起和其间的断陷-凹陷盆地构成。构造热隆起带主要有阿尔泰（T—J）、甘蒙北山（T—J—K）、贺兰山-六盘山-陇山（T—J—K_1）、西秦岭（T—J—K_1）、小秦岭-柞水（J—K）等，它们以发育中酸性岩株-岩脉（部分岩基）为特征，同构造隆升成当时的剥蚀区（沉积盆地物源供给区）。岩浆岩为后期再造成矿提供了热源和物质基础（巴颜喀拉大场金矿、西秦岭大水金矿和大桥金矿、小秦岭金矿、阿尔泰稀有稀土矿、北山稀有稀土、卫宁北山铜多金属、贺兰山北段金矿），同时在部分地区形成斑岩型钼矿（白山、东戈壁、金堆城、黄龙铺）等。中生代凹陷盆地主要有准噶尔（P_3—T—J—K）、伊犁（J）、吐哈（P_3—T—J—K）、塔里木北缘（J—K）、塔里木南缘（T_3—J—K）、柴达木西缘-北缘（J—K_1）、鄂尔多斯（J—K_1）等，在隆起带内部和边缘发于同期小断陷盆地（如六盘山白垩纪断陷盆地等）。三叠纪盆地（延长组等）是重要的石油、天然气"生、储、盖"地层，侏罗纪（水西沟群、大煤沟组、叶尔羌群、延安组等）形成了西北主要煤炭资源，在这些能源盆地上部构造准稳定区，受氧化-还原条件和构造等因素控制，产出砂岩型铀矿等。

昆仑构造带及其以南，受特提斯构造域的控制，发育了中生代大陆边缘，以喀喇昆仑边缘海（T—K）、木孜塔格走滑拉分盆地（J）、康西瓦-巴颜喀拉前陆盆地（T_3）、西金乌兰-玉树晚三叠世岛弧带（T_3）、杂多-西金乌兰湖弧后前陆盆地（T_3）、北羌塘弧后前陆盆地（J）、风火山周缘前陆盆地（K）为主体的汇聚型盆地系统和构造-岩浆岩带。

二、新生代概貌

新生代以来，受青藏高原地壳隆升、岩石圈加厚并向北推挤这一动力学系统的控制，西北地区形成了青藏高原北部盆山巨系统、西北地区西部复活盆山巨系统和西北地区东部南北向盆山巨系统。这3个巨系统由次级盆山系统及其子系统构成，构成盆山系统的基本单元为造山带和盆地，这也是新生代构造单元划分的等级谱系。

造山带是新生代重要构造变形带，或继承或改造或新生，发育以挤压逆冲推覆为主，走滑、正断也大量产出的构造变形特征。伴随着构造变形发生造山带隆升成山，为盆地沉积提供物源。盆地的发育与构造密切相关，新生代控盆断裂往往是造山带山前断裂系，前述青藏高原北部盆山巨系统和西部复活盆山巨系统中的新生代盆地边缘，多以向盆地逆冲的压性断裂为主，构成大型盆地边缘压陷盆地的边界断裂系；大型盆地内部形成以凹陷为主的盆地性质（塔里木、柴达木等）。西北地区新生代大型盆地是盐化工矿产资源的重要产地（塔里木盆地罗布泊、柴达木盆地察尔汗盐湖等），同时也蕴藏着丰富的地下水资源。

三、晚三叠世—新生代大地构造分区

西北地区新生代表现为造山带与盆地间列的构造格局，上三叠统、侏罗系、白垩系，作为新生代造山带、高原的古盆地或新生代盆地的基底保留。作为中-新生代以来的大地构造环境研究，在重点考虑新生代以来的构造格局及其特征的同时，还要考虑中生代不同阶段的盆山结构，尤其要参考地球物理资料所反映的中-新生代岩石圈结构特征，并加以利用，这样的综合分析，才能更接近客观事实。

综合考虑地球物理及深部地质特征和晚三叠世以来地质演化和现今地表构造等，将西北地区地质构造单元划分为青藏高原北部盆山巨系统、西北地区西部复活盆山巨系统和西北地区东部近南北向盆山巨系统等3个一级构造单元(盆山巨系统),11个二级构造单元(盆山系统),33个三级构造单元(盆山系统)和89个四级构造单元(图2-6-1,表2-6-1)。

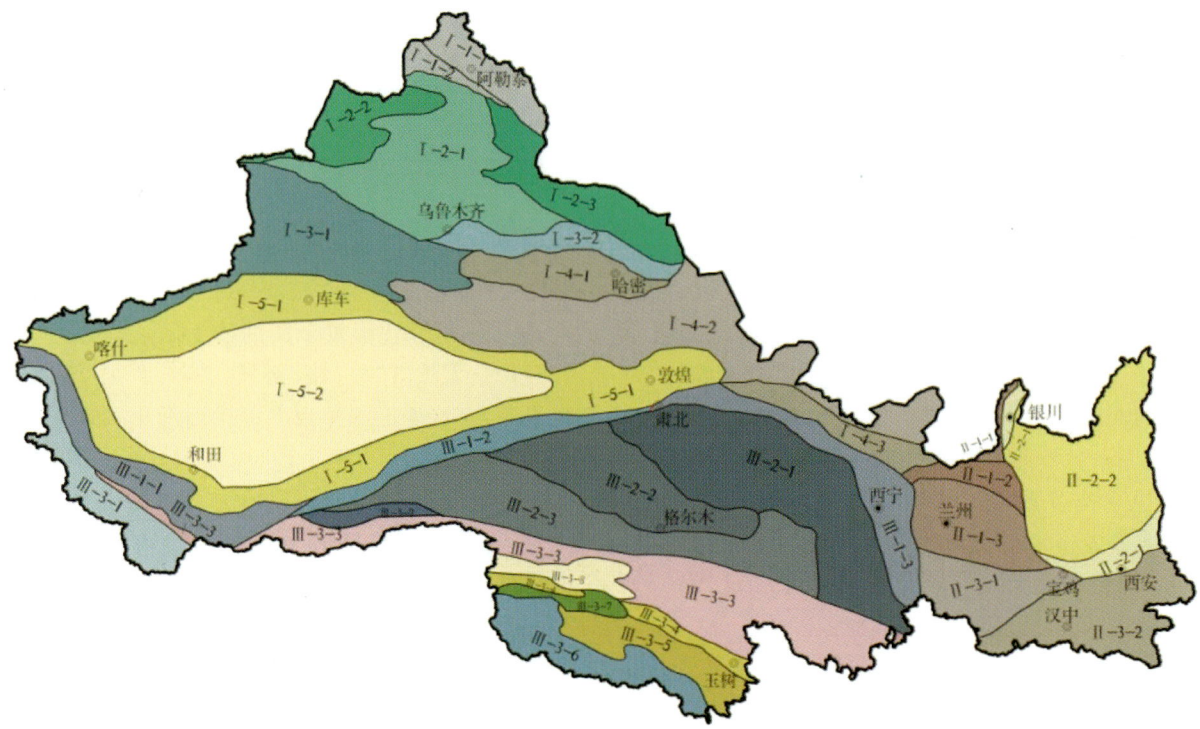

图 2-6-1　西北地区晚三叠世—新生代一级至三级构造单元划分图

表 2-6-1　西北地区晚三叠世—新生代一级至四级构造单元划分表

一级	二级	三级	四级
Ⅰ 阿尔泰-天山-阿拉善复活盆山巨系统	Ⅰ-1 阿尔泰盆山系统	Ⅰ-1-1 阿尔泰复活造山带	Ⅰ-1-1-1 可可托海第四纪走滑拉分盆地(Q)
			Ⅰ-1-1-2 阿尔泰复活造山带(Mz—Cz)
		Ⅰ-1-2 额尔齐斯断陷盆地	
	Ⅰ-2 准噶尔盆山系统	Ⅰ-2-1 准噶尔叠合盆地	Ⅰ-2-1-1 准噶尔压陷盆地(Q)
			Ⅰ-2-1-2 准噶尔北部压陷盆地(K—N)
			Ⅰ-2-1-3 准噶尔南部压陷盆地(E—N)
			Ⅰ-2-1-4 将军庙伸展盆地(J_1—K)
			Ⅰ-2-1-5 乌尔禾伸展盆地(T—K)
			Ⅰ-2-1-6 乌鲁木齐伸展盆地(T_3—K)
		Ⅰ-2-2 西准噶尔盆山子系统	Ⅰ-2-2-1 和布克赛尔压陷盆地(N—Q)
			Ⅰ-2-2-2 塔城压陷-走滑拉分盆地(E_3—N_2)
			Ⅰ-2-2-3 西准噶尔复活造山带
		Ⅰ-2-3 东准噶尔盆山子系统	Ⅰ-2-3-1 富蕴-二台走滑拉分盆地(Q)
			Ⅰ-2-3-2 三塘湖断陷盆地(J—K)
			Ⅰ-2-3-3 东准噶尔复活造山带

续表 2-6-1

一级	二级	三级	四级
Ⅰ 阿尔泰-天山-阿拉善复活盆山巨系统	Ⅰ-3 天山盆山系统	Ⅰ-3-1 西天山盆山子系统	Ⅰ-3-1-1 伊犁压陷盆地(E—Q)
			Ⅰ-3-1-2 伊宁断陷盆地(T—K)
			Ⅰ-3-1-3 尤鲁都斯压陷盆地(E—Q)
			Ⅰ-3-1-4 西天山复活造山带
		Ⅰ-3-2 博格达-巴里坤山盆山子系统	Ⅰ-3-2-1 巴里坤压陷盆地(Q)
			Ⅰ-3-2-2 达坂城伸展盆地(T—K)—上叠压陷盆地(N—Q)
			Ⅰ-3-2-3 博格达复活造山带
	Ⅰ-4 托克逊-马鬃山-河西走廊盆山系统	Ⅰ-4-1 吐哈叠合盆地	Ⅰ-4-1-1 吐哈压陷盆地(Cz)
			Ⅰ-4-1-2 吐哈伸展盆地(T—K)
		Ⅰ-4-2 东天山-北山-龙首山盆山子系统	Ⅰ-4-2-1 和静断陷-压陷盆地(Mz—Cz)
			Ⅰ-4-2-2 磁海南-力山山北走滑拉分盆地(E—Q)
			Ⅰ-4-2-3 镜儿泉压陷盆地(E—Q)
			Ⅰ-4-2-4 北山断陷盆地(J—K)
			Ⅰ-4-2-5 金塔-阿拉善压陷盆地(E—Q)
			Ⅰ-4-2-6 阿拉善断陷盆地(J—K)
			Ⅰ-4-2-7 东天山-北山-龙首山构造隆起区
		Ⅰ-4-3 河西走廊断陷-压陷盆地(Mz—Cz)	Ⅰ-4-3-1 酒泉断陷-压陷盆地(Mz—Cz)
			Ⅰ-4-3-2 张掖断陷-压陷盆地(Mz—Cz)
			Ⅰ-4-3-3 武威断陷-压陷盆地(Mz—Cz)
	Ⅰ-5 塔里木盆地	Ⅰ-5-1 塔里木周缘压陷-走滑拉分盆地	Ⅰ-5-1-1 库车山前断陷-压陷盆地(Mz—Cz)
			Ⅰ-5-1-2 喀什-和田断陷-压陷盆地(Mz—Cz)
			Ⅰ-5-1-3 尉犁-罗布泊压陷盆地(N—Q)
			Ⅰ-5-1-4 肃北-玉门新生代走滑拉分盆地(Cz)
			Ⅰ-5-1-5 车尔臣河走滑拉分盆地(Cz)
		Ⅰ-5-2 塔里木凹陷盆地(Q)	
Ⅱ 西北地区东部近南北向叠加盆山巨系统	Ⅱ-1 贺兰山-六盘山复合盆山系统	Ⅱ-1-1 贺兰山-卫宁北山盆山子系统	Ⅱ-1-1-1 中卫断陷盆地(N)
			Ⅱ-1-1-2 贺兰山-卫宁北山构造隆起区
		Ⅱ-1-2 香山盆山子系统	Ⅱ-1-2-1 海原断陷-走滑盆地(E—Q)
			Ⅱ-1-2-2 香山构造隆起
		Ⅱ-1-3 六盘山-临夏-民和盆山子系统	Ⅱ-1-3-1 六盘山断陷盆地(K)
			Ⅱ-1-3-2 民和-临夏-定西-陇西断陷(K)-压陷(E—N)盆地
	Ⅱ-2 鄂尔多斯高原及周缘地堑系	Ⅱ-2-1 鄂尔多斯周缘地堑系(Cz)	Ⅱ-2-1-1 银川断陷盆地(Cz)
			Ⅱ-2-1-2 渭河断陷盆地(Cz)
		Ⅱ-2-2 鄂尔多斯高原(Cz)	Ⅱ-2-2-1 鄂尔多斯盆地(E—Q)
			Ⅱ-2-2-2 鄂尔多斯凹陷盆地(J—K)
			Ⅱ-2-2-3 鄂尔多斯高原隆起区

续表 2-6-1

一级	二级	三级	四级
Ⅱ 西北地区东部近南北向叠加盆山巨系统	Ⅱ-3 秦岭-大巴山复活造山带	Ⅱ-3-1 西秦岭(-龙门山)盆山子系统	Ⅱ-3-1-1 徽成断陷-走滑拉分盆地(K—N)
			Ⅱ-3-1-2 西秦岭构造热隆起区(J)
		Ⅱ-3-2 东秦岭-巴山盆山子系统	Ⅱ-3-2-1 汉中断陷盆地(Cz)
			Ⅱ-3-2-2 四川盆地北缘压陷盆地(T_3—J_2)
			Ⅱ-3-2-3 小秦岭-柞水岩浆热隆起带(J—K)
Ⅲ 青藏高原北部盆山巨系统	Ⅲ-1 西昆仑-阿尔金-走廊南山复活盆山系统	Ⅲ-1-1 西昆仑复活盆山子系统	Ⅲ-1-1-1 喀拉塔什断陷盆地(J_{1-2})
			Ⅲ-1-1-2 西昆仑隆起区
		Ⅲ-1-2 阿尔金复活盆山子系统	Ⅲ-1-2-1 阿尔帕-买买提孜托海走滑拉分盆地
			Ⅲ-1-2-2 索尔库里走滑-断陷盆地(N—Q)
			Ⅲ-1-2-3 阿尔金-当金山隆起区
		Ⅲ-1-3 走廊南山-循化复活盆山子系统	Ⅲ-1-3-1 小井泉断陷盆地(N—Q)
			Ⅲ-1-3-2 西宁压陷盆地(Cz)
			Ⅲ-1-3-3 大通坳陷盆地(T_3)
			Ⅲ-1-3-4 同仁断陷盆地(T_3)
			Ⅲ-1-3-5 走廊南山-循化隆起区
	Ⅲ-2 疏勒南山-柴达木-东昆仑盆山系统	Ⅲ-2-1 疏勒南山-青海湖盆山子系统	Ⅲ-2-1-1 哈拉湖断陷盆地(Cz)
			Ⅲ-2-1-2 大柴旦-乌兰断陷盆地(Cz)
			Ⅲ-2-1-3 青海湖盆地(Cz)
			Ⅲ-2-1-4 共和压陷-走滑拉分盆地(Cz)
			Ⅲ-2-1-5 大通山坳陷盆地(T_3)
			Ⅲ-2-1-6 疏勒南山-西倾山隆起区
		Ⅲ-2-2 柴达木构造叠合盆地	Ⅲ-2-2-1 柴达木压陷盆地(Cz)
			Ⅲ-2-2-2 柴北缘断陷盆地(J—K_1)
		Ⅲ-2-3 东昆仑复活盆山子系统	Ⅲ-2-3-1 库木库里压陷盆地(Cz)
			Ⅲ-2-3-2 南昆仑拉分盆地(E—N)
			Ⅲ-2-3-3 鄂拉山裂陷盆地(T_3)
			Ⅲ-2-3-4 八宝山裂陷盆地(T_3)
			Ⅲ-2-3-5 东昆仑构造隆起区
	Ⅲ-3 喀喇昆仑-巴颜喀拉-北羌塘活动陆缘(Mz)-盆山系统(Cz)	Ⅲ-3-1 喀喇昆仑盆山子系统	Ⅲ-3-1-1 塔什库尔干断陷盆地(N—Q)
			Ⅲ-3-1-2 喀喇昆仑边缘海盆(T—K)
			Ⅲ-3-1-3 喀喇昆仑构造隆起区
		Ⅲ-3-2 木孜塔格走滑拉分盆地(J)	
		Ⅲ-3-3 康西瓦-巴颜喀拉前陆盆地(T)	Ⅲ-3-3-1 康西瓦前陆盆地(T_3)
			Ⅲ-3-3-2 巴颜喀拉前陆盆地(T_3)
		Ⅲ-3-4 西金乌兰-玉树岛弧带(T)	
		Ⅲ-3-5 杂多-西金乌兰湖弧后前陆盆地(T_3)	Ⅲ-3-5-1 乌兰乌拉湖弧后前陆盆地(T_3)
			Ⅲ-3-5-2 杂多弧后前陆盆地(T_3)

续表 2-6-1

一级	二级	三级	四级
Ⅲ 青藏高原北部盆山巨系统	Ⅲ-3 喀喇昆仑-巴颜喀拉-北羌塘活动陆缘（Mz）-盆山系统（Cz）	Ⅲ-3-6 北羌塘弧后前陆盆地（J）	
		Ⅲ-3-7 风火山周缘前陆盆地（K）	
		Ⅲ-3-8 可可西里压陷-断陷盆地（Cz）	Ⅲ-3-8-1 五道梁压陷-断陷盆地（Cz）
			Ⅲ-3-8-2 豌豆湖压陷-断陷盆地（Cz）
			Ⅲ-3-8-3 雅西错压陷-断陷盆地（Cz）
			Ⅲ-3-8-4 囊谦走滑拉分盆地（E—N）

青藏高原以北的西北地区，重力场东、西部有明显差异，西北地区西部呈北东向展布的重力高与重力低相间格局，反映了中-新生代复活山脉（天山、阿尔泰）的生根作用使岩石圈加厚；西北地区东部总体的呈近南北向展布的幅度较小"隆凹相间"的重力高格局，这可能与中国中东部中-新生代以来北北东向构造格局相关。

西北地区中-新生代不同类型盆地是煤、石油、天然气、砂岩型铀矿、砂岩型铜矿、岩盐矿、喷流沉积铅锌矿等能源、化工、金属矿产和地下水的主要赋存区；中-新生代陆内造山带，尤其是中生代构造-热隆起区和构造强-弱转换区及伸展-挤压不同构造动力学体制转换时期是重要的有色金属（铜、钨、钼、铅锌等）和贵金属（金、银等）成矿有利地段和成矿期。

四、大地构造演化及其阶段划分

纵观西北地区晚三叠世—新生代地质演化过程，总结不同阶段的构造性质及其空间变化规律，从大区域主体构造看，可以概括的将这一时期划分为中生代后造山-板内伸展和新生代陆内挤压两个大的构造演化阶段。

（一）中生代后造山-板内伸展阶段

西北地区中生界从中三叠世开始，随着昆南-阿尼玛卿-勉略带的构造闭合，西北地区中东部华北和扬子陆块在晚三叠世发生陆陆碰撞，形成统一的中国大陆，包括昆南带及其以北的广大地区全面进入后造山-板内演化阶段。前一节所述晚古生代—中三叠世3个大的构造分区，在晚三叠世之后演变为昆南带及其以北板内（中国大陆）和昆南带之南的特提斯洋北缘大陆边缘两大构造区。其实，此前塔里木-柴达木陆块、祁连-华北陆块早已在晚泥盆世—早石炭世进入板内克拉通化过程；而其之北的天山-阿尔泰地区已在中二叠世结束了后碰撞裂谷发育-关闭过程（这是一个从早石炭世维宪期洋盆关闭至晚二叠世板内演化的中间过渡阶段），晚二叠世也已经进入板内演化阶段。北构造区以发育板内伸展裂陷-凹陷盆地、压陷盆地和构造热隆起为代表，显示以后造山-板内伸展为主体的动力学特点；南构造区以发育中生代前陆盆地和同碰撞-后碰撞岩浆岩为代表，显示挤压造山动力学特点。

（1）北构造区。天山南北及其以北地区，中晚二叠世随着后碰撞裂谷的关闭，晚二叠世—三叠纪全面进入板内变形阶段，北部阿尔泰伴随着热构造事件持续隆升，形成了中生代大型稀有稀土和分散元素矿床。西准噶尔—北准噶尔东南向的挤压形成了准噶尔及其以南直至博格达之南的晚二叠世—三叠纪前陆盆地碎屑岩沉积。东天山-北山地区随着二叠纪后碰撞裂谷的关闭也隆起成山，构成新甘蒙北山三叠纪—白垩纪的构造热隆起区（热隆起为白山钼矿、东戈壁钼矿提供了物质来源，同时为该时期金矿的形成提供了热源和动力)及山间断陷盆地磨拉石建造(三叠系二断井组—珊瑚井组),西部哈尔克山、尼勒克县一带,山间盆地形成陆相俄霍布拉克群—小泉沟群砾岩-砂岩-泥岩组合。侏罗纪以伸展为主形成了上覆于三叠纪断陷盆地之上并超覆于不同单元之上的侏罗纪准噶尔-三塘湖、吐哈、库车-满加尔大型含煤凹陷盆地,构成水西沟群主力煤层。

塔里木三叠纪发育基本统一的坳陷盆地,边缘为坳陷盆地缓坡带河湖相碎屑岩沉积组合,盆地中央为坳陷盆地中央带湖相泥页岩组合,岩性稳定。侏罗纪除北部库车-满加尔以水西沟群为主要含煤岩系的聚煤盆地外,在其南部形成了托云-喀什-和田-若羌大型聚煤盆地,并以叶尔羌群含煤岩系为标志。柴达木北缘-西缘形成了以大煤沟组含煤岩系为代表的断陷-凹陷盆地,构成青海省主要的煤炭储层。

祁连—鄂尔多斯地区,北部晚三叠世处于板内伸展状态,以发育鼓鼓台碱性玄武岩和大风沟组—上田组—延长组断陷-凹陷盆地碎屑岩为代表,丰富的烃源岩为鄂尔多斯油气田提供了物质基础;而其南部受秦岭印支期造山构造热隆向北的逆冲挤压推覆,形成了以空洞山砾岩为代表的前陆盆地前渊-前隆带沉积。侏罗纪盆地以伸展为主,形成了延安组煤系地层,伴随着地壳伸展见有玄武岩夹层。

贺兰山—六盘山—陇山一带中生代陆内演化过程复杂,总的来看有多期伸展与挤压过程,形成了多期自东向西和(或)自西向东、自北向南等多方向逆冲推覆构造(大水沟、小松山、贺兰山北段等)、山间断陷盆地(六盘山群、庙山湖组等)和东部山前压陷盆地(鄂尔多斯西部保安群),并发育印支—燕山期岩浆热事件,形成了贺兰山北段—卫宁北山(花岗细晶岩脉146Ma)—六盘山—陇山分布的中酸性侵入岩岩株-岩脉,为贺兰山北段金、卫宁北山铜多金属、贺兰山热液型铅锌矿成矿提供了构造热条件。

在南昆仑—阿尼玛卿—勉略一带及西秦岭—小秦岭地区,印支期造山带持续构造隆起,地表形成山间火山岩断陷盆地群(八宝山、鄂拉山、多福屯等),伴随着构造热隆起构造剪切变形和中酸性侵入岩(岩株、岩脉)的发育,为大型金矿(大场、瓦勒根、阳山、大桥等)的形成提供了热源,并一直持续到了侏罗纪。构造岩浆热隆起在东秦岭构造带形成呈北东向—北东东向构造岩浆岩带(小秦岭—莽岭—柞水—迷魂阵),在小秦岭地区形成黄龙铺碳酸盐型钼矿($231\sim220$Ma)(李诺等,2007)和白垩纪斑岩型钼矿(金堆城等)。同时构造热隆起山脉向南、北的背冲在四川盆地北缘和鄂尔多斯盆地南缘形成了压陷盆地(前者为须家河组—遂宁组,后者为空洞山组—延长组),隆起山脉断块之间的差异升降和平移错动形成了侏罗纪和白垩纪的山间断陷-走滑拉分盆地(徽成、麦积山等)。

(2)南构造区。西部的甜水海—塔什库尔干地区总体为具后碰撞伸展背景的边缘海环境,形成了晚三叠世、侏罗纪、白垩纪三期海陆交互-海相沉积盆地,伸展的盆地背景形成了中生代重要的沉积型铅锌矿田(甜水海、多宝山、宝塔山、火烧云、天神等)和新疆最大的"高大全"铅锌综合异常区,同时发育后碰撞高钾钙碱性中酸性岩组合,该组合向北一直影响到西昆仑地区。

东部唐古拉山—巴颜喀拉山地区总体处于汇聚板块边缘,即北部大陆的南部边缘,或者说其南为特提斯洋的北部大陆边缘。受特提斯洋壳向北俯冲的影响,在该地区形成了中生代不同时期(晚三叠世、侏罗纪、白垩纪)前陆盆地组合,即晚三叠世巴颜喀拉前陆盆地、雁石坪侏罗纪前陆盆地、风火山白垩纪前陆盆地等。

(二)新生代陆内挤压盆山系统形成阶段

新生代以来,受青藏高原地壳隆升、岩石圈加厚并向北推挤这一动力学系统的控制,形成了青藏高原北部盆山巨系统、西北地区西部复活盆山巨系统和西北地区东部近南北向盆山巨系统。这3个巨系统由次级盆山系统及其子系统构成,构成盆山系统的基本单元为造山带和盆地。

青藏高原北部盆山巨系统是受新生代印度板块与欧亚板块碰撞的影响,在青藏高原北部板内构造挤压形成一系列逆冲-隆升-走滑造山带和压陷盆地相间的构造格局。这些陆内造山带和压陷盆地,除阿尔金走滑转换构造带呈北东向展布外,整体呈北西-南东向展布(祁连山、柴达木盆地、昆仑山、可可西里高原盆地、唐古拉山),与挤压应力方向近于直交。总体处于青藏高原后缘,形成了与高原隆升相关的偏碱性酸性火山岩和侵入岩,并形成了与之相关的斑岩-热液型铅锌矿(然者涌等),盆地中形成了盐类矿产(察尔汗盐湖等)。

西北地区西部复活盆山巨系统是在青藏高原以北-贺兰山以西的广大区域,受来自高原北向的推挤力与早期古老刚性陆块(塔里木陆块、准噶尔地块、敦煌地块、阿拉善地块等)、前新生代造山带(古生代天山-北山造山带、东西准噶尔造山带、阿尔泰造山带等)阻隔应力的共同影响,形成了复活造山带(阿尔泰、天山)与不同级别压陷盆地(青藏高原北缘山前盆地群、天山南麓压陷盆地、天山北麓压陷盆地)间列的构造格局。

西北地区东部近南北向盆山巨系统是青藏高原东北边缘及其外围受来自高原东北向的推挤力与古老刚性陆块(鄂尔多斯地块、扬子板块等)、前新生代造山带(秦岭东西向三叠纪印支期造山带)的阻隔力,以及中国东部北北东向构造应力的共同影响,形成了由挤压-走滑-隆升造山带(秦岭-大巴山、贺兰山-六盘山-陇山)和断陷-走滑拉分盆地[吉兰泰盆地、银川盆地、渭河盆地、四川盆地(北缘)等]、高原(内蒙古高原西部-鄂尔多斯、黄土高原)构成的南北向与东西向间隔的棋盘状构造格局。

受新生代构造的控制,与上述地壳表层-浅部构造格局相呼应,地壳与岩石圈厚度、密度,莫霍面深度、起伏形态等发生变化和调整,形成了青藏高原北缘巨大的反"S"形重力梯度带,梯度带之南为青藏高原北部北西-南东向展布的"隆凹相间"的重力低格局,反映了岩石圈的总体加厚,莫霍面下移的特征。

第三章　地球物理、地球化学、遥感特征

第一节　区域地球物理特征

一、西北地区区域地球物理测量工作情况

1940年初西北地区重力测量工作开始勘探地球物理学的前辈翁文波先生首先在玉门油田使用了重力勘探。中华人民共和国成立以来，在西北地区开展了以石油普查、地震预测和地球形状测量为目的的区域重力测量，以铬铁矿等矿产为主的大比例尺矿区重力勘探，先后由中华人民共和国石油工业部（简称石油部）、中华人民共和国地质部（简称地质部）、中国地震局、国家测绘地理信息局和总参测绘局等部门进行了不同比例尺、不同精度的工作。1978年开始，由孙文珂先生等地球物理学家倡导，在全国开展系统正规的区域重力调查工作，主要工作由地矿系统地球物理勘探单位实施(图3-1-1)。

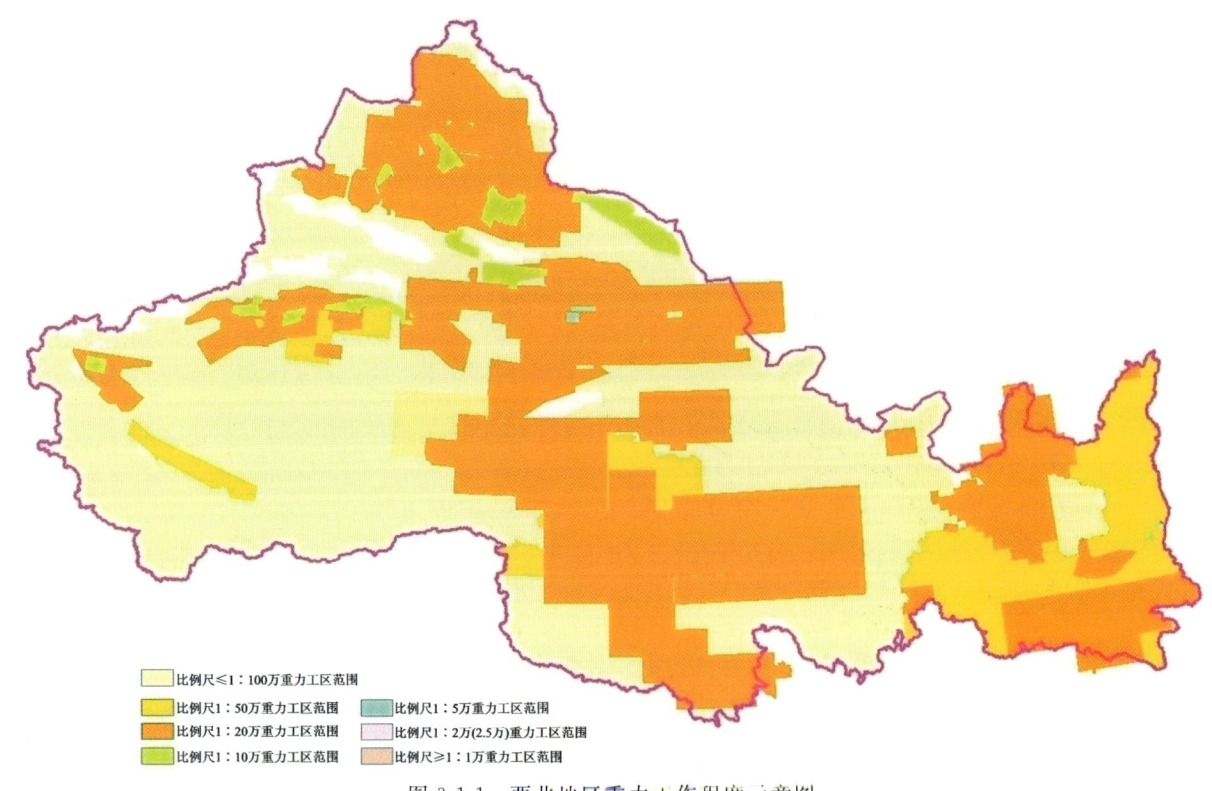

图 3-1-1　西北地区重力工作程度示意图

西北地区1：50万～1：100万区域重力调查开始于1978年，其中1983—1990年完成了陕西省1：50万区域重力调查和重力老资料改算工作；20世纪90年代中期完成甘肃省东部1：50万、西部1：100万区域重力调查；20世纪90年代中期完成青海北部1：100万区域重力调查，1999—2006年全部完成青海南部1：100万区域重力调查；20世纪90年代中期完成新疆东天山及北疆地区1：100万区域重力调查，1999—2006年完成西昆仑地区1：100万区域重力调查。塔里木、准噶尔、柴达木等大型盆地1：100万区域重力数据由石油部提供的重力数据改算；宁夏除早期石油重力工作外，未开展1：50万～1：100万区域重力调查工作。到目前为止，西北地区除西昆仑、西天山及阿尔泰北部高山深切割山区留有部分空白区外，1：50万～1：100万区域重力调查基本达到全覆盖。

西北地区系统的1：20万区域重力调查工作始于1978年，除宁夏回族自治区在1980—1989年完成全覆盖外，其他各省（自治区）1：20万区域重力调查工作主要分布在秦岭、祁连中西段、新疆东天山、甘肃北山、新疆北部、青海东昆仑、阿尔金及三江北段等地区。截至2012年，西北五省（自治区）共完成1：20万～1：25万区域重力调查总面积133.46万km^2（不包含石油等部门完成的工作），占西北地区总面积的42.9%。

截至2009年，西北地区1：5万～1：2.5万和更大比例尺重力勘查主要为矿区重力普查、油气勘探等服务，除石油重力勘探外，以金属矿普查为目标的1：5万重力测量仅在新疆东天山土屋—延东地区完成1000km^2，矿区重力测量工作一般面积较小，或者仅为剖面工作。

西北地区系统重力调查工作，比例尺有1：100万、1：50万、1：20万和1：5万。2009年以来，为了和国际分幅标准接轨，将1：20万区域重力调查比例尺调整为1：25万，实际工作网度和精度仍采用1：20万区域重力调查要求，只是工作范围以1：25万标准图幅进行。其中1：100万区域重力在新疆天山山脉、阿尔泰山、艾比湖、昆仑山等深切割地区和无法通行地区留有部分空白区，在使用这些地区资料是应予以注意。塔里木、柴达木等大型盆地利用石油部门路线重力测量资料，其余地区重力测点平均密度大约为每135km^{2}一个重力点。1：100万区域重力调查数据精度大体可分为两个阶段：第一阶段为1998年以前，这一阶段由于测点位置和高程均采用1：5万地形图确定，部分地区采用1：10万地形图定点，其定位及高程精度受地形图精度限制，定位精度相对较低，仪器大部分采用国产ZSM-Ⅳ、ZSM-Ⅴ或者WORDEN等中精度重力仪，布格重力异常总精度最弱值为±1.293×10^{-5}m/s^2；第二阶段从1999年开始，测点定位采用单频和双频GPS，重力仪除部分仍应用中精度重力仪外，不少单位开始使用LCR型、CG-5型高精度重力仪，这一阶段布格重力异常总精度好于±1.0×10^{-5}m/s^2。

1：50万区域重力调查工作主要分布在陕西省境内和甘肃东部，重力测点平均密度为每19.8km^{2}一个重力点，布格异常总精度优于±0.98×10^{-5}m/s^2。

1：20万和1：25万区域重力调查工作主要分布在各重要成矿带，测点密度约6km^{2}一个重力点，大体可分为两个阶段：第一阶段为1998年以前，这一阶段由于测点位置采用1：2.5万航空照片确定，高程采用气压计测高方法获取，定位精度相对较低，仪器大部分采用国产ZSM-Ⅳ、ZSM-Ⅴ或者WORDEN等中精度重力仪，布格重力异常总精度优于±0.66×10^{-5}m/s^2（实际可能更低）；第二阶段从1999年开始，测点定位采用单频和双频GPS进行，重力仪除部分仍应用中精度重力仪外，不少单位开始使用LCR型、CG-5型高精度重力仪，这一阶段布格重力异常总精度好于±0.5×10^{-5}m/s^2。

西北地区航磁工作始于1961年，主要由国土资源航空物探遥感中心完成，冶金部航空物探大队在少量铁矿带进行了小面积测量。区域航磁工作比例尺为1：100万、1：50万、1：20万、1：10万、1：5万、1：2.5万，截至2010年西北地区完成的各种比例航磁工作如图3-1-2所示。

1：50万～1：100万航空磁测包括新疆罗布泊阿拉善、青藏高原中西部、天山地区、准噶尔盆地、塔里木盆地、吐鲁番哈密、青海中南及西南、祁连山地区等。航磁飞行的时间大都集中在20世纪80年代中期以前，基本覆盖了距国界30km内的全区；飞行高度100～4000m，一般采用光泵磁力仪，以目视领航为主，测量精度2～15nT。1：20万航磁在1966—2005年完成，主要在青海西宁、内蒙古鄂尔多斯、柴达木东部边缘、甘肃甘南、青海南部、陕甘宁交界区、新疆塔里木西部、新疆塔里木东北、额尔多斯北部

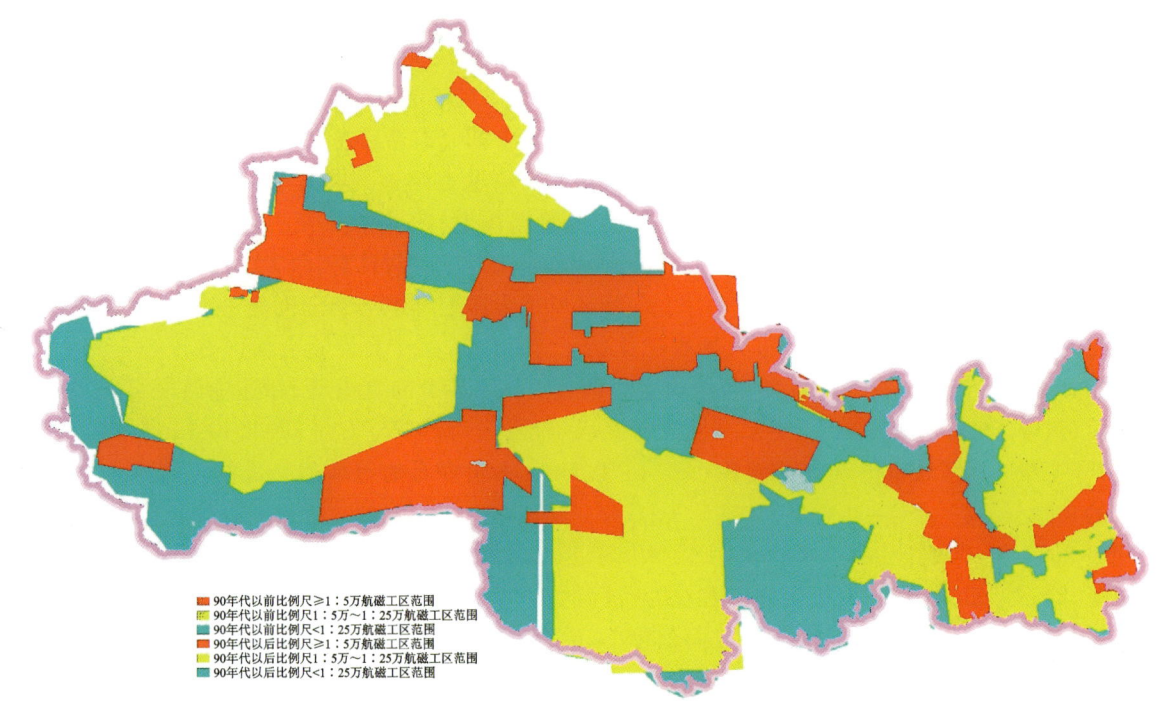

图 3-1-2　西北地区航磁工作程度示意图

航磁数据来源：中国国土资源航空物探遥感中心

等地区完成；飞行高度 300～1200m，一般采用光泵磁力仪，以目视领航为主，测量精度 2～11nT。1∶10 万航磁在 1960—1998 年完成，主要在新疆托里、新疆塔克扎勒阿尔曼、准噶尔盆地周缘、秦岭中东部大巴山、青海柴达木、宁夏同心-贺兰山、甘肃龙首山潮水盆地、青海柴达木中部、秦岭西段武都略阳、新疆伊犁新源、新疆库尔勒尉犁等地区完成；飞行高度 60～800m，一般采用光泵磁力仪，以目视领航为主，测量精度为 5nT 左右。1∶5 万～1∶2.5 万航磁在 1966—2000 年完成，主要分布在新疆东天山、准噶尔西缘等重要成矿带；飞行高度 50～500m，一般采用光泵磁力仪，以目视领航为主，测量精度 2～12nT。

据不完全统计，截至 2008 年西北地区完成 409 个工作区地磁测量，总面积约 30.5 万 km²，最小工作区面积 0.01km²，最大工作区面积 33 400km²。工作比例尺除 20 世纪 50 年代在准噶尔盆地北部为石油勘探完成 4 个区 1∶20 万地磁测量，面积 4.41 万 km² 外，其余大部分为 1∶2000～1∶1 万地磁测量，磁测总精度 2～15nT（图 3-1-3）。本次研究主要使用了全国统一调平的 0.02°×0.02°航磁网格数据、1∶2.5 万～1∶100 万航磁测线数据和各地勘单位完成的不同比例尺的地面磁测数据三类资料。其中 0.02°×0.02°航磁网格调平数据主要用来编制省级和西北地区区域航磁基础图件并进行区域构造、岩体等综合解释；预测工作区综合解释主要使用 1∶2.5 万～1∶10 万航磁测线数据，部分地段使用了 1∶50 万～1∶100 万航磁测线数据；典型矿床综合解释及找矿模型建立主要使用了地面磁测资料，部分地段使用了 1∶2.5 万～1∶5 万航磁测线数据。编制的磁测图件除利用原始数据完成的剖面平面图外，主要为等值线平面图，一般采用最小曲率网格化方法，网格距一般为磁测线距的 1/4～1/2。

二、重磁场总体特征

西北地区地层平均密度总体符合地层由新到老密度呈增加趋势的基本规律。第四系平均密度为 1.78g/cm³，新生界平均密度为 2.31g/cm³，中生界平均密度为 2.55g/cm³，上古生界平均密度为 2.66g/cm³，下古生界平均密度为 2.71g/cm³，前震旦系平均密度为 2.74g/cm³。各地层单元密度有较明显的差异，

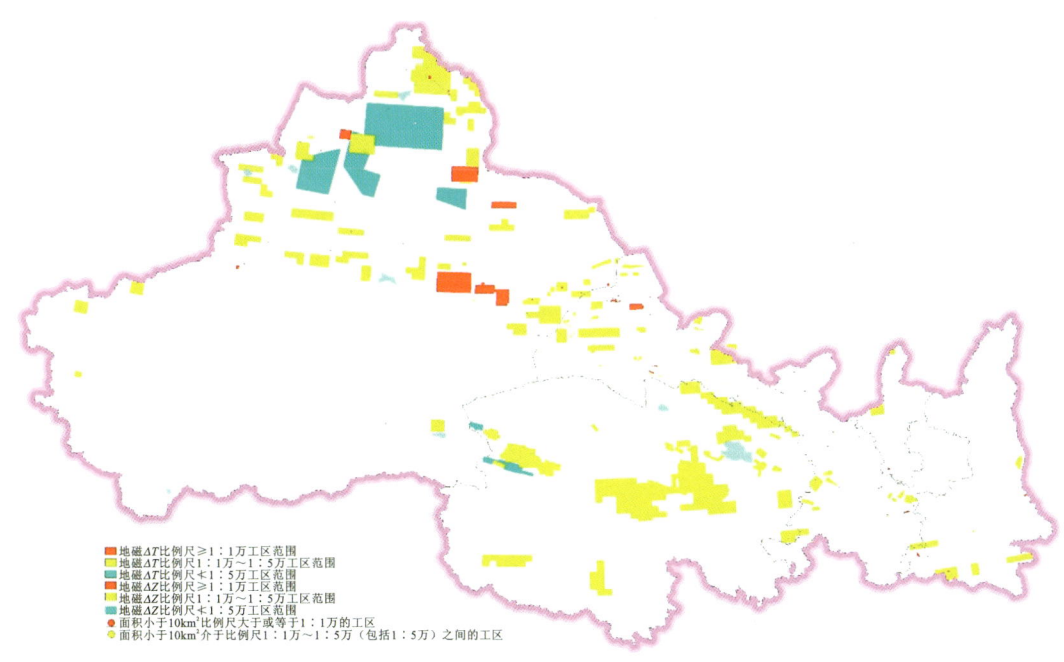

图 3-1-3　西北地区地面磁测工作程度示意图

如第四系与新生界密度差 0.53g/cm^3，新生界与中生界密度差 0.24g/cm^3，中生界与上古生界密度差 0.11g/cm^3，上古生界与下古生界密度差 0.05g/cm^3，下古生界与前震旦系密度差 0.03g/cm^3。

侵入岩具有从酸性到基性密度增大的特征，酸性侵入岩密度为 $2.57\sim2.62\text{g/cm}^3$，中酸性侵入岩密度为 $2.65\sim2.75\text{g/cm}^3$，中性侵入岩密度为 $2.67\sim2.79\text{g/cm}^3$，基性侵入岩密度为 $2.76\sim2.90\text{g/cm}^3$，超基性岩密度为 $2.61\sim2.97\text{g/cm}^3$。

新生界为无磁—弱磁性。中生界磁化率为 $(6\sim3124)\times10^{-5}$ SI；新疆北部侏罗系磁化率达 3124×10^{-5} SI。二叠系磁化率为 $(20\sim3874)\times10^{-5}$ SI，新疆北部、塔里木、甘肃北山磁性较强，祁连、秦岭、阿尔金、昆仑山等磁性较弱。石炭系磁化率为 $(179\sim7085)\times10^{-5}$ SI，西天山、北山为强磁性，其余为弱磁性。泥盆系磁化率为 $(48\sim3440)\times10^{-5}$ SI，秦岭、甘肃北山为强磁性，其余为弱磁性。志留系磁化率为 $(178\sim940)\times10^{-5}$ SI，甘肃北山造山带为强磁性，其余为弱磁性。奥陶系磁化率为 $(30\sim1880)\times10^{-5}$ SI，阿尔金、昆仑山、北山为强磁性，其余为弱磁性。寒武系磁化率为 $(0\sim2948)\times10^{-5}$ SI，甘肃北山为强磁性，其余为弱磁性。震旦系磁化率为 $(163\sim3600)\times10^{-5}$ SI，塔里木为强磁性，其余为弱磁性。太古宇—古元古界磁化率为 $(0\sim18\,718)\times10^{-5}$ SI，塔里木、阿尔金、昆仑山、秦岭、北山为强磁性。中酸性侵入岩磁化率为 $(148\sim2600)\times10^{-5}$ SI，磁化率极不均匀。中性侵入岩磁化率为 $(150\sim1960)\times10^{-5}$ SI，磁化率普遍偏高。基性侵入岩磁化率为 $(800\sim4220)\times10^{-5}$ SI，磁化率普遍较高。超基性侵入岩磁化率为 $(4030\sim13\,000)\times10^{-5}$ SI，属强磁性。磁性矿的磁化率为 $(50\,000\sim100\,000)\times10^{-5}$ SI。

西北地区磁参数总体特征表现为沉积岩磁性较弱，一般不会引起磁异常，但某些含火山岩地层埋藏较浅或出露地表时，表现出明显的磁异常，如上三叠统的火山岩夹层。部分变质岩有磁性，可以引起磁异常。侵入岩整体上磁性较强，是引起磁异常的主要因素，但部分花岗岩由于磁性较弱而不能引起磁异常。基性、超基性岩具有强磁性，常能引起带状强磁异常。火山岩广泛分布，磁性极不均匀，产生杂乱的磁异常。磁铁矿具有强磁性，并与超基性岩有关。超基性岩体异常可为间接寻找磁铁矿提供预测依据。

根据布格重力异常的基本特征和分布特点，结合航磁 ΔT 化极异常特征，深部构造特征以及相关的地质构造区划特征，西北地区可划分为 10 个一级异常区，每个异常区可进一步划分为若干个分区（图 3-1-4～图 3-1-6）。

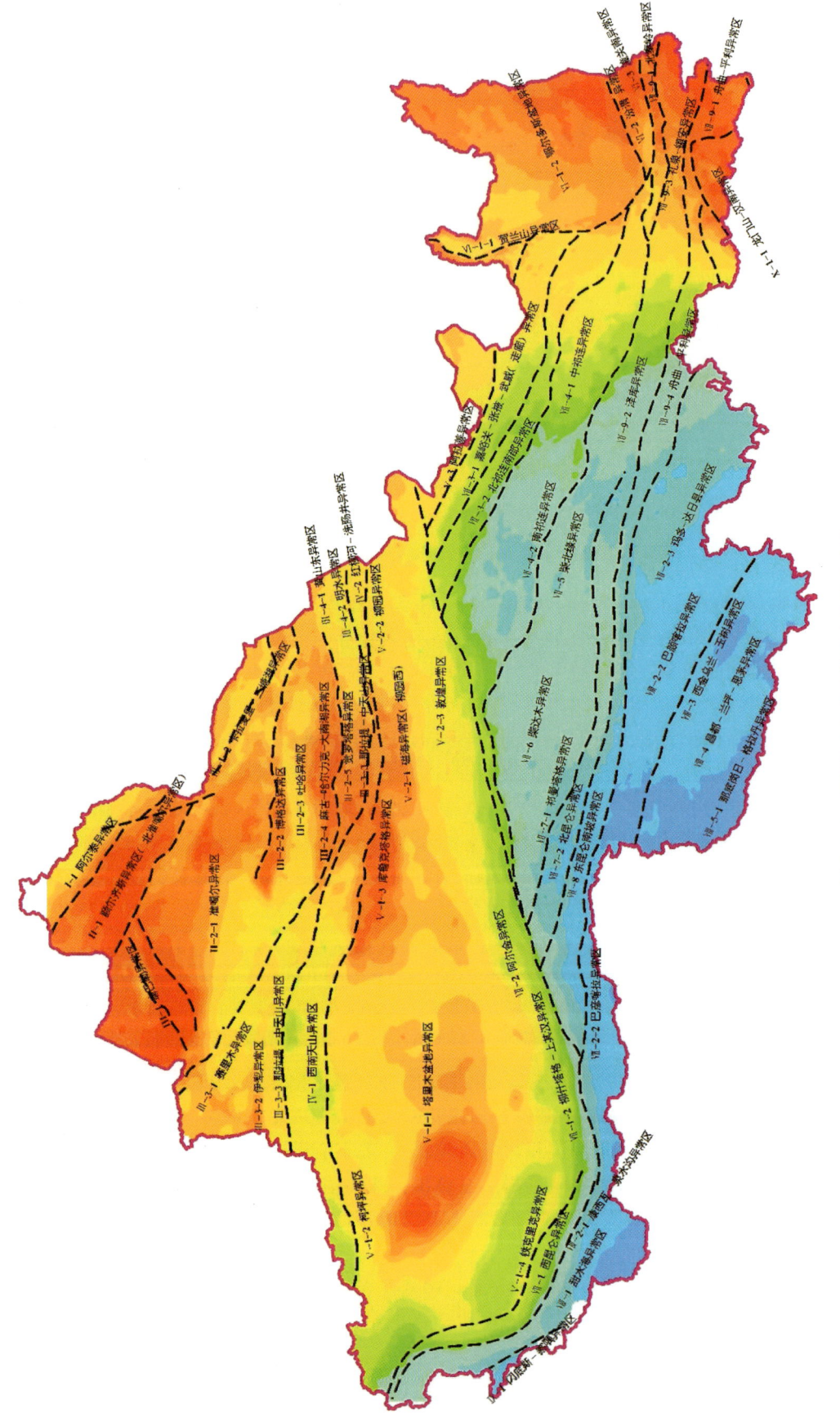

图 3-1-4 重磁场分区与布格重力异常示意图

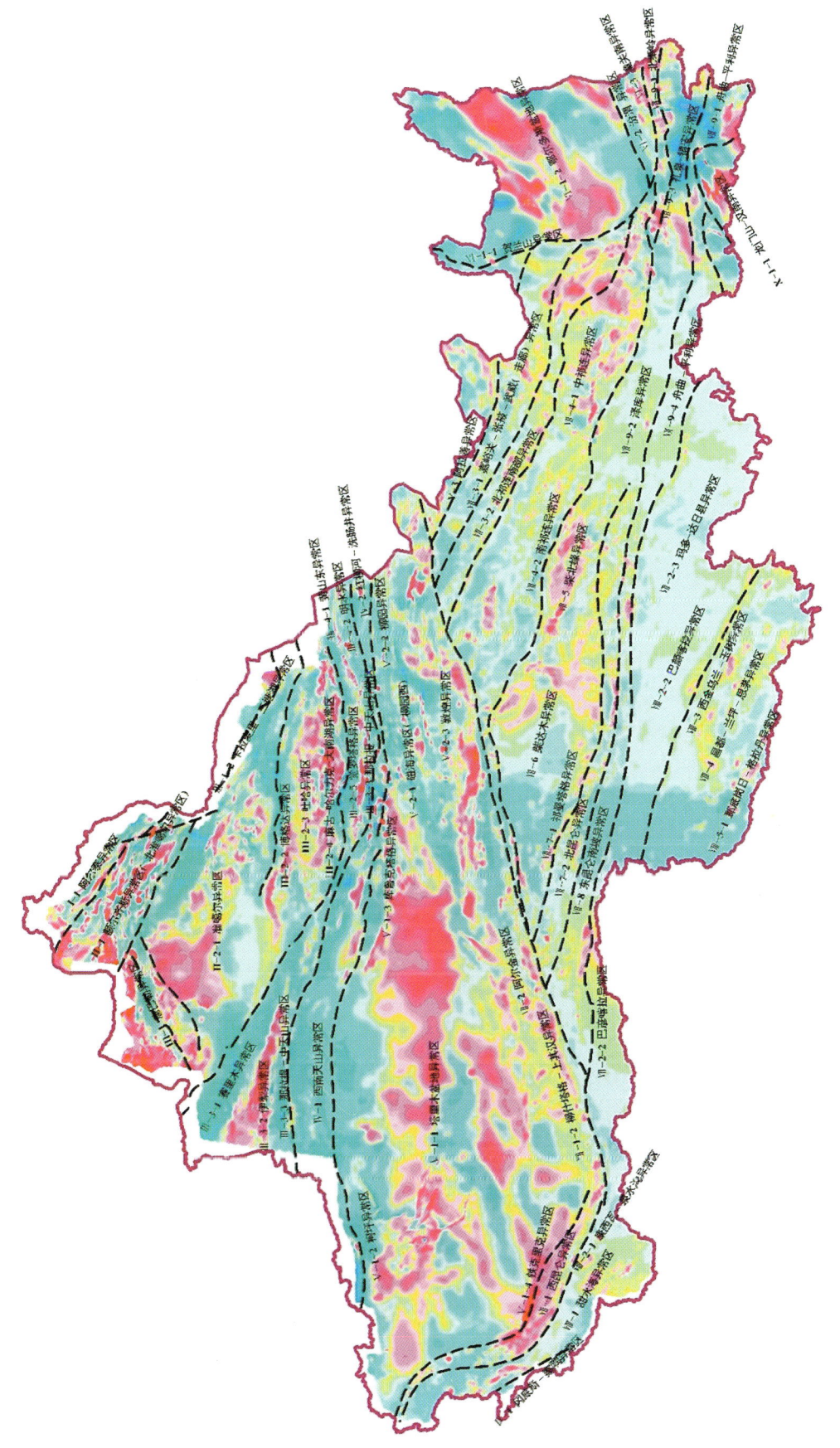

图 3-1-5 重磁场分区与航磁ΔT化极异常示意图
航磁数据来源：中国国土资源航空物探遥感中心

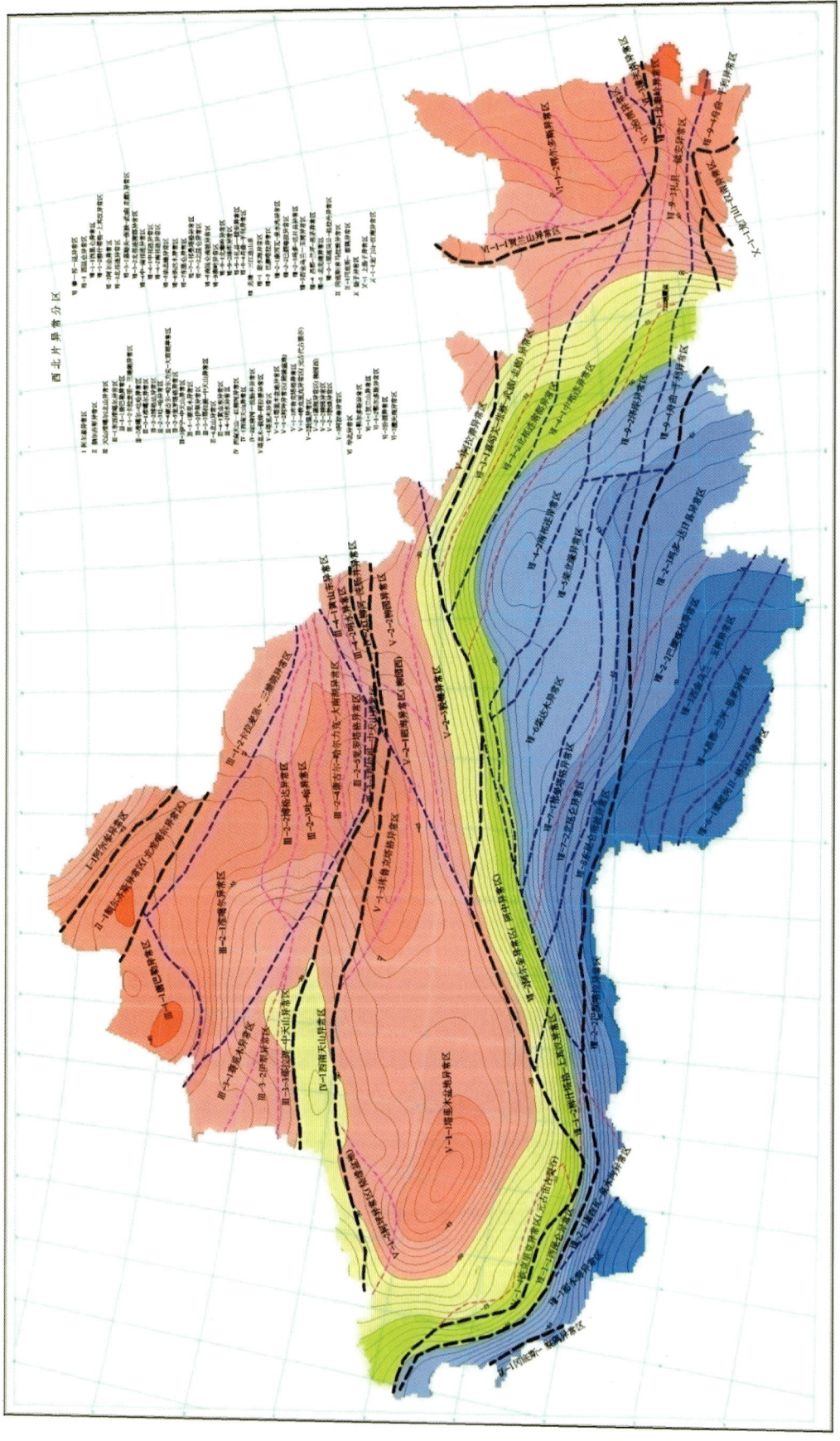

图 3-1-6 重磁场分区与莫霍界面示意图

(一)阿尔泰异常区（Ⅰ）

该区位于西北地区最北端，阿勒泰市富蕴县以北地区，主要异常形式为重力梯级带，重力值从南向北较均匀地逐渐降低，由 $-135\times10^{-5}\,\mathrm{m/s^2}$ 降至国境一带的 $-250\times10^{-5}\,\mathrm{m/s^2}$，梯度变化平均每千米 $1\times10^{-5}\,\mathrm{m/s^2}$ 以上，最大处达 $3\times10^{-5}\,\mathrm{m/s^2}$，这里是西北地区重力梯度变化较大的地区之一。区内航磁 ΔT 化极异常轴向为北西向，由多条正、负间的条带状异常组成。正、负条带状异常相间排列，由花岗岩、部分闪长岩及少量的基性—超基性岩引起。下泥盆统康布铁堡组呈北西-南东向分布于阿勒泰—富蕴一带，主要为变质酸性火山岩、火山碎屑岩夹结晶灰岩和片岩。该异常区还分布大量的花岗岩及部分闪长岩，少量的基性—超基性岩。莫霍面由西南向东北呈逐渐加深的斜坡带，埋深 43~49km。

区域构造上处于西伯利亚板块与哈萨克斯坦板块的缝合交接部位，进入西伯利亚板块构造区。所属大地构造位置为阿尔泰弧盆系，位于中亚造山带西南部，北邻西萨彦玲古岛弧带，南侧以斋桑-额尔齐斯断裂为界与额尔齐斯结合带相邻。

(二)额尔齐斯异常区（Ⅱ）

该区布格重力场呈现条带状，主体走向为北西向，夹于南北两个重力梯级带之间。总体为区域重力高异常特征，异常值 $(-150\sim-90)\times10^{-5}\,\mathrm{m/s^2}$，在区域重力高背景上叠加局部重力异常明显，局部重力异常走向以北西向为主，部分为东西向，反映了浅部建造和密度体的分布特征。航磁 ΔT 化极异常以北西向正负相间的串珠状高磁异常为主，西缘呈团块状高磁异常，磁场强度为 $-800\sim1000\mathrm{nT}$，磁异常主要由中酸性侵入岩体引起。该区大部分为中新生代覆盖区，在西部及南部出露古生界和中酸性侵入岩。本区莫霍面为北西向展布的隆起带，埋深为 40~43km。所属大地构造位置为额尔齐斯结合带，是查尔斯克-斋桑-额尔齐斯洋盆于泥盆纪—石炭纪封闭，南部的东西准噶尔弧盆系与北部阿尔泰弧盆系聚合碰撞，形成的碰撞混杂岩带。

(三)天山-准噶尔-北山异常区（Ⅲ）

其中，东、西准噶尔异常区，位于额尔齐斯异常区以南，总体以醒目的区域重力高为主要特征，平均布格重力值在 $-150\times10^{-5}\,\mathrm{m/s^2}$ 以上，西区是布格重力值最高的区域，向东逐渐降低。异常形态以条带状和团块状为主，根据重力场的区块特征，分为西准噶尔(唐巴勒)异常区和东准噶尔(卡拉麦里—三塘湖)异常区。西准噶尔(唐巴勒)异常区，布格重力场明显呈现条块状镶嵌的特点，主体走向为北东向。总体为区域重力高值异常特征，平均异常 $(-110\sim-100)\times10^{-5}\,\mathrm{m/s^2}$，新疆地区布格异常最高值 $(-83\times10^{-5}\,\mathrm{m/s^2})$ 出现在本区东端。区域重力高反映地壳厚度较小，计算结果显示上地幔平均埋深约 42km，局部为 40km，实际上是准噶尔上地幔隆起带的西延凸起部分。在区域重力高背景上叠加的局部异常较为明显，反映了浅部地质建造在横向上具有的变化特征。无论是局部异常的长轴方向，还是反映主要断裂的线型梯级带的展布方向，西准噶尔(唐巴勒)异常区主要呈北东向展布，说明浅层建造和上地幔的构造轮廓以北东向为主，与东准噶尔(卡拉麦里—三塘湖)异常区的北西向构造在福海县以南附近近于正交，且之间被克拉玛依、拉巴-达拉布特深断裂分割，有些学者认为在大地构造单元划分上西准噶尔和东准噶尔归统一的准噶尔板块内构造区。根据重磁推断，西准噶尔和东准噶尔可能是不同的地质构造单元。西准噶尔重力场较东准噶尔异常区显得强烈而零乱，表明经历的构造—岩浆活动更剧烈、频繁。西准噶尔航磁 ΔT 化极异常总体为北东向分布，磁异常较复杂，以团块状正、负伴生的强磁异常为主，异常强度为 $-250\sim600\mathrm{nT}$。推断磁异常由中酸性、中基性及火山岩引起。

应特别指出的是，在西准噶尔东南部发育一系列超基性岩带和铬铁矿区，也就是我国著名的西准噶尔超基性岩带和鲸鱼-萨尔托海铬铁矿区。最新地调资料反映,克拉玛依白碱滩一带出露有深源铁镁质岩体,对研究该区的构造特征提供了新的地质证据。

东准噶尔(卡拉麦里—三塘湖)异常区,即准噶尔盆地异常区以东的地区,布格重力场明显呈块状镶嵌的特点,总体呈北西走向,主要由布格重力相对高值异常组成,且西北部重力异常高于东南部,由西向东布格重力值呈逐渐下降趋势,反映了主要密度界面的埋深差异。布格重力值在$(-210 \sim -110) \times 10^{-5} m/s^2$之间,局部异常值达$-100 \times 10^{-5} m/s^2$,平均为$-140 \times 10^{-5} m/s^2$。航磁$\Delta T$化极异常表现为负背景上叠加北西向带状正磁异常,异常强度普遍在200nT以上。东准噶尔异常区莫霍面埋深普遍偏浅,计算结果显示地幔局部隆起区埋深为41～45km。区内分布有连续的阿尔曼泰、克拉麦里等深源的超基性—基性岩体,据通过该区的地震测深和大地电磁测深资料,埋深约20km下存在玄武岩质层,这对揭示该区及准噶尔区域的基底构造特征和性质,提供了重要的依据。

准噶尔-吐哈异常区,指东、西准噶尔异常区以南,伊宁-中天山异常区与北山异常区以北的广大地区,包括准噶尔盆地异常区、博格达异常区、吐鲁番-哈密盆地异常区、康古尔-哈尔力克-大南湖异常区及觉罗塔格异常区等。准噶尔盆地异常区为克拉玛依以东、吉木萨尔—沙丘河一线以西,东西天山异常区以北地区。布格重力异常等值线呈近东西向延伸,平稳而宽缓,叠加深源的平缓重力高异常,为较典型的沉积盆地与深部隆起相加异常,南端为宽缓的重力梯级带,与西天山重力低区相隔。区内由南至北布格重力值从$-220 \times 10^{-5} m/s^2$递增至$-130 \times 10^{-5} m/s^2$。根据地质和地震资料,消除中-新生代沉积厚度影响后,该区莫霍界面为一隆起区,埋深42～48km,与其南部西天山异常区间存在一个落差为5km的莫霍面陡变带。准噶尔异常区总体布格重力较高,表现了以莫霍面为主导的深部构造隆起区和上层建造变化的特点。准噶尔盆地中部正磁异常,是准噶尔盆地磁异常的主体部分,位于盆地中部至西北缘,构成一个环形异常。西北缘异常强度大,往中部及东部逐渐平缓,异常强度西北部高达250nT,峰值明显,中部及东部降为50nT,但分布面积较大,异常平缓,变化不大。该区地表全部为第四系和第三系(古近系+新近系)沉积物所覆盖,据初步估计引起磁异常的磁性体埋藏深度13～15km。推断认为准噶尔盆地正磁异常是由深部存在较强磁性的前寒武纪古老变质岩引起。准噶尔盆地与塔里木盆地一样,属古老地块。

博格达异常区为带状重力高异常,主体走向为东西向,夹于西、南、北重力梯级带之间,异常值$(-220 \sim -130) \times 10^{-5} m/s^2$。博格达异常区同时是高磁异常区,磁场强度$-300 \sim 500nT$,反映了该异常带分布有高密度、高磁性基性岩体。出露古生界石炭系等地层和基性、中酸性侵入岩。莫霍面为由东西向展布的凹陷带,埋深为45～49km。该区地质构造为博格达裂谷盆地。

吐鲁番-哈密(吐-哈)盆地异常区,北部为重力低异常带,从西向东分别为吐鲁番西重力低异常、鄯善重力低异常、哈密重力低异常,呈东西向展布,异常值$(-280 \sim -200) \times 10^{-5} m/s^2$,是吐-哈盆地在重力场上的反映。南侧为托克逊-哈密重力梯级带,其布格重力异常等值线束状特征显著,以近东西方向平稳起伏延展,走向长度在500km以上,宽度20～50km,布格重力异常强度$(-200 \sim -140) \times 10^{-5} m/s^2$,重力梯度值平均$1.5 \times 10^{-5} m/s^2$,局部达$5 \times 10^{-5} m/s^2$。重力梯级带是吐-哈盆地南缘深大断裂的反映。航磁$\Delta T$化极异常为团块状、串珠状,异常强度$-300 \sim 300nT$,由中酸性侵入岩及火山岩引起。该区为中新生界覆盖区,周边出露古生界及中酸性侵入岩。莫霍面计算结果显示,该区是一个上地幔隆起区,平均埋深为44km。该异常区所属大地构造位置为吐-哈地块。张德润(1990)、胡受奚等(1990)都认为吐-哈地块与准噶尔地块原来是相连的,是一个整体,由于后期构造活动才分隔于博格达山南北。

康古尔-哈尔力克-大南湖异常区,重力场的主要宏观特征是重力异常高值区,平均布格重力值$-130 \times 10^{-5} m/s^2$,总体表现为近东西走向的条带状重力高异常。该区同时是强磁异常带,异常强度$-400 \sim 500nT$,磁异常是由中酸性—基性侵入岩及火山岩引起的。地表北部以中新生代覆盖为主,局部出露古生界,南部出露古生界及中酸性—基性侵入岩。该区是一个上地幔隆起区,平均埋深43km。该异常区所属大地构造位置为康古尔-哈尔力克-大南湖岛弧带。

觉罗塔格异常区,重力场的宏观特征为区域性分布的重力高异常,布格重力值$(-210 \sim -130) \times$

$10^{-5}\mathrm{m/s^2}$，局部重力异常表现为高低相间的带状异常，总体走向以近东西向为主。区内航磁 ΔT 化极异常为近东西向展布，北负、南正伴生的强磁异常带，强度 $-300\sim600\mathrm{nT}$，由中酸性侵入岩引起。地表出露上古生界及中酸性侵入岩。该区是一个上地幔隆起区，埋深为 $42\sim44\mathrm{km}$。该异常区所属大地构造位置为觉罗塔格裂谷盆地。

值得说明的是在博格达—吐鲁番—哈密有一个正磁异常区，分布于博格达、吐鲁番、哈密盆地及觉罗塔格山和南湖戈壁区，异常长约 1500km，宽约 200km，大致呈东西向展布，强度一般 $250\sim400\mathrm{nT}$，最高达 800nT。异常区由西向东可分为托克逊-底格尔异常段、疏纳诺尔异常段、哈密-山口-梧桐窝子异常段。异常之间均由近南北向断裂分开。正磁异常的两侧均为负磁异常。从异常特征及地表出露地层推断该区异常由两部分组成，一部分是浅部磁性体，另一部分是深部磁性体。浅部磁性体包括 3 种因素：其一为中泥盆统头苏泉组，其二为中下石炭统梧桐窝子组，其三为地层中的辉长辉绿岩、闪长岩、岩浆岩和部分玄武岩、安山岩、火山岩等磁性岩石。北部局部环形异常可能为闪长岩侵入体，局部为基性—超基性岩体，南部条带状异常与火山岩、闪长岩等岩性有关。深部磁性体可能与古生代盖层下的前寒武纪古老变质磁性地层有关。

伊宁-中天山异常区，该区总体为西宽、东窄三角状，呈北西向展布，由赛里木、伊犁和那拉提-中天山异常区组成。

赛里木异常区位于温泉县—博乐市—精河县以南、尼勒克县以北的区域。等轴状重力低和重力高异常相间排列，布格重力异常强度 $(-260\sim-170)\times10^{-5}\mathrm{m/s^2}$。地表出露古生界及中酸性侵入岩，在北部温泉—博乐—精河为新生代覆盖区，盖层厚度约 2.5km。该区为上地幔斜坡区，莫霍面平均深度为 46km。该异常区所属大地构造位置为赛里木陆缘盆地。

伊犁异常区位于伊宁县以南、特克斯县以北。异常总体表现为近东西向分布的条带状重力低异常夹重力高异常，布格重力异常强度 $(-240\sim-155)\times10^{-5}\mathrm{m/s^2}$。该区是一个上地幔斜坡区，平均埋深为 48km。该区为强磁异常区，强度 $-400\sim800\mathrm{nT}$。强磁异常由含铁海相火山岩和中基性侵入岩引起的。地表出露古生界及中酸性—基性侵入岩，部分为中新生代覆盖。该异常区所属大地构造位置为伊犁陆内裂谷。

那拉提-中天山异常区，宏观上重力场为区域重力高异常区，布格重力值 $(-230\sim-130)\times10^{-5}\mathrm{m/s^2}$，局部异常表现为条带状和团块状重力高异常，总体走向以近东西向。从区域布格重力异常图上可以明显看出，从西至东布格重力异常的特征有明显的变化。从莫霍面等深度图上可以看出，该区上地幔西部斜坡、东部隆起，平均埋深为 $42\sim50\mathrm{km}$。该区磁场为负背景场叠加了局部正磁异常，强度 $-400\sim600\mathrm{nT}$，强磁异常可能是由中酸性侵入岩与火山岩引起的。该异常区所属大地构造位置为那拉提-中天山复合岩浆弧。韩宝福等(2004)认为中天山与伊犁地块陆-陆碰撞拼合而成为伊犁-中天山复合地块。

北山异常区，总体为北东东向展布的重力异常带，布格重力值 $(-245\sim-180)\times10^{-5}\mathrm{m/s^2}$，重力值北高南低，分布有团块状重力高、重力低异常，南部明显的南北向重力低出现在明水—公婆泉南北一带，场值变化在 $(-250\sim-220)\times10^{-5}\mathrm{m/s^2}$ 之间，东、西两侧为重力异常区域性增高，北山东部重力值在 $(-200\sim-150)\times10^{-5}\mathrm{m/s^2}$。该区航磁 ΔT 化极异常表现为负背景下叠加北东向带状强磁异常，异常强度在 400nT 以上。强磁异常带对应重力高异常，推断可能由中基性火山岩引起，个别由磁铁矿引起。区内地表出露古生界及中酸性侵入岩，局部见基性、超基性岩体，西北部为中新生代覆盖区。从莫霍面等深度图上可以看出，北山地区是一个上地幔坳陷区，平均埋深为 48km。该区所属大地构造位置为北山弧盆系。

（四）西南天山-红柳河异常区（Ⅳ）

该异常区位于天山、北山南段。重力场总的概貌是以重力低异常为主，由北向南为负异常带—正异常带—负异常区带相间组成，走向近东西，重力值为 $(-340\sim-140)\times10^{-5}\mathrm{m/s^2}$。航磁 ΔT 化极异常表现为在负背景磁场上叠加了团块状、串珠状正的强磁异常,推断强磁异常由中酸性—基性—超基性侵入岩体引起。区内地表出露古生界及中酸性、基性、超基性侵入岩,在和静县等地区为中新生代覆盖区。从莫霍面等深度图上可看出本区是一个上地幔坳陷区,最大深度为51km,表明本区地壳活动较为剧烈,同时地壳结构也较为复杂。该区所属大地构造位置为西南天山-红柳河对接带。

(五)塔里木-敦煌-阿拉善异常区(Ⅴ)

其中,塔里木异常区位于西南天山以南、昆仑阿尔金以北,大体为地理上的塔里木盆地区域。重力场由宽缓等轴状重力高异常组成,显示出许多古老地块上常见的重力异常特征,区域重力场北缘界线与塔里木地块的构造轮廓基本一致。布格重力异常值从塔里木盆地外缘至中心呈阶梯状上升的趋势,由 $-300\times 10^{-5}\mathrm{m/s^2}$ 升至 $-150\times 10^{-5}\mathrm{m/s^2}$,局部达 $-100\times 10^{-5}\mathrm{m/s^2}$ 以上,形成若干个局部重力高异常,意味着盆地基底由不同断块构成,深部构造较为发育。由莫霍面等深度图上可看出,从盆地南缘向中心,平均深度由59km逐渐减小至42km,因此,整体上是一个上地幔隆起区。磁场总体为正、负相间,以北东向和东西向为主的复杂变化磁场为特征。在库鲁克塔格负磁场背景出现许多条带状或椭圆状正磁异常,西部正磁异常强度及范围较小,东部正磁异常强度较高、延伸范围较大。异常区两头窄中间宽,延伸方向由北西向转向近东西向,长约600km、宽100~150km。西部表现为局部椭圆状不连续的异常,东部为条带状异常,成为负、正异常变化的条带。负异常强度一般为-200~-100nT,局部可达-300~-250nT。正磁异常强度一般为100~200nT,局部400~500nT,个别可达700nT。

在塔里木盆地中北部,喀什—巴楚—塔克拉玛干—阿拉干—罗布泊近东西向正磁异常大致沿北纬40°~39°线分布,异常强度一般为100~250nT,具多个异常中心,最大值可达350nT以上,局部为450nT。横亘塔里木盆地中央,将塔里木盆地划分为南、北两部分,其延伸方向总体为近东西向。北部为负异常区,呈北西向延伸,南部为正异常区,但延伸方向为北东向。北部的负磁区磁场变化平稳,只是在巴楚北部有局部小范围的团块状正磁异常,反映出塔里木盆地北部与南部基底岩性的构成可能有差异。沿着这条带可能断续分布超基性岩、基性岩的侵入体,或其他较强的磁性地质体。在塔里木盆地南部为北东向展布的正磁场区。西部异常主要由3条北东向异常组成,彼此基本平行,中间被低磁异常和梯度带所分开。在3条北东向异常中包括有范围较小的北西向延伸的局部异常。异常强度一般为100~200nT,最高者可达250nT。中部异常总体呈北东向延伸,长约600km,宽200km,西南部宽大,向东逐渐变窄。东部异常变化剧烈,出现多个局部小异常。推测北东向条带磁异常可能是由元古宇磁性基底引起的,高磁异常区可能为磁性基底隆起区,低磁异常区和负磁异常区为磁性基底坳陷区。

塔里木盆地地表主要为中新生代覆盖区,局部和周边出露古生代或以老地层及中酸性侵入岩。该异常区所属大地构造位置为塔里木陆块。

敦煌异常区,该区重力场总体为东西向分布的重力高值区,布格重力异常值从南向北为升高的趋势,由 $-300\times 10^{-5}\mathrm{m/s^2}$ 升至 $-200\times 10^{-5}\mathrm{m/s^2}$,局部异常值达 $-140\times 10^{-5}\mathrm{m/s^2}$ 以上,形成若干个局部重力高、低圈闭。在柳园以西为重力高异常区,异常区布格重力值 $(-200\sim -140)\times 10^{-5}\mathrm{m/s^2}$,以条带状重力高为主,局部夹重力低异常,总体走向为北东向。在柳园地区为重力高异常区,异常区布格重力值 $(-250\sim -195)\times 10^{-5}\mathrm{m/s^2}$,条带状重力高异常夹重力低异常,总体走向为东西向。敦煌地区为重力高异常区,异常区布格重力值 $(-280\sim -200)\times 10^{-5}\mathrm{m/s^2}$,条带状重力高异常局部夹重力低异常,总体走向为东西向。该区磁场总体为正、负相间,以北东向和东西向为主的复杂变化磁场。异常强度一般为-200~300nT,高者可达800nT。该区中南部地表为中新生代覆盖区,北部及南缘出露古生代及以老地层及中酸性侵入岩。莫霍面等深度图显示,从南向北平均深度由55km逐渐减小至45km,因此,整体上是一个上地幔北浅、南深斜坡区。该区所属大地构造位置为敦煌陆块。

阿拉善异常区,位于金塔县—民勤县一线,为阿拉善重力高异常区,南缘为龙首山密集重力梯级带,异常区布格重力值为 $(-255\sim -180)\times 10^{-5}\mathrm{m/s^2}$,从南向北重力值渐增。磁异常为串珠状,异常方向由北西西向改变为东西—北东向,连续性和强度都有增强。磁异常带分布地段,以古元古界龙首山群、阿拉善群为基底,磁异常主要由加里东期和海西期花岗岩、闪长岩引起,部分为超基性岩混合岩、片麻岩和斜长角闪片岩引起。沿龙首山分布的密集重力梯级带,反映山体两侧一系列深断裂的分布,并以南缘深断裂构成祁连造山带与北侧阿拉善地块的分界。该异常区所属大地构造位置为阿拉善地块。地质上认为,阿拉善地块的演化过程接近塔里木陆块区。莫霍面等深度图显示,从南向北平均深度由51km逐渐减小至46km,因此,整体上是一个上地幔北浅、南深斜坡区。

(六)华北异常区(Ⅵ)

该区位于西北地区东北部,总体为重力高值区,重力值为$(-230 \sim -95) \times 10^{-5} \mathrm{m/s^2}$,包括鄂尔多斯异常区、汾渭异常区及潼关南异常区。鄂尔多斯异常区包括贺兰山异常区及鄂尔多斯盆地异常区。其中,贺兰山异常区位于石嘴山市—灵武县—平凉市一线,呈近南北向带状分布。异常区布格重力值为$(-230 \sim -125) \times 10^{-5} \mathrm{m/s^2}$,北部为密集的重力梯级带夹重力低异常,南部为重力高异常,区内异常表现为等值线同向弯曲或圈闭形成局部重力高和重力低,重力高值带反映古生界隆起。贺兰山区表现为明显的重力高,向东银川地堑变为明显的重力低。航磁异常表现为中低背景叠加近南北向串珠状正磁异常,磁场强度为$-250 \sim 300 \mathrm{nT}$,呈现的局部磁异常是中酸性侵入岩的反映,区域磁场是基底磁性的反映。地表为中新生界覆盖区,局部出露古生界;莫霍面平均深度为45km,南北浅,中部深。

鄂尔多斯盆地异常区,布格重力异常场总体呈东南高、西北低的态势,布格重力异常值最大值位于该区东南角的澄城县($-95 \times 10^{-5} \mathrm{m/s^2}$),最小值位于西北部的定边县姬塬镇附近($-216 \times 10^{-5} \mathrm{m/s^2}$)。由东南向西北重力场总体以较为均匀梯度下降,存在北东向展布的局部重力异常带,定边为重力异常似值带,以靖边—吴旗一线重力梯级带为界,向西重力场值逐渐降低,重力场的变化较为均匀,其间有多个局部重力异常,异常走向总体为北东向或近东西向。陕北神木县为长椭圆状重力异常高值圈闭带,走向北东,异常圈闭等值线相对较宽缓且均匀;铜川—宜川为似三角形重力异常高值圈闭带,周边以较为密集的重力梯级带为界,总体走向北东,高值区内有多个形态与走向各异的次级异常。重力异常特征反映了基底构造格局,同时也反映了中新生代沉积厚度特征。

区内存在北东向特征明显的宽大磁异常,磁异常特征反映了磁性体埋深大、磁性强、分布广的基底磁场特征。据石油钻孔资料,在孔深5000m以下见到基底深变质岩,相当古元古代基性火山岩,具有较强磁性$[(800 \sim 20\,000) \times 10^{-3} \mathrm{A/m}]$。与华北陆块基底组成一致,上覆的新元古界、古生界、中新生界盖层不具磁性,并且火山岩和侵入岩极不发育,属于相对稳定的地块。该区地表为中新生界覆盖区,只在盆地南缘出露古生界。从西向东莫霍面深度由46km逐渐抬升至41km,总体上是一个上地幔隆起区。区域重、磁场特征反映了鄂尔多斯盆地深部构造与浅部构造的特征。重力高异常带反映了古生代基底隆起,磁异常高值带反映了古老基底的隆起。

汾渭异常区位于武功县—渭南市—大荔县一线,布格重力异常整体表现为重力低值带,包括周至北重力低、临潼重力高、大荔重力低等。异常区布格重力值为$(-195 \sim -115) \times 10^{-5} \mathrm{m/s^2}$。其中周至北重力低走向近东西,形态为长条状,以重力梯级带的形式与邻区相接,且南侧的重力梯级带梯度变化较大;临潼重力高呈北东向椭圆状,由太华岩群引起;大荔重力低呈北东向团块状。

该区航磁异常为北东向展布,北部为负磁异常,南部为正磁异常,磁场强度为$-200 \sim 250 \mathrm{nT}$,磁异常是中酸性侵入岩的反映。地表为第四系覆盖区,在临潼局部出露太华岩群。莫霍面平均深度为42km,东浅、西深。该区所属大地构造位置为汾渭裂谷。

潼关南异常区为重力异常高值区,位于潼关南,异常为团块状,四周以重力梯级带与邻区为界,区内存在有多个次级重力高值圈闭。异常区布格重力值为$(-150 \sim -95) \times 10^{-5} \mathrm{m/s^2}$。区内航磁$\Delta T$化极异常以北东向团块状正值磁异常为主,中部夹负磁异常。磁异常是中酸性侵入岩的反映。区内出露前奥陶纪地层及中酸性侵入岩。莫霍面平均深度为41km,东浅、西深。该异常区所属大地构造位置为潼关南古裂谷。

(七)秦-祁-昆异常区(Ⅶ)

秦-祁-昆异常区包括西昆仑异常区、阿尔金异常区、北祁连异常区、中-南祁连异常区、柴北缘异常区、柴达木异常区、东昆仑异常区、南昆仑南坡异常区及秦岭异常区。其中,西昆仑异常区指塔里木异常区以南,南侧与青藏高原重力低相连。总体呈向南凸出的弧形异常带环绕塔里木盆地的南部,西南段北北西—北西走向,东南段北东走向;布格重力场值由北向南急剧下降,由$-290\times10^{-5}\,\mathrm{m/s^2}$降至$-425\times10^{-5}\,\mathrm{m/s^2}$。布格异常等值线主要为束状分布的梯级变化带,梯度每千米一般为$(1\sim2)\times10^{-5}\,\mathrm{m/s^2}$,最高变化每千米为$6\times10^{-5}\,\mathrm{m/s^2}$,局部异常不发育。推断莫霍面埋深$52\sim62\mathrm{km}$,最深处可达$63\mathrm{km}$以上,与北部的塔里木地区形成莫霍面陡变带。南侧进入青藏高原莫霍面坳陷区域。航磁ΔT化极异常西段呈北西向,中段为近东西后,往东转为北东东向延伸的条带状,强度$-200\sim300\mathrm{nT}$,最高达$600\mathrm{nT}$。异常主要由中基性侵入岩、中酸性侵入岩及早古生代一套变质岩引起。地表出露古生界、元古宇、古元古界及中酸性、中基性—超基性岩体,部分为中新生代覆盖区,所属大地构造位置属于西昆仑弧盆系。

阿尔金异常区,位于塔里木盆地东南侧,且末县—恰克马克塔什达坂地区,重力场为北东向展布的梯级带,布格重力场值由北西向南东急剧下降,由$-220\times10^{-5}\,\mathrm{m/s^2}$降至$-355\times10^{-5}\,\mathrm{m/s^2}$。布格异常梯度一般每千米变化为$(1\sim2)\times10^{-5}\,\mathrm{m/s^2}$,最高每千米变化$4\times10^{-5}\,\mathrm{m/s^2}$。莫霍面为斜坡带,深度为$49\sim59\mathrm{km}$,与西部的塔里木地区形成莫霍面陡变带。航磁异常为北东向分布的串珠状强磁异常带,强度$-200\sim400\mathrm{nT}$。磁异常主要由中酸性侵入岩、超基性侵入岩引起。该区带南部出露元古宇、古元古界,及中酸性、中基性、超基性岩体,北部为中新生代覆盖区,所属大地构造为阿尔金弧盆系。

北祁连异常区,包括嘉峪关-张掖-武威(走廊)异常区和北祁连南部异常区。其中嘉峪关-张掖-武威(走廊)异常区位于北祁连重力梯级带之北部,布格重力异常表现为北北西向展布的梯级带,布格异常值$(-350\sim-260)\times10^{-5}\,\mathrm{m/s^2}$,出现局部重力高或重力低异常,与局部隆起和凹陷有关。在航磁异常图上,从玉门、张掖、武威一线为沿河西走廊的相对平静的磁场,仅有几处局部磁异常,由嘉峪关西榆树沟山、宽台山寒武系含火山岩地层,肃南东榆木山奥陶系含火山岩地层和隐伏的金佛寺岩体引起。整个走廊平稳的磁场特征反映了岩浆岩活动相对较少的特点,主要为寒武系香山群、奥陶系车轮沟群被动大陆边缘陆棚海碎屑岩和碳酸盐岩沉积。

北祁连南部异常区位于青海省东北部北祁连地区,属于甘肃、青海两省交接处,布格重力异常表现为一北北西向展布的梯级带,布格重力异常值由北向南递减,异常值由$(-400\sim-350)\times10^{-5}\,\mathrm{m/s^2}$,每千米梯度变化达$0.6\times10^{-5}\,\mathrm{m/s^2}$。北祁连航磁表现为高磁异常带,沿托莱山至大坂山一带分布,局部异常呈长条状、椭圆状,走向北西西,异常强度一般为$100\sim200\mathrm{nT}$。异常由寒武纪—奥陶纪中基性火山岩和中酸性、超基性岩体引起。该区带莫霍面为斜坡带,从北向南逐渐加深,深度为$49\sim60\mathrm{km}$,该区带所属大地构造位置属于北祁连弧盆系。

中-南祁连异常区,其中中祁连异常区位于北祁连重力梯级带以南,布格重力异常表现为一北北西向展布的梯级带,幅值$(-440\sim-360)\times10^{-5}\,\mathrm{m/s^2}$,局部重力高或重力低异常与局部隆起、凹陷或侵入岩有关。航磁异常由一连串等轴状、长条状高磁异常组成,正、负异常伴生,强磁异常由超基性岩引起;西段是平稳磁场背景上叠加区域性负异常和局部磁异常,反映中祁连以元古宇构成基底,上覆南祁连陆棚海相沉积,磁异常大部分与中酸性岩体对应,如党河南山的花岗岩、闪长岩,大道尔基的闪长岩、二长花岗岩、花岗闪长岩、野牛台以西的花岗闪长岩、二长花岗岩。大道尔基北扁麻沟磁异常经实地检查,花岗闪长岩、闪长岩、二长花岗岩等都具有中等以上磁性,磁异常由二长花岗岩引起,且岩体下部有可能相连,推断岩体北倾,与南祁连构造带北缘断裂产状一致。该区带莫霍面为斜坡带,从北向南逐渐加深,深度为$48\sim62\mathrm{km}$,该异常区所属大地构造位置为中祁连弧盆系。

南祁连异常区布格重力异常为北西向展布的重力低异常带,幅值$(-460\sim-320)\times10^{-5}\,\mathrm{m/s^2}$,重力低异常与局部凹陷及侵入岩有关。南祁连强磁异常带指拉脊山异常带,其强度在$200\mathrm{nT}$以上,北侧伴生负磁异常,反映了早古生代变质中基性火山岩的分布,叠加的强磁异常由超基性岩、闪长岩、花岗闪长岩引起。祁连山磁场区南部东段,在平静磁场背景上有3条呈斜列弧形展布的磁异常带分布,磁异常分布地段属中祁连构造带,由古元古界湟源群、马衔山群,中新元古界兴隆山群、皋兰群构成基底,具有平稳磁场的特征。这3条磁异常带共同特征是西北端磁异常为寒武系、奥陶系夹中基性火山岩引起,南端磁异常为中酸性岩体引起。莫霍面为坳陷区,深度为57~64km,所属大地构造位置属于南祁连弧盆系。

柴北缘异常区,位于柴达木盆地北,西起冷湖镇,经德令哈到乌兰县,布格重力值$(-440\sim-395)\times 10^{-5}\mathrm{m/s^2}$,重力值东西高、中部低,分布有团块状重力低及重力高异常,总体走向以近北西向为主。磁异常呈狭长带状、轴向北西、呈斜列分布,正磁异常带主要由早古生代变质中基性火山岩和中酸性岩体引起。区内出露古生界、元古宇、中酸性侵入岩及超基性侵入岩,部分为中新生界覆盖区。莫霍面相对隆起,深度为58~64km。该异常区所属大地构造位置为柴北缘结合带。

柴达木异常区,位于柴达木盆地,异常分布范围与柴达木盆地地理范围基本一致,布格重力异常总体表现为北西西向展布的带状异常,南北两侧相对重力高、中间相对重力低。南缘重力高幅值为$(-425\sim-405)\times 10^{-5}\mathrm{m/s^2}$,北缘重力高幅值$(-435\sim-395)\times 10^{-5}\mathrm{m/s^2}$,中间相对重力低幅值$(-445\sim-415)\times 10^{-5}\mathrm{m/s^2}$。南缘重力梯级带等值线分布比较密集,北缘重力梯级带等值线分布相对稀疏。重力低对应于柴达木盆地中部,而重力高对应于柴达木盆地北缘和南缘。柴达木盆地航磁异常表现为宽缓磁异常区,西部为负磁异常,东部为正磁异常,磁场强度-100~200nT。莫霍面为坳陷区,深度为59~65km。所属大地构造位置为柴达木地块,与周围造山带主要以断裂接触,西北侧为阿尔金右行走滑断裂系,北侧为向南逆冲推覆的柴北缘断裂带,南侧为向北逆冲推覆的东昆仑断裂带。平面几何形态为不规则的菱形,总体展布方向为北西西向。盆地内除周边有少量的上三叠统、中下侏罗统、下白垩统分布外,主要为巨厚的古近系—第四系。除广泛发育中更新统—全新统松散堆积物外,涉及的地层单位主要有鄂拉山组、大煤沟组、犬牙沟组、路乐河组、干柴沟组、油沙山组狮子沟组和七个泉组等。

东昆仑异常区,总体表现为近东西向分布的条带状重力异常区,包括祁漫塔格异常区和北昆仑异常区。祁漫塔格异常区位于柴达木盆地南缘,布格重力值$(-455\sim-395)\times 10^{-5}\mathrm{m/s^2}$,重力值北高南低,分布有条带状重力高及重力低异常,总体走向以北西向为主。北西向展布的带状高磁异常由混杂岩引起,区内出露中酸性侵入岩、古生界和古元古界,局部见超基性岩,部分为中新生界覆盖区。莫霍面为斜坡带,从北向南加深,深度为61~66km,所属大地构造位置为祁漫塔格岩浆弧。北昆仑异常区位于格尔木市南,布格重力值$(-490\sim-380)\times 10^{-5}\mathrm{m/s^2}$,重力值东高西低,西部表现为团块状重力低异常夹重力高异常,东部表现为重力梯级带夹重力高异常带,总体走向以北西向为主。东昆仑北西向展布的带状高磁异常由中酸性、中基性岩体引起,主要是花岗闪长岩和二长花岗岩。区内出露大片中酸性侵入岩,古生界、元古宇,局部见超基性岩,部分为中新生界覆盖区。莫霍面为斜坡带,从北向南逐渐加深,深度为60~69km,所属大地构造位置为北昆仑岩浆弧。

东昆仑南坡异常区,位于东昆仑南部,布格重力等值线北西向展布,以重力梯级带异常为主,局部显示波状起伏变化,重力值西北高东南低,重力值$(-545\sim-400)\times 10^{-5}\mathrm{m/s^2}$。航磁$\Delta T$化极异常较北侧平缓,东西段为正磁异常区,中段为平缓负磁异常区,磁异常由中酸性岩体引起。区内出露古生界、元古宇及中酸性岩体,局部见超基性岩,部分为中新生界覆盖区。莫霍面为斜坡带,从南向北抬升,深度为60~71km。该异常区所属大地构造位置为南昆仑南坡结合带。

秦岭异常区,包括北秦岭异常区、泽库异常区、礼县-镇安异常区和舟曲-平利异常区。北秦岭异常区位于太白—丹凤一线,呈东西向带状分布。异常区布格重力值为$(-215\sim-130)\times 10^{-5}\mathrm{m/s^2}$,重力值东高西低,西部主要为重力低,中部为重力梯级带,东部为重力高,区内等值线同向弯曲或圈闭形成局部异常。近东西向展布的带状高磁异常由中酸性岩体引起,区内出露古生界、元古宇及中酸性岩体。莫霍面为斜坡带,从西向东抬升,深度为48~40km。该异常区所属大地构造位置为北秦岭地块。

泽库异常区,位于岷县东,贵南—泽库—碌曲一带,布格异常$(-440\sim-300)\times 10^{-5}\mathrm{m/s^2}$,重力值东高西低,北缘为重力梯级带,以重力低异常为背景,叠加局部重力高和重力低,总体走向为北西向。该区磁场平缓,只有泽库县西一个局部高磁异常,推断由中酸性岩体引起。区内以中新生界覆盖为主,并出露中酸性岩体及古生界。莫霍面为斜坡带,从西向东抬升,深度为 64～55km。该异常区所属大地构造位置为泽库前陆盆地。

礼县-镇安异常区,位于礼县—凤县—佛坪县—镇安一线,呈东西向带状分布,布格重力值为$(-385\sim-85)\times10^{-5}\mathrm{m/s^2}$,从西向东重力值渐增,西部主要为重力低异常,中部为重力梯级带,东部为重力高异常。磁场西段平缓,中段及北缘呈团块状正磁异常,东段为宽大的负磁异常,推断磁异常由中酸性岩体引起。区内以中新生界覆盖为主,出露中酸性岩体及古生界。莫霍面为斜坡带,从西向东抬升,深度为 59～39km。区内南北向重力梯级带为地震活动带,亦是岩石圈厚度和莫霍界面陡变带,同时也是东西两种不同磁场交接部位,受通渭-武都深断裂控制。

舟曲-平利异常区,位于舟曲-平利一线,近东西向分布,西部为重力梯级带,东部为重力高异常区。重力值最大$-115\times10^{-5}\mathrm{m/s^2}$,位于异常带东部,重力值最小$-425\times10^{-5}\mathrm{m/s^2}$,位于异常带西部。西部为平缓负磁异常,东部在负磁背下叠加了团块状强磁异常,磁异常为基性、中酸性侵入岩引起。莫霍面为斜坡带,从西向东抬升,深度为 65～40km。该异常区所属大地构造位置为西倾山-南秦岭陆缘裂谷。

(八)羌塘-三江异常区(Ⅷ)

该异常区位于西北地区西南部,包括甜水海异常区、巴颜喀拉异常区、西金乌兰-玉树异常区、昌都-兰坪-思茅异常区及北羌塘异常区,大地构造位置属于羌塘-三江造山系。其中,甜水海异常区位于塔什库尔干—喀喇昆仑山口一带,重力场以梯级带为主,东南部等值线同向弯曲形成重力低异常,布格重力值$(-575\sim-365)\times10^{-5}\mathrm{m/s^2}$,从南向北重力值渐增。磁场表现为负背景磁异常上叠加串珠状、团块状高磁异常,磁异常由中酸性、中基性岩体引起。区内出露太古宇、古元古界、古生界及中酸性岩体,局部见超基性岩,部分为中新生代覆盖。莫霍面埋深为 61～74km,是上地幔突变区。该异常区所属大地构造位置为甜水海地块。

巴颜喀拉异常区位于东昆仑之南,重力异常总体呈现为重力低。康西瓦—泉水沟一带布格重力值为$(-550\sim-415)\times10^{-5}\mathrm{m/s^2}$,从南向北重力值渐增。中部位于巴颜喀拉山地区,布格重力异常由多个局部重力高和重力低组成,总体走向为北西向,重力最高值$-490\times10^{-5}\mathrm{m/s^2}$,最低值$-560\times10^{-5}\mathrm{m/s^2}$左右。这些局部重力异常与分布的中新生代沉积盆地和基底隆起有关。东部玛多-达日县异常区,总体走向为北西向,重力高$-395\times10^{-5}\mathrm{m/s^2}$,重力低$-515\times10^{-5}\mathrm{m/s^2}$左右,存在多个局部圈闭异常,可能与岩体有关。磁场趋于平静,局部见带状磁异常,表明晚三叠世地层厚度巨大,基本无磁性,岩浆活动微弱。地表主要出露三叠系、白垩系、侏罗系及新生界,局部见元古宙老地层和中酸性、基性侵入岩。该区莫霍面北浅、南深,深度 62～71km,是上地幔坳陷区。该异常区所属大地构造位置为巴颜喀拉地块。

西金乌兰-玉树异常区,布格重力异常总体为北西走向的重力低,异常值$(-550\sim-535)\times10^{-5}\mathrm{m/s^2}$,由多个局部重力高和重力低组成。航磁异常表现为走向北西、正负相间的条带状,其高磁异常带由超基性岩体和中酸性岩体引起。地表主要出露白垩系、三叠系及新生界,部分为二叠系,局部见元古宇和中酸性、基性—超基性侵入岩。莫霍面埋深为 71～73km,是上地幔坳陷区。该异常区所属大地构造为西金乌兰蛇绿混杂岩带。

昌都-兰坪-思茅异常区,位于沱沱河—囊谦县地区,布格重力异常由多个局部重力高和重力低组成,重力异常总体呈现重力低,走向为北西向,布格异常最高值可达$-525\times10^{-5}\mathrm{m/s^2}$左右,最低值为$-570\times10^{-5}\mathrm{m/s^2}$左右。区内的磁场为北西向负背景磁场叠加正的团块状、串珠状高磁异常,强度为$-100\sim200\mathrm{nT}$,磁异常由中酸性二长花岗岩体引起。地表主要出露石炭系、二叠系,部分为中新生界覆盖,零星见中酸性侵入岩。莫霍面埋深为 71～73km,是上地幔坳陷区。该异常区所属大地构造位置为昌都-兰坪-思茅双向弧后前陆盆地。

北羌塘异常区，位于青海南部，重力异常总体呈现重力低，走向为北西向，重力最大值为 $-530\times10^{-5}\text{m/s}^2$ 左右，重力最小值为 $-580\times10^{-5}\text{m/s}^2$ 左右。区域磁异常呈北西向，由团块状、条带状高磁异常组成，强度高达 230nT，一般北侧伴生负异常。推断这些异常由闪长岩和二长花岗岩体引起。该区地表主要出露的中上侏罗统、古近系、新近系和第四系，有少量中酸性、中基性侵入岩分布。莫霍面埋深为 73~74km，是上地幔坳陷区。该异常区所属大地构造位置为那底岗日-格拉丹东陆缘弧。

（九）冈底斯-喜马拉雅异常区（Ⅸ）

冈底斯-喜马拉雅异常区，位于西北地区西缘，表现为北西向重力梯级带，布格重力值为 $(-510\sim-475)\times10^{-5}\text{m/s}^2$，从南向北重力值渐增，磁异常为负背景场叠加局部正磁异常，主要出露古生代以老地层及中酸性侵入岩，有少量的中侏罗统、第四系分布。莫霍面埋深为 66~68km，是上地幔坳陷区。该异常区所属大地构造位置为冈底斯-喜马拉雅造山系，主体是受控于古特提斯大洋向南俯冲制约的中生代多岛弧盆系转化形成的造山系。

（十）扬子异常区

扬子异常区，位于西北地区东南宁强、汉中、镇巴县一带，以北东向重力高为主，总体呈现为重力高异常区。重力最大值为 $-105\times10^{-5}\text{m/s}^2$ 左右，场值最低处位于汉中市宁强县青木川镇，为 $-170\times10^{-5}\text{m/s}^2$。航磁 ΔT 化极异常呈北东向，由团块状、条带状高磁异常组成，磁场强度为 $-600\sim800\text{nT}$，并伴生负异常，推断这些磁异常与中基性岩体有关。该异常区主要出露古生代以老地层及中酸性—基性侵入岩，有少量的上三叠统、中下侏罗统、第四系分布。该异常区所属大地构造位置为扬子陆块被动大陆边缘。莫霍面埋深为 41~42km，是上地幔隆起区；西侧为莫霍面突变带，莫霍面加深到 52km。

三、推断解释

（一）重磁推断断裂构造

根据重力、磁场异常特征及地质构造特点，西北地区可划分为阿尔泰造山系、额尔齐斯对接带、天山-准噶尔-北山造山系、西南天山-红柳河对接带、塔里木陆块区、华北陆块区、秦祁昆造山系、羌塘-三江造山系、冈底斯-喜马拉雅造山系和扬子陆块区 10 个一级构造单元。

从宏观上看，重力场整体表现为北高南低，与一级构造单元相吻合。各造山系和陆块之间由结合带或深大断裂相接，区域重力场表现为重力梯级带；各造山系和陆块内部重力表现为局部重力高或重力低，这与各造山系和陆块内部的基底隆起或新生代沉积盆地有关。在各造山系和陆块内部航磁异常表现为局部正或负的磁异常，异常形态多为带状或块状分布，强度不等，在结合带或深大断裂部位磁异常呈条带状或串珠状展布。航磁异常主要与沿结合带或深大断裂侵入的岩浆岩有关。

重磁资料供推断西北地区共推断断裂构造 230 条，其中一级断裂 31 条、二级断裂 106 条、三级断裂 93 条（图 3-1-7）。一级断裂中典型区域深大断裂 17 条，现分述如下。

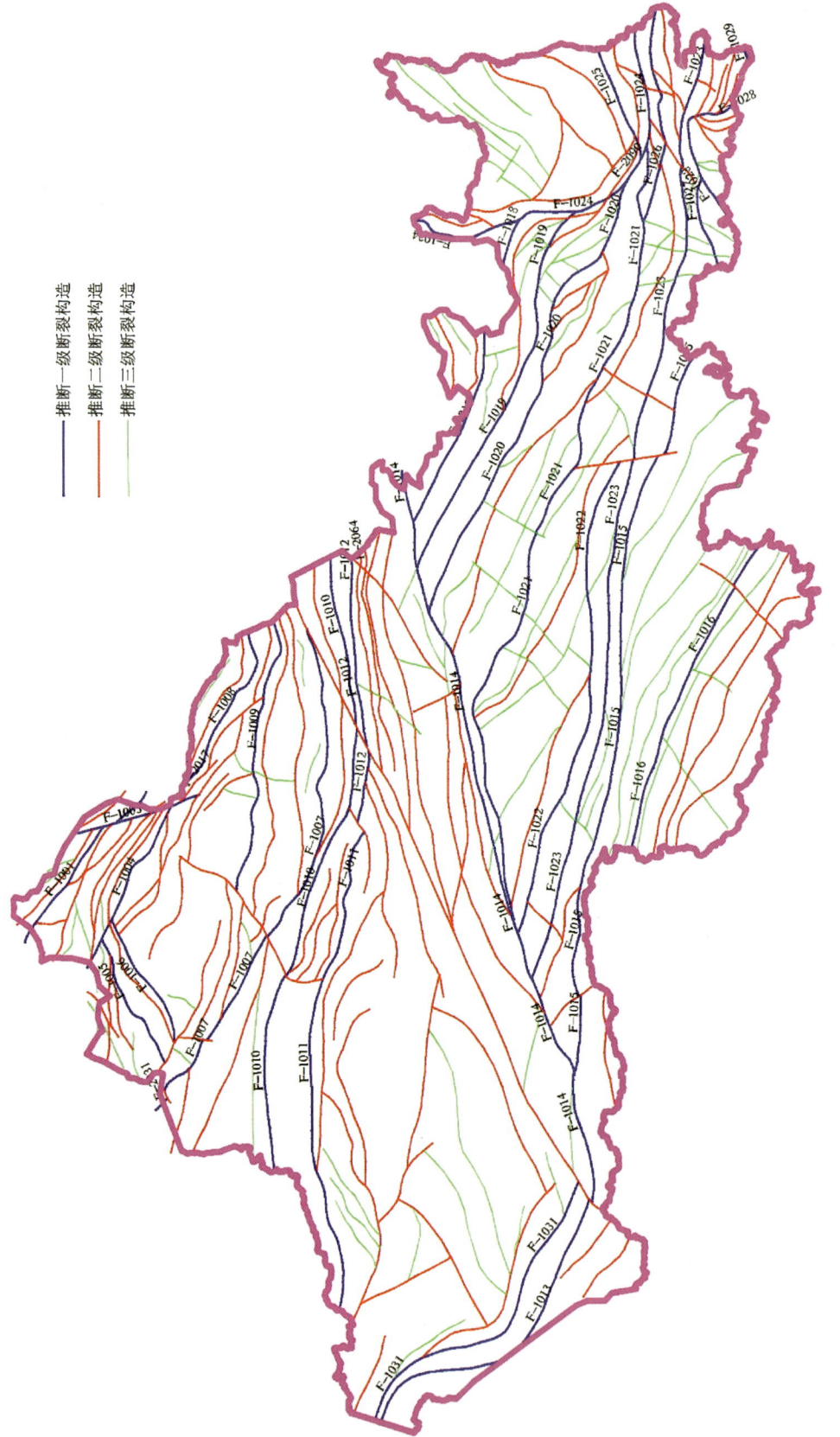

图 3-1-7 重磁综合解释推断断裂构造示意图

1. F-1001 断裂(特斯巴汗深大断裂)

F-1001 断裂位于新疆北部阿勒泰地区,沿萨尔塔木—八一团场—富蕴县一线展布,断裂整体走向北西,向西延出国境,东端被断裂 F-1003(可可托海-二台-野马泉大断裂)所截,区内延伸长度约 324km。F-1001 断裂北部岩浆岩活动强烈,酸性岩规模大,呈岩基状,大多为无磁性,属 S 型花岗岩,中性—超基性岩少,其内叠加有多金属化学元素和稀土元素,地质作用以区域变质作用为主,是中外有名的稀有金属、白云母成矿带,以及铜、铁等多金属成矿带。南部则是中等磁性酸性岩,岩浆活动较弱、规模小,呈岩脉、岩墙、岩枝和小岩基状产出,属 S 型、I 型花岗岩,中性—超基性岩发育,区域地质作用以接触变质作用和动力变质作用为主,断裂活动强烈,是 Cr、Ni、Co、Mn、Sn 等多金属成矿带,产出斑岩型 Cu 和 Cu-Mo 矿床。沿断裂有基性—超基性岩侵入,是寻找与其有关的 Au、Cu、Ni、Co 等矿床的有利部位。

2. F-1004、F-1006 断裂(准噶尔北缘大断裂)

F-1004 断裂位于准噶尔盆地的北部,断裂沿莫特格—砂吉海—吐孜多依拉—哈尔扎克一线展布,断裂整体走向北西,断裂向西延出国界,东端被断裂 F-1003(可可托海-二台-野马泉大断裂)所截,区内延伸长度约 426km。F-1006 断裂位于准噶尔盆地的西北部,断裂沿五道泉—克拉玛依市—黄羊泉—夏牧盉一线展布,断裂总体走向为北东,断裂西南端终于 F-2025 断裂,断裂东北端止于 F-1004 断裂,断裂全长约 324km。在布格重力异常场上,虽然两条断裂均为重力梯级带,但 F-1004 断裂的北侧布格重力异常场总体反映为走向北西的场值变化相对较小(与南、北两侧相比)的局部高低圈闭较多的较平稳场;而 F-1006 断裂的西侧的布格重力异常场则表现为场值变化剧烈、多条重力梯级带共存的现状,布格重力异常值最大差达到 $112 \times 10^{-5} m/s^2$,相对重力高低圈闭走向多为北东。由此可见将二者作为一条断裂依据不甚充分。从航磁异常场可以看出二者之间也有很大不同,F-1004 断裂的东北侧航磁异常场明显表现为走向北西的多条强磁异常带,断裂的西南侧(盆地内)则为平静的背景场区;而 F-1006 断裂的东侧(盆地内)航磁异常场为一巨大的高异常区,断裂西侧则表现为高磁异常区与背景区共存,并且高异常区形态大多为团块状,这也说明了两条断裂的基底也有所不同。由地表地质也可以看出二者的不同,F-1004 断裂周边有大量的岩浆岩出露,时代主要为古生代,岩性从中酸性到超基性均有;而 F-1006 断裂周边未发现大量的岩浆岩出露,仅在断裂的西南端有小范围的基性岩出露。

3. F-1007 断裂(玉科克-康古尔塔格深大断裂)

F-1007 断裂位于新疆中北部,沿玉科克—精河县—康古尔塔格一线展布,断裂走向由北西向转东西向,断裂向西延出国外,断裂东端止于 F-2053 断裂交会处,境内长度约为 1234km。该断裂断裂的西段为古生界出露区,存在酸性—中基性岩的侵入;断裂的中西段主要处于新生界覆盖区,局部存在基岩出露,主要为古生界,有少量酸性侵入岩分布;断裂中段北侧主要为中、新生代盆地的边缘地带,南侧为古生代二叠纪、石炭纪及泥盆纪,并分布有超基性岩体带;断裂中东段地貌特征为北高南低,断裂带处地层破碎,发育大型的韧性剪切变形带,其北侧主要为火山岩建造,南侧为碎屑岩建造,断裂带的东段和西段发现基性—超基性侵入岩,在东段已发现有 6 个与基性—超基性杂岩体有关的铜、镍矿床。

4. F-1009 断裂(吐-哈盆地南缘深大断裂)

F-1009 断裂位于新疆境内中东部,西起阿拉沟口与 F-1007 断裂交会处,向东沿托克逊南部山前呈近东西向绕吐-哈盆地南缘经照壁沟向东延伸出区外,区内断裂长约 670km。断裂带基本上被新近系、古近系覆盖。吐-哈盆地南缘深大断裂自北向南为一明显的重力异常梯级带,两条剖面上梯级带的宽度近似相等,重力值变化约 $70 \times 10^{-5} m/s^2$,航磁异常有明显的梯度变化,强度也很大,该断裂以宏大的规模和强大的作用表明其举足轻重的地质意义和构造地位。

5. F-1016 断裂(F 青 - 0006,西金乌兰湖-当江断裂)

F-1016 断裂位于青海省中南部,断裂沿西金乌兰湖—二道沟北—结隆—玉树县一线展布,断裂总体走向为北西西转北西,在结隆附近被 F-2084 断裂错断,分为东、西两段,断裂向西进入西藏境内,向东进入四川省境内,青海省内断裂长度约为 771km。该断裂应是金沙江-红河断裂带的西段部分。

该区仅有 1:100 万区域重力资料,F-1016 断裂在布格重力异常场中主要表现形式为相对重力高低间的过渡带、重力异常曲线的同向弯曲以及布格重力异常的错断等,而在水平总梯度线性增强图上,F-1016 断裂表现较为明显,主要以线性极值轴线的连线形式展现。在航磁异常图上 F-1016 断裂以巴木曲为界可分为东、西两段,断裂西段处于平稳的航磁背景场中,航磁异常反映不明显;断裂东段处于高磁异常区,异常形态为串珠状异常带。异常带走向与断裂走向一致,断裂位于不同特征航磁异常的分界线。断裂通过区域出露地层主要以中、新生界为主,在断裂东段高磁异常区有大量的岩浆岩出露,岩性主要以中酸性为主,并伴规模不等的基性、超基性岩体出露,而断裂西段仅有零星的岩浆岩出露。

6. F-1017 断裂(F 甘 - 0017,金塔南山-合黎山-龙首山断裂)

F-1017 断裂位于甘肃省的西北部,沿金塔南山—临泽县—龙首山—金昌市南一线分布,断裂走向在金塔南山至河西堡间为北西,河西堡向东转为近东西,断裂西止于 F-1014 断裂,向东进入内蒙古境内,在甘肃境内长度约 482km。在布格重力异常图上,断裂在临泽以西表现为重力梯级带与等值线的同向弯曲,而在临泽以东则呈现为密集的重力梯级带。在水平总梯度线性增强图上,断裂表现为线性异常带的极值连线。在航磁异常图上,断裂在临泽以西表现为磁场的分界线,高磁异常位于断裂的东北侧,呈串珠状,异常走向与断裂走向相近,断裂西南侧磁场则呈现为背景磁场特征;断裂在临泽以东则呈现为正负磁异常的过渡区,在河西堡附近分布等轴状或似等轴状高磁异常圈闭。断裂西段地表出露地层以新生界为主,断裂的西南侧为第四系覆盖区,东北侧主要出露白垩系,并伴有大面积的古生代中酸性岩浆岩;而断裂的中东段地表出露地层较为复杂,各时期地层均有出露,并伴有规模不等的中酸性岩浆岩;断裂东段地表为第四系覆盖区。

7. F-1014 断裂(阿尔金断裂)

F-1014 断裂位于西北地区中部,途经新疆、青海、甘肃三省(自治区),断裂西起慕士山南部的新藏交界部位与北东向的 F-2053 断裂相交,呈北东东向经喀拉塔什山、博斯坦格拉克河转为北东向经吐拉牧场、嘎斯煤田、索尔库里、阿克赛、金塔县,北东方向进入内蒙古境内,断裂整体走向北东东,断裂延伸长度约 1773km。在布格重力异常图上,断裂大致可分为 3 段,嘎斯煤田以西布格重力异常场以变化剧烈的重力梯级带形式出现,嘎斯煤田至阿克赛一带则以重力梯级带、等值线同向弯曲、重力异常的变形等形式呈现,阿克赛以东为重力梯级带、等值线疏密变化、等值线同向扭曲等,由此可以看出断裂通过处的地区构造相当复杂。在航磁异常场上,断裂整体表现为磁场的分界线,断裂的西北侧为正异常区,东南侧以背景场为主。沿断裂分布有一条新元古代—早古生代的构造蛇绿混杂岩带,说明阿尔金南缘断裂是在早古生代昆仑洋向塔里木板块俯冲形成的缝合带基础上转变而来的巨型深大断裂,对该区的地层、构造、矿产和岩浆活动起着控制作用;断裂的中东段主要出露元古宇,地层展布方向与断裂基本相同,区内岩浆活动较为活跃,酸性—中基性—超基性侵入岩均有分布,巴什库尔干一带超基性岩断续分布于断裂两侧,形成明显的超基性侵入岩带。

8. F-1022 断裂[新 F-418,祁漫塔格深大断裂(西段)、东段为新推断裂]

F-1022 断裂位于新疆、青海交界处,西起库木巴彦山与北东向 F-1014 断裂相交,呈北西西向经阿牙克库木湖、祁漫塔格山南侧、乌图美仁南、格尔木、都兰县,东止于 F-2080 断裂,断裂全长约 1124km。

在布格重力异常图上,断裂大致可分为两段,格尔木以西主要以重力梯级带的形式呈现,其间有多处等值线弯曲和等值线的疏密变化,格尔木以东则以布格重力异常场值变化相对较缓以及异常等值线扭曲、变形和异常等值线的疏密变化表现为主。在布格重力水平方向导数(0°、45°)异常图上,反映为明显的呈条带状异常的峰值轴线;在水平总梯度线性增强图上,断裂西段表现为连续性极强的线性异常极值的连线,断裂的东段则呈现为线性异常极值的连线。在航磁异常图上,断裂主要表现为航磁异常场的分界线,并且沿断裂两侧分布有多处呈等轴状、串珠状的高磁异常圈闭,高磁异常带的走向与断裂延伸方向基本一致。

在地质图上,断裂大致可分为3段。乌图美仁南以西为断裂西段,断裂南侧主要为新生界覆盖区,断裂北侧为祁漫塔格山基岩露区,主要为中生界三叠系及大范围的花岗岩出露区,西端出露石炭系及奥陶系,阿牙克库木湖地区地质调查成果中,该断裂部分区段称为黑山-那棱格勒河断裂。乌图美仁南至都兰县为断裂中段,该段断裂位于柴达木盆地的南缘,地表为第四系覆盖区,断裂南侧分布有大面积的中、新元古代至中生代的中酸性岩浆岩,其间夹杂基性—超基性岩体。都兰县以东为断裂的东段,主要出露古生界、中生界,并有大范围的古生代—中生代中酸性岩浆岩出露,该断裂在漫长的地质演化历史中长期起着一定的对区域性构造的控制性作用,新近发现的具洋中脊环境的蛇绿岩块,可能反映了该断裂是从古俯冲带演化而来,从蛇绿岩块中基性火山岩、基性—超基性岩岩石组合及其岩石学、岩石化学、稀土元素、微量元素等特征均说明其为蛇绿岩套的一部分,为古洋壳残片物质。

9. F-1024 断裂(贺兰山东麓-宝鸡-铁炉子-三要断裂带)

F-1024 断裂位于陕西、甘肃、宁夏境内,纵贯宁夏、横穿陕西,在石嘴山—青铜峡—固原—八渡一线为近南北向展布,而由八渡—宝鸡—户县—三要一线断裂转为近东西向,断裂北端进入内蒙古境内,东端进入河南省,断裂在西北地区长约924km。

从布格重力异常图上可以看出,断裂大致可分为3段。断裂北段从石嘴山至固原,布格重力异常场主要以密集的重力梯级带形式出现,梯度最大处布格重力异常场值差达82×10^{-5}m/s^2,虽然重力梯级带有多处弯曲但总体走向为近南北。以老窑为界其内部又可分为两段,北端梯级带西侧的场值要远远高于东侧,并且在罗平—银川—吴忠一线形成多个相对重力低值圈闭。老窑-固原段梯级带两侧的场值发生逆转,东侧的场值要高于西侧的场值,在F-1024断裂和与之平行的F-2089断裂间形成一走向近南北的狭长相对重力高值带。

断裂中段从固原经八渡至宝鸡,布格重力异常场以重力梯级带、异常等值线的疏密变化、异常形态变形等形式呈现,断裂在此处总体走向为北西,东侧的场值要高于西侧的场值。

断裂东段指宝鸡以东的区域,布格重力异常场主要以密集的重力梯级带形式展现,重力场值最大变化处位于楼观台附近,重力值变化达60×10^{-5}m/s^2,并在周至县附近形成一相对重力低值圈闭。梯级带走向为近东西,大致可分为两段。西段(宝鸡至汤峪)走向近东西,南侧的重力场值高于北侧,水平梯度变化大;东段(汤峪以东)走向近东西,北侧的重力场值高于南侧,水平梯度变化略小于西段。在水平总梯度线性增强图上,断裂表现为连续性极强的线性异常极值轴线的连线。

在航磁异常图上,断裂大致为可分为4段。第一段:老窑以北航磁异常场表现为平静的背景区,仅在青铜峡附近有一似等轴状的强磁异常。第二段:老窑至八渡,断裂通过处为磁异常的分界线,老窑到下店湾断裂东侧为负背景区,西侧为弱高磁异常区;下店湾至八渡,断裂东侧为面积巨大的高磁异常区,西侧则呈现为走向近南北的狭长负磁异常圈闭区。第三段:八渡至楼观台,磁场整体表现为背景场,在八渡附近断裂西侧有一团块状高磁异常区,在齐镇有一形态为似椭圆状强磁异常圈闭。第四段:楼观台以东的区域,断裂两侧的磁场表现为高磁异常区,且规律性不强。由地表地质可知,老窑以北断裂经过处出露地层差异明显,西侧大面积出露太古宇、古生界、中生界,零星分布着太古宙中酸性—基性岩脉,而东侧为第四系覆盖,与布格重力异常场的特征完全一致;老窑—固原—八渡段,断裂两侧出露地层差异不大,主要是新生界,在新庄集附近有小面积的古生界出露;八渡—宝鸡—汤峪一线,断裂两侧出露地层差异明显,断裂西南侧大面积的志留纪、三叠纪、侏罗纪中酸性侵入岩体出露,而断裂东北侧则广泛分布着第四系；汤峪往东段，断裂两侧则广泛分布着太古宇、元古宇、古生界，并伴有大面积的侏罗纪中酸性岩体出露。

10. F-1026 断裂（F 陕-1008，唐藏-商南断裂带）

F-1026 断裂西起甘肃天水，经红花铺、板房子、丹凤县、商南县，向东进入河南境内，断裂整体走向近东西，受 F-2095 断裂、F-2096 断裂的错断，断裂分为 3 段，西北地区总长度为 495km。西段布格重力异常场呈现出梯级带、等值的扭曲、等值线疏密变化等，重力场值为南高北低；中段显示为宽缓的重力梯级带，重力场值北高南低；东段则表现为宽缓的梯级带与等值线的扭曲、弯曲共存的形式，重力场值差异不大。在航磁异常图上，断裂整体表现为磁场的分界线，且北侧为磁力高异常区，南侧为背景区，在东段断裂两侧分布有多个高磁异常圈闭，且高磁异常带的走向与断裂走向基本一致。

断裂北侧出露地层主要为元古宇，古生界次之，北秦岭早古生代火山岩带以此断裂为南界，而断裂南侧主要出露上古生界，断裂北侧上古生界和三叠系以陆相和海陆交互相沉积为其特征，而断裂南侧则主要为海相地层。同时在断裂两侧分布有大面积志留纪、泥盆纪、石炭纪、侏罗纪中酸性岩体，并沿断裂走向分布有面积不等的基性—超基性岩脉。由断裂两侧出露地层的倾向可知，该条断裂的性质应为逆断层。

11. F-1010 断裂（巴音布鲁克-中天山地块北缘深大断裂）

F-1010 断裂位于新疆的中部及甘肃北部，沿日哈米亚—乌兰乌苏—库米什—河西—马鬃山一线展布，总体走向为近东西，向西延出境外，向东进入内蒙古，受断裂 F-2053 的错断，总长度约 1483km。

从布格重力异常图上可以看出，断裂西段以重力梯级带、等值线的疏密变化等为特征，重力场值为北高南低，东段、西段布格重力等值线相对密集，布格重力等值线梯度东部每千米可达 2.5×10^{-5} m/s^2，西部每千米可达 3×10^{-5} m/s^2，中段等值线相对疏缓。沿布格重力梯级带多处存在不同程度的同向扭曲和局部异常变形等变化特征；而断裂东段以局部圈闭的串珠状重力异常、重力梯级带、等值线同向弯曲为主要特征。

在航磁异常图上，断裂西段表现为磁场的分界线，总体为北高南低，并在大库什太以及乌兰乌苏附近沿断裂走向分布有串珠状磁异常带；断裂东段表现为不同磁场区的分界线或线性异常带，区域上表现为负磁背景场上的串珠状磁异常带，两侧磁场特征不同，北侧为负背景场叠加局部磁异常，南侧为正背景场上叠加的高磁异常。

断裂西段：在地质上，东部断层走向北西（280°～275°），东、西两侧均延伸出工区，长几百千米；东部的库米什幅内，断层面倾向北东，倾角 45°～75°，沿断层附近岩石破碎，破碎带西宽东窄，西段宽 200～250m，东段宽 0.3～1.5m，中段局部破碎宽达 340m，形成糜棱岩和碎裂岩。断裂具逆推性质，北侧元古宇冲覆于南侧泥盆纪之上，地层走向成微小差角相顶，沿断层线有较多酸性和少量超基性小岩体贯入。包尔图以西，断层经过的地方多形成沟谷，在个别地段见到破碎带，宽几十米，在乌瓦门以东呈高角度，把元古宇与中泥盆统分开，两侧有破碎带和糜棱化现象，断层面南倾，倾角约 70°以上，沿断裂及南侧有闪长岩、花岗岩和超基性岩体侵入。由物探划分的断裂与东段地质实测对比可见，断裂整体与地质实测的断裂位置基本一致，局部存在位置略有南移的现象，这是因为物探所反映的是包括具有一定深部的地质信息，地质是地表实地所见，进而可以表明该断层面的倾向应是南倾的。由化探资料可知，沿断裂分布着以 Cr、Ni、Co 为主的深源物质特征元素的地球化学异常，表明断裂为深大断裂，为区域构造单元的界线。沿深大断裂岩浆活动活跃，酸性—中性—基性—超基性岩均有分布，中西段那拉提山一带发育双变质带等高温高压产物。断裂对其两侧的构造单元、地层、断裂构造体系、岩浆活动以及相应的成矿等具有较强的控制作用。

断裂东段：本断裂基本上对应地质图展示的阿其克库都克大断裂，地质上认为，该断裂长度大，规模可观，明显控制了区域地层建造的分布，其南为中天山地块前古生代变质地层建造区，其北主要为古生代火山岩及碎屑岩建造,其不同地段走向、倾向不同,沿断裂两侧分布超基性岩体,其间发育断层角砾岩、断层泉,地貌上形成狭长洼地、沉积凹地,是重要的区域控制性断裂构造。在大地电磁测深图上,该断裂有电性差异,即断裂北侧为高阻(5000Ω·m),南侧为低阻(100Ω·m)。根据电磁测深资料推断断裂北侧主要为闪长岩类,南侧性质花岗岩、玄武岩。在地震剖面上,断裂表现为垂向切割,即断裂两侧震相不连续。断裂北侧为玄武岩、闪长岩、花岗岩质层;南侧缺失闪长岩质岩层。

综合地质和物理场特征,可以提出以下认识,该断裂为一重要的地层建造分界构造,可划分为二级构造单元界线;但其不具备对地壳结构划分的意义,即其不拥有超壳深断裂的地质地球物理特征。从该区超基性岩体的"无根"特征及并未发现相关的深源岩浆矿床,区域重力不显示梯级带,以及相对较浅的磁异常场有反映且与地面地质有较好的对应等证据看,大体上是支持该断裂区为二元推覆地质建造结构。

12. F-1013(昆仑山深大断裂)

F-1013 断裂位于新疆西南部,东起慕士山南部的新藏交界部位与北东向的 F-2053 断裂相交,呈北西向经牙孜克艾格尔、苏盖特力克走向略转为北北西向经皮勒、奥依塔克镇、琼布拉克延伸出区外,区内长 787km。

在布格重力异常图上,整体表现为密集的北北西向、北西向超巨型布格重力异常梯级带,布格重力值北东高、南西低,布格重力等值线平均每千米梯度可达 $3.4\times10^{-5}m/s^2$,沿布格重力梯级带多处存在不同程度的大型同向扭曲等局部异常叠加特征。在布格重力水平方向导数(45°)极为明显地呈条带状异常及串珠状异常的峰值轴线;从布格重力上延 5km 水平方向导数(45°)异常图上,同样存在规模较大的条带状及串珠状异常,水平方向导数异常轴线基本没有位移,由此推断该断裂宽大、切割深且断面近于垂直。在水平总梯度线性增强图上,断裂表现为断续的线性异常极值的连线。

在航磁异常平面图上,该断裂带北西段主要表现为不同磁场区的分界线,旁侧存在一些局部的串珠状磁异常,东南段主要表现为明显的与深大断裂同走向的带状高磁异常带,局部的串珠状高磁异常沿带分布,推测为与深大断裂有关的磁性地质体的宏观反映。

在地质上,断层两侧主要为古生界及元古宇出露区,地层展布方向与断裂相同,西北段主要为古生界石炭系及泥盆系出露,东南段主要为元古宇出露,各地层仍有不同程度的穿插,沿深大断裂两侧酸性—中基性—超基性岩均有不同程度侵入,岩浆活动非常强烈,酸性—中性、基性侵入岩体分布面积相对较大,超基性侵入岩呈不连续间断分布于断裂两侧,引起局部高磁异常,以上特征表明沿深大断裂浆岩活动活跃,认为深大断裂对其两侧的构造单元、次级断裂构造、岩浆侵入活动及成矿等具有较强的区域控制作用,是重要的区域构造分界断裂。

13. F-2053 断裂

F-2053 断裂西南起青藏交界处,经牙门、民丰县、肖尔库勒、苦水、镜儿泉,向东北方向延出境外,断裂总体走向北东,延伸长度约 1593km。

从布格重力异常图上可以看出,以与 F-2065 断裂交会处为界,可大致分为两段,断裂西南段重力场主要以密集的梯级带扭曲、等值线的疏密变化、等值线的同向弯曲以及梯级带为其主要特征,断裂西北侧重力场值高于东南侧;断裂东北段重力场则以局部重力异常圈闭的扭曲、变形,以及重力异常错断、梯级带为主要特征。在剩余重力异常图上,断裂通过处剩余重力异常的扭曲、变形、错断更加清晰。在水平总梯度线性增强图上,断裂经过处表现为极值的断续连线以及线性异常极值轴线的错断、扭曲、变形。

航磁异常图上断裂的西南段明显为磁场的分界线,断裂的西北侧为塔里木陆块内面积巨大的高磁异常区,而东南侧则为面积较小、场值变化较大的磁场变化区,并沿断裂走向分布有条带状磁异常带;断裂的东北段则为串珠状磁异常带的连线。

在地表地质上,牙门西南段出露地层主要有古生界、中生界,断裂附近分布有古生代、中生代中酸性岩体,并伴有基性—超基性岩脉出露;牙门至与 F-2065 断裂交会处断裂经过处为第四系覆盖区;与 F-2065 断裂交会处至断裂东北端,地表太古宇、古生界、中生界、新生界均有出露,并沿断裂分布大面积的古生代、中生代中酸性岩体,并零星分布有基性—超基性岩脉。

14. F-1031 断裂

该条断裂位于新疆境内,断裂西起国境线,经阿克奇—哈依孜—土孜格—阿喀孜—米提孜,在牙门附近止于 F-2053 断裂,断裂全长约 788km,断裂走向北西—北北西—北西,断裂整体呈反"S"形。

在布格重力异常场上,F-1031 断裂大致可分为 4 段:第一段由国境线至奥依塔克镇,表现为布格重力异常等值线的疏密变化及同向弯曲;第二段由奥依塔克镇至阿孜拜勒迪,布格重力异常为密集的重力梯级带;第三段由阿孜拜勒迪至阿克孜,断裂沿相对重力高异常的北侧通过;第四段阿克孜至牙门,断裂经过处为巨大的重力梯级带。在剩余重力异常场上,断裂主要沿条带状剩余重力高异常北侧梯度变化处通过。

在航磁化极异常图上断裂可分为 3 段:西北段为串珠状的航磁强异常区;中段为高磁异常带的轴线;东段则呈现高背景下的磁场分界线。

断裂的北侧出露地层主要为中新生界,而南侧主要出露古生代以前的地层,并且沿断裂走向分布有大量的侵入岩体。

综上所述,可以得出 F-1031 断裂应为一条深大断裂,同时也是塔里木盆地的西南缘的控制断裂。

15. F-1015 断裂(昆南断裂)

该条断裂西起新疆境内 F-1014 断裂(阿尔金断裂),向东经青海省的不冻泉北侧、洛日寨、希如休琼,在甘肃省的玛曲县南侧进入四川省境内,断裂走向总体呈北西西向,与昆仑山、阿尼玛卿山走向一致。西北地区总长度为 1720km。

在布格重力异常场上,断裂大致可分为 3 段,断裂西段(新疆境内)布格重力异常主要以密集的重力梯级带的形式出现,断裂整体处于布格重力异常低值区,断裂两侧重力场值变化剧烈;断裂中段布格重力异常较为复杂,重力梯级带、异常等值线扭曲、等值线疏密变化均有展示,局部重力异常叠加特征明显,断裂两侧重力场值变化小于西段;断裂东段布格重力异常场呈现出相对变化平缓的重力梯级带及等值线的同向弯曲。在剩余重力异常图上,表现为与断裂走向基本一致的条带状或串珠状正负剩余重力异常带的分界线。在水平总梯度线性增强图上,断裂表现为连续性极强的线性异常极值连线。

在航磁化极异常图上,沿断裂走向断续分布着异常幅值相对较高的与断裂同走向一致的串珠状正磁局部异常带。

区域地质调查资料反映,该断裂部分区段称为木孜塔格-鲸鱼湖断裂,断层面地表显示北倾,倾角一般为 50°~60°。断裂下盘出露中新统唢呐湖组与上三叠统巴颜喀拉山群,上盘出露沿断裂分布的木孜塔格蛇绿混杂岩带及中二叠统马尔争组、下石炭统托库孜达坂群等;下盘地层新,构造变形简单,上盘地层老,构造变形复杂。沿断裂带附近还常分布有中新统及下侏罗统内陆红盆沉积地层,说明该断裂有长期、多期活动特征,在不同时代沿断裂形成了一些线状盆地。

沿断裂北侧分布的木孜塔格蛇绿混杂岩带,宽约千米至数百米,延伸数十千米,其中物质组成主要有橄榄岩、辉橄岩、辉长岩、斜长花岗岩以及中深变质的基底残片。围岩为下石炭统托库孜达坂群一套深海平原的碎屑岩夹深海放射虫硅质岩地层和中二叠统马尔争组一套代表残余海盆的灰岩夹少量火山岩,围岩与蛇绿混杂岩中的其他岩石混合,组成蛇绿混杂岩的上洋壳部分。该蛇绿混杂岩是晚古生代古特提斯洋的残留物质,随古特提斯洋的闭合木孜塔格-鲸鱼湖断裂的形成而就位。

在断裂东段(青海境内),断裂两侧地表地质出露地层差异较大,断裂南侧主要以中新生界为主,断裂北侧则主要以中新元古界、古生界为主,并沿断裂两侧出露有大量的酸性、中酸性、基性、超基性岩体。

总体来看,断裂位于东昆仑褶皱造山带与巴颜喀拉三叠纪前陆盆地之间,是在二叠纪古特提斯洋向北俯冲消亡过程中开始形成;三叠纪末古特提斯洋的最终闭合而形成;到侏罗纪和中新世分别活化,具有走滑和拉张性质,该断裂也分别控制了侏罗纪走滑拉分盆地及中新世断陷盆地的边界;上新世至今仍处于活动状态,沿断裂分布的新生代火山岩均与木孜塔格-鲸鱼湖断裂活动有关,熔岩岩浆以断裂面为通道喷溢地表。2001 年 11 月 4 日沿该断裂在布喀达坂峰一带发生了 8.1 级地震,左旋平移性质,地表出现巨大裂缝,说明该断裂现今仍在活动。上新世以来断裂的活动与青藏高原的隆升关系密切,青藏高原在印度板块的挤压与向下俯冲作用及北面塔里木陆块的阻挡作用下,一方面形成大规模的隆升,另一方面高原物质整体向东北方向挤出,因而在高原的东北形成一系列的左旋平移断层。

16. F-1028 断裂(阳平关-洋县断裂带、饶峰-麻柳坝-钟宝川断裂带)

该断裂位于陕西省南部,断裂西南端起于川陕交界处,沿阳平关镇-勉县-许家庙镇断裂北东向展布,在洋县毕机沟附近断裂走向转为近南北,沿后柳镇、马头岭西侧南北分布,并再次入川,呈不对称的"几"字形,断裂全长约 370km。

在布格重力异常图上,断裂大致可分为两段:西段重力场主要表现为重力梯级带,重力场值南高北低;断裂南段布格重力异常场表现较为平缓,断裂经过处主要以等值线的扭曲及同向弯曲等形式呈现。在剩余重力异常图上,该断裂则表现为与断裂走向基本一致的局部重力异常的分界线。在水平总梯度线性增强图上,断裂呈现出断续的异常极值的连线。

在航磁化极异常图上,断裂的南侧为强磁异常区,而其北侧为变化平缓的背景场。

断裂北侧主要出露古生界,而南侧出露地层较为复杂,主要为南华系、震旦系以及古生界,并且沿断裂走向分布有大面积的中酸性、基性及超基性岩体,超基性侵入岩呈不连续间断分布于断裂两侧,引起局部高磁异常,以上特征表明沿深大断裂岩浆岩活动活跃,认为深大断裂对其两侧的构造单元、次级断裂构造、岩浆侵入活动及成矿等具有强的区域控制作用,是重要的区域构造分界断裂。

综上所述,F-1028 断裂应为一条深大断裂,同时也是秦-祁-昆造山系、羌塘-三江造山系与扬子陆块区 3 个一级构造单元的分界线,即该条断裂应是扬子陆块区的北边界。

17. F-1019 断裂(祁连山北缘、海原断裂)

该条断裂位于甘肃省及宁夏回族自治区,断裂西起 F-1014(阿尔金断裂),沿赤金镇—金佛寺镇—康隆寺—水管滩—打柴沟镇—盐池,在固原南止于 F-1024 断裂(贺兰山东麓断裂),断裂总体走向北西西,在盐池向东断裂转为北西向,断裂全长约 924km。

在布格重力异常图上,以水管滩为界断裂大致可分为东、西两段,水管滩以西重力场主要以密集的重力梯级带形式展现,而水管滩以东布格重力场的表现形式较为复杂,等值线的疏密变化处、同向弯曲、重力梯级带等均有表现。布格重力场值在打柴沟镇以西呈现为北高南低,而在打柴沟镇以东则表现为西低东高。

在剩余重力异常图上,断裂则表现为与其走向基本一致的局部正负重力异常的分界线。在水平总梯度线性增强图上,断裂呈现出断续的异常极值的连线,总体线性相关程度较高。

在航磁化极异常图上,断裂经过处大致可分为 3 段:西段(水管滩以西)整体显示为航磁背景区,沿断裂北侧零星分布磁力高异常;中段(水管滩以东至景泰县南)航磁异常表现为高磁异常区;东段(景泰县南以东的区域)航磁异常场则表现为强磁异常区,断裂从强磁异常区的中部穿过。

在地质图上可以看出,以水管滩为界断裂大致可分为东、西两段:断裂西段南、北两侧出露地层明显,断裂南侧主要是古生界,而北侧则为第四系覆盖区,依据重磁资料推断的河西走廊盆地群均位于断裂的北侧;断裂东段则与西段完全不同,断裂两侧出露的地层差异不大。沿断裂走向分布有大量的中酸性、基性、超基性岩体,超基性侵入岩呈不连续间断分布于断裂两侧,引起局部高磁异常,以上特征表明沿深大断裂岩浆岩活动活跃。

(二)重磁推断岩浆岩

1. 岩浆岩体重力异常推断依据

以花岗岩类为主的中酸性侵入岩体平均密度与古生代及前古生代的地层之间存在 0.1g/cm³ 左右的密度差,在一定条件下亦引起局部重力低异常,异常规模通常较大。异常的形态以似椭圆形和条带状居多,幅值不大,一般在 -10×10^{-5} m/s² 以下,异常梯度较平缓;大多数中酸性岩体对应航磁低负背景场区,个别类型有低缓磁异常显示,有的在边界出现环状异常特征。平面上部分出露岩体与异常对应,相当部分异常反映了隐伏、半隐伏岩体的范围,或者反映了岩体的主体部位。

中基性岩体,平均密度一般与古生代及前古生界密度相当或者略高,故一般表现为弱的重力高异常。据前述物性统计结果,中基性侵入岩体的平均密度为 2.81g/cm³,基性侵入岩体的平均密度为 2.87g/cm³,超基性侵入岩体的平均密度是 2.95g/cm³,均具有明显高于一般地层的密度特征,磁化率(κ)(2000~5000)$\times10^{-5}$ SI,剩余磁化强度(J_r)可达几千纳特。因此,当此类侵入体具有可识别规模时,均可引起明显的局部重力高和中高磁异常,异常幅度在同等规模下,由中基性—基性—超基性依次增大。上述岩体引起的局部重力高以似等轴状居多,梯度变化大,出露时对应中高磁异常,一般重磁同高的位置吻合较好。区分中基性—基性—超基性岩体异常可从数值范围、形态标志等综合信息及产出位置的地质构造因素综合推断。

2. 岩浆岩体航磁异常推断依据

火山岩磁场一般反映为不均匀跳跃变化场,同时在走向上延伸较大。用磁测资料圈定火山岩地层的方法是,先依据地质环境判断是否是火山岩地层,并在此基础上利用磁异常带外部异常的外侧拐点或垂向一阶导数零值线等圈定火山岩地层的边界。

侵入岩磁场基本特征一般表现为等轴状或条带状局部磁异常,在西北中纬度地区,其局部磁异常的北侧一般伴生有负磁异常。在化极磁异常图上,伴生负磁异常幅值减小或消失,也有个别岩体由于剩磁较强,且具有反磁化现象,可能产生以负磁异常为主的局部磁异常。所以在判别岩体异常或者某个局部磁异常性质时,要仔细采集和分析岩体的磁性特征,并综合地物化等多元信息,才能降低失误,减少解释结果的多解性。岩浆岩的边界通常采用磁异常的梯度陡变带圈定,对规模较小的磁性岩体,一般采用磁异常一阶导数零值线圈定边界;对规模较大的磁性体,一般采用磁异常二阶导数零值线来圈定边界。

超基性岩类磁性一般最强,常可见到上千纳特的磁异常。超基性岩磁性不均匀,岩体上的磁异常呈现出在升高背景上的起伏变化。不同岩相、不同蚀变情况的超基性岩体其磁性特点不同,蛇纹石化常使岩体磁性减弱。基性岩类一般可观测到几百纳特以上的磁异常。中性岩类包括闪长岩和花岗闪长岩类,一般均有弱-中等磁性,有的甚至具强磁性,可观测到几十纳特、数百纳特甚至更强的异常。中酸性岩类一般为无磁性或者弱磁性,但含铁磁性矿物较多的岩体,也有较强的磁异常。应该指出,利用重力异常或航磁异常任一单一资料,来推断解释岩体,特别是推断隐伏岩体,均具有多解性。为解决多解性问题,推断岩浆岩体时,除综合应用了重磁资料外,还收集和利用了西北地区地质、物探、化探、遥感和钻孔等综合资料。

本次在西北地区共推断各类岩浆岩体 557 处,其中中酸性岩体 252 处、中基性岩体 110 处、基性岩体 73 处、超基性岩体 34 处、火山岩 88 处(图 3-1-8)。

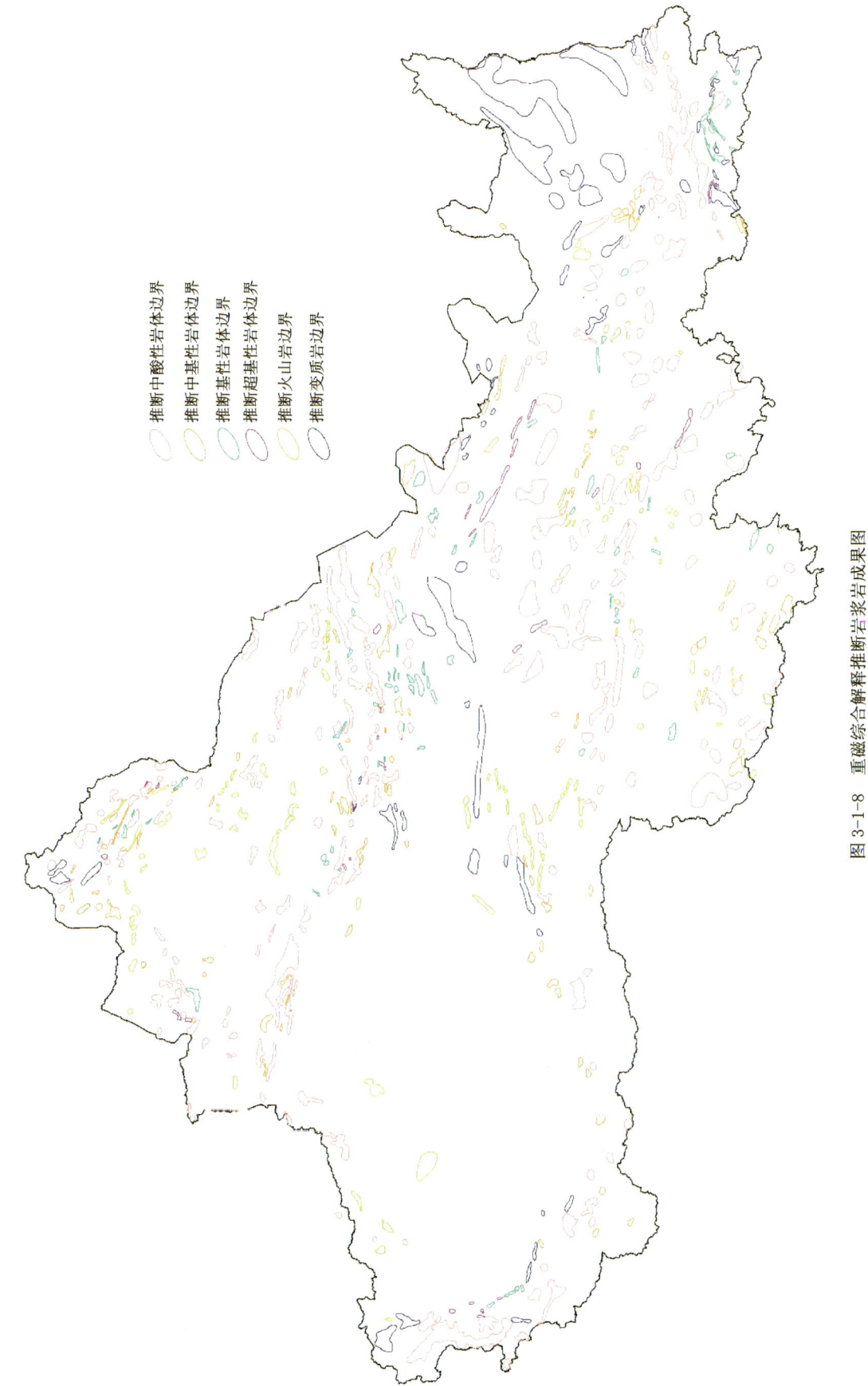

图 3-1-8 重磁综合解释推断岩浆岩成果图

3. 岩浆岩的分布特征

西北地区火山岩的分布范围非常广泛，且涉及时代比较全，从前震旦纪地壳形成阶段开始，直到新生代不同地层中均有分布。由于本次收集到的较大比例尺的航磁或者地磁资料有限，所以仅根据航磁资料，结合重力等其他资料，在新疆阿尔泰、东天山、东昆仑、青海祁连山、三江北段等部分地区推断了火山岩体。从推断的火山岩分布图可见，新疆地区火山岩主要分布在阿尔泰地区、东疆哈密地区和东昆仑地区。新疆地区的火山岩具多时代、多阶段的特点，在地壳形成和演化的进程中，均出现大量火山喷发，尤以古生代最为剧烈。古生代火山岩地层主要分布在准噶尔地体的周边和博尔达裂谷区，如准噶尔北缘、准噶尔东部和康古尔塔格地区。根据地质资料，这些火山岩以典型的双峰式火山岩建造为特征，从早期到晚期，火山岩建造中的基性岩比例及拉斑玄武岩系的比例逐步增加。

前震旦纪基底陆壳形成阶段的火山岩，根据地质资料，新疆可追溯的最古老基底层为古太古界，中、新太古界火山岩分布于塔里木陆块东部南、北缘的库鲁克塔格和阿尔金地区，以类双峰式火山岩建造和基性岩建造为主。

新疆古生代地壳发展进入新陆壳时期后，构造活动趋于宁静。中新生代昆仑山以北进入大陆板内发展阶段，火山活动较弱，但在东昆仑、喀喇昆仑地区，三叠纪、侏罗纪、白垩纪的火山岩则较昆仑山以北为广，而且成分复杂。以玄武岩—流纹岩组合为主，中基性岩多属碱性系列，酸性火山岩多属高铝火山岩系列。

青海境内推断的火山岩体主要分布于东昆仑、阿尔金、祁连山、三江北段等部分地区。依据地质资料，青海省内火山活动频繁，自元古宙到新近纪皆有火山喷发。三叠纪前以海相喷发为主，侏罗纪以来主要为陆相喷发。古元古代火山岩已变质成斜长角闪片岩，其原岩为高铝玄武岩和碱型玄武岩；中元古代火山岩以安山岩和安山玄武岩为主；新元古代早期以玄武岩为主，晚期有少量碱性玄武岩和粗安岩。早古生代早期火山活动中心在祁连山，中期向南扩展到柴达木盆地。晚古生代火山活动中心有南、北两个，北部火山活动中心在柴达木盆地及其周边地带；南部火山活动中心在唐古拉山东北部。三叠纪火山活动集中在巴颜喀拉山的北侧和南侧；侏罗纪火山活动限于巴颜喀拉山东部；白垩纪火山活动主要在黄南泽库地区局部发育；第三纪火山活动在东昆仑山以南，东经92°以西的唐古拉山西段和可可西里地区；第四纪以来处于火山活动的间隙期。乌丽火山岩带位于扎日根—沱沱河沿—乌丽以东约100km地域内。磁法推断圈定若干处二叠纪、三叠纪火山岩地层分布范围，由火山岩地层引起的磁异常，多数呈片状异常不规则且多峰值，所以由这些异常圈定的火山岩范围，其形状和走向各异。

西北地区侵入岩，新疆的侵入岩分布与火山岩地层分布地区大致相同，其中航磁异常反映较明显的中基性—超基性侵入岩十分发育，已知的镁铁—超镁铁岩带就有34条，中酸性侵入岩出露面积达4.2万km^2，占新疆基岩出露面积的16%。中基性—超基性侵入岩和中酸性侵入岩主要分布在科克森他乌—乔夏哈拉、洪古勒楞—纳尔曼德、达拉布特—喀拉麦里、那拉提—阿拉沟、阿齐克库都克、塔什库尔干、阿尔金山前和祁漫塔格等地区。侵入岩大多处在板块缝合线和深大断裂附近或周边，有利于深部岩浆的上侵。

甘肃境内岩浆岩活动强烈，岩浆侵入与喷发作用具有多期次的特点。岩浆岩的分布广泛，侵入岩出露面积约34 000km^2，占甘肃省总面积的7.6%，按岩浆岩时空分布规律可划分为北山区、祁连区、西秦岭区3个岩浆岩区。

北山区以晚古生代岩浆作用为主，其次为早古生代岩浆作用，元古宙岩浆作用较弱。北部以成矿条件有利的古生代岛弧火山岩为特点；中部有早古生代岛弧火山岩、石炭纪中酸性侵入岩等；南部表现为多期拉张裂谷和巨厚海相双峰式火山岩。

祁连区岩浆作用以早古生代为主，其次为晚古生代，按其形成的阶段可分为裂陷期侵入岩体和造山期侵入岩体。裂陷期在裂谷带、陆间裂谷带和深断裂带中形成超基性—基性岩群，其侵入时间集中在中寒武世、奥陶纪，不晚于中、晚志留世；裂陷期的中-酸性侵入活动以加里东早-中期深源的石英闪长岩—

闪长岩类和花岗岩类为主,主要分布于北祁连东部和北东走廊过渡带内。造山期侵入活动以晚志留世—早泥盆世为最强烈,以花岗岩类和石英闪长岩类为主,次为闪长岩,少量石英正长岩。花岗岩类多分布在北祁连西段,中性岩类主要分布于北祁连的北缘。

西秦岭区以中生代岩浆作用为主,其次为古生代岩浆作用,印支期—燕山期占有绝对优势。岩浆岩的分布以临潭-两当断裂带为界形成南北分区、东西分带的格局,北部以岩基和大岩株状花岗岩类侵入体为主;南部分区以偏中性花岗岩类为主,以小岩株状产出;东西分带以两当-康县、武山-文县、夏河-玛曲为轴集中分布,东部岩浆带海西、印支、燕山3个旋回侵入活动强度大致相当,中带以印支期为主,西带以燕山期为主,中部构造岩浆带因处于一个巨大断裂带上,岩浆活动具深源特点。

青海省侵入岩从基性、超基性、中酸性乃至碱性均有发育,尤以中酸性岩最发育,分布最广,规模较大,岩石类型复杂,成为岩浆活动的主体。火山喷发活动,海相、陆相皆有,火山岩随正常沉积地层广为分布。岩浆岩在分布上,明显受构造控制:在地域分布上,省境北部侵入岩比较密集,南部比较稀疏;时代分布上明显有由老到新的变化,侏罗纪以前各时期,基性、超基性、中酸性都有发育,缺失碱性,侏罗纪以后,除中酸性侵入岩外,火山活动皆为陆相喷发,第四纪则转为岩浆活动间歇期。

陕西省侵入岩分布于陕西南部的秦岭造山带华北陆块边缘、扬子陆块边缘活动带及西部宝鸡—陇县地区,分布面积约17 937km^2,侵入体规模大至岩基,小到岩株、岩脉。陕西省侵入岩主要岩石类型以中性—酸性岩为主,基性—超基性岩类相对较少,且沿重大边界的构造带两侧分布,主要形成于吕梁、晋宁、加里东、海西—印支、燕山等时期。

宁夏区西南部的辉绿岩、加里东期花岗闪长岩具较强磁性,其他地区组成盖层沉积的古生代—新生界均属弱-无磁性岩石。

第二节 区域地球化学特征

一、西北地区区域地球化学测量工作情况

自1978年,陕西省和青海省率先开展区域地球化学测量工作,从此拉开了西北地区化探工作的序幕。此后,甘肃省于1980年开展区域化探工作,宁夏回族自治区和新疆维吾尔自治区于1985年开始区域化探工作。自1978年至今,西北五省(自治区)先后开展了不同比例尺、不同介质的化探工作,区域地球化学调查已经基本覆盖具备开展工作的区域,最近几年又开展了多目标区域地球化学调查。其中,西北地区1∶50万水系沉积物测量工作在2000年及以前已完成,主要分布在西天山、西昆仑西段、东昆仑和阿尔金山、西南三江地区北部等工作条件比较困难的区域,总面积为489 616km^2(表3-2-1),约占西北地区总面积的15.71%(图3-2-1)。1999年国土资源大调查以来,西北地区1∶20万区域地球化学调查主要在重要成矿带内的空白区和部分成矿有利地区进行,包括祁连山、阿尔泰、西南三江地区北部、东天山西部、北山、西昆仑中部和东昆仑等地区,已基本覆盖西北地区具备开展区域地球化学调查前提的基岩出露区域。

目前,区内已累计完成1∶20万水系沉积物测量1 406 911km^2,1∶20万土壤测量67 633km^2,以及1∶2.5万多目标区域地球化学调查32 500km^2,约占西北地区总面积的45.14%(表3-2-1,图3-2-1)。

表 3-2-1　西北地区化探工作方法、工作程度、面积统计表

工作方法	比例尺	面积/km²
水系沉积物测量	1∶50 万	489 616
水系沉积物测量	1∶20 万	1 406 911
水系沉积物测量	1∶10 万	94 512
水系沉积物测量	1∶5 万	155 238
水系沉积物测量	1∶2.5 万	865
土壤测量	1∶20 万	67 633
土壤测量	1∶10 万	4 588
土壤测量	1∶5 万	58 759

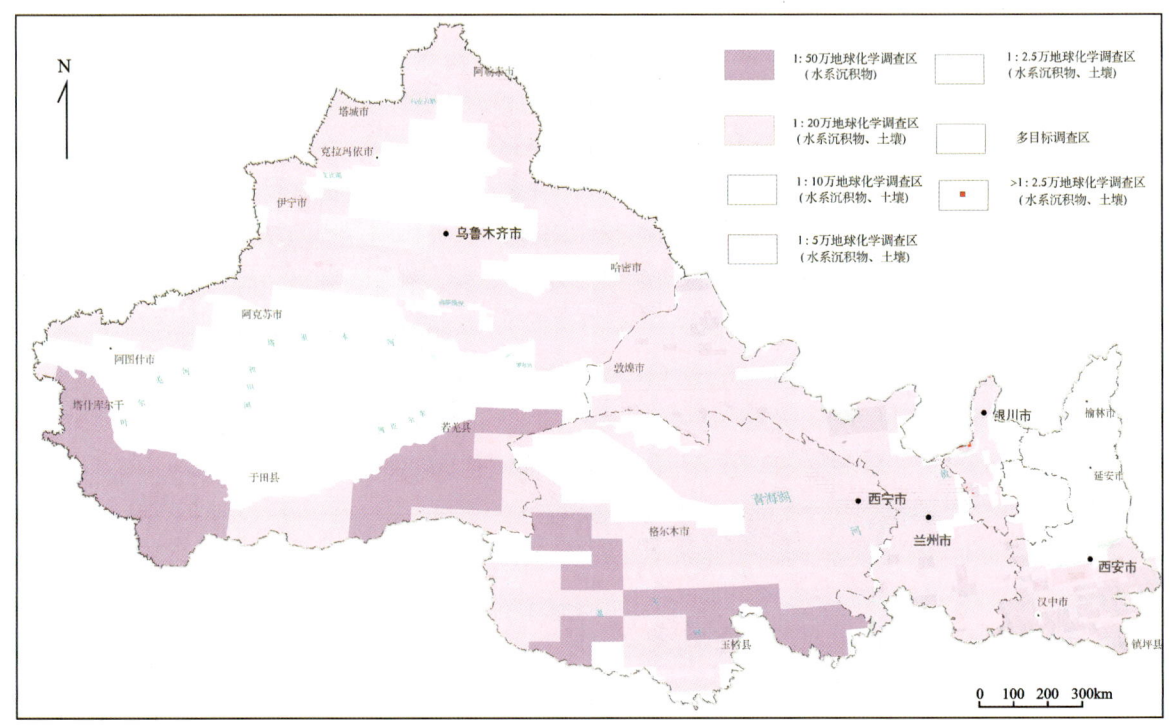

图 3-2-1　西北地区化探工作程度示意图

二、区域地球化学特征

按照全国地球化学一级、二级景观区的划分原则,根据我国西北地区(陕西、宁夏、甘肃、青海、新疆)地理地貌特点,结合地球化学特征及开展地球化学工作条件,可以将我国西北地区划分为湿润半湿润中低山景观区、黄土覆盖景观区、高山峡谷景观区、高寒湖泊丘陵景观区、干旱半干旱高寒山区景观区、干旱荒漠戈壁残山景观区、湿润半湿润高寒山区景观区、高原丘陵景观区、冲积平原景观区、堆积戈壁沙漠景观区 10 个一级景观区,进而可以细分出 16 个二级景观区。相对于全国地球化学平均值,西北地区的元素丰度整体偏低,只有 CaO、Na₂O、Sr、MgO、Ba 等元素(氧化物)的地球化学丰度大于全国平均地球化学丰度,这与西北地区土壤钙碱化程度高有关。K₂O、SiO₂、F、Cu、Mn、Al₂O₃、Ni、P、Fe₂O₃ 和 Y 等元素(氧化物)的平均地球化学丰度略低于全国值,比值介于 0.85～0.95 之间。相比于全国,西北地区的 Hg、Sn、Cd、Zr、W 等元素贫乏。西北地区共划分出 4 个构造地球化学域、15 个构造地球化学分区、44 个地球化学亚区(图 3-2-2)。

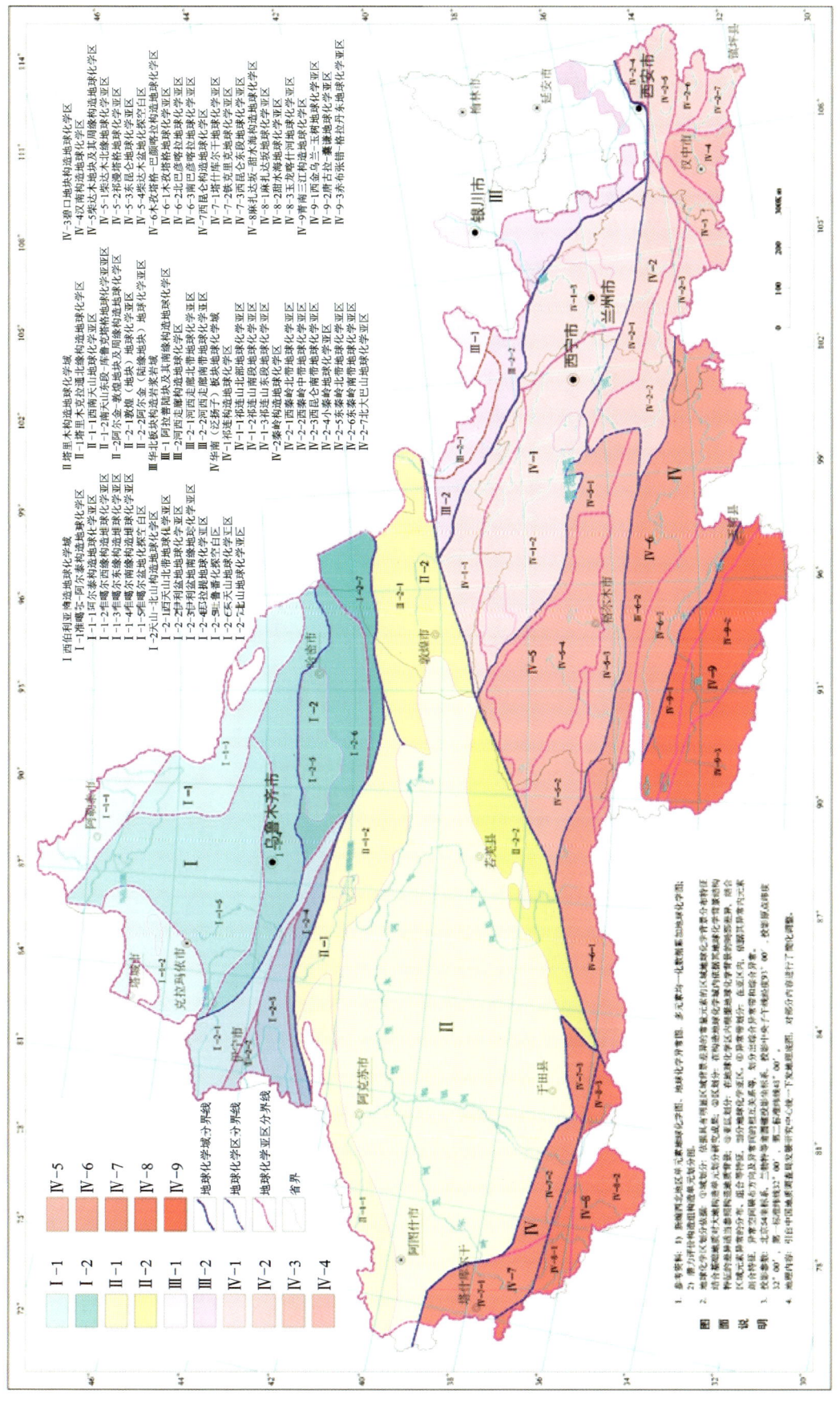

图 3-2-2 西北地区地球化学分区图

评价一个地球化学域的找矿条件,就是运用地球化学手段讨论该区各元素成矿物质的丰缺以及这些物质在样本间的贫富差别。为了对比各地球化学域的地球化学特征,对西北地区 4 个域 12 个成矿元素的全区平均值、单元素平均值(Avg)进行了统计,并计算了各地球化学域成矿元素的变异系数(Cv)(表 3-2-2)。

表 3-2-2 西北地区各地球化学域元素特征参数一览表

元素	全区	Ⅰ		Ⅱ		Ⅲ		Ⅳ	
	Avg	Avg	Cv	Avg	Cv	Avg	Cv	Avg	Cv
Ag	50.48	69.81	0.813	62.43	2.35	46.21	0.89	39.56	2.36
Au	1.69	1.64	12.26	1.49	5.69	1.94	2.77	1.75	3.7
Cu	23.7	27.84	0.98	19.65	1.98	21.02	1.08	23.27	0.98
La	32.29	28.18	0.41	29.49	1.01	34.89	0.34	34.57	0.39
Mo	0.96	1.21	1.29	1.00	1.59	0.97	1.67	0.84	5.64
Ni	25.93	24.11	1.25	20.05	1.15	24.6	0.76	28.41	1.22
Pb	21.52	16.04	1.45	15.79	1.08	22.56	0.53	25.32	3.02
Sb	0.89	0.66	2.56	0.62	7.39	0.81	2.19	1.08	5.75
Sn	2.4	2.208	10.22	1.9	0.75	2.36	0.62	2.6	0.84
W	1.66	1.64	2.75	1.14	1.71	1.42	0.65	1.82	2.95
Y	22.5	25.97	0.4	19.69	0.84	20.06	0.23	21.96	0.28
Zn	66.11	68.89	0.49	50.72	0.58	55.18	0.48	69.86	0.95

注:Ⅰ.西伯利亚构造地球化学域;Ⅱ.塔里木构造地球化学域;Ⅲ.华北板块构造岩浆岩域;Ⅳ.华南(泛扬子)板块地球化学域;Avg.平均值;Cv.变异系数。

为了便于各地球化学域元素背景对比,计算了 12 个成矿元素在各地球化学域相对于整个西北地区富集系数(Ki)[各地球化学域元素平均值(Xi)与相应元素在整个西北地区平均值的比值],并对各域元素依据富集系数大小进行了排序(表 3-2-3)。

表 3-2-3 各地球化学域元素富集系数排序表

Ⅰ		Ⅱ		Ⅲ		Ⅳ	
元素	Ki	元素	Ki	元素	Ki	元素	Ki
Ag	1.38	Ag	1.24	Au	1.15	Sb	1.21
Mo	1.26	Mo	1.04	La	1.08	Pb	1.18
Cu	1.17	La	0.91	Pb	1.05	W	1.10
Y	1.15	Au	0.88	Mo	1.01	Ni	1.10
Zn	1.04	Y	0.88	Sn	0.98	Sn	1.08
W	0.99	Cu	0.83	Ni	0.95	La	1.07
Au	0.97	Sn	0.79	Ag	0.92	Zn	1.06
Ni	0.93	Ni	0.77	Sb	0.91	Au	1.04
Sn	0.92	Zn	0.77	Y	0.89	Cu	0.98
La	0.87	Pb	0.73	Cu	0.89	Y	0.98
Pb	0.75	Sb	0.70	W	0.86	Mo	0.88
Sb	0.74	W	0.69	Zn	0.83	Ag	0.78

注:Ki.富集系数($Ki\geqslant1.5$ 为强富集;$1.5>Ki\geqslant1.3$ 为富集;$1.3>Ki\geqslant1.1$ 为弱富集;$1.1>Ki>0.9$ 为背景;$0.9\geqslant Ki>0.7$ 为弱贫乏;$0.7\geqslant Ki>0.5$ 贫乏)。Ⅰ.西伯利亚构造地球化学域;Ⅱ.塔里木构造地球化学域;Ⅲ.华北板块构造岩浆岩域;Ⅳ.华南(泛扬子)板块地球化学域;Avg.平均值;Cv.变异系数。

富集系数表述的是元素在各地球化学域的背景值与整个西天山背景值的比较,若 Ki 值大于1,表示元素在其所在域的平均含量大于全区的平均值。

三、重要综合地球化学异常及其地质解释

以地球化学数据(综合异常、单元素异常等)为基础,结合构造、地层、岩体等相关因素,参考西北地区1:250万成矿带划分图,根据地球化学数据分布规律和聚积特征划分了西北地区的地球化学分区,共划分15个地球化学区和44个地球化学亚区(张晶等,2018a)。以地球化学区为基本研究单元,选择Ag、As、Au、Co、Cr、Cu、Mo、Ni、Pb、Sn、W、Zn 12种元素,进行地球化学显著度分析。异常显著度是指研究区内所有异常的规模与全区面积的比值。将每个区所有元素异常显著度进行相加,即为该分区的综合异常显著度,并形成以地球化学区为统计单位的西北地区地球化学异常显著度图(图3-2-3)。通过综合异常显著度分析,从地球化学角度可有效地反映各地球化学分区的异常特征,综合异常显著度越大的区,应具有更好的相应矿种的找矿潜力(张晶等,2018b)。

通过计算认为各地球化学分区的显著异常元素如下:Ⅰ-1准噶尔-阿尔泰构造地球化学区主要为稀有元素和Pb、Zn、Au、Cu、Ni、Mo、W、Fe、Cr、Mn等;Ⅰ-2天山-北山构造地球化学区主要为Cu、Ni、Au、Ag、Mo、Pb、Zn、Fe、Sn等;Ⅱ-1塔里木克拉通北缘构造地球化学区主要以Fe、Ti、Mn、Cu、Ni、Mo、Pb、Zn、Au、Sb、Mg等为显著元素;Ⅱ-2阿尔金-敦煌地块及周缘构造地球化学区主要为Cu、Pb、Zn、W、Sn、Ni、Sb、Hg、Au、Ag、Pt、Pd、Fe等;Ⅲ-1阿拉善陆块及其南缘构造地球化学区和Ⅲ-2河西走廊构造地球化学区主要为Fe、Cu、Au、Pb、Zn、Mo、Mn等;Ⅳ-1祁连构造地球化学区主要为Cu、Pb、Zn、Fe、Cr、Au、Ag、Ni等;Ⅳ-2秦岭构造地球化学区主要为Pb、Zn、Cu(Fe)、Au、Ag、Mo、Sb等;Ⅳ-3碧口地块构造地球化学区主要为Au、Ag、Pb、Zn、Cu、Fe、Mn、Cr、Ni等;Ⅳ-4汉南构造地球化学区主要为Fe、Cu等;Ⅳ-5柴达木地块及其周缘构造地球化学区主要为W、Sn、Pb、Zn、Fe、V、Ti、Cu、Co、Au等;Ⅳ-6木孜塔格-巴颜喀拉构造地球化学区主要为Sb、Au、Cu、Ni、Pb、Ag、W、Sn等;Ⅳ-7西昆仑构造地球化学区主要为Fe、Au、Pb、Zn、Cu等;Ⅳ-8麻扎达坂-甜水海构造地球化学区主要为Fe、Au、Bi、Sn等;Ⅳ-9青南三江构造地球化学区主要为Au、Ag、Pb、Zn、Fe、Cu、Sn、Hg、Sb、W等元素(张晶等,2018c)。

通过展示西北地区Ag、As、Au、Co、Cr、Cu、Mo、Ni、Pb、Sn、W、Zn 12种元素地球化学图(图3-2-4~图3-2-15),以下摘重要地球化学亚区予以列述。

1. 小秦岭地球化学亚区(Ⅳ-2-4)

异常较为突出的有Mo、Au、W、Pb、Ag、Zn、Co、Cu、Cr、Sn、As元素。其中Mo元素异常显著度最高,异常规模最大。Au元素异常数显著度和异常规模次之。Mo、Au元素异常显著度在1以上,其余元素均在1以下。Ag、Co、Cu元素异常数最多,其余元素次之。

2. 东秦岭北带地球化学亚区(Ⅳ-2-5)

异常较为突出的有Cr、Au、Mo、W、Ag、Cu、Co、Zn、Pb、As、Sn等元素,其中以Cr元素显著度最高,异常规模最大,其次为Au元素。异常数以Cu元素最多,其次为Au、Zn、Ag、Pb等元素。从异常显著度排序来看,排序前六的是Cr、Au、Mo、W、Ag、Cu元素,主要为亲铁元素,显示中高温元素组合特征。

3. 东秦岭南带地球化学亚区(Ⅳ-2-6)

异常较为突出的有Mo、Au、Ag、Cr、Co、Zn、Cu、Pb、Sn、W、As等元素。其中,Mo元素异常显著度最高,异常规模最大,Au元素异常显著度、异常规模次之,二者异常显著度均在1以上。异常数以Zn最多,其次为Cu、Au、Ag等元素。异常显著度排序前六的是Mo、Au、Ag、Cr、Co、Zn元素,主要为亲铁元素、亲石元素,显示中温元素组合特征。

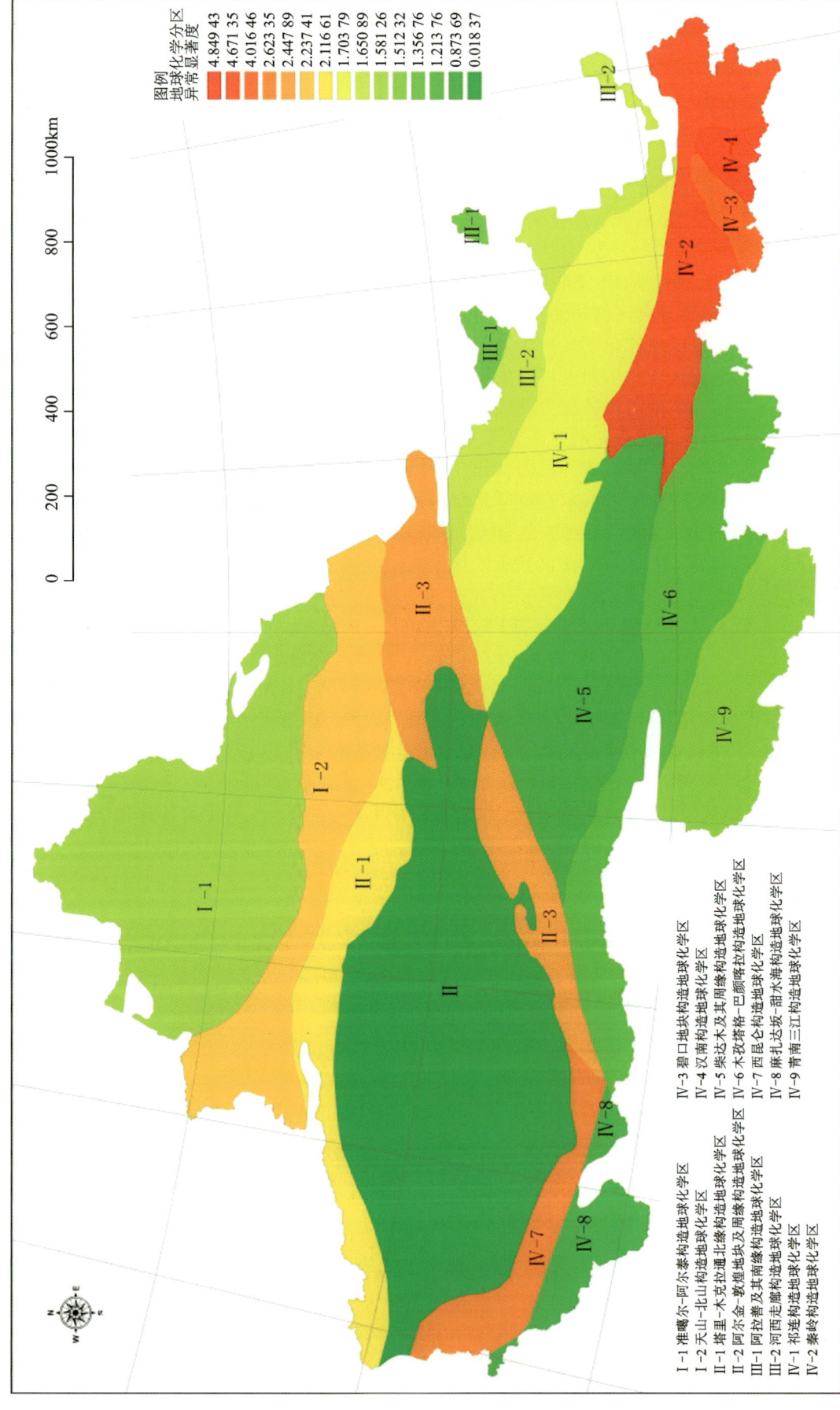

图3-2-3 西北地区地球化学分区异常显著度示意图

第三章 地球物理、地球化学、遥感特征

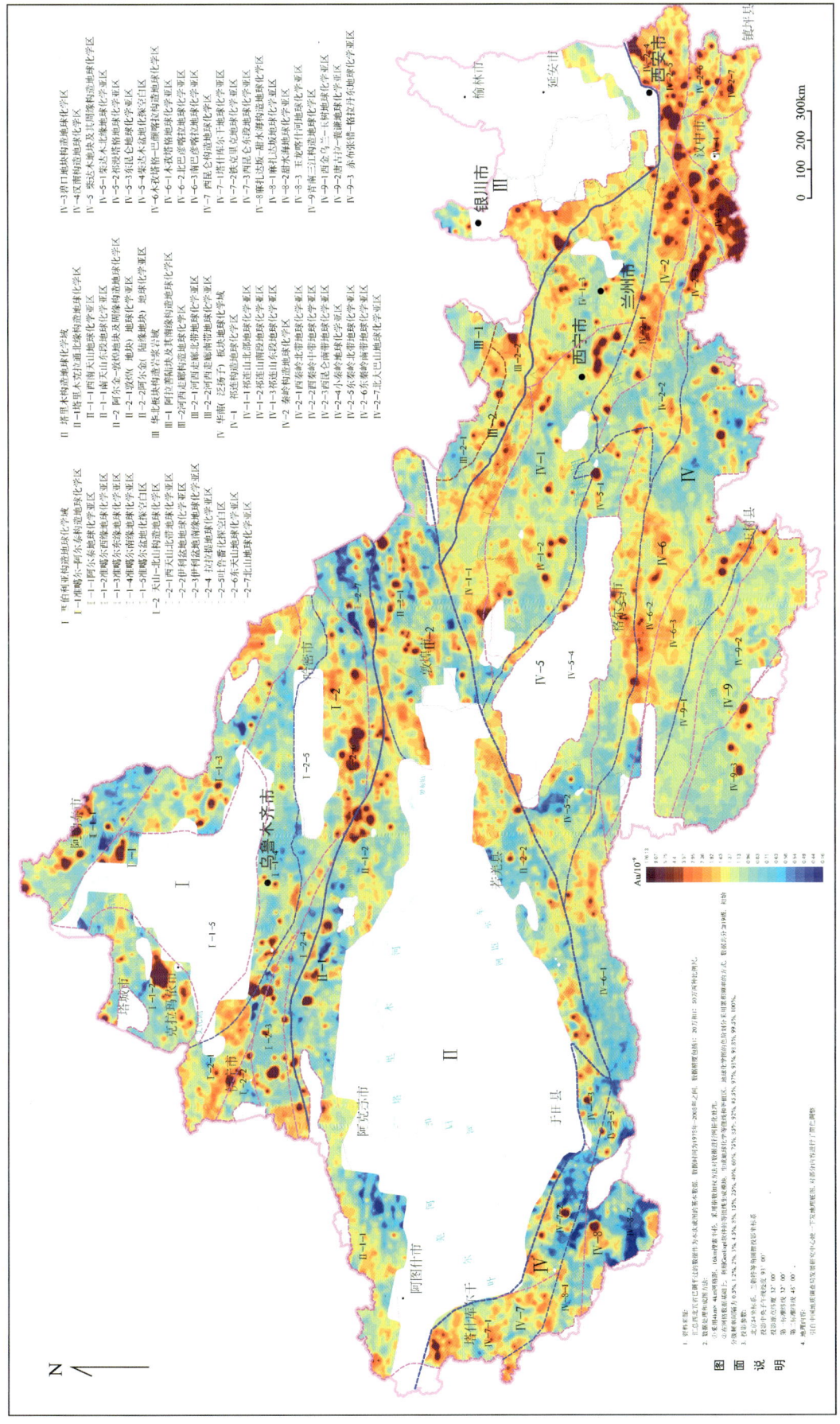

图3-2-4 西北地区Au地球化学图

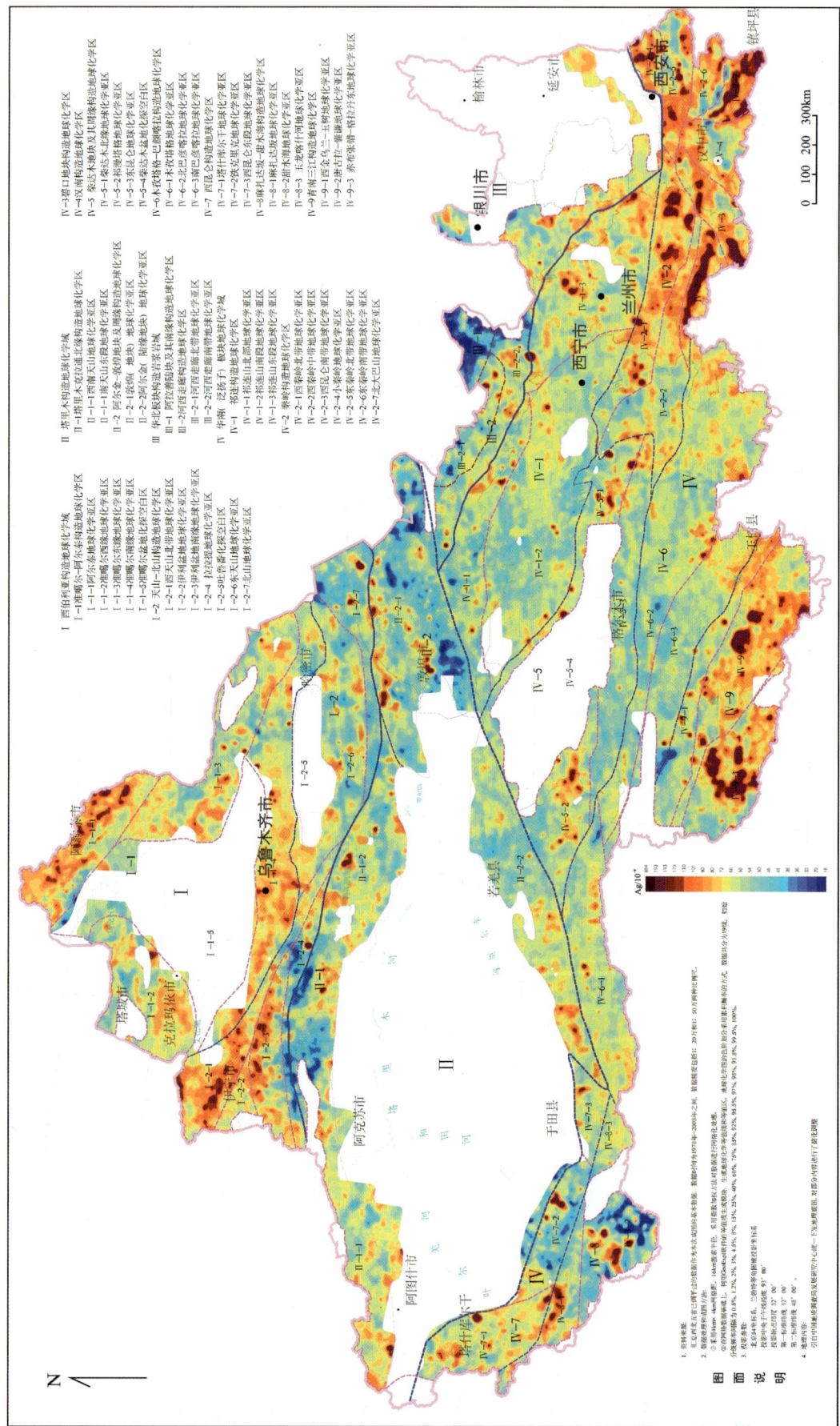

图3-2-5 西北地区Ag地球化学图

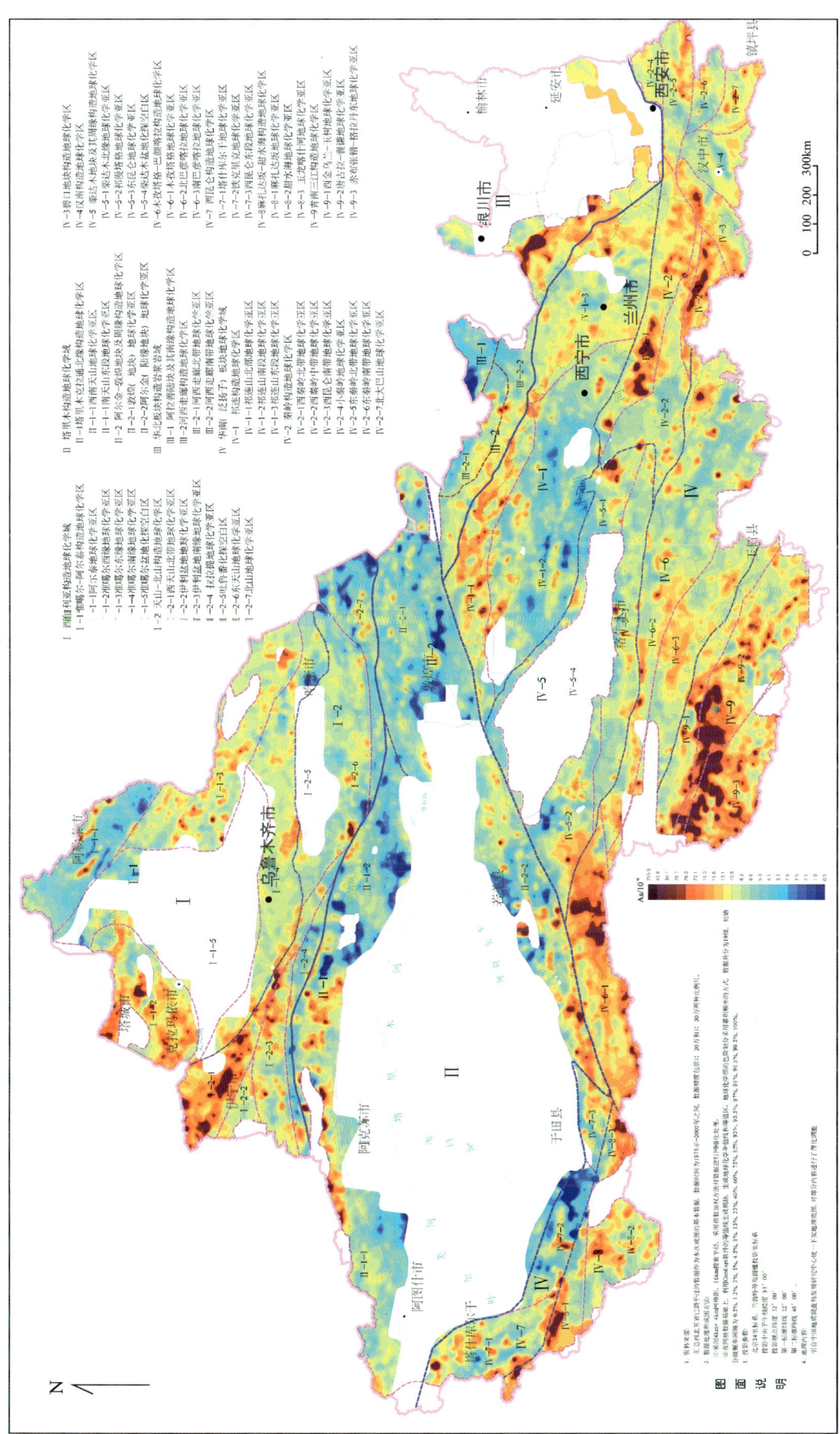

图3-2-6 西北地区As地球化学图

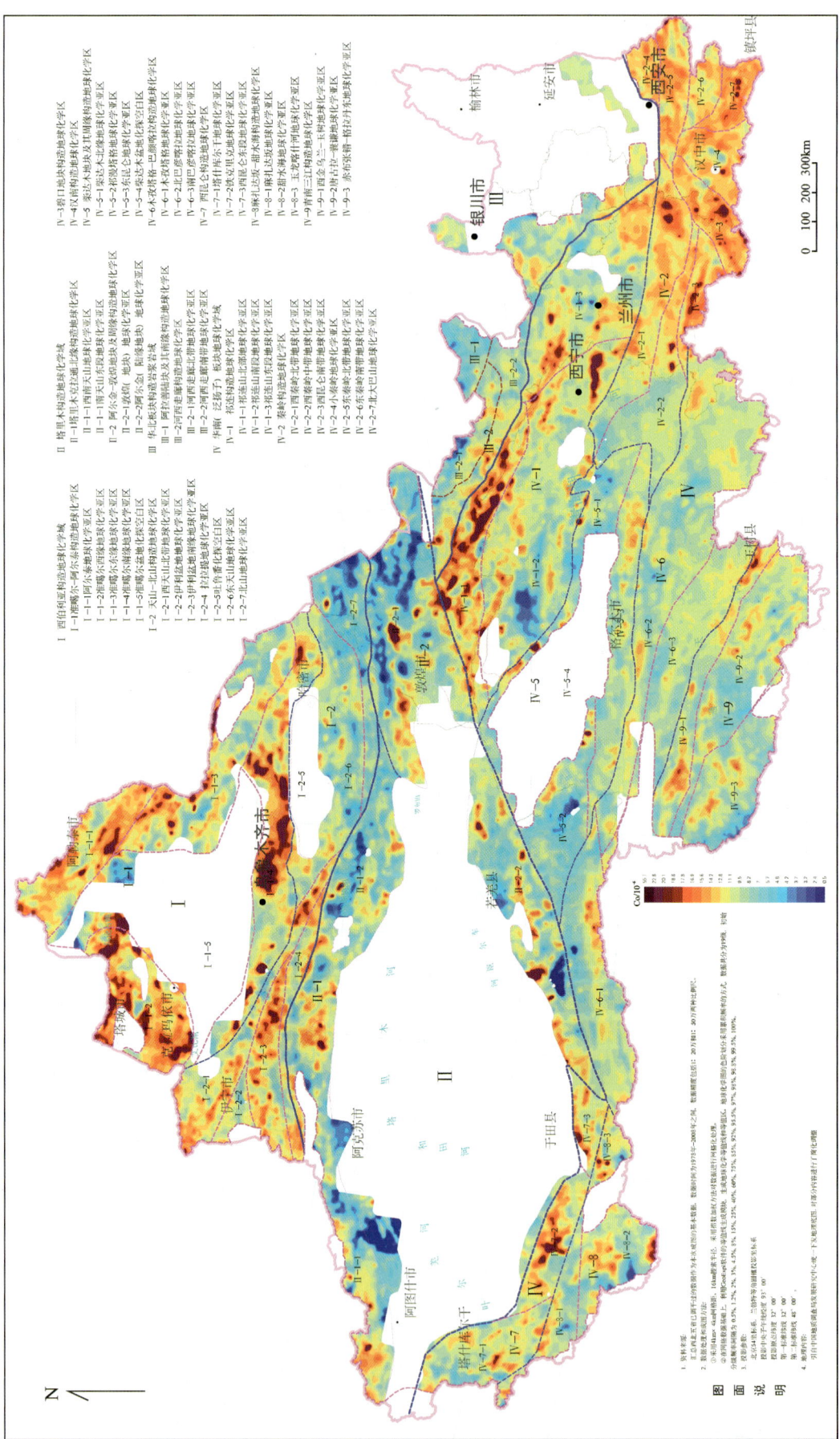

图3-2-7 西北地区Co地球化学图

第三章 地球物理、地球化学、遥感特征

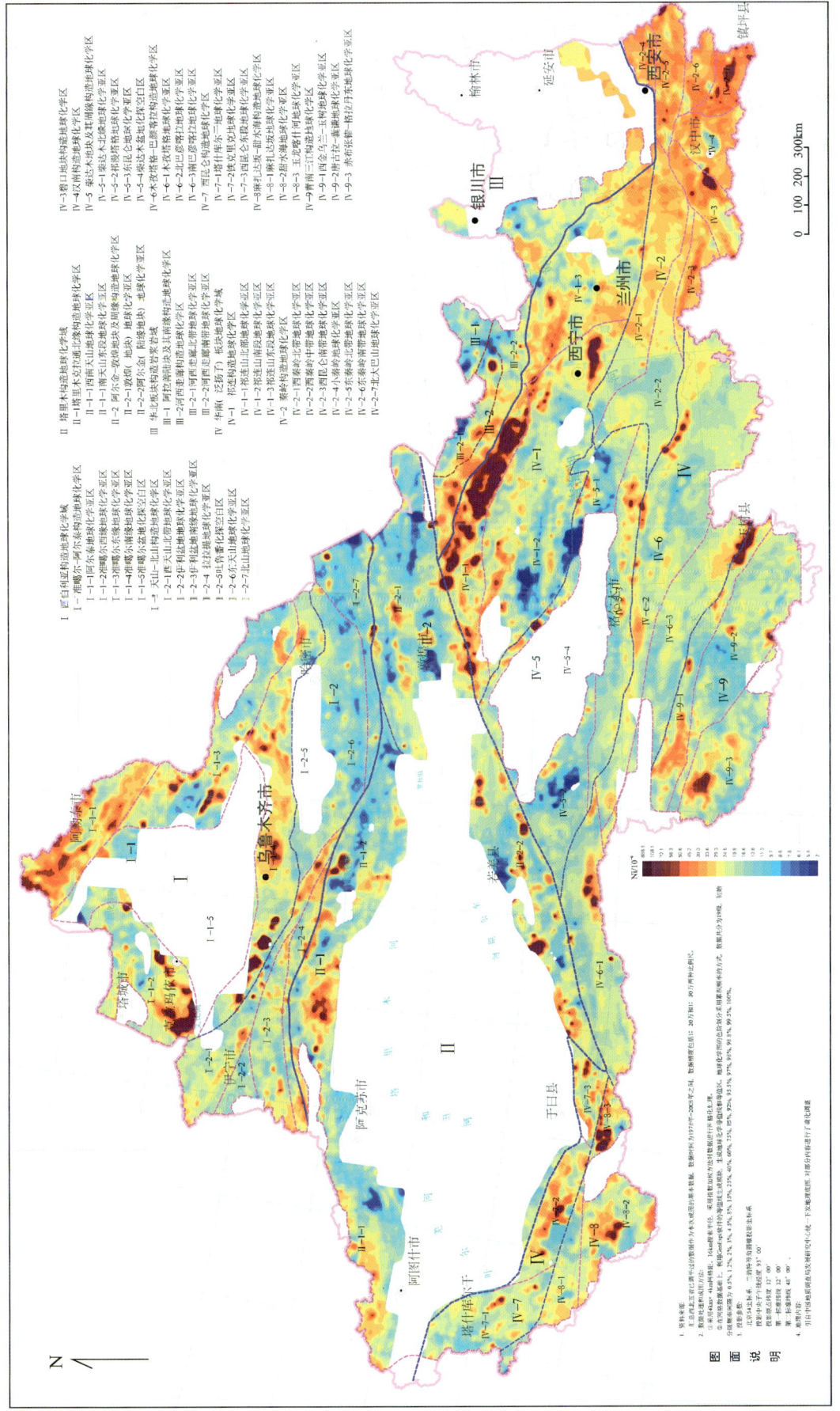

图3-2-8 西北地区Ni地球化学图

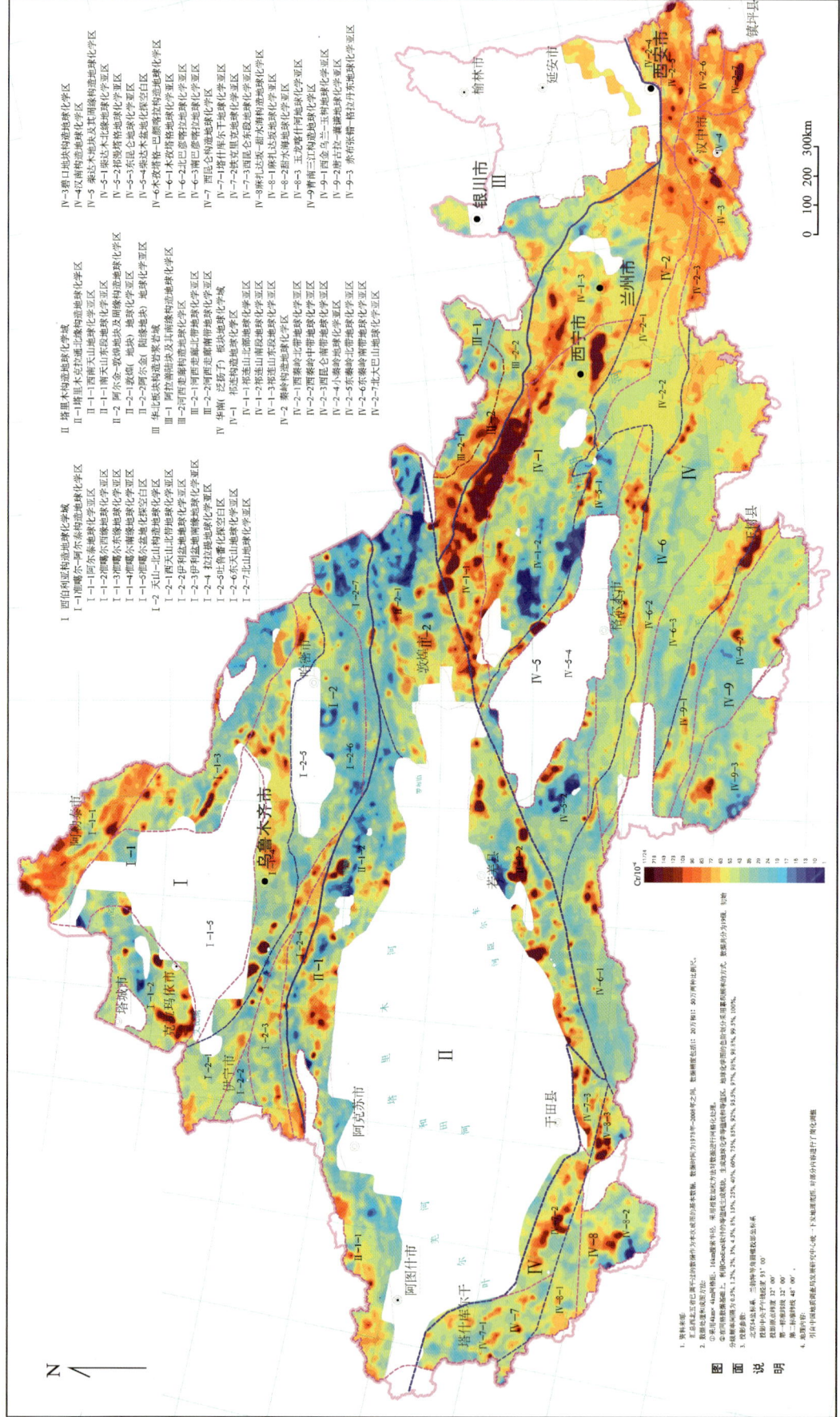

图3-2-9 西北地区Cr地球化学图

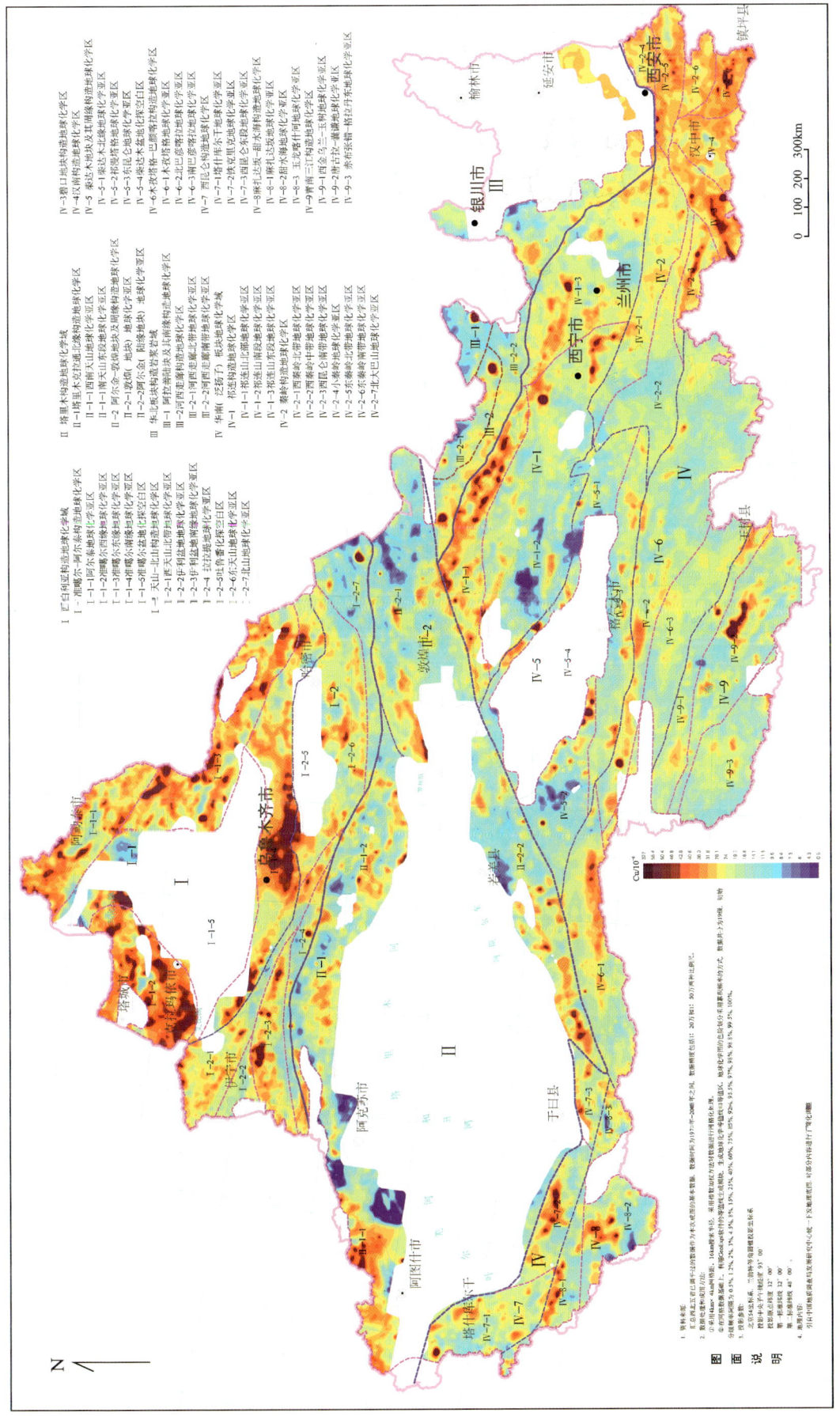

图3-2-10 西北地区Cu地球化学图

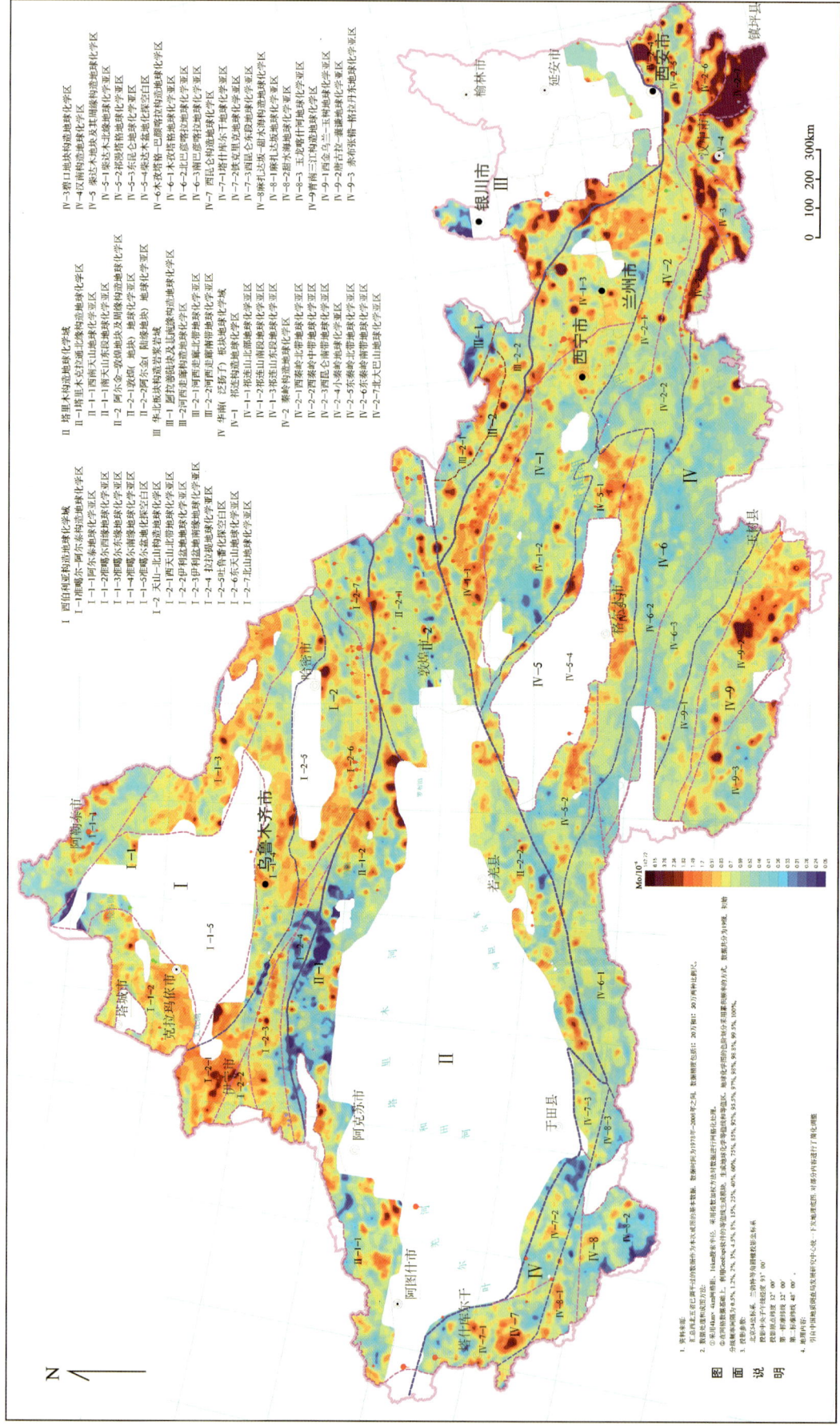

图3-2-11 西北地区Mo地球化学图

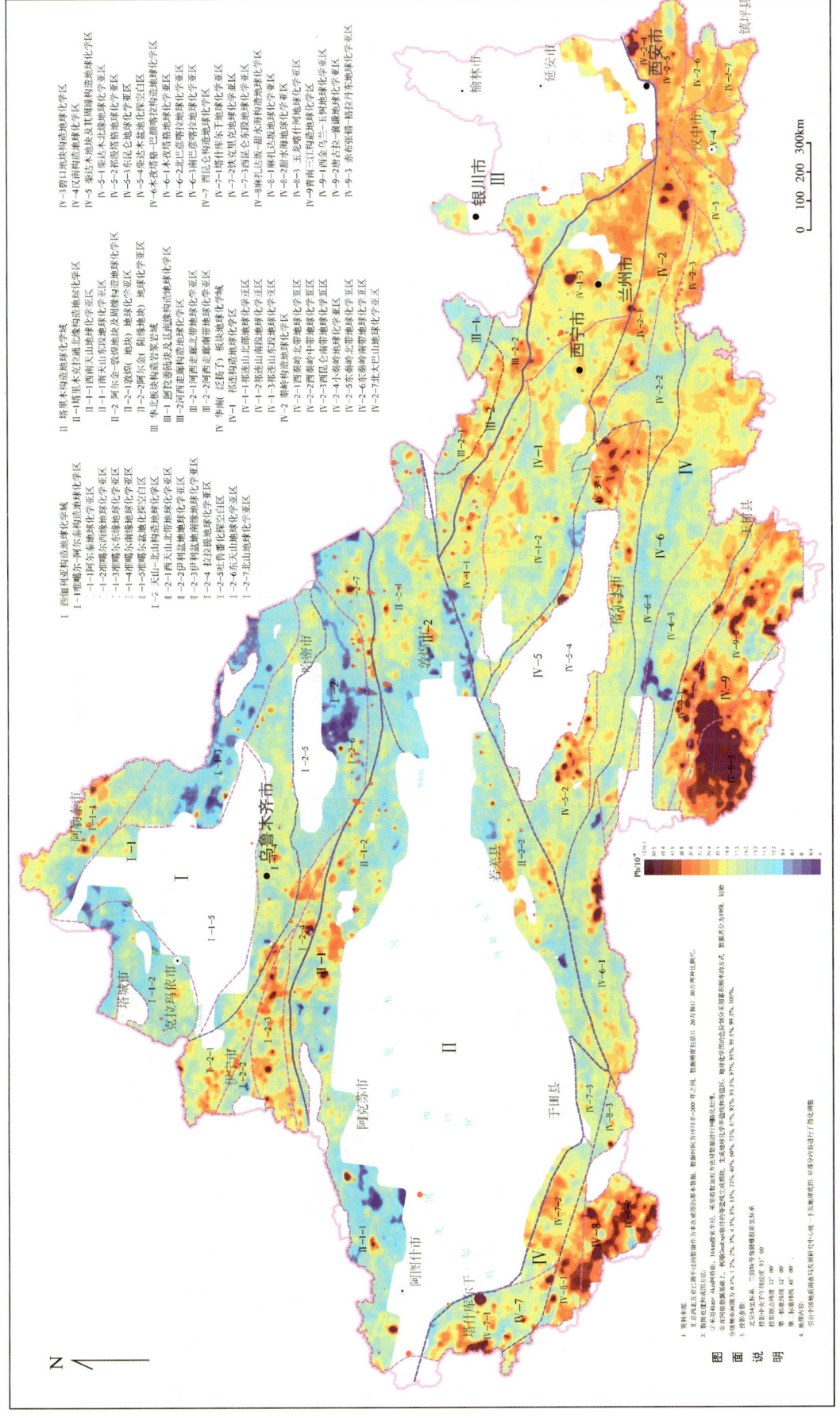

图3-2-12 西北地区Pb地球化学图

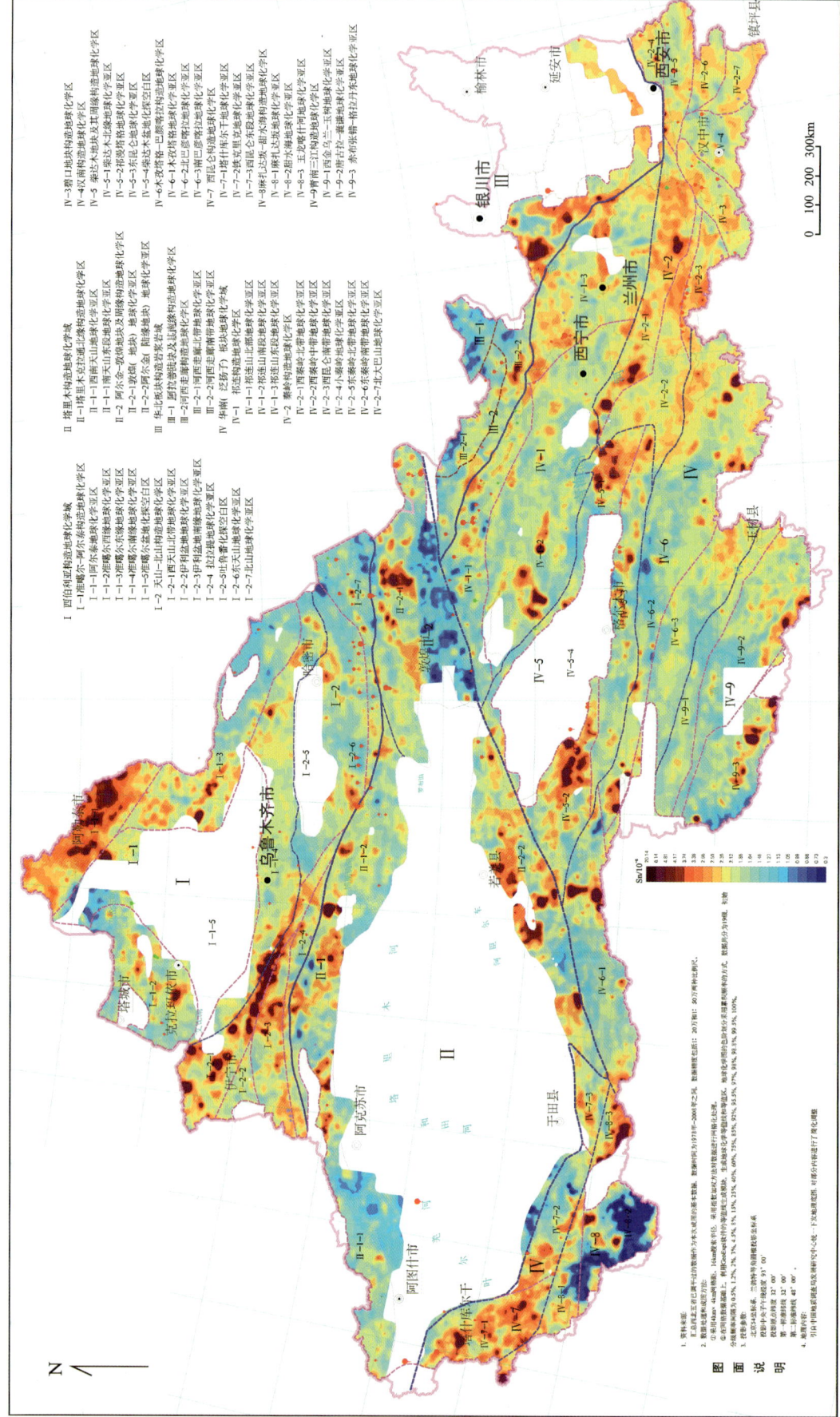

图3-2-13 西北地区Sn地球化学图

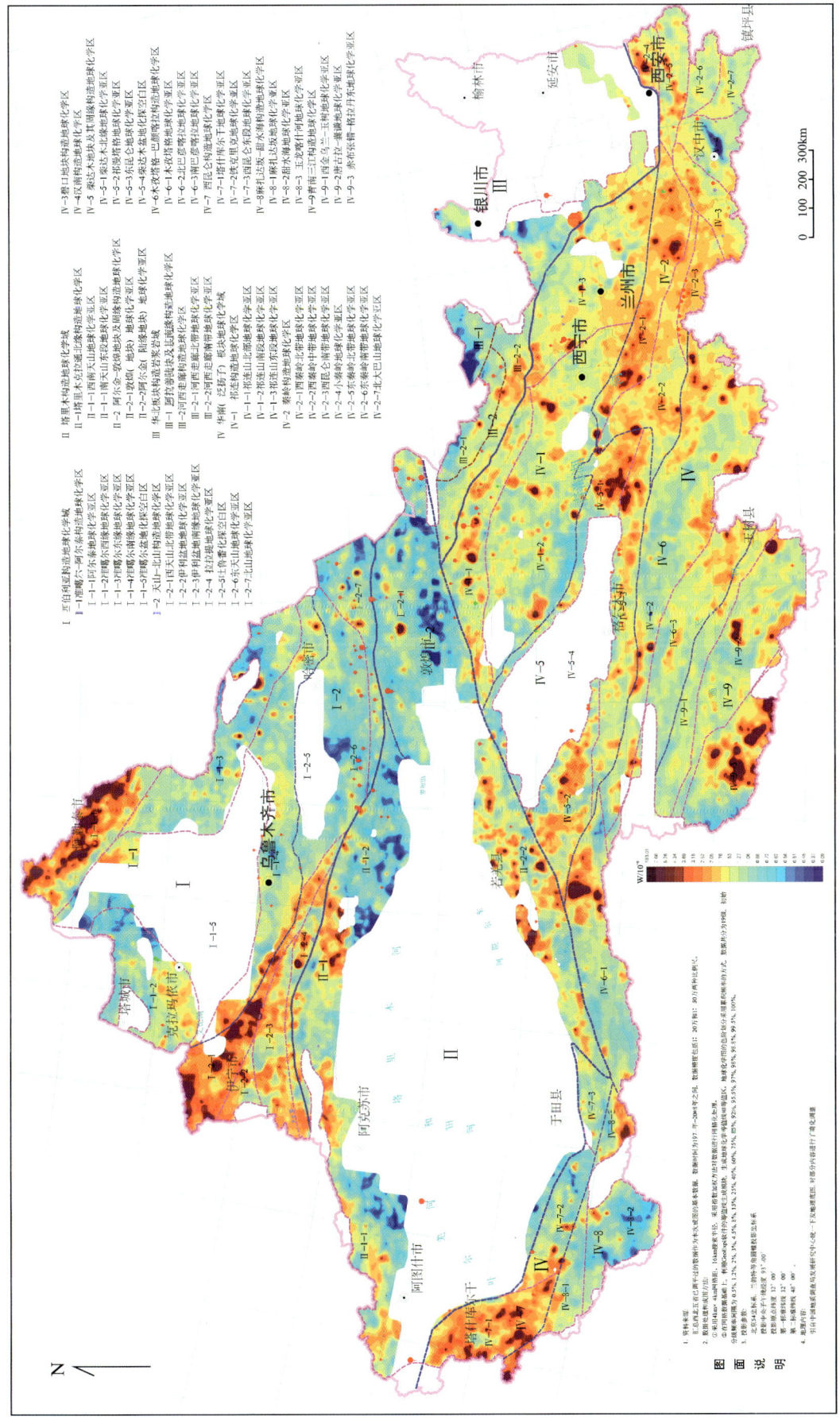

图3-2-14 西北地区W地球化学图

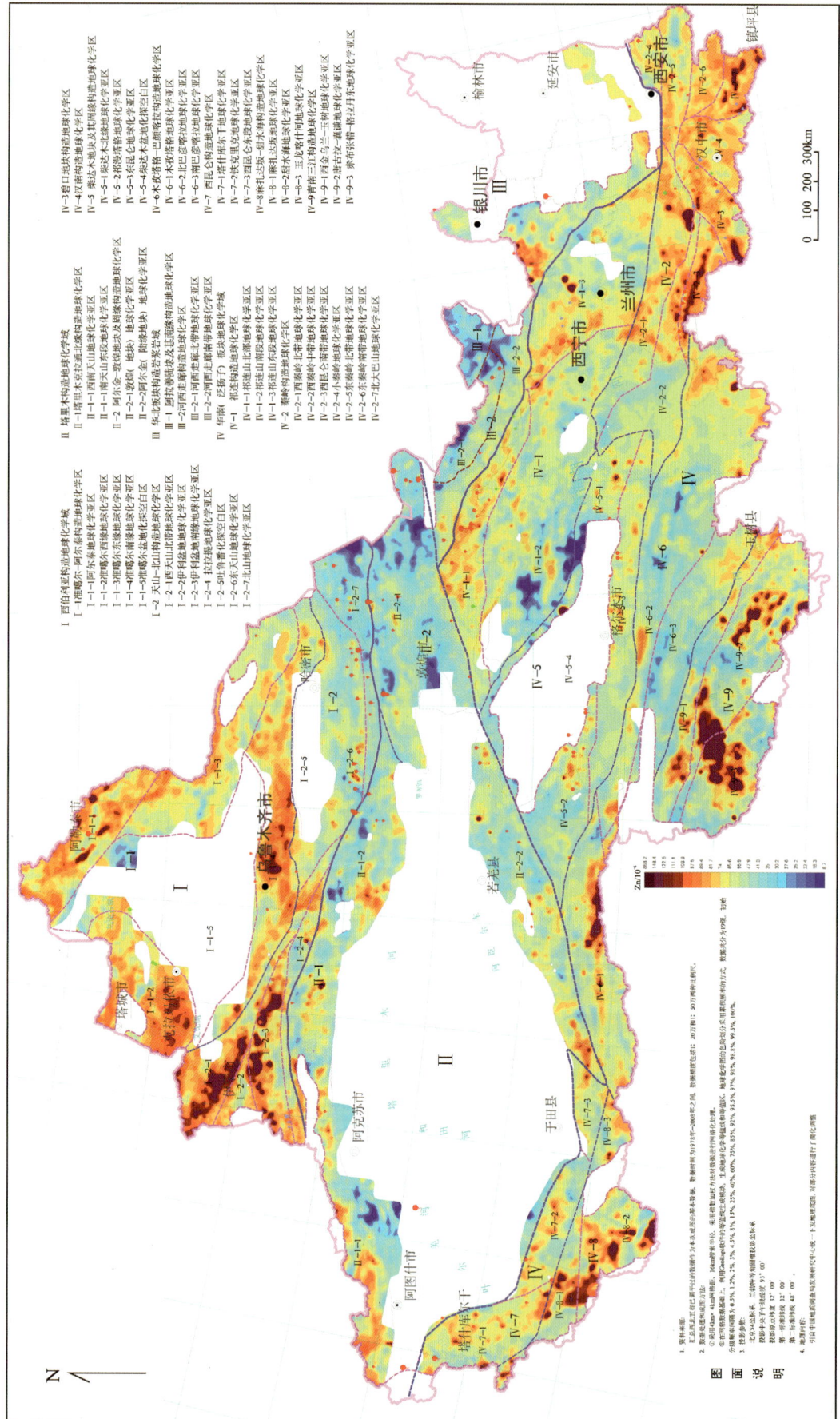

图3-2-15 西北地区Zn地球化学图

4. 汉南构造地球化学区（Ⅳ-4）

区内异常较突出的有 Mo、Au、W、Cu、Cr、Co、Ag、Pb、Sn、As、Zn 等元素。其中，Mo 元素异常显著度最高、异常规模最大。异常数以 Cu 异常最多为 39 处，其次为 Sn 异常 35 处，Au 异常 30 处，Zn 异常 31 处。异常显著度排序前六的是 Mo、Au、W、Cu、Cr、Co 元素，为亲铁元素，显示中温元素组合特征。

5. 玉龙喀什河地球化学亚区（Ⅳ-8-3）

异常较突出的有 Ni、Cr、Sn、Zn、As、Co、W、Au、Cu、Pb、Ag、Mo 等元素。其中，Ni 元素异常显著度最高、异常规模最大。异常数以 Cu 异常最多为 11 处，其次为 Ag 异常 9 处。异常显著度排序前六的是 Ni、Cr、Sn、Zn、As、Co 元素，为亲铁元素，显示中温元素组合特征。

6. 西天山北带地球化学亚区（Ⅰ-2-1）

异常较突出的有 W、As、Sn、Mo、Ag、Zn、Au、Co、Pb、Ni、Cr、Cu 等元素。其中，W 元素异常显著度最高、异常规模最大，其余元素 Cr、Sn、Zn、As、Co、W、Au、Cu、Pb、Ag、Mo 等异常显著度均较弱。Pb 异常数最多为 28 处，Au 异常数次之为 26 处，Cu 异常 25 处，Sn 异常 23 处。异常显著度排序前六的是 W、As、Sn、Mo、Ag、Zn 元素，以亲硫、亲铁元素为主，显示中、高温元素组合特征（张晶等，2017）。

7. 碧口地块构造地球化学区（Ⅳ-3）

异常较突出的有 Au、Cr、Mo、Ag、Cu、As、Zn、Co、W、Sn、Pb、Ni 等元素。其中，Au、Cr 元素异常显著度最高、异常规模最大，其余元素异常显著度均较低。元素异常数量以 Au 最多，有 57 处。其次为 Zn、W 和 Co，分别为 44 处、44 处和 40 处，其余元素异常数均在 40 处以下。异常显著度排序前六的是 Au、Cr、Mo、Ag、Cu、As 元素，以亲硫元素为主，显示中温元素组合特征。

8. 准噶尔西缘地球化学亚区（Ⅰ-1-2）

异常较突出的有 Au、As、Ni、Zn、Co、W、Cu、Cr、Mo、Ag、Sn、Pb 等元素。其中，Au、Cr 元素异常显著度相对较高、异常规模最大，其余元素异常显著度均较低。元素异常数量以 Au、Mo、Ag 最多，均为 28 处，Co 元素异常 27 处，As 元素异常 20 处，其余元素异常数在 20 处以下。

9. 伊利盆地南缘地球化学亚区（Ⅰ-2-3）

异常较突出的有 Au、Co、Zn、Pb、Ag、Cu、Mo、Cr、As、Ni、Sn、W 等元素。其中，Au 元素异常显著度相对最高、异常规模最大，其余元素异常显著度均较低。元素异常数量以 Ag 最多为 24 处，Au、Cu 元素异常数次之均为 20 处，其余元素异常数均在 20 处以下。异常显著度排序前六的是 Au、Co、Zn、Pb、Ag、Cu 元素，以亲硫元素为主，显示中温元素组合特征。

10. 塔什库尔干地球化学亚区（Ⅳ-7-1）

异常较突出的有 W、Sn、Mo、Au、As、Ag、Cr、Co、Pb、Cu、Zn、Ni 等元素。其中，W 元素异常显著度相对最高、异常规模最大，其余元素异常显著度均较低，在 0.5 以下。元素异常数量以 Ag 最多为 26 处，其次为 Au、As 元素异常数量，分别为 24 处、20 处，其余元素异常数均在 20 处以下。异常显著度排序前六的是 W、Sn、Mo、Au、As、Ag 元素，以亲铁元素为主，显示高温元素组合特征。

第三节　重砂测量特征

一、西北地区重砂测量工作情况

西北地区自然重砂测量始于20世纪五六十年代，至1984年结束。西北地区开展的首轮1∶20万自然重砂测量工作，与1∶20万区域地质调查及1∶20万化探测量工作近于同步进行，其成果在地质找矿中曾发挥了较为显著的作用，通过重砂异常查证发现了一批具有一定规模的矿产地。西北五省（自治区）的1∶20万自然重砂共279幅，共包括约60万个采样点（图3-3-1），从西北地区自然重砂采样点位图可以看出，全区的自然重砂工作分布极不均匀，主要是受水系的限制，西北地区有较多的荒漠戈壁景观区，大部分地区属干旱、半干旱气候区，有些地区被风成沙、黄土覆盖严重，水系流长短且缺水，采样控制密度不够；因1∶50万低密度地球化学扫面的重砂测量，其采样密度也偏低。整个陕西北部为黄土景观，属于数据空白区，与之相连的宁夏东部地区也为数据空白区，宁夏北部地区在贺兰山前有零星的数据，甘肃省东部黄土高原有部分数据空白区，青海省的重砂工作空白区（14个图幅），主要是受地形地貌的影响，无法采集重砂数据的区域。全新疆（除昆仑山雪线以上地区、阿尔金山雪线以上地区、塔里木盆地中心塔克拉玛干大沙漠和准噶尔盆地中心古尔班通古特大沙漠以外）共完成1∶20万图幅155幅，完成面积占新疆总面积的2/3，仍有昆仑山部分的图幅空白。

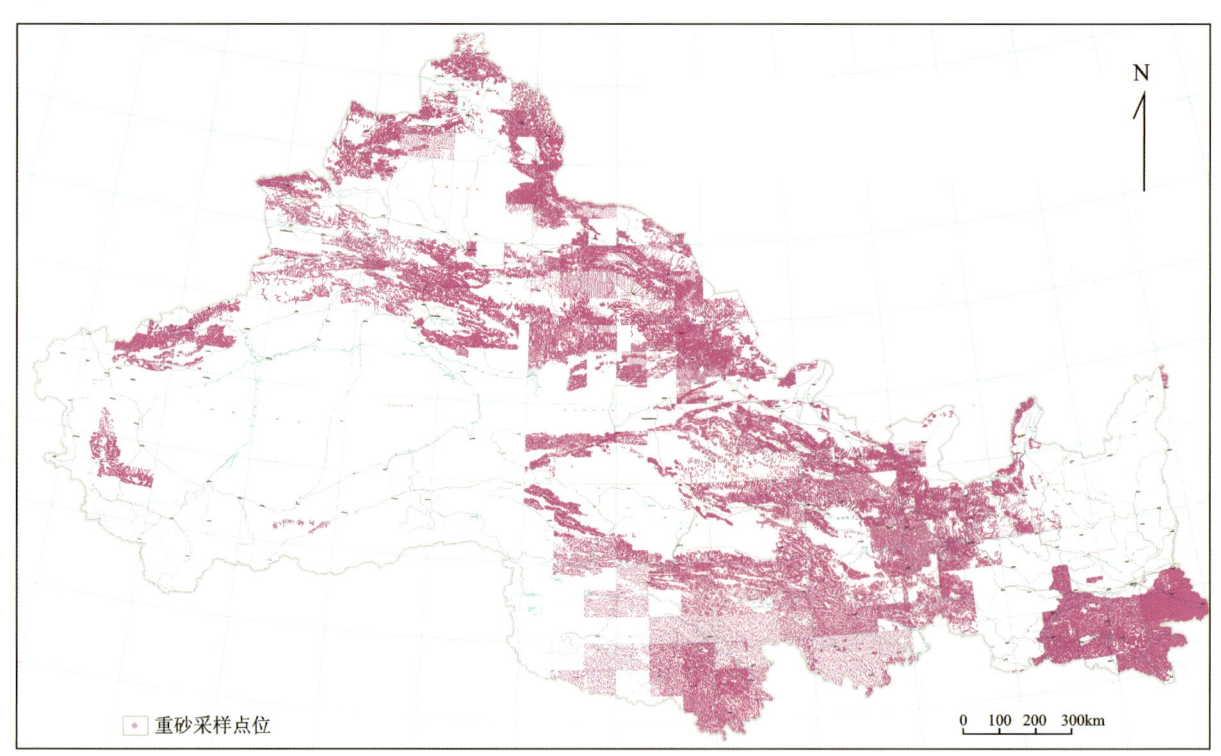

图 3-3-1　西北地区自然重砂采样点位图示意图

西北地区1∶20万自然重砂工作特征主要分为干旱荒漠地区、高寒山区和湿润山区3种。干旱荒漠地区，如北山、东天山等地区，特征为干谷，夏季暂时性流水，河谷为"U"字形，枝状，疏状少许，现代冲积物及阶地不发育，地质条件由中常到复杂，自然重砂平均采样密度为0.2个/km²。高寒山区，如西昆仑山、祁连山等地区,采样密度平均为 0.33 个/km²,深度一般为 10～30cm,重砂原始质量一般为 15kg。湿润山区,如秦岭山区,一般在二、三级支沟内进行,采样点 1km 左右,而三、四级小支沟内样品较少,取样后现场淘洗,精砂淘到灰色为止,一般保留 10～15g。

西北地区自然重砂的综合研究主要是配合区域地质调查或区域化探测量工作,作为主导进行的研究较少,青海和新疆对区域重砂工作进行了总结,并取得了一些认识。1985—1990 年,青海省区调综合地质大队矿产室对 82 个图幅的重砂资料进行了编图和总结,出版了《青海省区域重砂总结》(1992),该书涉及有色、贵金属、稀有、稀土、放射性及黑色金属共 22 种矿物,圈出各类矿物异常 931 处。新疆自 20 世纪 50 年代开展 1∶20 万区域地质调查工作以来,约完成了 155 个图幅,自然重砂样品 17.1 万件。新疆自然重砂 1∶20 万建库工作所使用的原始资料均来自这些区域调查资料。1965 年出版的《新疆分散晕略图和说明书》(1∶200 万)共圈出自然重砂异常 535 处,该书 1978 年获新疆维吾尔自治区优秀科技奖。1980 年又该书基础上编写了《新疆维吾尔自治区重砂异常图和说明书》(1∶200 万),对原有资料进行补充归纳,共圈出自然重砂异常 970 余处,发现了不少有希望的矿床矿点、成矿区和成矿远景区。

自然重砂测量工作沉寂多年,其成果利用率很低,仅有少数地质学者意识到其重要性并收集其相关资料,但大部分没有得到很好的利用,甚至在后来的地质工作者中,没有听说过自然重砂测量。中国地质调查局发展研究中心设立专门项目对全国自然重砂数据进行了重新整理建库,为在西北全区开展区域自然重砂研究奠定了重要基础。2007—2013 年,全国资源潜力评价工作全面展开,并设立自然重砂资料研究专题,在全国自然重砂专题组的带领下,西北五省(自治区)各自开展了自然重砂资料二次开发应用研究工作,并在青海省率先开展自然重砂资料应用典型示范工作,并编写了《自然重砂资料应用典型示范工作总结》。2013 年西北五省(自治区)各自完成了自然重砂应用研究成果报告,同年中国地质调查局西安地质调查中心完成了《西北地区自然重砂资料应用成果报告》,在西北五省(自治区)各自提交的自然重砂应用研究报告的基础上进行了归纳总结,从整个西北地区的地质找矿需要开展了研究,在该报告中对自然重砂矿物及其异常特征进行了描述,开展了自然重砂找矿模型综合研究。

重砂测量作为找矿和配合地学研究的一种传统方法手段,其实施过程一直在相关技术部门关注下规范运行,其结果曾在地质找矿中发挥过重要作用,指导过某些矿床的发现。

二、重要重砂异常特征及其地质解释

目前,西北五省(自治区)的 1∶20 万自然重砂共 279 幅(包括内蒙古西部的部分图幅),共包括约 60 万个采样点,所包括的矿物有数百种,并对所有采样点矿物的检出率进行了统计。检出率大于 50% 的矿物包括(8 种):锆石、金红石、石榴子石、重晶石、磁铁矿、钛铁矿、电气石、白钛矿。检出率在 10%～50% 之间的矿物有(21 种):黄铁矿、白钨矿、锐钛矿、榍石、磷灰石(胶磷矿)、褐铁矿、独居石、角闪石、磷灰石、绿帘石、赤铁矿、石英、铬铁矿、白钛石、辉石-绿帘石、氧化黄铁矿、闪锌矿、长石、白铅矿、赤铁矿-褐铁矿、云母。检出率在 5%～10% 之间的矿物有(17 种):碳酸盐岩、板钛矿、辰砂、绿泥石、赤褐铁矿、钍石、软锰矿、锡石、曲晶石、黑云母、透辉石、钛磁铁矿、方铅矿、角闪石、辉石、铬尖晶石、泡铋矿。检出率不足 5% 的有透闪石、铅矿物、褐帘石、钼铅矿、黄铜矿、毒砂、萤石、尖晶石、磁铬铁矿、刚玉、金、红柱石等。

通过西北地区自然重砂采样点位图可以看出,整个西北地区自然重砂测量工作部署受水系、汇水盆地等条件的限制,采样密度极不均匀,通过编制西北地区单矿物(矿物族)自然重砂等量线图也可以看出,受到各矿物自身特性的影响,各矿物的检出率差异性较大,一些性质比较稳定的、与造岩相关的矿物容易检出,检出率较高,如锆石、与铁有关的矿物等。对于普遍大量存在的矿物,要取其异常高的部分作为研究对象,而对于检出率低的矿物,尤其是与找矿直接相关的矿物,检出即为有矿化,不但要关注其高异常,还要注意其低异常,如砂金。

西北地区与优势矿种相关的金、钨、铜、铅锌、锡石、铬矿物的分布规律和分布特征进行简要说明。

1. 金矿物

金矿物密度大、稳定，易于形成自然重砂，以自然金的形式存在于大自然中，呈金黄色不规则粒状、片状、细棒状、皮壳状等，一般粒度较细，多为0.02~2mm，有时沿异常追溯能见狗头金。利用自然重砂形成的金异常找金矿，是一种简便、经济、有效的方法。金矿物异常主要分布于含金地层高和金矿产地附近。受地层、构造、岩浆岩和热液蚀变矿化影响，分布规律较清晰。对于砂金矿，只要出现就说明有金的矿化存在，通过金矿自然重砂等量线图能够直观地看出砂金在全西北地区的分布情况(图3-3-2)。

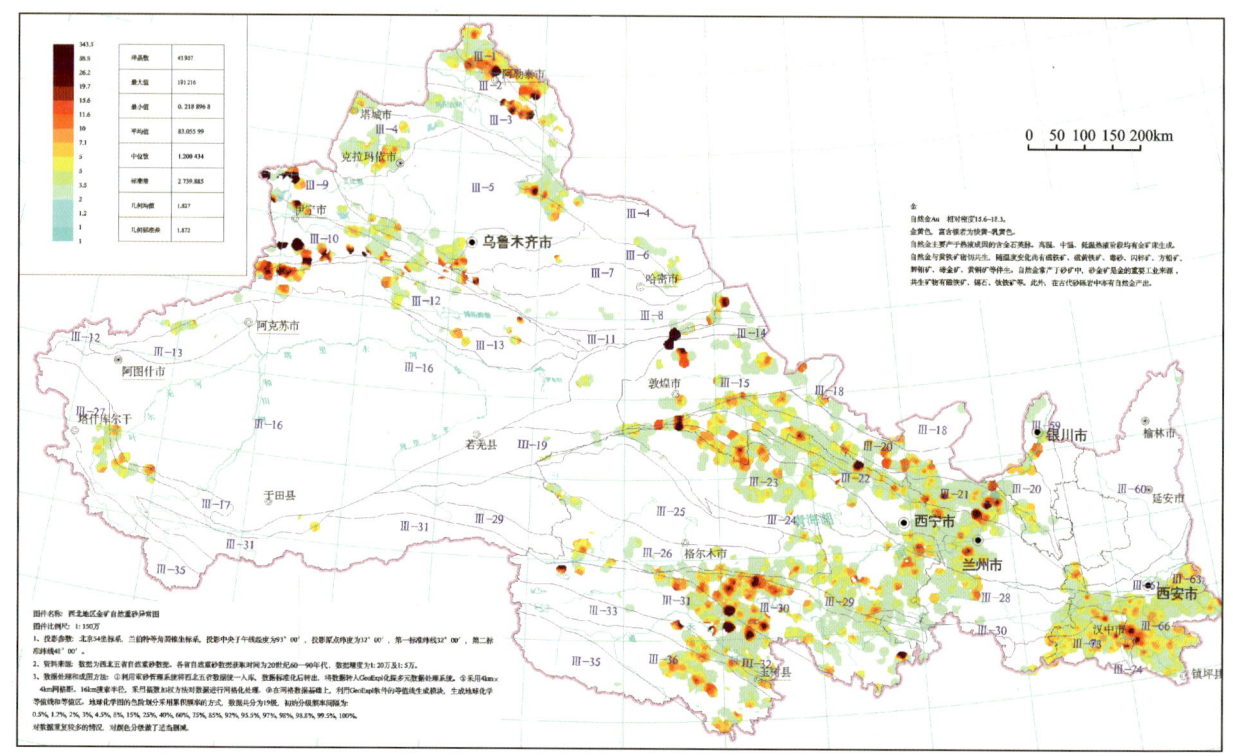

图3-3-2 西北地区金矿自然重砂等量线图(成矿带编号参见表4-2-1)

金矿物主要分布地区有新疆的北阿勒泰成矿带诺尔特河、库尔木图至哈熊沟、克木齐河上游一带，乌鲁木齐以西至艾比湖一带，围绕已知金矿点或北西向断层挤压破碎带分布。伊犁地区包括北部的阿拉套-博罗科努成矿带和南部的阿吾拉勒-伊什基里克成矿带，昆仑山地区北西向断裂挤压破碎带发育，出露长城纪—蓟县纪的古老变质地层，南部通过康西瓦-鲸鱼湖的缝合带，成矿条件良好。金自然重砂矿物多沿北西向断层挤压破碎带及岩体侵入接触带分布。

宁夏金重砂矿物主要分布于贺兰山北段石嘴山市的柳条沟、跑马崖、沙巴台及正谊关沟，灵武市临河堡、吴忠市陈滩至袁滩现代黄河河床内，中卫市单梁山、沙坡头至三圣宫村及同心县唐家坡、海原县西华山及西吉县火石寨等地。甘肃北山的奥陶纪—志留纪复杂变质岩区以及板缘活动带的断裂带及韧性剪切带区域。陕甘秦岭地层区都是金矿物的主要分布区域，在青海主要分布在格尔木市至玉树县的地区，包括曲麻莱县的大厂金矿及其周边的扎乼砂金矿床、巴干砂金矿，玛多县的柯尔咱程矿金矿床及其周边，在这些地区均有砂金异常分布，且比较集中。在第五章中将对金的自然重砂异常和Au元素地球异常对应分布关系做进一步分析。

2. 钨矿物

钨矿物主要包括白钨矿和黑钨矿$(Fe,Mn)WO_4$，相对密度较大，用自然重砂测量方法寻找钨矿是一种有效的手段，尤其是黑钨矿。黑钨矿与锡石共生，是介于钨锰矿和钨铁矿之间的一种矿物，白钨分布见图 3-3-3。

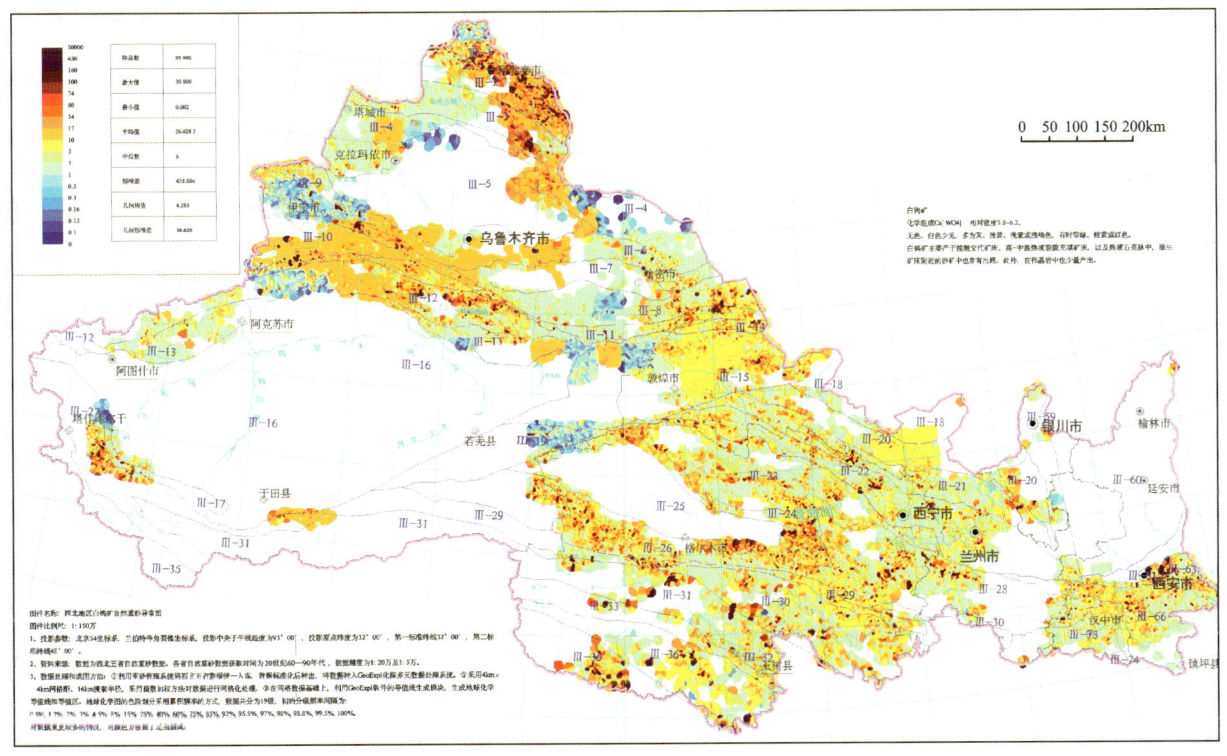

图 3-3-3　西北地区白钨矿自然重砂等量线图（成矿带编号参见表 4-2-1）

新疆阿勒泰地区黑钨矿聚集性较好，而白钨矿相对分散。天山中部库米什地区自然重砂钨矿物分布密集，该处主要出露泥盆纪地层，侵入岩发育，主要为泥盆纪花岗岩、石炭纪花岗岩，断层构造发育，北部为北、中天山分界的北西向区域深大断层，中部为中、南天山分界的北西向深大断层，其次为次级的区域性大断层并且很发育，断层构造的成矿条件很好。伊犁地区的钨自然重砂矿物聚集性好，多沿断层分布。

甘肃北山、龙首山北祁连地区白钨矿在混合花岗岩及斜长花岗岩中以副矿物出现，在石英脉岩、伟晶岩脉及各类混合岩中以变质副矿物出现，由此可见白钨矿与混合花岗岩、斜长花岗岩、伟晶脉岩及各类混合岩有关。陕西白钨矿、黑钨矿异常主要分布于略阳—宁陕一线以北地区，其异常多受印支期—燕山期中酸性花岗岩类岩体控制，绝大多数异常位于花岗岩体内外接触带部位。

青海钨矿床主要为夕卡岩-云英岩型矿床，与之响应较好的钨重砂矿物主要分布在柯柯里—龙门—嘎子地区（黑钨矿）、中祁连北缘黑龙掌—大黑山地区、青海湖南山-化隆地块（都兰—同仁）等，从格尔木的南山口到昆仑山口均有钨矿异常分布，祁漫塔格地区也有钨矿异常的分布，强度相对较弱，从乌兰县到都兰县及其西部区域均有钨异常，但是目前仅发现了一个钨的矿化点，在同德县克穆达钨锑矿上游汇水盆地分布有钨异常。总体来看，在甘肃境内的钨矿异常分布较广。

3. 铜矿物

铜矿物主要重砂矿物有黄铜矿、孔雀石和蓝铜矿。由于黄铜矿属硫化物，在地表氧化带易于氧化而很不稳定，重砂矿物的形成很不普遍，往往在大中型铜矿产地，地表却未圈出异常；孔雀石是黄铜矿等铜矿物在地表氧化带中形成的次生矿物；蓝铜矿常与孔雀石伴生，是寻找铜矿的标志性矿物，铜矿物分布如图 3-3-4 所示。

新疆阿勒泰地区岩浆侵入、喷出活动频繁，混合变质作用、动力变质作用也强烈。铜矿自然重砂矿物多沿北西向断裂挤压破碎带分布或位于已知铜矿点不远的成矿有利地段的中性—基性岩体与地层接触带上。伊连哈比尔尕-博格达成矿带构造上属古生代裂陷盆地，北西向断层挤压破碎带发育，动力变质作用明显，为成矿提供了条件，是新疆重要的铜铅锌成矿带。自然重砂铜矿物多分布在内外接触

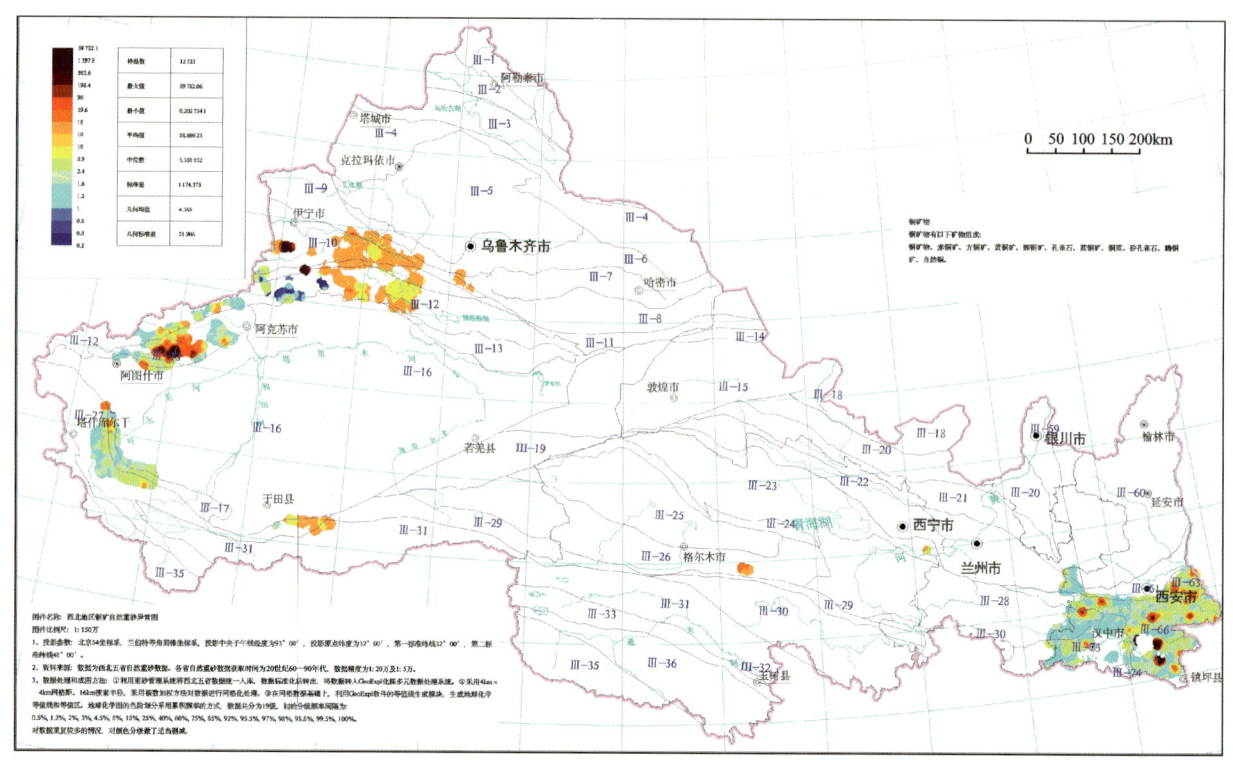

图 3-3-4　西北地区铜矿物自然重砂异常图（成矿带编号参见表 4-2-1）

带上。

青海的北祁连（托莱山-甘禅口）地区、祁漫塔格地区、阿尔茨托山北地区铜矿物分布集中，是寻找（加里东期）海相火山岩型矿床的有利地段。宁夏铜重砂矿物主要分布在青铜峡市菊花台山、中卫市单梁山、海原县南-西华山、西吉县红耀乡一带，对铜矿化点响应情况较好。甘肃祁连地区在早古生代变质地层中，热液活动以中、低温热液矿产为主。黄铜矿、孔雀石等矿物多见，主要与区内石脉、小型花岗岩体及普遍的硅化作用有关。陕西区内铜矿物分布广泛，趋势较明显，主要见于凤县太白、勉略宁三角区、眉县集中区、周至-户县集中区、小秦岭集中区、蟒岭南集中区、镇安-柞水-山阳集中区、旬阳-白河集中区、岚皋-平利集中区，全与断裂及岩浆热液活动相关。

4. 铅锌矿物

新疆阿勒泰地区包括东西准噶尔地区，铅锌自然重砂矿物普遍分布。自然重砂矿物密集区出露地层主要为震旦系和下寒武统，再依次为中泥盆统、下石炭统、下-中奥陶统（图 3-3-5，图 3-3-6）。

天山地区地层从中寒武统到上二叠统呈环带状分布，铅锌自然重砂矿物在各时代地层中均有分布，而地层的含矿性最好的为中石炭统、下-中二叠、下白垩统。博乐伊犁地区，铅矿主要是白铅矿，方铅矿较少，原因是风化、搬运、沉积的方铅矿虽氧化呈白铅矿，但位于矿点上的方铅矿不断风化、搬运补充，故仍能形成方铅矿矿物；在焉耆以西地区铅锌自然重砂矿物相对密集分布，位于泥盆纪花岗岩与中泥盆世地层的外接触带上，并且断裂非常发育，为较好的成矿地段。昆仑地区铅锌自然重砂矿物在西段分布比较密集，西段为区域性深大断裂，呈北北西转到东西向的弧状延伸；出露地层主要为古元古界、长城系、蓟县系、青白口系、奥陶系、泥盆系、石炭系等；侵入岩为蓟县纪花岗岩、花岗闪长岩，青白口纪花岗岩。青海铅矿物主要分布于祁漫塔格—虎头崖狼牙山地区，是寻找碳酸盐岩-细碎屑岩型铅锌矿的主要地区。阿尔茨托山北铅矿物集中区，是寻找海相火山岩型铅锌矿的有利地段。

宁夏主要分布于贺兰山北段石炭井煤矿区、平罗县石桌子山、银川市榆树沟、青铜峡市应专用台、中卫市单梁山及腰岘子沟、海原县南—西华山及杨明乡一带，其余地区含量低分布零星。

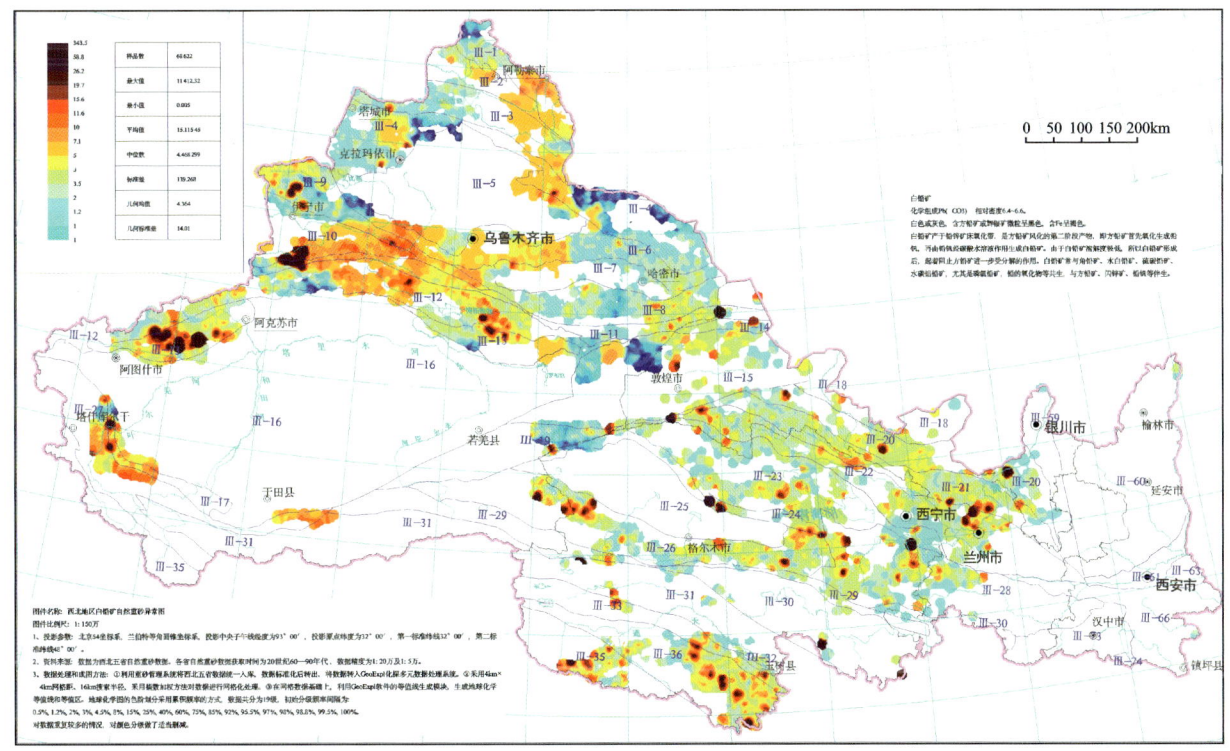

图 3-3-5 西北地区白铅矿物自然重砂异常图（成矿带编号参见表 4-2-1）

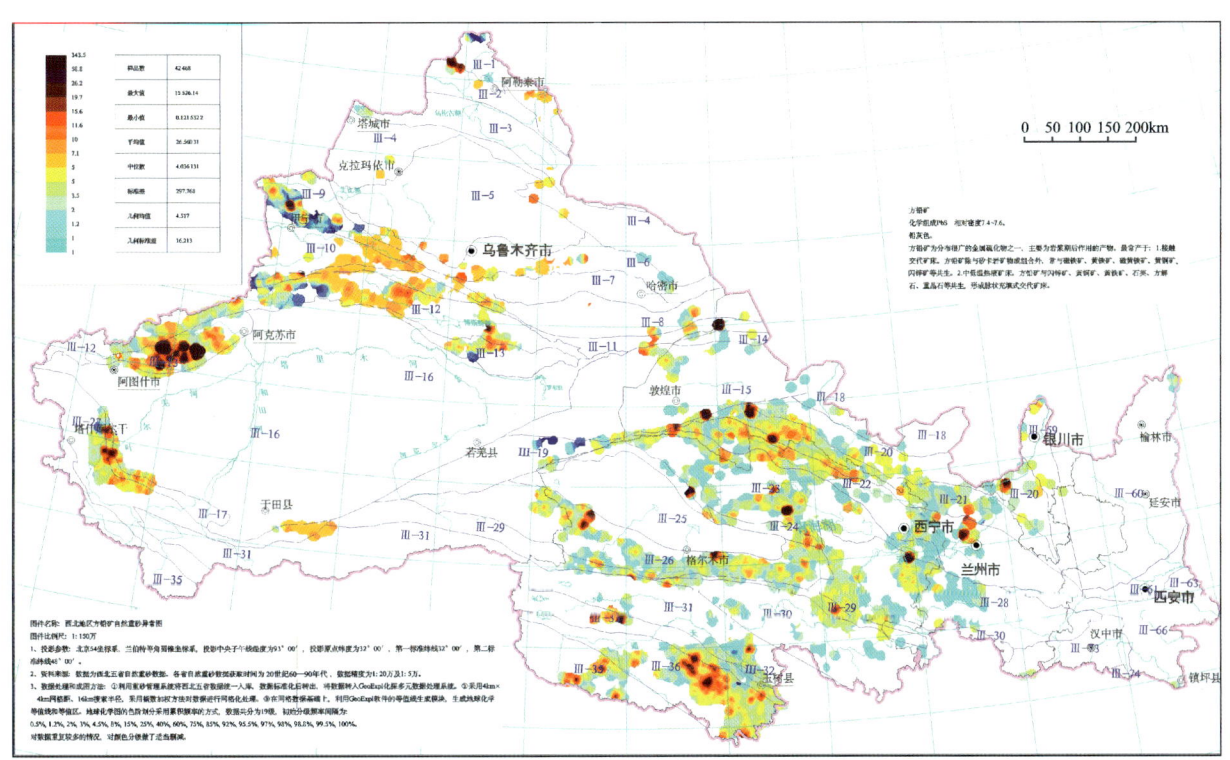

图 3-3-6 西北地区方铅矿物自然重砂异常图（成矿带编号参见表 4-2-1）

而陕甘秦岭一带铅矿物异常与一定的含矿层位有关，如太华岩群、宽坪岩群、碧口岩群、陶湾群等，均属寻找铅锌矿床的主要含矿层位。如陕西铅矿物的分布，主要集中于华县—宁陕—镇巴一线以东广大地区，分布普遍，在区域上成北东-南西向展布，并显示了由北东向南西由高至低这一总的分布趋势，总体特征可概括为以下几个方面：①铅矿物异常与中酸性岩体接触带关系密切，特别是沿岩体接触带发育的断裂构造，常常是铅锌矿物以及黄金异常集中成带分布的地区，在多组断裂互相交切、复合区，如北西向与北东向、北西向或北东向与东西向断裂交切部位多是铅锌矿物异常密集分布区。如小秦岭地区、蟒岭西南接触带、铁炉子地区等；②铅矿物异常与一定的含矿层位有关，如太华岩群、宽坪岩群、碧口岩群、陶湾群等，均属寻找铅锌矿床的主要含矿层位；③铅矿物异常与岩浆期后热液成矿作用关系密切，在地层中铅锌矿物多与黄金、铜矿物、辰砂、雄黄、毒砂、辉锑矿等相伴出现，密切共生并同位富集，属典型的多金属热液硫化物型矿物组合。此类共生组合对寻找铅锌等多金属以及贵金属极为有利。

5. 锡石矿物

锡石在自然界很稳定，是普遍出现的自然重砂矿物，锡矿化多与晚古生代高硅富碱性花岗岩关系密切（图 3-3-7）。新疆锡石主要分布在阿尔泰地区东南部，围绕泥盆纪斜长花岗岩，石炭纪花岗岩、钾长花岗岩及侵入接触带分布，锡石来自花岗岩及夕卡岩接触带及含锡石石英脉中，为夕卡岩、热液锡矿化引起的重砂异常。在西准噶尔锡石矿物主要分布在达尔布特断层两侧的石炭纪斜长花岗岩、钾长花岗岩体及接触带上，由花岗岩体热液型锡矿化引起。在东准噶尔喀拉麦里主要覆盖了老鸭泉花岗岩体及其接触带。天山地区重砂异常集中的有温泉县库斯台地区，雅满苏到星星峡一带，密集分布锡石重砂异常。昆仑—阿尔金山地区分布在蓟县纪花岗闪长岩，二叠纪花岗岩、钾长花岗岩，侏罗纪花岗岩体及接触带上，是由热液型石英脉锡矿化引起的锡石重砂异常，在民丰县南昆仑山、祁漫塔格地区也有锡石高异常的分布。

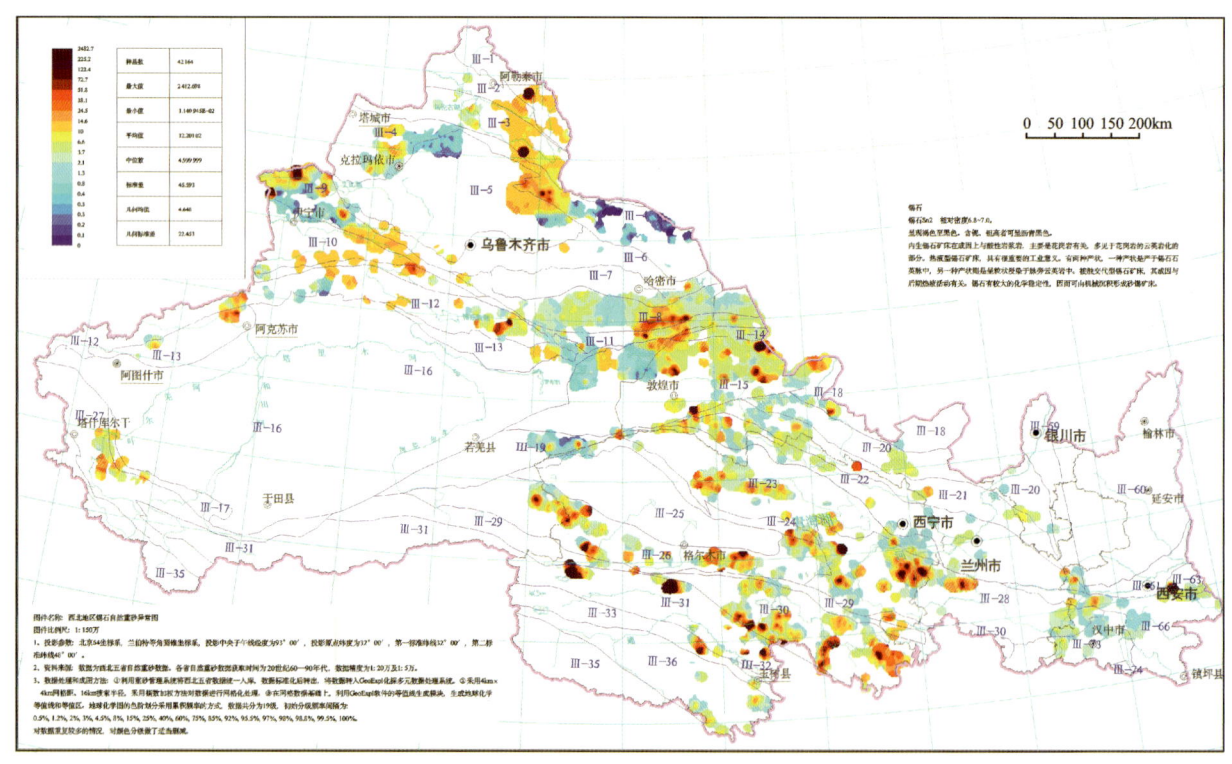

图 3-3-7　西北地区方锡石矿物自然重砂异常图（成矿带编号参见表 4-2-1）

在青海，锡石矿物主要出现在祁漫塔格地区的萤石、锡、铋、铅、铜、稀土异常亚区。异常集群属性特征受印支期中酸性岩浆活动影响明显，有乌兰乌珠尔铜锡矿床。东昆仑锡铋萤石稀土稀有放射铜铅异常亚带上的蘑菇峰—大雪峰有以锡矿物为主的异常簇群，有燕山期花岗闪长岩小岩株侵入晚三叠世粉砂岩夹页岩地层。昆仑山口-大场-玛多金锡钨稀土异常亚带中有锡、钨、稀土矿物异常，附近多有燕山期或印支期中酸性花岗岩体出现。

甘肃的破城山-玉石山海西期金银(铅锌铜)叶蜡石成矿带的早震旦世片麻岩与海西中期花岗岩接触带上,常伴有白钨矿、钍石、褐帘石等。在肃北-孔雀山加里东期铜金钴成矿带中,地层主要为前震旦纪灰岩、石英片岩。区内受加里东黑云花岗岩侵入,脉岩发育。其中石英脉具有云英岩化,含钨钼矿。秦岭地区尼克江锡石矿物出露于美武花岗闪长岩体与早石炭世砂岩接触带上。内外接触带均有锡石出现,锡石最高含量达千余粒。宁夏关于锡石的论述较少。

6. 铬矿物

无论从含铬矿为超基性岩体规模还是从铬矿物局部堆积量的大小来看,在近同剥蚀出露情况下,铬矿物异常量都应是其物源区提供量的反映(图3-3-8)。

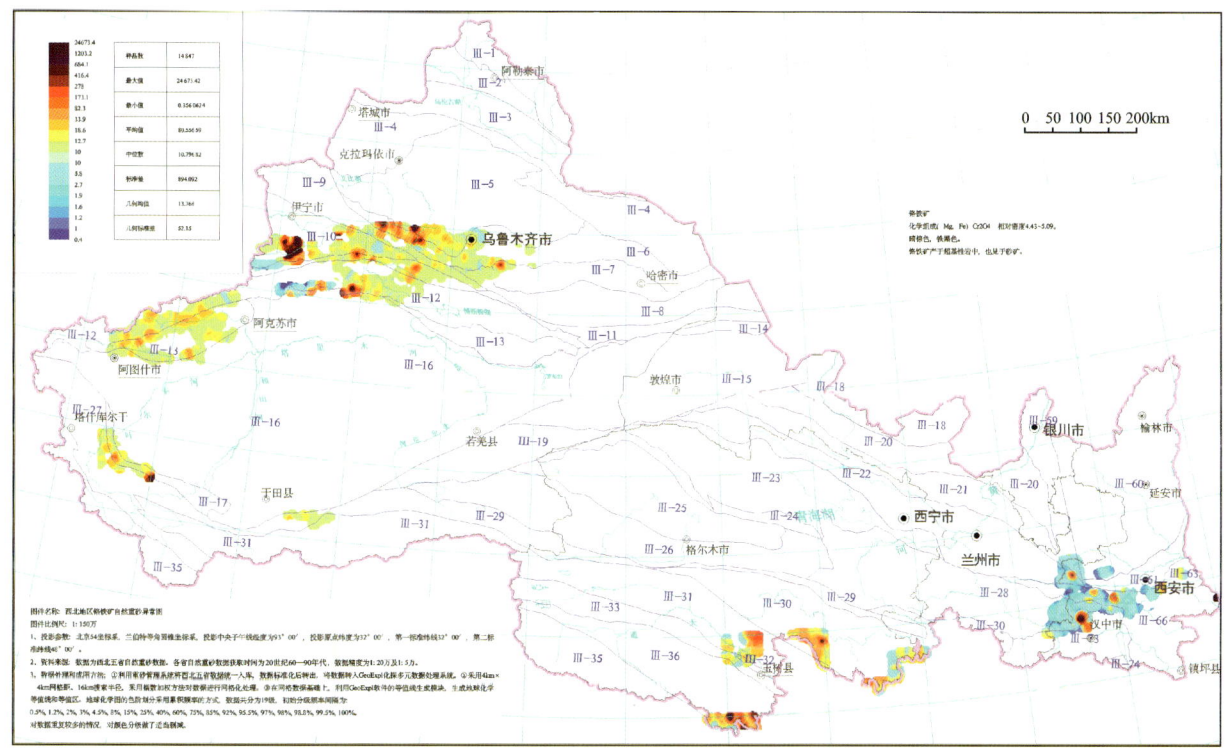

图3-3-8 西北地区方铬铁矿物自然重砂异常图(成矿带编号参见表4-2-1)

原生含铬矿产地都出现于蛇绿岩带或其岩片的超基性岩体中,从大地构造上,它们在缝合带或裂谷环境中,蛇绿岩只是包含偏基性火山岩在内的绿岩带的一部分。蛇绿岩既是原生铬矿形成的必要条件,也是找矿预测中必需的预测要素。如在青海全省范围内,铬矿物作为主矿物的异常有19处,主要分布于拖来山牧场东、穿刺沟—大水沟、阿柔南东等祁连地区,它们都是在含有超基性岩的蛇绿岩带环境下形成的,这充分显示了蛇绿岩带的成矿潜力。而甘肃的铬矿物主要出现在祁连地区,如柳沟峡-九个青羊元古宙、加里东期铜铁金铅锌钨(铬)成矿带,属于北祁连铜-铅-锌-铁-铬-金-银-硫铁矿-石棉成矿带Ⅲ级成矿带内。区内在奥陶纪火山岩地层和寒武系变质岩地层中,有超基性岩侵入。铬铁矿物重砂含量最高达24 000。

因原生次生重矿物受自然界保存程度、搬运距离和鉴定识别能力等差异的影响,不同重砂矿物的预测效果差异性较大。

(1)利用自然重砂矿物对镍矿、钾盐、锂盐、硼盐和菱镁矿5种矿种的预测效果不佳,主要原因是在矿物鉴定没有对含镍矿物予以识别,而其余4种的工业矿物不属重砂矿物,这些都属于无数据可研究的矿种。对于它们,应借助地质地球化学方法;与超基性岩体有关的镍、菱镁矿预测,还应借助于磁法和地球化学的结合。

（2）铜、锌、金、银、锑、铁、锰、钼、重晶石9种矿种可以用于预测，但是不确定性较高。在自然重砂中，银、锑矿物很少，凭其矿物异常找矿，漏矿率极高。锌、金、钼矿物较少，凭其矿物异常找矿，矿物与异常响应不高。铁、锰、重晶石矿物，重砂中非零报出率较高，但其异常指示矿种的范畴宽泛，不确定性较高，应多借助地质地球化学方法。与磁铁矿类矿物聚积有关的铁矿预测，应主要借助于磁法。

（3）铬、钨、锡、稀土、萤石、磷、硫铁矿、铅8种矿种，其矿物异常对已知矿产地响应率较高，矿物学方法预测可以发挥显著作用。其中铬矿物异常是圈定潜在铬矿产地唯一的矿物学指标，漏矿率低于25%。锡矿预测矿物为Sn-Pb-Bi-萤石组合或Su-Cu-W元素组合。西北地区的稀土、稀有金属矿，多是在地质调查工作中先发现钍石异常而后发现稀土矿产，所以钍石是找稀土矿的标型矿物，预测时可综合考虑独居石、磷灰石和放射性矿物组合。与W的情况类似，利用萤石异常寻找萤石矿要比利用F元素异常更有效，若将自然重砂异常与地球化学异常相结合，预测效果将更好。黄铁矿族异常对揭示较大规模硫化环境，指出可能潜藏硫铁矿、多金属硫化物矿矿产地区段将有重要作用，对金矿普查选区和某些线性构造研究也会有可预期的辅助作用。

第四节　遥感特征

一、西北地区遥感影像基本特征

西北地区卫星影像，其西北部大部分地区影像呈灰色—棕灰色，显示植被稀少，地表裸露。山脉或盆地边缘岩石出露较好，呈现出斑杂的灰色—灰白色，盆地内多被第四系覆盖，以浅灰色—黄棕色为主；影像影纹粗糙、硬且清晰；图案多不规则，以条带状或片状为主；阴影深、重。说明该区地物差异明显，界线清晰，从影像上可以清楚辨别线状、环状、块状影像，岩石地层及地质构造特征在遥感影像上的可解译程度较高（图3-4-1）。

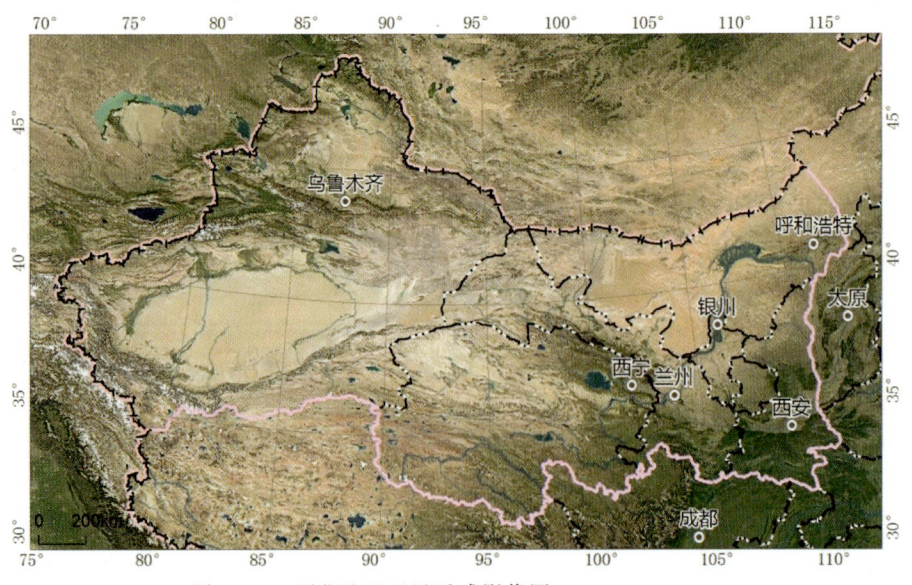

图3-4-1　西北地区卫星遥感影像图（LandSat ETM+）

东南部的秦岭山脉影像上总体呈绿色，显示植被较发育。影像影纹细密、较硬、较清晰；图案较规则，呈条带状或片状；阴影多、深且重。说明该区地表破碎，水系发育，高差起伏较大，地表裸露条件差。

因此对岩石地层遥感解译造成一定的干扰,但对地质构造的解译仍然能够发挥重要的作用。

东北部的鄂尔多斯盆地,总体呈现斑杂的浅灰色、灰白色、灰绿色、浅紫色及棕黄色色调,色块差异明显。影像影纹粗糙、柔和、模糊;图案多不规则,呈明显的带状、片状或团块状;南部阴影多且较深,北部大多数地方无阴影。说明该区被第四系覆盖严重、岩石地层边界不清晰,由于色块差异大,对于推断解译地质构造有一定的指示意义。

将已知的金属矿床、矿(化)点与遥感影像图对比,可以发现这些金属矿床、矿(化)点主要分布于大型构造带内构造应变强烈地段,特别是多期次、多方向构造叠加发育地区、两组或多组构造带或断层的交切复合部位。其中环形构造通常和金属矿产存在一定的成生联系,特别是当中小型环形构造发育于几组断裂交会形成的菱形网格区内,构成线环构造组合时,往往是金属矿床、矿(化)点密集分布区。根据遥感影像,结合地表数字高程模型进一步分析后发现,矿床、矿(化)点集中分布区的山脊往往成断续相连,支脉广布,岩石破碎强烈,拉张、揉皱作用明显。宏观背景影像可看出,矿集区影纹粗糙,图案不规则,多团块状、网状、串珠状、嵌套状或交切状影像。

二、重要遥感异常地质解释

西北地区共提取异常块 42.2 万余个,异常块面积约 5.11 万 km^2(图 3-4-2)。其中羟基异常块 24.8 万个,面积约 2.25 万 km^2;铁染异常 17.15 万余个,面积约 2.8 万 km^2;羟基-铁染组合异常 0.26 万个,面积约 $600km^2$。

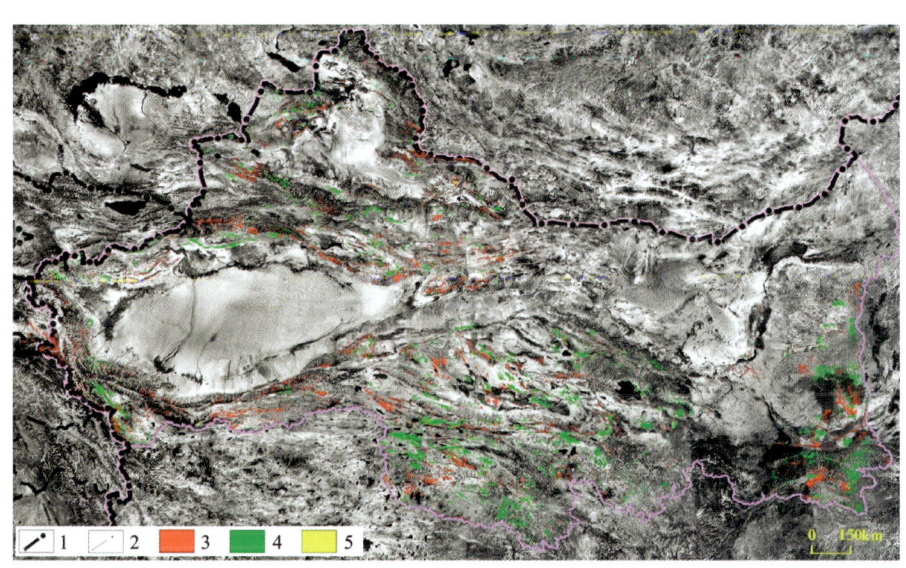

图 3-4-2 西北地区遥感组合异常分布图
1.国界线;2.省界线;3.羟基异常;4.铁染异常;5.铁染-羟基组合异常

区内遥感异常有较明显的分带现象,体现出不同构造分带的遥感异常差异性。一些大面积条带状展布的遥感异常与地层分布基本一致,展现出了地层中铁染和泥化矿物的分布状况。侵入岩中的遥感异常主要表现为团块状,分布于岩体内外接触带,展现出岩体的本身蚀变或接触变质特征。

1. 与侵入岩体有关的遥感影像异常

岩浆侵入往往在岩体与围岩内外接触带发生接触交代蚀变,而岩体自身还会发生自蚀变作用,因此岩体出露区域多存在遥感蚀变异常。多为与中酸性岩体有关的异常,西北地区中酸性岩体出露范围广,蚀变作用强烈,蚀变类型繁多,因而遥感异常十分发育。

这些遥感异常多呈不规则斑块状或呈团块状分布于岩体内外接触带，表现为明显的连片斑块状、带状或环带，具一定规模和强度。与中酸性岩体有关的蚀变，包括褐铁矿化、硅化、绢云母化、绿泥石化、云英岩化、夕卡岩化、白云岩化及碳酸岩化等，其蚀变矿物往往含有三价铁离子、羟基基团，从而在多光谱的可见光—近红外谱段引起铁染异常和羟基异常，且铁染及羟基异常时常相伴发育，对找矿有一定的指示意义。这类异常中有些还呈现出特有的空间展布规律，由蚀变中心向外呈现规律的带状或环带状展布特征，最为典型的是斑岩型铜钼矿，如公婆泉铜矿、白山堂铜铅矿、土屋-延东铜矿、金堆城钼（铜）矿等矿床，或多或少地表现出钾硅酸盐化→绢云母化→青磐岩化→角岩化等蚀变序列，这些遥感异常表现出铁染异常→羟基异常的分带特征。

与基性—超基性岩有关的异羟基常，西北地区在与基性—超基性岩有关的矿床中，大多发育一定规模的遥感异常，特别是羟基异常。这些异常多呈斑块或带状展布，与基性—超基性杂岩体的空间分布具有一致性，在矿化的基性—超基性杂岩体中亦有斑块或斑点状异常分布，如金川铜镍矿、黄山东铜镍矿、坡十铜镍矿等，而夏日哈木铜镍矿因被第四系覆盖，遥感异常则不明显。这些异常，往往反映的是已经蚀变的基性—超基性岩体或蚀变带。如黄山东超基性岩体主要蚀变有蛇纹石化、透闪石化、滑石化、绿帘石化，坡十杂岩体围岩蚀变主要为大理岩化、夕卡岩化、硅灰石化、透辉石化以及自变质的滑石-绿泥石化、蛇纹石化等。这些蚀变矿物多含有羟基基团，从而在多光谱的红外光谱段产生与羟基有关的遥感异常。

2. 与夕卡岩带有关的遥感影像异常

碳酸盐岩地层中的铁染及羟基异常总体不多，如出现连片异常且有一定连续性，多是大理岩带或构造带分布区域，若还有岛状或带状高值异常，则要引起重视，有可能是夕卡岩化带或矿化带，通常是找矿的有利区域。异常以羟基异常为主，且外围大理岩带伴有套合较好的铁染异常。如辉铜山夕卡岩型铜矿床，矿区发育较强的镁羟基异常及铁染异常，异常带分布与夕卡岩带基本一致。夕卡岩化带的蚀变矿物中包含了大量镁羟基、铁羟基、碳酸根基团，在多光谱遥感的可见光—近红外谱段呈现为强的镁羟基异常、铁羟基异常、碳酸盐异常。

3. 与断裂带有关的遥感影像异常

西北地区断裂构造十分发育，大量的热液脉型、破碎蚀变岩型铁、铜、金及铅锌等矿床与断裂带特别是韧性剪切的或压扭性断裂带有关。多种类型的蚀变在多光谱遥感上则反映为相对高值的铁染异常和羟基异常。这些遥感异常，往往沿断裂带、次级断裂及其交会部位分布，部分沿次级断裂一侧断续斑块状展布，异常值普遍较高，强弱异常均有出现，且铁染、羟基异常套合度高，与矿床（点）及矿化蚀变带相关性较高，是不容忽视的重要找矿信息。

三、高分辨率高光谱异常提取及地质解释

高分辨率（高空间分辨率）遥感通常是指影像分辨率达米级或亚米级的遥感技术。自1999年美国太空成像公司发射世界首颗商业高分辨率遥感卫星IKONOS以来，高分比率遥感得到高速发展，人们可以更精细地观测地球，所获取的高分辨率遥感影像可以清楚地表达地物目标的空间结构与表层纹理特征，分辨出地物内部更为精细的组成，地物边缘信息也更加清晰，为有效的地学解译分析提供了条件和基础，是大比例尺地质调查，特别是青藏高原等艰险地区的地质调查、矿产勘查不可替代的技术方法。但常见的高分辨率遥感影像多是为地面直接观测设计的，其光谱覆盖范围多在可见光—近红外谱段，为追求较高的空间分辨率，其波段设置一般较少（大多仅有4个波段），不利于地学领域的异常信息提取。

目前,地学领域用于高分异常信息提取主要是 WorldView 系列遥感数据,它的波段达到 8～16 波段,全色波段分辨率可达 0.25～0.5m(受美国监管审查影响,美国高分卫星影像出口受限,2015 年前限制在 0.4m,2015 年 2 月后放宽至 0.3m),多光谱波段(可见光—近红外)分辨率达 1.24m,短波红外波段分辨率达 3.7m。高分辨率影像具备一定的近红外探测能力,特别是 WorldView2 数据具备 2 个近红外波段(谱段覆盖 0.45～1.04μm),而 WorldView3 数据又增加了 8 个短波红外波段(谱段覆盖 0.45～2.365μm)。Fe^{2+} 和 Fe^{3+} 的特征谱段主要位于 0.45～1.1μm 区间,这些吸收和反射特征可与 WorldView2 高分辨率遥感数据的相关波段对应。因此,在矿产资源调查领域,WorldView2 等高分辨率遥感数据可于铁氧化物异常信息提取。以铁多金属矿床为例,矿化一般伴随有褐铁矿化等铁氧化物次生蚀变,以铁氧化物组成的铁帽为矿体表生氧化露头的显著性标志,亦是最直接的找矿标志之一。铁氧化物有褐铁矿、赤铁矿和黄钾铁矾等,化学成分普遍含 Fe^{2+} 和 Fe^{3+} 离子(团),在可见光波段有特征吸收谱段和强反射谱段,在遥感图像中易于识别,除了指导寻找铁矿床外,对其他金属矿的找矿工作也具有一定的指导意义。通过对 WorldView2 数据波普特征分析,可以看出褐铁矿、黄钾铁矾、针铁矿等以三价铁(Fe^{3+})为主的含铁矿物在 WorldView2 数据上光谱曲线特征为三价铁(Fe^{3+})在波段 1、2、5、8 相对吸收,3、4、6 相对反射(图 3-4-3)。因此,可选用 WorldView2 波段 2345、2456 或者 1468,利用主成分分析法,开展高分铁染蚀变信息的提取。

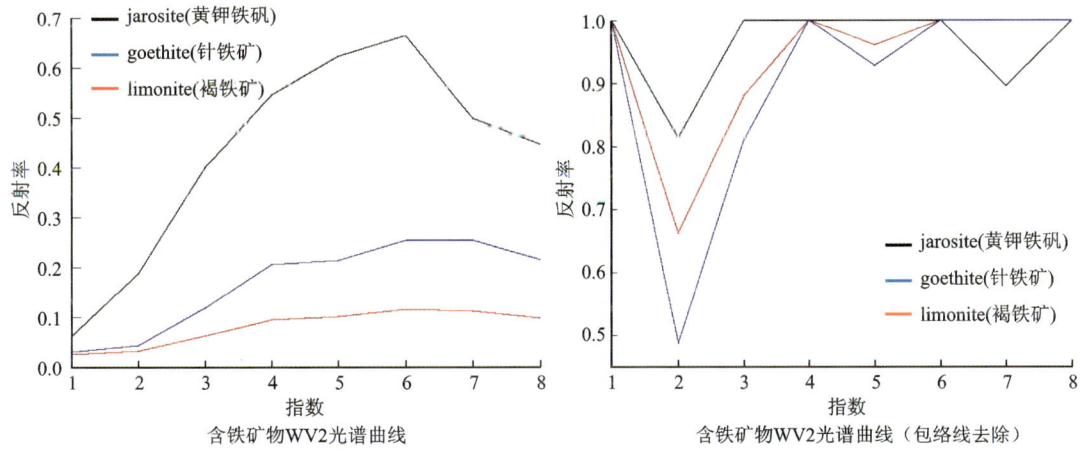

图 3-4-3 含铁矿物在 WroldView 2 高分影像上的光谱特征

针对典型铁矿区,选取 WorldView2 数据的波段 2345、2456 及 1468 进行主成分分析,根据特征矩阵中波段的正负符号规律,选择满足谱段吸收特的主分量,作为提取铁染蚀变信息的异常图像,发现 PCA(2345)结果的 PC4 主分量所表现出的异常特征与实际矿区识别特征吻合相对好。例如,祁漫塔格地区乌腊德夏拉郭勒铁(铜)矿区的 WorldView2 数据,采用波段 2345 进行主成分分析后,发现其 PC4 主分量中 3、4 波段符号一致,2、5 波段符号一致,PC4 主分量低值区所表现出的异常特征与乌腊德矿区蚀变分布特征非常吻合,可见 PC4 主分量满足铁染异常的吸收特征。因此,该 PC4 主分量可作为提取铁染蚀变信息的异常图像(图 3-4-4)。

将 PCA(2345)的 PC4 铁异常与区内典型矿床——乌腊德铁多金属矿床进行匹配比较,确定好异常下限后,采用 1 倍标准差(1δ)对 PC4(取反后)进行了阈值分割(图 3-4-5,表 3-4-1),用于编制研究区高分铁染异常图。

分析提取结果可以发现,虽然研究区被第四系覆盖严重,基岩裸露不理想,一定程度上影响了岩石和矿物的地物光谱反射特征,对异常提取带来了干扰。但是,由于 WorldView2 数据具有很高的空间分辨率,尤其是 WorldView2 数据的波段又进一步细分,可分别对应铁氧化物的吸收与反射特征谱段,能够有效地用于识别铁染异常。

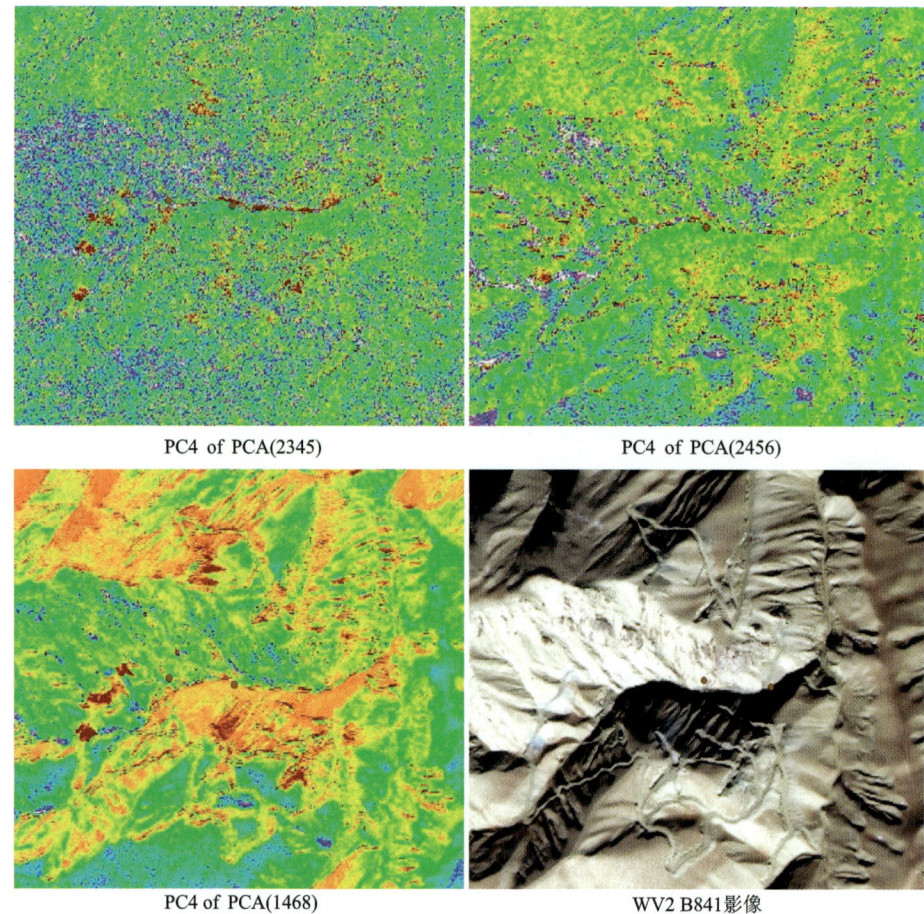

图 3-4-4 祁漫塔格乌腊德夏拉郭勒铁（铜）矿 WorldView2 主分量影像

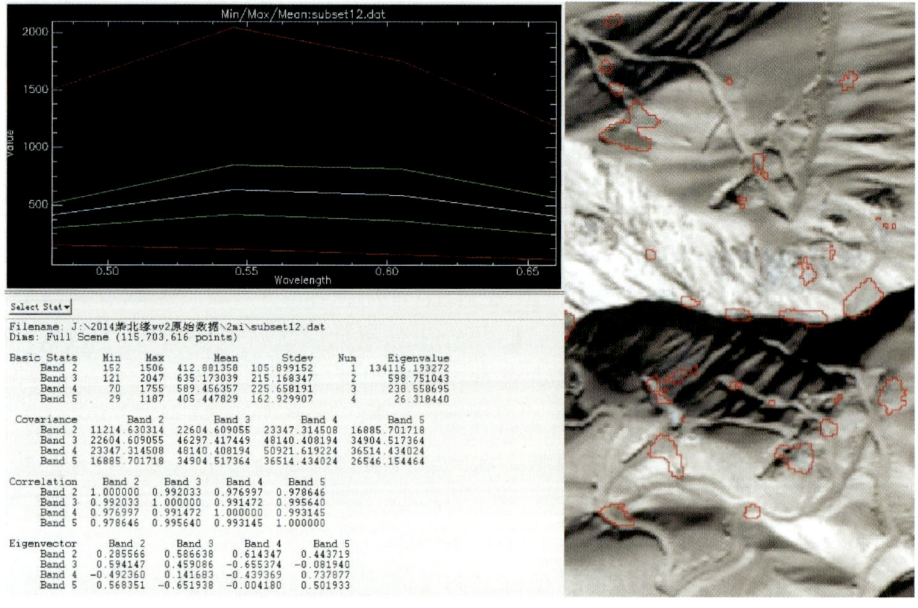

图 3-4-5 乌腊德铁矿床高分铁异常提取

表 3-4-1　拉陵高里河—开木棋河中游地区 WorldView2 高分铁异常提取结果统计表

影像	Method	Mean	Sted	1 倍	1.5 倍	2 倍	2.5 倍	3 倍
12	pca2345-4ni	0	5.130 15	5.130 15	7.695 225	10.260 3	12.825 375	15.390 45
34	pca2345-4ni	0	5.410 93	5.410 93	8.116 393 5	10.821 858	13.527 322 5	16.232 787
56	pca2345-4	0	4.470 98	4.470 98	6.706 47	8.941 96	11.177 45	13.412 94

注：根据与典型矿床比对的结果，利用 1 倍标准差进行阈值分割。

因此，基于 WorldView2 数据，利用主成分分析法提取铁染异常是行之有效的，其提取的高分铁染异常精度往往较 ASTER 异常精度更好，且异常结果在细节特征方面表现得更理想，如提取的高分铁染异常分布能够精确地与研究区的地面探槽及已知矿床的开采范围高度吻合，并且很小面积的异常区也能被有效识别出来，这为在未知区域快速寻找热液蚀变型矿床提供了一个高精度的矿化指示线索。WorldView2 与 WorldView3 等高分数据的广泛使用，为地质勘探提供更多的找矿有效线索。

高光谱遥感概念在 20 世纪 70 年代末由美国加州理工学院喷气推进实验室（JPL）提出，自 1983 年世界上第一台成像光谱仪 AIS-1（Airborne Imaging Spectrometer，64 波段）问世以来，高光谱遥感技术已形成涵盖不同光谱波段、具有不同空间分辨率的技术体系。高光谱遥感以其波段多（数十波段至数百波段）、光谱分辨率高（小于 $\lambda \times 10^{-2}$）、空间分辨率覆盖广（高分至中低分）受到国内外学者的关注。近年来，高光谱遥感在地质应用方面，尤其是矿物识别与填图、岩性填图、矿产资源勘探、矿业环境监测、矿山生态恢复和评价等方面取得重大进展（张宗贵和王润生，2000；周可法等，2008；李志忠等，2009；王润生等，2010）。国内外不同学者利用高光谱技术分别在太古宇（Cudahy et al.，2000），太古宙脉型金矿、浅成低温热液型矿床（Bierwirth et al.，2002；Brown et al.，2006），以及典型蚀变矿物的识别及岩性填图（Ruitenbeek et al.，2006；Bell et al.，2010；王润生等，2010；Bedini，2011）等方面进行研究报道，取得丰富的成果。

高光谱遥感可在可见光—短波红外谱段识别出 Fe、Al、Mg、Mn 等元素的氧化物、含羟基矿物、碳酸盐矿物及部分水合硫酸盐矿物等（Clark et al.，2003）（图 3-4-6），被识别的部分矿物属于与成矿作用密切的蚀变矿物，这对圈定矿化蚀变带，分析蚀变矿物组合和蚀变相（王润生等，2010）、追溯矿化热液蚀变中心和圈定找矿靶区（Berger et al.，2003；Bedini et al.，2009；张紫程等，2011）发挥着重要作用。

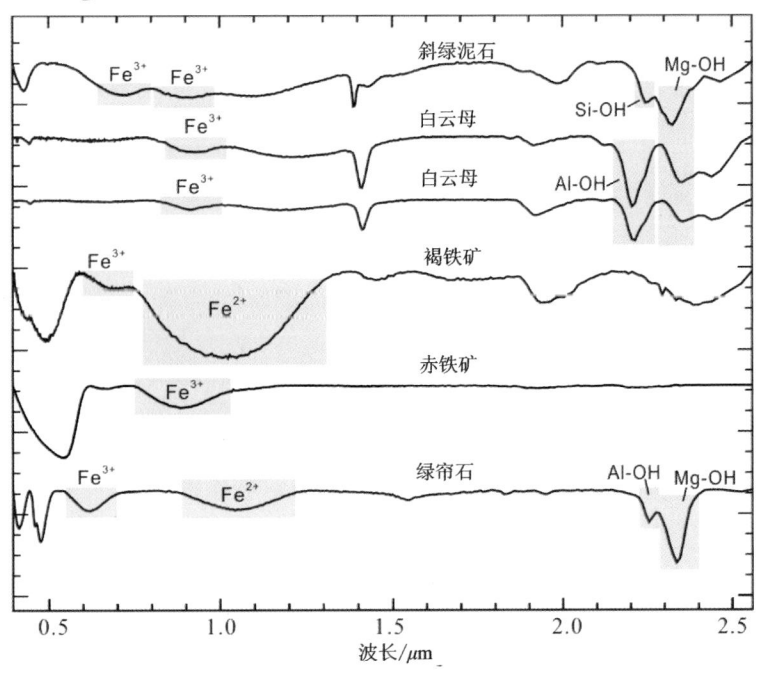

图 3-4-6　典型蚀变矿物特征峰分布图（据 USGS 标准光谱库，包络线去除）

高光谱遥感异常提取的光谱匹配方法有距离法（欧式、马氏距离）、光谱角法、混合调制匹配滤波、光谱相似性匹配滤波、光谱特征拟合等。距离法、光谱角法利用全光谱段数据进行相似性计算，容易受地形、背景等外界干扰，且无法突出光谱吸收谷谱形在相似性计算中的重要性。混合调制匹配滤波是常用的、效果较好的方法，建议在矿物识别中使用。混合调制匹配滤波算法计算的结果是两组图像，即匹配滤波得分图像与非合理性（Infeasibility）图像。非合理性越小，匹配滤波得分越大，像元光谱与端元光谱匹配就越好。光谱相似性匹配滤波方法识别矿物时的检出限相对较高，较难满足成矿有利区精细矿物填识别的需要。可采用归一化光谱匹配的方法，以降低矿物识别检出限（图 3-4-7）。

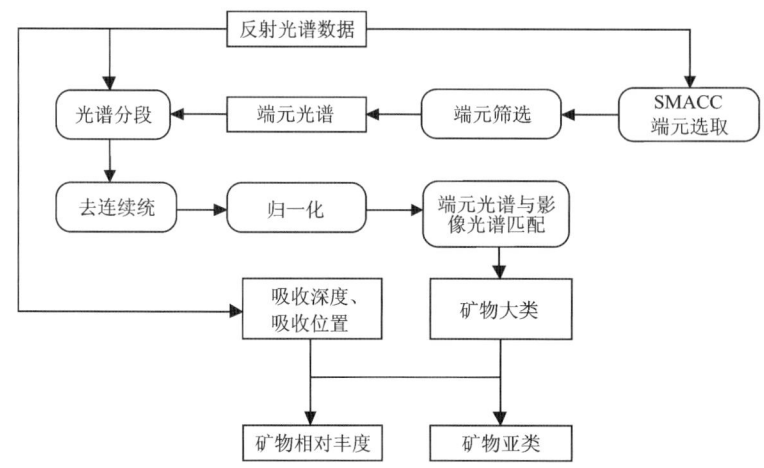

图 3-4-7　光谱归一化高光谱矿物识别方法流程（据闫柏琨，2011）

光谱归一化高光谱矿物识别流程大致为，利用 SMACC 方法提取数个航带的高光谱数据，提取端元光谱，依据专家知识对端元光谱做进一步筛选，确定矿物识别目标，对端元光谱与影像光谱作分段处理，一般 700~1200nm 用于提取 Fe^{3+} 矿物，2150~2310nm 提取 Al-OH 矿物，2250~2450nm 提取 Mg-OH 与 CO_3^{2-} 矿物，之后对分段光谱作连续统去除处理，目的是抑制端元与影像光谱不同测量环境与背景的差异，对去连续统的光谱进行归一化，目的是将端元与影像光谱变换至统一的吸收深度，为后续的光谱匹配做准备，最后计算吸收深度、吸收位置与匹配度，吸收深度表征矿物相对丰度，匹配度表征矿物的种类。事实上，经过连续统去除与归一化处理，可以将影像光谱与标准光谱库中的光谱进行对比，如此即可省略端元提取与筛选，极大地提高了方法的自动化程度，只需输入待识别端元光谱（来自标准光谱库，如 USGS spectral library）。采用该方法可大大减少传统砂漏矿物填图模型中的人工干预程度。该方法的另一优点是克服光谱角法与匹配滤波等方法对那些吸收位置略有不同，光谱谱形相近矿物的误识别与混淆识别，如高 Al、低 Al、中 Al 白云母等。对比基于光谱相似性的矿物识别方法，矿物检出限显著降低。如北山南金滩金矿的地表褐铁矿异常相对较弱，利用光谱相似性的方法难以识别出褐铁矿化异常，而基于归一化的方法则将其准确识别出来。

四、高分辨率高光谱异常地质应用

东昆仑东—西大滩一带的 CASI 高光谱影像呈灰白色—灰黑色色调，束状线型构造发育，以北西西向、近东西向展布。高光谱数据异常提取成果显示区内分布有菱铁矿、方解石、绿帘石、角闪石、白云石、绿泥石、高-中-低铝绢云母 7 类蚀变矿物（图 3-4-8）。异常整体分布不均，主体展布方向与区域构造线一致，呈北西西向、近东西向，分布在呈束状、条带状影纹区域，表现出与构造带相吻合的特点。绿帘石、绿泥石化在岩体接触带部位相对集中，在南部河流冲沟口分布的新近纪洪积物发育地区见有扇形异常区，其在一定程度上也表现出上游地质单元的蚀变异常类型。

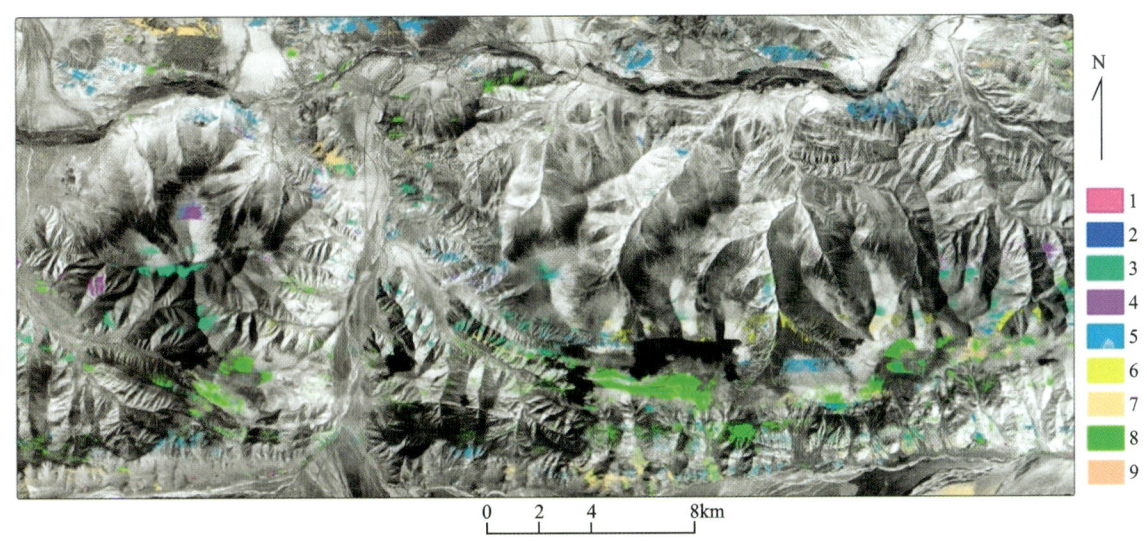

图 3-4-8　东昆仑东-西大滩研究区高光谱蚀变矿物异常分布图
1.菱铁矿;2.方解石;3.绿帘石;4.角闪石;5.白云石;6.高铝绢云母;7.中铝绢云母;8.绿泥石;9.低铝绢云母

东昆仑东大滩北侧忠阳山铜铁矿床,矿区出露地层有古元古界苦海岩群、中-新元古界万宝沟群、纳赤台群哈拉巴依沟组。万宝沟群的碳酸盐岩组是主要赋矿层位。矿区西部以铁矿化为主,见有磁铁矿体,呈透镜状,铁矿化位于岩体接触带部位或万宝沟群大理岩与碎屑岩接触面上,形成明显的构造破碎带,地表风化形成强烈的褐铁矿化蚀变带。矿石矿物有磁铁矿、赤铁矿、镜铁矿、褐铁矿及少量孔雀石。脉石矿物为方解石、石英、绿泥石和绢云母等。矿区东部以铜矿化为主,赋矿岩性为大理岩,铜矿化赋存在大理岩与片岩接触部位及大理岩节理裂隙中。铜矿物沿大理岩层理断续分布而形成不连续条带状构造,较粗大矿脉中形成块状构造,铜矿物胶结围岩碎块形成角砾状矿石。矿石矿物以斑铜矿、黄铜矿为主,黝铜矿、辉铜矿次之,次生矿物有孔雀石和蓝铜矿。

高光谱蚀变矿物异常提取显示,矿区内发育菱铁矿、白云石、绿泥石、中-贫铝绢云母,少量绿帘石、方解石等蚀变矿物异常(图 3-4-9a~e)。绿泥石化、白云岩化、中-贫铝绢云母化异常组合多呈面型异常产出,沿矿区南部苦海岩群、新近系冲积扇及西北部磨石沟二长花岗岩体侵入带部位分布。铁铜矿化体赋矿层位万宝沟群大理岩段分布区域以菱铁矿+白云岩+中铝绢云母蚀变矿物异常组合为主(表 3-4-2),呈点状、条带状分布。该异常组合与矿化地段吻合较好,揭示出菱铁矿+白云石+中铝绢云母蚀变矿物异常组合为赋矿围岩的标志性高光谱异常组合。

矿区内不同岩性光谱测量显示,苦海岩群灰绿色绢云母绿泥石英片岩(样品 DDT-001)具有 4 处吸收峰,分别为位于 600~800nm、800~1000nm、1000~1200nm 处 Fe^{3+}、Fe^{2+}、—OH 吸收峰,2200nm 处 Al-OH 吸收峰,2245nm 处 Fe-OH 吸收峰,以及 2345nm 处 Mg-OH 混合吸收峰(图 3-4-10b),表现出明显的绿泥石化、低铝绢云母化。由于矿区南部被新近系覆盖且发育,仅在山脊、剥离面上出露有苦海岩群,使得该套地层中绿泥石化和低铝绢云母化异常呈不规则状展布。万宝沟群黑云绿泥钙质片岩、孔雀石化晶屑凝灰岩(样品 DDT-006、DDT-008c)具有 2245nm 处 Fe-OH 吸收峰、2345nm 处混合吸收峰(图 3-4-10b),与该组具有绿泥石化蚀变相吻合。前者具铁离子吸收峰,褐铁矿化,后者伴有 Cu^{2+} 吸收峰,表现出孔雀石化特征。

矿区西部铜矿体围岩样品 DDT-008a、DDT-008b 为白云质大理岩(图 3-4-10a),其光谱曲线具有 2345nm 处具有 CO_3^{2-} 吸收峰。磁铁矿露头受后期氧化作用,多具明显 Fe^{2+}、Fe^{3+} 吸收峰,但未经氧化作用的磁铁矿则没有明显的特征吸收峰,表现出低反射率(图 3-4-10e)。区内矿化体多位于大理岩段,呈透镜状,周围大理岩受磁矿体风化淋滤作用影响,岩层中的铁质成分沿大理岩中层理及裂隙分布,使得本区大理岩地表氧化呈黄褐色,且具有明显的 Fe^{2+} 吸收峰,Fe^{2+} 吸收峰和 CO_3^{2-} 吸收峰二者共同构成了菱铁矿"假"吸收峰。

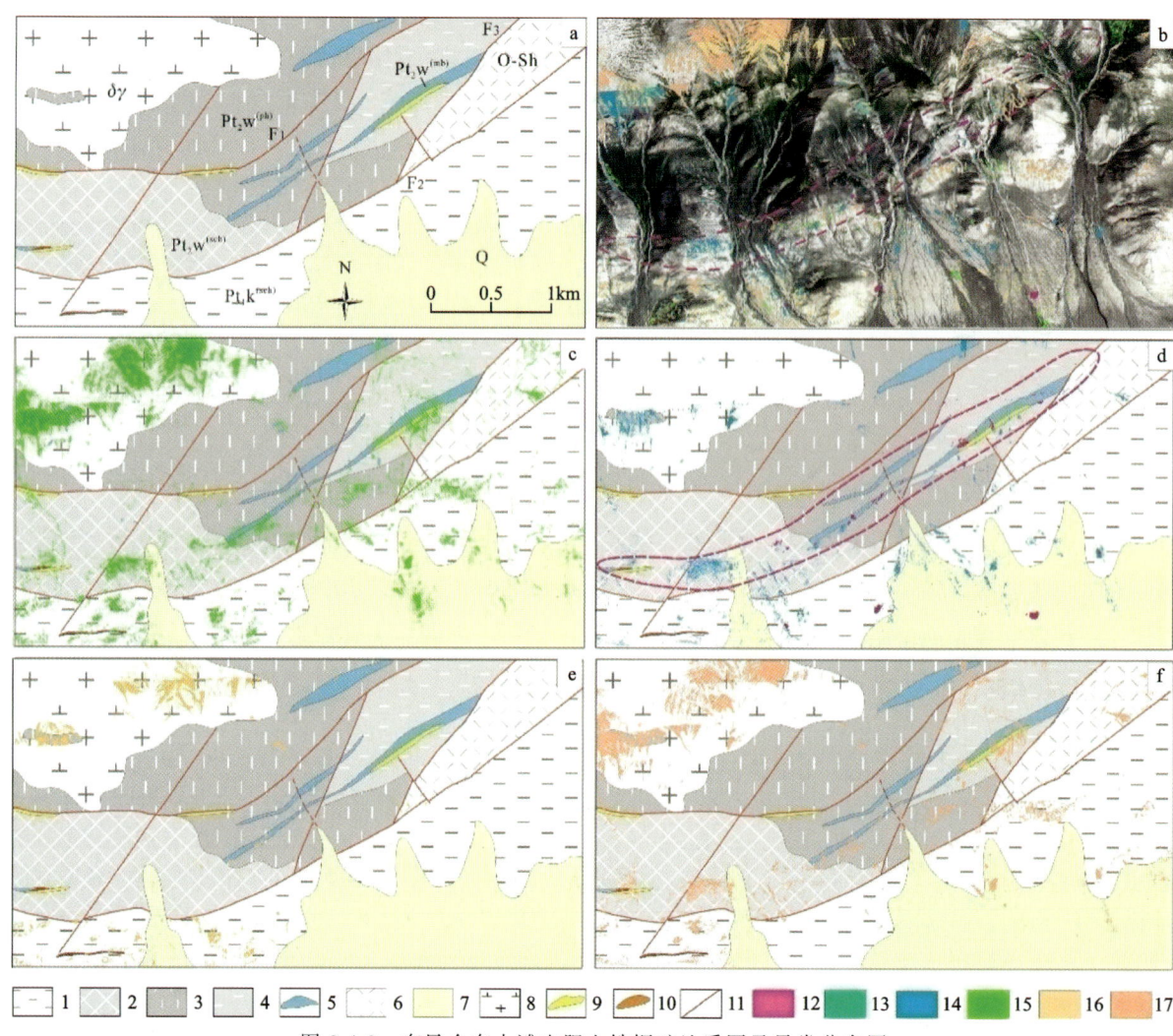

图 3-4-9　东昆仑东大滩忠阳山铁铜矿地质图及异常分布图

1. 苦海岩群绢云母石英片岩；2. 万宝沟群千枚岩；3. 万宝沟群黑云石英片岩、钙质片岩；4. 万宝沟群绢云母石英片岩；
5. 万宝沟群大理岩；6. 纳赤台群变砂岩、千枚岩；7. 新近系；8. 花岗闪长岩；9. 构造破碎带；10. 铁矿体；
11. 断层；12. 菱铁矿；13. 绿帘石；14. 白云石；15. 绿泥石；16. 中铝绢云母；17. 低铝绢云母

表 3-4-2　忠阳山铁铜矿蚀变矿物异常分布特征

地质条件	异常类型						
	Sd	Dol	Epi	Chl	L-mus	M-mus	H-mus
岩体接触带	不发育	面型	局部面型	面型	面型	面型	不发育
万宝沟群	点状	带状	不发育	带状	带状	斑块状	不发育
苦海岩群	点状	面型	不发育	面型	面型	面型	不发育

注：Sd. 菱铁矿；Dol. 白云石；Epi. 绿帘石；Chl. 绿泥石；L-Mus. 贫铝绢云母；M-Mus. 中铝绢云母；H-Mus. 富铝绢云母。

矿区西部万宝沟群纹层状大理岩样品 DDT-004b、DDT-004c，其光谱曲线除均具有 2345nm 处 CO_3^{2-} 吸收峰外，又与其所处地质环境不同而有所差别，样品 DDT-004c 光谱曲线具有 2210nm 处 Al-OH 吸收峰。另外，二者该处特征峰则较弱，峰型较浅。结合地质特征，样品 DDT-004c 采于矿区西部磁铁矿矿化围岩中，具有的 2345nm 处 CO_3^{2-} 吸收峰、2210nm 处 Al-OH 吸收峰，与显微镜下鉴定的矿物成分吻合，显示出其中铝绢云母化和白云岩化异常特征。赋矿围岩孔雀石化大理岩样品 DDT-004d 除具有CO_3^{2-}特征吸收峰外,还具有600～1000nm处宽缓Cu离子吸收峰(图3-4-10c),与该样品强烈的孔雀石化相一致。

矿区内破碎蚀变带较发育,呈北东东向产出,与区内大理岩夹层相吻合。样品光谱测量显示均见Fe^{2+}、Fe^{3+}特征吸收峰(图3-4-10d),样品DDT-004e、DDT-004f、DDT-005在2260nm处具有强度不一的黄钾铁矾Fe-OH吸收峰。而样品DDT-004g见有2200nm处Al-OH吸收峰,依据其吸收峰形状特征,推测为高岭土化。样品DDT-007a、DDT-007b见有2200nm处吸收峰,推测为伊利石化。区内铁、铜矿多产出于万宝沟群碳酸盐岩组的蚀变破碎带中,结合其光谱曲线特征认为褐铁矿化、白云岩化(菱铁矿)及呈带状、点状分布的中铝绢云母化为区内标志性蚀变矿物组合。忠阳山矿区铁铜矿化赋存在万宝沟群白云质大理岩的破碎蚀变带及岩体接触带中,受风化蚀变影响形成碳酸盐化+褐铁矿化(菱铁矿化)带状、点型蚀变矿物异常。矿体围岩受变质热液影响形成面型分布绿泥石化、中铝绢云母化。矿区内发育有串珠状菱铁矿化异常,近北东东向断续出现,其与区内断裂破碎带方向一致,同时叠加有中铝绢云母、白云石异常,其异常组合形态与区内含铁铜矿化大理岩层具较好的吻合性。该褐铁矿(菱铁矿)+中铝绢云+白云岩蚀变矿物异常组合显示与甘肃北山蚀变岩型金矿化标志性蚀变矿物组合相近的特点(任广利等,2013),均发育有褐铁矿化+中铝绢云母化,高光谱异常检查均有金矿化显示。

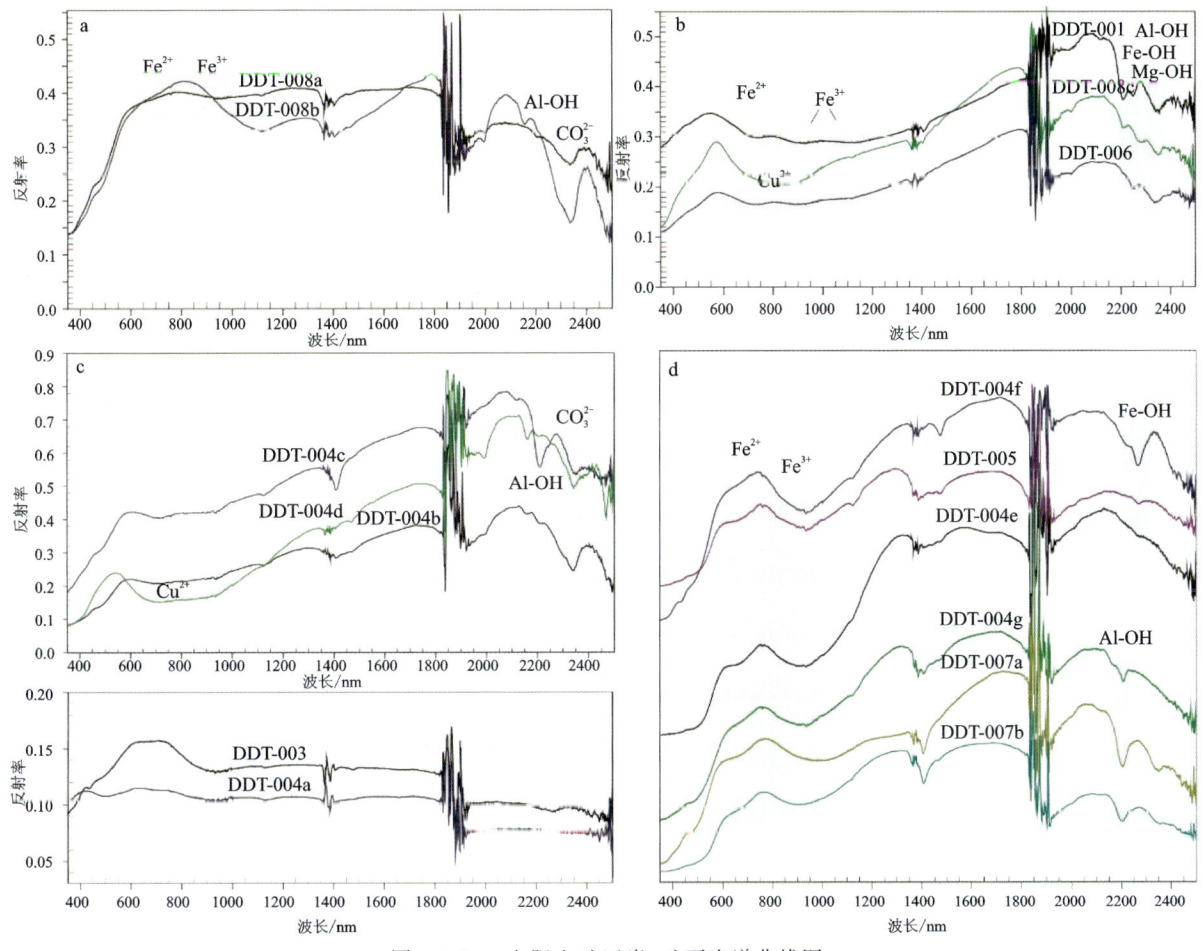

图3-4-10 忠阳山矿区岩、矿石光谱曲线图

a.大理岩;b.石英千枚岩、黑云绿泥钙质片岩;c.孔雀石化纹层状大理岩;d.蚀变破碎带;e.磁铁矿石

甘肃北山金滩子—明金沟一带矿集区,位于甘肃北山造山带西南段。出露地层为中泥盆统三个井组($D_2 s$),岩性为浅变质中细粒长石石英砂岩、长石砂岩夹粉砂岩、泥质粉砂岩,岩浆活动强烈,以海西期为主,次为印支期,从基性至酸性均有产出。区内断裂发育,以近东西向压扭性断裂为主,沿走向局部向

北东东向偏离,形成弧形构造线。光谱异常提取成果显示区内发育有褐铁矿、绿泥石、黄钾铁矾、富铝绢云母、中铝绢云母、方解石、白云石,少量绿帘石、芒硝等蚀变矿物异常(图 3-4-11)。

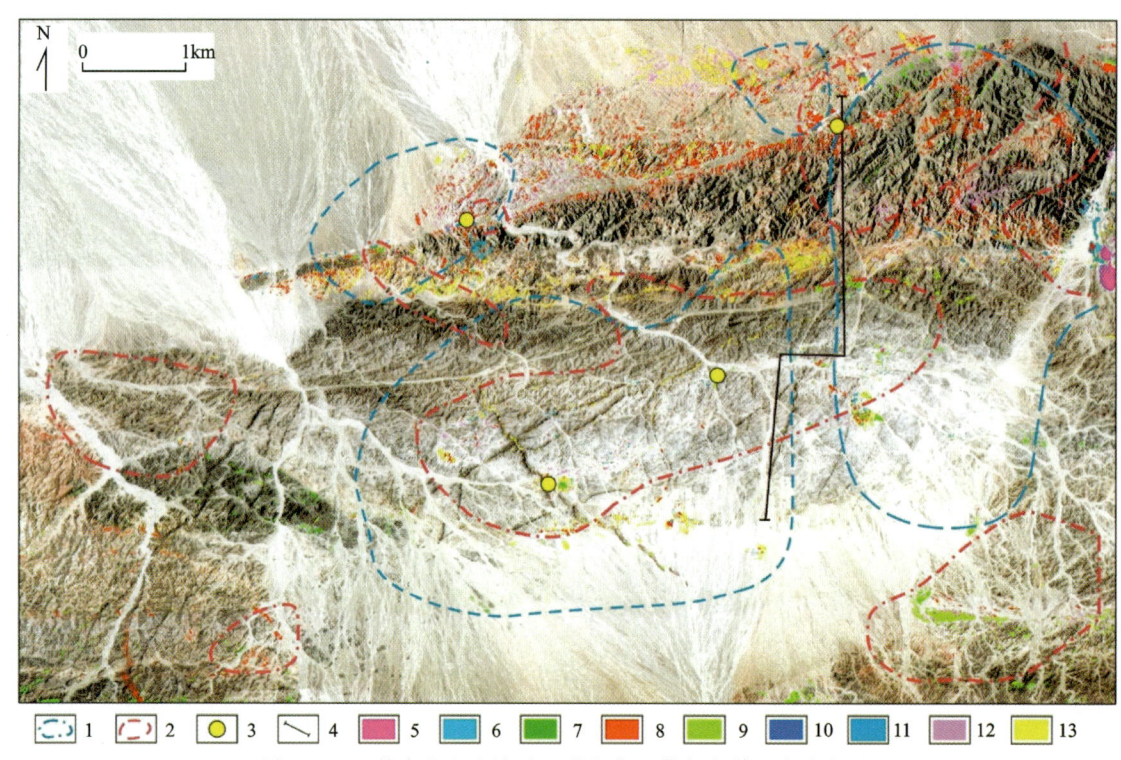

图 3-4-11　甘肃北山金滩子—明金沟一带高光谱蚀变分布图
1.金银化探异常;2.金铅重砂异常;3.金矿床;4.剖面;5.黄钾铁矾;6.方解石;7.绿帘石;8.褐铁矿;9.绿泥石;
10.白云石;11.芒硝;12.中铝绢云母;13.富铝绢云母

空间上整体分布不均,呈现出沿岩体接触带、断裂及后期岩脉富集发育的特点。从地质剖面及其蚀变矿物分布看(图 3-4-12),位于北部的二长花岗岩与变砂岩接触带部位产出有褐铁矿、中-富铝绢云母、绿帘(泥)石、白云岩蚀变矿物异常,且在断层及其交会部位异常强度有增高趋势,如明金沟地区。其次在剖面中部的二长花岗岩,其与辉长岩、砂岩接触带部位产出有褐铁矿、中-富铝绢云母、绿泥石、白云岩蚀变矿物异常,局部可见少量黄钾铁矾异常、绿帘石异常。南部海西早期的石英闪长岩中的褐铁矿、富铝绢云母、白云石等蚀变矿物异常主要沿接触带和断裂产出,显示出蚀变矿物与后期热液活动及构造事件关系密切。

结合剖面中样品的 ASD 光谱测量(图 3-4-13)表明,不同地质体的光谱曲线除均具有 1380～1430nm 和 1907nm 附近的水汽吸收峰外,又具有各自不同的吸收特征峰(参照 USGS 光谱数据库)。各地质体的光谱异常分布与地面光谱曲线特征吻合较好。石英闪长岩受后期岩体、岩脉侵入活动影响,在其边部及接触带部位绿帘(泥)石化发育,光谱曲线表现在 2200nm 处 Al-OH 吸收峰和位于 2300～2380nm 处 Mg-OH 吸收峰明显。部分样品具有 2250nm 处 Fe-OH 吸收峰,峰形较浅,光谱特征也表明石英闪长岩受后期热液活动影响发育绿帘石化蚀变。部分样品在 1410nm 处见有弱吸收峰,峰型较尖锐,由风化作用形成的高岭石引起(图 3-4-13a)。地表见有褐铁矿、中-富铝绢云母、绿泥(帘)石蚀变矿物异常相一致;而位于岩体中部的石英闪长岩,其蚀变矿物不发育,光谱测量显示 Al-OH、Mg-OH 特征吸收峰不发育或发育较弱(图 3-4-13b)。二长花岗岩为后期印支期侵入体,具有明显的 2200nm 处 Al-OH 吸收峰,峰形深,次为 2300～2380nm 处的 Mg-OH 吸收峰,但峰形较浅。个别受后期风化作用的影响,如 BSY-235 发育 880～1220nm 的 Fe^{2+} 吸收峰(图 3-4-13c)。中泥盆统三个井组变砂岩(BSY-236)仅发育有 Al-OH 异常(图 3-4-13c),可见中-富铝绢云母异常。辉长岩、辉绿岩呈岩株或岩脉状产出,

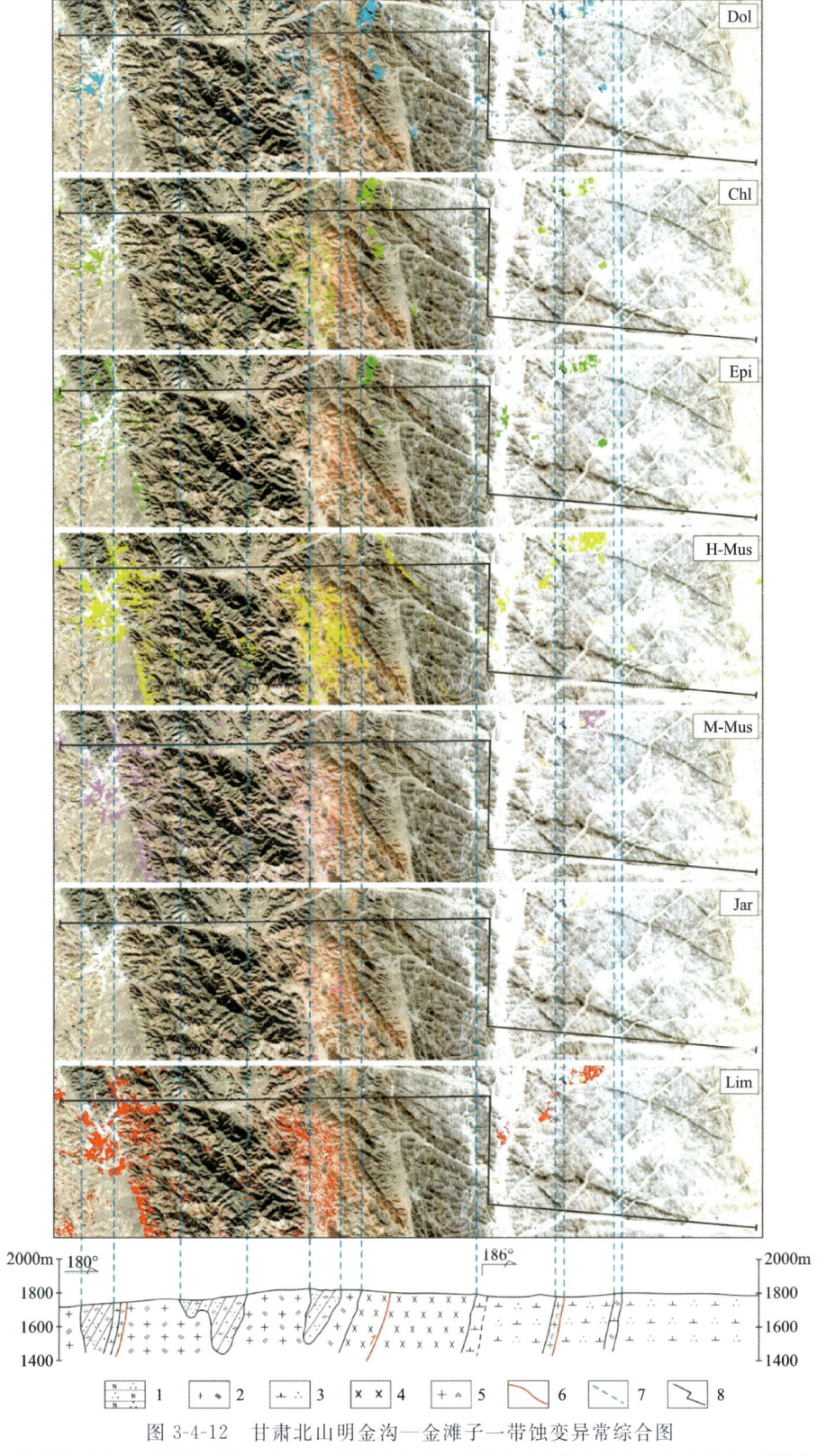

图 3-4-12 甘肃北山明金沟—金滩子一带蚀变异常综合图

Lim.褐铁矿；H-Mus.富铝绢云母；M-Mus.中铝绢云母；Chl.绿泥石；Epi.绿帘石；Dol.白云岩；Jar.黄钾铁矾；
1.长石石英砂岩；2.二长花岗岩；3.石英闪长岩；4.辉长辉绿岩；5.碎裂花岗岩；6.断层；7.界线；8.剖面位置

2300~2380nm 处 Mg-OH 吸收峰发育,峰形较深,与地表接触带发育的绿泥石化向吻合;2200nm 处 Al-OH 吸收峰模糊出现;采于辉绿岩脉中的 BSY-229 样品受交代作用的影响,800~1200nm 出现宽缓 Fe^{2+} 吸收峰(图 3-4-13e)。

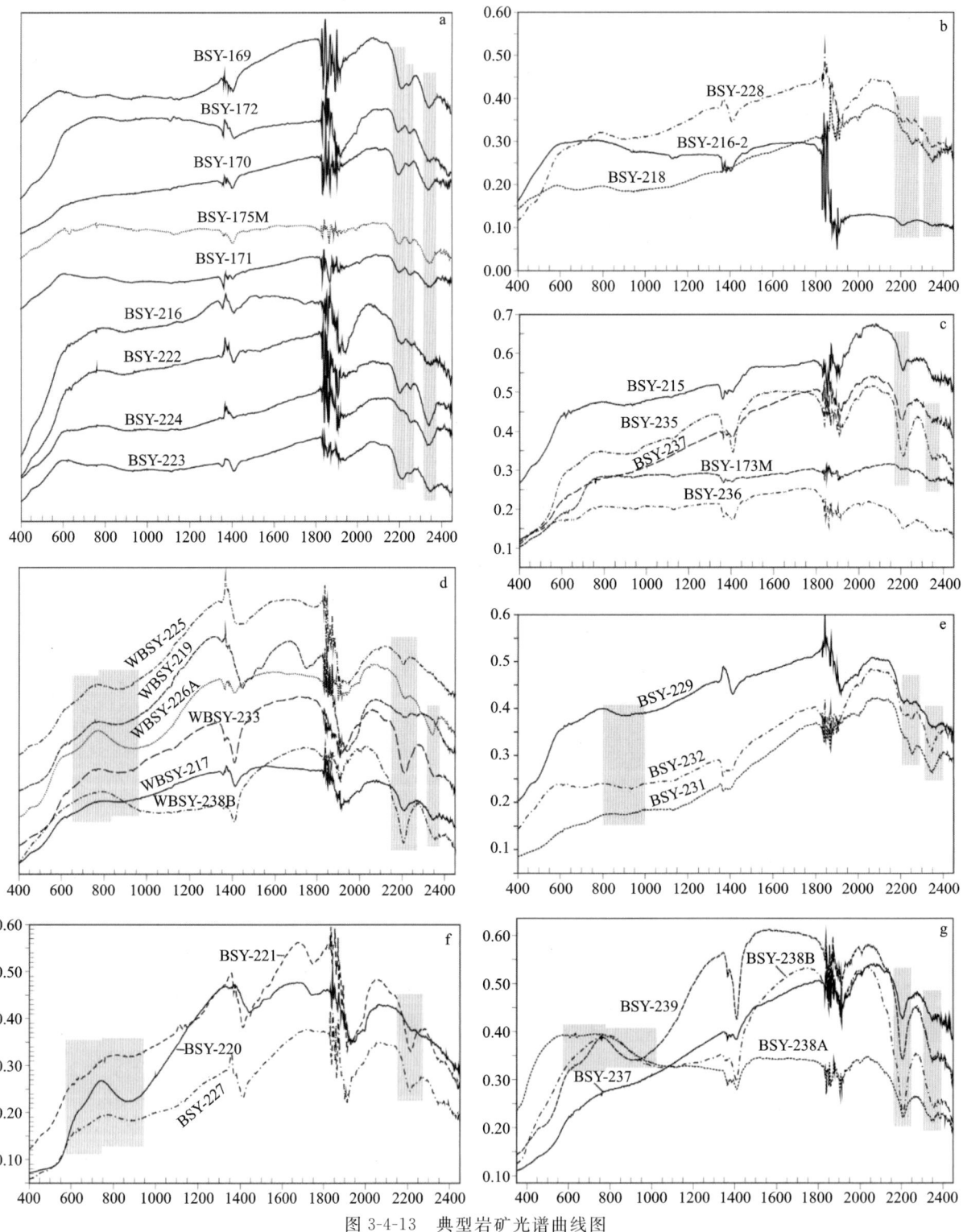

图 3-4-13 典型岩矿光谱曲线图

a. 蚀变闪长岩;b. 闪长岩;c. 二长花岗岩、变砂岩;d. 褐铁矿化石英脉;e. 辉长岩;
f. 褐铁矿化蚀变破碎带;g. 明金沟金矿岩矿石

地面高光谱异常查证发现区内石英脉分为两类：一类为呈宽脉（脉宽大于 50cm）产出延伸远，呈白色、乳白色块状构造，质地较纯净，抗风化能力强，反射率高，与两侧围岩呈侵入接触关系，蚀变不发育，含矿性差；另一类为呈细脉产出（脉宽多小于 50cm），延伸短，产于中酸性岩体的断裂内，岩石破碎蚀变强，两侧围岩蚀变较发育，富含硫化物（黄铁矿、方铅矿、黄铜矿），呈烟灰色、褐黄色。金矿化多赋存于后者中，其中硫化物受地表氧化作用形成褐铁矿化、孔雀石化。对后者光谱测量，显示其发育 600～800nm 的 Fe^{3+} 和 800～1200nm 的 Fe^{2+} 褐铁矿化吸收峰，且普遍发育 Al-OH、Mg-OH 吸收峰（图 3-4-13d），与其两侧围岩蚀变强且呈过渡渐变接触关系相吻合，表明其来源同期的岩浆热液。蚀变破碎带中碎土样光谱测量显示其与褐铁矿化石英脉具有相近的光谱特征，均表现有 Fe^{3+}、Fe^{2+}、Al-OH 和弱 Mg-OH 吸收峰（图 3-4-13f）。X 衍射分析表明矿物组分以继承性矿物石英、长石为主，后期风化蚀变矿物为伊利石、绿泥石、方解石、蒙脱石、石膏等，少量赤铁矿，推测其为蚀变破碎带，会受在干旱环境下所产生的风化淋滤矿物的影响。甘肃北山明金沟—金滩子一带高光谱蚀变矿物异常提取信息与地面典型岩矿光谱测量曲线特征相吻合。

第四章 重要矿产地质特征及成矿规律

第一节 重要矿产的分布特点

西北地区矿产资源潜力评价探究涉及的重要矿种有铁、锰、铬、铜、铅、锌、铝、镍、钨、锡、钼、锑、金、银、锂、稀土、磷、硫、钾盐、硼、重晶石、菱镁矿、萤石 23 种,现按黑色金属矿产(铁、锰、铬)、有色金属矿产(铜、铅、锌、铝、镍、钨、锡、钼、锑)、贵金属矿产(金、银)、稀有稀土金属矿产(锂、稀土)和重要非金属矿产(磷、硫、钾盐、硼、重晶石、菱镁矿、萤石)分别论述其成矿类型、时空分布特点。

一、黑色金属矿产

黑色金属矿产中,铁是生产各种钢材的主要原料,属国民经济建设最重要的大宗矿产;锰应用于国民经济的各个领域,其中钢铁工业是最重要的领域,占用锰量的 90%~95%;铬是冶炼不锈钢的重要材料,占用途的 85%;氧化铬用作耐火材料制造铬砖、铬镁砖,占用途的 15%,国内铬产量只能满足国内需求的 6%,因此它属于我国紧缺矿产。西北地区铁、锰、铬矿床类型、成矿时代及查明资源量占比情况见表 4-1-1。

表 4-1-1　西北地区黑色金属矿床类型、成矿时代及查明资源量占比统计表

	矿床类型	沉积变质型	海相火山岩型	海相沉积型	夕卡岩型	热液型	陆相火山岩型	岩浆型	陆相沉积型	风化壳型
铁	查明资源量占比/%	41.65	21.65	16.45	7.66	5.89	2.86	2	1.37	0.47
	成矿时代	前寒武纪	加里东期	海西期	印支期	燕山期	喜马拉雅期			
	不同时代查明资源量占比/%	43.04	9.12	40.91	5.66	0.80	0.47			
锰	矿床类型	海相沉积型	海相火山岩型	风化壳型						
	查明资源量占比/%	59.48	31.85	8.67						
	成矿时代	前寒武纪	加里东期	海西期	喜马拉雅期					
	不同时代查明资源量占比/%	55.06	2.40	33.76	8.78					
铬	矿床类型	蛇绿岩套异离体型	蛇绿岩套堆晶岩型	蛇绿岩套异离体-堆晶岩型						
	查明资源量占比/%	55.859	37.45	6.69						
	成矿时代	前寒武纪	加里东期	海西期						
	不同时代查明资源量占比/%	2.59	51.12	46.29						

1. 铁矿

西北地区探获铁矿床369处,其中超大型1处,大型9处,中型69处,小型290处。按累计查明铁矿石资源量对比,新疆占36.91%,甘肃占32.48%,陕西占21.59%,青海占8.96%,宁夏占0.06%。西北地区铁矿具有分布较广、类型全、资源潜力大等特点,主要分布在西天山阿吾拉勒、西昆仑塔什库尔干、祁连镜铁山,主要成矿时代是前寒武纪、海西期,主要成因类型为沉积变质型、海相火山岩型和海相沉积型(图4-1-1)。

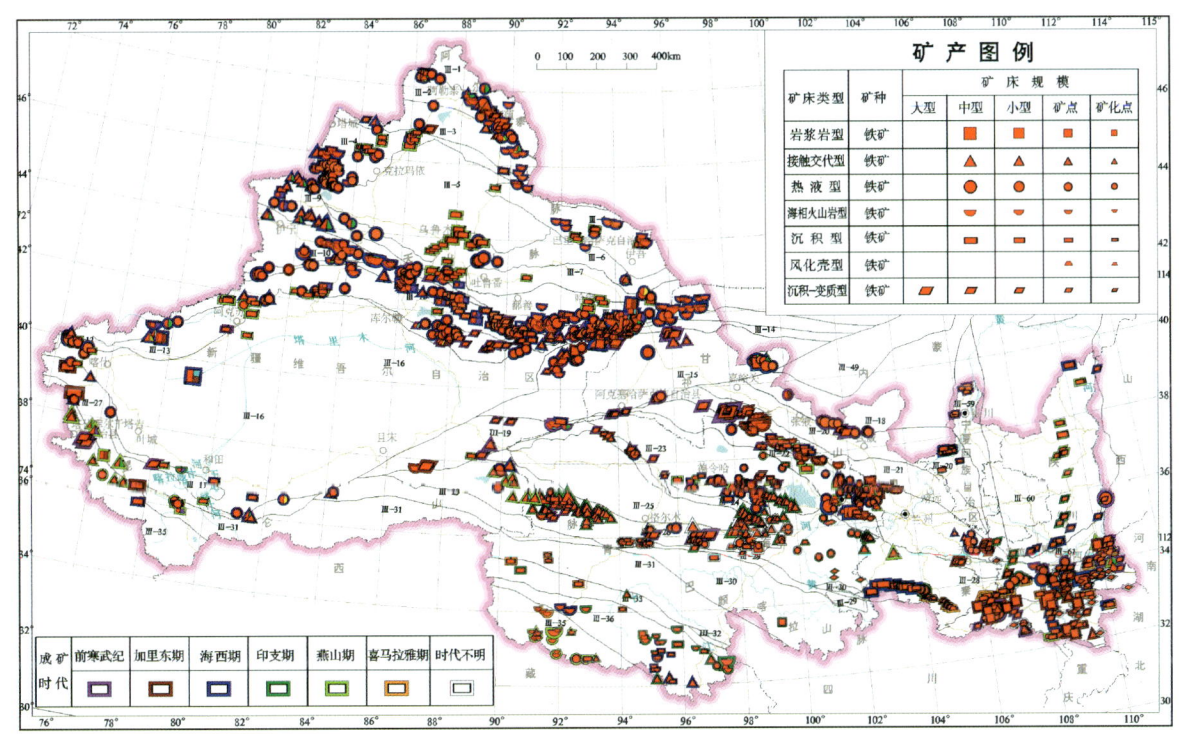

图 4-1-1　西北地区铁矿分布示意图(成矿区带编号参见表4-2-1)

2. 锰矿

西北地区探获锰矿床22处,包括中型6处,小型16处。按累计查明锰矿石资源量对比,陕西占41.98%,新疆占34.84%,甘肃占12.06%,青海占11.12%。西北地区锰矿主要分布在西天山加曼台、莫托萨拉,甘肃北山地区,秦岭黎家营、天台山、屈家山,主要成矿时代是前寒武纪、海西期,主要成因类型为海相沉积型和海相火山岩型(图4-1-2)。

3. 铬矿

西北地区探获铬矿床7处,包括中型2处,小型5处。按累计查明铬铁矿石资源量对比,新疆占47.73%,甘肃占38.78%,青海占9.57%,陕西占3.92%。西北地区铬矿主要分布在准噶尔北缘萨尔托海、祁连大道尔吉,主要成矿时代是加里东期和海西期,主要成因类型为蛇绿岩套异离体型和蛇绿岩套堆晶岩型(图4-1-3)。

二、有色金属矿产

铜、铅、锌、铝、镍、钨、锡、钼和锑9种有色金属矿产中,铜在工业发展中具有极其重要的地位,尤其

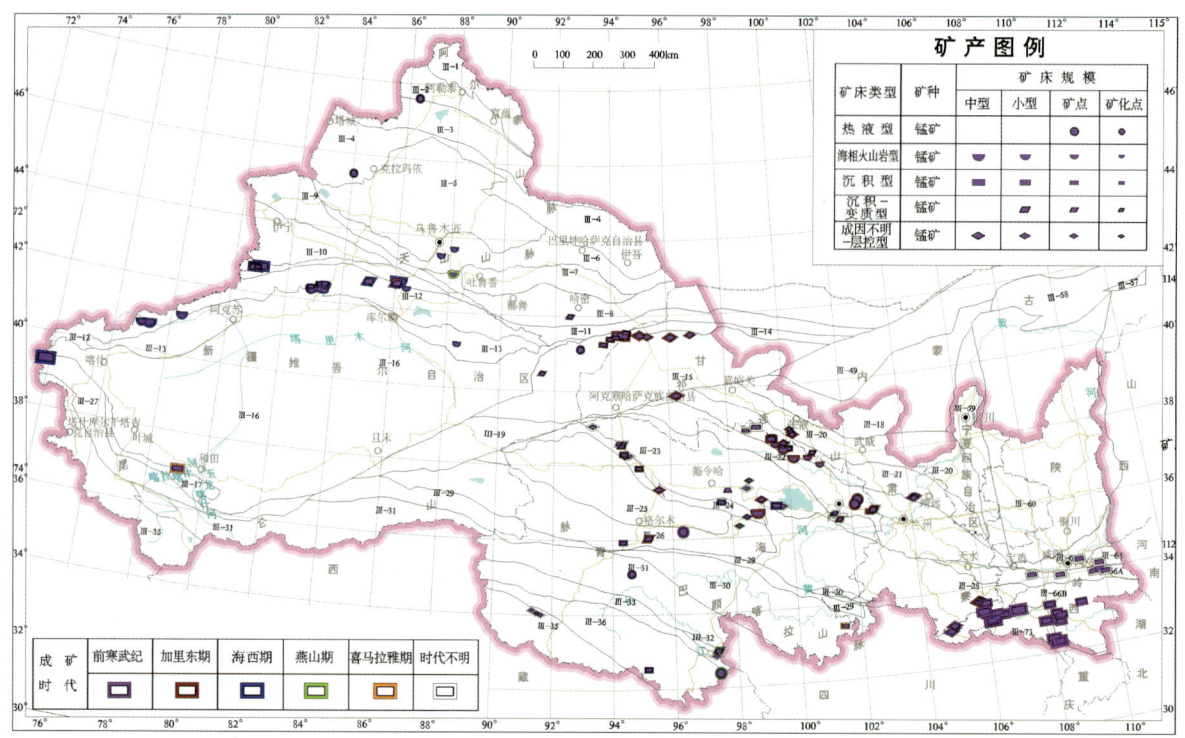

图 4-1-2　西北地区锰矿分布示意图（成矿区带编号参见表 4-2-1）

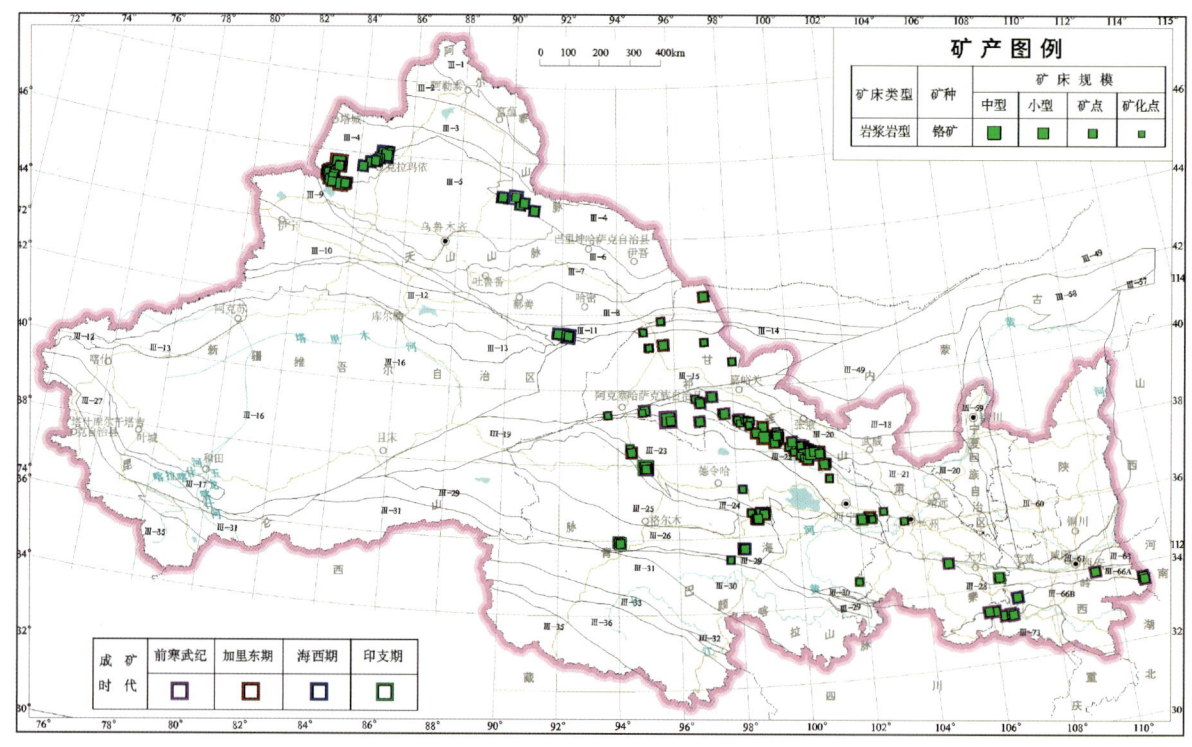

图 4-1-3　西北地区铬矿分布示意图（成矿区带编号参见表 4-2-1）

是在电气工业领域中用量最大，其次在国防、机械、化工、农业等领域也有被使用，属于我国紧缺矿产。铅锌金属虽然在用途上完全不同，但是铅锌矿在自然界绝大多数情况下完全共生，因此在资源研究上通常一起论述。铝是消费量很大的轻金属，其产量和消费量在金属中仅次于铁，居第二位。镍是一种十分重要的有色金属原料，其主要用途是制造不锈钢、高镍合金钢和合金结构钢，广泛用于飞机、雷达、导弹、坦克、舰艇、宇宙飞船、原子反应堆等各种制造业。钨在金属中熔点最高($3400\pm20℃$)，与铌、钽、钼等可组成耐熔合金，与碳合成的碳化钨是硬质合金，因此不仅在传统的电子工业中，而且在现代尖端工业中钨的用途日益扩大。锡在金属中熔点较低($231.968℃$)，还具有展性强、耐腐蚀等特性，在电子器件焊接材料生产中具有重要用途。钼是冶金、电气、化工、航空航天等制造业中不可缺少的原料，其中在冶金工业中，钼作为生产各种合金钢的添加剂或与钨、镍、钴、锆、钛、钒、铼等组成高级合金，以提高其高温强度、耐磨性和抗腐性。锑虽然用量很少，但用途十分广泛，其中锑的氧化物可用作阻燃剂（占用量的40%），锑铅合金用于蓄电池极板（占用量的22%），高纯度锑用于制造半导体及热电装置。西北地区铜、铅锌、镍、钨、锡、钼、锑矿床类型、成矿时代及查明资源量占比情况见表4-1-2。

表4-1-2 西北地区有色金属矿床类型、成矿时代及查明资源量占比统计表

铜	矿床类型	斑岩型	海相火山岩型	岩浆型	热液型	砂岩型	夕卡岩型	陆相火山岩型
	查明资源量占比/%	38.98	29.18	22.34	5.32	2.79	1.19	0.20
	成矿时代	前寒武纪	加里东期	海西期	印支期	燕山期	喜马拉雅期	
	不同时代查明资源量占比/%	19.52	16.76	55.33	2.83	3.99	1.57	
铅锌	矿床类型	层控热液型	海相火山岩型	夕卡岩型	陆相火山岩型	风化壳型		
	查明资源量占比/%	88.88	7.25	3.15	0.36	0.36		
	成矿时代	前寒武纪	加里东期	海西期	印支期	燕山期	喜马拉雅期	
	不同时代查明资源量占比/%	1.82	16.25	53.10	2.25	18.90	7.68	
镍	矿床类型	基性—超基性岩同生型	基性—超基性岩后生型	基性—超基性岩风化壳型				
	查明资源量占比/%	95.02	3.27	1.71				
	成矿时代	前寒武纪	加里东期	海西期	印支期	喜马拉雅期		
	不同时代查明资源量占比/%	62.85	0.33	31.67	3.38	1.77		
钨	矿床类型	夕卡岩-石英脉型	夕卡岩型	石英脉型	云英岩-石英脉型	萤石-方解石-玉髓脉型		
	查明资源量占比/%	69.65	17.17	9.05	2.60	1.23		
	成矿时代	加里东期	海西期	印支期				
	不同时代查明资源量占比/%	77.72	21.09	1.19				
锡	矿床类型	夕卡岩型	海相火山岩型	夕卡岩-石英脉型	石英脉型	云英岩型	斑岩型	
	查明资源量占比/%	32.44	32.06	23.44	11.64	0.24	0.18	
	成矿时代	加里东期	海西期	印支期	燕山期			
	不同时代查明资源量占比/%	34.01	38.64	26.79	0.56			
钼	矿床类型	斑岩型	岩浆热液脉型	夕卡岩型				
	查明资源量占比/%	82.79	15.91	1.30				
	成矿时代	加里东期	海西期	印支期	燕山期	喜马拉雅期		
	不同时代查明资源量占比/%	4.30	10.54	33.92	42.80	8.44		

续表 4-1-2

	矿床类型	层控热液型	岩浆热液型				
锑	查明资源量占比/%	82.26	17.74				
	成矿时代	印支期	燕山期				
	不同时代查明资源量占比/%	35.30	64.70				

1. 铜矿

西北地区探获铜矿床 190 处,其中大型 8 处,中型 38 处,小型 144 处。按累计查明铜矿金属资源量对比,新疆占 50.69%,甘肃占 30.82%,青海占 14.39%,陕西占 4.02%,宁夏仅占 0.08%。西北地区铜矿分布较广,矿床类型多,主要分布在阿尔泰阿舍勒、东天山土屋-延东、祁连白银厂、东昆仑铜峪沟、德尔尼,主要成矿时代是海西期、前寒武纪和加里东期,主要成因类型为斑岩型、海相火山岩型和岩浆型(图 4-1-4)。

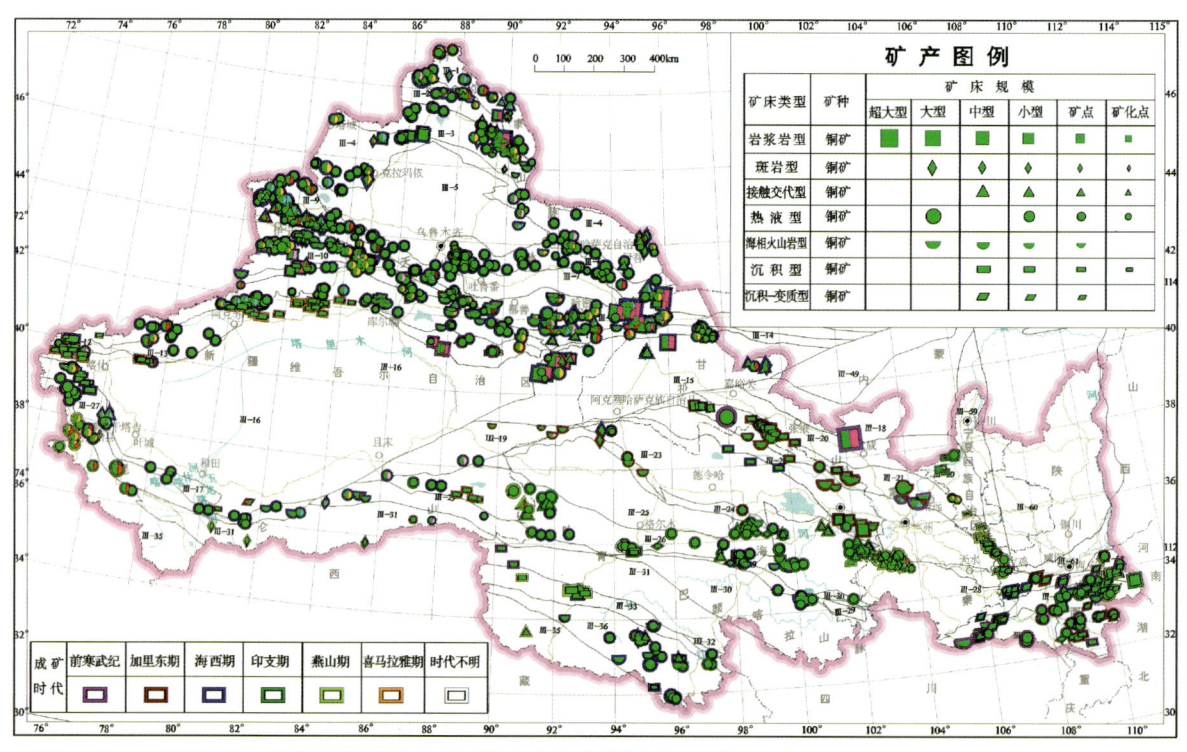

图 4-1-4 西北地区铜矿分布示意图(成矿区带编号参见表 4-2-1)

2. 铅锌矿

西北地区探获铅锌矿床 135 处,其中超大型 1 处,大型 16 处,中型 40 处,小型 78 处。按累计查明铅锌金属资源量对比,甘肃占 34.90%,新疆占 26.48%,青海占 22.10%,陕西占 16.52%。西北地区铅锌矿主要分布在阿尔泰可可塔勒、东天山彩霞山、西南天山乌拉根、祁连锡铁山、三江北段的东莫扎抓、茶曲怕查及秦岭厂坝-李家沟,主要成矿时代是海西期、加里东期和燕山期,主要成因类型为层控热液型和海相火山岩型(图 4-1-5)。

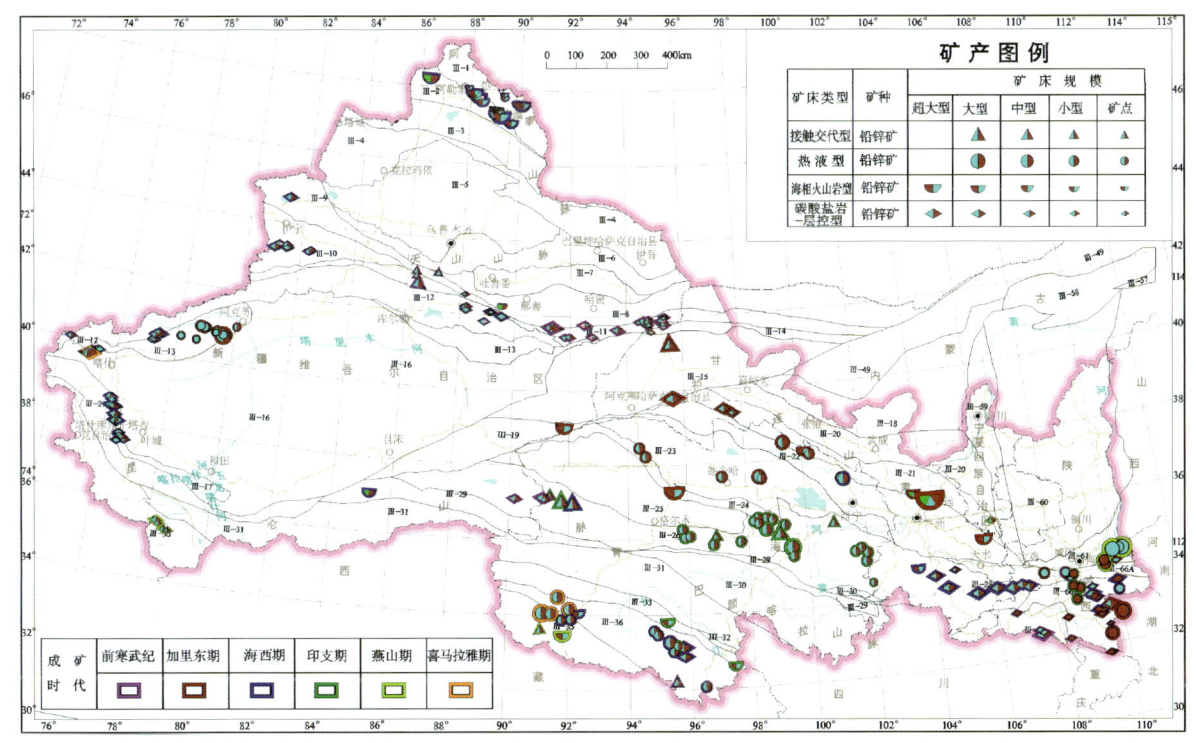

图 4-1-5　西北地区铅锌矿分布示意图（成矿区带编号参见表 4-2-1）

3. 铝土矿

西北地区探获铝土矿床 4 处，包括中型 1 处，小型 3 处。按累计查明铝土矿石资源量对比，陕西占 97.69%，新疆占 1.97%，甘肃占 0.34%。其成矿时代在海西期，更具体地讲主要在石炭纪（88.27%），次为二叠纪（11.73%）；矿床类型全部属于碳酸盐岩古风化壳沉积型。西北地区铝土矿分布范围小、类型单一，主要分布在西南天山乌什北山，陕西府谷、铜川—韩城、西乡—镇巴关地区（图 4-1-6）。

4. 镍矿

西北地区探获镍矿床 29 处，其中超大型 1 处，大型 7 处，中型 10 处，小型 11 处。按累计查明镍矿石资源量对比，甘肃占 63.02%，新疆占 30.98%，陕西占 3.88%，青海占 2.12%。西北地区镍矿多与铜矿共生，主要分布在新疆—甘肃北山坡十、黄山东、黄山，祁连龙首山金川以及秦岭煎茶岭。主要成矿时代是前寒武纪、海西期，主要成因类型为基性—超基性岩同生型（图 4-1-7）。

5. 钨矿

西北地区探获钨矿床 21 处，其中大型 3 处，中型 5 处，小型 13 处。按累计查明钨矿资源量对比，甘肃占 77.11%，新疆占 19.42%，青海占 3.06%，陕西占 0.41%。西北地区钨矿主要分布在祁连塔儿沟、小柳沟，祁漫塔格白干湖，主要成矿时代是加里东期、海西期，主要成因类型为夕卡岩-石英脉型、夕卡岩型和石英脉型（图 4-1-8）。

6. 锡矿

西北地区探获锡矿床 11 处，包括中型 3 处，小型 8 处。按此时累计查明锡金属资源量对比，青海省占 64.70%，新疆占 32.53%，甘肃占 2.77%。西北地区锡矿多与钨矿共生，独立锡矿见于东准噶尔地区，主要成矿时代是海西期、加里东期和印支期，主要成因类型为夕卡岩型、海相火山岩型和夕卡岩-石英脉型（图 4-1-9）。

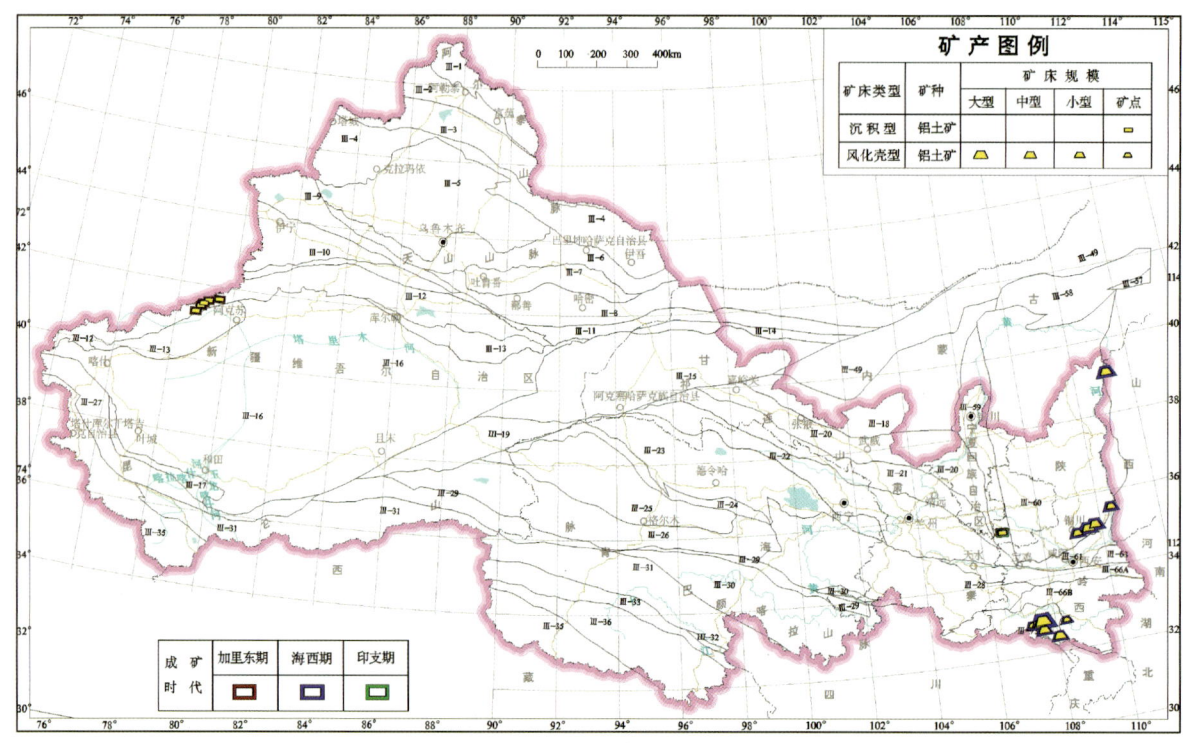

图 4-1-6　西北地区铝土矿分布示意图（成矿区带编号参见表 4-2-1）

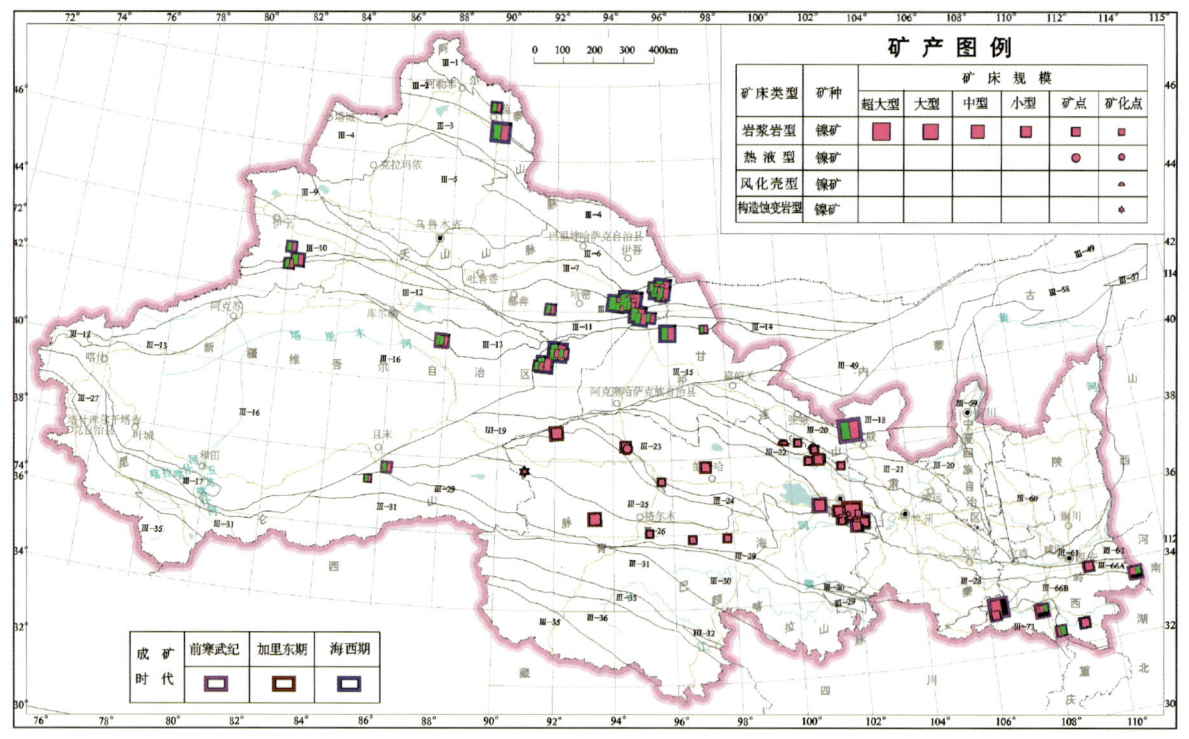

图 4-1-7　西北地区镍矿分布示意图（成矿区带编号参见表 4-2-1）

7. 钼矿

西北地区探获钼矿床 43 处，其中超大型 1 处，大型 7 处，中型 15 处，小型 20 处。按累计查明钼金属资源量统计对比，新疆占 44.32%，陕西占 21.87%，青海占 18.44%，甘肃占 15.37%。西北地区钼矿

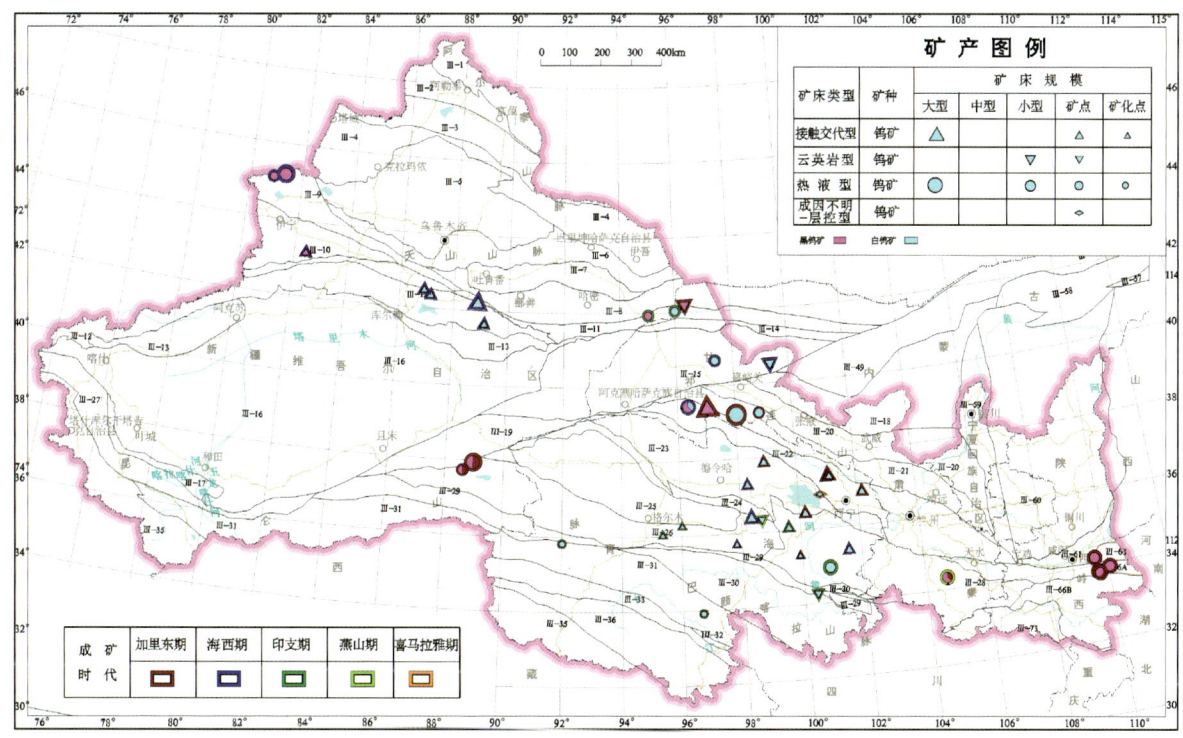

图 4-1-8　西北地区钨矿分布示意图(成矿区带编号参见表 4-2-1)

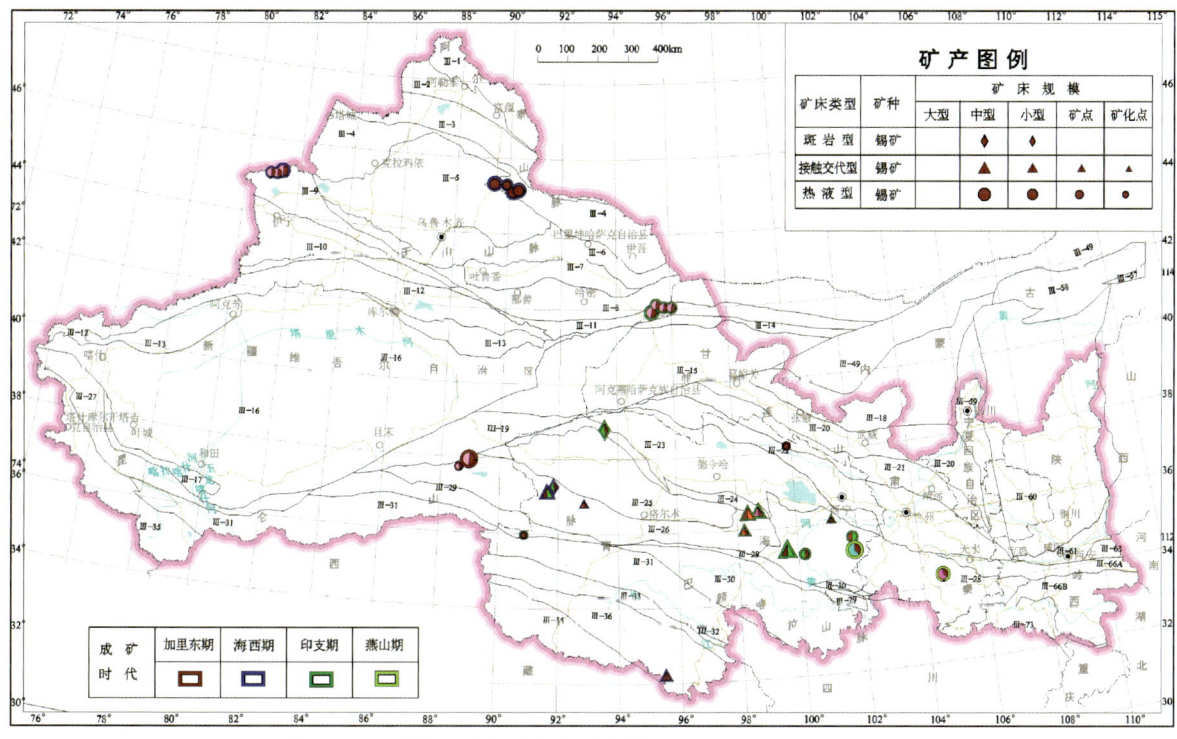

图 4-1-9　西北地区锡矿分布示意图(成矿区带编号参见表 4-2-1)

主要分布在东天山白山、东戈壁,三江北段纳日贡玛及秦岭金堆城、温泉,主要成矿时代是燕山期、印支期和海西期,主要成因类型为斑岩型、岩浆热液脉型(图 4-1-10)。

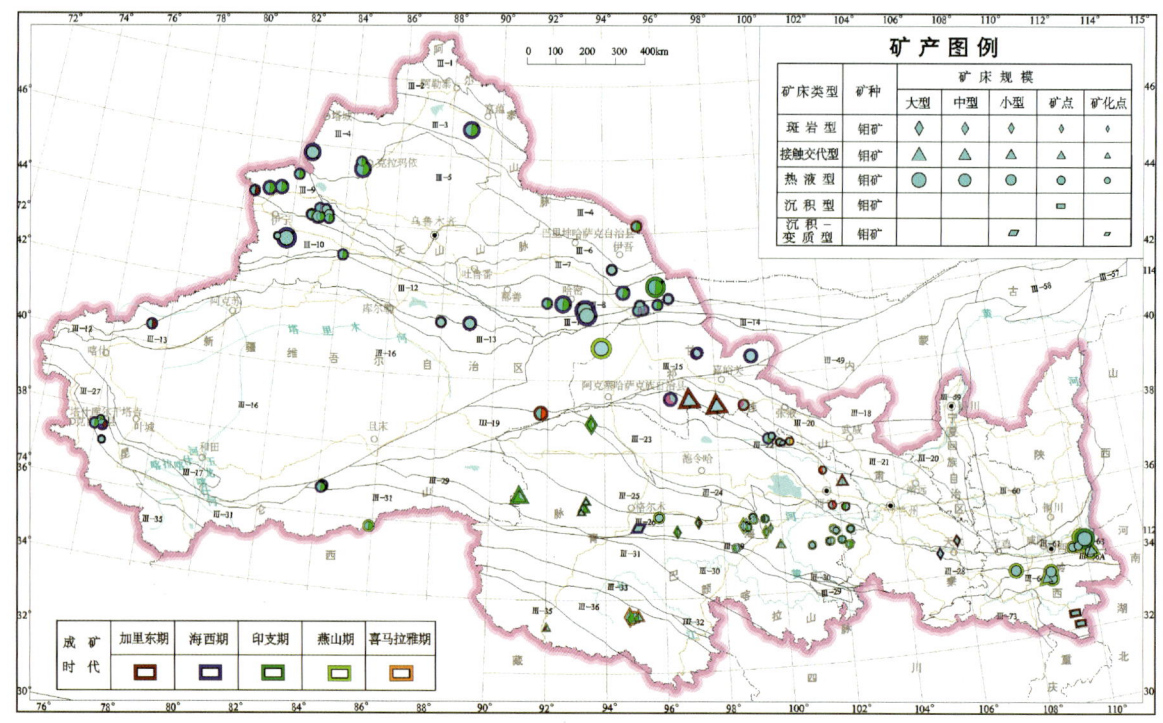

图 4-1-10　西北地区钼矿分布示意图（成矿区带编号参见表 4-2-1）

8. 锑矿

西北地区探获锑矿床 31 处，其中大型 2 处，中型 10 处，小型 19 处。按累计查明锑金属资源量对比，甘肃占 42.09%，陕西占 36.15%，新疆占 20.48%，青海仅占 1.28%。西北地区锑矿主要分布在西昆仑黄羊岭、盼水河、西秦岭崖湾，主要成矿时代是燕山期、印支期，主要成因类型为层控热液型、岩浆热液型（图 4-1-11）。

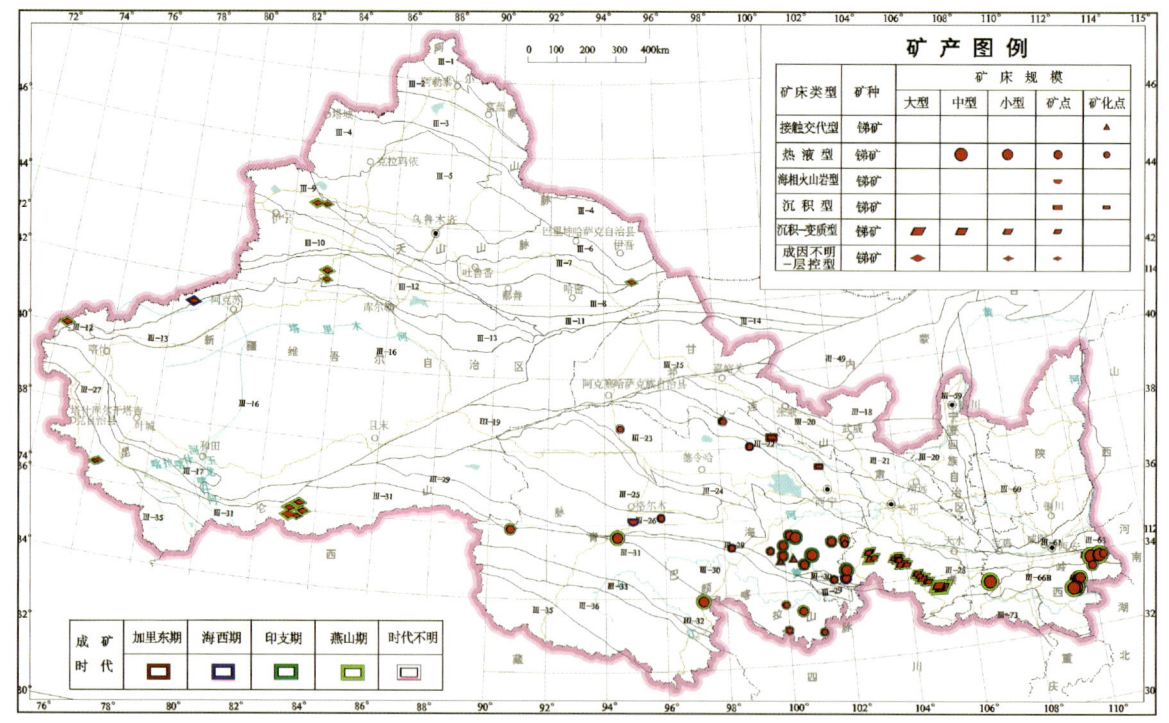

图 4-1-11　西北地区锑矿分布示意图（成矿区带编号参见表 4-2-1）

三、贵金属矿产

本次矿产资源潜力评价选择金和银两种贵金属矿产。黄金一直在饰品业和金融业中具有极其重要地位,随着现代工业、农业和航天电子工业以及信息技术、新能源、新材料的迅速发展,为黄金开拓了更广泛的应用领域。银作为一种重要的贵金属,还保留有旧货币时代痕迹,其次用作饰品和贵重用具,其中电镀银器也被广泛使用。西北地区金银矿床类型、成矿时代及查明资源量占比情况见表4-1-3。

表4-1-3 西北地区贵金属矿床类型、成矿时代及查明资源量占比统计表

	矿床类型	后生热液脉型-破碎蚀变岩型	后生热液微细浸染型	火山-次火山热液型	侵入岩浆热液型	砂矿型		
金	查明资源量占比/%	61.36	12.56	10.87	7.57	7.64		
	成矿时代	前寒武纪	加里东期	海西期	印支期—燕山期	喜马拉雅期		
	不同时代查明资源量占比/%	0.65	4.31	33.89	52.07	9.08		
银	矿床类型	海相火山岩型	层控热液型	热液型	斑岩型	陆相火山岩型	岩浆型	接触交代型	沉积变质型
	查明资源量占比/%	40.34	18.73	12.22	10.71	6.36	6.36	5.04	0.24
	成矿时代	前寒武纪	加里东期	海西期	印支期	燕山期	喜马拉雅期		
	不同时代查明资源量占比/%	10.85	20.57	48.48	8.98	10.22	0.90		

1. 金矿

西北地区探获金矿床401处,其中超大型4处,大型26处,中型78处,小型293处。按累计查明金资源量统计对比,甘肃占46.68%,陕西占23.07%,新疆占17.14%,青海占12.92%,宁夏仅占0.19%。西北地区金矿分布较广,主要分布在西天山阿希,西南天山萨瓦亚尔顿,东昆仑大场、五龙沟、瓦勒根、滩间山,秦岭阳山、大水、寨上、李坝、大桥、枣子沟、双王、八卦庙。金矿主要成矿时代是印支期—燕山期、海西期,主要成因类型为后生热液脉型-破碎蚀变岩型、后生热液微细浸染型、火山-次火山热液型(图4-1-12)。

2. 银矿

西北地区探获银矿床129处(21处为独立银矿或共生银矿,其余均为伴生银矿),大型7处,中型46处,小型76处。按累计查明银资源量统计对比,甘肃占31.16%,青海占29.73%,新疆占25.69%,陕西占13.24%,宁夏仅占0.18%。西北地区银矿多为铜多金属伴生矿,主要分布在阿尔泰阿舍勒,东天山土屋-延东,祁连金川、小铁山、锡铁山以及秦岭银洞子。银矿主要成矿时代是海西期、加里东期,主要成因类型为海相火山岩型、层控热液型、热液型(图4-1-13)。

四、稀有稀土金属矿产

本次矿产资源潜力评价涉及稀有金属锂和稀土金属矿产,属于新兴产业需要的重要矿产。锂在现

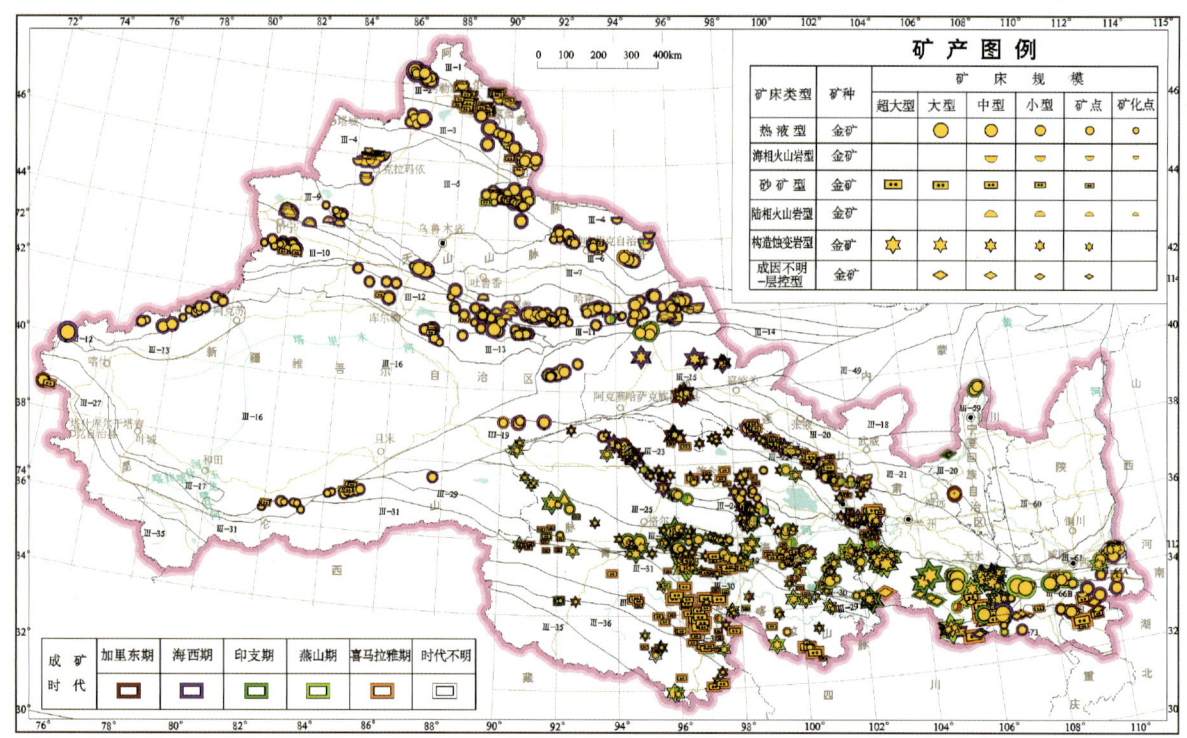

图 4-1-12 西北地区金矿分布示意图(成矿区带编号参见表 4-2-1)

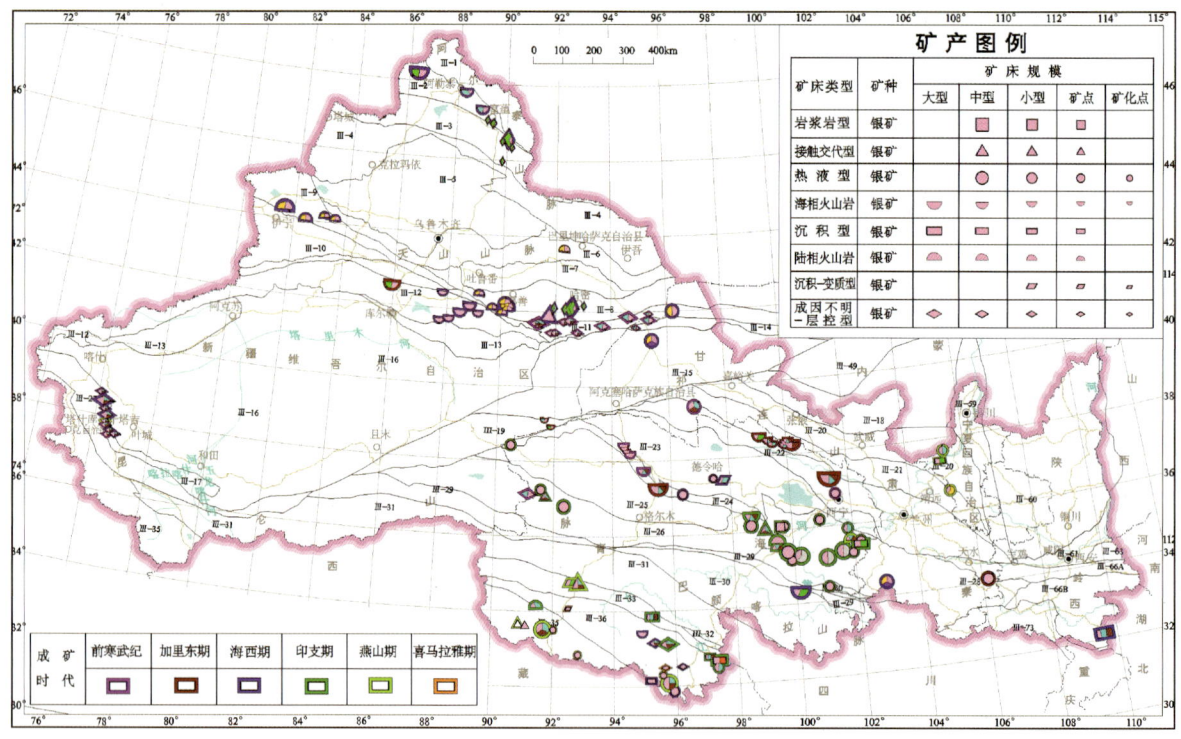

图 4-1-13 西北地区银矿分布示意图(成矿区带编号参见表 4-2-1)

代电子产品的蓄电池制造中占重要地位,近年来,还研发出轻质铝锂合金用于大飞机制造,用量日益增大。稀土金属以其独特的性质,可生产荧光材料、稀土金属氢化物电池材料、电光源材料、永磁材料、储氢材料、催化材料、精密陶瓷材料、激光材料、超导材料、磁致伸缩材料、磁致冷材料、磁光存储材料、光导纤维材料等。西北地区稀有稀土金属矿产矿床类型、成矿时代及查明资源量占比情况见表 4-1-4。

表 4-1-4　西北地区稀有稀土金属矿床类型、成矿时代及查明资源量占比统计表

	矿床类型	卤水型	花岗伟晶岩型	蚀变花岗岩型		
锂	查明资源量占比/%	97.148	2.85	0.002		
	成矿时代	加里东期	海西期	印支期	燕山期	喜马拉雅期
	不同时代查明资源量占比/%	0.002	1.93	0.59	0.33	97.148
稀土	矿床类型	岩浆型	热液型	沉积型		
	查明资源量占比/%	62.56	36.61	0.83		
	成矿时代	加里东期	海西期	印支期		
	不同时代查明资源量占比/%	28.52	38.26	33.22		

1. 锂矿

西北地区探获锂矿床 23 处，其中超大型 3 处，大型 1 处，中型 9 处，小型 10 处。按累计查明 Li_2O 和 LiCl 均换算为锂金属资源量来对比，青海占 99.34%，新疆占 0.66%。西北地区伟晶岩型锂矿分布在阿尔泰可可托海，盐湖型锂矿分布在柴达木盆地察尔汗、西台吉乃尔、东台吉乃尔、一里坪（图 4-1-14）。

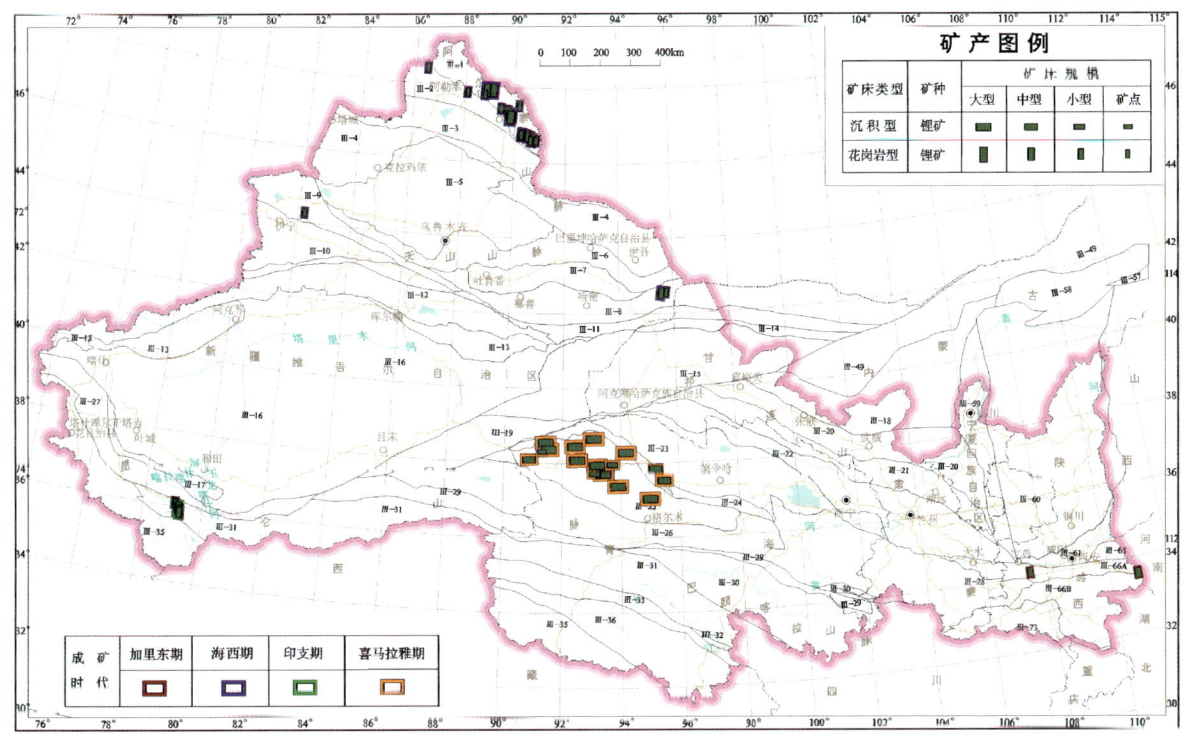

图 4-1-14　西北地区锂矿分布示意图（成矿区带编号参见表 4-2-1）

2. 稀土矿

西北地区探获稀土矿床 8 处，其中中型 3 处，小型 5 处。按此时累计查明稀土矿金属氧化物资源量对比，陕西占 41.01%，青海占 34.36%，新疆占 20.64%，甘肃占 3.99%。西北地区稀土矿主要分布在塔里木北缘波孜果尔以及祁连上庄磷矿伴生稀土及秦岭黄龙铺钼矿伴生稀土，主要成矿时代是海西期、印支期，主要成因类型为岩浆型、热液型（图 4-1-15）。

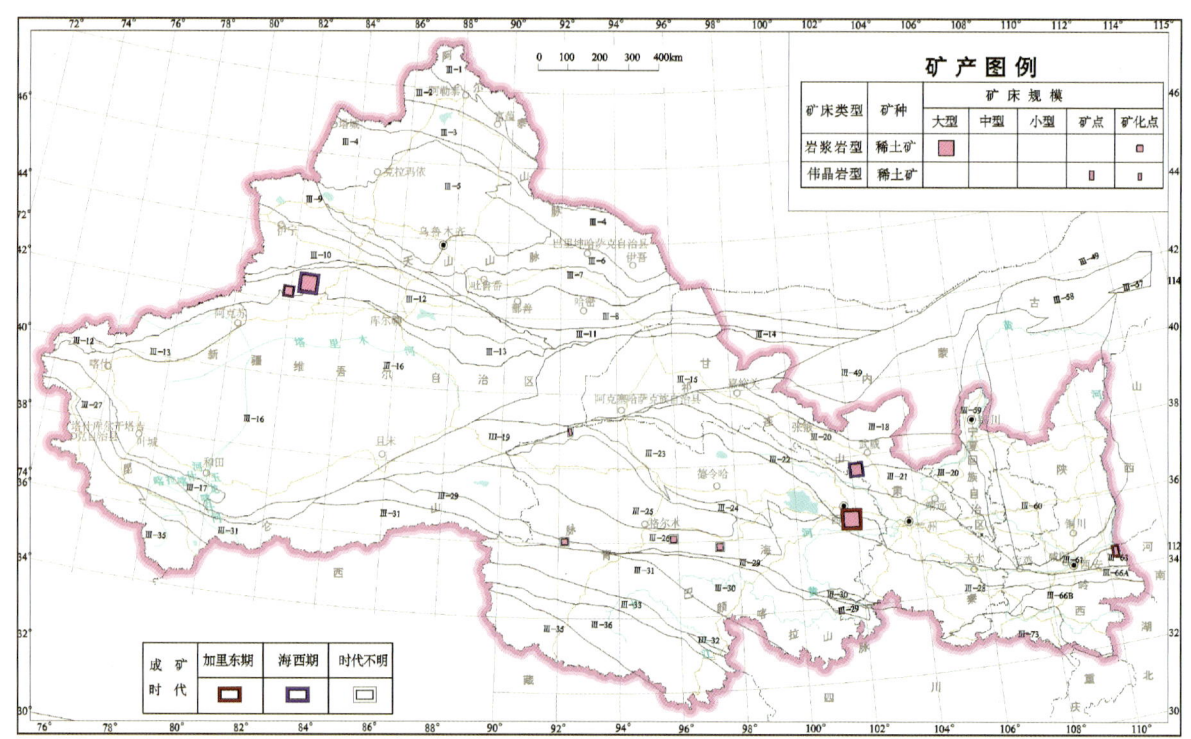

图 4-1-15 西北地区稀土矿分布示意图(成矿区带编号参见表 4-2-1)

五、重要非金属矿产

本次矿产资源潜力评价选择有磷、硫、钾盐、硼、重晶石、菱镁矿、萤石 7 种用途广泛的重要非金属矿产。西北地区磷、硫、重晶石、菱镁矿、萤石矿床类型、成矿时代及查明资源量占比情况见表 4-1-5。

表 4-1-5 西北地区重要非金属矿床类型、成矿时代及查明资源量占比统计表

	矿床类型	岩浆型	沉积型	沉积变质型			
磷	查明资源量占比/%	87.05	12.70	0.25			
	成矿时代	前寒武纪	加里东期	海西期			
	不同时代查明资源量占比/%	4.83	83.69	11.48			
	矿床类型	侵入岩浆热液型	火山岩型	岩浆型	沉积变质型	层控热液型	沉积型	自然硫
硫	查明资源量占比/%	42.88	30.58	19.06	3.90	2.70	0.72	0.16
	成矿时代	前寒武纪	加里东期	海西期	印支期	燕山期	喜马拉雅期	
	不同时代查明资源量占比/%	21.57	8.38	28.41	15.01	26.52	0.11	
	矿床类型	海相沉积型	沉积变质型	热液型			
重晶石	查明资源量占比/%	86.64	9.63	3.73			
	成矿时代	前寒武纪	加里东期	海西期	印支期	燕山期	
	不同时代查明资源量占比/%	9.53	59.95	29.82	0.26	0.44	

续表 4-1-5

	矿床类型	镁质碳酸盐岩交代型	镁质超基性岩蚀变型		
菱镁矿	查明资源量占比/%	99	1		
	成矿时代	加里东期	海西期		
	不同时代查明资源量占比/%	4.60	95.40		
萤石	矿床类型	岩浆热液型	层控热液型		
	查明资源量占比/%	93.45	6.55		
	成矿时代	加里东期	海西期	印支期	燕山期
	不同时代查明资源量占比/%	45.24	46.30	8.32	0.14

1. 磷矿

西北地区探获磷矿床 51 处,其中大型 5 处,中型 14 处,小型 32 处。按磷矿石累计查明矿石资源量统计对比,陕西占 44.21%,青海占 33.81%,甘肃占 14.15%,新疆占 6.92%,宁夏仅占 0.91%。西北地区磷矿主要分布在塔里木北缘隆起且干布拉克、祁连上庄、秦岭天台山、九子沟,主要成矿时代是加里东期、海西期,主要成因类型为岩浆型和沉积型(图 4-1-16)。

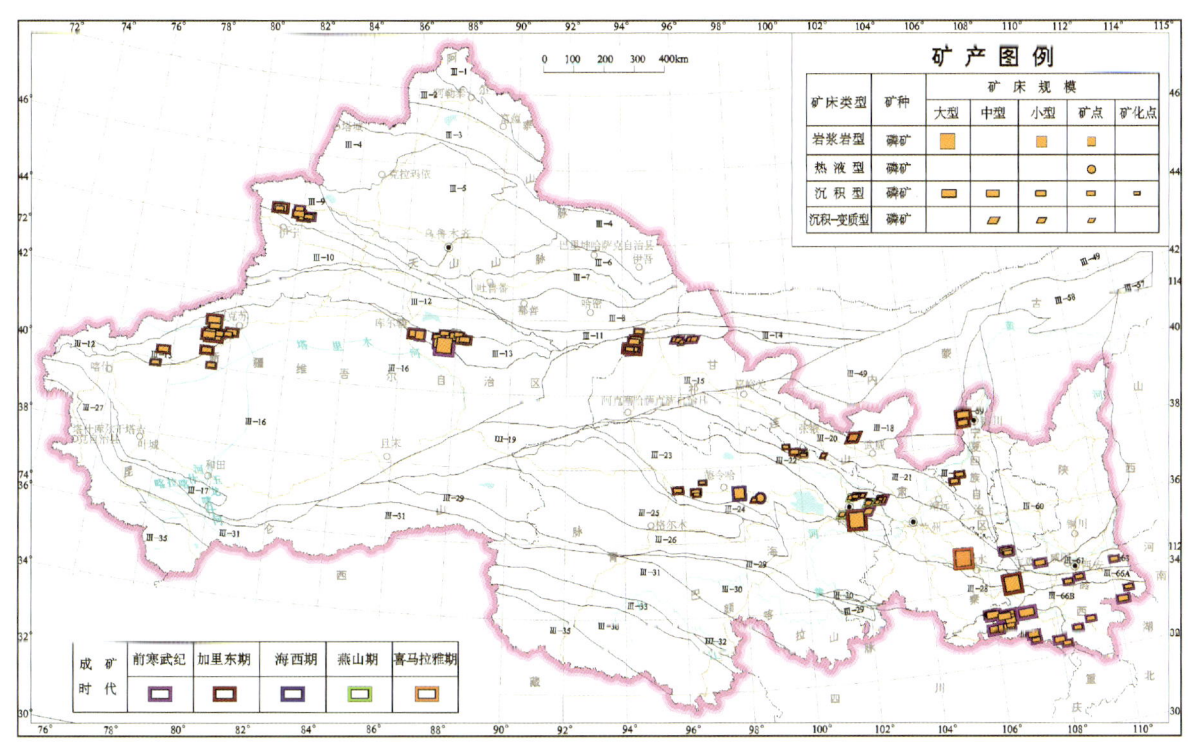

图 4-1-16 西北地区磷矿分布示意图(成矿区带编号参见表 4-2-1)

2. 硫矿

西北地区探获硫矿床 84 处,其中大型 4 处,中型 35 处,小型 45 处。自然硫矿床较少,且达到中型的仅有新疆玉力群。西北地区硫矿多以硫铁矿形式与其他金属矿产相伴生,主要分布在阿尔泰阿舍勒铜矿共生硫铁矿、东天山铜多金属矿、祁连金川铜镍矿伴生硫铁矿、东昆仑及三江北段铜多金属矿,以及秦岭金堆城钼矿、黄龙铺钼矿伴生硫铁矿，主要成矿时代是海西期、燕山期和前寒武纪，主要成因类型为侵入岩浆热液型、火山岩型和岩浆型(图4-1-17)。

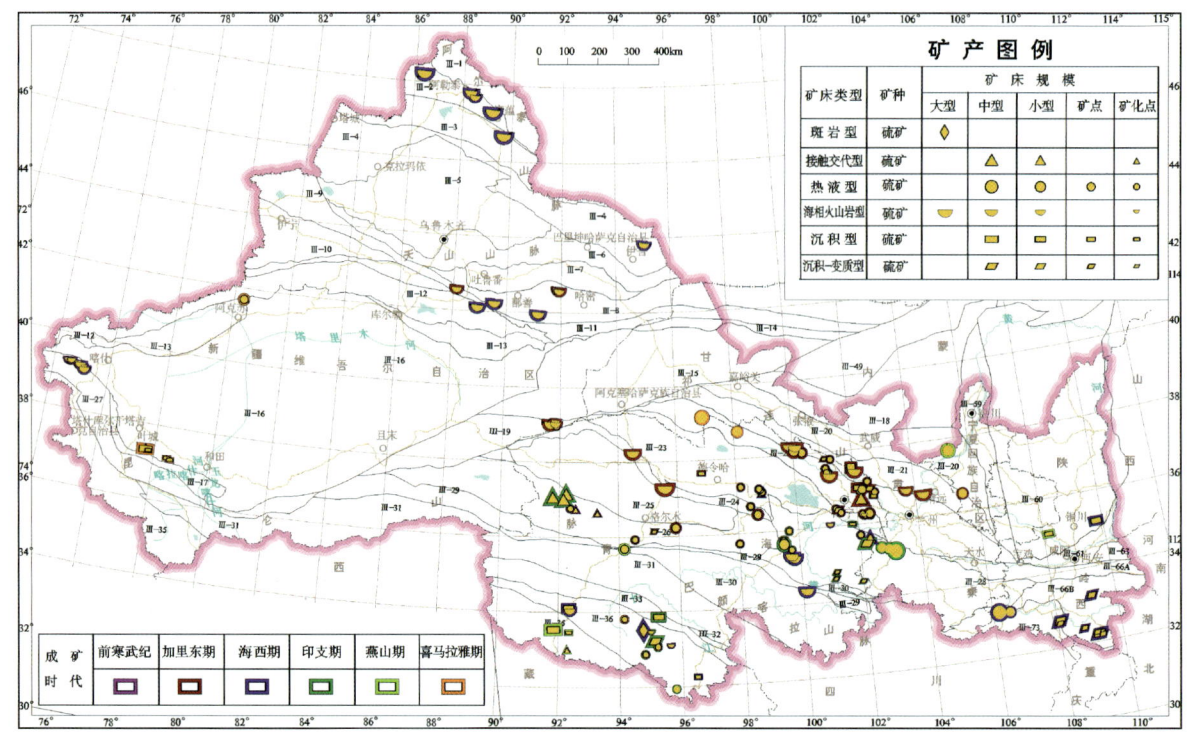

图4-1-17 西北地区硫矿分布示意图(成矿区带编号参见表4-2-1)

3. 钾盐

西北地区探获钾盐矿床18处，其中超大型1处(青海察尔汗)，大型5处(青海大浪滩、昆特依、马海、尕斯库勒、新疆罗北)，中型5处，小型7处。按累计查明资源量对比，青海占85.38%，新疆占14.47%，甘肃仅占0.15%。成矿时代和矿床类型绝大多为第四纪现代盐湖型，极少量形成于古近纪—新近纪地下卤水型，奥陶纪古盐湖相沉积型仅在陕北鄂尔多斯盆有少量线索。西北地区钾盐矿主要分布在新疆罗布泊、青海柴达木盆地(图4-1-18)。

4. 硼矿

西北地区探获硼矿床8处，其中超大型2处(青海察尔汗、大柴旦)，大型4处(青海东台吉乃尔、西台吉乃尔、一里坪、小柴旦)、中型1处、小型1处。按累计查明硼矿B_2O_3资源量，青海占99.53%，新疆仅占0.47%。成矿时代中喜马拉雅期达99.988%，海西期仅0.012%；矿床类型中现代湖泊沉积型达99.988%，热液型仅0.012%。西北地区硼矿主要分布在青海柴达木盆地(图4-1-19)。

5. 重晶石

西北地区探获重晶石矿床22处，其中中型7处，小型15处。镜铁山重晶石多与铁矿石伴生，平均品位仅7.32%，经矿石量/5折算后划为中型。按此处理后西北累计探明资源量，陕西占80.05%，甘肃占12.87%，青海占5.11%，新疆占1.53%，宁夏仅占0.44%。西北地区重晶石矿主要分布在新疆伊犁及秦岭大西沟、石梯、獐子坪，主要成矿时代是加里东期、海西期，主要成因类型为海相沉积型(图4-1-20)。

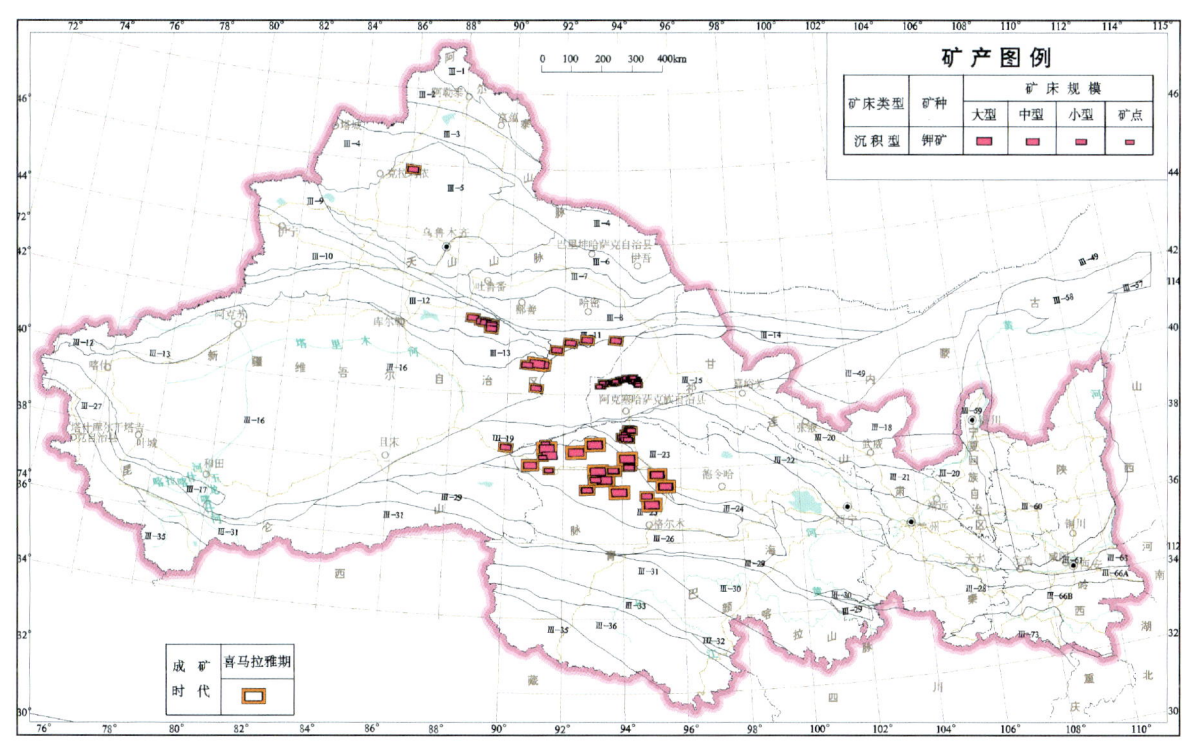

图 4-1-18 西北地区钾盐矿分布示意图(成矿区带编号参见表 4-2-1)

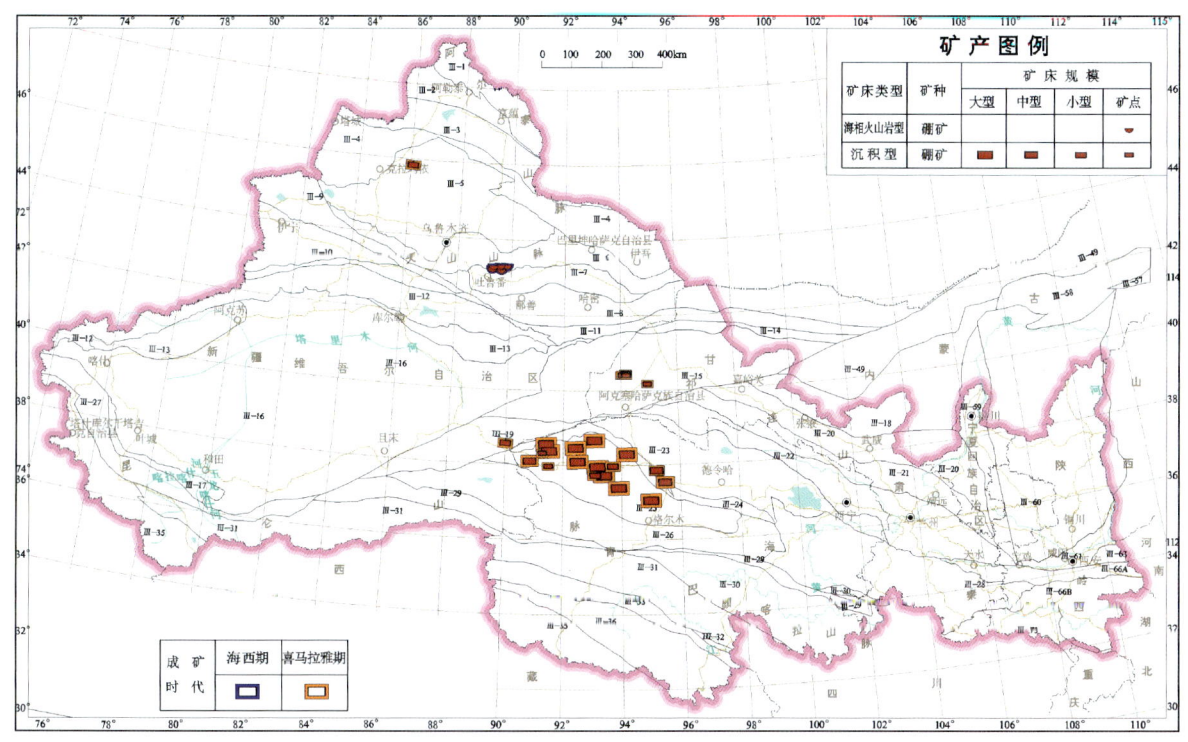

图 4-1-19 西北地区硼矿分布示意图(成矿区带编号参见表 4-2-1)

6. 菱镁矿

西北地区探获菱镁矿床 6 处,其中大型 1 处,中型 1 处,小型 4 处。按累计查明菱镁矿矿石资源量对比,新疆占 61.85%,甘肃占 37.17%,青海仅占 0.98%。西北地区菱镁矿主要分布在塔里木北缘、北

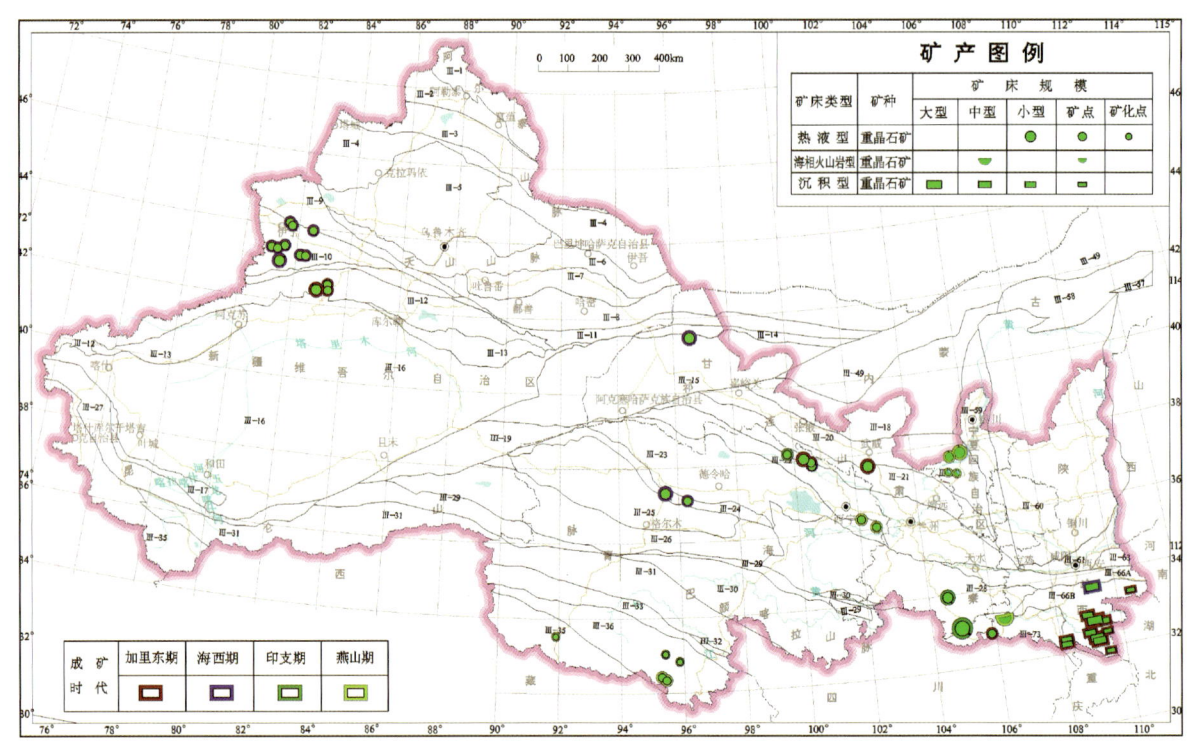

图 4-1-20　西北地区重晶石矿分布示意图(成矿区带编号参见表 4-2-1)

祁连成矿带,主要成矿时代是海西期,主要成因类型为镁质碳酸盐岩交代型(图 4-1-21)。

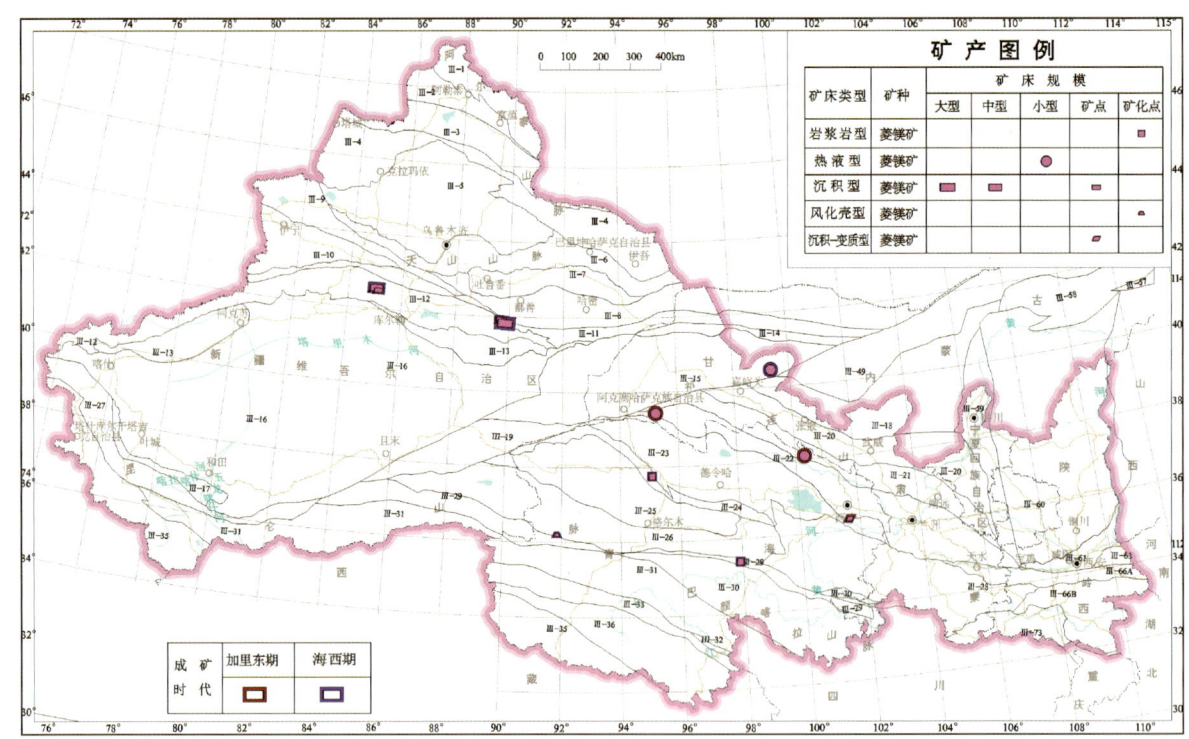

图 4-1-21　西北地区菱镁矿分布示意图(成矿区带编号参见表 4-2-1)

7. 萤石

西北地区探获萤石矿床 16 处,其中大型 2 处(甘肃七坝泉、头沟-照路沟),中型 4 处,小型 10 处。

按累计查明铁矿石资源量对比,甘肃占73.83%,陕西占12.32%,青海占10.70%,新疆占3.15%。西北地区萤石矿主要分布在祁连、小秦岭成矿带,主要成矿时代是加里东期、海西期,主要成因类型为岩浆热液型(图4-1-22)。

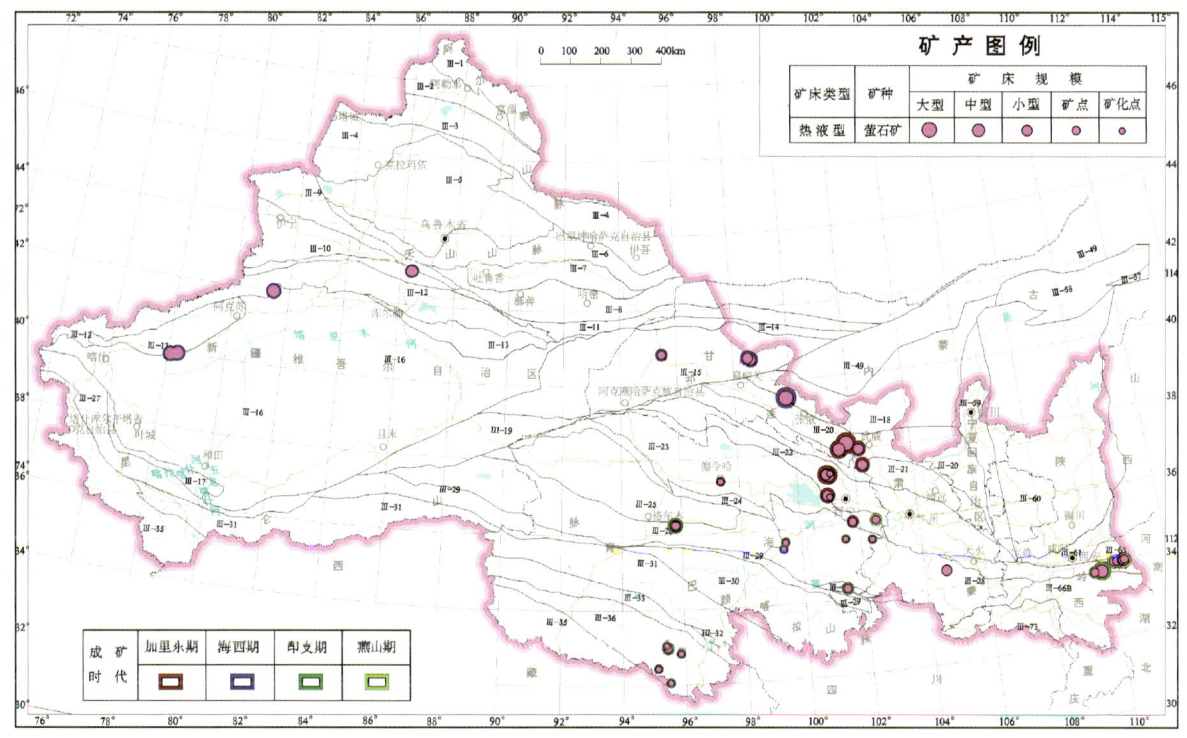

图 4-1-22　西北地区萤石矿分布示意图(成矿区带编号参见表4-2-1)

第二节　成矿单元划分

一、划分原则

所谓成矿单元是指在不同层级构造地质单元的地质历史发展阶段,由沉积、岩浆、变质和构造作用形成的地质体及其可能发生的成矿作用的范围。因此,成矿单元的划分,深受地质构造单元划分认识的影响。本次成矿地质背景研究将西北地区划分为新太古代—青白口纪、南华纪—早古生代、晚古生代—中二叠世和晚三叠世以来4个大的构造阶段,在4个构造阶段基础上,分别依据古板构造相进行了三级构造单元的划分(图2-3-1、图2-4-1、图2-5-1、图2-6-1),为区域成矿作用研究提供了重要的基础地质背景,但矿产资源潜力评价的目的是便于勘查工作规划和部署。因此,本次成矿单元的划分,仍以整个地质历史发展阶段进行综合划分为原则,充分汲取地质、地球物理和地球化学及遥感的最新认识成果,突出地质历史上的优势成矿作用,在讲求地质事实基础上,重视实效和实用的原则。

根据西北地区重力、磁场异常特征,将西北地区划分为Ⅰ阿尔泰造山系、Ⅱ额尔齐斯对接带、Ⅲ天山-准噶尔-北山造山系、Ⅳ西南天山-红柳河对接带、Ⅴ塔里木陆块区、Ⅵ华北陆块区、Ⅶ秦祁昆造山系、Ⅷ羌塘-三江造山系、Ⅸ冈底斯-喜马拉雅造山系和Ⅹ扬子陆块区10个一级构造单元,并划分出28个二级构造单元和38个三级构造单元(图3-1-7)。西北地区通过区域地球化学研究,共划分出Ⅰ西伯利亚构造地球化学域、Ⅱ塔里木构造地球化学域、Ⅲ华北板块构造岩浆岩域和Ⅳ华南(泛扬子)板块地球化学域4个构造地球化学域,在此基础上又进一步划分为Ⅰ-1准噶尔-阿尔泰构造地球化学区、Ⅰ-2天山-北山构造地球化学区、Ⅱ-1塔里木克拉通北缘构造地球化学区、Ⅱ-2敦煌地块及周缘构造地球化学区、Ⅲ-1阿拉善陆块及其南缘构造地球化学区、Ⅲ-2河西走廊构造地球化学区、Ⅳ-1祁连构造地球化学区、Ⅳ-2秦岭构造地球化学区、Ⅳ-3碧口地块构造地球化学区、Ⅳ-4汉南构造地球化学区、Ⅳ-5柴达木地块及其周缘构造地球化学区、Ⅳ-6木孜塔格-巴颜喀拉构造地球化学区、Ⅳ-7西昆仑构造地球化学区、Ⅳ-8麻扎达坂-甜水海构造地球化学区和Ⅳ-9青南三江构造地球化学区15个构造地球化学分区,并进一步划分为44个地球化学亚区(图3-2-2),这些均为成矿单元的划分提供了重要依据。

根据地质工作尺度分级的原则,以往成矿单元划分为Ⅰ级成矿域、Ⅱ级成矿区带、Ⅲ级成矿亚区带和Ⅳ级成矿远景区(或矿田)(陈毓川等,2000)。本次全国矿产资源潜力评价,统一要求将成矿单元划分5级,分别为Ⅰ级成矿域、Ⅱ级成矿省、Ⅲ级成矿区带、Ⅳ级成矿亚区带和Ⅴ级矿田(或找矿远景区)。由于Ⅴ级找矿远景区(或矿田)是具体成矿区带或成矿亚区带中进行成矿预测的模型单元或预测结果,因此将在本书第五章重要矿产成矿预测各成矿区带或亚区带中根据预测结果进行列述,本章仅列出西北地区Ⅰ级、Ⅱ级、Ⅲ级和Ⅳ级成矿单元。

Ⅰ级成矿域:基本对应于全球构造域,即滨太平洋成矿域、古亚洲成矿域和特提斯成矿域,不再专门划出秦祁昆成矿域和前寒武纪成矿域。Ⅱ级成矿省:这是本次全国矿产资源潜力评价新拟定的一级成矿单元,介于以往的成矿域和成矿区带划分之间的一级成矿单元,应是地质历史上相对独立的地质单元,具有特殊的地质建造和成矿作用发育,代表了中国大陆构造演化过程中独特的地质块体或造山带。例如祁连山成矿省、秦岭成矿省等。Ⅲ级成矿区带:地质历史上重要的板块构造地质背景构成的优势地质相及其成矿作用发育的地质成矿单元,是成矿省划分基础上的进一步划分,如祁连山成矿省,按早古生代板块构造研究重要边界的划分,而划为河西走廊成矿带、北祁连成矿带、中祁连成矿带和南祁连成矿带。成矿带和成矿区的区别,主要根据成矿单元的长宽比例,长条状的Ⅲ级成矿单元为成矿带,方块状的盆地区一般为成矿区。Ⅳ级成矿亚区带:它是Ⅲ级成矿区带的进一步划分,代表了地质历史上特殊的地质建造及其成矿作用发育的成矿单元,实际也反映了Ⅲ级为成矿区带的地质研究程度和找矿发现及其成矿作用研究的状况。

二、划分方案

Ⅰ级成矿域:根据全国矿产资源潜力评价成矿单元的划分,结合西北地区的区域地质矿产特点,西北地区地质矿产区划划出2个Ⅰ级成矿域,即古亚洲成矿域和特提斯成矿域。Ⅱ级成矿省:西北地区共划出10个Ⅱ级成矿省,分别为古亚洲成矿域的阿尔泰、准噶尔-伊犁、塔里木和华北4个成矿省,特提斯成矿域的秦岭、祁连、昆仑、巴颜喀拉-松潘、喀喇昆仑-三江和扬子成矿省6个成矿省(图4-2-1,表4-2-1)。Ⅲ级成矿区带:在西北地区10个Ⅱ级成矿省划分的基础上,又划出41个Ⅲ级成矿区带。其中,古亚洲成矿域在划分4个成矿省基础上,进一步划分为23个成矿区带。特提斯成矿域的6个成矿省,进一步划分为18个成矿区带(图4-2-1,表4-2-1)。Ⅳ级成矿亚区带:是以矿田或成矿远景区为单元进行成矿预测的最低一级的预测边界条件,是在Ⅲ级为成矿区带划分基础上的进一步划分,反映了现有的地质成矿背景和成矿作用的研究程度。本次共划分出152个Ⅳ级成矿亚带(图4-2-2,表4-2-1)。

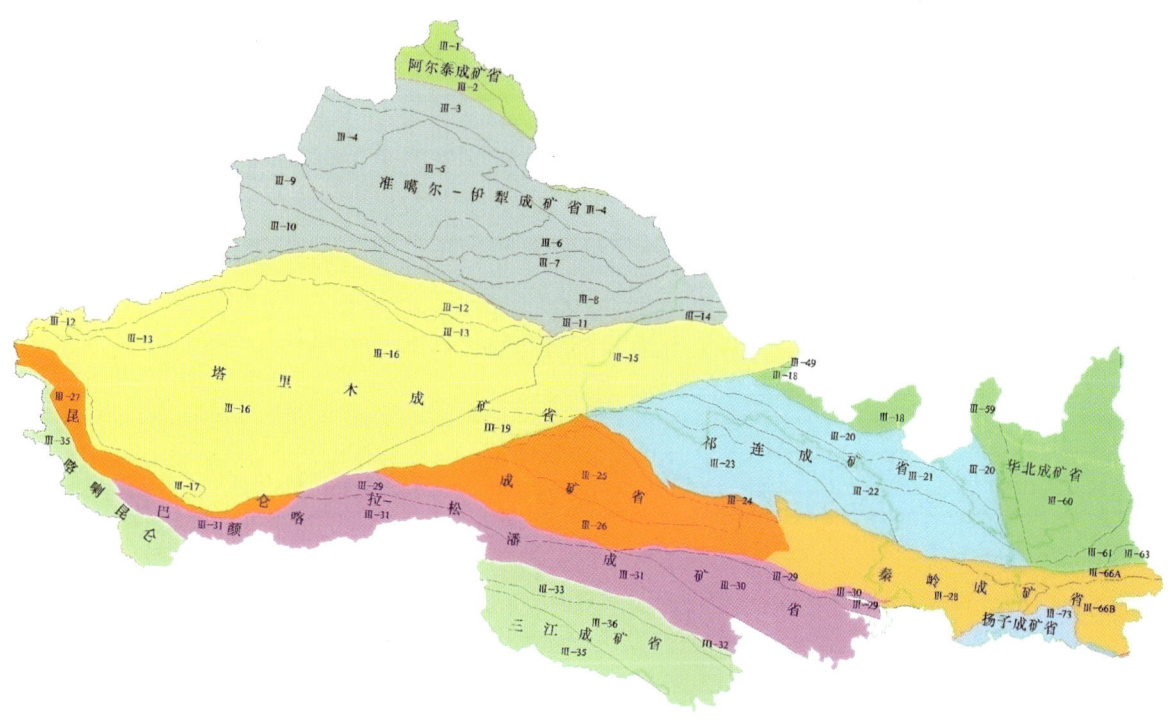

图 4-2-1 西北地区成矿省与成矿区带分布略图(成矿区带编号参见表 4-2-1)

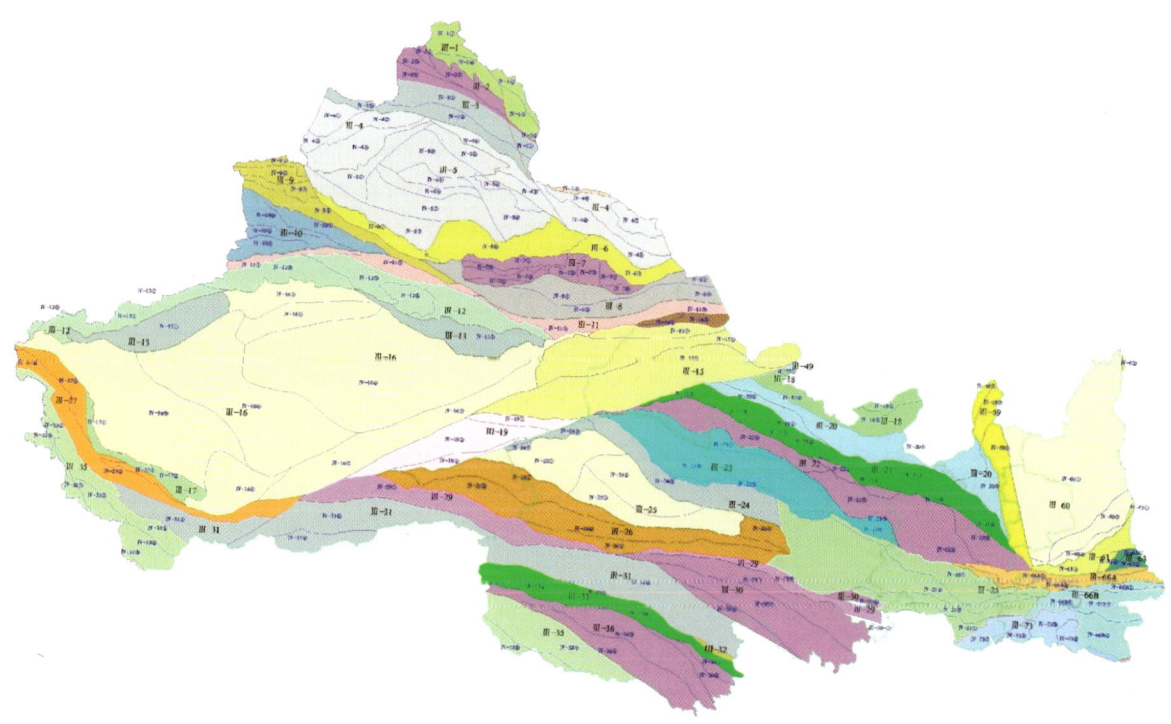

图 4-2-2 西北地区成矿区带与亚带分布略图(成矿区带编号参见表 4-2-1)

表 4-2-1　西北成矿单元划分方案一览表

Ⅰ级成矿域	Ⅱ级成矿省	Ⅲ级成矿区带	Ⅳ级成矿亚区带
古亚洲成矿域	阿尔泰成矿省	Ⅲ-1 北阿尔泰成矿带	Ⅳ-1①喀纳斯成矿亚带
			Ⅳ-1②哈龙-青河成矿亚带
			Ⅳ-1③诺尔特成矿亚带
		Ⅲ-2 南阿尔泰成矿带	Ⅳ-2①阿舍勒成矿亚带
			Ⅳ-2②麦兹-冲乎尔成矿亚带
			Ⅳ-2③卡尔巴-哈巴河成矿亚带
			Ⅳ-2④额尔齐斯成矿亚带
	准噶尔-伊犁成矿省	Ⅲ-3 准噶尔北缘成矿带	Ⅳ-3①萨吾尔-二台成矿亚带
			Ⅳ-3②塔尔巴哈台-阿尔曼太成矿亚带
		Ⅲ-4 唐巴勒-卡拉麦里成矿带	Ⅳ-4①塔城成矿亚带
			Ⅳ-4②谢米斯台成矿亚带
			Ⅳ-4③唐巴勒-哈图成矿亚带
			Ⅳ-4④北塔山成矿亚带
			Ⅳ-4⑤卡拉麦里成矿亚带
			Ⅳ-4⑥三塘湖成矿亚带
			Ⅳ-4⑦琼河坝成矿亚带
			Ⅳ-4⑧双峰山-伊吾成矿亚带
		Ⅲ-5 准噶尔盆地成矿区	Ⅳ-5①克拉玛依-乌尔禾成矿亚带
			Ⅳ-5②乌伦古成矿亚带
			Ⅳ-5③三个泉成矿亚带
			Ⅳ-5④玛湖-彩南成矿亚带
			Ⅳ-5⑤莫索湾成矿亚带
			Ⅳ-5⑥石河子-三台成矿亚带
			Ⅳ-5⑦乌鲁木齐-独山子成矿亚带
			Ⅳ-5⑧双井子成矿亚带
			Ⅳ-5⑨火烧山成矿亚带
		Ⅲ-6 准噶尔南缘成矿带	Ⅳ-6①伊连哈比尔尕成矿亚带
			Ⅳ-6②博格达成矿亚带
			Ⅳ-6③哈尔里克成矿亚带
		Ⅲ-7 吐哈盆地成矿带	Ⅳ-7①胜金口-小草湖成矿亚带
			Ⅳ-7②中央隆起成矿亚带
			Ⅳ-7③托克逊-鄯善成矿亚带
			Ⅳ-7④艾丁湖成矿亚带
			Ⅳ-7⑤了墩成矿亚带
			Ⅳ-7⑥三道岭成矿亚带
			Ⅳ-7⑦哈密-骆驼圈子成矿亚带
			Ⅳ-7⑧卡特卡尔成矿亚带
		Ⅲ-8 觉罗塔格-黑鹰山成矿带	Ⅳ-8①大南湖-雀儿山-狐狸山成矿亚带
			Ⅳ-8②雅满苏-红石山-黑鹰山成矿亚带
		Ⅲ-9 伊犁北缘成矿带	Ⅳ-9①阿拉套成矿亚带
			Ⅳ-9②汗吉尕成矿亚带
			Ⅳ-9③赛里木成矿亚带
			Ⅳ-9④博罗科努成矿亚带
		Ⅲ-10 伊犁成矿带	Ⅳ-10①阿吾拉勒成矿亚带
			Ⅳ-10②伊犁盆地成矿亚带
			Ⅳ-10③伊什基里克成矿亚带
			Ⅳ-10④昭苏-特克斯成矿亚带

续表 4-2-1

Ⅰ级成矿域	Ⅱ级成矿省	Ⅲ级成矿区带	Ⅳ级成矿亚区带
古亚洲成矿域	准噶尔-伊犁成矿省	Ⅲ-11 伊犁南缘-中天山-旱山成矿带	Ⅳ-11①那拉提成矿亚带 Ⅳ-11②巴伦台成矿亚带 Ⅳ-11③中天山-旱山成矿亚带
		Ⅲ-14 金窝子-公婆泉-东七一山成矿带	Ⅳ-14①金窝子-鲤鱼梁成矿亚带 Ⅳ-14②公婆泉-东七一山成矿亚带
	塔里木成矿省	Ⅲ-12 塔里木板块北缘成矿带	Ⅳ-12①阔克沙勒岭成矿亚带 Ⅳ-12②东阿赖-哈尔克山成矿亚带 Ⅳ-12③艾尔宾山成矿亚带 Ⅳ-12④焉耆成矿区带成矿亚带
		Ⅲ-13 塔里木陆块北缘隆起成矿带	Ⅳ-13①柯坪塔格成矿亚带 Ⅳ-13②库鲁克塔格成矿亚带
		Ⅲ-15 敦煌成矿区	Ⅳ-15①白玉山-方山口-鹰嘴红山成矿带 Ⅳ-15②磁海-红柳园-白山堂成矿亚带 Ⅳ-15③敦煌-玉门成矿亚带
		Ⅲ-16 塔里木盆地成矿区	Ⅳ-16①库车坳陷成矿亚带 Ⅳ-16②塔北(沙雅)隆起成矿亚带 Ⅳ-16③北部坳陷成矿亚带 Ⅳ-16④中央隆起成矿亚带 Ⅳ-16⑤西南坳陷成矿亚带 Ⅳ-16⑥塔南隆起成矿亚带 Ⅳ-16⑦东南坳陷成矿亚带
		Ⅲ-17 铁克里克成矿带	Ⅳ-17①塔木矿带成矿亚带 Ⅳ-17②布穹成矿亚带
		Ⅲ-19 阿尔金成矿带	Ⅳ-19①红柳沟-喀腊大湾成矿亚带 Ⅳ-19②阿尔金地块成矿亚带 Ⅳ-19③迪木那里克-苏巴里克成矿亚带
	华北成矿省	Ⅲ-18 阿拉善成矿带	Ⅳ-18①北大山-西红山成矿亚带 Ⅳ-18②龙首山成矿亚带
		Ⅲ-59 鄂尔多斯西缘成矿带	Ⅳ-59①贺兰山裂陷带成矿亚带 Ⅳ-59②银川盆地成矿亚带 Ⅳ-59③李家河-青龙山-云雾山-彭阳成矿亚带
		Ⅲ-60 鄂尔多斯成矿区	Ⅳ-60①陕北成矿亚带 Ⅳ-60②渭北成矿亚带 Ⅳ-60③鄂尔多斯盆地南缘成矿亚带
		Ⅲ-61 山西成矿带	Ⅳ-61①龙门-韩城成矿亚带 Ⅳ-61②墙头-海则庙成矿亚带 Ⅳ-61③渭河盆地成矿亚带 Ⅳ-61④临潼-蓝田成矿亚带
		Ⅲ-63 华北陆块南缘成矿带	Ⅳ-63①太华台拱成矿亚带 Ⅳ-63②金堆城-楼房村成矿亚带
特提斯成矿域	秦岭成矿省	Ⅲ-66A 北秦岭成矿带	Ⅳ-66A①天水-太平峪-蟒岭成矿亚带 Ⅳ-66A②太白-商洛-玉皇尖成矿亚带
		Ⅲ-66B 南秦岭成矿带东段	Ⅳ-66B①柞水-山阳成矿亚带 Ⅳ-66B②宁陕-镇安-白河成矿亚带 Ⅳ-66B③石泉-紫阳-镇坪成矿亚带 Ⅳ-66B④佛坪成矿亚带

续表 4-2-1

Ⅰ级成矿域	Ⅱ级成矿省	Ⅲ级成矿区带	Ⅳ级成矿亚区带
特提斯成矿域	秦岭成矿省	Ⅲ-28 南秦岭成矿带西段	Ⅳ-28① 夏河-西和-凤县-黄柏塬成矿亚带
			Ⅳ-28② 碌曲-岷县-徽县成矿亚带
			Ⅳ-28③ 玛曲-舟曲-留坝成矿亚带
			Ⅳ-28④ 玛曲(西倾山)成矿亚带
	祁连成矿省	Ⅲ-20 河西走廊成矿带	Ⅳ-20① 山丹-永昌-中卫成矿亚带
			Ⅳ-20② 嘉峪关-康隆寺成矿亚带
		Ⅲ-21 北祁连成矿带	Ⅳ-21① 九个泉-景泰-靖远成矿亚带
			Ⅳ-21② 昌马-峨堡-天祝成矿亚带
			Ⅳ-21③ 肃北-香毛山成矿亚带
			Ⅳ-21④ 柳沟峡-小柳沟成矿亚带
			Ⅳ-21⑤ 野牛沟-黄藏寺成矿亚带
			Ⅳ-21⑥ 石青硐-白银厂成矿亚带
			Ⅳ-21⑦ 玉石沟-川刺沟成矿亚带
		Ⅲ-22 中祁连成矿带	Ⅳ-22① 红沟-炭山岭成矿亚带
			Ⅳ-22② 会宁-庄浪成矿亚带
			Ⅳ-22③ 别盖-硫磺山成矿亚带
			Ⅳ-22④ 花石掌-河桥镇成矿亚带
		Ⅲ-23 南祁连成矿带	Ⅳ-23① 党河南山成矿亚带
			Ⅳ-23② 哈勒腾河-青海湖成矿亚带
			Ⅳ-23③ 拉脊山成矿亚带
			Ⅳ-23④ 日月山-化隆成矿亚带
			Ⅳ-23⑤ 宗务隆成矿亚带
	昆仑成矿省	Ⅲ-24 柴达木北缘成矿带	Ⅳ-24① 阿卡腾能山成矿亚带
			Ⅳ-24② 俄博梁成矿亚带
			Ⅳ-24③ 赛什腾山-阿尔茨托山成矿亚带
		Ⅲ-25 柴达木盆地成矿区	Ⅳ-25① 盆地西部成矿亚区
			Ⅳ-25② 盆地中部成矿亚区
			Ⅳ-25③ 盆地南部成矿亚区
		Ⅲ-26 东昆仑成矿带	Ⅳ-26① 祁漫塔格-都兰成矿亚带
			Ⅳ-26② 布尔汗布达-伯喀里克-香日德成矿亚带
			Ⅳ-26③ 东昆仑南部成矿亚带
			Ⅳ-26④ 满丈岗成矿亚带
		Ⅲ-27 西昆仑成矿带	Ⅳ-27① 昆盖山-库尔浪成矿亚带
			Ⅳ-27② 昆中成矿亚带
	巴颜喀拉-松潘成矿省	Ⅲ-29 喀拉米兰(阿尼玛卿)成矿带	Ⅳ-29① 喀拉米兰-布喀大阪成矿亚带
			Ⅳ-29② 布青山-积石山成矿亚带
		Ⅲ-30 北巴颜喀拉-马尔康成矿带	Ⅳ-30① 加给龙洼-昌马河成矿亚带
			Ⅳ-30② 两湖-班玛成矿亚带
			Ⅳ-30③ 巴颜喀拉山口成矿亚带
			Ⅳ-30④ 柯生-阳坝成矿亚带
		Ⅲ-31 南巴颜喀拉-雅江成矿带	Ⅳ-31① 大红柳滩成矿亚带
			Ⅳ-31② 黄羊岭成矿亚带
			Ⅳ-31③ 云雾岭成矿亚带
			Ⅳ-31④ 可可西里-南巴颜喀拉成矿亚带
	喀喇昆仑-三江成矿省	Ⅲ-33 金沙江成矿带	Ⅳ-33① 西金乌兰-玉树成矿亚带
			Ⅳ-33② 乌兰乌拉湖-风火山成矿亚带
			Ⅳ-33③ 曲柔尕卡-赵卡隆成矿亚带

续表 4-2-1

Ⅰ级成矿域	Ⅱ级成矿省	Ⅲ级成矿区带	Ⅳ级成矿亚区带
特提斯成矿域	喀喇昆仑-三江成矿省	Ⅲ-36 昌都-普洱成矿带	Ⅳ-36①下拉秀成矿亚带 Ⅳ-36②尕卡都成矿亚带 Ⅳ-36③乌丽-囊谦成矿亚带 Ⅳ-36④旦荣-东坝成矿亚带
		Ⅲ-35 喀喇昆仑-羌北成矿带	Ⅳ-35①塔什库尔干-阿克赛钦成矿亚带 Ⅳ-35②林济塘成矿亚带 Ⅳ-35③乔戈里成矿亚带 Ⅳ-35④雁石坪成矿亚带 Ⅳ-35⑤唐古拉山南坡成矿亚带
	扬子成矿省	Ⅲ-73 龙门山-大巴山成矿带	Ⅳ-73①碧口-阳坝成矿亚带 Ⅳ-73②宁强-镇巴成矿亚带 Ⅳ-73③汉南-碑坝成矿亚带

第三节　典型矿床特征

典型矿床研究是成矿规律研究的基础。西北地区地处三大成矿域的交会部位，成矿条件优越，成矿类型独特，形成了多处具有全球典型意义的矿床。如地处华北地台西南缘龙首山隆起的新元古代金川铜镍钴硫化物矿床和阿尔泰活动大陆边缘的中生代可可托海稀有金属矿床等世界级超大型矿床，它们的发现和利用，改变了全球矿产的分布和世界矿业的格局。同时，更有一批对中国矿业具有特别意义的矿床，如中华人民共和国成立之初在祁连山东段发现白银厂铜多金属块状硫化物矿床和其西段发现的镜铁山沉积变质型铁矿床等，它们的勘探开发利用，对新中国有色金属工业和钢铁工业的发展发挥了不可替代的作用。随着中华人民共和国工业发展对矿产品的急需，西北地区又相继在东秦岭发现了金堆城超大型斑岩型钼矿床和西秦岭厂坝超大型同生型铅锌矿床等，西北地区各类金属和非金属矿产的发现，已构成了西北内陆地质矿产的分布特色。改革开放以来，地质找矿取得了新的重大突破，特别是在新疆北部，相继在西准噶尔、东准噶尔构造带发现了泥盆纪阿舍勒超大型多金属块状硫化物矿床和早二叠世克拉通克超大型铜镍钴硫化物矿床，在东天山造山带中发现了一批以石炭纪土屋斑岩型铜矿床，早二叠世黄山东、图拉尔根铜镍钴硫化物矿床，志留纪红石、红海多金属块状硫化物矿床和石炭纪雅满苏火山岩浆型铁矿床等为代表的有色金属、黑色金属矿床，在西秦岭和东昆仑造山带中发现了一批重要的中生代造山型金矿床。

进入新世纪以来，随着矿业经济的快速发展，西北地区发现了一批国内外有重要影响的金属矿床（李文渊，2015），比较重要的有东昆仑造山带中的早泥盆世夏日哈木超大型铜镍钴硫化物矿床、三江造山带西段甜水海地块中的侏罗纪—白垩纪火烧云超大型后生型铅锌矿床、喀喇昆仑山带中晚三叠世大红柳滩超大型伟晶岩型锂铍矿床、西昆仑造山带古老地块中的古元古代塔什库尔干沉积变质型铁矿床、西昆仑西端帕米尔构造结西翼中的晚石炭世玛尔坎苏沉积型副锰矿床和西天山造山带中的石炭纪阿吾拉勒火山喷溢型铁矿床等。这些重要矿床的发现，连同历年来的重要矿床发现，已经构成了西北地区鲜明的矿产资源特色，为西北地区重要矿产区域成矿规律的探讨奠定了重要基础。现摘西北地区重要或典型的矿床，分别以黑色金属、有色金属、贵金属、稀有稀土金属和重要非金属矿产分类予以列述。

一、黑色金属

(一)新疆塔什库尔干县赞坎铁矿

1. 成矿地质背景

矿区位于塔什库尔干-甜水海地块,属喀喇昆仑-羌北成矿带(Ⅲ-35),古元古代裂谷裂陷环境下在浅海-半深海过渡区,由海底火山活动喷流沉积形成含铁建造,后期发生变质。区内出露地层以古元古界布伦阔勒岩群为主,主要岩性组合为斜长角闪片岩-黑云石英片岩-石英片岩-大理岩。构造环境复杂,岩浆活动强烈,受多期构造及岩浆活动影响,地层挤压强烈,褶皱、断裂极其发育。

2. 矿床地质特征

铁矿体赋存于古元古界布伦阔勒岩群变质岩系中,除了严格受地层控制之外,在次级断裂发育部位及褶皱构造的轴部有利于厚度巨大、品位较高的矿体产出,成矿后岩浆岩侵入对矿体有加富或破坏作用。矿区圈出6条大致平行的矿带,9个铁矿体,呈似层状、透镜状分布(图4-3-1)。围岩蚀变可见大理岩化、阳起石化、绿泥石化、绢云母化等。矿石结构主要以自形—半自形结构、粒状变晶结构为主,浸染状构造、块状构造、条带状构造。矿石中金属矿物以磁铁矿为主,少量赤铁矿、黄铁矿等。

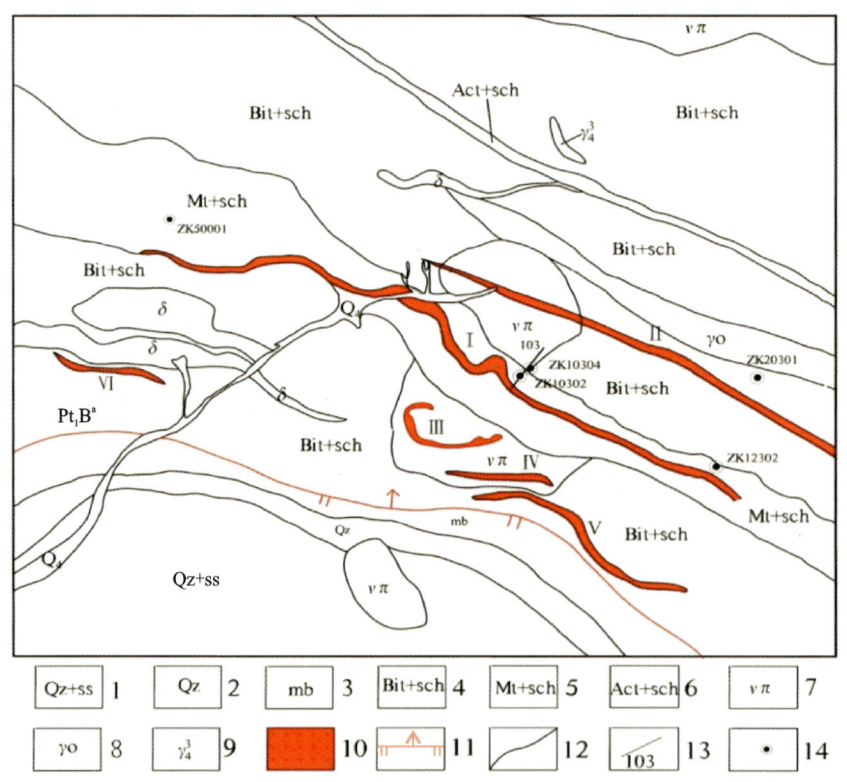

图4-3-1 赞坎铁矿地质略图(据郝延海等,2010)

1.变质石英砂岩;2.石英岩;3.大理岩;4.黑云母石英片岩;5.霏细岩;6.闪长岩;7.花岗岩;8.阳起石及斜长石;9.磁铁矿及黄铁矿;10.矿体;11.断层;12.地层界线;13.勘探线;14.钻孔

3. 成矿机制和成矿模式

西昆仑塔什库尔干地区赞坎铁矿矿床成因为沉积变质型铁矿。古元古代为成铁时代，中基性岩浆活动频繁，形成富铁火山岩；部分铁质与海水发生海解作用进入海水富集，沉积后形成富铁富硅沉积岩，下部为富铁火山岩，上部为富铁沉积岩（富硅）的含铁建造；在后期的区域变质过程中，富铁岩石在高温高压下物质成分发生分异，铁质进一步富集，形成富铁和富硅的不同颜色条带，最后成沉积变质型铁矿（图 4-3-2）。

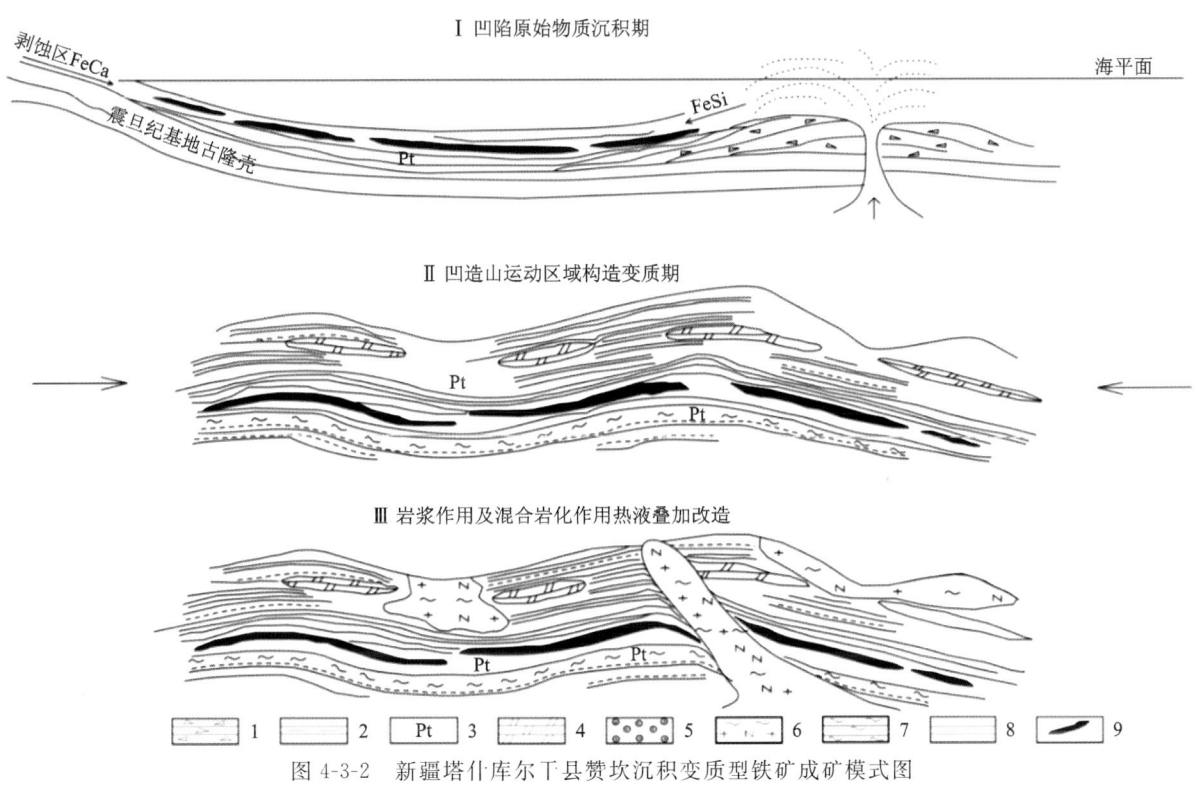

图 4-3-2 新疆塔什库尔干县赞坎沉积变质型铁矿成矿模式图

1.火山碎屑沉积物；2.片岩、片麻岩；3.黑云斜长片麻岩；4.大理岩；5.石榴子石；6.斜长花岗岩；7.混合岩化片麻岩；8.黑云母石英片岩；9.铁矿

4. 控矿因素与找矿标志

矿体呈似层状、透镜状产于古元古界布伦阔勒岩群内，磁铁矿（化）体露头或转石是最直接的找矿标志，铁矿体与磁异常对应关系较好，异常下限为 5000nT。

（二）新疆和静县查岗诺尔铁矿

1. 成矿地质背景

矿区位于伊塞克-伊犁陆块阿吾拉勒晚古生代裂谷带内，属伊犁成矿带（Ⅲ-10）。该区自晚泥盆世—早石炭世南北两侧洋盆聚合消减开始至二叠纪火山活动结束，经历了俯冲消减和后期的地壳拉张，伴随着张性断裂及其张裂隙带的产生，导致海底火山喷发，在早石炭世形成了中偏酸性裂隙式喷发和中偏基性中心式喷发两种火山活动方式，区内成矿以金、铁为主，铜、铅锌为辅；铁矿与海底火山喷溢-沉积作用有关，海西中晚期花岗岩侵入叠加有夕卡岩化。

2. 矿床地质特征

该矿床位于查岗诺尔-智博破火口的西侧,查岗诺尔火山机构的中心地带,赋矿地层为下石炭统大哈拉军山组,磁铁矿体主要产于夕卡岩化大理岩与钠长斑岩质火山凝灰岩的界面中(图4-3-3)。区内圈出东、西两个矿带,11个矿体,矿体一般呈板状、似层状、透镜状产出。矿石结构主要为他形—半自形—自形粒状结构、交代假象结构;矿石构造主要为浸染状构造、块状构造、角砾状构造、条带状构造等,主要的含铁矿物为氧化物,以磁铁矿为主。

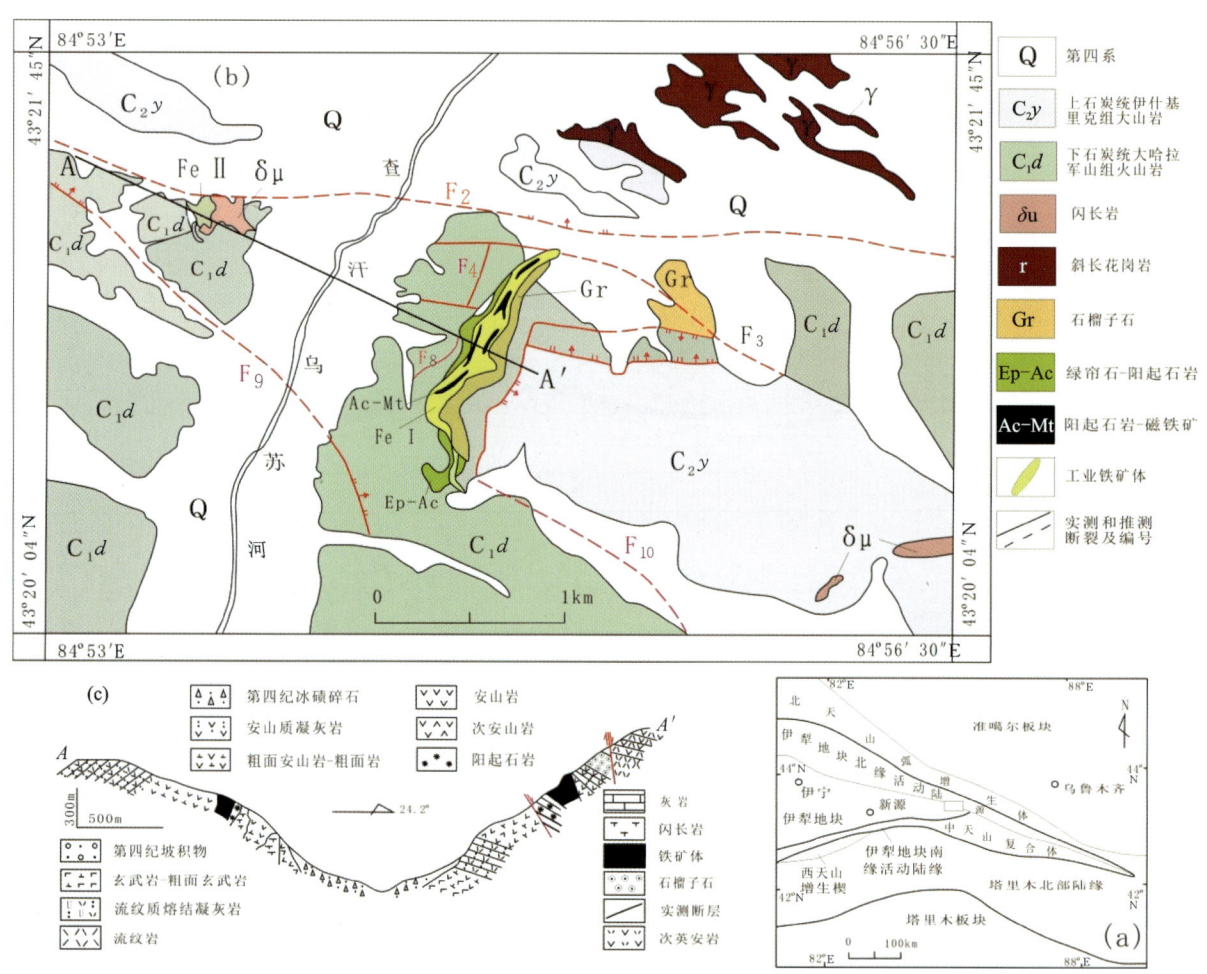

图4-3-3 西天山大地构造略图(a)、查岗诺尔矿区地质图(b)及查岗诺尔矿区实测剖面图(c)
(据汪帮耀等,2011)

3. 成矿机制和成矿模式

矿床成因与火山活动直接有关,受基底断裂及火山机构的控制,成因类型为海相火山型,成矿时代为早古生代。早石炭世拉张期间,在查岗诺尔-智博破火口内,由于海底火山喷发作用造成内能大量消耗而处于负压状态,为了使负压区的压力达到平衡,经过岩浆加热的卤水携带着矿化剂和围岩交代后产生的大量铁等金属离子,一起被带入到岩浆房,进一步发展成矿浆,当内压过大时喷出,沿层间断裂和角砾岩带溢流成矿,形成部分角砾状矿石,并逐渐形成了半封闭的成矿环境。同时,矿床又产生了新的负压效应,促使铁质元素不断的从围岩中析出,与交代过程中形成的大量气状物质一起进入到新的矿浆房,造成内压过大产生隐爆,是早期铁矿和围岩破碎形成角砾,经高浓度矿液的贯入形成了含磁铁角砾和围岩角砾的磁铁矿石,之后在开放环境下,随着交代作用的继续进行,围岩中的铁以离子状态被不断的转移到角砾矿石的底部沉淀富集成矿,形成了浸染状矿石。在岩浆侵入阶段,交代形成的含矿热液沿断裂构造上升并在局部加富。整个成矿过程是在矿浆房内不断上升,成矿环境由封闭转为开放,成矿元素在不断的交代置换作用下完成的,矿浆的形成有别于岩浆分异作用(图4-3-4)。

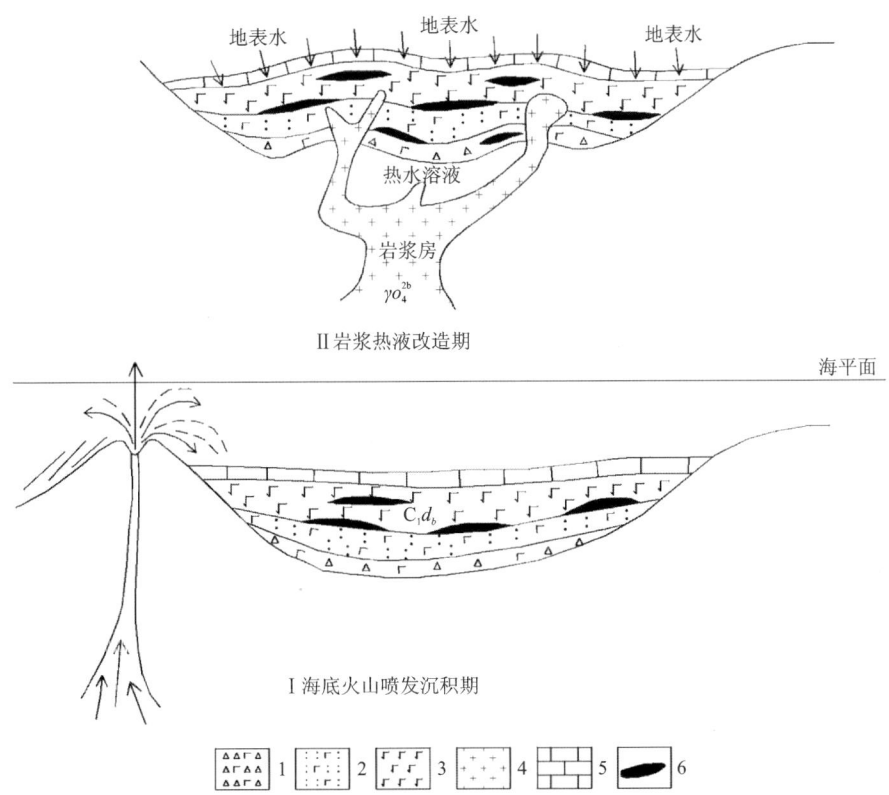

图4-3-4 和静县查岗诺尔铁矿床成矿模式图(据新疆铁矿专著,2011)
1.玄武质火山角砾岩;2.玄武质凝灰岩;3.玄武安山岩;4.岩浆热液;5.灰岩;6.铁矿体

4.控矿因素与找矿标志

拉张形成的裂陷槽,特别是近陆侧,为铁矿形成的有利构造环境;火山机构中心附近产生的环形断裂、喷发不整合面等是铁矿产出的有利部位;下石炭统大哈拉军山组安山质凝灰岩、角砾凝灰岩等是铁矿的赋矿地层;高磁异常是找矿的重要间接标志。

(三)新疆阿克陶县玛尔坎苏锰矿

西昆仑地区石炭纪富锰矿十分发育,主要位于新疆西昆仑玛尔坎苏地区,为沉积型锰矿,层位稳定,厚度较大,品位富,初步查明富锰矿石资源量达5000万t;含锰岩系东西延伸达100km,向西延至塔吉克斯坦境内。已发现奥尔托喀纳什大型、穆呼大型、玛尔坎土中型锰矿床以及多处锰矿化点(图4-3-5)。

1.区域成矿背景

矿区位于西昆仑与塔里木结合部位,属西昆仑成矿带(Ⅲ-27),含锰岩系沿昆北构造带玛尔坎苏晚古生代弧后裂谷盆地分布。石炭纪—二叠纪地质体经历了两期构造变形:二叠纪晚期裂谷盆地闭合阶段浅层次顺层脆韧性变形-右行走滑与新近纪晚期陆内造山阶段浅表层次脆性—脆性变形——由南向北叠瓦式逆冲推覆。

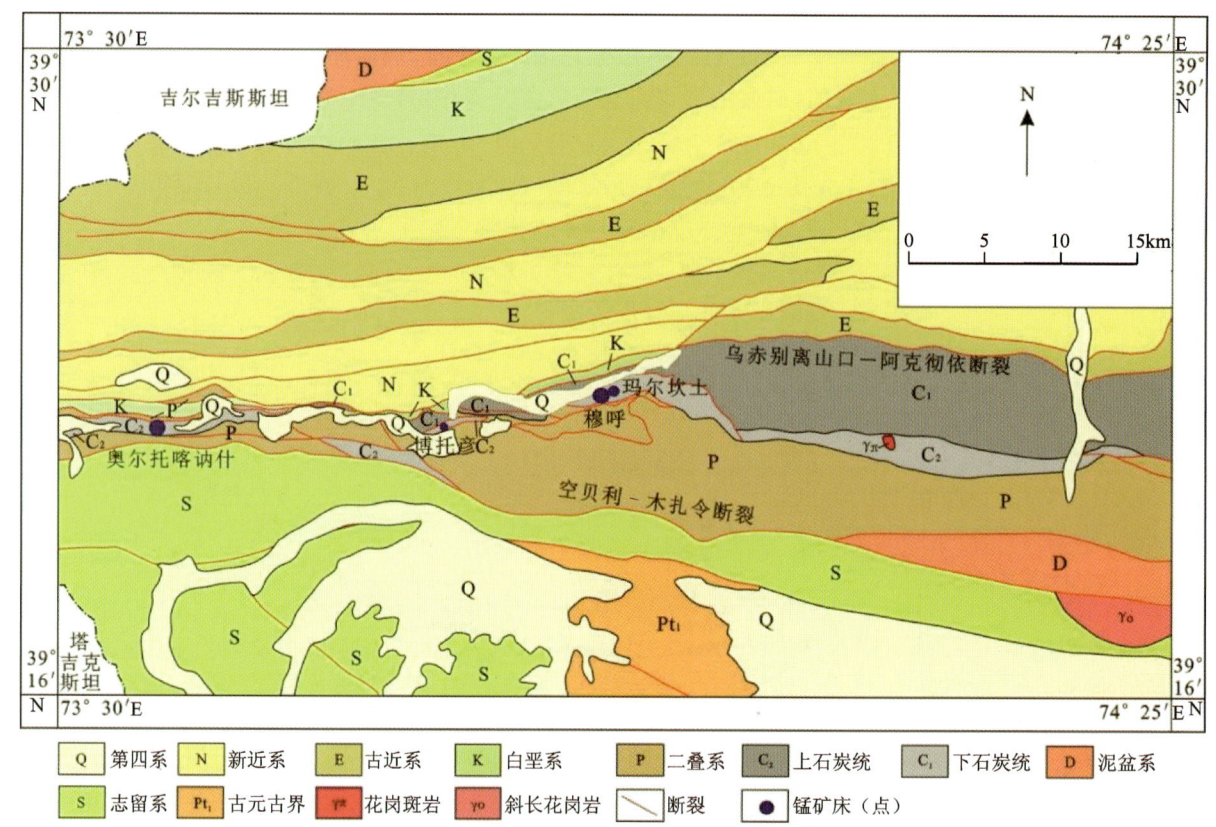

图 4-3-5　西昆仑玛尔坎苏一带区域地质矿产简图(据高永宝等,2017)

2. 矿床地质特征

奥尔托喀纳什锰矿区内含矿地层主要为上石炭统喀拉阿特河组(C_2k)第三岩性段,为泥质灰岩夹薄层状灰岩,呈灰色,风化面呈浅灰色,泥质、泥晶结构,中-厚层状构造,为区内最主要的沉积型锰矿赋矿层位(图 4-3-6)。目前发现两条矿体(Ⅰ、Ⅱ号),间距 20~50m,呈近东西向近平行展布,连续性好,长约 5500m。Ⅰ号矿体为矿区主矿体之一,呈层状产出,产状稳定、连续,已控制最大斜深 475m,最大厚度 20.25m,总体走向 95°,倾角 75°~88°。矿石类型主要以菱锰矿为主,局部可见氧化锰矿石、蔷薇辉石。选冶工艺较简单,电解可获得锰含量 99.8%的优质电解锰产品。

3. 成矿机制和成矿模式

西昆仑玛尔坎苏锰矿属沉积型锰矿床,含锰岩系为一套浅海碳酸盐岩台地相沉积建造组合,可划分为台内浅滩、潮坪、开阔台地、局限台地 4 个相类型。锰矿石较低的 Fe/Mn 比值、V/(V+Ni)比值、强烈的 Ce 正异常,表明 Mn 是在较氧化环境下,以氧化物或氢氧化物形式沉积富集。含锰岩系顶、底板岩石中较多成熟度较差的中酸性火山岩岩屑,以及锰矿石较低的 Al/(Al+Fe+Mn)、Y/Ho、Co/Ni 比值等说明成矿物质来源于海底热水活动。西昆仑石炭纪锰矿具有"内源外生"特点,锰矿石及菱锰矿较负的 $\delta^{13}C$ 值(-23.3‰~-13.2‰)表明锰矿经历了先成锰氧化物或氢氧化物被还原转化成菱锰矿的过程,有机质更为强烈的还原作用是富锰矿形成的重要机制。后期构造叠加致使矿体发生变形,受褶皱控制,矿石受到强烈改造,形成锰镁绿泥石、红锰矿、蔷薇辉石等;晚期经历氧化淋滤作用形成软锰矿、水锰矿等(高永宝等,2017)。

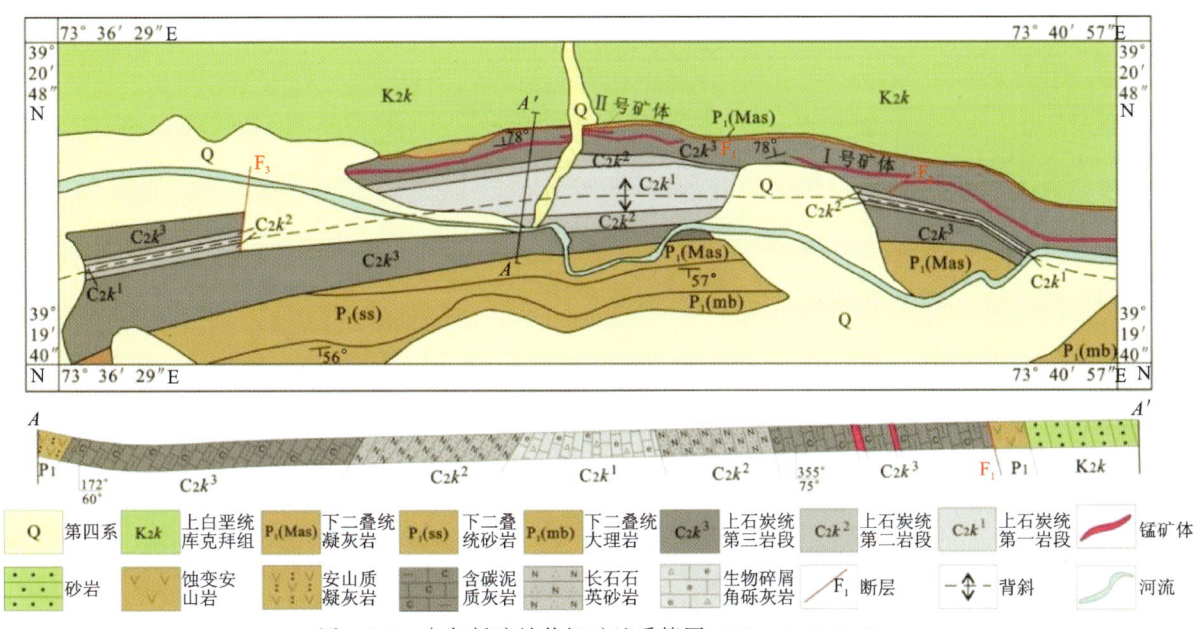

图 4-3-6 奥尔托喀纳什锰矿地质简图(据高永宝等,2017)

4. 控矿因素与找矿标志

锰矿床多形成于晚石炭世弧后裂谷盆地浅海碳酸盐岩台地相,上石炭统喀拉阿特河组是锰矿产出的唯一层位,直接顶底板均为含碳泥晶灰岩,黄铁矿的出现也是重要的找矿标志。锰矿体受风化作用在地表呈黑色条带,可作为重要的露头标志;间接标志为上盘二叠系的灰绿色蚀变安山岩。区域东西向乌赤别里山口等断裂与矿体展布方向基本一致,在空间上控制着锰矿床的分布,是寻找锰矿床的重要标志。遥感解译、异常提取可作为间接找矿标志。

(四)甘肃肃北县大道尔吉铬铁矿

1. 成矿地质背景

大道尔吉铬铁矿床大地构造位于秦祁昆造山系、中-南祁连弧盆系、中祁连岩浆弧,属中祁连成矿带(Ⅲ-22)。区域侵入岩属于秦祁昆构造岩浆岩省、中-南祁连构造岩浆带,主体位于中祁连岩浆弧构造岩浆岩亚带,西南少部属于党河南山-拉脊山蛇绿混杂岩构造岩浆岩亚带。其中,位于付家沟-野马南山岩浆弧西南边缘的大道尔吉超基性岩体赋存铬铁矿床形成于大洋中脊构造环境。

2. 矿床地质特征

铬铁矿体主要赋存于大道尔吉基性—超基性岩的南部纯橄岩带(图4-3-7)。矿区共圈定矿体371个,铬铁矿体全部赋存于岩体纯橄岩相带内,矿体形态较为复杂,总体主要呈透镜状、囊团状、毛条状及不规则枝杈状,具集中成群分布特征。矿石可分为块状铬铁矿和浸染状铬铁矿两种自然类型,主要具半自形—他形粒状结构。矿石构造主要有致密块状构造、浸染状构造、浸染条带状构造、斑杂状构造。矿石矿物以铬尖晶石为主。脉石矿物主要为橄榄石,次为辉石。

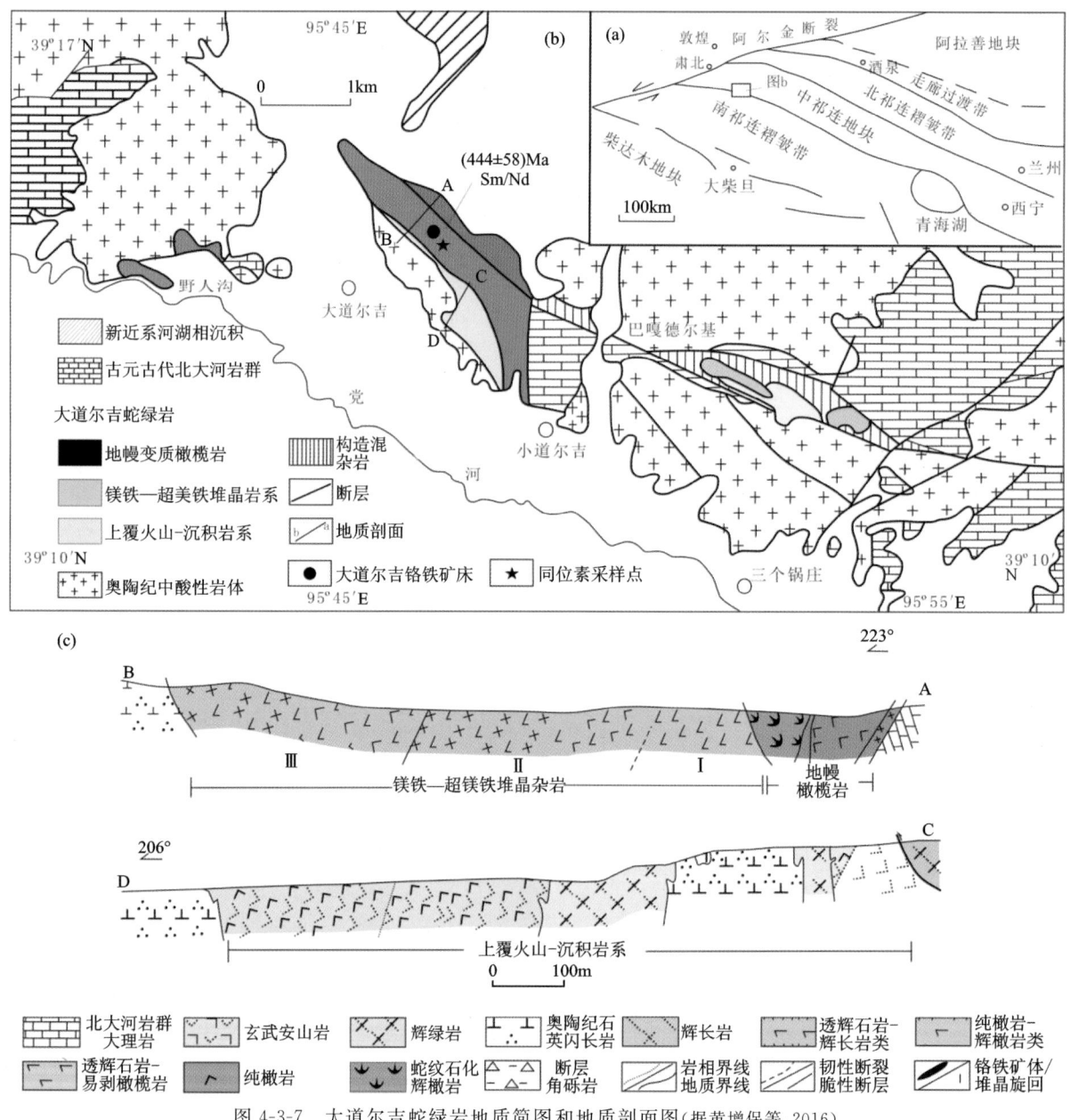

图 4-3-7 大道尔吉蛇绿岩地质简图和地质剖面图(据黄增保等,2016)

3. 成矿机制与成矿模式

大道尔吉铬铁矿床产于超基性岩体内,含矿岩体呈透镜状岩墙沿党河(沙拉果河)大断裂北侧之次级断裂带分布。岩体走向北西,与区域构造线方向一致。铬铁矿体全部赋存于岩体纯橄岩相带内,辉石岩相带内未发现铬铁矿体或矿化,显示出 Cr 元素亲镁,向较晚期偏基性的纯橄榄岩相集中的特点。矿体产状与岩体基本一致。

矿体多位于含矿岩相带膨大和转弯部位以及岩相带近尖灭端,显示出含矿熔浆受应力流动及流动分异成矿特点。脉石矿物简单,以橄榄石(蚀变为蛇纹石)为主,少量绿泥石、水镁石、碳酸盐岩等,表明岩浆分异程度高。矿石具有浸染状构造、半自形—他形粒状结构、固溶体分解结构、交代结构、熔蚀结构等特征。矿体与纯橄岩一般为清楚或不清楚的过渡关系,边界呈港湾状、树枝状、不规则状等。以上特征表明,大道尔吉铬铁矿床属于超基性岩浆晚期岩浆熔离型铬矿床,结晶分异和流动分异是其主要成矿作用(图 4-3-8)。

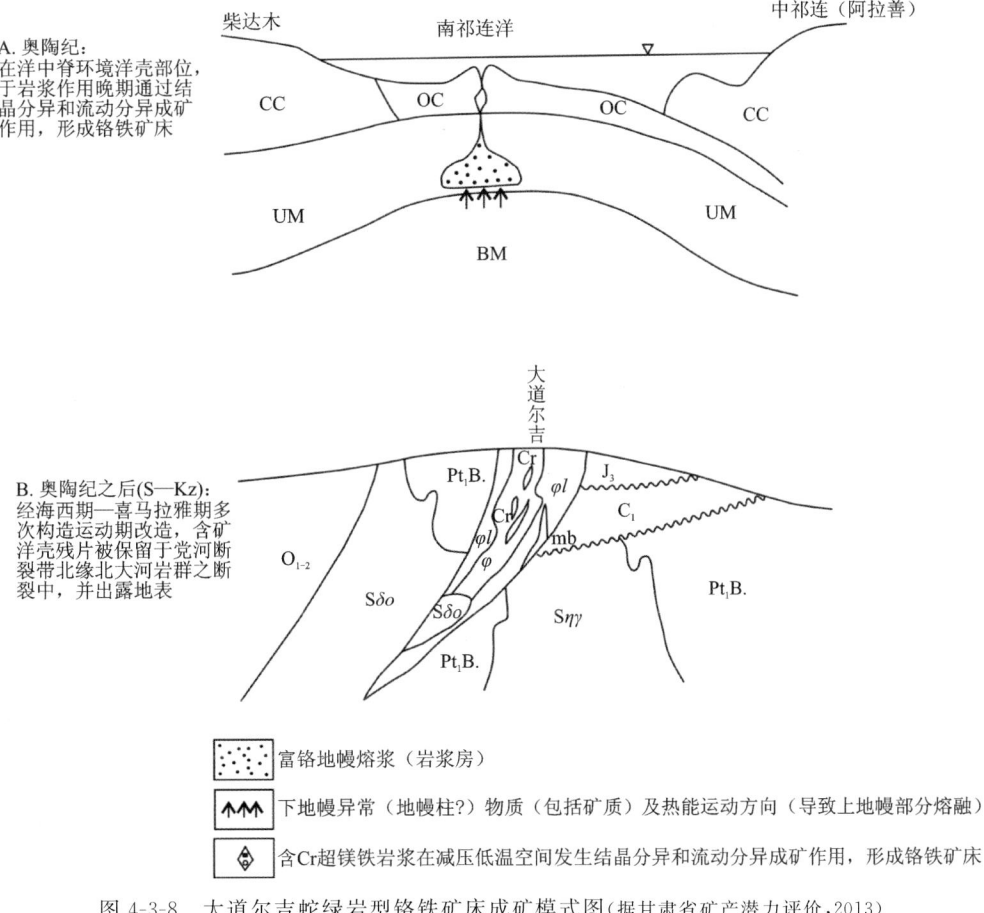

图 4-3-8 大道尔吉蛇绿岩型铬铁矿床成矿模式图(据甘肃省矿产潜力评价，2013)
CC.陆壳；OC.洋壳；UM.上地幔；BM.软流圈地幔
J_3.上侏罗统碎屑岩建造；C_1.下石炭统碎屑岩-碳酸盐岩建造；O_{1-2}.中—下奥陶统海相碳酸盐岩-火山岩-碎屑岩建造；
Pt_1B.元古宇北大河岩群变质碳酸盐岩-碎屑岩建造；mb.大理岩；$S\eta\gamma$.志留纪二长花岗岩；
$S\delta o$.志留纪石英闪长岩；φl.辉石岩(奥陶纪)；φ.纯橄榄岩(奥陶纪)；Cr.铬铁矿体

4.控矿因素与找矿标志

矿床处在区域重力正异常由高变低的梯级带上。剩余重力异常下限一般为0.10mGal，有利地段低缓异常下限为0.05mGal以上。Cr、Ti、Ni、Fe、Co等铁族元素组合富集。

二、有色金属

(一)甘肃金昌市金川铜镍矿

1.成矿地质背景

矿区大地构造位于华北陆块区，阿拉善陆块，龙首山基底杂岩带中段，南侧紧邻北祁连弧盆系之走廊弧后盆地，属阿拉善成矿带(Ⅲ-18)。区域地层主要有古元古界—新太古界龙首山岩群、蓟县系墩子沟群、震旦系韩母山群等基底岩系。区域侵入岩发育，主要为早古生代壳源中酸性花岗岩，呈岩基、岩株状产出，其中代表性的超基性岩为金川铜镍矿床的成矿母岩。

2. 矿床地质特征

矿区主要的岩体为金川超基性岩体（即金川铜镍矿含矿母岩），该岩体由4个侵入体（其中两个为隐伏岩体）组成，总长约5500m，宽15～528m，总面积约1.34km²。各侵入体之间以断层相隔，北东向平推断层使各岩体呈斜列、雁行状排列（图4-3-9）。基性岩体呈岩墙状产出于龙首山岩墙大理岩、混合岩及片麻岩中。岩体分异明显，主要岩性（相）为含辉橄榄岩、纯橄榄岩、二辉橄榄岩，次有橄榄二辉岩、斜长二辉橄榄岩、辉石岩等，前三者为主要的含矿岩性（相）。

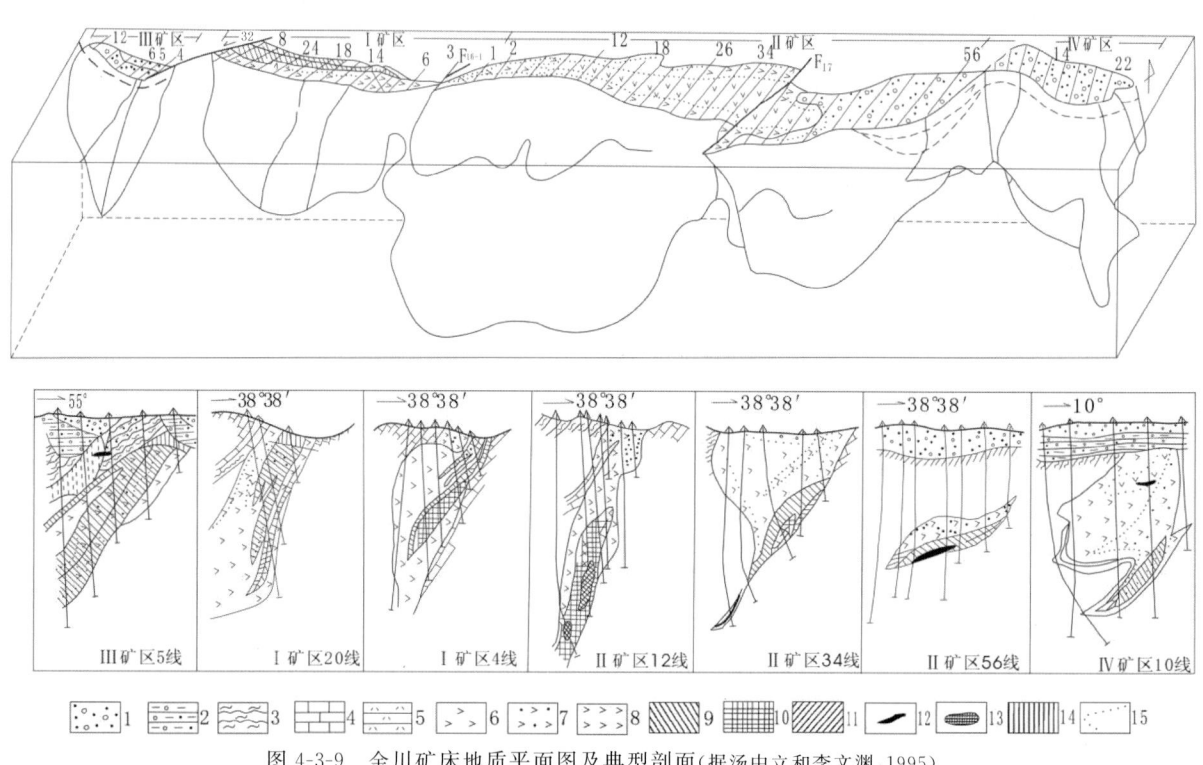

图4-3-9　金川矿床地质平面图及典型剖面（据汤中立和李文渊，1995）

1.第四系冲洪积物；2.第四系砂砾岩；3.混合岩；4.大理岩；5.斜长角闪岩；6.二辉橄榄岩；7.斜长二辉橄榄岩、橄榄辉石岩；9.星点状贫矿；10.海绵陨铁状富矿；11.浸染状矿；12.块状矿；13.铂富集体；14.氧化矿（化）带；15.岩相界线

金川铜镍矿床划分成4个矿区，由北西到南东左形雁行式排列，主矿体呈似层状，长大于300m，厚为41～790m，其他矿体多呈透镜状、扁豆状，次有脉状、不规则状。矿体倾向基本向西南，倾角39°～80°不等，与赋矿岩体产状基本一致。矿体多产于岩体中、下部，少量产于围岩，主矿体规模与赋矿岩体，近似正相关。矿石以原生矿为主，其中岩浆熔离型矿石为最主要的矿石类型。矿石以自形—他形粒状结构、固溶体分解结构、溶蚀结构为主。矿石构造主要为海绵晶铁构造、斑驳构造、半块状-块状构造、稠密浸染状构造等。矿石矿物成分复杂（原生矿），矿石矿物达20多种，主要是磁铁矿、络铁矿、钛铁矿、金红石、镍黄铁矿、磁黄铁矿、紫硫镍铁矿等。脉石矿物有镁橄榄石、贵橄榄石、古铜辉石、普通辉石等。

3. 成矿机制和成矿模式

伴随中国古大陆元古宙的裂解作用，古地幔柱发育抵达岩石圈底部软流圈发生部分熔融产生大量的岩浆，上升至深部岩浆房，持续发生硫化物液相与硅酸盐岩浆熔融体之间的深部熔离，亲硫金属元素纷纷进入硫化物液相中，当亏损金属元素的岩浆上侵刺穿地壳在地表喷发溢流形成基性熔岩，深部岩浆房中下部的含硫化物岩浆或直接为硫化物液相由于地壳的挤压作用而向上侵入和贯入,形成地壳高位含硫化物岩浆房(或矿浆房)而就位。岩浆结晶堆积和硫化物液相位于岩浆房底部,形成层状侵入体。后期的构造变动使含矿层状侵入体空间位置发生变化,呈岩墙状剥蚀出露于地表(李文渊,2006,图4-3-10)。

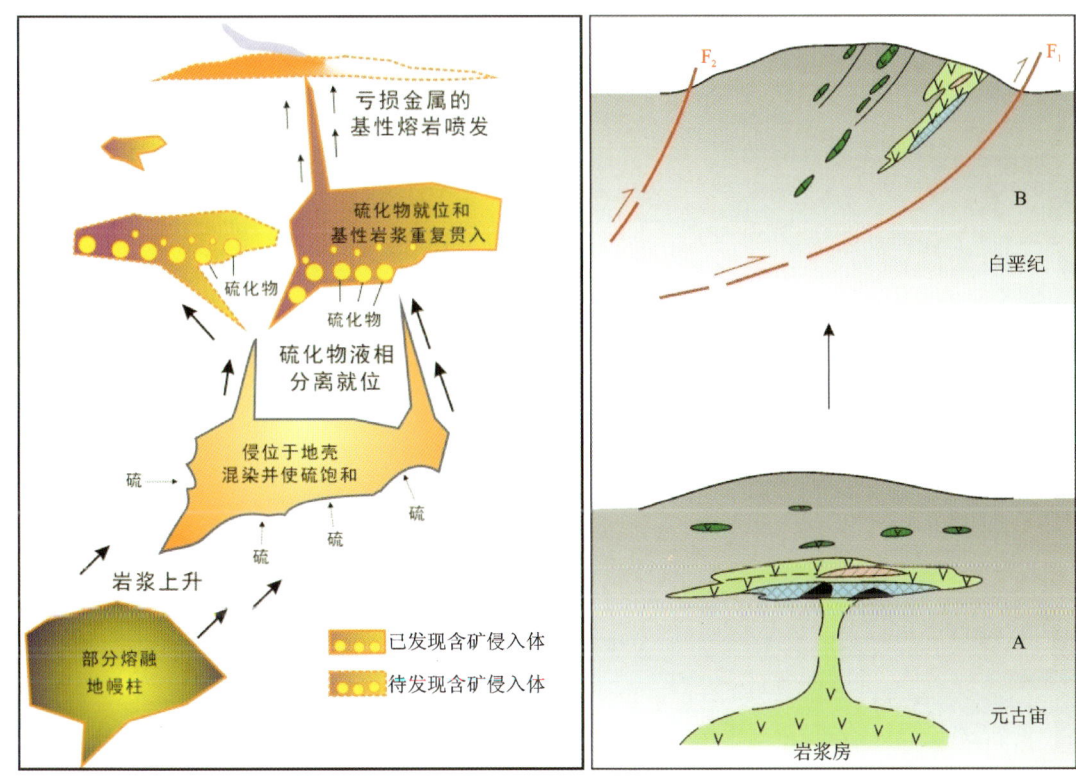

图4-3-10　甘肃省金川岩浆型铜镍矿床成矿模式图(据李文渊,2006)

4. 控矿因素与找矿标志

以纯橄榄岩、含辉橄榄岩和二辉橄榄岩等为组合的岩墙状超镁铁岩,围岩主要为大理岩、混合岩。地表具铜镍硫化物矿石形成的氧化带、铁帽或含矿转石;超基性岩具有蛇纹石化、绿泥石化、透闪石化、透辉石化、滑石化、碳酸盐化、绿高岭石化、硅化等蚀变。

(1)电性特征。以金川Ⅱ矿区208勘探剖面、212勘探剖面为例,在CSAMT异常断面图上,地电断面明显为二层结构。上部的电阻率异常强度明显偏低,高、低阻异常相间或穿插发育,低阻异常清晰;高程500m以下电阻率强度明显偏高,有相对低阻异常发育,与上部异常有一定的继承性,构成电阻率分界面的起伏变化。图面上高、低阻异常排列大致规律,异常展布具有明显南倾趋势,与矿区地层倾向一致,矿体主要位于高阻向低阻转换的过渡区域,以中阻为主,兼顾部分低阻异常的边界地区,所以总体可认为在金川地区的矿体电信异常可概述为沿主构造方向分布的高—低电阻率异常的过渡区发育的中—低电阻率异常(图4-3-11)。

(2)重磁特征。布格重力剖面异常整体表现为非完整的台阶异常,指示了龙首山隆起与潮水盆地的密度差异。Δg的剩余异常呈双峰状,北侧大致与超基性岩体出露位置对应,主要表现了超基性岩体的高密度异常响应,对深部的铜镍矿指示不足;南侧异常段缺少强磁性异常对应,可能是蚀变大理岩相对于混合岩的密度剩余引起。Δg剩余异常的形态、强度与磁源重力异常的差异说明,ΔT(化极)异常主要由深部的铜镍矿引起,其磁源重力异常强度明显偏低。对ΔT异常进行二维视磁化率反演,在断面异常图上显示有强磁性地质体存在,倾向及规模与已知矿床基本一致,与已知矿体相比,在空间位置上略有偏浅。

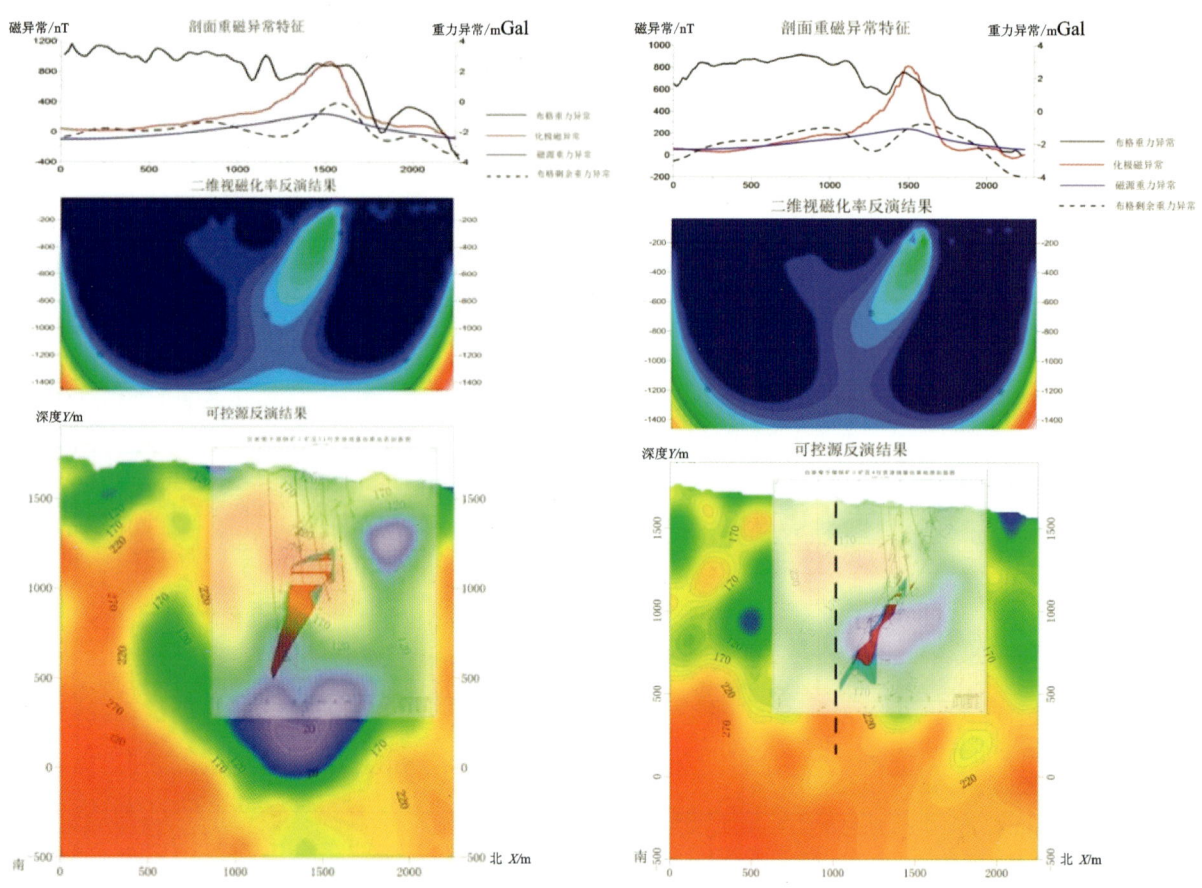

图 4-3-11　金川矿区 208 勘探剖面、2121 勘探剖面可控源反演、布格重力及 ΔT 异常

（二）青海格尔木夏日哈木镍矿

1. 区域地质特征

夏日哈木镍矿床在大地构造位置上,处于东昆仑造山带的昆中带古生代岛弧带内。昆中带出露地层和岩浆活动相对简单,主要有两类地质体:一是古元古界金水口群白沙河岩组,其主要岩石类型为黑云斜长片麻岩、云母二长片麻岩、斜长角闪岩和大理岩,变质程度达角闪岩相—麻粒岩相;二是花岗岩体,以早古生代为主。

2. 矿床地质特征

夏日哈木岩浆铜镍硫化物矿床所在区域目前已发现 5 个镁铁—超镁铁质岩体,矿体主要呈层状、似层状或透镜状赋存于岩体的中下部,主要赋矿岩性为二辉橄榄岩、橄榄辉石岩相和橄榄苏长岩,矿体形态与岩浆通道的形态特征有明显的相关性,在岩浆通道的突然变宽或变缓部位,矿体变得厚大(图 4-3-12)。矿床主要矿石类型为浸染状、海绵陨铁状和斑杂状,局部可见少量的块状矿石和细脉状。矿石为他形粒状、半自形—自形粒状结构。矿石矿物主要为磁黄铁矿、镍黄铁矿、黄铜矿、黄铁矿、紫硫镍矿,地表孔雀石和镍华呈薄膜状分布。脉石矿物主要为铬尖晶石、橄榄石、斜方辉石、普通辉石、滑石、蛇纹石、透辉石等。

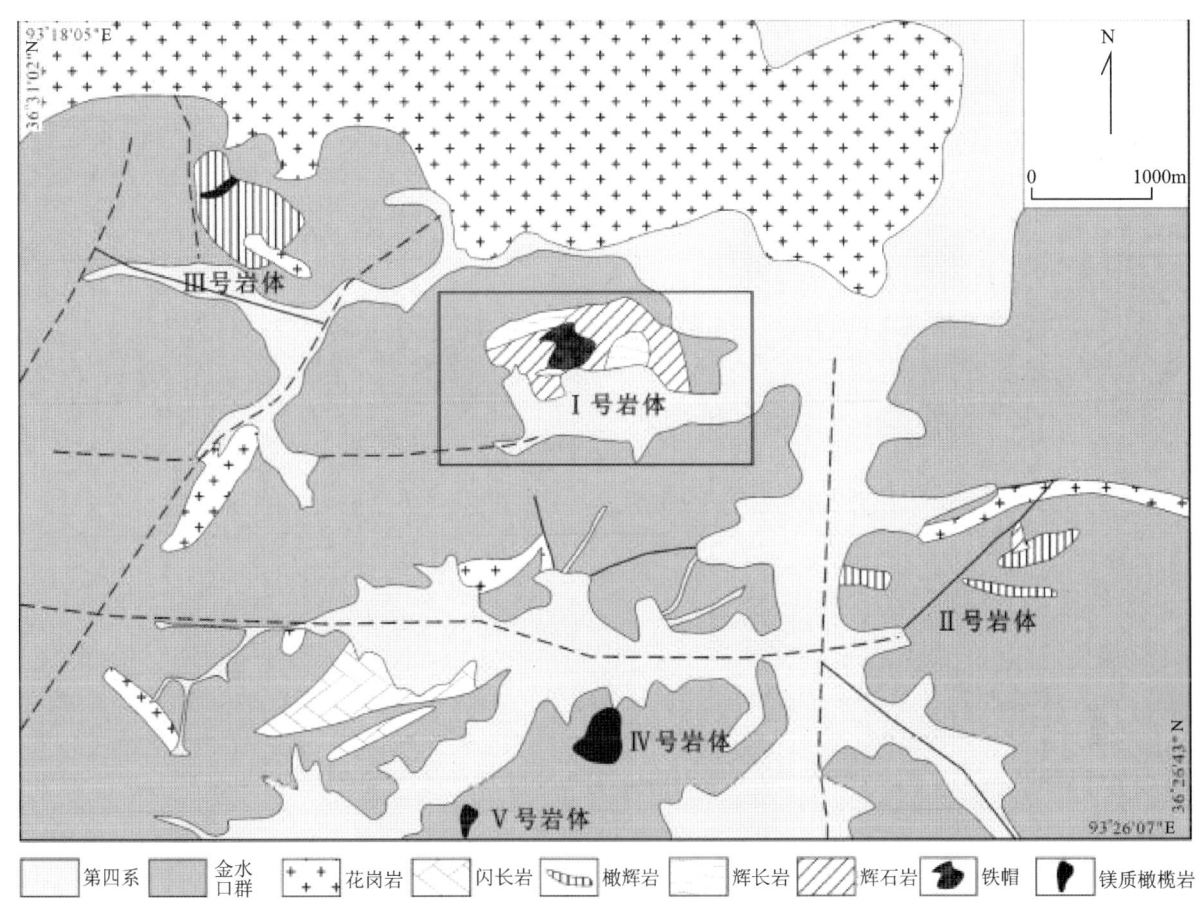

图 4-3-12　夏日哈木矿区地质图(据张照伟等,2018)

3. 成矿机制和成矿模式

夏日哈木作为典型的铜镍硫化物矿床其成因模式与国内其他典型铜镍矿具有很多相似之处,但是夏日哈木矿床与其他矿床相比也存在很多独特之处,如夏日哈木矿床是目前造山带内发现的规模最大的矿床,这表明在造山带内也具备形成超大型镍矿的潜力。

夏日哈木镍矿床主要由3期成矿作用形成。第一期为含矿岩浆上侵就位后结晶分异形成的星点状-浸染状矿石和海绵陨铁结构矿石,主要发育橄榄岩相、辉石岩相。铜镍硫化物呈星点状-浸染状分布于橄榄石、辉石等造岩矿物粒间,为含矿岩浆随温度下降相继结晶出橄榄石、辉石等造岩矿物后,含铜镍硫化物是最后结晶形成的;海绵陨铁状矿石为含丰富硫化物的岩浆结晶而形成的,多位于同期岩浆体的下部。这些岩石与矿石为同期形成的,矿石与岩石呈渐变过渡关系。第二期为深部熔离作用形成的准块状-块状矿石。该类型矿石为矿浆沿构造薄弱面贯入形成。矿石呈脉状主要贯入到橄榄相、辉石岩相和暗色辉长苏长岩相的接触部位,说明超镁铁质岩浆与铜镍矿浆在深部岩浆房熔融状态下基本分离,区域性构造活动驱使矿浆沿断裂构造或裂隙上侵,随着温度下降,镍铜钴硫化物随之结晶沉淀形成了贯入的脉状-块状矿石。该类矿石主要沿活动带或先期复活断裂分布,受构造裂隙控制,常见早期岩(矿)石破碎以及被胶结现象。岩浆后期热液成矿作用发生于矿床形成的最后阶段,主要是细脉状矿石,数量较少,多发育于早期的岩石、矿石裂隙中。

4. 控矿因素与找矿标志

重力异常显示矿体引起的重力异常约为 $2.2 \times 10^{-5} m/s^2$,峰值区对应矿体富集区。剩余重力异常主要由矿体引起,次为超基性岩体。1:2000 高精度磁法测量显示异常强度 400~1900nT,异常范围与超镁铁岩范围吻合。激电异常极化率为6%~10%，随矿体的埋深具有明显的变化，局部可达11%，电阻率为50~120Ω·m。地球化学异常以Ni异常为主，伴生有Cr、Co、Cu的元素组合异常，具有异常三级分带。地表可见镍化、孔雀石化、褐铁矿化等，还可见"球状分化"。

夏日哈木铜镍矿地球物理特征，由东昆仑地区1:20万布格重力异常垂向一阶导数图可见（图4-3-13），局部重力异常表现为北西走向、正负相间的条带状异常带，整体反映了以昆北断裂为主的区域构造特征，而局部重力异常的错位和突变也反映了本区存在北东向断裂构造，夏日哈木铜镍矿位于不同方向断裂构造交会部位。

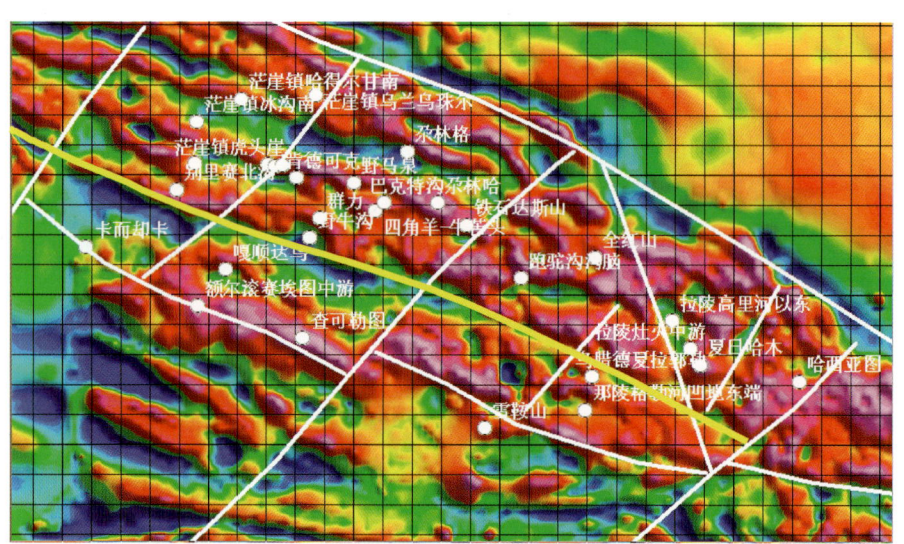

图4-3-13　东昆仑地区1:20万布格重力异常垂向一阶导数图
（图中红色异常区为相对重力高，蓝色异常区为相对重力低）

根据1:5万航磁化极异常图，其特征与重力异常基本相似，局部磁异常也为北西走向的条带状。已知矿体大部分与高磁异常有关，延重力梯级带有高磁异常带分布，说明沿断裂带岩浆活动强烈。

从夏日哈木地区1:20万布格重力异常垂向一阶导数图和1:5万航磁化极异常图（图4-3-14、图4-3-15）可见夏日哈木矿体具高磁高重力异常特征。由于航磁飞行高度大约为600m，其局部磁异常比较弱。

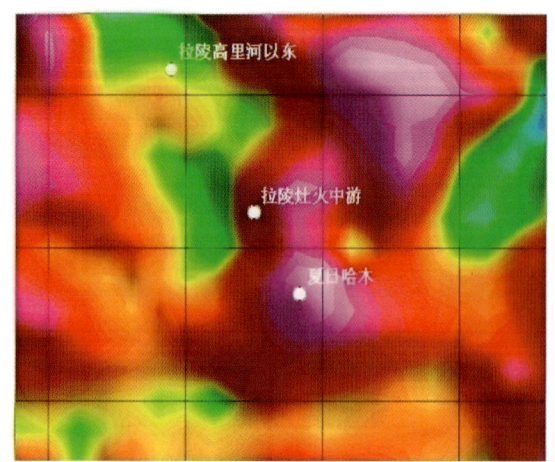

图4-3-14　夏日哈木地区1:20万布格重力异常垂向一阶导数图

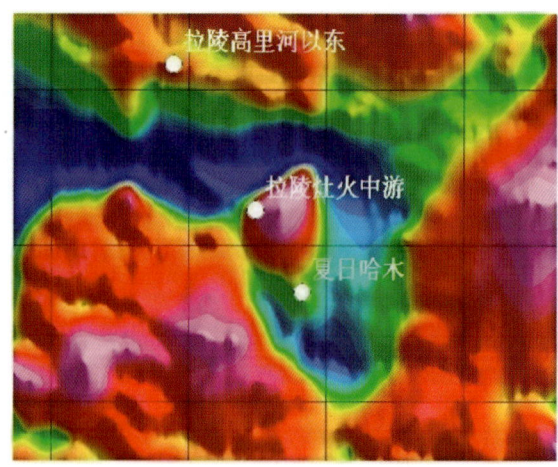

图4-3-15　夏日哈木地区1:5万航磁化极异常图

地面磁测发现，单磁异常较零乱，与岩体对应性不是很好，利用磁异常难以反演岩矿体形态。重力异常反应矿体和岩体异常较明显，但含矿橄辉岩和辉长岩难以区分。可控源音频大地电磁测深工作在剖面取得的成果。从图 4-3-16 中可以看出，可控源音频大地电磁测深的电阻率与含矿岩体有明显的对应关系，效果明显，另外，在干扰较小的情况下，反射系数也是一个有用的参数。

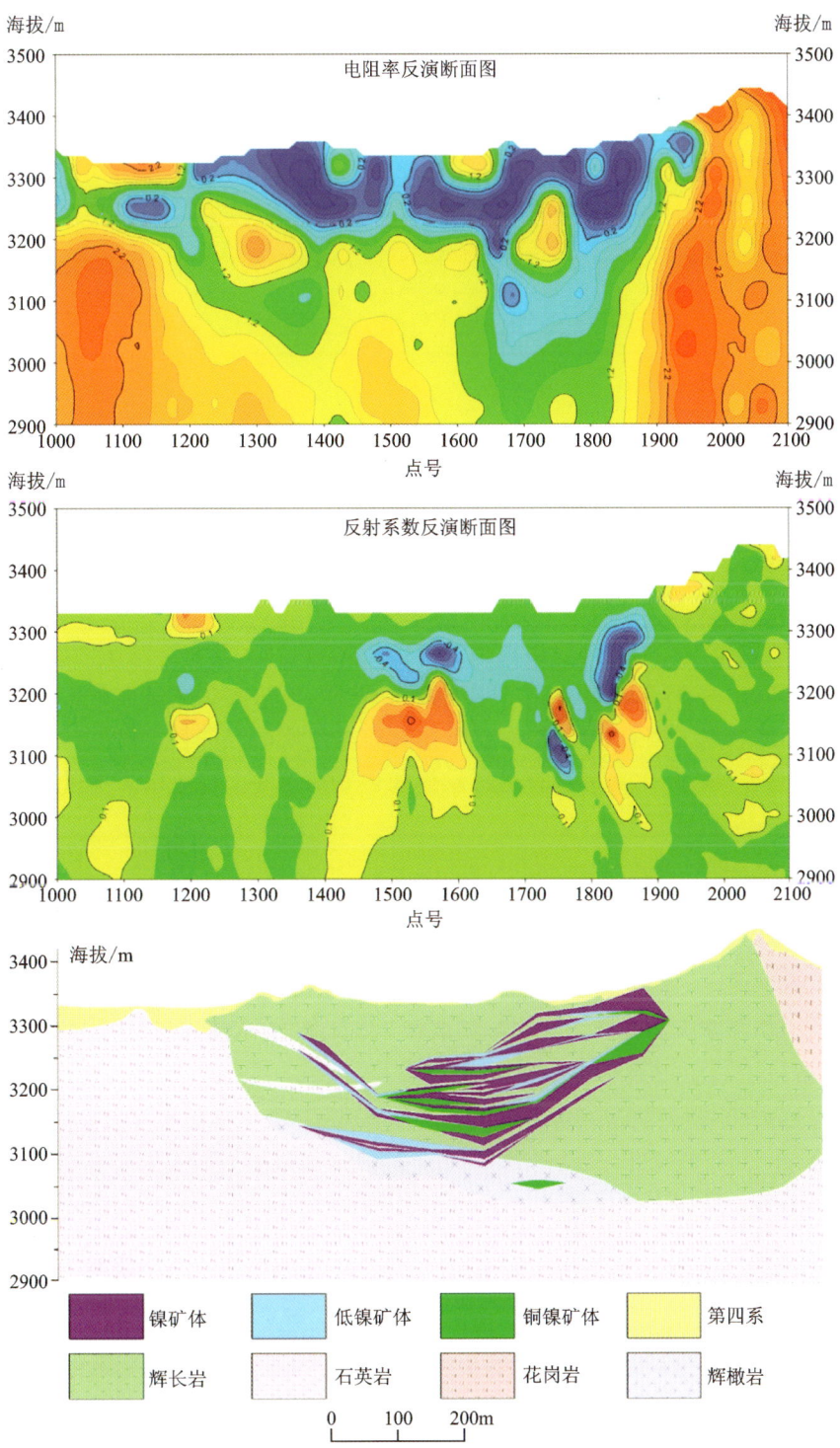

图 4-3-16　第 7 勘探线可控源音频大地电磁测深成果

激电中梯工作（图 4-3-17）在含矿岩体部位，极化率明显升高，电阻率明显降低，且极化率和电阻率的变化与含矿岩体部位吻合的非常好，表明常规激电测量在该地区是一种非常有效的方法。

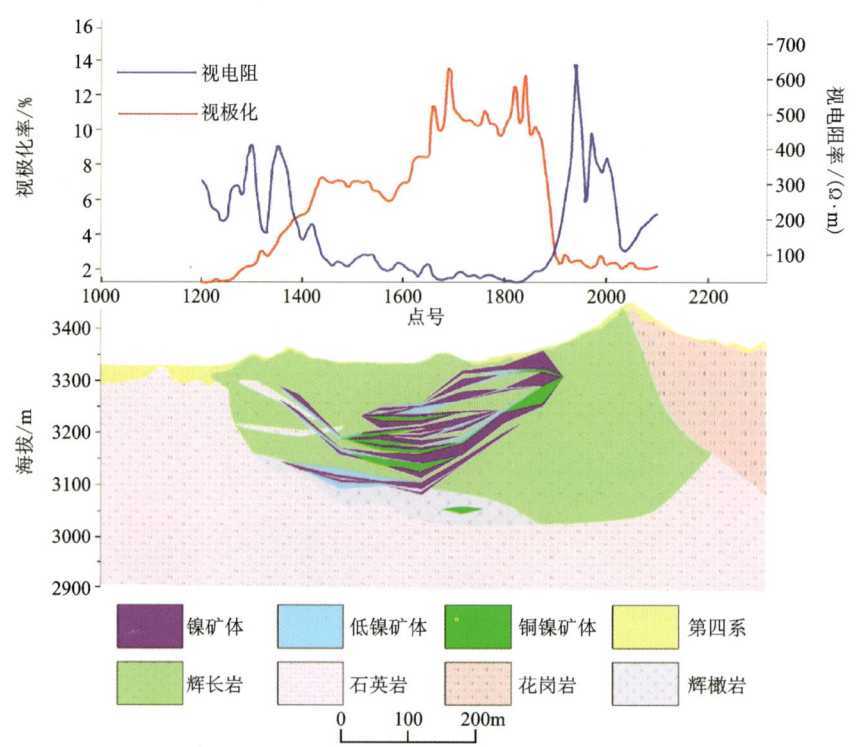

图 4-3-17　夏日哈木 7 勘探线激电中梯测量成果

与超镁铁质、镁铁质岩体有关的岩浆熔离型铜镍钴硫化物矿床,其在不同比例尺的重磁异常图上均有显示,具有明显的高磁、高重、低电阻异常。说明重力、航磁、电法方法在该类矿床的不同勘探阶段,都能发挥其作用。利用区域重力调查和航磁异常,配合化探和地质矿产资料,可以在找矿选区阶段发挥重要作用,而大比例尺重力、航磁、电法方法在矿区勘探和指导钻探等工程阶段是不可或缺的技术手段。

(三)新疆哈密市土屋铜矿

1. 成矿地质背景

大地构造位置为新疆东天山觉罗塔格裂陷槽北缘,大南湖-大草滩断裂以南,康古尔塔格韧性剪切带以北,属于觉罗塔格-黑鹰山成矿带(Ⅲ-8)。

2. 矿床地质特征

矿体位于上石炭统企鹅山组火山-沉积岩系中。岩体和矿体受近东西向层间断裂带和南北向放射状线性断裂带的交会控制。成矿斑岩体为斜长花岗斑岩,呈近东西向条带状产出,单个露头面积不足 $100m^2$。赋矿岩石为蚀变斜长花岗斑岩及下石炭统企鹅山群第二组玄武岩、凝灰岩类。矿田内已发现土屋矿床、延东矿床两个矿床(图 4-3-18)。矿体均向南呈陡倾厚板状,顺区域构造线北东东向延伸。

矿石分为原生矿石和氧化矿石。矿石矿物主要为黄铜矿、斑铜矿、辉钼矿、黄铁矿、铜蓝、辉铜矿等,脉石矿物为石英、绢云母、高岭土、长石等。矿石结构主要为中—细粒、半自形—他形粒状结构,次为固溶体分离结构、交代结构和碎裂结构。矿石构造以浸染状构造和脉状构造为主,次为团块状构造。

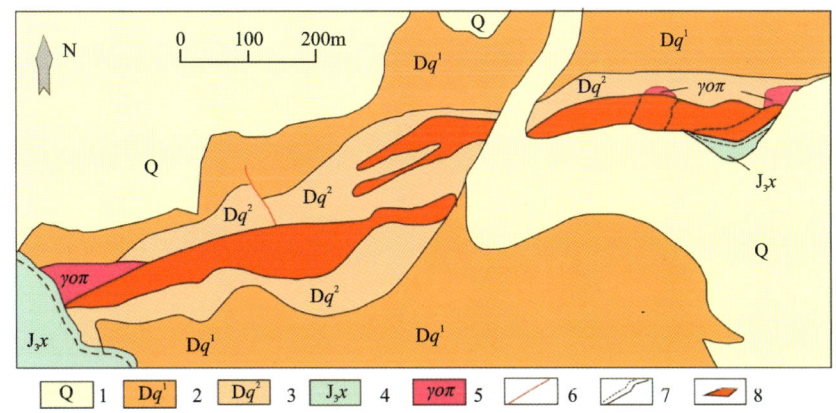

图 4-3-18 土屋斑岩型铜矿床平面地质图(据新疆地调院第二地质调查所,2001 修改)

1.第四系沉积;2.泥盆系企鹅山群一段;3.泥盆系企鹅山群二段;4.上侏罗统泥碳质沉积层;5.斜长花岗岩;
6.断层;7.不整合界面;8.矿体

3. 成矿机制及成矿模式

矿田产于觉罗塔格晚古生代造山带,成矿与晚石炭世早期汇聚阶段钙碱性火山-深成岩建造有关。成矿作用分为三期四阶段(图 4-3-19):①第一期为岩浆晚期气成热液成矿期。②第二期为岩浆期后热液成矿期,是矿床主成矿期。该期可分为两个阶段,第一阶段为韧性断裂控制的初矿化阶段,即石英-硫化物阶段,第二阶段为脆-韧性剪切带控制的工业矿化阶段,即硫化物-氧化物成矿阶段。③第三期矿化为次生氧化成矿期,矿床产生氧化淋滤及次生富集作用。

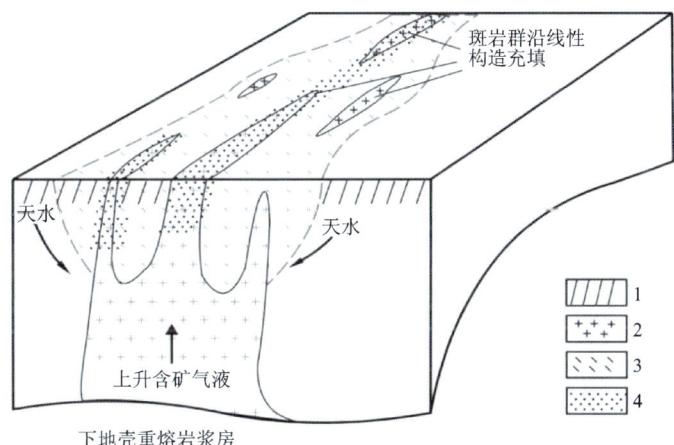

图 4-3-19 哈密土屋-延东铜钼矿田成矿模式(据刘德权等,2003)

1.石炭系火山凝灰岩;2.斜长花岗岩;3.铜钼矿化体;4.围岩蚀变晕

4. 控矿因素与找矿标志

觉罗塔格晚古生代陆缘活动带,陆缘活动区的复理石沉积和钙碱性的双峰式火山岩建造,与成矿有关的斑岩属晚石炭世钙碱性花岗岩侵入岩类(斜长花岗斑岩);斑岩铜矿特有的组合蚀变及其分带特征、地表孔雀石化及黄钾铁矾带;Cu、Mo 元素异常二级、三级浓度带范围,Cu、Mo、Ag、Sb 元素组合异常;遥感图像断裂呈线型特征,而岩体呈椭圆形环状构造特征;铁染三级浓度以上,羟基三级以上浓度与地质成矿有利部位相互叠加;区域重力场的梯度带中的低重力区、高磁异常区局部低磁异常、高激化、低阻区等地球物理场找矿标志等。

四、甘肃白银厂铜铅锌矿

1. 成矿地质背景

白银厂矿床(包括折腰山和火焰山铜锌矿床)位于郭米寺-白银环形裂谷带的东段,白银矿田的西部(图4-3-20)。白银矿田与海相中酸性火山活动有关的典型矿床主要包括折腰山矿床、火焰山矿床等。成矿元素组合以 Cu-Zn 型、Cu-Pb-Zn 型和 Pb-Zn 型为主,矿床规模较大,有的可达大型。

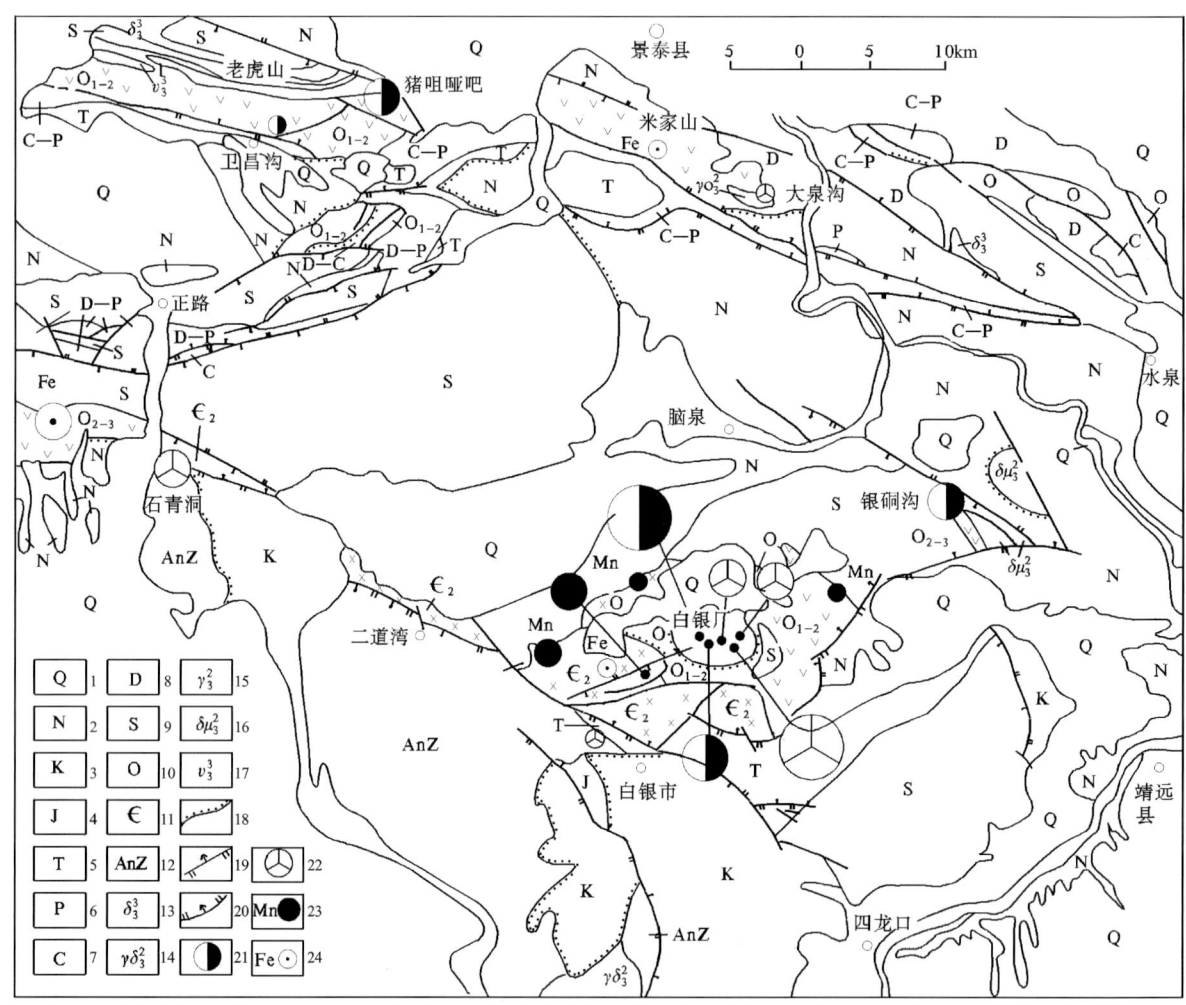

图4-3-20 白银地区火山岩带地质矿产略图(据甘肃冶金地质三队,1981)
1.第四系;2.新近系;3.白垩系;4.侏罗系;5.三叠系;6.二叠系;7.石炭系;8.泥盆系;9.志留系;10.奥陶系;
11.寒武系;12.前震旦系;13.闪长岩;14.花岗闪长岩;15.花岗岩;16.辉石闪长岩;17.辉长岩;18.不整合线;
19.逆断层;20.正断层;21.铜锌型矿床(点);22.多金属矿床(点);23.锰矿床(点);24.铁矿床(点)

2. 矿床地质特征

矿床产于中寒武世双峰式细碧角斑岩系建造中,下部为细碧岩,中部为石英角斑岩及其同质凝灰岩,上部为细碧岩。区内发育较多的石英钠长斑岩体,与火山凝灰岩、角砾岩、集块岩共同组成古火山机构。矿体呈透镜状、扁豆状产于中部石英角斑质凝灰岩层内。中小型矿体多围绕大矿体呈平行的雁行排列或构成矿体群(图 4-3-21)。不规则状矿体也较常见,但规模不大。脉状矿体一般受构造断裂系统控制,具有裂隙充填性质及规模小、生成晚的特点。主要金属矿物为黄铁矿、黄铜矿,次要矿物为闪锌矿、方铅矿、磁黄铁矿,脉石矿物为石英、绢云母、绿泥石、方解石以及钠长石、白云母、重晶石等。矿石构造主要有致密块状、浸染状两种类型,可划分为块状黄铁矿矿石、块状含铜黄铁矿矿石、块状铜铅锌矿石、块状铅锌矿石、浸染状铜矿石、浸染状铅锌矿石等矿石类型。矿体群上部为块状矿体,下部为浸染状矿体。主要蚀变有绿泥石化、绢云母化、硅化、黄铁矿化、重晶石化、碳酸盐化。

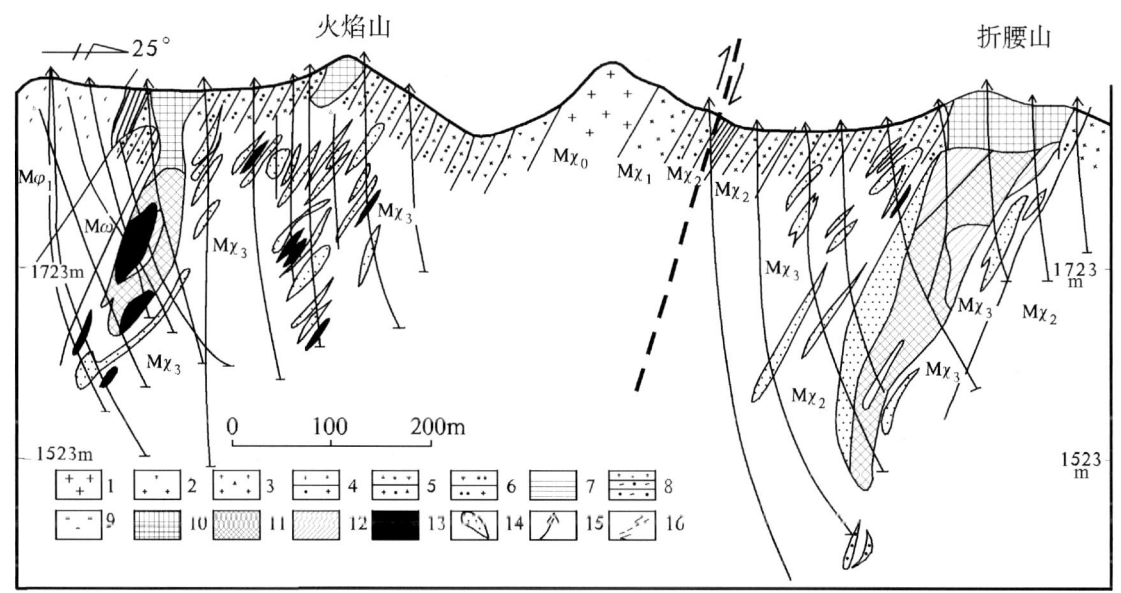

图 4-3-21　白银厂折腰山、火焰山铜锌矿床Ⅴ线剖面示意图(据自邬介人等,1994)

1.石英钠长斑岩;2.石英角斑岩;3.含角砾石英角斑岩;4.石英角斑凝灰熔岩;5.含角砾石英角斑凝灰熔岩;6.石英角斑凝灰岩;7.千枚岩;8.钙质绢云绿泥石英片岩;9.细碧玢岩;10.铁帽;11.块状含铜黄铁矿矿石;12.块状铜、铅、锌矿石;13.块状黄铁矿矿石;14.浸染状铜矿石;15.钻孔;16.推测断层

3. 成矿机制及成矿模式

与海相中酸性火山活动有关的块状硫化物矿床的综合成矿模式如图 4-3-22 所示。在酸性火山作用的晚期,随着超浅成次火山岩相石英钠长斑岩的侵出和管道相石英角斑碎斑熔岩沿火山喷发通道侵出之后,下渗海水被火山喷发后的浅部岩浆房(1700~1900m 深处)的减压作用吸进岩浆房,经加热并与晚期富含成矿物质的岩浆热液流体混合,在高温高压下与岩浆房中之岩浆岩反映,萃取成矿物质形成成矿热液流体,并被泵送沿着控制火山喷口的继承性成岩断裂系统向上喷流,再继续萃取喷流系统周围火山岩中的成矿物质,当喷流至喷流口时,随着热流体的降温减压作用,在低氧逸度的碱性或弱碱性还原环境中,在水岩界面下沉淀出大量成矿元素形成矿体,同时对周围火山岩的热蚀变作用形成蚀变岩筒。

4. 控矿因素与找矿标志

块状矿体地表呈现"铁帽"地貌景观,浸染状、网脉状矿体地表呈现"铁染"景观。找矿标志为产于火山机构中石英角斑岩类的岩性标志和古火山穹隆喷发中心火山喷口斜坡的构造标志。按元素共生组合和空间分布对应关系可圈出 7 个组合异常,异常元素为 Cu、Pb、Zn、Ag、Co、Ni、Mo、Mn、Hg、Au。矿化集中富集地段有一定低阻反映,具"环形"遥感影像,大环套中环,中环套小环(微环)。

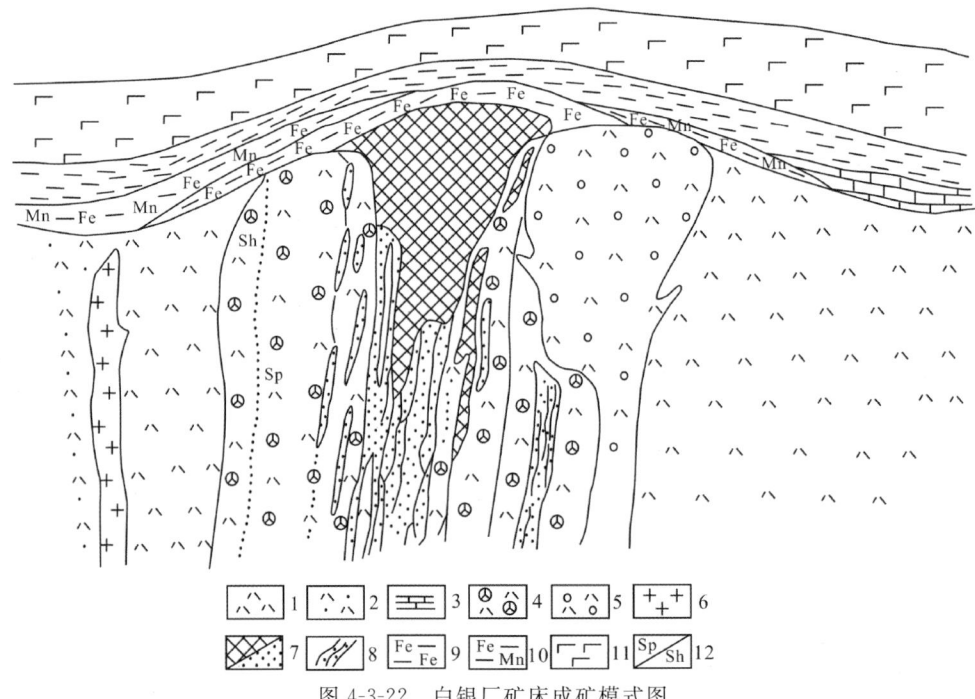

图 4-3-22 白银厂矿床成矿模式图

1.酸性粗火山碎屑岩;2.酸性细火山碎屑岩;3.凝灰质千枚岩、千枚岩夹灰岩;4.石英角斑碎斑熔岩;5.石英角斑熔岩质角砾集块岩;6.石英钠长斑岩;7.块状和浸染状矿石;8.网脉状矿石;9.含铁硅质岩;10.铁锰硅质岩;11.基性火山岩;12.绢云母硅化带/绿泥石化带

（五）甘肃成县厂坝铅锌矿

1. 成矿地质背景

矿床大地构造位置处于中秦岭陆缘盆地,属脆性逆冲剪切破碎带吴家山逆冲剪切构造。区内地层以泥盆系分布最广,属陆棚碎屑滨海环境之前滨砂泥岩建造组合。本区褶皱构造发育,以东西向展布的吴家山背斜为骨架,对区内地层、矿带的分布起主要控制作用。断裂构造发育,以东西向为主,北东向—北北东向次之。东西向断裂规模较大者有人土山-江洛断裂、黄渚关断裂。该组断裂以压性为主兼具扭性和多期活动的特点,明显地继承了前泥盆纪东西向断裂或至少是同沉积断裂构造。

2. 矿床地质特征

铅锌矿体赋存于下泥盆统安家岔组厂坝层,岩性为云母石英片岩、大理岩、石英岩、白云岩。厂坝矿区受吴家山复式背斜北东翼的二级构造干渔廊向斜的控制。走向断层多分布在两种不同岩性的接触部位或小角度斜切岩层,常见于白云岩底部与大理岩接触部位,是矿区主干断裂(图4-3-23)。厂坝-李家沟铅锌矿床含矿层延长大于2200m。厂坝矿段有矿体51个,主矿体3个,均产于黑云母片岩和大理岩中。矿体呈层状、似层状、透镜状,与围岩整合产出。矿体沿走向有分支、复合、膨缩的特征。原生矿石类型又分为铅锌矿石、锌矿石两种类型。产于片岩中的矿石金属矿物主要为闪锌矿、黄铁矿、方铅矿。脉石矿物主要为石英、白云母。产于大理岩中的矿石金属矿物主要有闪锌矿、黄铁矿。脉石矿物主要为方解石、石英、斜长石等。矿石结构有莓球状、针状、半自形粒状、他形粒状等结构。矿石构造主要为条纹-条带状、块状构造。

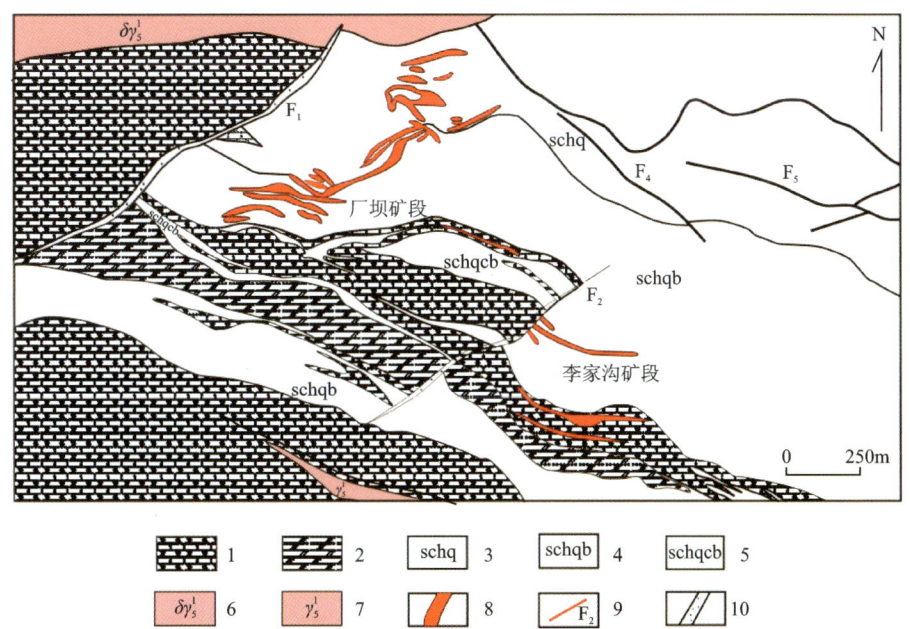

图 4-3-23　厂坝矿床地质图(据甘肃地质调查院,2013)

1.大理岩；2.白云岩；3.石英片岩；4.黑云母石英片岩；5.黑云母石英方解片岩；6.花岗闪长岩；
7.二云母花岗岩；8.矿体；9.断层及编号；10.断层角砾带

3. 成矿机制和成矿模式

吴家山垂向基底隆起的缓慢隆起发生在深部地幔大量热物质参与和幔壳物质交换的大陆动力学背景下,构成引起热水(能)自深部向陆壳浅部大规模运移的构造驱动和热力驱动,引起下渗海水的对流循环,并淋滤所流经地层形成含矿热卤水,含矿热水沿着生长断裂上升,进入沉积盆地。由于含矿热水密度远大于海水,仅在盆地底部沿斜坡流动,并在局部洼地中停聚形成卤水池。热水进入海底后因温度、压力等物理—化学条件产生明显变化,使热水平衡系统受到破坏,络合物分解,在相对较高温度的热水环境中,硫酸盐被还原产生大量硫,与铅锌等金属结合形成富含金属硫化物的富厚矿层,形成热水矿床。盆地边缘及卤水层上部处于浅水半氧化环境,因而形成重晶石等硫酸盐及少量硫化物沉积。本区热异常持续、稳定地作用,使得热液系统发育完全,从而形成厂坝巨厚的具韵律沉积特征的层状矿体。同生断裂的脉动式活动导致含矿流体周期性流动,成矿作用在较长时间内反复发生,从而形成片岩与灰岩两套含矿系统。矿床经历变质作用,对已形成的矿体影响较明显。在较高的温度下,岩矿石的重结晶表现得最为强烈。厂坝式铅锌矿床其成矿过程就是深部热水沿生长断裂向上运移并喷溢到礁后断陷滞流盆地中及热水中的矿质沉淀、聚集的过程。厂坝式铅锌矿床属层控内生型铅锌矿床(图4-3-24)。

4. 控矿因素与找矿标志

下泥盆统安家岔组下部,礁后断陷滞流盆地之细碎屑岩、碳酸盐岩组合地段。重晶石、钠长石、硅质岩等热水沉积岩。生长断裂(地层厚度、岩性、岩相突变带)旁侧,铁帽等氧化标志。

(六)新疆乌恰县乌拉根铅锌矿

1. 成矿地质背景

矿区处于西南天山前缘、塔里木板块西北缘的喀什坳陷区,隶属塔里木地块北缘中新生代坳陷成矿

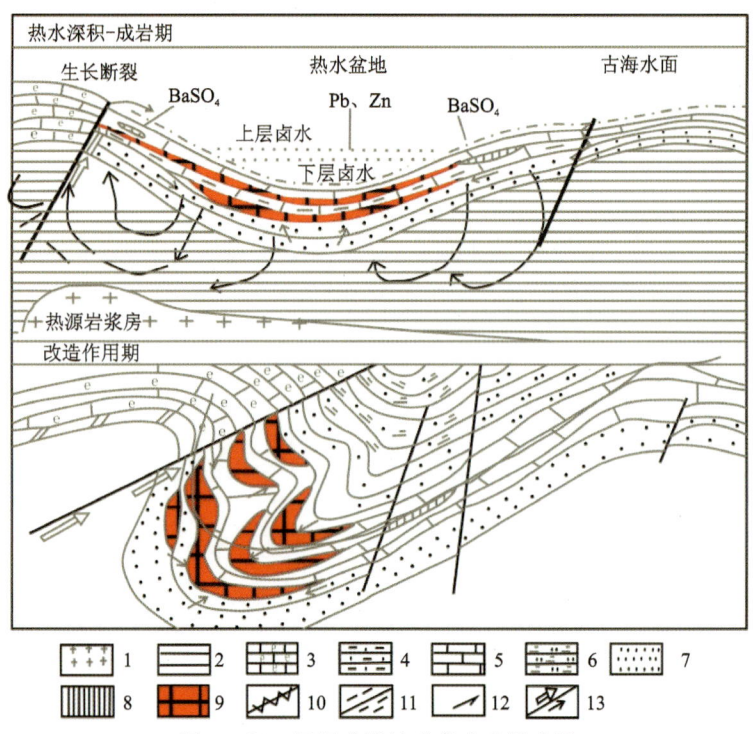

图 4-3-24 厂坝式铅锌矿床成矿模式图

1.岩浆房;2.前泥盆纪基底;3.生物微晶灰岩;4.千枚岩;5.大理岩;6.片岩;7.砂岩;8.重晶石脉;9.块状铅锌矿床;10.生长断层;11.富含金属软泥;12.断层;13.富金属热水及地层下渗水运移方向

带,以乌恰深断裂为界,北部与南天山海西地槽褶皱带相邻。区内喀什坳陷出露有元古宇长城系碎屑岩-碳酸盐岩建造及志留系—新生界地层,缺失三叠系(图 4-3-25)。

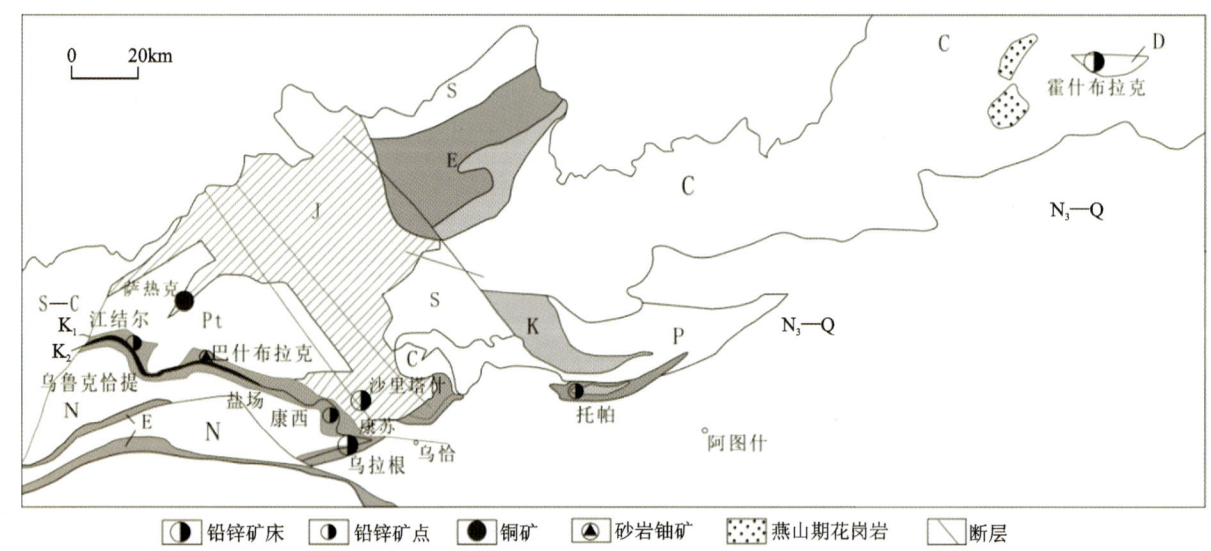

图 4-3-25 乌鲁克恰提—阿图什地区地质矿产略图(据祝新友等,2010)

2. 矿床地质特征

铅锌矿体赋存于下白垩统克孜勒苏群顶部褪色的灰白色砂砾岩中,自下而上,紫色砂砾岩灰白色砂砾岩铅锌矿体,呈过渡状,边界由品位确定,矿体即矿化砂砾岩,是砂砾岩的一部分,其中含铅锌硫化物较高,局部发育层间断裂(图 4-3-26)。该矿床根据铅锌矿化的空间分布特征分为南、北两个矿带。南矿带位于乌拉根向斜南翼,矿(化)带长 3.4km,平均宽 150m;北矿带位于乌拉根向斜北翼,矿(化)带长 2.3km,平均宽 100m。二者的产状与其所在区的地层产状完全一致。矿床的主要矿石类型为砂岩型,北矿带有少量的块状方铅矿矿石呈脉状分布于层间断裂中。另外,在矿体顶部与坍塌角砾岩接触部位,有少量的角砾状矿石,角砾为白云岩,硫化物为胶结物。硫化物矿物主要为闪锌矿、方铅矿,少量白铁矿,微量的黄铁矿、黄铜矿等。脉石矿物主要是细粒、微粒状的方解石,与硫化物共生,赋存于胶结物中。

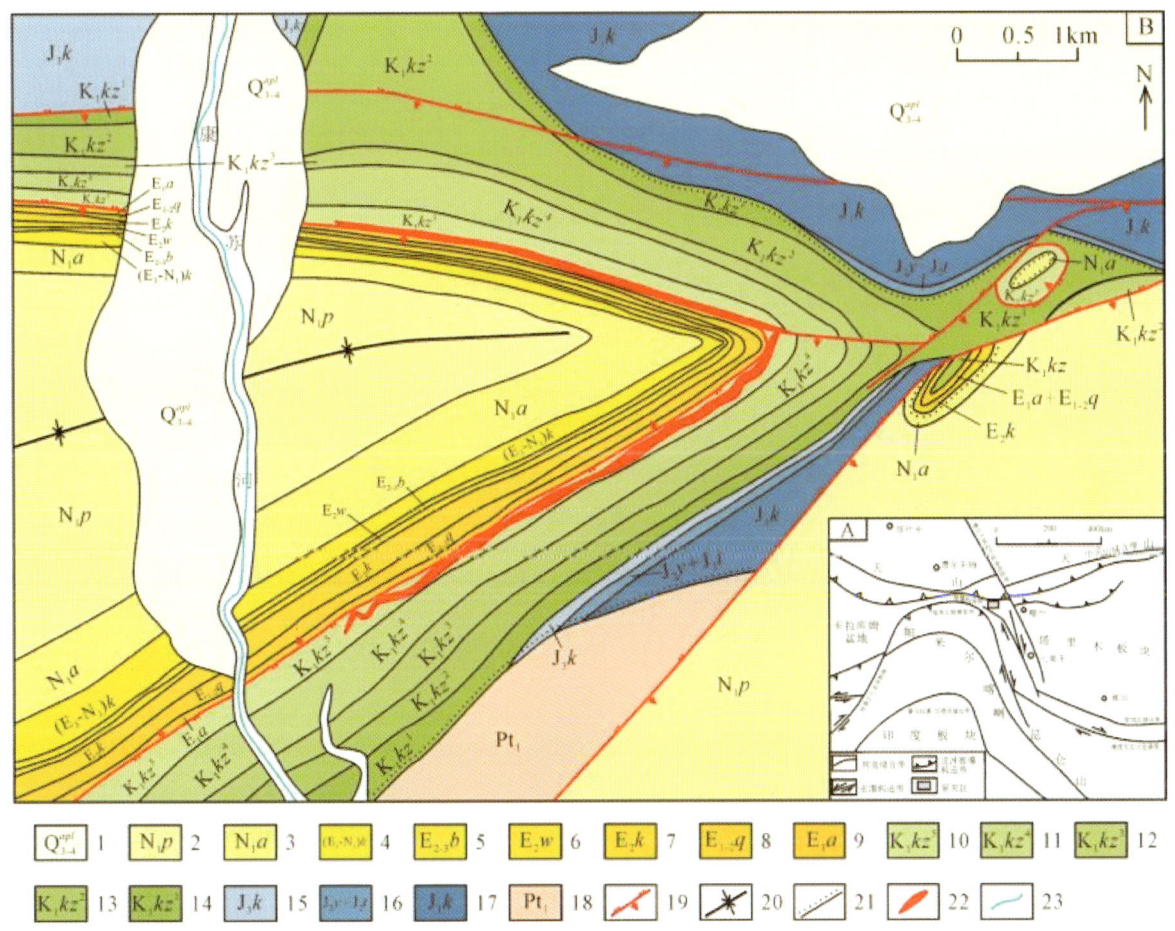

图 4-3-26　乌拉根铅锌矿区构造位置和地质图(据张志辉等,2019)

1.上更新统—全新统冲洪积层;2.中新统帕卡布拉克组;3.中新统安居安组;4.上渐新统—中新统克孜洛依组;5.上始新统—渐新统巴什布拉克组;6.中始新统乌拉根组;7.中始新统卡拉塔尔组;8.中-上古新统—下始新统齐姆根组;9.下古新统阿尔塔什组;10.下白垩统克孜勒苏群第五段;11.下白垩统克孜勒苏群第四段;12.下白垩统克孜勒苏群第三段;13.下白垩统克孜勒苏群第二段;14.下白垩统克孜勒苏群第一段;15.上侏罗统库孜贡组;16.中侏罗统塔尔尕组和杨叶组;17.下侏罗统康苏组;18.古元古界阿克苏群;19.逆断层;20.向斜轴;21.不整合面;22.铅锌矿体;23.河流

3. 成矿机制与成矿模式

塔里木西缘喀什坳陷是一个复合再生的前陆缘盆地,坳陷基底是元古宙和古生代地层,中生代晚期开始沉降,古地中海海水从阿赖弧由西向东入侵,形成广阔的半封闭-封闭型海盆,为形成含矿建造提供了有利的区域古地理环境。

乌拉根铅锌矿床成矿作用与区域性的盆地油田卤水活动有关,成矿流体即油田卤水,它提供了成矿的金属物质。卤水沿下白垩统紫色砂砾岩层的流动形成区域性的褪色蚀变现象。控制卤水活动的是有利地层组合,即下部高透水性岩石与上部相对不透水的岩石。成矿作用过程中矿体上盘膏盐层石膏的大规模溶解,经生物还原提供了大量的还原性硫,导致硫化物的沉淀成矿,并在矿体上盘形成坍塌角砾岩。成矿作用经历了3期(图4-3-27):①热卤水喷流沉积成矿期;②热卤水喷溢叠加成矿期;③表生氧化淋滤富集期。

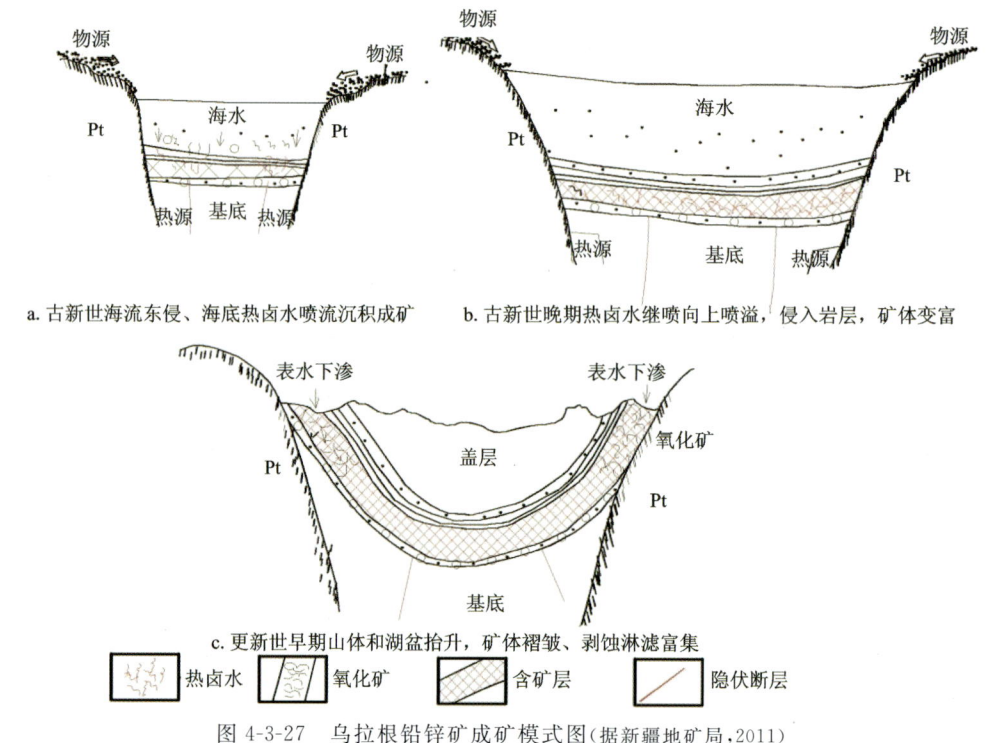

图 4-3-27　乌拉根铅锌矿成矿模式图(据新疆地矿局,2011)

4. 控矿因素与找矿标志

中始新统乌拉根组第一岩性段、第二岩性段是矿区内赋矿岩层,围岩蚀变主要有天化黄铁矿化、石膏化及白云石化。地球化学特征以具有 Cu、Pb、Zn、Sr、Ag、Ba 元素组合异常,各元素浓集中心吻合,异常分带明显,有显著的浓集中心和浓度分带等特征。金属硫化物因氧化作用在地表形成褐铁矾类并构成醒目的"红化带"。

(七)新疆和田火烧云铅锌矿

1. 成矿地质背景

火烧云铅锌矿床区域大地构造属西藏-三江造山系、羌塘弧盆系,以龙木错-双湖断裂为界,该断裂南侧为南羌塘增生楔,北侧为塔什库尔干-甜水海地块,火烧云铅锌矿床赋存于塔什库尔干-甜水海地块的乔尔天山-红南山前陆盆地中(图4-3-28)。萨岔口、化石山、兴山北、豹子山、团结峰等铅锌矿也赋存于侏罗系龙山组中,但成矿特征与火烧云存在差异,可见大量铅锌硫化物;多宝山、天柱山等铅锌矿赋存于白垩系铁隆滩组中;在中三叠统河尾滩组破碎细晶灰岩中发现红石山铅锌矿。区域铅锌矿床主要受构造控制,乔尔天山断裂和河尾滩断裂两侧铅锌矿床最为发育,其间断裂系也发育较多铅锌矿床,其中火烧云、萨岔口等矿床沿河尾滩断裂分布(图4-3-28)。

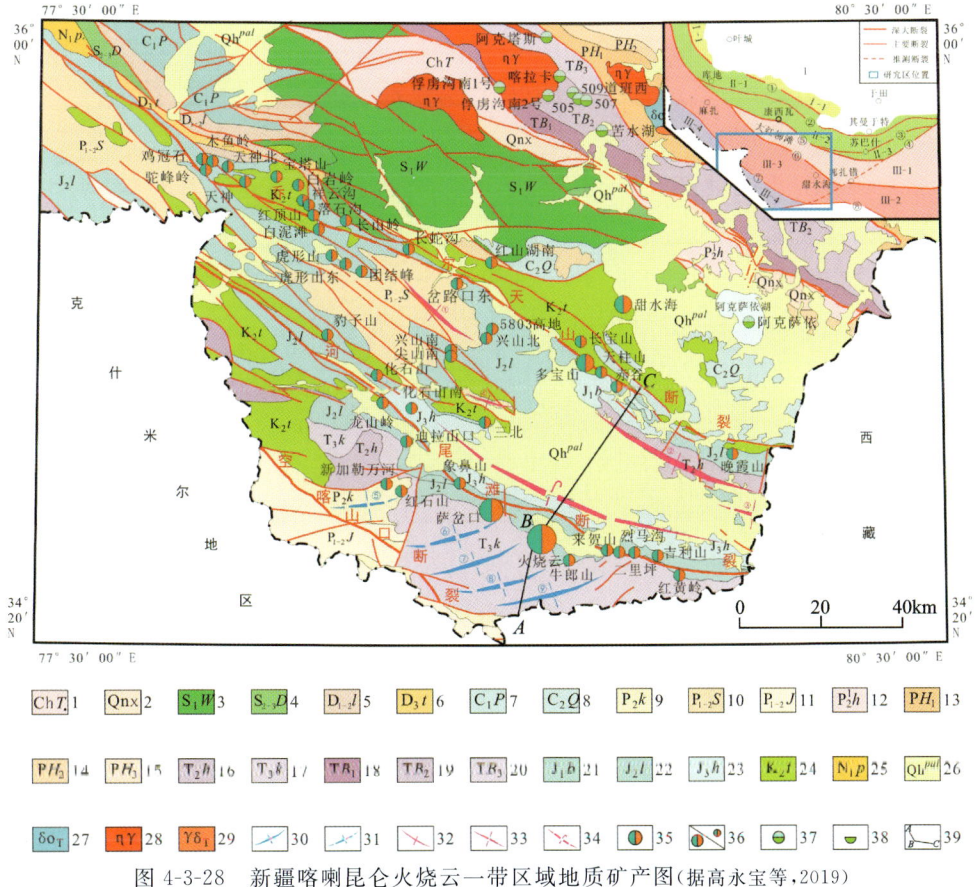

图 4-3-28　新疆喀喇昆仑火烧云一带区域地质矿产图（据高永宝等，2019）

a：Ⅰ.塔里木陆块；Ⅰ-1.铁克里克断隆带；Ⅱ-1.北昆仑晚古生代岩浆弧带；Ⅱ-2.中昆仑微陆块；Ⅱ-3.南昆仑晚古生代残弧带；Ⅲ-1.可可西里-巴颜喀拉褶皱带；Ⅲ-2.北羌塘-唐古拉地块；Ⅲ-3.塔什库尔干-甜水海地块；Ⅲ-4.南羌塘地块；①柯岗断裂；②其曼于特-祁漫塔格古生代蛇绿构造混杂岩带；③柳什塔格-岩碧山-向阳泉中昆仑断裂带；④苏巴什-木孜塔格晚古生代蛇绿构造混杂岩带；⑤郭扎错-西金乌兰湖-金沙江结合带；⑥龙木错-双湖结合带。b：1.甜水海岩群；2.肖尔克谷地组；3.温泉沟群；4.达坂沟群；5.落石沟组；6.天神达坂组；7.帕斯群；8.恰提尔群；9.空喀山口群组；10.神仙湾群；11.加温达坂群；12.红山湖组；13.黄羊岭群下组；14.黄羊岭群中组；15.黄羊岭群上组；16.河尾滩组；17.克勒青河组；18.巴彦喀拉山群下组；19.巴彦喀拉山群中组；20.巴彦喀拉山群上组；21.巴工布兰萨组；22.龙山组；23.红其拉甫组；24.铁隆滩组；25.帕卡布拉克组；26.第四系；27.黑云母角闪石英闪长岩；28.黑云母二长花岗岩；29.花岗闪长岩；30.印支期背斜褶皱；31.印支期向斜褶皱；32.燕山期背斜褶皱；33.燕山期向斜褶皱；34.燕山期倒转向斜褶皱；35.火烧云超大型铅锌矿床；36.铅锌矿床/铅锌矿点；37.伟晶岩型锂矿床；38.盐湖型锂矿床；39.A—C剖面位置

2.矿床地质特征

火烧云矿区铅锌矿体均分布于中侏罗统龙山组灰岩段内（图 4-3-29）。目前发现上、下两个铅锌矿化带（Ⅱ号、Ⅲ号），二者呈近平行的似层状、薄透镜状产出。Ⅱ号矿带位于Ⅲ号矿带之上，层间距 60～70m，倾向北北东 10°～30°，倾角 1°～15°，总体形态呈缓倾、略有起伏的似层状产出。矿化类型主要为非硫化物铅锌矿，矿石矿物以菱锌矿、白铅矿、水锌矿为主，仅发育少量方铅矿，脉石矿物主要为方解石和少量石英。菱锌矿是矿石中含量最多的矿物，主矿体中含量一般为 60%～80%，最高可达 90%以上。矿石结构主要有半自形—自形粒状结构、交代残余结构、鲕粒结构及葡萄状结构，矿石构造主要有块状构造、纹层状构造、条带状构造、脉状构造及角砾状构造。

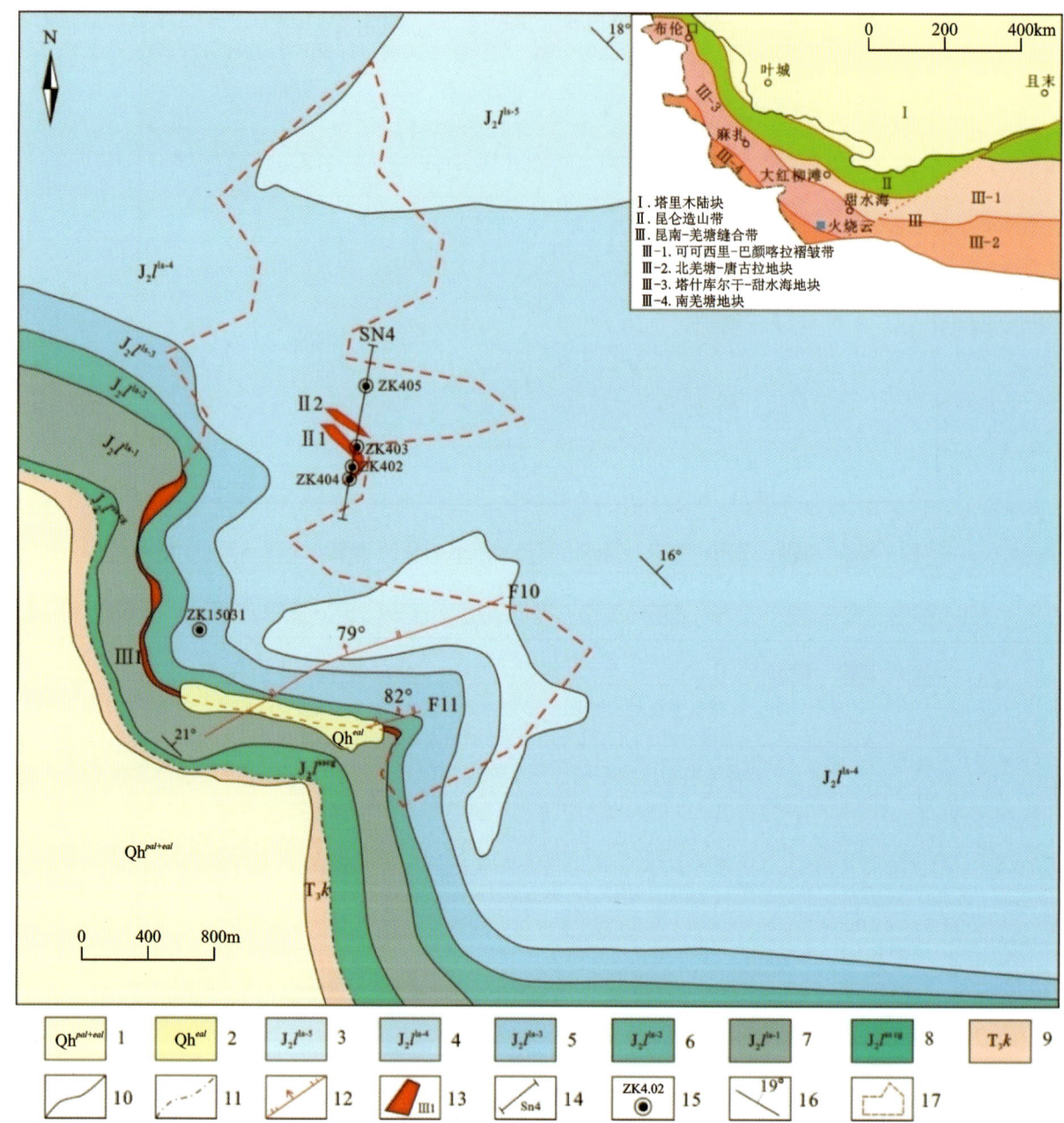

图 4-3-29　火烧云铅锌矿区地质图（据高永宝等，2019）

1.第四系洪冲积、残坡积物；2.第四系残坡积物；3.中侏罗统龙山组灰岩段第五层：灰色生物碎屑灰岩；4.中侏罗统龙山组灰岩段第四层：浅灰色细晶灰岩，局部夹少量薄层状泥质灰岩压碎状泥晶灰岩；5.中侏罗统龙山组灰岩段第三层：深灰色泥岩、泥质灰岩；6.中侏罗统龙山组灰岩段第二层：浅灰色碎裂状细晶灰岩、压碎角砾状灰岩夹泥岩；7.中侏罗统龙山组灰岩段第一层：深灰色细晶灰岩，局部含生物碎屑；8.中侏罗统龙山组砂岩、砾岩段，紫红色砂岩、含砂砾岩；9.上三叠统克勒青河组灰绿色细砂岩、深灰色粉砂岩、泥质粉砂岩、粉砂岩、长石石英砂岩、石英岩屑砂岩；10.整合地质线；11.不整合地质界线；12.正断层及编号；13.矿体地表露头及编号；14.勘探线位置及编号；15.钻孔位置及编号；16.地层产状；17.Ⅲ1矿体投影界线

3. 成矿机制与成矿模式

火烧云矿床埋藏浅（50~230m），主要为褐色块状矿石，矿石矿物以菱锌矿为主，次为白铅矿（少量残余方铅矿）+锰氧化物、水锌矿等，与浅成非硫化物锌矿床特征较为相似，具有独特的成矿物理化学条件及成矿机制（图4-3-30）。

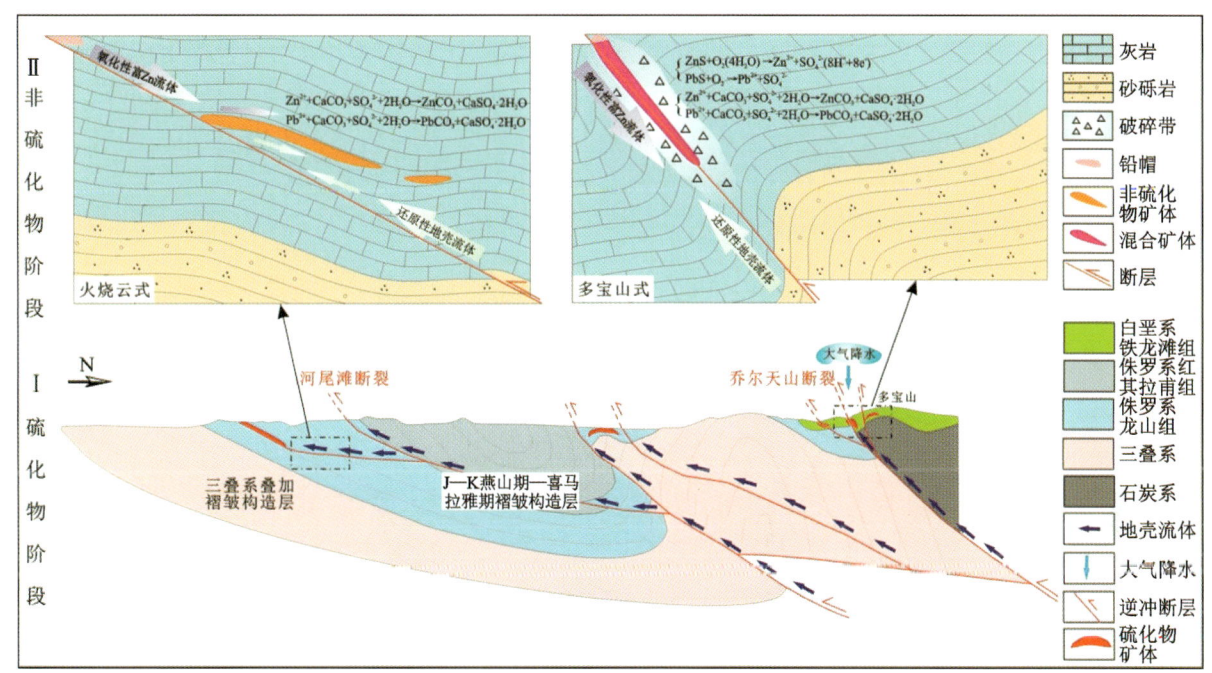

图4-3-30 火烧云一带区域铅锌成矿模式图（据高永宝等，2019）

二叠纪—白垩纪岔路口一带在前陆盆地环境下形成碎屑岩与碳酸盐岩沉积岩系，形成了富含Pb、Zn的矿源层。晚白垩纪盆地边缘的韧性剪切走滑及新近纪大规模的脆性逆冲推覆，致使侏罗纪—白垩纪碳酸盐岩建造强烈变形，在前锋带乔尔天山断裂附近形成系列破碎带和层间滑脱带，在河尾滩等断裂系中形成系列层间滑动带及有利的构造圈闭，持续挤压应力驱动盆地流体大规模侧向运移，淋滤地层中Pb、Zn等元素，形成富含铅锌的中温还原性成矿流体，而多宝山等地区存在大气降水的混入，沿乔尔天山、河尾滩断裂等汇聚排泄，在碳酸盐岩变形构造圈闭形成地球化学障，地层中同时提供了充足的硫源，最终卸载形成硫化物矿体。

随着区域构造应力由挤压转为伸展，区域上沿着断裂系形成大量的开放空间，大量大气降水下渗，同时由于Zn元素极易溶解迁移，先成的硫化物矿体被氧化从而形成富Zn的氧化性流体，而还原性地壳流体持续上升至地表，当混合流体进入层间构造带，与围岩发生交代作用，而形成菱锌矿、热液石膏等。由于地表流体的持续加入，Pb等元素也随之下渗，再次与围岩发生交代，生成白铅矿等。而在多宝山等矿床直接在硫化物矿体之上直接进行交代而形成混合矿体，同时，在地表会形成铅帽等。综上，火烧云矿床是盆地边缘褶皱逆冲+构造流体+次生交代成矿系统的产物，硫化物成矿阶段为构造热液成因，非硫化物成矿阶段为围岩交代成因，后期发生叠加氧化作用，形成大量水锌矿。

4. 控矿因素与找矿标志

矿体受地层层位控制，含矿地层为中侏罗统龙山组灰岩层，底部为砾岩段不含矿，对成矿热液起隔挡作用。含矿岩石为灰白色、深灰色角砾状、碎裂状灰岩，生物碎屑灰岩。矿体分布明显受断裂、孔隙、裂隙及层间破碎带等空间控制。

(八)新疆若羌县白干湖钨锡矿

1. 成矿地质背景

祁漫塔格地区位于东昆仑造山带的西段,大地构造位置为北祁漫塔格早古生代岩浆弧的北西段,北部是由以中酸性侵入岩类为主组成的向北凸出的祁漫塔格弧形山脉,南部发育新生代库木库里盆地,岩浆作用十分强烈。该区与花岗岩有关的钨锡找矿取得重大突破,相继发现了具有大型远景的白干湖钨锡矿床、夏勒赛钨锡矿床等。白干湖钨锡矿床位于白干湖断裂以西地区,属于黑山-祁漫塔格钨锡成矿带,由西南到北东划分为巴什·尔希、白干湖、柯可·卡尔德3个矿区(图4-3-31)。

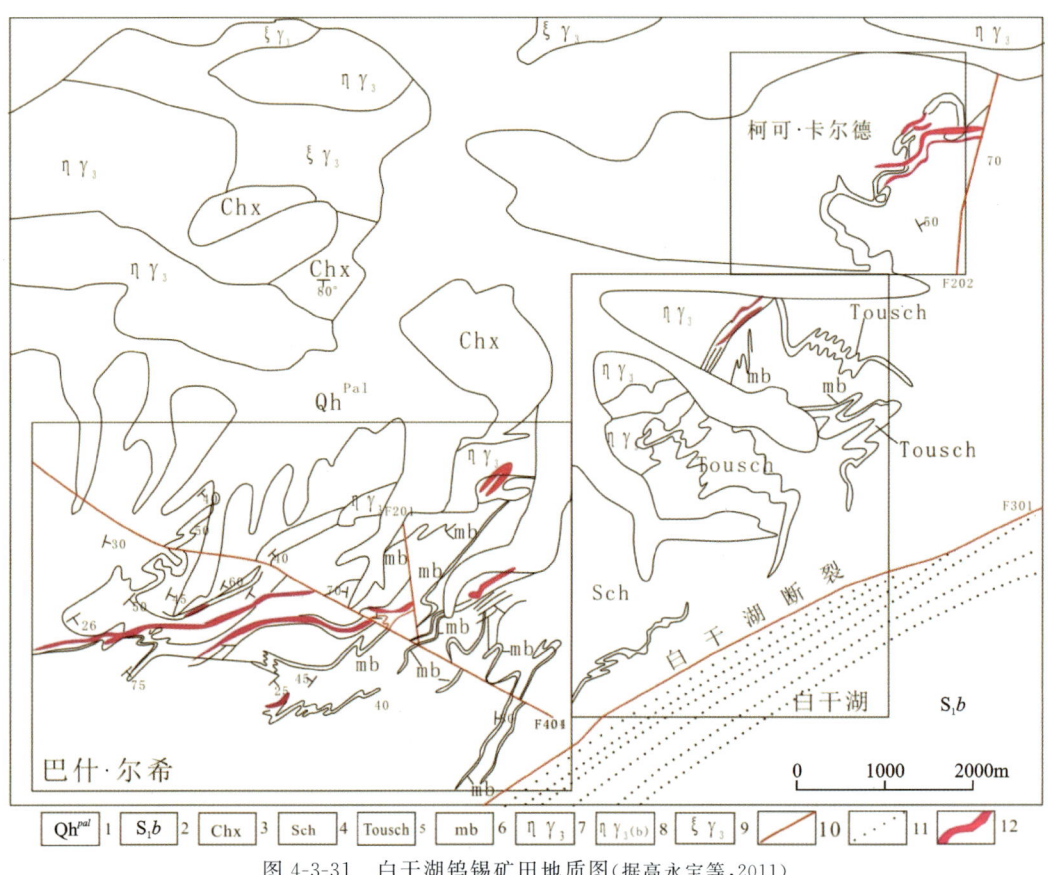

图4-3-31 白干湖钨锡矿田地质图(据高永宝等,2011)
1.第四系;2.白干湖组;3.小庙岩组;4.绢云石英片岩;5.电气石石英片岩;6.透闪石大理岩、石英透闪石岩;
7.二长花岗岩;8.似斑状二长花岗岩;9.钾长花岗岩;10.断层;11.白干湖韧性剪切带;12.钨锡矿体

2. 矿床地质特征

柯可·卡尔德钨锡矿为白干湖钨锡矿田中的一个典型钨锡矿床。矿区赋矿地层为古元古界金水口群,分布于白干湖断裂的西北侧,沿白干湖断裂呈带状展布,主要岩性为一套陆源碎屑岩-碳酸盐岩沉积建造的中浅变质岩系。目前已控制7个钨锡矿体和3个以钨为主的伴生锡矿体,矿体形成与深部隐伏岩体密切相关,矿体形态呈似层状、透镜状。矿石自然类型以石英-锡石-黑钨矿型为主;矿石工业类型主要为石英脉黑钨锡矿型。矿石金属矿物以黑钨矿、白钨矿、锡石、黄铜矿、蓝辉铜矿为主。脉石矿物主要以石英、白云母、透闪石为主。矿石结构有他形粒状结构、中—粗粒自形—半自形粒状结构、胶状结构、交代结构、角砾状结构、交代残留结构。矿石构造以浸染状构造、脉状构造为主,块状构造、角砾状构造次之。

3. 成因机制与成矿模式

矿床形成与加里东花岗岩关系密切,同时金水口群地层具有较高的 W、Sn 背景值,反映出该矿床为具有层控特点的岩浆热液叠加的多元矿床,成矿类型总体应属夕卡岩型钨锡矿床。它的形成大致经历 3 个演化阶段(图 4-3-32)。

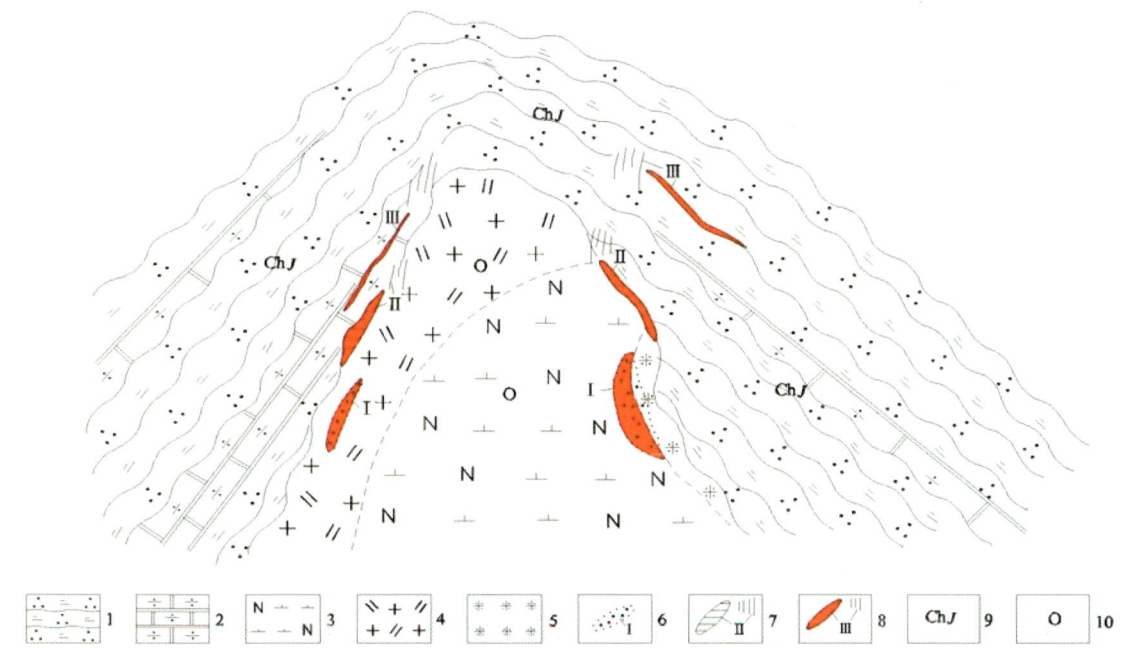

图 4-3-32　新疆若羌县柯可卡尔德夕卡岩型钨锡矿成矿模式图
1.绢云石英片岩;2.透闪石大理岩;3.英云闪长岩;4.二长花岗岩;5.云英岩;6.英云闪长岩、二长花岗岩中细脉浸染型钨锡矿体;7.英云闪长岩、二长花岗岩内外接触带似夕卡岩型、石英脉型钨锡矿体;8.花岗岩接触带外似层状细脉浸染型、石英脉型钨锡矿体;9.古元古界金口水群;10.奥陶纪侵入体

第一阶段:古元古代沉积时期,伴随陆源沉积及火山喷发作用的同时,大量的 W、Sn 元素在 Be、B 等矿化剂作用下,相对集中沉积于特定的层位,形成具有高含量钨、锡的沉积建造,为进一步成矿奠定了有利的物质基础。

第二阶段:由于阿尔金断裂的多期活动,白干湖断裂的产生,提供了容矿空间,加里东期壳幔源同熔岩浆经历不断的分异演化并间歇性上侵,在其迁移过程中不断萃取围岩中的有用物质,在特定空间就位形成复式花岗岩株。同时,成岩过程中的热力扩散以及渗滤交代作用,使成矿物质再次富集,在岩体接触带形成似夕卡岩钨锡矿型矿体。这在白干湖钨锡矿床表现尤为显著,矿体直接赋存在加里东期花岗岩和大理岩的接触带上。

第三阶段:随着岩浆分异作用的进一步演化,岩浆期后热液的扩散作用使围岩中的钨、锡再度活化、浸出,并与岩浆衍生的含矿热流体汇合,沿裂隙充填而形成石英脉型钨锡矿体。该区常见似夕卡岩钨锡矿型矿体明显被石英脉型矿脉充填改造,说明两者为不同矿化阶段的产物。造成矿田北东部脉体粗大,南西部细而分散的原因可能与控矿构造类型及矿体的形成深度有关。

4. 控矿因素与找矿标志

古元古界金水口群地层中 W、Sn 元素浓集克拉克值分别高达 $15.8×10^{-6}$、$1.3×10^{-6}$,背景平均值分别为 $20.5×10^{-6}$、$3.3×10^{-6}$,为成矿提供了主要物质来源,是找矿的地层岩石标志。古元古界金水口群中浅变质岩与加里东期花岗岩接触带内外,是钨锡矿产出的有利部位。以 W、Sn 元素异常为主的

Sn、Au、W、Ag、Bi、Mo、Nb、Be 元素组合异常,是找矿的地球化学异常标志。电气石化、黑钨矿、锡石矿化石英脉为直接找矿标志;夕卡岩和强硅化、孔雀石化的各类岩石及云母线,是找矿的重要间接标志。

(九)陕西华县金堆城钼矿

1. 成矿地质背景

矿床位于华北陆块南缘前陆盆地内。北部分布有太古宇太华群片麻岩和混合岩,构成基底构造层(相当于下地壳)。南部有中元古界长城系铁铜沟组片状石英岩、含云母石英片岩和熊耳群火山岩,蓟县系高山河组石英岩,龙家园组、巡检司组及杜关组的硅质条带白云带、白云质灰岩和板岩等。区内近东西向、北东东—北东向和北西向断裂发育。在中生代燕山期,近东西向构造带复活,伴有大规模的花岗岩体侵位,致使钼矿床形成。

2. 矿床地质特征

钼矿化发育于金堆城花岗斑岩及其外接触带。矿体由不同方向纵横交错的细网脉组成,细脉厚度一般为 0.2～0.5cm,个别厚达 1m,但粗大脉体矿化较弱。根据工业指标所圈定的钼矿体,在平面上呈近似椭圆形的扁豆体(图 4-3-33)。钼矿石的自然类型有 3 种,即花岗斑岩矿石(占总储量的 25%)、变安山岩(细碧岩)矿石(占总储量 70%)、石英岩和板岩矿石(仅占总储量 5% 左右)。矿石的金属矿物主要

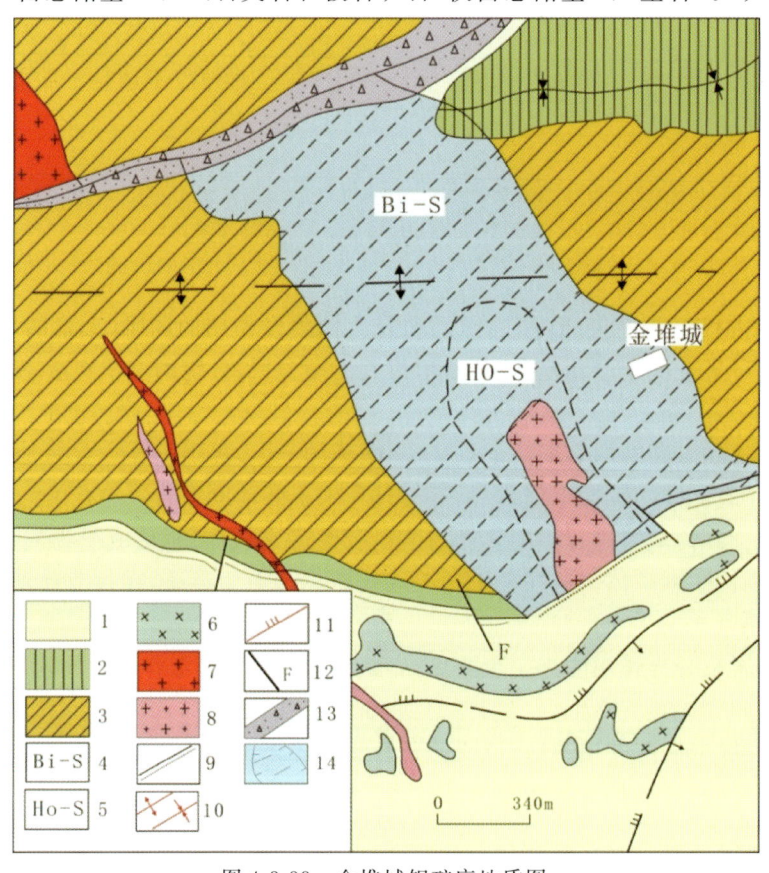

图 4-3-33 金堆城钼矿床地质图

1.高山河组石英岩;2.熊耳群板岩及凝灰质板岩;3.熊耳群变细碧岩;4.黑云母化细碧岩;5.角岩化细碧岩;6.辉绿岩;7.老牛山二长花岗岩;8.金堆城花岗斑岩;9.地层不整合界线;10.背斜轴、向斜轴;11.压扭性断裂;12.性质不明断层;13.张性断裂破碎带;14.矿体界线

是辉钼矿、黄铁矿,次要的为磁铁矿、黄铜矿,含微量方铅矿、闪锌矿、锡石、辉铋矿等。脉石矿物有石英、微斜长石、微斜条纹长石、斜长石、绢云母(白云母)、黑云母、绿泥石、绿柱石、萤石、方解石、沸石等。表生矿物有褐铁矿、针铁矿、黄钾铁矾、高岭土、铁钼华和孔雀石等。矿石主要呈粒状结构、残余结构及网脉、浸染状和条带状构造。

3. 成矿机制与成矿模式

华北陆块南缘前陆盆地内构造、岩浆活动较为强烈,基地岩石在深熔作用下产生了花岗质岩浆,在断裂构造控制下形成了老牛山二长花岗岩岩基,之后东西向褶皱(金堆城-黄龙铺褶皱)在北西向构造错动破碎下产生北西向断裂带。活动岩浆沿断裂带进一步演化产生富含挥发组分(H_2O、F、CO_2)和钼高侵位的金堆城花岗斑岩。岩浆演化晚期,随着岩浆冷凝固结,熔体与富含挥发组分(H_2O、F、CO_2)的热流体分离,岩石发生破裂,矿质脉动沉淀,所产生的富含F_2、Cl_2、H_2S、H_2O、CO_2等气体(矿化剂),成矿流体在构造作用下发生脉动上升,并沿各种裂隙充填,形成纵横交错的含钼石英网脉。在侵入体的上部形成云英岩化,侵入体围岩则发生黑云母化、角岩化,沿岩体及围岩形成蚀变和矿化体。

4. 控矿因素与找矿标志

近东西向断裂与北北东向断裂交会部位常控制燕山期中酸性小侵入体的分布;钾化、云英岩化、硅化、黄铁矿化是直接的找矿标志;褐铁矿化、钼华是间接找矿标志。矿床分布地段交流激电视频散率异常(Ps)连续、强大,并伴随有低电阻。Mo-W-Cu化探异常组合,Mo为主体,面积大于岩体的2~5倍,Mo具三级分带。Mo不小于26×10^{-6}的异常区为矿(化)体分布范围。

(十)甘肃肃南县小柳沟钼矿

1. 成矿地质背景

小柳沟钨钼矿床位于甘肃省肃南县祁青乡,大地构造位置于北祁连褶皱造山带西段元古宙镜铁山-朱龙关裂谷小柳沟-斑赛尔成熟岛弧构造带中。断裂构造、褶皱构造、节理构造十分发育。

2. 矿床地质特征

含矿地层为长城系朱龙关群下岩组上岩段,该套地层及朱龙关群上岩组第一岩性段下部断层、揉皱构造发育,岩层中构造裂隙、节理极为发育,沿断层节理、裂隙见有多期次石英(细)脉贯入,成群呈带状分布,与祁青钼矿床石英脉型钼矿关系密切。祁青钼矿床石英脉型钼矿产于小柳沟隐伏岩体上侵所形成的构造裂隙系统中,严格受岩浆上侵构造裂隙控制,该裂隙被钼矿化石英脉体充填,倾向为北北西向,呈高倾角,延伸相对稳定,形成规模较大的石英脉型钼矿体(图4-3-34)。

矿石矿物成分为黄铁矿,少量黄铜矿、辉铋矿、磁黄铁矿、闪锌矿和毒砂,金属氧化物为少量钼华、白钨矿、黑钨矿、锡石、磁铁矿。脉石矿物主要为石英、绢云母,少量绿帘石、方解石、绿泥石等。矿石结构为他形粒状、粒状集合体结构。浸染状构造为矿区最重要的钼矿石构造,主要为星散浸染状、稀疏浸染状,由辉钼矿、黄铜矿、黄铁矿及其他硫化物的集合体浸染于石英脉中而构成。矿区内各矿床围岩蚀变发育,种类较全,且以接触热液蚀变为主,有夕卡岩化、云英岩化、硅化、绢云母化、碳酸盐化、高岭土化等。与钨矿关系密切的为夕卡岩化,而与石英脉型钼矿有关的主要为云英岩化、黄铁矿化等。

3. 成矿机制与成矿模式

小柳沟矿区矿床成因主要为复控型矿床,即火山喷流沉积形成含钨建造的矿源层,后期岩浆热液多次改造叠加(加里东中期),其矿床成因模式如下(图4-3-35)。

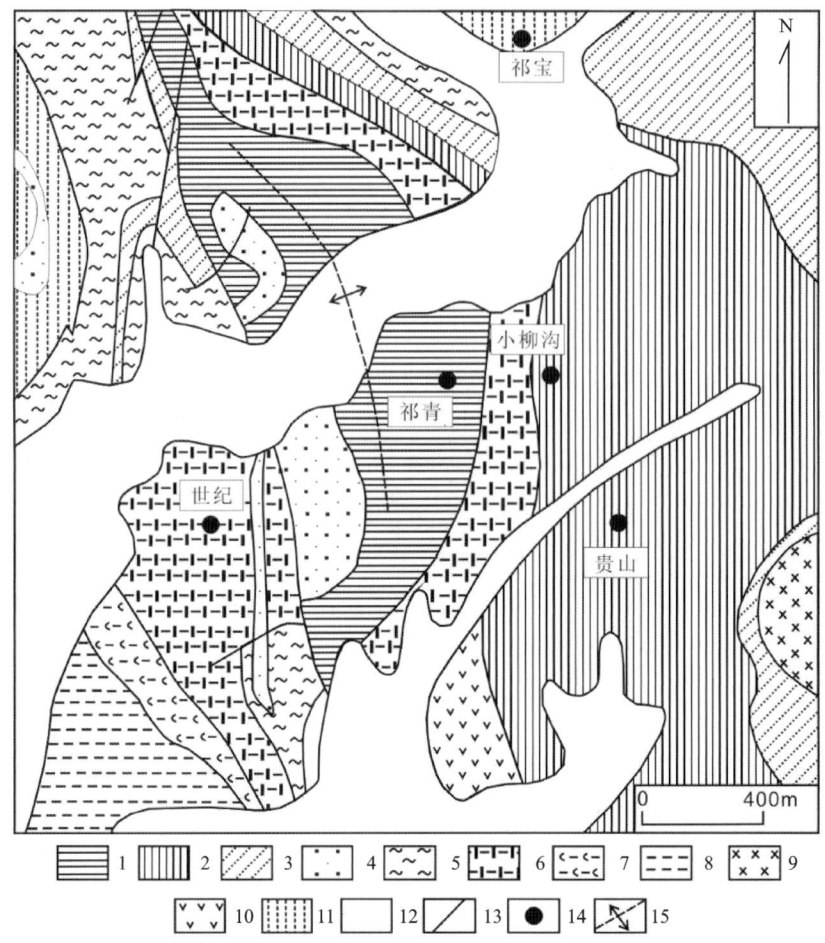

图 4-3-34 小柳沟钨钼多金属矿田地质简图(据汤静如等,2006 修改)

1.千枚状细砂岩;2.角闪云母片岩;3.灰岩;4.石英岩;5.绿泥绢云千枚岩;6.含碳绢云千枚岩;7.碳质千枚岩;
8.绢云绿泥千枚岩;9.玄武岩;10.玄武质凝灰岩;11.钙质千枚岩;12.第四系;13.断层;14.矿床点;15.背斜

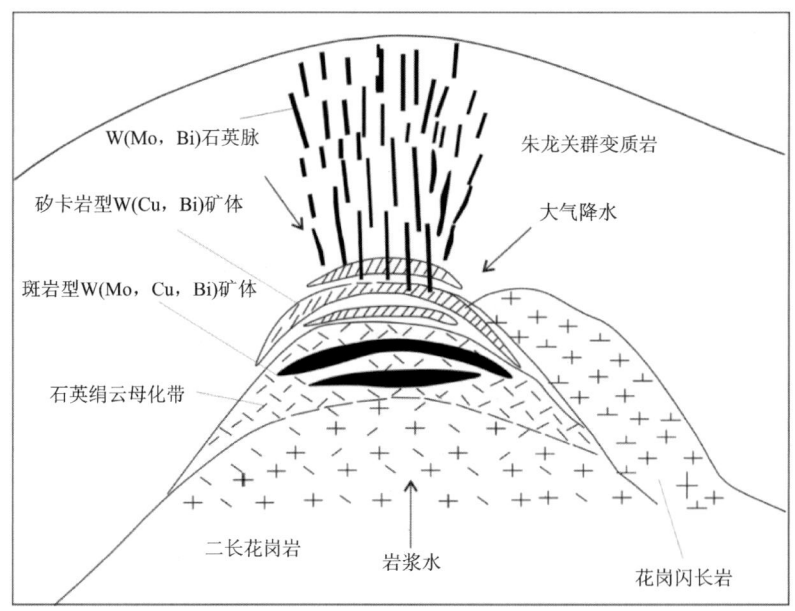

图 4-3-35 小柳沟矿床成矿模式示意图(据张作衡等,2008)

元古代构造的主要特征是克拉通内部的裂谷带或盆地构造运动,具有长期活动的过程,裂谷活动伴随着火山岩活动,成为成矿的重要条件。元古宙地壳因为与地幔重力相差悬殊,易于发生壳幔拆离,地幔在拆离后发生俯冲,造成地壳的下沉,形成裂谷,属于 A 型俯冲的盆地构造。地幔的上涌在盆地中发生广泛的火山活动,带来成矿物质,成为重要的矿源层,小柳沟矿床的形成与元古宇的含矿有密切的关系。

本区在奥陶纪(加里东中晚期)由于板块向北的俯冲作用,造成钙碱性中酸性岩浆的侵入,发生与铜、钼、钨紧密相关的岩浆活动。在岩浆侵入早期热液沿构造薄弱地段及层间裂隙上涌侵位,与含钨的高钙矿源层朱龙关群地层发生接触交代,形成夕卡岩型钨矿;在岩浆晚期富含铜、钼的晚期岩浆热液再次沿构造裂隙上涌,在岩体上覆地层以及早期的岩体中形成石英脉型铜钼矿体,同时对早期岩体中的钼矿化进行活化、迁移,重新富集成矿,岩构造薄弱部位形成小团块状、细脉状的钼矿化。

4. 控矿因素与找矿标志

主要含矿地层是长城系朱龙关群地层,构造(裂隙)控制矿体分布。矿区内深部的隐伏花岗岩体也对矿化有着重要的富集和控制作用,围绕岩体矿化具有水平及垂直分带特征。岩体在为富集成矿提供热源的同时,岩体在上侵过程中形成的环状和锥状裂隙控制着夕卡岩主矿床以及石英脉型钼矿体。

(十一)新疆民丰县黄羊岭锑矿

1. 成矿地质背景

黄羊岭锑矿床位于西藏-三江造山系,巴颜额拉地块,可可西里-松潘前陆盆地,处于卧龙岗-冬银山中生代锑汞成矿亚带内。

2. 矿床地质特征

黄羊岭锑矿赋矿地层为中二叠统黄羊岭组下段海相陆源碎屑岩,其岩性下部为灰色-褐灰色中细粒钙质岩屑砂岩、长石岩屑砂岩与灰色泥质粉砂岩互层,上部为灰色泥质粉砂岩与深灰色泥岩互层,具下粗上细不均匀韵律沉积特征。黄羊岭锑矿区内已发现矿体 55 个,其中Ⅰ矿段 30 个,Ⅱ、Ⅲ、Ⅳ矿段 25 个。矿体多呈脉状、细脉状,产于硅化砂岩及石英脉中,上、下盘围岩多为钙质砂岩、泥质粉砂岩。

矿石类型主要为辉锑矿型、石英-辉锑矿型,石英-方解石-辉锑矿型,局部有石英-黑钨矿-辉锑矿型,地表矿石氧化程度低,仅有少量灰黄色锑华,属易采冶矿石。工业类型为硅化岩型脉状矿床。矿石中有用组分为辉锑矿,另有少量闪锌矿、黄铁矿、黑钨矿,微量磁铁矿、针铁矿、方铅矿。表生条件下氧化矿物主要为锑华、褐铁矿等。脉石矿物为石英、方解石、白云石、泥质、岩屑等。矿体以辉锑矿单一型矿石为主。矿石结构呈自形—半自形及他形柱粒-柱状、交代-充填、隐晶-微细粒变晶结构及碎裂结构等,具稠密浸染状、稀疏浸染状、脉状、条带状、块状构造。矿化蚀变主要有硅化(石英岩化)、角砾化、绢云母化、泥化、碳酸盐化、褐铁矿化,以及辉锑矿化、重晶石化、微量辰砂化、锑华化等。

3. 成矿机制与成矿模式

该矿床成因类型为由断裂控制的产于碎屑岩中的低温热液充填型矿床。矿床成因具有多期、多次形成特点,中二叠世黄羊岭组碎屑岩沉积时,Sb(Hg)等元素产生了同生富集,形成矿源层,具地层控矿特征。区内主干断裂具左行平移性质,沿断裂带派生多条与地层产状一致的次级断裂,为含热液提供了上升通道;早期(印支成矿期)辉锑矿以浸染状、细脉状沿近东西向构造裂隙充填,形成规模不大的初始富集;中后期(燕山期)岩浆活动强烈,期后岩浆热液大量上侵,产生再次活化、交代、富集,在广泛发育的 X 型剪切节理中多沿 210°方向的节理充填,形成晶形粗大、品质优良的辉锑矿(图 4-3-36)。

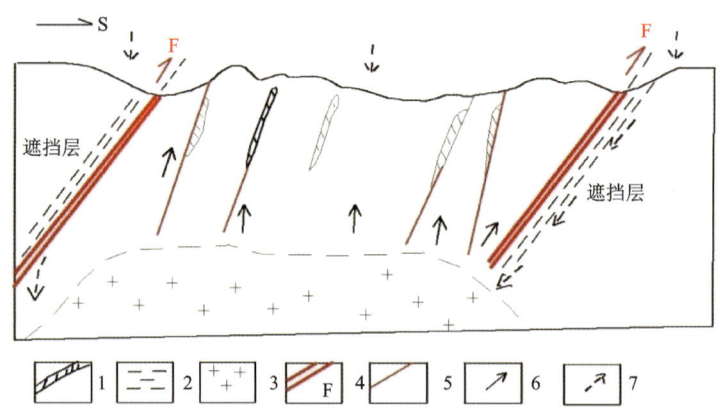

图 4-3-36 卧龙岗一带锑矿成矿模式图

1.含锑石英脉、硅化岩脉;2.遮挡层(泥质粉砂岩、页岩);3.深源岩浆;4.控矿断裂;5.次级断裂及节理裂隙;
6.混合成矿流体;7.大气降水

4. 控矿因素与找矿标志

中二叠统黄羊岭组下段是锑矿形成的矿源层,其中灰褐色岩屑砂岩、深灰色泥质粉砂岩及灰黑色粉砂质泥岩出露地段,是找矿的地层岩石标志;强烈的褐铁矿化、黄钾铁矾化,呈褐色带状分布;辉锑矿化、锑华化、硅化,特别是硅化带是找矿的直接标志。矿化带受断裂破碎带控制,在地表为呈带状分布的碎裂岩。本区北东、南西向次级构造断裂、节理、裂隙是成矿的有利部位。重力场低背景区、平静磁异常区(磁场强度接近零线)是找矿的地球物理典型标志。高强度、大面积的 Sb、Hg 异常往往预示有矿产分布,是找矿的最直接有效的地球化学标志。

三、贵金属

(一)新疆伊宁县阿希金矿

1. 成矿地质背景

阿希金矿床位于天山兴蒙造山系伊赛克-伊犁陆块伊犁微板块北缘复合岛弧带博罗科努古生代复合岛弧带内。该区自早石炭世发生拉张作用,形成了晚古生代中期伊犁裂谷,沉积了巨厚的早石炭世大哈拉军山组中酸性火山岩建造,是区内金矿形成的主要时期。早石炭世中晚期拉张活动渐趋停止,沉积了阿恰勒河组碳酸盐岩-复理石建造,不整合于早石炭世大哈拉军山组之上,此后区域构造对该金矿成矿影响不大。不整合覆盖在大哈拉军山组火山岩之上的阿恰勒河组底砾岩中发现有金矿石的近原地砾岩层,局部集中构成了沉积砾岩型金矿体。

2. 矿床地质特征

矿化蚀变带呈近南北向展布,地表出露长 1300m,宽 10~50m,划分了南、北两个矿段,北矿段长 560m,共发现矿体 7 个,以①号和②号矿体规模较大,构成矿床的主要工业矿体。主矿体形态呈似板状、透镜状,沿走向、倾向均具膨大狭缩的波状起伏,顶板为与矿体呈渐变过渡关系的黄铁绢英岩化英安质角砾熔岩,底板为构造破碎带。矿石自然类型主要为氧化矿石和原生矿石两大类,原生矿石可分为石英脉型、蚀变岩型和角砾岩型3个亚类,氧化矿石主要是上述3类矿石的氧化矿石。矿石中金属矿物主要为黄铁矿、白铁矿、毒砂;脉石矿物主要为石英、绢云母、菱铁矿、白云石、方解石。矿石结构主要为半自形—他形显微-细粒结构,交代残余结构、胶状、半胶状结构;矿石构造主要为细脉-浸染状构造。矿化蚀变有绿泥石化、黄铁绢英岩化、硅化和碳酸盐化等。

3. 成矿机制与成矿模式

矿床成因与火山活动直接有关,受基底断裂及火山机构所控制,其成矿机制是早石炭世早期拉张期间,在北西西向和北北西向区域基底断裂交会处,形成了环状喷发中心-古火山机构(破火山口)及其喷发物。火山活动末期来自较深部的系火山岩浆沿火山径相(安山质角砾熔岩)边界贯入,切割前期形成的火山岩地层,并围绕火山口形成一系列环状及放射状分布的火山断裂,为金矿的形成提供了有力的控矿构造条件。火山活动过程及期后,不断下渗的天水在深部侵入体热源的作用下向上运动,形成流体循环对流,并不断萃取围岩(火山岩和基底岩石)中的金等成矿物质,形成的含矿流体在适宜的构造部位和物理化学条件下,充填构造空间或交代围岩而成矿(图4-3-37)。

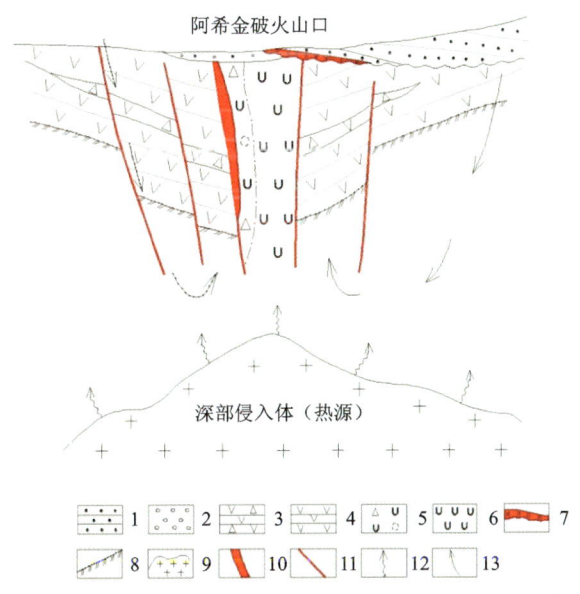

图 4-3-37　伊宁县阿希金矿床成因模式图

1.陆源碎屑岩;2.底砾岩;3.安山质角砾岩;4.中基性火山熔岩;5.构造蚀变带;6.火山管道熔岩;
7.沉积砾岩型金矿体;8.基底岩系;9.钙碱性浆房;10.矿体;11.断裂;12.成矿热液运移方向;13.雨水

4. 控矿因素与找矿标志

早石炭世地壳发生拉张作用,形成的晚古生代中期伊犁裂谷,为金矿形成有利地质构造环境。火山喷发形成的以安山岩-英安岩-流纹质岩组合为主,部分玄武粗安岩-粗面安山岩-粗面岩组合的属钙碱-碱性系列火山岩是找矿的地层岩石标志。古火山机构(破火山口)形成一系列环状及放射状断裂构造,是金矿产出的有利部位。黄铁绢英岩化蚀变带,特别是其中发育的"红化带"往往预示着有金矿体的存在,区内石英脉基本都有矿化显示,是最直接的找矿标志。

(二)甘肃玛曲县大水金矿

1. 成矿地质背景

大水构造破碎蚀变岩型金矿床位于西倾山-南秦岭陆缘裂谷带上,矿床分布在西倾山隆起带南缘。区域内断裂发育,以东西、北西向和南北、北东走向断裂为主。其中略阳-玛曲压扭性断裂组,是控制金矿带的主要断裂。区内以印支期—燕山早期岩浆活动为主,主要分布在大水-忠曲断裂的北缘。印支期岩浆活动及派生的花岗闪长岩脉等与大水金矿的形成有十分密切的关系。

2. 矿床地质特征

大水金矿的主要赋矿地层为下三叠统马热松多组,岩性为一套脆性的碳酸盐岩地层,矿体呈透镜状、细脉或大脉状、枝杈状、囊状等产于三叠系灰岩(白云质灰岩)、侏罗系灰质砾岩以及花岗闪长斑岩脉与灰岩接触带附近,受断裂和古岩溶构造控制。产于石灰岩中的矿体,与围岩界线清楚,脉岩中矿体与围岩多为渐变关系。矿石矿物组合为玉髓(微晶石英)-赤铁矿(褐铁矿)-自然金,含微量黄铁矿、辰砂、雄黄、雌黄、辉锑矿等。矿石结构主要有交代残余结构、微晶-细晶结构、胶状结构,矿石构造有致密块状、纹层状、细脉条带状、角砾状和鲕(豆)状构造。围岩蚀变主要有硅化、赤铁矿化、碳酸盐化,次为高岭石化、绿泥石化、绢云母化、次生褐铁矿化和少量汞、砷硫化物矿化。与金矿化关系最密切的是硅化和赤铁矿化。

3. 成矿机制与成矿模式

在太古宙结晶基底之上,伴随印支期和燕山期大规模的构造运动,地壳深部的混合岩发生部分熔融,形成地壳重熔花岗岩浆,由此分异出富含挥发分(成矿物质)的中酸性、酸性岩浆,沿主断裂由深部向地表迁移,形成了广泛分布的花岗闪长岩体系列。随着晚期岩浆侵入,内压增大,顶部围岩压力逐渐降低,而裂隙不断增多增大,加之中酸性挥发分从体系内大量逸出,导致在花岗闪长斑岩体外侧的断裂中产生了侵入-隐爆,在花岗闪长岩顶部形成隐爆角砾、顶蚀、塌陷等。同时在原断裂的基础上,由于后期岩浆热液或地下热水对碳酸盐岩的溶蚀作用,形成了一系列隐爆构造和岩溶构造空间,为含矿热液的存储提供了良好的环境。成矿元素 Au 早期在岩浆岩中预富集,伴随着岩浆上升侵位,形成成矿流体。成矿流体在运移过程中不断循环萃取成矿物质形成矿液,成矿元素 Au 逐渐富集,这些成矿溶液随着向附近同期产生的小构造及形成的一系列隐爆构造和岩溶构造空间再次运移,一方面可能再次萃取岩浆岩和地层中的金,使其更加富集;另一方面使围岩发生蚀变,在热水溶液活动的晚期,一定量大气降水沿裂隙下渗,并与其发生混合,使物理化学条件改变、矿质沉淀形成矿体。因此,矿床呈现出中低温、中低盐度的特点。在热液活动成矿之后,受喜马拉雅运动的影响,地壳抬升加剧,构造进一步活动提供热源,使金进一步活化迁移,出露地表的矿体发生强烈剥蚀作用和氧化作用,这种多时期、多阶段、多种成矿作用的复合叠加,最终形成了规模大、品位富的大水金矿床(图 4-3-38)。

4. 控矿因素与找矿标志

区域北西西—北西向断裂构造带控制了矿带及矿床的空间分布;次级北西西—东西向断裂伴(派)生低序级的近南北向、北西西—北东向断裂破碎带,断裂交叉复合处节理裂隙密集发育带,岩脉与围岩接触带等控制了矿体的空间定位。浅成—超浅成偏碱性闪长岩、花岗闪长斑岩等小岩体或岩株、岩脉,特别是岩脉发育区,是寻找大水式金矿的一项重要找矿标志;经赤铁矿化、硅化的岩石一般呈特别明显的红色、紫褐色,是最直接的找矿标志;热液方解石(粗晶-巨晶)呈大脉状、不规则的团块,近水平发育地段,是找矿的间接标志;金化探异常分布地段是最直接的找矿标志;矿体主要产于赤铁矿化硅化灰岩、赤铁矿化硅化花岗闪长岩及其接触带中,该类岩石是最直接的找矿标志。

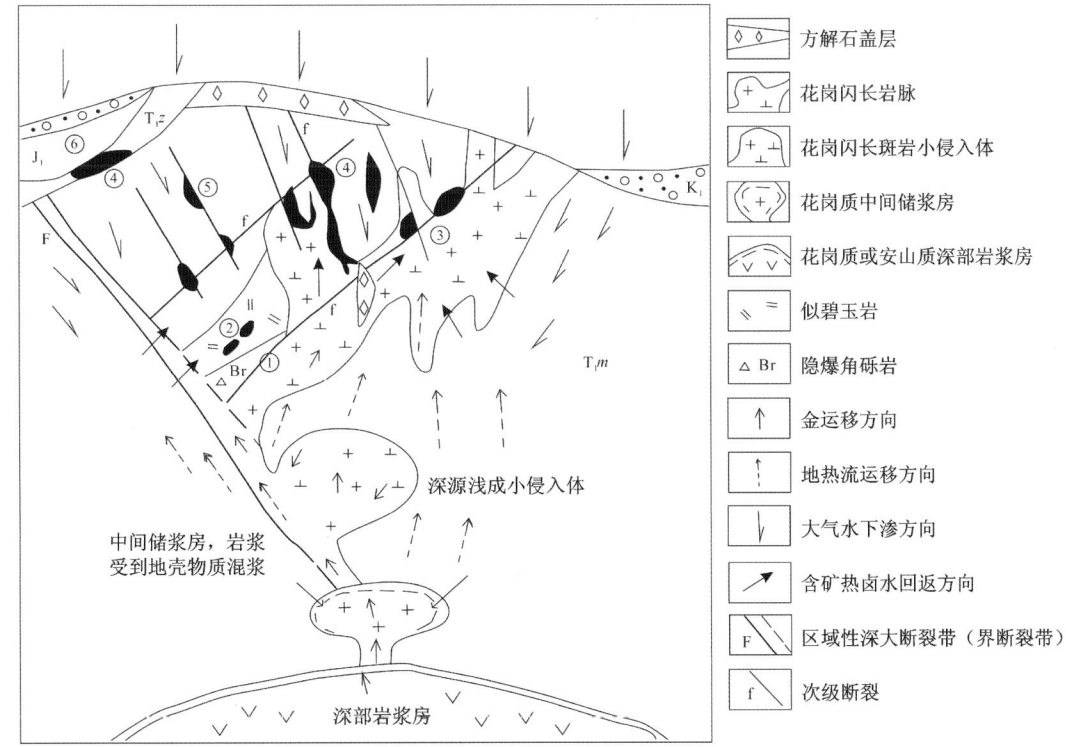

图 4-3-38 大水式破碎蚀变岩型金矿床成矿模式示意图

①蚀变隐爆角砾岩型矿石;②蚀变似碧玉硅质岩型矿石;③蚀变碎裂花岗闪长岩型矿石;④蚀变构造角砾岩型矿石;⑤蚀变碎裂白云质灰岩型矿石;⑥侏罗系砾岩中脉状矿石;J_1.下侏罗统;K_1.下白垩统;T_1z.下三叠统扎里山组;T_1m.下三叠统马热松多组

(三)甘肃西和县大桥金矿

1. 成矿地质背景

区域上位于中秦岭与南秦岭成矿带的结合部位,自北而南横跨岷县茶埠-代家庄-厂坝铅锌成矿带、岷县鹿儿坝-两当广金坝金汞锑成矿带和叠部-武都-徽县铁铜金成矿带。

2. 矿床地质特征

大桥金矿床金矿体均赋存在三叠纪下组第一岩段硅质角砾岩中。硅质角砾岩层位稳定,沉积特征明显,与顶底板围岩界线清楚,倾向北西,向北东缓倾伏,大桥金矿区硅质角砾岩普遍含金。含矿地质体受北东向倾伏的背斜褶皱中的硅质角砾岩层位和北东向的脆性断层及北西向的韧性断层控制。矿区有12条(黑云母)花岗闪长岩脉,一般长20~100余米,宽4~10m,走向以北东向为主,多呈透镜状顺层产出。

3. 成矿机制与成矿模式

矿化产出于石炭系与三叠系接触部位,含矿岩石为石英质碎斑岩、碎粒岩,初步认为石英质碎斑岩、碎粒岩(硅质角砾岩)成岩环境为浅海环境,根据硅质角砾岩中所含硫化物推测其环境属于浅海相对封闭的环境。有研究者认为硅质角砾岩为快速堆积的浊积岩经后期的构造活动,使岩石发生脆性碎裂,富含硅质的含矿流体,沿断裂活动,交结碎裂岩石,形成大桥矿床(图4-3-39)。从区域构造活动分析,成矿时代应为印支期—燕山期,与印支末期的大规模造山活动相关。

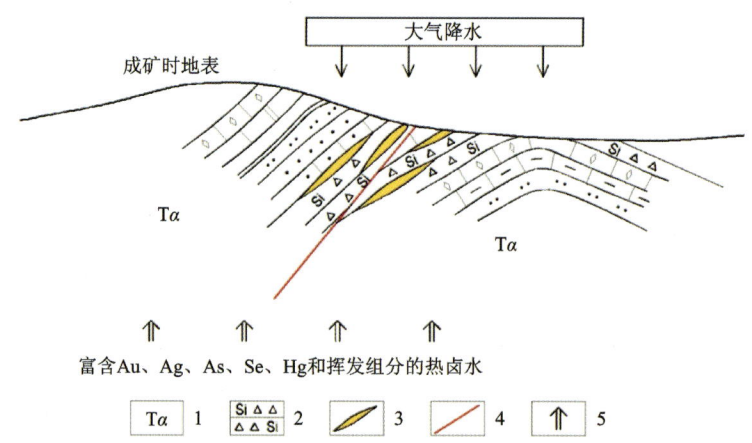

图 4-3-39　大桥式微细浸染型金矿床成矿模式图

1.三叠系下部构造层；2.含金硅质角砾岩（矿源层）；3.金矿体；4.断层（矿液运移通道）；5.含矿热卤水运动方向

4. 控矿因素与找矿标志

区域上大桥金矿所处的位置为白龙江与碌曲-两当两个逆冲推覆体的结合部位，区域深大断裂是成矿的前提。区域上以 Au、Hg、As、Sb 为主的地球化学异常元素套合好，沿断裂带分布。矿区范围 1∶50 000水系沉积物测量异常也显示了相同的元素组合与特征，低温元素组合化探异常是找矿标志之一。硅质角砾岩（石英质碎斑岩、碎斑岩、碎裂岩）是大比例尺范围找矿的直接标志，矿化产出于该"层状"的岩系中，无一例外。一般硅质角砾岩下部为另一构造变形层次的石炭系厚层灰岩，顶部向上为薄层灰岩、碎屑岩（粉砂质板岩），垂向叠置次序清楚。

四、稀有、稀土金属

（一）新疆富蕴县可可托海锂铍铌钽矿

1. 成矿地质背景

可可托海矿床大地构造位置位于西伯利亚板块西南阿尔泰陆缘活动带。区域构造位于属于阿尔泰古生代复合深成岩浆弧南东段青河复背斜北北西端的近转折部位，其南为阿尔泰山南缘晚古生代陆缘裂谷，属于北阿尔泰（山弧带）稀有（RM）-Pb-Zn-Au-Cu-Ni-多金属-Mo-白云母-宝石成矿带。

2. 矿床地质特征

该矿床稀有金属矿化产于哈巴河群中，受石炭纪阿拉尔钾长花岗岩基外接触带、伟晶岩体及北北西与东西向断裂交会处控制。矿化类型主要由交代型伟晶岩和近矿围岩蚀变岩型两类组成（图4-3-40）。

矿区有25条矿脉，其中14条为盲矿脉，计算储量的为6条，矿脉长一般为350~740m，厚1~7m，垂深100~200m。3号主矿脉长2000m，厚40m，延深1500m，筒状矿体长250m，厚150m，延深250m，倾向南西10°~40°。矿石矿物有锂辉石、绿柱石、铌铁矿-钽铁矿族，此外还有极少量的铯榴石和铪锆石。矿石类型分为铍矿石类型、锂矿石类型和钽铌矿石类型3种。矿石结构主要有伟晶结构和半自形

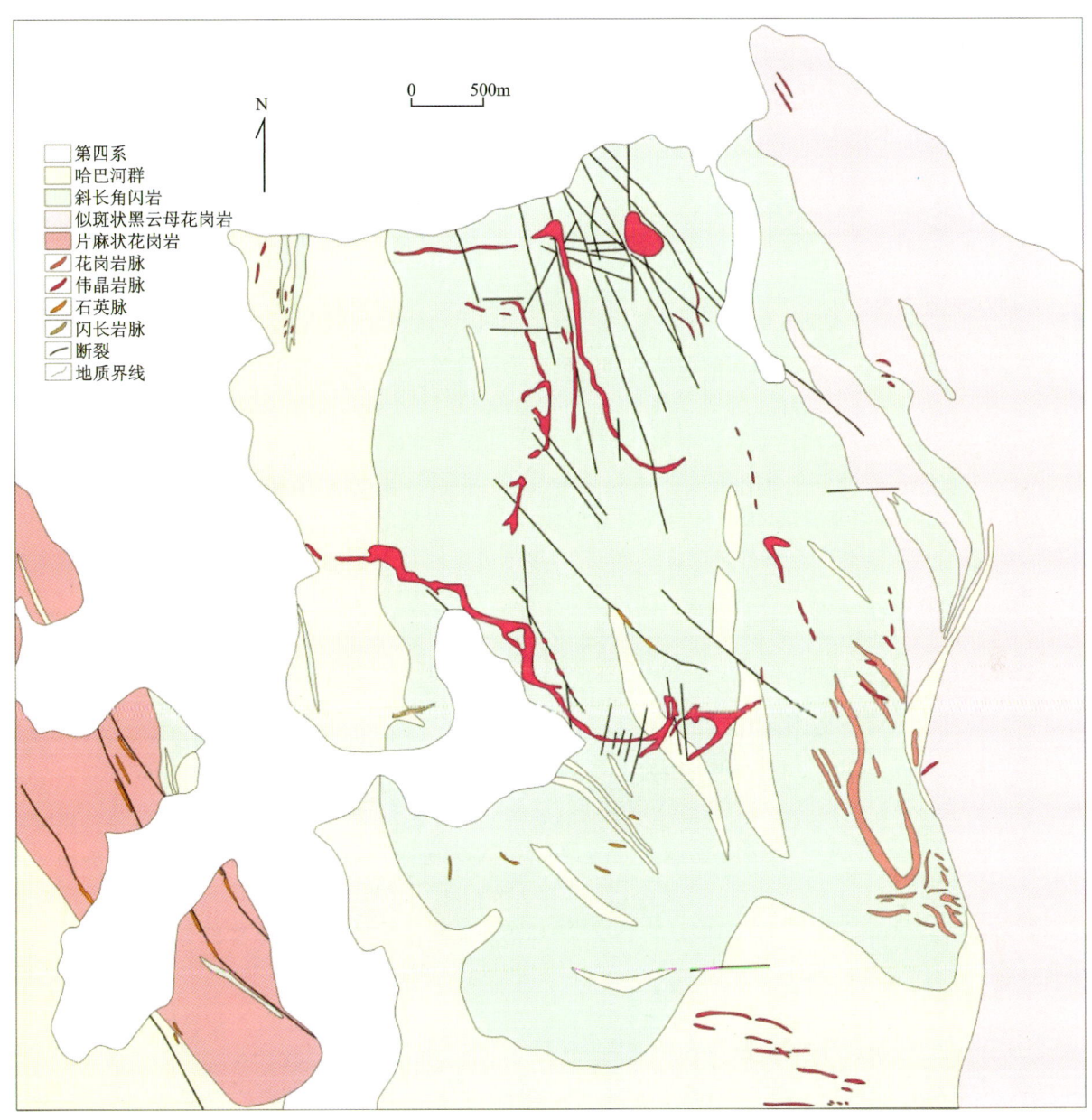

图 4-3-40　可可托海矿区地质简图(据新疆有色地质勘查局,2010)

板状结构。围岩蚀变以绿泥石化和硅化为主,以钽铌铁矿矿物形式存在的矿化为强硅化斜长角闪岩。在可可托海矿区分带明显,由阿拉尔石炭纪钾长花岗岩体内向外依次分带有弱、无稀有金属矿化的伟晶岩带,白云母、铍矿伟晶岩带,锂、铯、铍、钽、铌矿伟晶岩带,含金石英脉带。矿田内绝大多数矿床分布于第Ⅲ锂铯铍钽铌伟晶岩带中。

3. 成矿机制与成矿模式

矿床成因机理主要在远离岩体伟晶岩带中,由重结晶—交代作用形成,经历了成矿阶段多次的热液叠加改造。矿床类型属交代型伟晶岩稀有金属矿床。

4. 控矿因素与找矿标志

矿化产于哈巴河群中,受石炭纪阿拉尔钾长花岗岩基外接触带、伟晶岩体及北北西与东西向断裂交会处控制。不同地质时期变质程度达绿片岩相-角闪岩相的褶皱变质带中的复背斜等相对隆起区,上述构造单元内同期花岗岩体周围及次级背斜核部及转折端等伟晶岩集中分布区,处于重力梯度带上,其变化梯度大约是每千米 1.8×10^{-5} m/s², 处于 2 个北西向磁力高之间。伟晶岩脉极值可达 2000~3000nT, 伟晶岩脉体及其上、下盘围岩构成双峰的异常可达 500nT 以上。

(二)新疆和田大红柳滩锂矿

1. 成矿地质背景

大红柳滩成矿带位于新疆南部的西昆仑和喀喇昆仑结合地区,构造位置上属于可可西里-巴颜喀拉褶断带,南、北分别为大红柳滩-郭扎错断裂与康西瓦断裂(图 4-3-41),呈北西西向带状展布,长约 210km,宽 20~50km。区内地层属巴颜喀拉地层区-大红柳滩地层小区,断裂构造较为发育,主要呈北西—南东向展布,主要断裂有康西瓦断裂、大红柳滩-郭扎错断裂、奇台达坂断裂等。该区属中生代三十里营房-泉水沟构造-岩浆岩带,中酸性侵入岩规模较大,多为规模巨大的岩基状产出,复式岩体位于喀拉喀什河南岸,呈狭长北西—南东向带状展布,走向与区域康西瓦断裂一致。南巴颜喀拉-雅江成矿带(Ⅲ-31)。

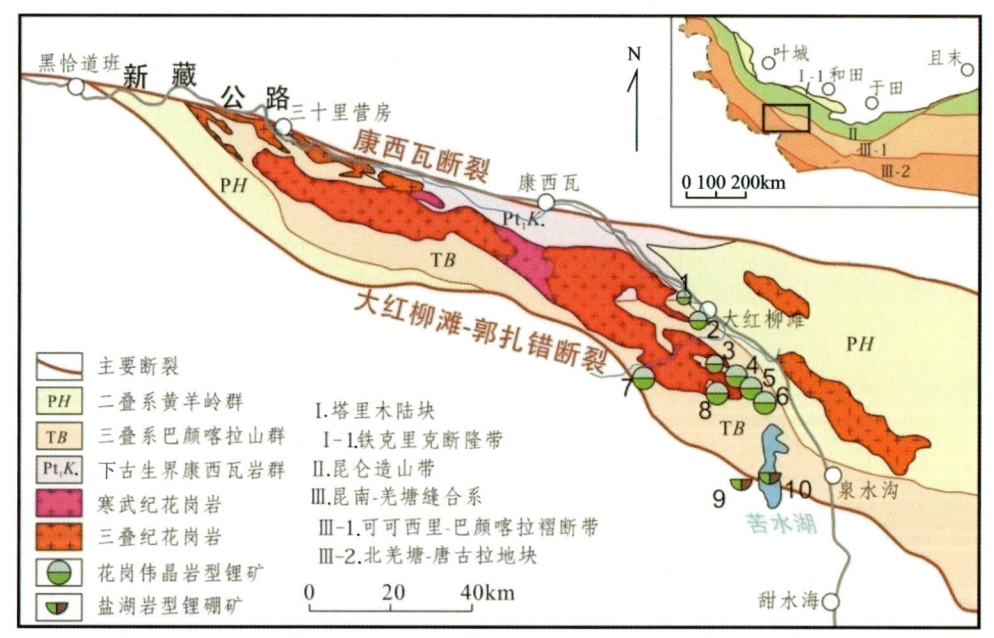

图 4-3-41　大红柳滩一带伟晶岩型锂矿分布图

1.阿克沙依锂矿点;2.阿克塔斯锂矿;3.卡拉喀锂矿;4.509 道班西锂矿;5.505 锂矿;6.507 锂矿;
7.俘房沟南 1 号锂矿;8.俘房沟南 2 号锂矿;9.黄草湖锂硼矿;10.苦水湖锂硼矿

2. 矿床地质特征

505 锂矿与 507 锂矿位于大红柳滩岩体南东端,北西方向与 509 道班西锂矿相邻,成矿地质特征相似(图 4-3-42),与卡拉喀锂矿、阿克塔斯锂矿等同位于岩体旁侧,断续分布。

矿区地层主要为三叠系巴颜喀拉山群中组和上组下段地层,岩性为灰白色—灰褐色薄层状长石石英细砂岩夹灰黑色薄层状粉砂岩地层、浅灰色薄层变质长石石英砂岩夹互黑色薄层状变质粉砂岩、深灰色薄层状石英细砂岩互灰黑色粉砂岩地层。矿区西部中酸性侵入体发育,岩性主要为花岗闪长岩、石英闪长岩。岩体与围岩(巴颜喀拉山群)接触带上蚀变较强,常见片理化、堇青石、红柱石角岩化蚀变,蚀变

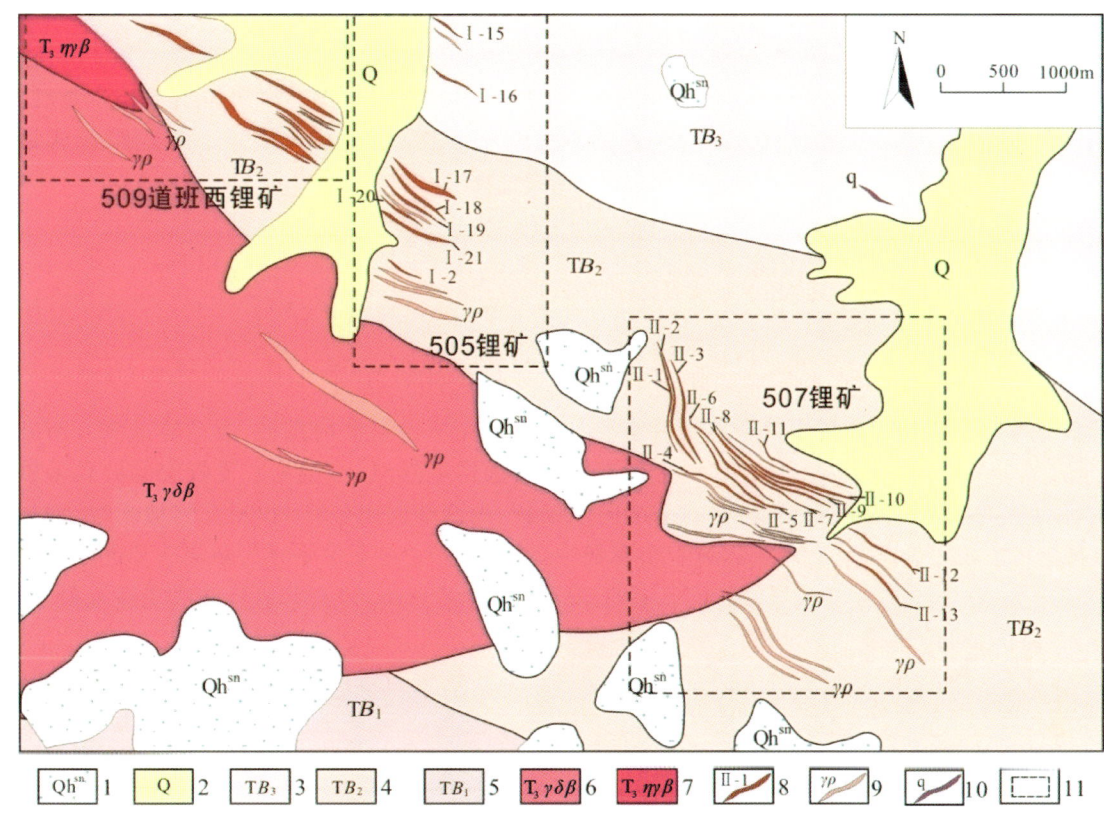

图 4-3-42　509 道班西—507 锂矿一带地质矿产图

1.雪被区；2.第四系洪冲积物；3.巴颜喀拉山群上组；4.巴颜喀拉山群中组；5.巴颜喀拉山群下组；6.中细粒
石英闪长岩；7.黑云母二长花岗岩；8.矿体及编号；9.未矿化伟晶岩脉；10.石英脉；11.矿区范围

带宽 3～30m 不等。矿区北侧靠近北西—南东向延伸的奇台大阪断裂带。

505 矿区共发现伟晶岩脉 20 条，圈定 11 条矿体，基本顺地层层理产出，呈蠕状或条带状北西—南东向延伸，产状(5°～55°)∠(39°～75°)，矿体厚度 1.5～4m 不等，整体上脉体延伸厚度较为稳定。矿石结构中伟晶结构锂辉石呈柱状、板状，自形程度最好。似斑状结构锂辉石呈自形柱状、板状，交代残余结构矿石经历了强烈地硅化、云英岩化作用，锂辉石被晚期白云母、石英交代，仅呈少量残存矿物存在，边缘呈锯齿状。伟晶岩的构造比较复杂，由单一矿物或结构单元组成的伟晶岩，构造较简单，常为块状构造。矿石中稀有金属以 Li 为主，普遍赋存 Be、Rb、Nb、Ta 等稀有元素。矿体主要矿石矿物为锂辉石，此外还含有少量磷锂铝石、锂白云母、绿柱石、铌钽铁矿等。

3. 成矿机制与成矿模式

晚三叠世末期造山运动，使陆壳重熔分异的花岗岩浆向上侵位，非常缓慢地结晶分异，当残余富含流体岩浆聚集于岩浆房顶部，受北西向断裂破碎带影响向上贯入，并随伟晶岩浆温度和压力缓慢下降，最终在侏罗纪早期形成伟晶岩型锂矿。

4. 控矿因素与找矿标志

康西瓦—大红柳滩一带伟晶岩围绕晚三叠世中酸性岩体产出。北西向的区域性大断裂康西瓦断裂和大红柳滩-郭扎错断裂控制花岗岩的分布，并为岩浆及后期热液运移提供了通道；伟晶岩型锂铍矿主要赋存于三叠系巴颜喀拉山群及古元古界康西瓦岩群中，围岩的张性裂隙对成矿有利，为伟晶岩脉提供了就位空间。

采用具高分辨率的遥感影像能够有效识别伟晶岩脉集中分布区，快速缩小找矿靶区。岩体边部地层蚀变变质程度较强，普遍发育角岩化蚀变，可见石榴子石、堇青石、红柱石、绢云母等特征变质矿物。锂辉石伟晶岩脉与红柱石、石榴子石角岩化带关系密切。区内地球化学异常对找矿具有指示意义，异常以 Li、Be 为主，伴有 Rb、Cs、Sn、Nb、Ta 等元素的异常组合。伟晶岩的抗风化能力强于围岩，常常形成突出的地貌或白色陡坎。沟谷中的转石可作为最直接的找矿标志。

（三）新疆拜城县波孜果尔富含稀土铌钽矿

1. 成矿地质背景

波孜果尔稀土矿位于塔里木盆地北缘活动带内的哈尔克早古生带沟弧带，活动陆缘深大断裂带的北侧，现在划分为东阿莱-哈尔克山弧前增生带。区内褶皱构造强烈，哈雷克套复背斜的波孜果尔背斜内，该背斜为短轴背斜，呈北东-南西向，北东端向东偏转，南西端向南偏转，背斜北翼被断裂切割，为一北西翼陡，南东翼缓的不对称背斜。区域上出露最主要的断裂为"南天山主脊大断裂"，呈北东东—南西西向横贯全区，总体倾向北，倾角 70°～80°。受区域变质作用的影响，岩石普遍具有浅变质现象，变质岩广泛分布，总体属低压相系。

2. 矿床地质特征

稀土矿主要产于二叠纪花岗岩及碳酸盐岩中。碱性伟晶岩分布于新元古代变质岩的底辟隆起内，变质岩上部为方柱石透辉石岩、大理岩夹少量石英岩、变粒岩，下部为黑云母透辉石片麻岩、石榴子石斜长片麻岩和片麻状均质混合岩，其内分布有碳酸盐岩、碱性正长岩和黑云母花岗岩侵入体。已出露的霓石花岗岩全岩株矿化，矿体在地表呈直径为 1km 的岩筒状，矿化特富带是岩株顶部的似伟晶岩和霓石钠长花岗岩，以及呈岩枝或岩脉穿入外接触带大理岩中的霓石钠长花岗岩。

主要的矿石矿物为烧绿石和锆石，次为硅锆钙石、独居石、磷灰石、钍石和硅钙钍矿。碱性伟晶岩的交代蚀变作用强烈，主要有钠长石化、天河石化、霓辉石化、金云母化、方钠石化、碳酸岩化、云英岩化、电气石化等。

3. 成矿机制与成矿模式

二叠纪碱性花岗岩浆分异形成稀有金属矿床，伴生稀土金属。

4. 控矿因素与找矿标志

主岩 W、Sn、Bi、V、Th、Pb、Zn 重金属元素富集。重砂异常中烧绿石、铀钍矿、锆石、钛铌钽酸盐及钛钇酸盐矿物含量高。放射性异常平均值为 200γ，大于 1000γ 为矿致异常。

五、重要非金属

（一）青海察尔汗钾盐矿

1. 成矿地质背景

察尔汗盐湖是柴达木盆地内最大的次级成盐盆地，是世界上罕见的具有工业价值的大型第四纪内陆盐湖之一,该矿床位于柴达木盆地中东部,是第四纪期间柴达木沉积最强烈的地区,属沉积型现代盐湖钾矿床。

2. 矿床地质特征

钾盐分为固体钾矿和液体钾矿两种,以后者为主,约占总储量的2/3。固体钾盐矿主要赋存在第四系上更新统晚期至全新统的石盐层中,按矿体赋存层位和深度,自下而上分为8个矿层(即K1—K8),位于S4含盐组中的K4—K7是主矿层,分布在整个湖区,矿物成分主要为石盐、光卤石、少量钾石盐。KCl含量一般为3%～9.92%。液态钾矿包括湖表卤水和晶间卤水两种,以后者为主。湖表卤水分不同季节K^+含量变化于6～27.84g/L。晶间卤水分两个含水段:下段位于S1、S2、S3含盐组;上段位于S4含盐组,是主含钾层。卤水KCl含量一般19.5～22.44g/L。

3. 成矿机制与成矿模式

察尔汗盐湖自形成独立盆地(距今3.7万年)以后,在东、西、南三面大量水源的补给和极端干旱的气候条件下,经过约6000年时间的蒸发浓缩,便进入盐自析阶段。距今2.58万年左右,气候相对湿润,周边大量淡水涌入,盐湖湖水淡化,故沉积了L2碎屑层。距今2.46万年左右,气候又转为干旱,盐湖水又开始浓缩,在距今大约1.9万年,达布逊、别勒滩区段沉积了S2盐层。距今1.65万年盐湖又遭到一次广泛而且经历时间较长的淡化,沉积了L3碎屑层。距今1.5万年左右,察尔汗盐湖发展到鼎盛阶段,湖区范围内全部进入盐自析阶段,沉积了遍布全湖区的S3盐层。此段时间0.7万年左右,气候进一步干旱,周边水补给量减少,蒸发量超过补给量,盐湖便进入了干盐湖阶段(图4-3-43)。

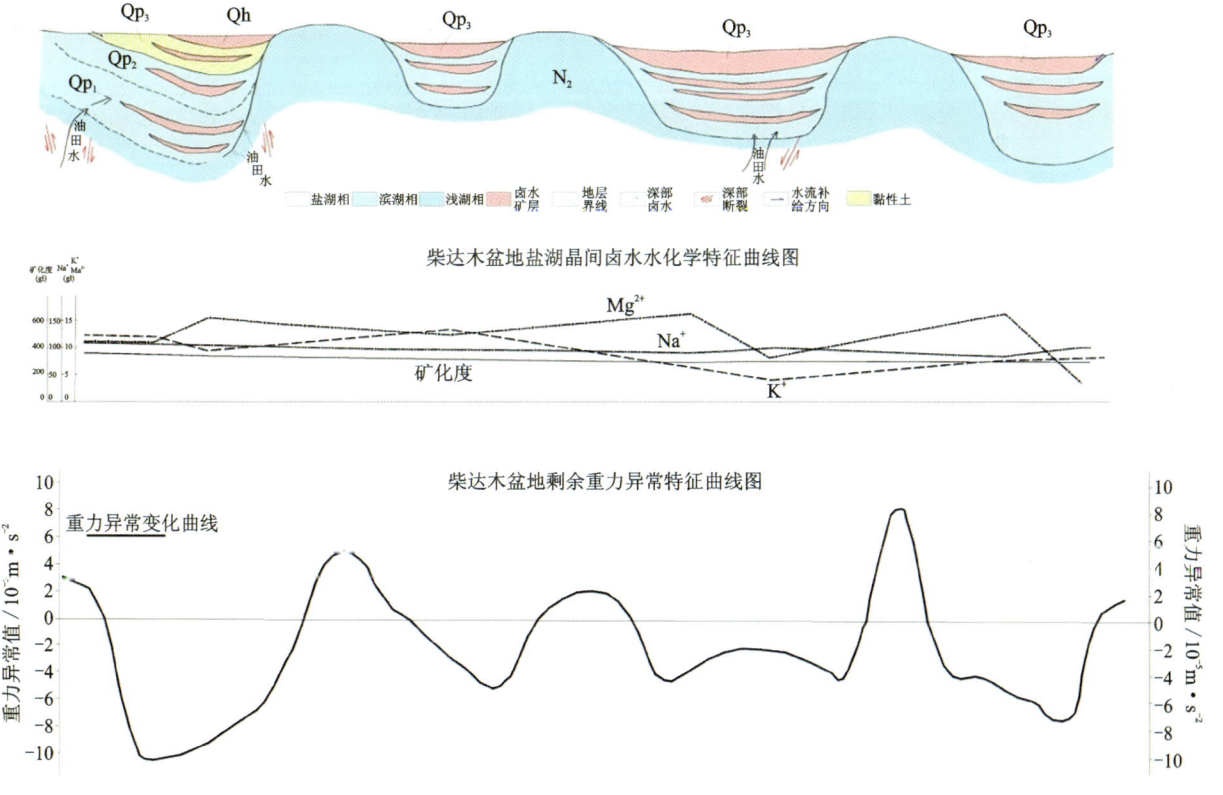

图4-3-43 青海省察尔汗钾矿预测模型图

4. 控矿因素与找矿标志

构造环境：在阿尔金 F_1、东昆仑 F_3、柴北缘 F_2 断裂基础上盆地整体坳陷三湖坳陷区。含矿地层：第四系全新统 Qp^3—Qh 地层。控矿构造：阿尔金 F_1、东昆仑 F_3、柴北缘 F_2 围限成的三湖坳陷盆地。重力异常：剩余重力异常 $-2\sim0$ 之间。水化学特征：硫酸盐型水、K^+。

（二）甘肃永昌县头沟萤石矿

1. 成矿地质背景

头沟萤石矿区位于秦祁昆造山系-北祁连弧盆系-走廊弧后盆地河西走廊成矿带（Ⅲ-20）。区域地层为寒武系大黄山组中段灰绿色变质砂岩，上段灰绿色变质砂岩夹板岩；石炭系羊虎沟组灰白色石英砂岩夹薄层灰岩；上二叠统大黄河组灰白色含砾砂岩、砂岩及紫红色细砂岩；第四系冲洪积、砾石、黄土。区内以近南北向及北西向张性断裂为主，为萤石矿体赋存空间。侵入岩主要为加里东早期石英闪长岩、加里早中期二长花岗岩、加里东早中期斑状花岗岩。

2. 矿床地质特征

矿区内共见 5 条矿脉，其中两条矿脉带大致平行，分别为照路沟区矿体、头沟区矿体。照路沟区矿体受断层控制明显，与围岩的界线分明，斜穿于厚层状细砂岩层中；矿体沿走向中部稍厚，向北逐渐变薄直至尖灭，沿倾向与走向上都有膨大缩小的特点。头沟区矿体走向 $155°\sim170°$，倾向 $245°$，倾角为 $60°\sim80°$。矿体形态较稳定，呈规则脉状，向南部逐渐增厚，围岩主要为大黄山群变质硬砂岩；该矿体受地形切割影响，矿体沿垂向比较高大。

矿石的矿物成分较为简单，主要由紫红色，浅绿色、白色萤石组成，部分具有不完整的八面体或立方体晶形。脉石矿物为石英、玉髓、蛋白石及少许方解石与萤石组成相间的条带状，局部呈环带状产出。矿石结构为交代残余、微晶-细晶、变余斑状结构。矿石具致密块状构造、纹层状构造、条带状构造及碎裂-角砾状构造等。根据矿石的主要物质成分将矿石的自然类型划分为纯萤石型矿石和石英-萤石型矿石两类，其中以后者为主。

矿体近矿围岩蚀变以中低温蚀变为特征，常见硅化，碳酸盐化等。其中与萤石矿关系密切的有硅化、方解石化，以矿体为中心，主要发育有硅化、石英-方解石化。

3. 成矿机制与成矿模式

加里东期—海西期伴随着大规模的构造运动，使地壳深部的混合岩发生部分熔融，形成地壳重熔花岗岩浆，由此分异出富含挥发分和成矿物质的中酸性、酸性岩浆，沿主断裂由深部向地表迁移，形成了广泛分布的花岗岩体成矿系列，在矿区近东西向断裂及其次级断裂的控矿作用、成矿流体复杂的成矿作用及交代富集作用下，最终形成萤石矿（图 4-3-44）。

4. 控矿因素与找矿标志

中酸性—酸性岩浆岩标志，近东西向断裂及其次级断裂的控矿作用，由于萤石矿与硅化破碎带关系密切，而硅化带不易风化，往往成为正地形。与萤石矿关系密切的有硅化、方解石化。萤石重砂异常是直接的找矿标志。

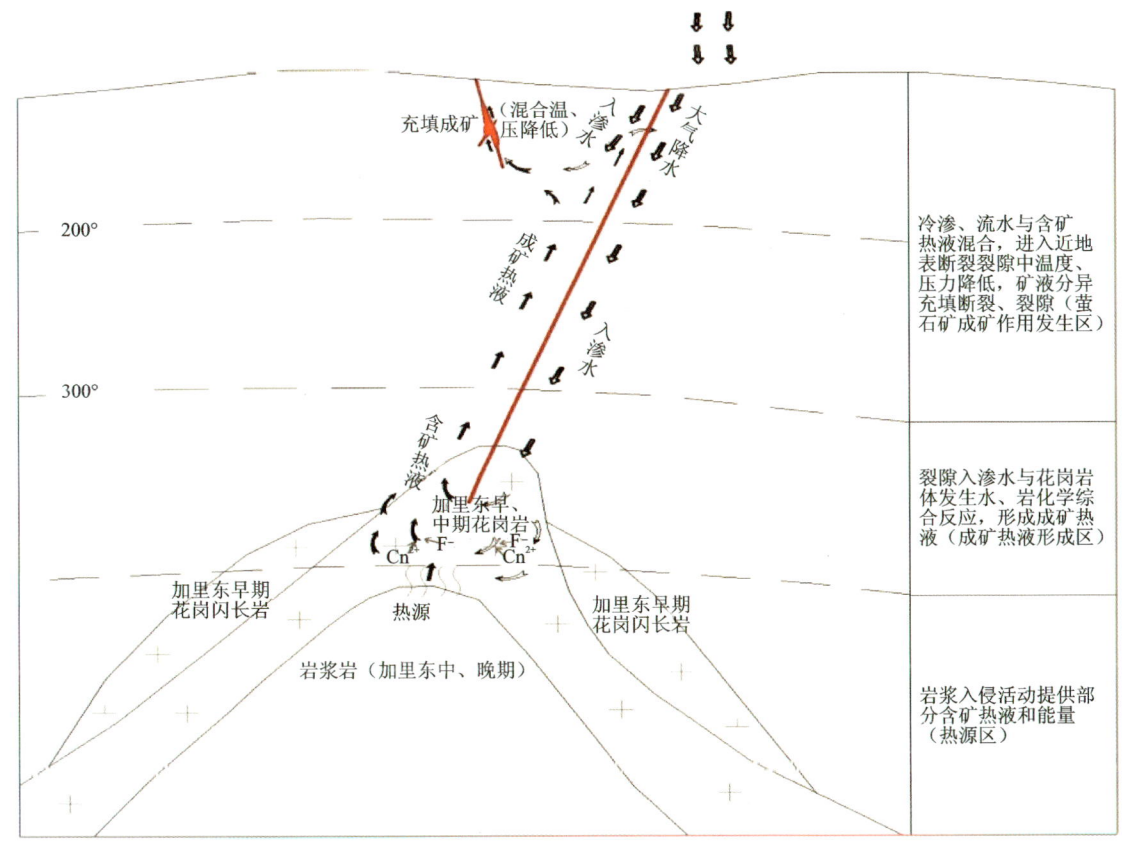

图 4-3-44　头沟-照路沟式萤石矿床成矿模式图

(三)新疆奇台县黄羊山石墨矿

1. 成矿地质背景

东准噶尔地区新发现孔可热、达布逊、黄羊山、苏吉泉等 10 余处大型—超大型石墨矿床(图 4-3-45),已探 332+334 级工业晶质石墨固定碳矿物量达 6600 万 t,矿石远景储量超过 3 亿多吨,并且层位稳定、厚度大,品位富,易开采。根据成矿地质背景、控矿因素及成矿作用特征的不同,划分为接触变质型石墨矿(青河县阿拉托别、达布逊和孔可热等)和岩浆热液型石墨矿(奇台县黄羊山和苏吉泉等)两类。接触变质型含矿岩系为泥盆纪—石炭纪碎屑岩,成矿时代主要为晚石炭世—早二叠世;岩浆热液型赋矿围岩为海西期(320~270Ma)碱长花岗岩,成矿时代与岩浆侵入时代一致。

2. 矿床地质特征

1)孔可热石墨矿

孔可热接触变质型石墨矿位于北西—南东向阿尔曼太-北塔山区域性大断裂产生的次级断裂破碎带中,出露地层主要为下石炭统姜巴斯套组由砂岩、粉砂岩及泥岩组成的滨海相含碳质碎屑岩建造,亦为石墨赋矿岩层,赋矿岩石为石墨板岩。地层受岩浆热力变质作用岩石呈现角岩化、褪色、蚀变及高温的锗色和板岩化等变质,变质岩的岩性组合为单一碳质板岩。矿区的地质特质反映引起变质的主导因素是热力变质作用,变质级属中低温热力变质范畴,区域变质程度较浅。矿床构造为阿尔曼太 3 号向斜,呈北东向出露于矿区南部一带,北东翼倾向南西,倾角为 50°~85°,南西翼倾向北东,倾角为 50°~70°,组成向斜核部地层为下石炭统姜巴斯套组,即石墨矿体赋存位。

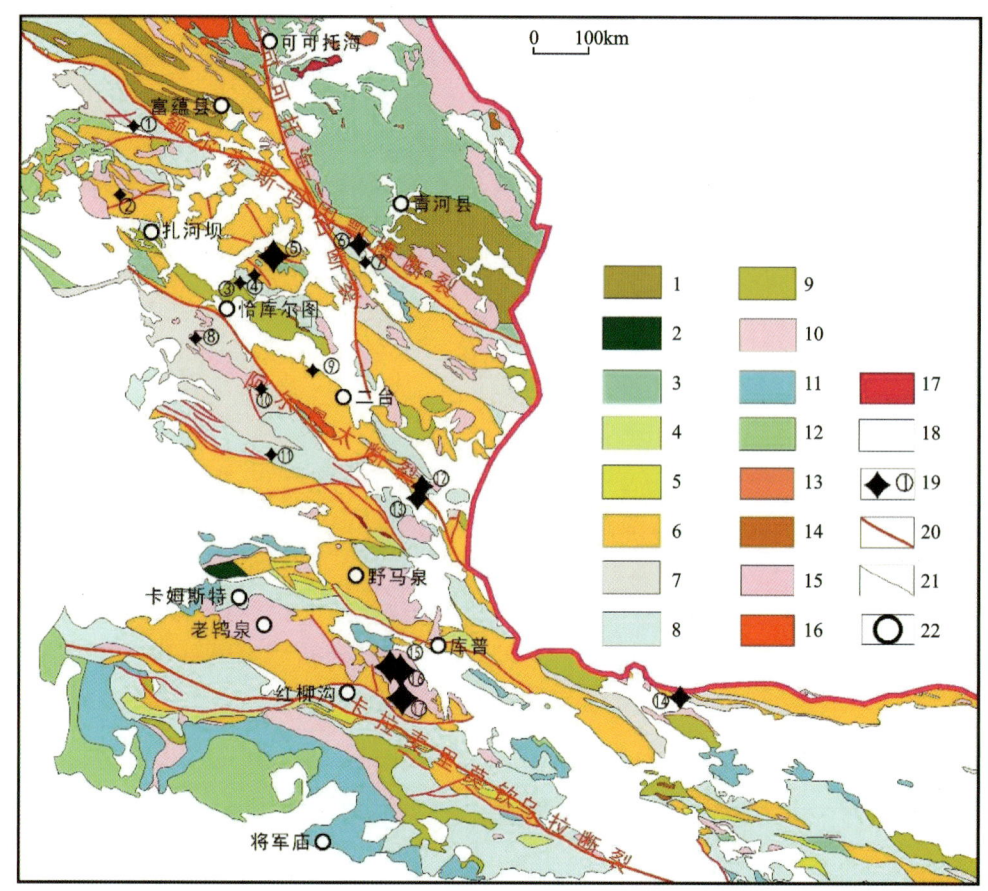

图 4-3-45 东准噶尔地区石墨矿床分布意图(据彭素霞等,2018)

1.前寒武纪;2.寒武纪;3.奥陶纪;4.志留纪;5.上志留统—下泥盆统;6.泥盆纪;7.上泥盆统—下石炭统;8.石炭纪;9.二叠纪;10.三叠纪;11.侏罗纪;12.白垩纪;13.侏罗纪花岗岩;14.二叠纪花岗岩;15.石炭纪花岗岩;16.泥盆纪花岗岩;17.志留纪花岗岩;18.新生代;19.石墨矿位置及编号;20.断裂;21.地层界线;22.地名:①萨尔布拉克石墨矿;②科克库都克石墨矿;③库拉比也南石墨矿;④富蕴县吉别克腾石墨矿;⑤冬牧场石墨矿;⑥阿拉托别石墨矿;⑦哈依尔很石墨矿;⑧塔斯喀克石墨矿;⑨克音喀腊石墨矿;⑩也斯克东石墨矿;⑪散得克石墨矿;⑫孔克热石墨矿;⑬达布逊石墨矿;⑭奇台县北塔山石墨矿;⑮黄羊山1号石墨矿床;⑯黄羊山2号石墨矿床;⑰苏吉泉石墨矿

石墨矿体产于下石炭统姜巴斯套组碳质板岩和泥质粉砂岩内,矿体与地层为整合接触,由泥质粉砂岩到碳质板岩到矿体为渐变过渡,并且多见由植物化石碎片的沉积特征,在矿体边部及周围上下多有闪长玢岩岩体出露。矿体呈层状、似层状,主要集中于向斜核部及翼部,随地层产状而变化,并与石炭系中细粒斑状黑云母二长花岗岩、闪长岩、辉长岩等呈侵入接触。矿区内共圈出4条石墨矿化蚀变带,出露总长约2600m,宽约200m。带内控制矿体出露最长580m,控制矿体最大斜深400m,地表单工程矿体最厚42.2m,钻孔中最大控制厚度342.12m。固定碳品位可达30.15×10^{-2},平均品位可达15.96×10^{-2}。矿石类型属晶质(鳞片状)石墨矿,单晶鳞片直径一般为0.001~0.2mm,伴生有益有害成分简单,为中碳石墨产品。

2)黄羊山石墨矿

东准噶尔与碱性花岗岩有关的晶质石墨矿最早发现于黄羊山岩体南部苏吉泉地区,石墨矿沿角闪花岗岩与黑云花岗岩的接触带呈北西300°~320°方向断续分布,矿体直接围岩为含石墨混染花岗岩,矿区共发现大小矿体20多处,分布面积为$(3.9\sim33.6)\times10^4m^2$,延深一般为20m,最深51m,达到中型矿床规模。近年来随着地质勘查程度的提高,黄羊山岩体中部新圈定出Ⅰ-1、Ⅰ-2、Ⅰ-3共3个石墨找矿靶区,其中Ⅰ-1号靶区内岩体主要由中粒角闪石碱性花岗岩、中细粒含石墨碱性花岗岩和细粒黑云母碱性花岗岩组成。石墨矿主要赋存于中细粒含石墨碱性花岗岩内,包含①号和②号共2个石墨矿体(图4-3-46)。

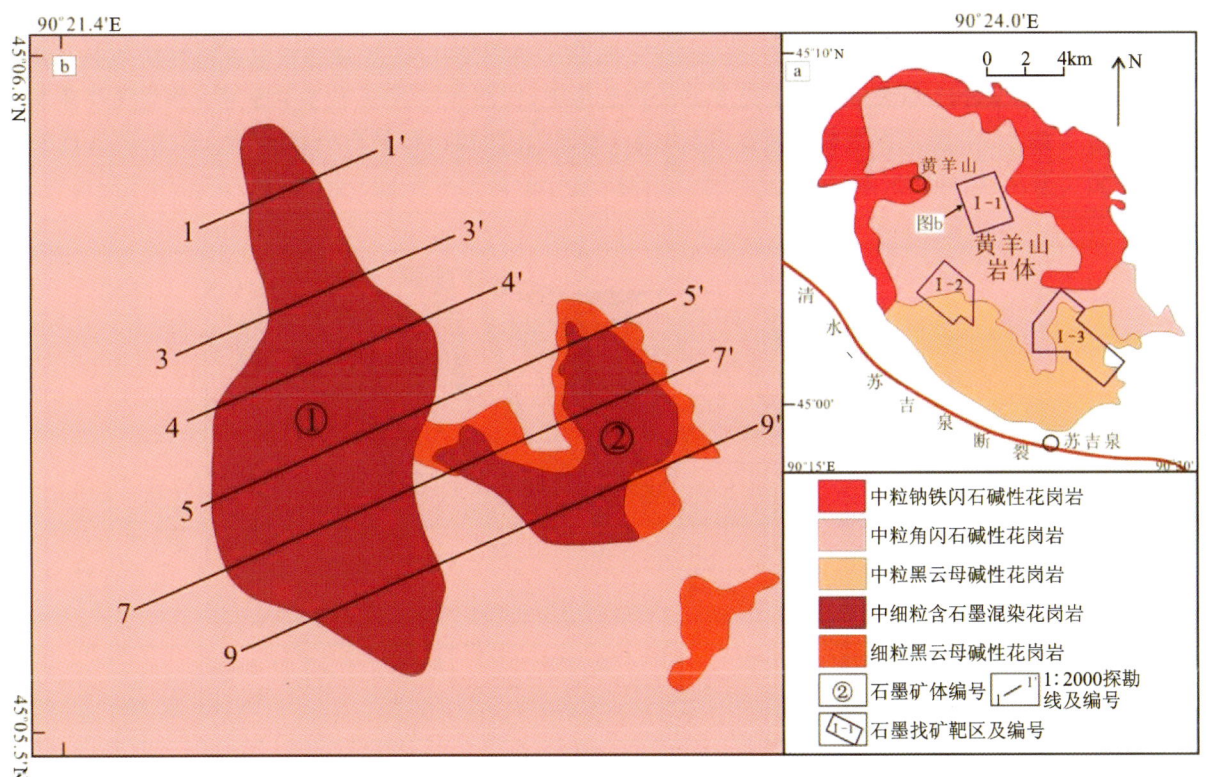

图 4-3-46 黄羊山石墨矿地质简图(据白建科等,2018)

矿石由岩浆热液不同阶段的结晶矿物和石墨组成,共生矿物比较复杂,石墨呈大小不等的球状、豆状、球斑状、复球团块状或细鳞片浸染状,富集于混染花岗岩的膨大部位。黄羊山岩浆型石墨矿具独特的"球状"特征,石墨集合体呈大小不一(球径 0.2~8cm 不等)的球体。根据石墨矿石形态、组成及大小等特点,可以划分出球状构造、豆状构造、浸染状构造 3 种矿石类型。球状构造:石墨鳞片聚集成大小不等的浑圆球体,表面粗糙,球径一般大于 1cm,最大可达 8cm,球体内部包裹花岗岩残留体或其中的析离体,构成所谓"夹心"球体,其中的"夹心"多为长英质或花岗质角砾岩。豆状构造:石墨鳞片构成细粒球体,呈豆状体,球径一般在 1cm 以下"夹心"很少,石墨含量较高。浸染状构造:石墨鳞片集合体呈不均匀浸染状分布于混合岩化角闪花岗岩中,常见石墨脉体杂乱散布于花岗岩体内。

3.成矿机制与成矿模式

新疆东准噶尔地区古生代期间经历了复杂的洋陆转化过程,尤其是晚古生代,古准噶尔洋壳向西伯利亚古陆俯冲、汇聚、碰撞,加之板块扩张、俯冲等引起大规模强烈的褶皱造山运动和岩浆活动,强烈的岛弧型火山喷发和花岗岩岩浆侵入活动形成陆缘岛弧及弧后盆地,断裂提供了变质动力和热源,使古生代火山沉积含碳地层发生大面积的区域变质作用叠加热流接触变质作用,为东准地区内生金属矿床及石墨等非金属矿床提供了必要的形成环境和重要的产出条件。

东准噶尔由北往南依次分布额尔齐斯、阿尔曼太和卡拉麦里 3 条北西-南东向展布的区域性深大断裂。石墨资源分布与区域性大断裂关系密切,目前已发现的石墨矿均出露于这些大断裂的次级断裂褶皱带中,石墨矿体分布于晚石炭世—早二叠世(320~270Ma)后碰撞侵入岩(白建科等,2017)。

东准地区石墨矿的成矿可分为 3 个阶段。第一阶段:C 初始富集,晚古生代期间,东准噶尔地区为浅-滨海沉积环境,形成含碳或含煤地层。第二阶段:C 再富集,石炭纪造山期间,一系列北西向深大断裂及巨型的韧性剪切带,使得早先富集的 C 在有利的成矿空间与环境中得到再次集中与富集,这也包含部分有机碳的分解与还原。第三阶段:C 富集成矿,中酸性岩浆活动为石墨矿床提供了巨量的热源与动能,在成矿有利地段使 C 变质、重结晶形成石墨。根据东准噶尔地区石墨矿床类型,可以分两种成矿作用。

接触变质型石墨矿:该类矿床主要见于活动构造带中,构造-岩浆岩带内富含有机质泥岩、页岩或煤系地层,经过中酸性岩浆热液接触变质作用重结晶,形成致隐晶质-微晶石墨,如达布逊、孔克热石墨矿(图 4-3-47)。

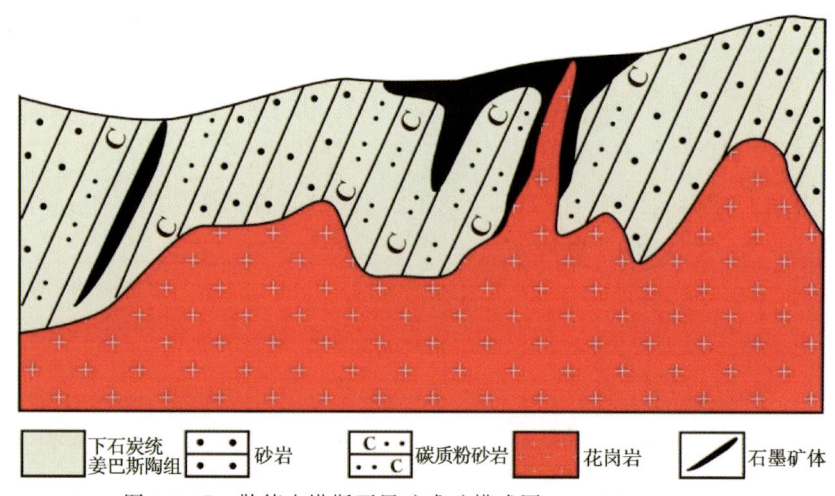

图 4-3-47 散德克塔斯石墨矿成矿模式图(据白建科等,2018)

岩浆热液型石墨矿:当壳幔混合岩浆沿大断裂上升侵位过程中形成多期中酸性岩浆,会持续不断地同化混染前石炭纪含碳地层,并使其参与岩浆演化过程。早期中酸性岩浆作用对含碳地层进行石墨化热变质改造,表现出在早期中酸性侵入体中发育不规则状、椭圆状碳质捕虏体、石墨捕虏体等;晚期碱性花岗质岩浆形成于低压环境,且其相对 SiO_2 活度大,热动力强,在热动力及重力作用下,岩浆包裹的石墨化捕虏体又一次发生翻滚、拖拽,形成球状体。这种同心圈层构造指示石墨在"沸腾"的岩浆中边结晶边滚动,类似于水介质中核形石或鲕粒的形成过程(图 4-3-48)。

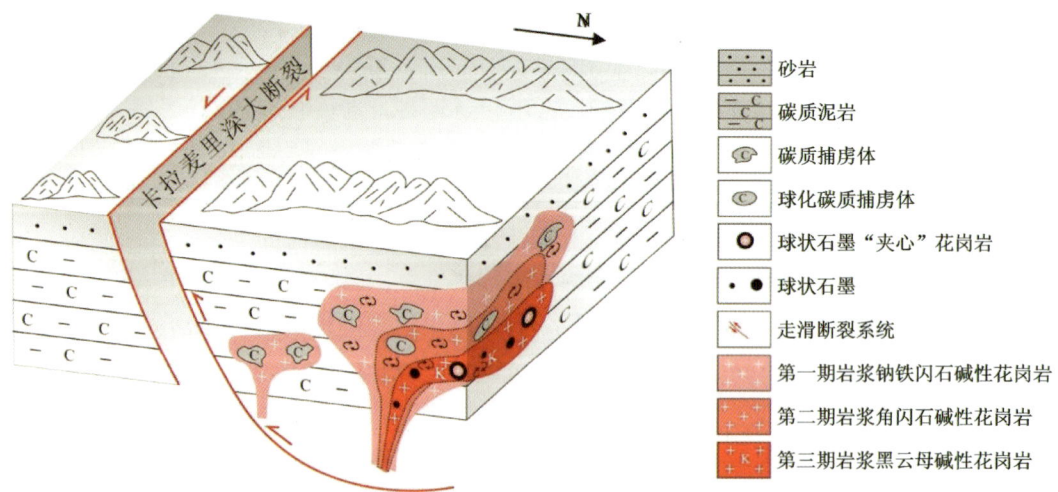

图 4-3-48 岩浆热液型石墨矿成矿模式图(据白建科等,2018)

4. 控矿因素与找矿标志

中深变质的角闪岩相、麻粒岩相,是寻找晶质石墨矿的重要标志。因石墨属良性导电矿物,矿化体与围岩的电性差异特征、低阻高极化异常能够帮助寻找石墨矿。激电异常范围往往与含石墨地层相吻合,而异常强度在一定程度上反映出含石墨的多少。

第四节 成矿规律探讨

一、区域成矿特征

西北地区现今的大地构造格局是由造山带和盆地构成的陆内盆山构造格局。大型盆地有准噶尔盆地、吐哈盆地、塔里木盆地、柴达木盆地和鄂尔多斯盆地；大型造山带有阿尔泰造山带、天山-北山-阴山造山带、秦岭-祁连-昆仑造山带。西北地区地处大陆腹地，以塔里木陆块为主体，东接华北地台，南、北分别由众多微陆块镶嵌的显生宙造山系构成，构造复杂，典型的陆内造山带发育。总体上处于古亚洲造山区，南接特提斯造山区，东叠太平洋造山区。

依据区域构造特征和成矿类型组合，西北地区金属成矿总的时空分布与区域构造划分一致（李文渊，2006）。西北部总体属元古宙—古生代古亚洲成矿域，南接古生代—中生代特提斯成矿域，东叠中新生代环太平洋成矿域，为突出秦祁昆中央造山系有时又将其单独划出，其北部为早古生代祁连-北秦岭造山带，南则由晚古生代—中生代昆仑-西秦岭造山带构成，现在研究应属于原特提斯和古特提斯构造作用范畴（李文渊，2018；吴福元等 2020）。古亚洲成矿域以晚古生代成矿作用为主，并且发育有元古宙和早古生代成矿作用，向东部出现与环太平洋构造作用叠加相关联的中新生代的有色金属矿化。

按矿床空间分布统计，其特点如下：①古亚洲成矿域和特提斯成矿域的秦祁昆成矿带中型以上矿床占有绝对优势；②古亚洲成矿域和特提斯成矿域秦祁昆成矿带的超大型矿床两者之比为 7∶1，大型和中型矿床相差无几，后者略高于前者；③矿床产出自秦岭西段—祁连山—东昆仑—西昆仑呈依次递减趋势，新疆北疆地区的超大型、大型及中型矿床处于西北地区首位。

各成矿带由于地质演化历史的不同，所形成的矿床类型和优势矿种也各具特色，明显反映出区域成矿时空分布特点与主要构造事件相一致（表 4-4-1）。通过对西北地区重要矿产研究发现，西北地区成矿作用从新太古代开始至新生代，其中晚古生代最强（图 4-4-1），在矿种上主要表现为金、铁、铜、铅、锌等优势矿种（图 4-4-2）。

表 4-4-1 西北地区金属矿产主要成矿时代（期）分区简表

地区	主要成矿时代（期）
新疆北疆地区	前寒武纪和晚古生代，以后者为主，石炭纪—早二叠世为高峰期
内蒙古中西段	前寒武纪、晚古生代和新生代，以前寒武纪为主
甘肃北山地区	元古宙—新生代皆有成矿，以晚古生代为主
西昆仑	前寒武纪和晚古生代，以晚古生代为主
东昆仑	元古宙—寒武纪、晚古生代—中生代，以晚古生代—中生代为主
阿尔金	元古宙—早古生代、中-新生代，以元古宙—早古生代为主
祁连	前寒武纪、早古生代和晚古生代，以早古生代为主
秦岭中西段	晚古生代、中-新生代，以晚古生代为主
巴颜喀拉地区	以中-新生代为主

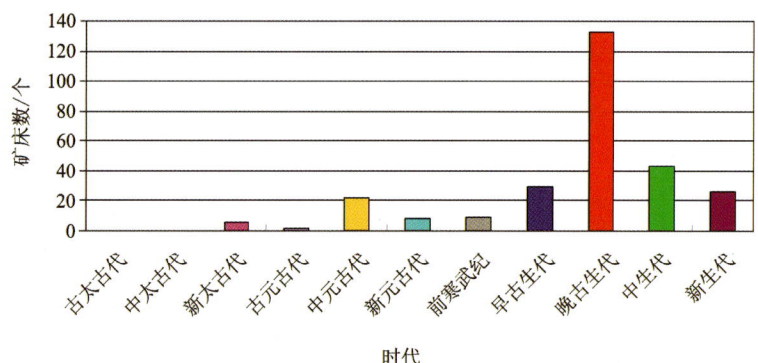

图 4-4-1　西北地区中型以上矿床矿不同种成矿时代统计图

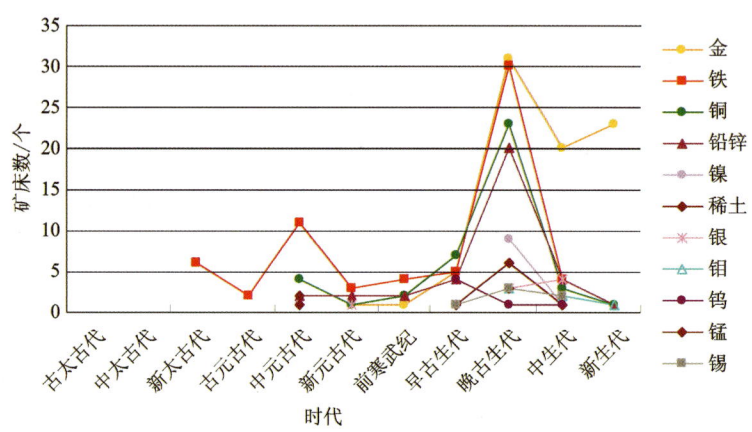

图 4-4-2　西北地区中型以上矿床成矿时代统计

根据西北地区已发现的矿床、矿(化)点的时空分布特征,西北地区的金属成矿以元古宙—古生代金属成矿为显著特色。新疆北部、甘肃北部古亚洲成矿域、新疆南部边缘、青海北部和陕西南部秦祁昆成矿域南中范围,主要产出晚古生代海相火山岩型铜多金属矿床、铅锌矿床,斑岩型铜矿床、岩浆熔离型铜镍矿床和热水沉积型铅锌矿床等;甘肃北祁连地区则以加里东期块状硫化物铜多金属矿床、夕卡岩型钨(钼)矿床和热液蚀变岩型铜矿床等成矿为主要特色。印支期—燕山期的成矿作用主要是对元古宙—古生代成生矿床的改造。沉积矿产的成矿时代是在晚古生代以后,盐类矿产多形成于新生代。

二、地质构造演化与成矿作用

(一)新太古代—青白口纪基底演化及古板块构造演化阶段与成矿作用

西北地区前南华纪不同构造阶段和不同的大地构造单元对相关矿产的控制比较明显。

1. 太古宙—古元古代结晶基底是重要的类 BIF 型铁矿和金矿矿源层

华北陆块区鄂尔多斯地块结晶基底的太华岩群和宗别列岩群是重要的金矿矿源层,太华群结晶片岩系为小秦岭整装勘查区主攻矿种之一的石英脉型金矿提供了矿源层。贺兰山北段太古宙—古元古代宗别列岩群结晶片岩发现了多个金矿(化)点。

塔里木陆块区的兴地塔格群,华北陆块区的涑水岩群和铁铜沟组,华南陆块群摩天岭地块鱼洞子基底残块和喀喇昆仑地块结晶基底布伦阔勒岩群产出太古宙—古元古代独有的,受缺氧环境和可能的弧盆系构造环境的制约,形成与之相关的类BIF型磁铁矿(库鲁克塔格铁矿、布伦口铁矿、赞坎铁矿、鱼洞子铁矿)。西北地区以鱼洞子最为典型,其中包括与沉积相关的苏必利尔型和与火山岩有关的阿尔戈马型两种。在中天山地块结晶基底天湖岩群结晶岩系中赋存有天湖式铁矿,塔里木陆块南缘铁克里克地块赫罗斯坦岩群结晶岩系中的布穹铁矿。

祁连地块结晶与古TTG组合形成了铌钽矿伟晶岩型,目前正在实施勘查的莫巴尔铌钽矿就是其中之一。

在花岗-绿岩建造中形成了与超基性岩有关的镍矿化(鱼洞子)和绿岩型金矿(化)(鱼洞子、太华岩群)。

2. 中-新元古代超大陆裂解、裂谷与岩浆型钒钛磁铁矿、沉积型铁、铜多金属成矿

中-新元古代总体处于古中国地台形成后的裂解阶段,形成了与裂谷发生发展相关的火山或沉积矿产(图4-4-3)。如与祁连地块西缘裂谷火山岩相关的朱龙关式铁矿,敦煌地块和马鬃山地块及卡拉塔格地块蓟县纪—青白口纪在裂谷中心相次深海欠补偿条件下受同生断裂控制的沉积喷流型(后期夕卡岩再造)红山式铁矿和天湖式铁矿,阿尔金地块中-新元古代迪木那里克铁矿赋存于索尔库里群裂谷火山岩中,与中元古界碳酸盐岩建造有关的层控-热液型铅锌银多金属矿(彩霞山铅锌矿)。

汉南地块同时期的洋县毕机沟式钒钛磁铁矿,也产于与中元古代裂解相关的基性侵入杂岩中,与岩浆的结晶分异过程有关。

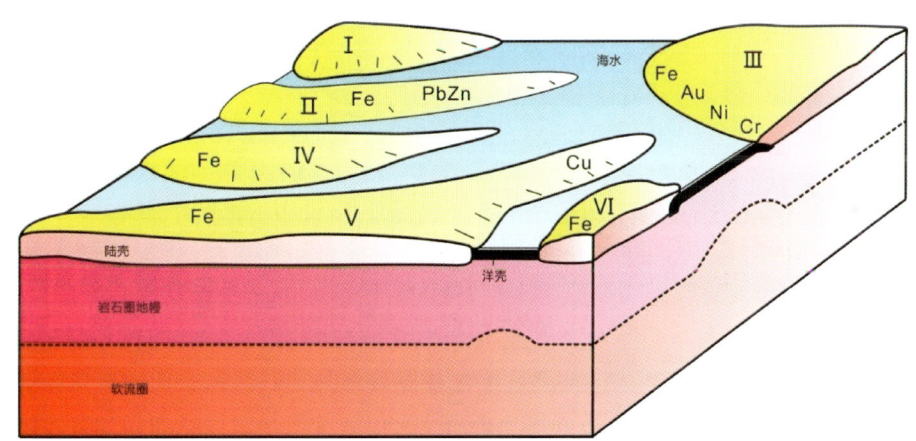

图4-4-3 西北地区前南华纪成矿规律图

Ⅰ.西伯利亚陆块阿尔泰地块;Ⅱ.哈萨克斯坦-准噶尔-敦煌陆块;Ⅲ.华北陆块;Ⅳ.塔里木陆块;Ⅴ.华南地块;Ⅵ.扬子陆块。Fe.铁矿化;Au.金矿化;Cr.铬铁矿化;Cu.铜矿化;PbZn.铅锌矿化;Ni.镍矿化

3. 新元古代弧盆系与多金属成矿

新元古代汇聚型大陆边缘构造岩浆事件明显,虽然板块构造的具体格局很难恢复,但为活动陆缘成矿提供了相当重要条件。

在汇聚边界的蛇绿混杂岩中,与蛇绿岩及其后生及表生成矿作用相关,形成了北秦岭地块南缘陕西松树沟铬铁矿;在摩天岭地块陕西黑木林形成了石棉矿和陕西煎茶岭形成了煎茶铺金矿田的矿源层等。

中-新元古代(晋宁期)岩浆弧广泛发育于西北地区的华南陆块群诸多地块边缘,与其中酸性侵入活动和中基性—中酸性岛弧火山岩相关的矿产很多,如汉南地块中新元古代弧中—酸性侵入岩与中元古代火地垭群岩台地相碳酸盐岩接触边界为夕卡岩型-热液型金、银、铜、铅、锌成矿系列提供了条件;摩天岭地块新元古代白雀寺岩浆弧铜厂中酸性侵入杂岩与岛弧火山岩(陈家坝岩群)为形成火山岩型-热液改造型铜厂式铜矿提供了条件,同时陈家坝岩群岛弧火山岩赋存有火山岩型杨家坝铁矿和东沟坝铜铅锌重晶石矿;摩天岭地块弧后盆地酸性火山岩(秧田坝组)提供了铧厂沟金矿田的主要赋存矿源层。

(二)南华纪—早古生代板块构造与后造山伸展裂谷共同发展演化阶段与成矿作用

如前所述,西北地区南华纪—早古生代地质演化可以划分为南华纪—早奥陶世罗迪尼亚超大陆裂解的裂谷-被动陆缘发育-多岛洋-陆格局形成阶段、中-晚奥陶世—志留纪—中泥盆世洋壳俯(图 4-4-4)。冲多岛弧盆系发育弧陆碰撞或陆陆碰撞两个大的构造阶段,前一个阶段为地壳伸展背景的产物,后一阶段为地壳汇聚的构造背景。这两种不同动力学背景下,各自的大地构造格局、构造-岩浆-沉积系统及其受其制约的成矿系统及成矿类型、矿种组合相差悬殊。

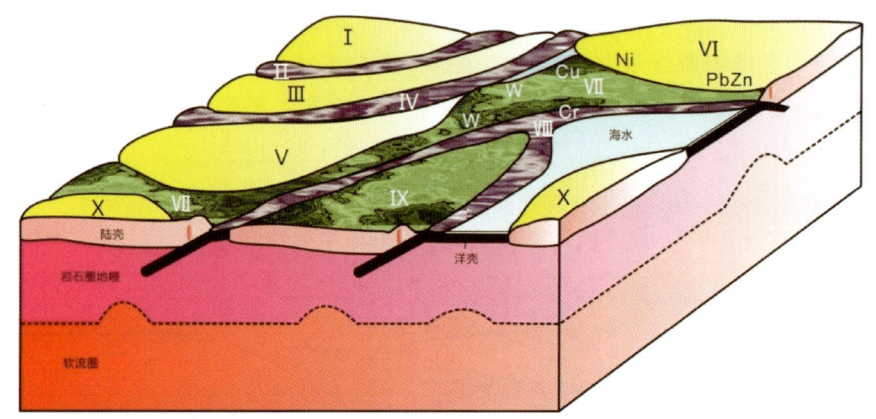

图 4-4-4 西北地区南华纪—早古生代成矿规律图

古亚洲成矿域:Ⅰ.西伯利亚板块阿尔泰被动陆缘;Ⅱ.斋桑-额尔齐斯对接带;Ⅲ.哈萨克斯坦-准噶尔联合板块;Ⅳ.南天山-那拉提-红柳河对接带。过渡陆块:Ⅴ.塔里木板块;Ⅵ.华北板块。特提斯成矿域(原特提斯):Ⅶ.西昆仑-阿尔金-祁连山-北秦岭增生造山带;Ⅷ.茫崖-柴北缘-东昆南-商丹对接带;Ⅸ.柴达木-东昆仑增生造山带;Ⅹ.华南-北羌塘板块。Ni.岩浆铜镍矿;Cu.VHMS 型铜多金属矿;PbZn.MVT 型铅锌矿;Cr.豆荚状铬铁矿;W.夕卡岩型钨矿

在阿拉善地块龙首山隆起中的金川巨型岩浆铜镍硫化物矿床,形成于南华纪(约 827Ma)大陆裂谷背景下幔源镁铁—超镁铁岩侵入体中(汤中立和李文渊,1995;Li et al.,2005;Zhang et al.,2010),其形成可能与罗迪尼亚超大陆的裂解相关,源自核幔边界的地幔柱作用是成岩成矿的动力源和重要物源(李文渊,2015)。

震旦纪—早古生代早期是西北地区地壳伸展背景下的裂谷-被动陆缘发育时期,形成的成矿类型与伸展环境下的沉积喷流成矿作用、岩浆分异作用、火山沉积型等有关的铜、铅锌(如扬子型铅锌矿等)、沉积型钒、重晶石、磷锰矿多金属矿产等(表 4-4-2)。

大洋演化阶段在蛇绿岩中形成与之相关的豆荚状铬铁矿,并在后期风化过程中形成红土型铬铁砂(陕西宁强县庙坝)和表生风化型铜镍矿(青海拉脊山)。

在弧盆系发育阶段形成与弧岩浆相关的壳源型钨锡矿、钨钼矿等(小柳沟、塔尔沟/白干湖等),同时可能形成斑岩型铜、金矿等(甘肃公婆泉铜矿等),并在弧后盆地形成砂岩型铜矿(北祁连天麓铜矿)。

表 4-4-2 西北地区南华纪—早古生代构造环境与成矿一览表

构造阶段		时代	动力体制	构造环境	构造单元	成矿地质体	成矿时代	矿床类型	矿种组合	代表性矿床
板块构造阶段	俯冲—碰撞	O—S—D	汇聚	岛弧岩浆弧	中祁连北缘岩浆弧、走廊南山岛弧、柴南缘岩浆弧	弧中—酸性侵入岩	O	斑岩(?)、热液脉	钨钼、钨锡、铜铅锌	小柳沟、塔尔沟-水洞沟白干湖、卡拉塔格
				弧间盆地	走廊南山岛弧东缘	白银组酸性火山岩：二佛坪群	O	海相火山岩型	铜	白银厂(?)、北秦岭东沟
				弧后、弧前陆盆地	北祁连弧后前陆盆地	阴沟群（弧后）火山岩	O	火山喷流型	铜	石居里
							S	砂岩型	铜	天鹿
	大洋化	O₁—O₃	伸展	洋盆	北祁连弧盆系—北祁连蛇绿混杂岩带	蛇绿岩	O	塞浦路斯型	铜	阴凹槽
								岩浆型	铬铁矿	大道尔吉、玉石沟、塔妥、库地
	超大陆裂解	∈—O₁	伸展	裂谷-被动陆缘	北祁连裂谷岩群	黑茨沟组欠补偿沉积	∈—O₁	沉积型	磷矿	柳沟峡
					扬子陆块被动陆缘次深海	陡山沱组—灯影组、宽川铺组欠补偿沉积	Z—∈₁	沉积型	磷、锰矿	宽川浦、茶店、何家岩
					南秦岭裂谷岩	梅子垭组欠补偿沉积	S₁₋₂	沉积喷流与构造再造型	铅锌	赵家庄-黄土坡-洞人沟-火烧沟-关子沟
					上扬子地块（南秦岭边缘）	扬子北缘滑脱带（灯影组破裂带）	O	MVT	铅锌	马元
					南阿尔金裂谷	裂谷火山-沉积岩系	Z—∈₁	火山沉积型	铁	迪木那里克
					北祁连裂谷岩带	基性-酸性火山岩	∈—O₁	海相火山岩型	铜矿	四道沟、尕达坂、红沟
					南祁连裂谷岩带	基性超基性岩	新生代	表生风化型	铜镍矿	拉脊山
					南秦岭裂谷岩带	基性岩	O—S₁	岩浆型	钛磁铁矿	镇坪

(三) 晚古生代—中三叠世板块构造演化阶段与成矿作用

晚古生代—中三叠世的成矿丰富,是西北地区重要成矿期。北、中、南3大构造区成矿特征各不相同(图4-4-5,表4-4-3),北构造区(天山兴蒙构造带)重点发育与石炭纪准噶尔周边后碰撞裂谷岩浆作用有关的矿浆型铁矿成矿(阿吾拉勒矿集区)、火山岩型-层夕卡岩型铁矿成矿(雅满苏、狼娃山、黑鹰山);二叠纪裂谷基性—超基性侵入岩有关的岩浆岩型铜镍矿(黄山、图拉尔根、坡北-坡十、喀拉通克)。同时受同期岩浆弧中酸性岩侵入作用和围岩-接触带热液作用的控制,形成了斑岩型-夕卡岩型-热液脉型铜(金)多金属矿(土屋、延东、包古图、白山堂、辉铜山)。

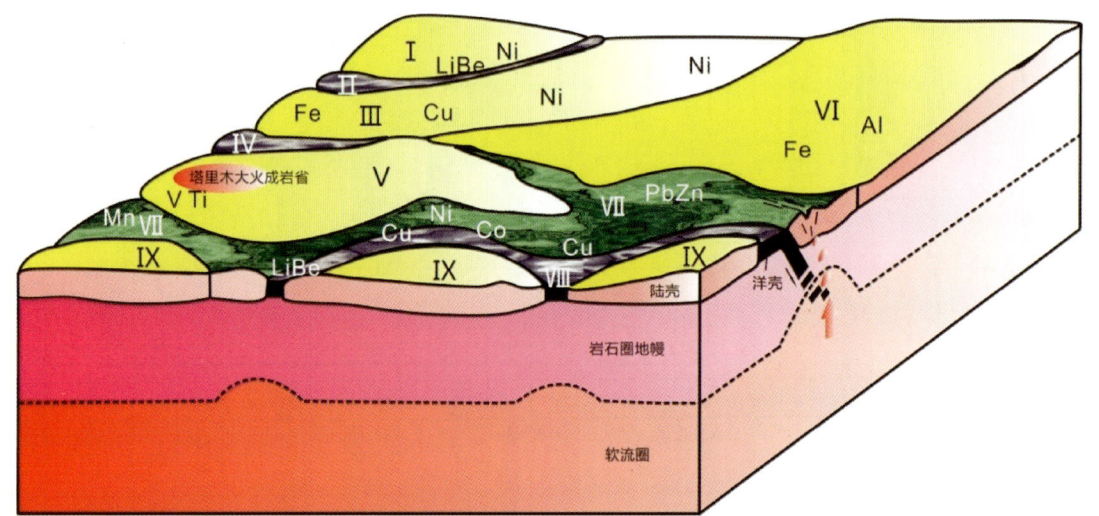

图 4-4-5　西北地区晚古生代—中三叠世成矿规律图

古亚洲成矿域:Ⅰ.西伯利亚板块阿尔泰弧盆系;Ⅱ.斋桑-额尔齐斯对接带;Ⅲ.哈萨克斯坦-准噶尔-北山联合板块;Ⅳ.西南天山对接带。过渡陆块:Ⅴ.塔里木-柴达木板块;Ⅵ.华北板块。特提斯成矿域(古特提斯):Ⅶ.昆仑山-宗务隆-秦岭增生造山带;Ⅷ.康西瓦-苏巴什-阿尼玛卿-勉略拼接带;Ⅸ.华南-北羌塘板块。Ni.岩浆铜镍矿;LiBe.伟晶岩型锂铍矿;Mn.沉积型富锰矿;Cu.VHMS型铜多金属矿;Co.VHMS型钴多金属矿;Fe.火山喷溢型铁矿;PbZn.SEDEX型铅锌矿;VTi.岩浆期后热液型钒钛磁铁矿;Al.沉积型铝土矿

中部构造区以稳定的陆表海发育为特色,在华北陆块西部的鄂尔多斯地块古喀斯特风化面,形成了山西式铁矿和G层铝土矿。

南部构造区,在志留纪—泥盆纪裂谷环境下,在柴达木地块区形成了深部与基性—超基性侵入岩密切相关的岩浆型铜镍矿(夏日哈木、牛鼻子梁);在南秦岭地块发育的晚古生代被动陆缘区,发育沉积喷流有关的铅锌矿田(赛什塘、西和-成县、凤县-太白、柞水-山阳和镇安-旬阳);晚古生代晚期—三叠纪弧岩浆作用为岩浆热液型成矿作用提供了条件,形成了祁漫塔格铁铜多金属矿集区。同时,三叠纪大量的前陆盆地的发育,近源沉积为金成矿提供了矿源层(大水、大场、大桥金矿田等)。

(四) 晚三叠世以来陆内演化阶段与成矿作用

晚三叠世—新生代是西北地区重要的能源矿产和贵金属矿产主要成矿阶段,受不同大地构造单元构造环境的控制,其成矿的类型与矿种组合具有明显的构造专属性(图4-4-6,表4-4-4)。

表 4-4-3 西北地区晚古生代—中三叠世构造环境与成矿一览表

构造阶段		时代	动力体制	构造环境	构造单元	成矿地质体	成矿时代	矿床类型	矿种组合	代表性矿床
北构造区（天山-兴蒙造山系）	后碰撞	P	伸展	后碰撞裂谷	准噶尔-北天山-北山后碰撞裂谷	基性-超基性岩	P	岩浆型	铜镍	黄山、图拉尔根、黑山、坡北-坡十、喀拉通克
			伸展	后碰撞裂谷	准噶尔-北天山-北山后碰撞裂谷	大哈拉军山组火山岩	C	火山岩型	铁	阿吾拉乐、乌孙山
		D_3-C_1	汇聚	岩浆弧	那拉提-阿拉套格尔宾山东-阿拉-奇格尔宾山（D_3-C_1）	雅满苏组火山岩		火山岩型	铁	雅满苏、狼娃山、黑鹰山
中构造区（陆块区）	板块内演化阶段	$C-T_2$	稳定-伸展	陆表海	鄂尔多斯陆表海	花岗斑岩		斑岩型	铜、金	土屋延东、那提卡特巴阿苏、白山堂、辉铜山
						本溪组	C_2-P	沉积型	铁（山西式）（G）铝土矿	府谷、吴堡、韩城、铜川
					塔里木陆块	碱性基性-超基性岩、碱性花岗岩	C_2-T_2	岩浆期后热液型	稀有、稀土	巴楚县瓦吉塔格格、拜城县波子尔儿
南构造区	板块构造阶段	$P_{2-3}-T_2$（东秦岭及其以西）	汇聚阶段	岩浆弧	东昆仑（祁漫塔格）岩浆弧	中酸性侵入岩，碳酸盐岩	P-T	矽卡岩型-热液型	铁铜多金属	祁漫塔格卡尔却卡等
				洋盆（蛇绿岩）	昆南结合带（$P_{2?}$）	阿尼玛卿蛇绿岩带	P-T	再造型	铜	德尔尼
		D_2-P_2（东秦岭$D-T_2$）	伸展阶段	被动陆缘	南秦岭被动陆缘（$D-T_2$）	碎屑岩、灰岩（西成片岩、大理岩）	D	喷流沉积型	铅锌	寨什塘、西成、凤太
				裂谷	柴达木地块南缘	铁质基性-超基性侵入岩	S_3-D_1	岩浆型	铜镍	夏日哈木、牛鼻子梁

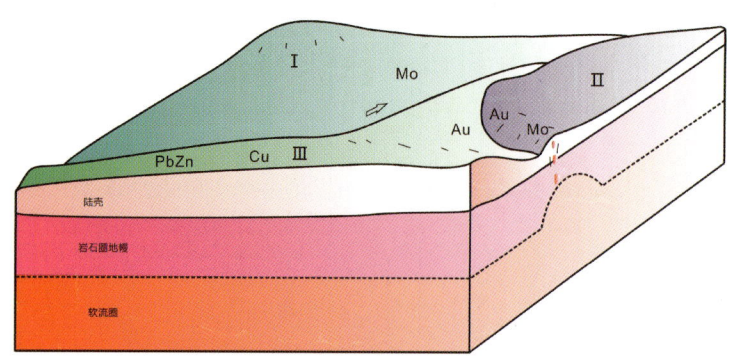

图 4-4-6 西北地区三叠世—新生代成矿规律图

Ⅰ.阿尔泰-天山-北山复活盆山巨系统；Ⅱ.鄂尔多斯-秦岭叠加盆山系统；Ⅲ.青藏高原北部盆山系统；
Mo.斑岩型钼矿；Cu.构造-岩浆热液型铜多金属矿；PbZn.MVT型铅锌矿；Au.造山型热液金矿

1. 造山带构造热隆起是重要壳源型金属矿产重要成矿有利部位

西北地区中生代主要热隆起区的岩浆热活动频繁，形成了重要的斑岩型钼矿（东戈壁、白山、金堆城），同时为后生热液成矿提供了热源，如小秦岭金矿田、贺兰山北段金矿找矿远景区、卫宁北山铜多金属矿、西秦岭诸多金矿田（大桥、阳山等），同时在北山和阿尔泰热隆起区使稀土稀有稀散元素在前期成矿的基础上更加富集。在南秦岭构造滑脱韧性剪切带及热液脉为金矿的富集（安康北部）和扬子型铅锌矿（旬阳北部）的再造提供了条件。

2. 构造体制转换为金属成矿提供了条件

在三叠纪巴颜喀拉山前陆盆地与南昆仑印支期造山带转换部位（大场）、隆务河-留风关前陆盆地、东秦岭伸展与西秦岭汇聚的转换部位形成了大型金矿田（大桥、阳山），其成矿集中在晚三叠世—侏罗纪，南昆仑-阿尼玛卿-南秦岭印支期造山与后造山伸展滑脱-构造热隆起转换过程相耦合，可能反映了由构造挤压向构造松弛转换的构造热事件成矿作用，形成了西秦岭崖湾-马坞-大水金成矿区。侏罗纪大型脉状金成矿，礼坝（176Ma）、双王（钾长石 202～198Ma，毛景文等，2003；张帆等，2009）、八卦庙、马鞍桥分布于礼-凤-太古生代盆地，赋矿围岩为泥盆纪；侏罗纪大型卡林型金矿，大水（花岗岩墙 190Ma；T_3—E）、东北寨、马脑壳、煎茶岭、文县阳山（T_3），赋矿围岩为三叠纪复理石建造（D 三河口组？）浊积岩系，矿化均与侏罗纪中晚期偏铝质花岗岩体或小岩株在空间上相伴随，成矿时代 210～170Ma（160Ma、176Ma、193～197Ma）为侏罗纪（陈衍景等，2004；程斌等，2006；陈衍景，2010；闫海卿等，2014）。

3. 青藏高原北部后造山伸展构造岩浆活动为斑岩-热液型金属成矿提供了条件

主要表现在东部环太平洋成矿域叠加地区和特提斯成矿域。太平洋板块向欧亚板块俯冲和印度洋板块与欧亚板块碰撞挤压，不仅形成了一系列与火山热液作用、构造-侵入热液作用有关的铜、铅锌、钨钼、金等矿床，而且对以前形成的矿床有一定的改造作用。因此秦岭、三江成矿区北段主要形成中新生代斑岩型铜、钨钼矿及热液型钼、钨、金矿和夕卡岩型铁、铅锌多金属矿（然者涌—众根涌一带铜、铅锌矿）。

三、西北地区成矿系列

成矿系列理论由我国地质学家自主创立，是目前国内地学界开展成矿规律研究的重要指导思想之一。程裕淇和陈毓川等（1979，1983）初论和再论矿床成矿系列问题，奠定了成矿系列理论基础；陈毓川等（2006）三论矿床成矿系列问题，进一步完善了成矿系列理论体系。

根据目前的研究程度，西北地区矿产资源潜力评价项目成矿规律课题，在西北地区内共识别厘定出 23 个重要矿种的主要成矿系列 215 个（表 4-4-5）。

表 4-4-4 西北地区晚三叠世—新生代构造环境与成矿一览表

构造阶段	时代	动力体制	构造环境	构造单元	成矿地质体	成矿时代	矿床类型	矿种组合	代表性矿床
板内演化	E-N-Q	挤压	压陷-凹陷盆地	柴达木压陷盆地、塔里木凹陷盆地	新生代盐湖	E-N-Q	化学沉积型	钾盐	察尔汗盐湖、罗布泊盐湖
	K-E	挤压	凹陷盆地	喀什-托云凹陷盆地	克孜勒苏组(K_1)、英吉沙群(K_2)、喀什群膏岩(K-E)	K-E	沉积型	铅锌	乌拉根铅锌矿、萨热克砂岩型铜矿
	E-N	后碰撞伸展	后碰撞岩浆岩带	青藏高原北缘后碰撞岩浆岩带	偏碱性中酸性入岩体、岩脉(E-N)	EN	斑岩型	铜	多彩
	J_{2-3}	伸展	凹陷盆地缓坡带	伊犁凹陷盆地、准噶尔凹陷盆地、吐哈盆地、鄂尔多斯盆地	含岩岩系上覆砂岩	J_{2-3}, Cz	砂岩型	铀	伊犁、准噶尔、吐哈、东胜-大营、马家滩、黄陵
	J_{1-2}	伸展	凹陷-断陷盆地	鄂尔多斯凹陷盆地、塔里木凹陷盆地、柴达木凹陷盆地、准噶尔凹陷盆地、吐哈凹陷盆地	延安组、大煤沟组、叶尔羌群、水西沟群	J_{1-2}	沉积型	煤	东胜、喀什、榆横、汝箕沟、柴达木、神府、和田、库车、马甲儿、吐哈、准噶尔、三塘湖
	T_3-J	挤压-伸展转换	前陆盆地-后碰撞伸展转换带	巴颜喀拉前陆盆地楔顶带(T)、后碰撞构造热隆起叠加带(T_3-J)	巴颜喀拉山群、中酸性岩脉、脆韧性剪切带	T_3-J	造山带型	金	大场
				前陆盆地(T)/后碰撞叠加带(T_3-J)	隆务河群泥岩、中酸性岩脉	T_3-J	造山带型	金	大桥、大水
				新甘蒙北山构造热隆起	中酸性岩	T_3-J	斑岩型	钼、金	白山、东戈壁
	T_3-J-K	伸展	构造-岩浆-热隆起	西秦岭造山带	三河口组碎屑岩(D)	T_3-J-E	造山带型	金	阳山
				巴颜喀拉前陆盆地楔顶带(T)、后碰撞构造热隆起叠加带(T_3-J)	巴颜喀拉山群、中酸性岩灰、脆韧性剪切带	T_3-J	造山带型	金	金堆城、胭脂坝、黄龙铺
				小秦岭-东秦岭构造热隆起	花岗斑岩(乏)、碳酸岩岩脉(T)	K T	斑岩型、碳酸盐型	钼、铀	金堆城、胭脂、黄龙铺

表 4-4-5 西北重要矿种矿床成矿系列划分一览表

Ⅰ级成矿域	Ⅱ级成矿省	Ⅲ级成矿区带	成矿系列	矿床式	矿床实例
古亚洲洋成矿域	阿尔泰成矿省	Ⅲ-1 北阿尔泰成矿带	加里东期伟晶岩作用有关RM-宝石-白云母成矿系列	拜城式 Li-Be	（新）拜城锂铍矿、阿尔沙特绿柱石矿、塔拉特绝锂铍矿、诺干绝锂铍矿、库威铍矿
			海西期火山-沉积作用有关 Fe-Pb-Zn-Cu 成矿系列	大桥式 Cu-Pb-Zn	（新）大桥铜铅锌矿
			燕山期热液对海西期火山-沉积岩系再造作用有关 Au-Pb-Zn 成矿系列	库马苏式 Au-Pb-Zn	（新）库马苏金铅矿、阿克提什坎金矿
			海西期中酸性伟晶岩作用有关 RM-白云母-宝石成矿系列	可可托海式稀有金属矿	（新）可可托海3号脉稀有金属矿、柯鲁木特锂铍铌钽综合矿、阿祖拜稀有金属矿、库卡拉盖铍锂矿、卡鲁安锂辉石矿
			新生代陆相沉积物作用有关 Au 成矿系列	西盆河式 Au	（新）西盆河砂金矿、托依托果西砂金矿、哈拉乔拉砂金矿
		Ⅲ-2 南阿尔泰成矿带	加里东期伟晶岩作用有关 RM-白云母成矿系列	沙尔扎克式 Li-Be	（新）沙尔扎克锂铍矿
			泥盆纪火山-沉积作用有关 Cu-Pb-Zn-Au-Ag 成矿系列	阿舍勒式 Cu-Zn	（新）阿舍勒铜锌（金银）矿、铁木尔特1号铅锌矿
			石炭纪—二叠纪热液对泥盆纪火山-沉积岩系再造作用有关 Fe-Cu-Au 成矿系列	可可塔勒式 Pb-Zn	（新）可可塔勒铅锌矿、喀因布拉克铅锌矿、红墩铅锌矿、乌拉斯沟铅锌矿
				多拉纳萨依式 Au	（新）多拉纳萨依、赛都、阿克希克、萨热阿瓜布、恰夫拉克金矿
				红岭式 Au-Cu	（新）红岭金铜矿、阿勒哈达依铜金矿
			海西期中酸性岩浆侵入作用有关 Cu 成矿系列	蒙库式 Cu	（新）蒙块铜矿
			新生代河流沉积作用有关砂金成矿系列	红墩式 Au	（新）红墩砂金矿、卡拉塔斯金矿、布尔津城东北砂金矿
	准噶尔-伊犁成矿省	Ⅲ-3 准噶尔北缘成矿带	海西期中酸性岩浆侵入作用有关 Cu-Mo-Ag-Pb-Zn 成矿系列	哈腊苏式 Cu	（新）哈腊苏铜矿、卡拉先格尔铜矿、玉勒肯哈腊苏铜矿、惹什克、卡姆斯特、干梁子锡矿
			海西期铁镁质基性-超基性岩侵入作用有关 Cu-Ni-Co-Pt-Pd 成矿系列	索尔库都克式 Cu-Mo	（新）索尔库都克铜（钼）矿
				喀拉通克式 Cu-Ni	（新）喀拉通克铜镍矿
			海西早期火山作用有关 Au-Cu-Fe 成矿系列	乔夏哈拉式 Au-Cu-Fe	（新）乔夏哈拉金铜铁矿、托斯巴斯陶含铜磁铁矿

续表 4-4-5

I级成矿域	II级成矿省	III级成矿区带	成矿系列	矿床式	矿床实例
古亚洲洋成矿域	准噶尔-伊犁型成矿省	III-3 准噶尔北缘成矿带	海西中晚期热液对早期火山-沉积岩系再造作用有关 Au-Cu-Fe 成矿系列	老山口式 Au-Cu-Fe	（新）老山口金铜铁矿、阔尔真阔腊金矿、塔斯特金矿
			新生代陆相沉积作用有关砂金-Mn 成矿系列	锡伯渡式 Au	（新）锡伯渡砂金矿、锡伯渡锰矿点
			加里东期镁质超基性岩侵入作用有关 Cr-Os-Ir-Ru 成矿系列	唐巴勒式 Cr	（新）唐巴勒铬铁矿、托里县8号岩体铬铁矿点
				萨雷诺海式 Cr	（新）萨雷诺海铬铁矿、阿克沙依铬铁矿点、科热克铁矿点
			加里东期花岗岩侵入作用有关 Cu 成矿系列	蒙西式 Cu	（新）蒙西铜矿、琼河坝铜矿、和尔赛铜矿、铜华岭铜矿
			海西期镁质超基性岩侵入作用有关 Cr-Os-Ir-Ru 成矿系列	萨尔托海式 Cr	（新）萨尔托海铬铁矿、鲸鱼铬铁矿、平顶山、科果拉铁矿
				苦水泉式 Cr	（新）苦水泉铬铁矿、清水、南明水泉铬铁矿点
			海西期镁质超基性岩再造作用有关 Au 成矿系列	萨尔托海I号式 Au	（新）萨尔托海I号金矿
		III-4 唐巴勒-一气拉麦里成矿带	海西期中酸性岩侵入作用有关 Sn-Cu-Fe-Au-Mo 成矿系列	宝山式 Fe	（新）宝山铁矿、灰西沟铁矿、老爷庙铁矿、琼河坝铁矿
				包古图式 Cu-Mo-Au	（新）包古图铜钼金矿、宏远铜钼矿、苏云河钼矿、吐克铜矿
				贝勒库都式 Sn	（新）贝勒库都克、萨惹什克、卡姆斯特、千梁子锡矿
			海西期陆相火山作用有关 Au-Ag-Cu-Hg 成矿系列	金山沟式 Au	（新）金山沟金矿、东黑山金银多金属矿、白旗山铜矿
				哈图式 Au	（新）哈图金矿、灰绿山金矿、萨尔托海金矿、红旗金矿
				北山式 Au	（新）北山金矿
		III-6 准噶尔南缘成矿带	志留系火山岩-沉积岩系再造作用有关 Au-Cu-W-U-Be 成矿系列	南明水式 Au	（新）金山金矿、茅子峡、南明水金矿、清水金矿、双泉金矿、卡拉麦里1号矿点
				天禧式 Au	（新）天禧金矿
		III-8 觉罗塔格-黑鹰山成矿带	志留纪火山-沉积作用有关 Cu-Zn-Au-Ag 成矿系列	卡拉塔格式 Cu	（新）红石、红海、黄土坡铜锌矿
				小热泉式 Cu-Zn	（新）小热泉子铜锌矿、黑尖山、铜山铜多金属矿
			石炭纪火山-沉积作用有关 Fe-Cu-Zn 成矿系列	雅满苏式 Fe	（新）雅满苏、黑尖山、赤龙峰、白山泉、红云滩铁矿床；（甘）狼娃山铁矿

续表 4-4-5

Ⅰ级成矿域	Ⅱ级成矿省	Ⅲ级成矿区带	成矿系列	矿床式	矿床实例
古亚洲洋成矿域	准噶尔-伊犁成矿省	Ⅲ-8 觉罗塔格-黑鹰山成矿带	二叠纪热液对石炭纪火山-沉积岩系再造作用有关 Au-Ag-Cu 成矿系列	康古尔式 Au-Ag	（新）康古尔金银矿，康西，马头滩，西凤山金矿，元宝山金矿
			二叠纪陆相火山-次火山作用有关 Au-Ag 成矿系列	460 式 Au-Ag	（新）镜儿泉，老金硐矿；（甘）460 金银矿，扫子山，狼娃山，双尖山，霍勒扎德盖东金矿
				石英滩式 Au	（新）石英滩金矿
			海西期镁质超基性岩侵入作用有关 Cr-Os-Ir-Ru 成矿系列	红石山式 Cr	（甘）红石山铬矿
			海西期铁镁质基性-超基性岩侵入作用有关 Cu-Ni-Co-Pt-Pd-Fe-Ti-V 成矿系列	黄山式 Cu-Ni	（新）黄山，黄山东，土墩，黄山北，葫芦，图拉尔根铜镍矿
				香山式 Cu-Ni-Fe-Ti	（新）香山铜镍铁矿
			海西期 I 型中酸性岩侵入作用有关的 Cu-Mo-Au-Ag 成矿系列	土屋式 Cu	（新）土屋,灵龙铜矿，延东湖，三岔口铜矿，玉海铜矿
			海西期 S 型中酸性岩侵入作用有关 W-Mo-Li-Be-Nb-Ta 成矿系列	红头兵山式 W	（甘）红头兵山钨矿
			印支期-燕山期中酸性岩侵入作用有关 Mo-Re-Pb-Nb-Ta 成矿系列	白山式 Mo	（新）白山东戈壁钼矿
			古元古代沉积变质作用有关 Pb-Zn 成矿系列	托克赛式 Pb-Zn	（新）温泉哈尔达坂，托克赛铅锌矿
			海西期热液对前寒武纪沉积变质岩系再造作用有关 Au 成矿系列	萨日达拉式 Au	（新）萨日达拉金矿，冰峰金矿，壁峰金矿，阿苏沃金矿
			海西期中酸性岩侵入作用有关 Fe-Cu-Mo 成矿系列	哈勒尕提式 Fe-Cu	（新）哈勒尕提铁铜矿
		Ⅲ-9 伊犁北缘成矿带		喇嘛苏式 Cu	（新）喇嘛苏铜矿，喇嘛萨依铜矿，科克赛铜矿，达巴特铜矿
			石炭纪陆相火山-次火山作用有关 Au 成矿系列	莱历斯高尔式 Mo	（新）肯登高尔，伊尔曼德，京西开布拉克，3571 莱历斯高尔，汗吾尕，恰布坎卓它，恰布拉克特，东索图津钼钼
				阿希式 Au	（新）阿希尔，伊尔曼德，京西开布拉克，塔乌尔别克，屁因迪金矿
			二叠纪中酸性岩侵入作用有关 W-Sn-Cu-Mo 矿成矿系列	祖鲁洪式 W	（新）祖鲁洪钨矿，喀孜别克西，伊和呼斯台，那仁苏钨矿点

续表 4-4-5

Ⅰ级成矿域	Ⅱ级成矿省	Ⅲ级成矿区带	成矿系列	矿床式	矿床实例
古亚洲洋成矿域	准噶尔-伊犁成矿省	Ⅲ-10 伊犁成矿带	泥盆纪花岗岩浆侵入作用有关 W-Sn 成矿系列	大恩别列式 W	（新）大恩别列钨矿
			石炭系海相火山-沉积作用有关 Fe-Mn-Cu-Pb-Zn 成矿系列	查岗诺尔式 Fe	（新）查岗诺尔式铁矿；备战、智博铁矿；尼勒克县阔拉萨依、尼勒克新塔格铁矿
				式可布台式 Fe	（新）尼勒克县松湖、铁木里克铁矿
				加曼台 Mn	（新）加曼台、阿克苏、阿克苏苏西、阿克苏东锰矿
			二叠纪热液对石炭纪海相火山-沉积岩系再造作用有关 Au-重晶石成矿系列	博故图式 Au	（新）科木多尔、查尔库拉、博故图金矿，昭苏县阿登套重晶石矿；黎布查尔县阿苏、可可达萨依萨重晶石矿点
				阿登套式重晶石	
			二叠纪中酸性岩浆浅成侵入作用有关 Cu-Pb-Zn-Au-Ag 成矿系列	群吉式 Cu-Ag	（新）群吉铜银矿，尼勒克铜矿，玉山铁矿；奴拉赛铜铅锌矿床矿石点
			中元古代沉积-变质作用有关 Fe 成矿系列	天湖式 Fe	（新）天湖、沙垄、阿拉塔格
			新元古代沉积变质作用同海西期热液改造作用有关 Pb-Zn-Ag 成矿系列	彩霞山式 Pb-Zn	（新）彩霞山、铅炉子铅锌矿、沙泉子铅锌矿点
				玉西式 Ag	（新）玉西银（铅锌）矿
		Ⅲ-11 伊犁南缘-中天山-中卓山成矿带	石炭纪火山-次火山作用有关 Au-Ag 成矿系列	马庄山式 Au-Ag	（新）马庄山金银矿、双井子金矿
			三叠纪热液对石炭纪火山岩再造作用有关 Au-Ag 成矿系列	南金山式 Au-Ag	（甘）南金山金矿、狼娃山金矿
			海西期镁铁质-超基性岩浆作用有关 Cu-Ni 成矿系列	天宇式 Cu-Ni	（新）天宇、白石泉、天香、峡东铜镍矿（床）点
				尾亚式 Fe-Ti-V	（新）尾亚钒钛磁铁矿
			海西期中酸性岩浆作用有关 Fe-Cu-W 成矿系列	小白头式 W	（新）小白头钨矿、星星峡北、友谊山、绿洲泉、伊富克山东、赖瓜井、黄羊泉钨矿点
				阿拉塔格式 Fe	（新）阿拉塔格、库姆塔格铁矿
			海西期中酸性岩浆作用有关 Pb-Zn-Au 成矿系列	明水西式 Pb-Zn	（新）明水西铅锌矿
		Ⅲ-14 金窝子-公婆泉-东七一山成矿带	加里东中酸性岩浆作用有关 Cu-Pb-Zn-Ag 成矿系列	公婆式 Cu	（甘）公婆泉铜矿床、跃进岗、黑石山、沙泉沟铜矿点
			印支期热液对海西期中酸性岩充填交代作用有关 Au-Ag 成矿系列	金窝子式 Au	（新）金窝子金矿；（甘）照壁山、尖山金矿
塔里木成矿域	塔里木成矿省	Ⅲ-12 塔里木板块北象岗成矿带	晚志留世—早泥盆世沉积岩系有关 Fe 成矿系列	梧桐沟式 Fe	（新）梧桐沟、帕尔岗尔塔格、尖山铁矿
			Cu-Pb-Zn 成矿系列	彩华沟式 Cu	（新）彩华沟铜矿

续表 4-4-5

I级成矿域	II级成矿省	III级成矿区带	成矿系列	矿床式	矿床实例
古亚洲洋成矿域	塔里木成矿省	III-12 塔里木板块北缘成矿带	印支期热液对晚志留世—早泥盆世火山-沉积岩系再造作用有关 Au 成矿系列	萨瓦亚尔顿式 Au	(新)萨瓦亚尔顿、大山口、萨根托克亥、布隆、红山金矿
			石炭纪沉积岩系再造作用有关 Au 成矿系列	梧南式 Au	(甘)梧南、喜迎、鸽形山金矿
			海西期中酸性岩浆期后热液作用有关 W-Sn-Mo-Pb-Zn 成矿系列	忠宝式 W	(新)忠宝、喀尔喀特石灰窑钨矿
				卜尔沙布拉克式 Sn	(新)卜尔沙布拉克矿、阿根布拉克锡矿点
				硫磺山式 Pb-Zn	(新)硫磺山式铅锌矿
			海西期晚期热液对泥盆纪碳酸盐岩-碎屑岩再造作用有关 Pb-Zn 成矿系列	霍什布拉克式 Pb-Zn	(新)霍什布拉克、萨里塔什铅锌矿
			晚二叠世碱性花岗伟晶岩作用有关 REE-Nb-Ta-Zr 成矿系列	波孜果尔式 Nb-Ta	(新)波孜果尔铌钽矿矿
			喜马拉雅期热液对中生代沉积砂砾岩作用有关 Cu 成矿系列	萨热克式 Cu	(新)伽师铜矿、萨热克铜矿
			新生代沉积作用有关 Zn-Pb 成矿系列	乌拉根式 Zn-Pb	(新)乌拉根铅锌矿
		III-13 塔里木陆块北缘隆起成矿带	中元古代铁基质基性-超基性岩浆作用有关 Cu-Ni 成矿系列	兴地式 Cu-Ni	(新)兴地 II 号铜镍矿
			新元古代偏碱性基性-超基性岩浆作用有关 Fe-Ti-磷 成矿系列	大西沟式 Fe-Ti-磷	(新)大西沟铁磷矿
			新元古代中酸性岩浆期后热液作用有关 Cu-Mo-Au 成矿系列	且干布拉克式磷	(新)且干布拉克磷灰石、透辉石矿、团结村北山磷灰石、透辉石矿点
				大平梁式 Cu-Mo-Au	(新)大平梁铜多金属矿
			寒武纪沉积作用有关 U-Ag-V-Mo-磷块岩 成矿系列	西山布拉克式磷	(新)木兽库杜克、柳泉布拉克、西山布拉克、苏盖特布拉克、咯纹库杜克、苏盖特布拉克磷矿
			海西期晚期基性岩浆作用有关 Fe-Ti-V 成矿系列	普昌式 Fe-Ti-V	(新)普昌岩浆型铁矿
		III-15 敦煌成矿区	太古宙—古元古代沉积变质作用有关 Pb-Zn 成矿系列	掉石沟式 Pb-Zn	(甘)掉石沟铅锌矿、土达坂铅锌矿点
			二叠纪热液对太古宙—古元古代沉积变质岩系再造作用有关 Au-Ag 成矿系列	红柳峡式 Fe	(甘)红柳峡铁矿
				小西弓式 Au	(甘)小西弓金矿
				小宛南式 Au-Ag	(甘)小宛南金银矿

续表 4-4-5

I级成矿域	II级成矿省	III级成矿区带	成矿系列	矿床式	矿床实例
			中元古代沉积变质作用有关 Fe-Pb-Zn-Ag 成矿系列	红山式 Fe	(甘)红山铁矿
			印支期热液对中元古代沉积变质岩再造作用有关 Au-Ag 成矿系列	花牛山式 Pb-Zn	(甘)花牛山铅锌银矿、敖包山铅锌矿点
				花牛山式 Au-Ag	(甘)花牛山金银矿
				南泉式 Ag	(甘)南泉银矿
			南华纪—寒武纪沉积作用有关 Mn-V-U-磷块岩—重晶石成矿系列	方山口式 V-U-磷	(新)大水磷钒铀矿、平台山磷钒矿;(甘)方山口磷钒铀矿
				双鹰山式重晶石矿	(甘)双鹰山重晶石矿
		Ⅲ-15 敦煌成矿区	新生代对南华纪—寒武纪沉积岩系表生风化作用有关 Mn 成矿系列	大红山式 Mn	(甘)大红山锰矿、马鬃山、玉石山锰矿、八一泉金矿;(新)大水、塔水、白川锰矿点
			石炭纪—二叠纪火山—沉积岩系再造作用有关 Au 成矿系列	红十井式 Au	(新)红十井、白石滩、骆驼峰、八一泉金矿
				新老金场式 Au	(甘)新金场、老金场金矿
			海西期铁质基性—超基性岩浆期后热液作用有关 Cu-Ni-Co-Pt-Pd 成矿系列	坡北式 Cu-Ni	(新)坡一、坡十铜镍矿、罗东、红石山、旋涡岭铜镍矿点
				黑山式 Cu-Ni	(新)黑山铜镍矿、怪石山铜镍矿
			海西期铁质基性—超基性岩浆期后热液作用有关 Fe 成矿系列	磁海式 Fe	(新)磁海、磁东菱铁矿
古亚洲洋成矿域	塔里木成矿省			古堡式 Fe	(甘)古堡铁矿
			海西期中酸性岩浆期后热液作用有关 Fe-Cu-W-Pb-Zn-Au-Ag 成矿系列	辉铜山式 Cu	(甘)辉铜山铜矿
				白山堂式 Cu-Pb	(甘)白山堂铜铅矿
			海西期中酸性岩浆期后热液作用有关 Au-Ag 成矿系列	拾金坡式 Au-Ag	(甘)拾金坡、明舒井、花西山金银矿、金沟井、钻井沟金矿
		Ⅲ-16 塔里木盆地成矿区	海西期铁质基性—超基性岩浆作用有关 Fe-Ti-V 成矿系列	瓦吉里塔格式 Fe-Ti-V	(新)瓦吉里塔格、瓦雨南钒铁磁铁矿
			古近纪—新近纪内陆盆地沉积作用有关铜成矿系列	康村库兰康式 Cu	(新)康村库兰康、滴水砂岩铜矿
			第四纪内陆盐湖蒸发沉积作用有关钾盐—石盐—芒硝成矿系列	罗布泊式钾盐	(新)罗北、罗中、罗南、腾龙钾盐、大浦地小型钾硝石、乌鲁库勒克盐
		Ⅲ-17 铁克里克成矿带	古元古代火山—沉积变质作用有关 Fe-Au-Cu 成矿系列	布雩式 Fe	(新)布雩含铜磁铁矿、塔木其磁铁矿点

续表 4-4-5

I级成矿域	II级成矿省	III级成矿区带	成矿系列	矿床式	矿床实例
古亚洲洋成矿域	塔里木成矿省	III-17 铁克里克成矿带	中元古代中酸性岩浆期后热液作用有关 Pb-Zn-Ag 成矿系列	尤仑踏卡式 Pb-Zn	（新）尤仑踏卡特铅锌矿
			喜马拉雅期热液对泥盆纪-石炭纪沉积岩系再造作用有关 Pb-Zn-Fe-Ag-Cu-Co 成矿系列	铁克里克式 Pb-Ag-Cu	（新）铁克里克铅银铜矿
				卡兰古式 Pb-Zn-Ag	（新）卡兰古铅锌矿、塔木铅锌银矿、乌苏里克铅锌银矿、卡拉牙斯卡克铅锌矿床、吐洪木列克铅锌矿
			古近纪沉积作用有关 Mn-Fe 成矿系列	杜瓦式 Mn	（新）杜瓦锰矿、杜瓦铁矿化点
			早奥陶世热液对太古宙深变质结晶岩系再造作用有关 Au 成矿系列	大平沟式 Au	（新）大平沟金矿、大平沟西金矿点
			加里东期-海西期热液对中元古代 Pb-Zn-Au-Cu-Ag 成矿质岩系再造作用有关系列	祥云式 Au	（新）祥云金矿、盔龙沟金矿、索尔库里西金矿
				英格喀拉克式 Fe	（新）英格喀拉大湾铁矿（也称白尖山铁矿）、塔什库尔干铁矿
				喀腊大湾式 Cu-Pb-Zn	（新）喀腊大湾铜铅锌矿、喀腊大湾西铅锌矿
			震旦纪-寒武纪火山-沉积作用有关 Fe 成矿系列	迪木那里克式 Fe	（新）迪木那里克铁矿、玉岭铁矿、河甫铁矿、苏巴里克铁矿、阿其克铁矿、里维齐明铁矿
		III-19 阿尔金成矿带	奥陶纪火山-沉积岩系有关 Fe-Cu-Pb-Zn 成矿系列	彩石沟式 Fe	（新）彩石沟铁矿
			奥陶纪火山-沉积岩系再造作用有关 Cu-Pb-Zn 成矿系列	喀腊达坂式 Pb-Zn-Cu	（新）喀腊达坂铅锌铜矿、喀腊达坂西铅锌矿
				齐勤萨依式 Pb-Zn	（新）齐勤萨依铅锌铜矿、拉配泉铅锌矿
			加里东期火山-次火山岩浆期后热液作用有关 Au-Cu 成矿系列	拉配泉式 Cu	（新）拉配泉铜矿
				采石沟式 Au	（新）采石沟金矿
				索拉克式 Cu-Au	（新）索拉克铜金矿
			加里东期铁质基性-超基性岩浆成矿系列 Fe-V-Ti-Ni-Cu	长清式 Fe	（新）长清铁矿
			海西期中酸性岩浆期后作用有关 Cu-Au-Ag-Pb 成矿系列	贝壳滩式 Ni	（新）贝壳滩镍矿、依加尔乌增沟铜镍矿点
				阿北式 Ag-Pb	（新）阿北式银铅矿床、碎岩山东铜银矿点、柴水沟金银矿
华北成矿省		III-18 阿拉善成矿带	中太古代-古元古代火山沉积变质作用有关 Fe 重晶石成矿系列	东大山式 Fe	（甘）东大山铁矿
			中元古代基性-超基性岩浆作用有关 Cu-Ni-Co-Pt-Pd-Au-Ag 成矿系列	金川式 Cu-Ni	（甘）金川铜镍矿

第四章 重要矿产地质特征及成矿规律

续表 4-4-5

Ⅰ级成矿域	Ⅱ级成矿省	Ⅲ级成矿区带	成矿系列	矿床式	矿床实例
古亚洲洋成矿域		Ⅲ-18 阿拉善成矿带	中元古代沉积变质作用有关 Fe-Pb-Zn 磷成矿系列	宽沟井式 Fe	（甘）宽沟井铁矿
				板凳沟式 Fe	（甘）马房子沟磷矿、鸾泉铁锰铅锌矿
			海西早期基性-超基性岩作用有关 Fe-Ti 成矿系列	七坝泉式萤石	（甘）临泽县板凳沟铁磁铁矿
			海西晚期酸性岩作用有关萤石-Nb,Ta 成矿系列		（甘）高台县七坝泉萤石矿、山丹县麒麟沟铌矿点、山丹县黑水沟铌矿点
		Ⅲ-59 鄂尔多斯西缘成矿带	印支期热液对古元古代沉积变质岩系再造作用有关 Au-Cu 成矿系列	牛头沟式 Au	（宁）牛头沟金矿、梁根、麦子井-树龙沟金矿点；（蒙）北岔沟-柳树沟金矿点
			寒武纪-奥陶纪沉积作用有关磷块岩成矿系列	苏峪口式磷	（宁）苏峪口、正目观、南寺、阿保梁、崔子岔沟、紫花沟磷矿；（甘）堡子梁磷矿点
			太古宙火山沉积变质岩系再造作用有关铁-磷成矿系列	阳山庄式 Fe	（陕）韩城阳山庄铁矿
		Ⅲ-60 鄂尔多斯成矿区	奥陶世沉积作用有关钾盐-盐岩-石膏成矿系列	陕北盐类	（陕）陕北钾盐、盐岩
			石炭纪-二叠纪海陆交互相沉积演化有关 Al-硫铁成矿系列	曹村式 Al	（陕）澄城县曹村、白水县三眼桥铝土矿
				三眼桥式 S-Fe	（陕）澄城县三眼桥硫铁矿床、彬县百子沟Q909号脉
			燕山期热液对新太古代火山沉积变质岩系再造作用有关 Au 成矿系列	冷水沟式 Au	（陕）临潼冷水沟金矿区
	华北成矿省	Ⅲ-61 山西成矿带		天桥则式 Al	（陕）府谷县海则庙天桥则铝土矿、府谷县海则庙后大沟村铝土矿、府谷县浪湾铝土矿、府谷县西山硫铁矿
			石炭纪海陆交互相沉积铁矿-煤成矿系列	口镇式 Fe	（陕）泾阳县口镇陶家沟铁矿、合阳县水冲沟铁矿点、铜川陈炉镇、麟游县上永安、千阳县红石沟铁矿
			新太古代火山沉积变质作用有关 Fe 成矿系列	太要式或舞阳式 Fe	（陕）太要、草呼沟、善车峪铁矿；（豫）铁山、经山寺、小韩庄、石门铁矿
		Ⅲ-63 华北陆块南缘成矿带	燕山期热液对新太古代火山沉积变质岩系再造作用有关 Au 成矿系列	桐峪式 Au	（陕）潼关县东桐峪Q8号金矿（脉）、桐峪Q12号金矿（脉）、善车峪Q161号金矿（脉）、洛南县王排沟Q2142号金矿（脉）、大王西峪金矿、胭脂河金矿、火龙关Q851号金矿（脉）、陈耳金矿
			印支期-燕山期中酸性岩浆期后热液作用有关 Mo-W-Cu-Pb-Au-Ag-Fe-U-硫铁矿成矿系列	金堆城式 Mo	（陕）金堆城、桃园、大石沟、石家湾、王河、马河、西沟钼矿、黄龙铺铝矿、桃园铀钼矿、南台、桃子沟钨矿点、皇台铜矿
				木龙沟式 Fe	（陕）木龙沟、铁岔沟铁矿、皇台铁矿

续表 4-4-5

I级成矿域	II级成矿省	III级成矿区带	成矿系列	矿床式	矿床实例
特提斯成矿域	秦岭成矿省	III-66A 北秦岭成矿带	中元古代镁质超基性岩侵入作用有关Cr-Os-Ir-Ru-橄榄石成矿系列	松树沟式Cr	(陕)松树沟铬铁矿、泥鳅凹、铬沟凹铬铁矿点
			寒武纪铁质基性-超基性岩作用有关Ni-Cu-Co-Pt-Pd成矿系列	金盆式Cu-Ni	(陕)金盆式铜镍矿
			早古生代海相火山沉积岩系作用有关Cu-Zn-Co-Ag成矿系列	铜峪式Cu	(陕)铜峪铜矿、西路岭铜锌矿、杏树梁铜锌矿
			加里东期偏碱性基性-超基性岩浆作用有关磷灰石-透辉石成矿系列	九子沟式磷	(陕)九子沟磷矿、西流水、石磷峪磷矿点
				大蛇沟式W	(陕)大蛇沟钨矿、杨屋场钨矿
			印支期中酸性岩浆期后热液作用有关W-Mo-萤石成矿系列	海塘河式Mo	(陕)海塘河钼矿
				玉石坡式和李源式萤石矿	(陕)商洛市玉坡萤石矿、柞水县青岗槽萤石矿点、洛南县李源萤石矿、小西沟萤石矿
		III-66B 南秦岭成矿带东段	寒武纪海相沉积作用有关Pb-Zn-Cu-Ag-重晶石成矿系列	水坪式重晶石	(陕)平利县水坪、障子坪、神仙台重晶石矿、紫阳县寨子重晶石矿
			志留纪海相沉积作用有关Pb-Zn-重晶石-毒重石成矿系列	南沙沟式Pb-Zn	(陕)南沙沟、黄石板、泗人沟、汝沟、良田垭、九里岗、青山重晶石矿、旬阳县叶家寨、神河重晶石矿
				石梯式重晶石	(陕)安康市石梯、汝沟、良田垭、九里岗、青山重晶石矿
			印支期热液对志留纪海相沉积岩系再造作用有关Au-Ag-Cu成矿系列	黄龙式Au	(陕)黄龙、范家沟、八庙沟金矿
				夹沟式Cu	(陕)夹沟铜矿、康坪、芦池沟、雄子沟铜矿点
				银洞子式Ag-Pb-Zn	(陕)银洞子银铅锌矿、桐木沟锌矿、锡铜沟、关子沟、蔡园沟、月西铅锌矿
				黑沟式Fe-Cu	(陕)黑沟铁铜矿
				大西沟式铁重晶石矿	(陕)大西沟铁重晶石矿
			泥盆纪海相沉积作用有关Pb-Zn-Cu-Fe-重晶石成矿系列	青铜沟式Hg-Sb	(陕)公馆、青铜沟汞锑矿
			印支期-燕山期热液对泥盆纪海相沉积岩系再造作用有关Cu-Au-Ag-Hg-Sb成矿系列	马鞍桥式Au、惠家沟式Au	(陕)马鞍桥、安家岐、惠家沟、小河金矿、二台子、金龙山、双龙岩、腰俭、丘岭、古楼山、涝池垭、郭家山、西沟、韭菜沟金矿
				穆家庄式Cu	(陕)穆家庄铜矿床、银沟、古窑沟、银厂沟、瓦房子铜矿点

续表 4-4-5

Ⅰ级成矿域	Ⅱ级成矿省	Ⅲ级成矿区带	成矿系列	矿床式	矿床实例
特提斯成矿域	秦岭成矿省	Ⅲ-66B 南秦岭成矿带东段	燕山期中酸性岩浆期后热液作用有关 Cu-Mo 成矿系列	小河口式 Cu	（陕）小河口、下官坊铜矿
			新生代对志留海盆纪相沉积岩系表生风化作用有关 Fe 成矿系列	包家沟式 Fe	（甘）包家沟铁矿
		Ⅲ-28 南秦岭成矿带西段	泥盆纪海相沉积作用有关 Pb-Zn-Cu-Ag-Au 成矿系列	黑拉式 Fe	（甘）迭部县黑拉、查居铁矿
				厂坝式 Pb-Zn	（甘）厂坝、李家沟、毕家山、邓家山、洛坝、崖沟、下拉地、代家庄、半沟铅锌矿
					（陕）铅硐山、银洞梁、手搬崖、八方山、银母寺、二里河、东涧子洞沟、长沟、峰崖、核桃坝铅锌矿
			印支期—燕山期热液对泥盆纪海相沉积岩系再造作用有关 Au-Ag 成矿系列	庞家河式、八卦庙式 Au	（陕）庞家河、佐家庄、八卦庙、双王、九平沟、正河金矿
			海西期超基性岩浆作用有关 Cr-Os-Ir-Ru 成矿系列	楼房沟式 Cr	（陕）留坝县楼房沟铬铁矿
			印支期中酸性岩浆期后热液作用有关 Mo 成矿系列	温泉式 Mo	（陕）温泉钼矿
	祁连成矿省	Ⅲ-20 河西走廊成矿带	奥陶纪沉积岩系再造作用有关 Au 成矿系列	阴洼沟式 Au	（甘）阴洼沟金矿
			加里东晚期中酸性岩浆期后热液作用有关 Cu 成矿系列	头沟-景路沟式 Cu	（甘）头沟-景路沟、西石门、大沙沟萤石矿床、火烧沟、大泉沟、斑张阳河萤石矿点
			晚古生代沉积作用有关 Cu 成矿系列	腰岘子式 Cu	（宁）腰岘子铜矿、双圈铜矿点
			燕山期热液对晚古生代沉积系再造作用有关 Fe-Au-Ag-Pb-Cu 硫铁矿-重晶石成矿系列	金扬子式 Au	（宁）金扬子山、二八山、黄石坡沟金银、铅、铜、硫铁矿点
				一条岭式重晶石矿	（宁）一条岭式重晶石矿
				照壁山式 Fe	（宁）照壁山、新照山铁矿
		Ⅲ-21 北祁连成矿带	古元古代火山-沉积变质作用有关 Fe-Pb-重晶石成矿系列	小东岔式 Fe-Pb-重晶石	（青）小东岔铁钎-重晶石矿；（甘）羊露河铁矿点、鱼儿红东南铁矿点；（宁）西吉铁矿化点
				珠龙式 Fe	（甘）古浪峡铁矿、九个青羊铁矿、金儿泉铁矿、卡瓦铁矿
			中元古代火山-沉积变质作用有关 Fe-Zn-重晶石成矿系列	镜铁山式 Fe-重晶石	（甘）桦树沟铁、黑沟、柳沟峡、白头、小柳沟、头道沟铁矿
				西柳沟式 Fe-Pb	（甘）西柳沟铁铅矿、塔里干沟铁矿
				大东沟式 Pb-Zn	（甘）大东沟、吊大坂铅锌矿

续表 4-4-5

Ⅰ级成矿域	Ⅱ级成矿省	Ⅲ级成矿区带	成矿系列	矿床式	矿床实例
特提斯成矿域	祁连成矿省	Ⅲ-21 北祁连成矿带	加里东期热液对中元古代沉积变质岩系再造作用有关 Cu-Au-Ag 成矿系列	桦树沟式 Cu	（甘）桦树沟铜矿、柳沟峡、头道沟铜矿点
				簸箕掌式 Cu	（宁）簸箕掌铜矿点
				马场沟式 Au	（宁）马场沟、柳沟、泉儿沟金矿点
			寒武纪海相火山-沉积作用有关 Cu-Pb-Zn-Au-Ag 成矿系列	折腰山式 Cu-Zn	（甘）折腰山铜锌矿、火焰山铜矿
				小铁山式 Zn-Pb-Cu	（甘）小铁山锌铅铜矿、四个圈、铜厂沟、石青铜锌铅铜矿、石青铜矿床、郭米寺锌铅铜矿
			寒武纪海相火山-沉积岩系再造作用有关 Au-Ag 成矿系列	香子沟式硫铁矿	（青）香子沟硫铁矿
				下柳沟-弯阳沟-下沟式 Au	（青）下柳沟-弯阳沟-下沟金矿、西山梁金矿、拴羊沟金矿点
			奥陶纪海相火山-沉积岩系再造作用有关 Fe-Cu-Pb-Zn 成矿系列	沙龙式 Fe	（青）小沙龙铁矿、大沙龙铁矿
				石居里式 Cu	（青）石居里六号沟铜矿、石居里八号沟铜矿、九个泉铜矿、大岔东岔铜矿、猪嘴哑巴铜矿、错沟铜矿；（青）银灿铜矿
			志留纪-早泥盆世热液对奥陶纪海相火山-沉积岩浆期后热液作用有关 Au-Ag 成矿系列	寒山式 Au	（甘）寒山金矿、车路沟金矿、青分岭金矿、土索山金矿
			加里东期中酸性岩浆岩造作用有关 W-Mo-Cu 成矿系列	小柳沟式 W-Mo	（甘）小柳沟钨钼矿
			奥陶纪镁质超基性岩侵入作用有关 Cr-Os-Ir-Ru 成矿系列	浪力克式 Cu	（青）浪力克铜矿、俄博沟矿点
				玉石沟式 Cr	（青）玉石沟铬铁矿
			志留纪热液对加里东期镁质超基性岩再造作用有关 Au 成矿系列	鹰嘴山式 Au	（甘）鹰嘴山金矿；（青）川刺沟金矿、红土沟金矿、羊肠子沟金矿
			志留纪海相沉积变质作用有关 Cu 成矿系列	天鹿式 Cu	（甘）天鹿铜矿
		Ⅲ-22 中祁连成矿带	古元古代海相火山变质作用有关 Fe-Cu 成矿系列	陈家庙式 Fe-Cu	（甘）陈家庙铁铜矿
			中元古代海相沉积变质作用有关 Fe 成矿系列	石板墩式 Fe	（甘）石板墩铁矿

续表 4-4-5

I级成矿域	II级成矿省	III级成矿区带	成矿系列	矿床式	矿床实例
特提斯成矿域	祁连成矿省	III-22 中祁连成矿带	加里东期中酸性岩浆期后热液作用有关 Cu-W-Ag-Pb-Zn 成矿系列	塔儿沟式 W	（甘）塔儿沟钨矿、野马河钨钼矿；（青）花石峡钨钼矿点、朱岔钨矿点
				石硐沟式 Ag-Pb	（甘）石硐沟银铅矿
			奥陶纪海相火山-沉积作用有关 Cu-Pb-Zn 成矿系列	红沟式 Cu	（青）红沟铜矿
				蛟龙掌式 Pb-Zn	（甘）蛟龙掌铅锌矿
			海西期热液对晚奥陶统浅相火山沉积岩系再造作用有关 Au 成矿系列	松树南沟式 Au	（青）松树南沟、中多拉、巴哈图金矿
			加里东期镁质超基性岩侵入作用有关 Cr-Os-Ir-Ru 成矿系列	大道尔吉式 Cr	（甘）大道尔吉铬矿、小道尔吉、野人沟铬矿点
			中生代沉积作用有关 Cu 成矿系列	店峡式 Cu	（甘）店峡、通边铜矿
		III-23 南祁连成矿带	泥盆纪热液对奥陶纪科岩系再造作用有关 Au 成矿系列	黑剌海式 Au	（甘）黑剌沟金矿、贾公合金矿、石块地、东洞沟金矿
			加里东期偏碱性基性-超基性岩浆作用有关 Fe-Ree-磷 成矿系列	上庄式 Fe-Ree-磷	（青）上庄铁磷稀土矿
			新生代对加里东期镁质超基性岩表生风化作用有关 Ni-Co-Fe 成矿系列	元石山式 Ni-Fe	（青）元石山镍铁矿
			加里东期基性-超基性岩浆作用有关 Cu-Ni-Co-Pt-Pd 成矿系列	拉水峡式 Cu-Ni	（青）拉水峡铜镍矿、裕龙沟铜镍矿、沙家、官庄沟、冶什等铜镍矿点
			晚古生代火山-沉积作用有关 Pb-Zn 成矿系列	蓄积山式 Pb-Zn	（青）蓄积山铅锌矿
			海西期热液对中元古代火山-沉积变质岩系再造作用有关 Au-Cu-Pb-Zn-Ag 成矿系列	滩涧L式 Cu	（青）大柴旦镇滩涧山、青龙沟、彩石沟-开屏洼铬矿
			加里东期镁质超基性岩侵入作用有关 Cr-Os-Ir-Ru 成矿系列	绿梁山式 Cr	（青）绿梁山落凤坡铬矿
	昆仑成矿省	III-24 柴达木北缘成矿带	寒武纪-奥陶纪海相火山-沉积作用有关 Fe-Mn-Pb-Zn-Cu-磷-硫铁矿 成矿系列	小赛个腾山式 Cu、锡铁山式 Pb-Zn、青龙滩式硫铁矿	（青）小赛个腾山铜矿、月牙岭磷矿点、哈哈德山锰矿、红旗沟锰矿、锡铁山铅锌矿、双口山铅银矿、青龙滩硫铁矿
			志留纪热液对寒武纪-奥陶纪海相火山-沉积岩系再造作用有关 Au-Ag-Cu-Fe-重晶石 成矿系列	锡铁山式重晶石、绿梁山式 Cu、赛坝沟式 Au	（青）锡铁山南重晶石矿、绿梁山铜矿、赛坝沟金矿、红柳沟金矿、龙柏山铜矿、拓新沟金矿、冷湖镇野骆驼泉金矿

续表 4-4-5

Ⅰ级成矿域	Ⅱ级成矿省	Ⅲ级成矿区带	成矿系列	矿床式	矿床实例
特提斯成矿域	昆仑成矿省	Ⅲ-24 柴达木北缘成矿带	海西期铁质基性-超基性岩浆作用有关 Cu-Ni-Co-Pt-Pd 成矿系列	牛鼻子梁式 Cu-Ni	（青）牛鼻子梁铜镍矿、青龙山铜镍矿
			石炭纪二叠纪海陆交互相沉积岩系再造作用有关 Fe-Cu 成矿系列	大海滩式 Fe-Cu	（青）大海滩铁铜矿
			海西期偏碱性铁质基性岩浆作用有关 Fe-Ti-磷 成矿系列	高特拉蒙式 Ti-磷	（青）高特拉蒙铁矿、王家琪铁矿点
			海西期中酸性岩充填交代作用有关 Au 成矿系列	乌达热乎式 Au	（青）乌达热乎金矿
			印支期中酸性侵入作用有关 W-Sn-Pb-Zn 成矿系列	沙柳河式 W-Sn-Pb-Zn	（青）都兰县沙柳河南区钨锡铅锌矿、沙柳河本区钨锡铅锌矿点
			新生代湖盆沉积作用有关盐类成矿系列	大柴旦式盐湖盐类	（青）大柴旦盐湖盐类矿、柯柯盐湖盐类矿、北部新盐带钾矿、小柴旦盐湖盐类矿、柴凯湖盐类矿点、（甘）苏干湖盐类矿
		Ⅲ-25 柴达木盆地成矿区	古近纪+新近纪湖盆沉积作用有关 K-Li-Mg-Sr-硼-石膏-石盐-芒硝 成矿系列	南翼山式盐类矿	（青）大风山锶矿、尖顶山锶矿、碱1井-碱山锶矿、一里沟芒硝、南翼山、狮子沟、油砂山古近十新近系地下卤水钾硼锂矿
			第四纪湖盆沉积作用有关 K-Li-Mg-硼-石膏-石盐-芒硝 成矿系列	一里坪式锂硼钾矿	（青）大浪滩钾矿、昆特依钾矿、察尔汗钾镁盐矿床、昆特依钾矿床、西台吉乃尔湖锂矿区、东台吉乃尔硼钾矿床、一里坪锂硼钾矿床、（新）乌尊硝芒硝钾矿
		Ⅲ-26 东昆仑成矿带	古元古代火山-沉积变质作用有关 Fe 成矿系列	群力式 Fe	（青）群力铁矿、查干朵诺铁矿
			印支期热液对古元古代火山-沉积变质再造作用有关 Au-Sb-Pb-Zn 成矿系列	五龙沟式 Au	（青）五龙沟金矿、五龙沟上游二龙沟铅矿点
			蓟县纪火山-沉积变质作用有关 Fe-Mn-Co 磷成矿系列	清水河式 Fe	（青）清水河铁矿、洪水河铁矿、磁铁山铁矿
			蓟县纪火山-沉积变质系再造作用有关 Cu-Co 成矿系列	洪水河式 Mn	（青）洪水河锰矿
				督冷沟式 Cu-Co	（青）督冷沟铜钴矿、哈尔汗铜钴矿
			加里东期中酸性岩浆作用有关 Cu-Au-Pb-Zn 成矿系列	柯柯赛庞加丽式 Cu-Au	（青）柯柯赛庞加丽铜金矿、楚鲁海高勒南铜钴锌矿点、希乐沟铅锌矿

续表 4-4-5

Ⅰ级成矿域	Ⅱ级成矿省	Ⅲ级成矿区带	成矿系列	矿床式	矿床实例
特提斯成矿域	昆仑成矿省		加里东期中酸性岩浆作用有关 W-Sn-Cu-Ag-Ga 成矿系列	白干湖式 W-Sn	（新）白干湖钨锡矿、柯可卡尔德钨锡矿、夏勒赛钨锡矿
			海西期铁质基性—超基性岩浆作用有关 Cu-Ni-Co-Pt-Pd 成矿系列	夏日哈木式 Cu-Ni	（青）夏日哈木铜镍矿、石头坑德铜镍矿
			石炭纪—二叠纪火山—沉积作用有关 Cu-Co-Pb-Zn-Au-Ag 成矿系列	铜裕沟式 Cu-Zn-Pb	（青）铜裕沟铜锌铅矿、篡什塘铜锌铅矿、江巴尕日当铜矿
			海西期中酸性岩浆作用有关 Fe-Cu-W-Sn 成矿系列	日龙沟式 Sn-Pb-Zn	（青）日龙沟锡铅锌矿
				大洪山式 Fe、小卧龙式 Fe-W-Sn	（青）大洪山铁铜矿、小卧龙铁钨锡矿、红山铁矿点、柯柯赛铁矿点、柴源村铁矿点、拉陵高里铁矿点、野牛沟铜矿点
			海西期热液对奥陶纪沉积岩系再造作用有关 Au-Cu 成矿系列	喀拉曲哈式 Cu-Au	（新）克孜勒萨依金矿、喀拉曲哈铜金矿
			印支期中酸性岩浆作用有关 Fe-Co-Cu-Pb-Zn-Sn-Au-Ag 成矿系列	卡尔却卡式 Cu-Mo	（青）卡尔却卡铜钼矿、热水铜钼矿、哈图沟铜矿点
		Ⅲ-26 东昆仑成矿带		肯德可克式 Fe-Cu-Pb-Zn	（青）青海格尔木市肯德可克、野马泉、尕林格、牛苦头铁多金属矿、都兰县白石崖、下西台铁多金属矿
			印支期中酸性岩浆作用有关 Fe-Pb-Zn-Cu-Ag 成矿系列	鸭龙峰式 Fe	（新）鸭龙峰铁（铜铅锌）矿、阿尼亚西拉铁矿
				维宝式 Pb-Zn	（新）维宝铅锌矿
			中三叠世火山—沉积作用有关 Fe-Pb-Zn-Ag 成矿系列	索拉沟式 Ag-Zn-Pb	（青）索拉沟银铅矿
			晚三叠世陆相火山作用有关 Fe-Pb-Zn-Ag 成矿系列	尕冬式 Cu	（青）尕冬铜矿
			中晚三叠世沉积岩系再造作用有关 Fe-Pb-Zn-Ag 成矿系列	鄂拉山口式 Fe-Pb-Zn	（青）鄂拉山口多金属矿、哈勒洪多金属矿
			燕山期中酸性岩浆作用有关 Au 成矿系列	开荒北式 Au	（青）开荒北金矿、小干沟金矿、红石山南金矿点
				什多式 Pb-Zn-Ag	（青）什多龙铅锌银矿
			古近纪—新近纪沉积作用有关 Cu 成矿系列	库木库里式 Cu	（新）库木库里、克其卡勒克铜矿、亚鲁古祖布拉格、塞斯克亚河西岸、白土滩铜矿点

续表 4-4-5

I级成矿域	II级成矿省	III级成矿区带	成矿系列	矿床式	矿床实例
	昆仑成矿省		古元古代沉积变质作用有关 Cu-Au-Fe-Ag 成矿系列	卡拉玛式 Cu-Au	（新）卡拉玛铜金矿、卡拉铜矿、哈拉墩铜金矿床、卡拉库里铜矿、沙子沟铜矿
			中元古代沉积变质岩系再造作用有关 Pb-Zn-Cu 成矿系列	科库西里兑式 Pb-Zn	（新）科库西里兑铅锌矿
			加里东期中酸性岩浆作用有关 Fe-Cu-Zn-Au-Ag 成矿系列	康达尔达坂式 Fe-Zn	（新）康达尔达坂含锌磁铁矿
				库地式 Cu-Fe-Au	（新）库地铜铁金矿、库地西铜铁矿点
			志留纪沉积岩系再造作用有关 Au-Cu-Pb 成矿系列	阔克吉勒嘎式 Au	（新）阔克吉勒嘎大勒大铜矿、木吉金矿
			早石炭世火山沉积作用有关 Cu-Zn-Au-Ag 成矿系列	萨落依式 Cu	（新）萨落依铜矿、大勒大铜（金）矿点、兑鲁瓷涅克沟含金铜矿点、胡尔其木干铜矿点
				阿克塔什式 Cu	（新）阿克塔什铜矿、卡斯卡苏铜矿点、卡拉卡依铜矿点
				特格里曼苏式 Cu	（新）特格里曼苏铜矿、土根曼苏铜矿、特格里曼苏东南铜银矿点
		III-27 西昆仑成矿带	晚石炭世二叠纪火山沉积作用有关 Cu-Zn-Ag 成矿系列	上其汗式 Cu-Zn	（新）上其汗铜锌矿、塔木其铜矿
			泥盆纪热液对志留纪沉积岩系再造作用有关 Au 成矿系列	野牛泉式 Au	（新）野牛泉金矿、关水沟金矿化点
特提斯成矿域		III-29 喀拉米兰（阿尼玛卿）成矿带	石炭纪火山-沉积作用有关 Cu-Zn-Pb-Ag-Au-Fe 成矿系列	卡特里西式 Cu-Zn	（新）卡特里西铜矿（金）矿点、几克里阔勒铜（铜）点、色娘子永滚铜（金）矿点、达斯库岸铁（铜）矿点、柯孜勒苏泉金（铜）矿化点、秦布拉克铜（铜）矿点
			第四纪沉积作用有关 Au 成矿系列	沙巴恰普式 Au	（新）沙巴恰普砂金矿、月牙河-野牛泉东一带砂金矿
	巴颜喀拉-松潘成矿省		海西期二叠纪火山-沉积作用有关 Cu-Zn-Co 成矿系列	德尔尼式 Cu-Zn-Co	（新）德尔尼铜钴矿、牧羊山铜钴矿
			印支期热液对海西期火山-沉积岩系再造作用有关 Cu-Au 成矿系列	马尼特式 Au	（青）马尼特金矿
		III-30 北巴颜喀拉-马尔康成矿带	印支期中酸性岩浆作用有关 Au 成矿系列	东乘公麻式 Au	（青）东乘公麻金矿、尕尔乌锡矿点
			印支晚期热液对三叠纪海相岩系再造作用有关 Au-Sb-Cu 成矿系列	大场式 Au	（青）大场金矿、加给陇洼金矿、大乐沟金矿
				东大滩式 Sb-Au	（青）东大滩锑金矿
			第四纪河流相沉积作用有关砂金成矿系列	多卡式 Au	（青）多卡砂金矿、吉卡砂金矿、大场砂金矿、多曲砂金矿

续表 4-4-5

I级成矿域	II级成矿省	III级成矿区带	成矿系列	矿床式	矿床实例
特提斯成矿域	巴颜喀拉-松潘成矿省	III-31 南巴颜喀拉-雅江成矿带	印支期中酸性伟晶岩岩作用有关 Li-Be-Nb-Ta 成矿系列	卡亚苫式 Li-Be-Nb-Ta	（青）卡亚苫锂铍铌钽矿，扎朵乡铍铌钽矿点
			三叠纪沉积岩系作用有关 Au-Sb-Cu 成矿系列	保日卡玛式 Sb	（青）保日卡玛锑矿，马兰山锑矿点
			燕山期热液对二叠纪沉积岩作用有关 Hg 成矿系列	黄羊岭式 Sb	（新）黄羊岭、硝尔库勒、卧龙岗、盼水河、红山顶锑矿床
			燕山期中酸性伟晶岩岩作用有关 Li-Be-Nb-Ta 成矿系列	大红柳滩式 Li-Be	（新）大红柳滩锂铍矿，阿克塔斯锂矿
			第四纪河流沉积作用有关砂金成矿系列	兔子湖式 Au	（新）兔子湖南一带砂金矿，再依勒克砂金矿点，黄沙河上游一带砂金矿
			第四纪河流冲洪积作用有关砂金成矿系列	达卡式 Au	（青）达卡、扎朵、白的口砂金矿
		III-33 金沙江成矿带	三叠纪火山-沉积作用有关 Cu-Pb-Zn-Fe 成矿系列	赵卡隆式 Fe-Pb-Zn	（青）赵卡隆铅锌矿
			白垩纪沉积作用有关 Cu-Ag 成矿系列	尔龙格玛式 Cu-Pb-Zn	（青）尔龙格玛铜铅锌矿，尼玛郎铜矿点
			岩马拉雅期中酸性岩浆作用有关 Cu-Ag 成矿系列	风火山式 Cu	（青）风火山铜矿，托托敦辛铜矿，扎西尔日、藏麻西孔铜矿
			第四纪河流沉积作用有关的砂金成矿系列	扎西科式 Au	（青）扎西科、口前曲中下游砂金矿
	喀喇昆仑-三江成矿省		二叠纪火山-沉积作用有关 Fe-Cu-Pb-Zn 成矿系列	开心岭式 Fe-Zn	（青）开心岭铁锌矿，冶金山铁矿
		III-36 昌都-普洱成矿带	岩马拉雅期热液对二叠纪火山-沉积岩系作用有关 Pb-Zn-Ag 成矿系列	东莫扎抓式 Pb-Zn	（青）莫海拉亨、东莫扎抓、查曲帕查、多才玛铅锌矿，然著涌铅锌银矿
			岩马拉雅期中酸性岩浆作用有关 Cu-Mo 成矿系列	纳日贡玛式 Cu-Mo	（青）纳日贡玛铜钼矿，众根涌铜铅锌矿
		III-35 喀喇昆仑-羌北成矿带	古元古代沉积变质作用有关 Fe 成矿系列	赞坎式 Fe	（新）赞坎铁矿，老井铁矿，莫喀尔铁矿，吉尔铁克铁矿，塔喀西铁矿，叶里克铁矿
			志留纪沉积变质作用有关 Fe 成矿系列	切列克其式 Fe	（新）切列克其、切北、黑孜站干菱铁矿，麻扎赤铁矿点
			海西期中酸性岩浆作用有关 Pb-Zn-Cu-Ag 成矿系列	瓦恰式 Pb-Zn-Cu	（新）瓦恰铅锌铜矿
			侏罗纪-白垩纪沉积作用有关 Pb-Zn-Ag 成矿系列	甜水海式 Pb-Zn	（新）甜水海铅锌矿，天神铅锌矿点，驼峰岭铅锌矿点

续表 4-4-5

Ⅰ级成矿域	Ⅱ级成矿省	Ⅲ级成矿区带	成矿系列	矿床式	矿床实例
特提斯成矿域	喀喇昆仑-三江成矿省	Ⅲ-36 昌都-普洱成矿带 Ⅲ-35 喀喇昆仑-羌北成矿带	侏罗纪-白垩纪沉积岩系再造作用有关 Pb-Zn-Cu-Ag 成矿系列	多宝山式 Pb-Zn	（新）多宝山式铅锌矿、宝塔山铅锌矿、落石沟铅锌矿点、长蛇沟铅锌矿化点、卡孜勒铜银矿点
	扬子成矿省	Ⅲ-73 龙门山-大巴山成矿带	中元古代铁基性-超基性岩浆作用有关 Fe-Ti-V-Ni-Cu-Co-Pt-Pd 成矿系列	毕机沟式 Fe-Ti-V	（陕）毕机构式钒钛磁铁矿、碑坝、望江山钒钛磁铁矿
			新太古代火山-沉积变质岩系作用有关 Fe 成矿系列	鱼洞子式 Fe	（陕）略阳县鱼洞子、阁老岭、高家湾铁矿、宁强白崖沟铁矿
			中元古代海相火山-沉积变质作用有关 Cu-Zn-Co-Au-Ag 成矿系列	筏子坝式 Cu	（甘）筏子坝、白皂、阳坝、杜坝铜矿；（陕）大茅坪铜矿
			震旦纪火山-沉积作用有关 Mn-Mo-磷 成矿系列	黎家营式 Mn	（陕）宁强县黎家营锰矿、宁强县千沟峡、郑家坝、燕麦坪锰矿点
				天台山式 Mn-磷	（陕）汉中市天台山磷矿、城固县毕家河、略阳县三岔子、郭镇、金家河、白家坝锰矿点
				沟岭子式 Mn-Mo	（甘）文县沟岭子锰矿、豆家湾、赵家嘴锰矿点
			震旦纪海相沉积作用有关 Mn-Pb-Zn-Ag 成矿系列	屈家山式 Mn	（陕）紫阳县屈家山、镇巴县栗子亚、西乡县水晶坪锰矿
			奥陶世热液对震旦纪海相沉积岩系用有关 Pb-Zn-Ag 成矿系列	马元式 Pb-Zn	（陕）楠木树铅锌矿、南岸山、大火地、太阳坡、九岭子铅锌矿点
			石炭系热液对中元古代海相火山-沉积变质岩系再造作用有关 Cu-Au-Ag 成矿系列	铜厂式 Cu	（陕）铜厂、徐家沟铜矿
				铧厂沟式 Au	（陕）铧厂沟、旧房梁、小燕子沟、李家沟金矿；（甘）曹家山、潘家山金矿
			海西期岩浆-热液对新元古代镁基性超基性岩系再造作用有关 Ni-Co-Fe-Au-石棉成矿系列	煎茶岭式 Ni-Fe-Au	（陕）煎茶岭镁铁矿

第五章 重要矿产预测

本书以成矿区带为单元,结合西北大区成矿地质背景、成矿规律以及物探、化探、遥感、自然重砂等成矿信息综合性研究成果,重点研究了跨省成矿区带中的预测区、矿产预测类型、预测评价模型和预测要素。在省级预测成果的基础上,本书针对西北地区成矿地质条件和优势矿产,圈定了重要矿产预测区、综合预测区,汇总了预测成果,提出了矿产勘查部署建议,并对未来矿产开展基础进行了预测。涉及的矿种有铁、锰、铬、铜、铅、锌、铝、镍、钨、锡、钼、锑、金、银、锂、稀土、磷、硫、钾盐、硼、重晶石、菱镁矿、萤石共23种。

第一节 矿产预测主要方法及结果

一、矿产预测方法

(一)矿产预测方法

矿产预测是应用成矿地质理论,通过成矿规律研究,分析成矿要素,结合地球物理、地球化学和遥感等信息,总结预测要素,经过类比预测,圈定矿产预测区,估算资源量,指导矿产勘查工作。

在总结全国第一轮(1979—1985年)和第二轮(1992—1995年)成矿区划实践经验基础上,叶天竺等(2004,2013)提出了"固体矿产矿床模型综合地质信息预测技术",通过国家"863"项目实践取得了成功,奠定了全国重要矿产资源潜力预测评价的工作基础。

本次潜力评价的技术思路是以地质矿产研究为主线,通过对成矿地质背景研究、典型矿床和区域成矿规律的研究,结合物探、化探、遥感、自然重砂等综合信息分析,确定预测要素,通过模型区与预测工作区类比,圈定预测区,估算资源量。矿产预测研究流程如图5-1-1所示。

本次矿产预测采用固体矿产矿床模型综合地质信息预测技术,以板块构造学、区域成矿学、矿产预测理论为指导,全面利用基础地质、矿产勘查与研究资料,以成矿地质要素划分矿产预测类型,按照矿产预测类型,在典型矿床研究基础上建立矿床地质模型,在区域成矿规律研究基础上建立区域成矿模型,确定成矿要素。结合物探、化探、遥感、自然重砂等多元信息,以成矿特征研究为基础,按照矿产预测方法类型,确定预测要素,建立预测模型,采用GIS技术和数学地质方法对未知区进行类比预测,圈定预测区。采用体积法、成矿地质体参数法、磁异常拟合体积法、水系沉积物拟合三维定量估算法、数学地质等方法估算资源量。

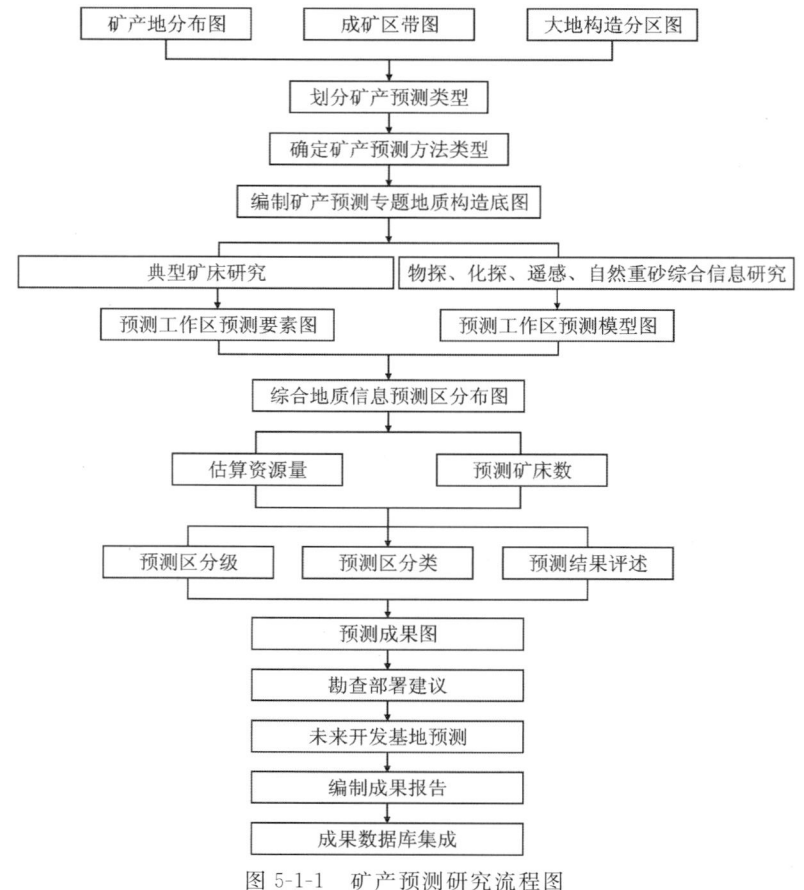

图 5-1-1 矿产预测研究流程图

(二)矿产预测类型及预测方法类型划分

矿产预测类型是为了进行区域矿产预测,根据相同的矿产预测要素以及成矿地质条件,对矿产类型进行划分。矿产预测类型是开展矿产预测工作的基本单元,凡是由同一地质作用下形成的,成矿要素和预测要素要基本一致的,可以在同一张预测底图上完成预测工作的矿床、矿点和矿化线索可以归为同一矿产预测类型。同一矿种存在多种矿产预测类型,不同矿种组合可能为同一类型,同一成因类型可能有多种类型,不同成因类型组合可能为同一类型。

矿产预测方法类型是为了进行区域矿产预测,按照矿产预测方法的不同要求而划分的矿产类型。根据成矿地质特征,可划分为沉积型、火山岩型、侵入岩体型、变质型、复合内生型、层控内生型 6 种矿产预测方法类型。采用相应的沉积建造构造图、火山岩性岩相图、侵入岩浆构造图、变质建造构造图、(综合)建造构造图、含矿岩层(综合)建造构造图等进行预测要素表达。不同预测方法类型,其地质构造底图内容不同、预测方法不同。

沉积型:凡是空间上严格受沉积建造和沉积构造控制的矿产类型,包括全部沉积矿产,部分海底火山喷发沉积矿产,喷流沉积型矿产,部分空间上找不到侵入体具体空间位置的层控改造型矿产。

火山岩型:凡是空间上严格受火山岩性岩相构造控制的矿产类型。

侵入岩体型:凡是空间上严格与侵入岩体相关的矿产类型,包括夕卡岩型、斑岩型、岩浆型矿产,还包括严格受侵入体热流体空间影响范围控制的高温热液矿床。

变质型:凡是空间上严格受变质建造和构造控制的矿产类型。

复合内生型:沉积/变质/火山建造与侵入岩浆作用、构造作用等综合地质作用控制以及不能判别确切成矿地质体的矿产类型。

层控内生型：空间上受沉积建造与构造控制，同时又受侵入岩浆作用控制的矿产类型。

（三）最小预测区圈定与优选

利用成矿必要条件的综合信息地质单元叠加，即必要要素叠加圈定预测区，预测要素叠加要考虑必要条件和部分重要条件。预测要素要在区域上信息对称，考虑覆盖区与非覆盖区的要素选择，应用相交、合并、相减和它们的组合关系，确定预测要素叠加方案。对于要素叠加产生的碎斑，用网格化归并碎斑，根据归并碎斑圈定最小单元。圈定出最小单元后，根据地质特征将其合并，圈定最小预测区。

应用特征分析方法将预测单元与模型单元的各种特征进行类比，并据此圈定出有利成矿的预测区，计算因素权重和成矿有利度，采用特征分析（在 MRAS 中实现）或相似系数统计方法进行最小预测区优选圈定。成矿有利区优选结果表示，红色为 A 级、绿色为 B 级、蓝色为 C 级。按照成矿条件的有利程度，预测依据是否充分，矿化强度、成矿信息浓缩程度、资源潜力大小、自然地理条件等因素，通过优选划分出 A、B、C 三个级别。

（四）综合预测区圈定

综合预测区由多个矿种最小预测区浓集地带圈定而成，圈定时要满足最小面积最大含矿率原则。原则上同一矿种同一成矿类型的最小预测区尽量包含在一个综合预测区内；综合预测区原则上不跨越 Ⅲ 级成矿带，对于确实存在同一矿种同一成矿类型的最小预测区跨越不同 Ⅲ 级成矿带时，圈定综合预测区时可以不受 Ⅲ 级成矿带界线限制。

综合预测区划分为 A、B、C 三类，划分依据主要参考预测资源量大小。A 级：一种或一种以上的矿种预测资源量超过超大型矿床规模储量，或两种以上矿种预测资源量均达到大型矿床规模储量，区内地质工作程度较高，成矿及开采条件优越的综合预测区。B 级：一种或一种以上的矿种预测资源量超过大型矿床规模储量，区内成矿条件较好，地理及交通位置优越的综合预测区。C 级：各矿种预测资源量较少，成矿条件较好的综合预测区。

二、西北地区重要矿产预测结果

（一）预测资源量

西北地区铁、锰、铬、铜、铅、锌、铝、镍、钨、锡、钼、锑、金、银、锂、稀土、磷、硫、钾盐、硼、重晶石、菱镁矿、萤石 23 种重要金属非金属矿产资源量预测结果如表 5-1-1，图 5-1-2 所示。

表 5-1-1　西北地区重要矿产资源量查明/预测资源量统计表

矿种		单位	查明资源量	预测资源量	查明比例/%
黑色金属	铁	（矿石量）/亿 t	44.35	150.22	29.52
	锰	万 t	3 976.91	26 958.44	14.75
	铬	万 t	520.56	3 370.39	15.45

续表 5-1-1

矿种		单位	查明资源量	预测资源量	查明比例/%
有色金属	铜	万 t	1 913.44	9 280.75	20.62
	铅锌	万 t	4 076.65	27 405.49	14.88
	铝	（矿石量）/万 t	3 523.62	15 250.69	23.10
	镍	万 t	886.55	1 808.08	49.03
	钨	万 t	46.15	537.43	8.59
	锡	万 t	6.52	132.25	4.93
	钼	万 t	288.93	976.74	29.58
	锑	万 t	45.81	289.92	15.80
贵金属	金	吨	2 087.09	11 280.50	18.50
	银	吨	23 040	165 011	13.96
稀有、稀土金属	锂	万 t	1 854.09	7 263.24	25.53
	稀土	（氧化物量）/万 t	100.69	538.90	18.68
非金属	磷	（矿石量）/万 t	149 177.90	332 711.56	44.84
	硫	（矿石量）/万 t	21 749.69	211 210.64	10.30
	钾	（矿石量）/万 t	129 087.50	209 517.90	61.61
	硼	（矿石量）/万 t	1 716.23	15 060.00	11.40
	菱镁矿	（矿石量）/万 t	12 667.91	142 736.19	8.88
	萤石	（矿石量）/万 t	539.52	1 027.61	52.50
	重晶石	（矿石量）/万 t	7 037.82	14 042.13	50.12

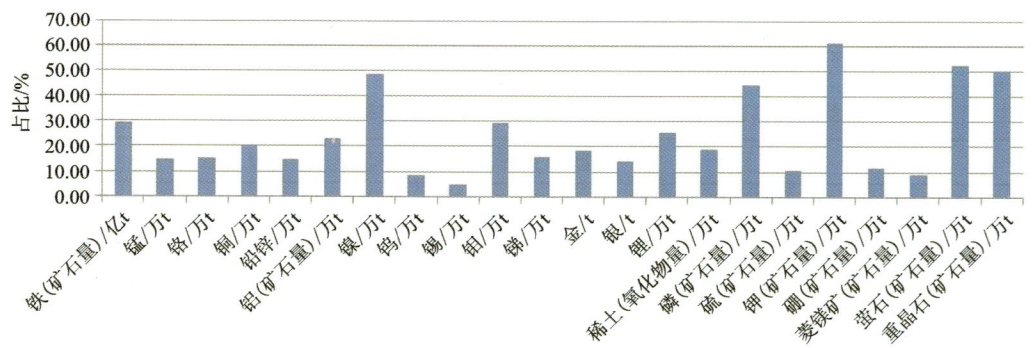

图 5-1-2　西北地区重要矿产资源量查明比例图

（二）综合预测区

本书在综合研究的基础上，以成矿区带为单元，分析了区域地质背景、成矿地质条件以及物探、化探、遥感、自然重砂综合信息特征，厘定了重要矿产预测模型，建立了重要矿产典型矿床预测评价模型和区域预测模型，总结了预测要素，圈定了综合预测区，并进行了综合评述和分级。西北地区共圈定多矿种综合预测区 583 个，其中 A 级 207 个，B 级 147 个，C 级 229 个。

第二节 古亚洲成矿域

一、阿尔泰成矿省

该成矿省位于自斋桑-额尔齐斯结合带以北的我国境内地区,是西伯利亚陆块群的组成部分。区域构造演化经历了阿尔泰微陆块形成(前南华纪)、大陆伸展-增生-裂解过程的裂谷-被动陆缘(南华纪—早古生代)、陆块汇聚过程的陆缘弧-后碰撞裂谷系(晚古生代—中三叠世)、板内演化(中—新生代)4个阶段。区内优势矿种为铜、铅锌、铁和稀有金属,主要成矿期集中在晚古生代,重要矿产预测类型有花岗岩型锂矿(可可托海稀有金属矿)、破碎蚀变岩型金矿(多拉纳萨依金矿)、海相火山岩型铜锌铅矿(阿舍勒铜锌矿、可可塔勒铅锌矿)、海相火山岩型铁矿(蒙库铁矿)等。该成矿省可划分为北阿尔泰和南阿尔泰2个Ⅲ级成矿带,共圈出铁、铜、铅锌、镍、钼、金、银、锂、硫等综合预测区15个,其中,A级10个,B级1个,C级4个(图5-2-1)。

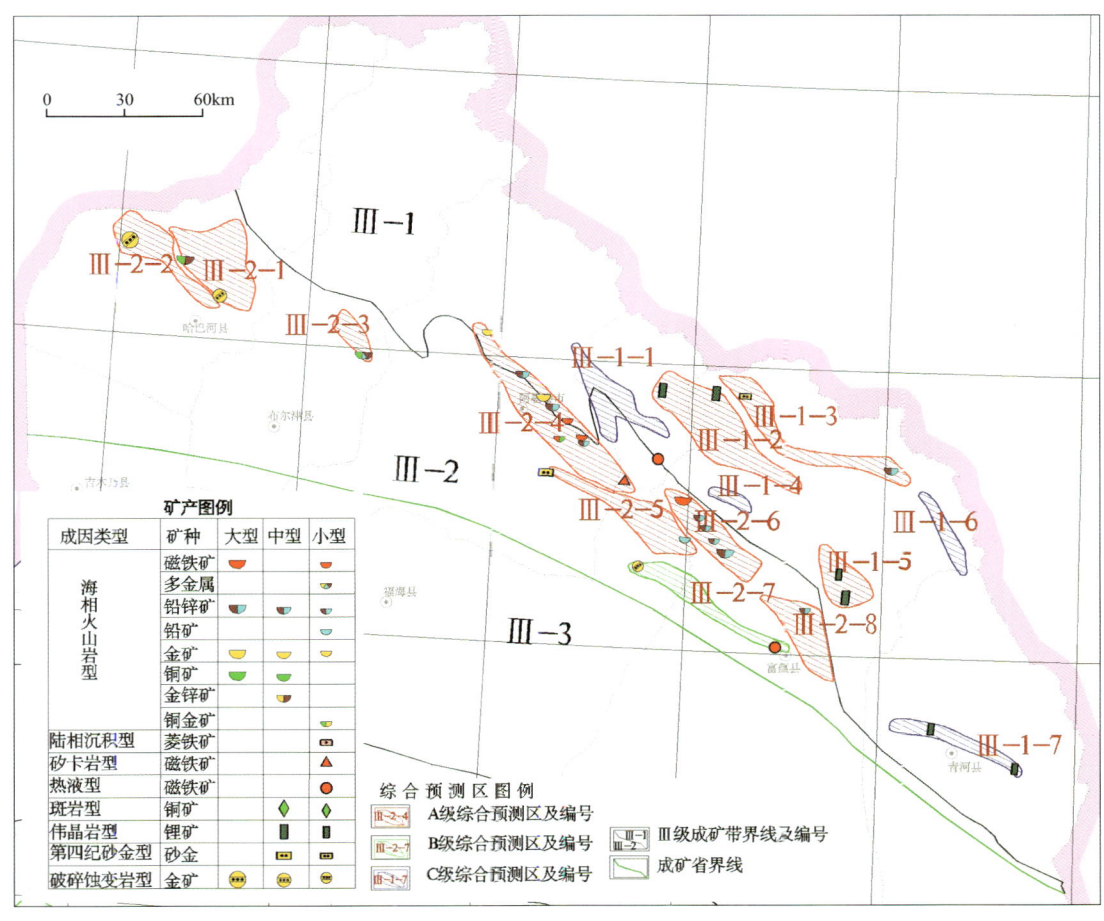

图 5-2-1 阿尔泰成矿省重要矿产与综合预测区分布示意图

(一)北阿尔泰成矿带

1. 区域矿产特征

该成矿带产出有 Li、Be、Cu、Au、Pb、Zn、Sn、Fe、白云母等多个矿种,其中锂矿是优势矿种之一。据不完全统计,已发现有各类矿床点 70 处,中型矿床 5 处,小型 10 处,其中 Cu 矿床点 25 处,铅锌矿床点 6 处,金矿床点 19 处,锂矿床点 20 处。主要产于古生代,集中在泥盆纪、石炭纪、二叠纪,以石炭纪—二叠纪为主。成因类型主要为花岗伟晶岩型、海相火山岩型、岩浆热液型、斑岩型、夕卡岩型,以花岗伟晶岩型、海相火山岩型为主。

铜矿主要以岩浆热液型、斑岩型为主,金矿、铅锌矿以海相火山岩型为主,锂矿以花岗伟晶岩型为主。岩浆热液型成矿时代主要集中在早泥盆世、早石炭世,斑岩型成矿时代主要集中在晚石炭世,海相火山岩型、夕卡岩型成矿时代集中在早石炭世,花岗伟晶岩型成矿时代集中在早石炭世—早二叠世。石炭纪—二叠纪是该区域最重要的成矿时代。据统计,该成矿带中锂矿是优势矿产,次为金矿和铅锌矿。

2. 矿产预测类型

该成矿带参与预测的矿种为锂、金、铅、锌,预测方法类型为侵入岩体型和火山岩型,主要特征见表 5-2-1。

表 5-2-1 矿产预测模型特征简表

序号	预测评价模型	矿种	成矿时代	主要预测要素	矿产预测类型	典型矿床
1	海相火山岩型铜锌(银铅金)矿 VHMS	铅、锌、金	早石炭世	火山-沉积盆地,北西向断裂构造,海相火山-沉积建造,Pb、Zn 单元素异常明显,羟基及铁染蚀变信息	库马苏式海相火山岩型铅锌矿	库马苏铅锌矿
2	硬岩型锂矿	锂	早石炭世	与侵入建造有关的花岗伟晶岩,明显的 Li 元素化探异常,具有锂辉石自然重砂异常,遥感线性构造的旁侧	可可托海式花岗岩型锂矿	可可托海、柯鲁木特、库卡拉盖

3. 综合预测区圈定

该成矿带共圈出锂、铜、铅、锌、银、金等综合预测区 7 个,其中 A 级 3 个,C 级 4 个(表 5-2-2)。

表 5-2-2 北阿尔泰成矿带重要矿产综合预测区特征简表

编号	名称	矿产评价模型	矿种	级别
Ⅲ-1-1	新疆巴寨 Li 综合预测区	硬岩型锂矿	锂	C
Ⅲ-1-2	新疆柯鲁木特 Li 综合预测区	硬岩型锂矿	锂	A
Ⅲ-1-3	新疆库马苏 Pb、Zn、Au 综合预测区	海相火山岩型铜锌矿	铜、锌、银、铅、金	A
Ⅲ-1-4	新疆库拉马山 Li 综合预测区	硬岩型锂矿	锂	C
Ⅲ-1-5	新疆可可托海 Li 综合预测区	硬岩型锂矿	锂	A
Ⅲ-1-6	新疆大桥东 Pb、Zn、Au 综合勘查区	海相火山岩型铜锌矿	铜、锌、银、铅、金	C
Ⅲ-1-7	新疆拜兴 Li 综合预测区	硬岩型锂矿	锂	C

（二）南阿尔泰成矿带

1. 区域矿产特征

该成矿带产有 Fe、Cu、Pb、Zn、Au、稀有金属、白云母、重晶石、宝石等多个矿种。已发现各类矿产地 192 处，其中大型矿床 3 处、中型矿床 12 处、小型矿床 52 处。阿舍勒铜锌矿目前为新疆已知最大的火山岩型铜矿，可可塔勒铅锌、蒙库铁矿床达到大型，并发现萨热阔布中型金矿（含矿流体型）。上述矿床均与泥盆纪拉张阶段碎屑-双峰式火山岩建造有关。成矿带内铜铅锌矿化集中于几个斜列的泥盆纪火山盆地或凹槽内，属裂陷槽拉张双峰式火山岩建造，产有层控多金属矿产。

2. 矿产预测类型

该成矿带参与预测的矿种为铜、铅、锌、金、银、铁、硫，预测方法类型为火山岩型和层控内生型，主要特征见表 5-2-3。

表 5-2-3　矿产预测模型特征简表

序号	矿产评价模型	矿种	成矿时代	主要预测要素	矿产预测类型	典型矿床
1	海相火山喷发沉积型铁铜硫矿	铁	早泥盆世	火山-沉积盆地，海相火山-沉积建造，强磁异常，剩余重力低值区及重力梯度带	蒙库式海相火山岩型铁矿	蒙库铁矿、阿巴宫铁矿
2	海相火山岩型铜锌（银铅金）矿 VHMS	铜、铅、锌、银、金、硫	中泥盆世	裂谷火山沉积盆地，双峰式火山碎屑岩建造，含矿建造凝灰岩-沉凝灰岩-凝灰质砂岩-玄武岩，北西向、南北向断裂构造，倒转向斜核部，Cu、Pb、Zn 元素异常，弱-高重力异常及弱 TEM 异常	阿舍勒式海相火山岩型铜锌矿	阿舍勒铜锌矿
3	海相火山岩型铜锌（银铅金）矿 VHMS	铅、锌、金、银、硫	早泥盆世	火山-沉积盆地，北西向断裂构造，变质中酸性火山岩建造夹碳酸盐岩建造，Pb、Zn 单元素异常明显，伴有 Sb、Cu、Ag 元素累加异常，高极化异常特征，中等强度的地磁异常	可可塔勒式海相火山岩型铅锌矿	可可塔勒铅锌矿、铁木尔特铅锌矿
4	破碎蚀变岩型金矿	金	晚石炭世	大断裂旁侧、中酸性侵入岩接触带，北西西向或近南北向断裂及韧性剪切带，金化探异常，线性或面型自然金重砂异常	多拉纳萨依式破碎蚀变岩型金矿	多拉纳萨依、托库孜巴依

3. 综合预测区圈定

该成矿带共圈出 8 个综合预测区，其中 A 级 7 个，B 级 1 个（表 5-2-4）。

表 5-2-4　南阿尔泰成矿带重要矿产综合预测区特征简表

序号	编号	名称	矿产评价模型	矿种	级别
1	Ⅲ-2-1	新疆阿舍勒 Cu、Zn、Au、Ag、S 综合预测区	海相火山岩型铜锌（银铅金）矿 VHMS	铜、锌、金、银、硫	A

续表 5-2-4

序号	编号	名称	矿产评价模型	矿种	级别
2	Ⅲ-2-2	新疆多拉纳萨依 Au 综合预测区	破碎蚀变岩型金矿	金	A
3	Ⅲ-2-3	新疆克因布拉克 Cu、Zn、Au、Ag、S 综合预测区	海相火山岩型铜锌(银铅金)矿 VHMS	铜、锌、金、银、硫	A
4	Ⅲ-2-4	新疆铁木尔特 Pb、Zn、Fe、Au、Ag、S 综合预测区	海相火山喷发沉积型铁铜硫矿	铁	A
			海相火山岩型铜锌(银铅金)矿 VHMS	铅、锌、银、硫	
5	Ⅲ-2-5	新疆阿克哈仁 Pb、Zn、Fe、Au、Ag、S 综合预测区	海相火山喷发沉积型铁铜硫矿	铁	A
			海相火山岩型铜锌(银铅金)矿 VHMS	铅、锌、银、硫	
6	Ⅲ-2-6	新疆蒙库-可可塔勒 Pb、Zn、Fe、Au、Ag、S 综合预测区	海相火山喷发沉积型铁铜硫矿	铁	A
			海相火山岩型铜锌(银铅金)矿 VHMS	铅、锌、金、银、硫	
7	Ⅲ-2-7	新疆库额尔齐斯 Fe、Pb、Zn、Au、Ag、S 综合预测区	海相火山喷发沉积型铁铜硫矿	铁	B
			海相火山岩型铜锌(银铅金)矿 VHMS	铜、铅、锌、银、硫	
			破碎蚀变岩型金矿	金	
8	Ⅲ-2-8	新疆萨乌斯 Fe、Pb、Zn、Ag、S、Cu、Ni 综合预测区	海相火山喷发沉积型铁铜硫矿	铁	A
			海相火山岩型铜锌(银铅金)矿 VHMS	铅、锌、银、硫	

二、准噶尔-伊犁成矿省

准噶尔-伊犁成矿省夹持于北部的西伯利亚板块与南部的塔里木板块之间，包括准噶尔盆地及其周缘造山带，主要成矿作用与古太平洋形成、演化和消亡过程关系密切，尤以晚古生代最为强烈。区内准噶尔盆地(成矿区)是我国重要的石油、煤等能源矿产基地，其周缘优势矿种为铜、镍、铅、锌、铁、金、钼等，主要成矿期集中在晚古生代，其次为早古生代和中生代，石炭纪是成矿集中爆发期。重要矿产预测类型有海相火山岩型铁(查岗诺尔铁矿、雅满苏铁矿)，基性—超基性岩型铜镍矿(喀拉通克铜镍矿、黄山东铜镍矿、坡十铜镍矿)，斑岩型铜、钼矿(土屋-延东铜矿、包古图铜金矿、公婆泉铜矿、东戈壁钼矿、苏云河钼矿)，陆(海)相火山岩型金矿(阿希金属、齐依求Ⅰ号金矿)，海相火山岩型铜矿(黄土坡铜锌矿、小热泉子铜矿)，碳酸盐岩-细碎屑岩型铅锌矿(彩霞山铅锌矿)，破碎蚀变岩型金矿(康古尔金矿、双泉金矿、红十井金矿)等。该成矿省进一步划分出 10 个Ⅲ级成矿带，共圈出铁、锰、铬、铜、铅、锌、镍、钨、锡、钼、金、银、锂、磷、硫、钾盐、硼、重晶石、萤石等综合预测区 130 个，其中，A 级 59 个，B 级 28 个，C 级 43 个(图 5-2-2)。

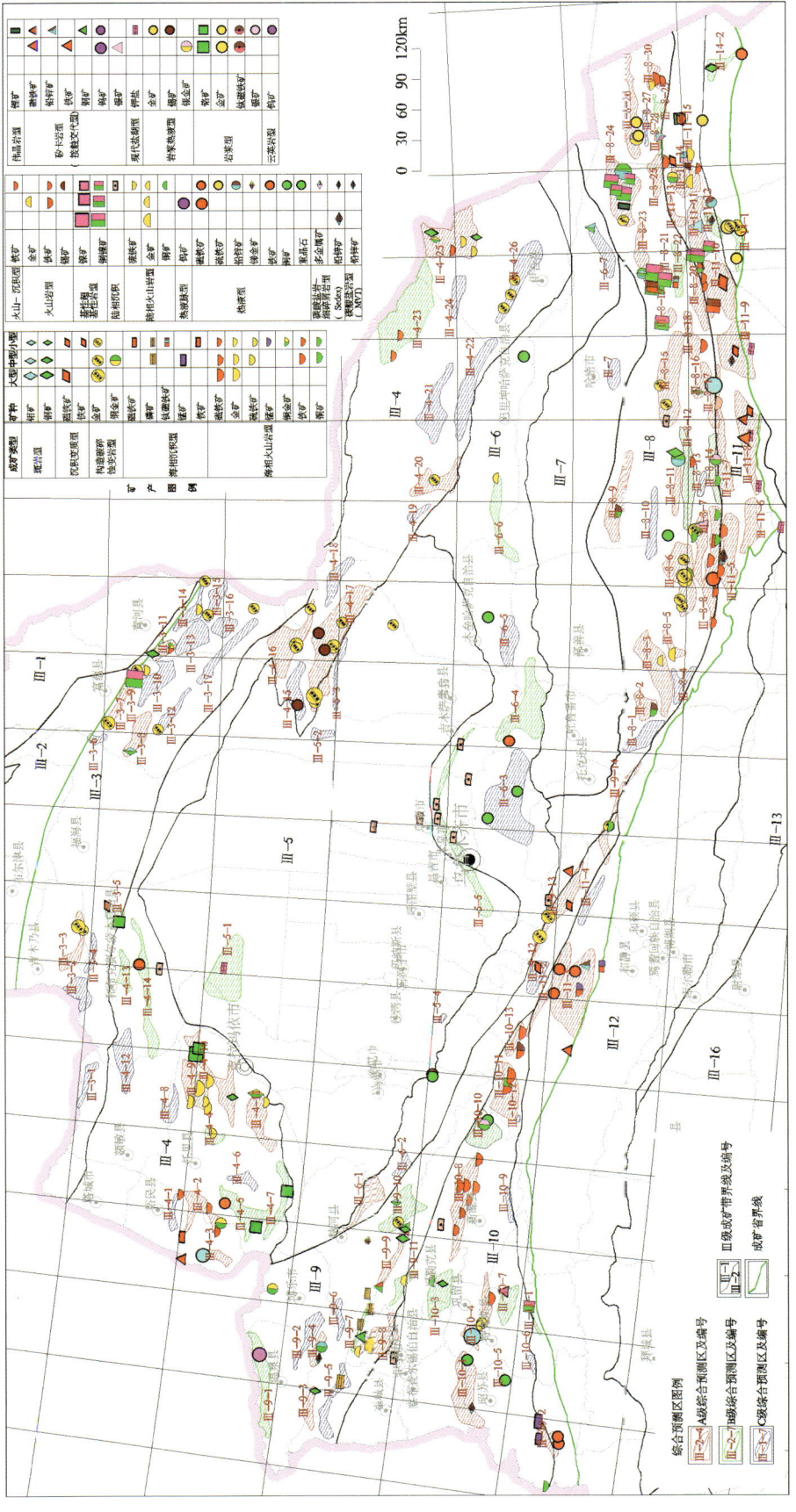

图 5-2-2 准噶尔-伊犁成矿省重要矿产与综合预测区分布示意图

（一）准噶尔北缘成矿带

1. 区域矿产特征

该成矿带位于准噶尔板块北缘，产出有铜、镍、铁、金、钼、锡等矿产，其中铜镍矿是优势矿种之一。已发现各类矿产地165处。主要产出于古生代，其中集中在泥盆世、早石炭世和早二叠世，以石炭纪—二叠纪为主。成因类型主要以基性—超基性岩型、斑岩型、海相火山岩型、破碎蚀变岩型为主。

2. 矿产预测类型

该成矿带参与预测的矿种为铜、镍、钼、金、铁等，预测方法类型为火山岩型、层控内生型和侵入岩体型，主要特征见表5-2-5。

表5-2-5　矿产预测模型特征简表

序号	矿产评价模型	矿种	成矿时代	主要预测要素	矿产预测类型	典型矿床
1	基性—超基性岩型铜镍（银铬）矿	铜、镍、银、硫	早二叠世	基性—超基性杂岩，含矿为辉长岩，橄榄苏长岩，重力异常反映岩体的分布范围，岩重磁异常具有同源性，Cu、Ni、Co单元素化探异常	喀拉通克式基性超基性岩型铜镍矿	喀拉通克铜镍矿
2	与中酸性、酸性浅成或超浅成侵入岩有关的斑岩型铜钼金银矿	铜、钼、银	早石炭世	火山岩建造、中酸性侵入岩（花岗闪长岩、花岗斑岩），北西向构造控矿，化学异常元素组合为Cu、Zn、Mo、Co、Ni	哈腊苏式斑岩型铜矿	哈腊苏铜矿、玉勒肯哈腊苏铜矿、索尔库都克铜钼矿
3	海相火山岩型铜锌（银铅金）矿VHMS	铁、铜、金	中泥盆世	火山沉积盆地，矿化赋存于火山岩建造、中基性浅成侵入岩，火山构造、火山沉积构造、中基性浅成侵入岩控矿，Fe、Cu、Cr、Ni、Co累加值异常，羟基及铁染蚀变信息	乔夏哈拉式海相火山岩型铁铜金矿	乔夏哈拉铁铜矿
4	破碎蚀变岩型金矿	金	早石炭世	晶岩屑凝灰岩-凝灰质砂岩含矿建造，北西西向或近南北向断裂带及韧性剪切带控矿，中酸性侵入岩，Au单元素异常或金、砷、锑、汞组合异常，带状分布的铁染及羟基异常	沙尔布拉克式破碎蚀变岩型金矿	沙尔布拉克、布尔克斯台、阔真阔拉金矿
5	海相火山喷发沉积型铜铁硫矿	铁	中泥盆世	火山-沉积盆地，海相火山-沉积建造，强磁异常，剩余重力低值区及重力梯度带	阿尔木强式海相火山岩型铁矿	阿尔木强铜铁矿

3. 综合预测区圈定

依据成矿地质背景及成矿类型，通过类比优选，北准噶尔成矿带共划分了17个综合预测区，其中A级5个，B级1个，C级11个（表5-2-6）。

表 5-2-6 准噶尔北缘成矿带重要矿产综合预测区特征简表

编号	名称	矿产评价模型	矿种	级别
Ⅲ-3-1	新疆塔尔巴哈台山 Fe 综合预测区	海相火山喷发沉积型铁铜硫矿	铁	C
Ⅲ-3-2	新疆科克萨依 Au 综合预测区	破碎蚀变岩型金矿	金	C
Ⅲ-3-3	新疆阔真阔腊 Au 综合预测区	破碎蚀变岩型金矿	金	A
Ⅲ-3-4	新疆和丰林场 Au 综合预测区	破碎蚀变岩型金矿	金	C
Ⅲ-3-5	新疆阿尔木强 Cu、Fe 综合预测区	海相火山喷发沉积型铁铜硫矿	铁	B
		与中酸性-酸性浅成或超浅成侵入岩有关的斑岩型铜钼金银矿	铜	
Ⅲ-3-6	新疆别拉格库都克 Cu、Mo、Ag 综合预测区	与中酸性-酸性浅成或超浅成侵入岩有关的斑岩型铜钼金银矿	铜、银、钼	C
Ⅲ-3-7	新疆沙尔布拉克 Au、Cu、Fe、Ni 综合预测区	海相火山喷发沉积型铁铜硫矿	铁	A
		基性—超基性岩型铜镍(银铬)矿	铜、镍、硫	
		破碎蚀变岩型金矿	金	
Ⅲ-3-8	新疆索尔库都克 Cu、Mo、Au、Ni 综合预测区	与中酸性-酸性浅成或超浅成侵入岩有关的斑岩型铜钼金银矿	铜、钼	A
		破碎蚀变岩型金矿	金	
		基性—超基性岩型铜镍(银铬)矿	银、镍、硫	
Ⅲ-3-9	喀拉通克 Cu、Ni、Fe、Au、S 综合预测区	海相火山喷发沉积型铁铜硫矿	铁	A
		基性—超基性岩型铜镍(银铬)矿	铜、镍、硫	
Ⅲ-3-10	新疆加普萨尔 Fe、Cu、Au、Ni 综合预测区	海相火山喷发沉积型铁铜硫矿	铁	C
		基性—超基性岩型铜镍(银铬)矿	铜、镍、硫	
Ⅲ-3-11	新疆哈腊苏 Cu、Fe、Mo、Au、Ag 综合预测区	海相火山喷发沉积型铁铜硫矿	铁	A
		与中酸性、酸性浅成或超浅成侵入岩有关的斑岩型铜钼金银矿	钼、铜	
Ⅲ-3-12	新疆扎河坝 Cu、Au、Ag、Mo 综合预测区	海相火山喷发沉积型铁铜硫矿	铁	C
		海相火山岩型铜锌(银铅金)矿 VHMS	铜、银	
		破碎蚀变岩型金矿	金	
		与中酸性、酸性浅成或超浅成侵入岩有关的斑岩型铜钼金银矿	钼	
Ⅲ-3-13	新疆阿拉塔斯 Fe、Cu、Mo、Au、Ag 综合预测区	海相火山喷发沉积型铁铜矿	铁	C
		破碎蚀变岩型金矿	金	
		与中酸性、酸性浅成或超浅成侵入岩有关的斑岩型铜钼金银矿	铜、银、钼	
Ⅲ-3-14	新疆布勒根 Cu、Au、Mo、Ag 综合预测区	与中酸性、酸性浅成或超浅成侵入岩有关的斑岩型铜钼金银矿	铜、金、钼	C
		破碎蚀变岩型金矿	金	
Ⅲ-3-15	新疆喀吐哈木尔山 Cu、Mo、Au、Ag 综合预测区	与中酸性、酸性浅成或超浅成侵入岩有关的斑岩型铜钼金银矿	铜、银、钼	C
		破碎蚀变岩型金矿	金	

续表 5-2-6

编号	名称	矿产评价模型	矿种	级别
Ⅲ-3-16	新疆夏洛尔哈达 Au、Cu、Ag、Mo 综合预测区	海相火山喷发沉积型铁铜硫矿	铁	C
		海相火山岩型铜锌（银铅金）矿 VHMS	铜	
		与中酸性、酸性浅成或超浅成侵入岩有关的斑岩型铜钼金银矿	银、钼	
Ⅲ-3-17	新疆哈尔伯特 Cu、Au、Fe 综合预测区	海相火山喷发沉积型铁铜硫矿	铁	C
		海相火山岩型铜锌（银铅金）矿 VHMS	铜	

（二）唐巴勒-卡拉麦里成矿带

1. 区域矿产特征

该带已发现各类矿产地计 461 处，其中大型矿床 16 处、中型矿床 16 处、小型矿床 69 处。优势矿种为铬、锡、金。成因类型主要为与超基性岩有关的侵入岩体型、与碱性花岗岩-碱长花岗岩有关的云英岩型、海相及陆相火山岩型和中酸性侵入内外接触带型。成矿时代主要在古生代。

2. 矿产预测类型

参与预测的矿种为铁、铜、金、锡、钼和铬等。预测方法类型为沉积型、火山岩型、侵入岩体型，主要特征见表 5-2-7。

表 5-2-7 矿产预测模型特征简表

序号	矿产评价模型	矿种	成矿时代	主要预测要素	矿产预测类型	典型矿床
1	海相火山喷发沉积型铁铜硫矿	铁矿	早泥盆世	弧间盆地，基性火山岩建造赋矿，正磁异常，高重力异常与高磁异常属同源异常，铁锰累加化探异常	宝山式海相火山岩型铁矿	宝山铁矿、阿克塔斯铁矿
2	沉积型铁矿	铁矿	早侏罗世	山前凹陷，湖沼相含煤碎屑沉积建造，砂岩、砂质泥岩、泥岩互层薄层铁质砂岩、铁质泥岩，中酸性花岗岩类侵入，地表可见褐铁矿化较为发育	和什托洛盖式沉积型铁矿	和什托洛盖铁矿
3	与中酸性、酸性浅成或超浅成侵入岩有关的斑岩型铜钼金银矿	铜、钼、银	早泥盆世	中酸性花岗（闪长）斑岩侵入建造，北西向断裂构造（组）及岩体内外接触带	包古图式斑岩型铜矿	包古图铜金矿
4	次火山热液型金银矿	金、硫	晚石炭世	火山-沉积盆地，中酸性火山沉积建造，断裂构造转折部位和断层的接合部位，Au、As、Hg 异常	齐依求式海相火山岩型金矿	齐依求Ⅰ号金矿、淖毛湖金矿、黄铁矿

续表 5-2-7

序号	矿产评价模型	矿种	成矿时代	主要预测要素	矿产预测类型	典型矿床
5	破碎蚀变岩型金矿	金	石炭纪	区域性的北西-南东向深大断裂控制矿带分布,次级分支断裂与火山岩、沉积岩、侵入岩的复合构造控制矿床的产出,海相火山岩建造、海相火山沉积岩建造控矿,区域低变质作用,Au-Sb-As-Hg组合异常,异常套合较好,Au异常形成内、中、外分带,北西向大型线状构造附近、线状与线状构造交会带、线状与环状构造交切带,有中等以上的线带状铁化、泥化等羟基异常,毒砂及自然金等重砂异常	双泉式破碎蚀变岩型金矿	双泉金矿、野马金矿、大洪山、双峰山金矿
6	与花岗岩体有关的大脉、细脉带、网脉(浸染)型锡(钼)矿	锡	晚石炭世	黑云母花岗岩、碱质花岗岩、花岗斑岩建造,北西西向深大断裂与北东向和北西向断裂交会,Sn、Bi、W、Pb、F、As、Sr元素三级浓度分带,浓集中心明显,重砂异常	萨惹什克式石英脉型锡矿	萨惹什克锡矿
7	与中酸性、酸性浅成或超浅成侵入岩有关的斑岩型钼矿	钼	石炭纪、二叠纪	泥盆系巴尔鲁克组火山碎屑沉积岩建造,赋矿岩体为二长花岗斑岩、闪长岩,与板块俯冲有关的古火山机构旁侧断裂构造有关,有明显的Cu、Mo组合化探异常,白钨矿自然重砂异常	苏云河式斑岩型钼矿	苏云河钼矿
8	与超基性岩有关的侵入岩体型铬矿	铬	石炭纪	偏基性方辉橄榄岩-纯橄榄岩,含矿相带色调总体偏浅,北东向区域性大断裂(具推覆性质)及其次同向同性大断裂	萨尔托海式蛇绿岩型铬矿	萨尔托海铬铁矿、唐巴勒铬铁矿、清水铬矿

3. 综合预测区圈定

唐巴勒-卡拉麦里成矿带中共圈定26个综合预测区,其中A级9个,B级6个,C级11个(表5-2-8)。

表 5-2-8 唐巴勒-卡拉麦里成矿带综合预测区统计表

编号	名称	矿产评价模型	矿种	级别
Ⅲ-4-1	新疆裕民县南Fe综合预测区	海相火山喷发沉积型铁铜硫矿	铁	C
Ⅲ-4-2	新疆阿克塔斯Fe、Mo综合预测区	海相火山喷发沉积型铁铜硫矿	铁	A
		与中酸性、酸性浅成或超浅成侵入岩有关的斑岩型铜钼金银矿	钼	
Ⅲ-4-3	新疆苏云河Mo、Fe综合预测区	海相火山喷发沉积型铁铜硫矿	铁	A
		与中酸性、酸性浅成或超浅成侵入岩有关的斑岩型钼矿	钼	
Ⅲ-4-4	新疆卡因特西Au综合预测区	次火山热液型金银矿	金	B

续表 5-2-8

编号	名称	矿产评价模型	矿种	级别
Ⅲ-4-5	新疆萨雷诺海 Cr、Fe、Au 综合预测区	海相火山喷发沉积型铁铜硫矿	铁	B
		次火山热液型金银矿	金	
		与超基性岩有关的侵入岩体型铬矿	铬	
Ⅲ-4-6	新疆塔克尔 Au 综合预测区	次火山热液型金银矿	金	C
Ⅲ-4-7	新疆唐巴勒 Cr、Fe 综合预测区	与超基性岩有关的侵入岩体型铬矿	铬	B
Ⅲ-4-8	新疆买斯克孜勒 Fe 综合预测区	沉积型铁矿	铁	C
Ⅲ-4-9	新疆鸽子山 Au 综合预测区	次火山热液型金银矿	金	A
Ⅲ-4-10	新疆萨尔托海 Cr、Au、Cu、Mo、Ag 综合预测区	与中酸性、酸性浅成或超浅成侵入岩有关的斑岩型铜钼金银矿	铜、银、钼	A
		次火山热液型金银矿	金	
		与超基性岩有关的侵入岩体型铬矿	铬	
Ⅲ-4-11	新疆包古图 Cu、Au、Mo、Ag、Fe 综合预测区	海相火山喷发沉积型铁铜硫矿	铁	A
		次火山热液型金银矿	金	
		与中酸性、酸性浅成或超浅成侵入岩有关的斑岩型铜钼金银矿	铜、银、钼	
Ⅲ-4-12	新疆谢米斯赛 Cu 综合预测区	与中酸性、酸性浅成或超浅成侵入岩有关的斑岩型铜钼金银矿	铜	C
Ⅲ-4-13	新疆哈拉萨拉 Fe、Cu 综合预测区	海相火山喷发沉积型铁铜硫矿	铁	B
		与中酸性、酸性浅成或超浅成侵入岩有关的斑岩型铜钼金银矿	铜	
Ⅲ-4-14	新疆和什托洛盖 Fe 综合预测区	沉积型铁矿	铁	B
Ⅲ-4-15	新疆卡姆斯特 Au、Sn 综合预测区	破碎蚀变岩型金矿	金	C
		与超基性岩有关的侵入岩体型铬矿	铬	
		与花岗岩体有关的大脉、细脉带、网脉(浸染)型锡(钼)矿	锡	
Ⅲ-4-16	新疆野马泉 Au、Sn 综合预测区	破碎蚀变岩型金矿	金	A
		与花岗岩体有关的大脉、细脉带、网脉(浸染)型锡(钼)矿	锡	
Ⅲ-4-17	新疆双泉 Au、Cr、Sn 综合预测区	破碎蚀变岩型金矿	金	A
		与超基性岩有关的侵入岩体型铬矿	铬	
		与花岗岩体有关的大脉、细脉带、网脉(浸染)型锡(钼)矿	锡	
Ⅲ-4-18	新疆北塔山 Au、Sn 综合预测区	破碎蚀变岩型金矿	金	C
		与花岗岩体有关的大脉、细脉带、网脉(浸染)型锡(钼)矿	锡	
Ⅲ-4-19	新疆克西萨热 Au 综合预测区	破碎蚀变岩型金矿	金	C
Ⅲ-4-20	新疆双峰山 Au 综合预测区	破碎蚀变岩型金矿	金	A
Ⅲ-4-21	新疆三塘湖 Au 综合预测区	破碎蚀变岩型金矿	金	C
Ⅲ-4-22	新疆八墙子 Au 综合预测区	破碎蚀变岩型金矿	金	C

续表 5-2-8

编号	名称	矿产评价模型	矿种	级别
Ⅲ-4-23	新疆老爷庙 Fe、Cu、Au 综合预测区	沉积型铁矿	铁	B
		与中酸性、酸性浅成或超浅成侵入岩有关的斑岩型铜钼金银矿	铜	
		破碎蚀变岩型金矿	金	
Ⅲ-4-24	新疆赛月克 Fe、S 综合预测区	沉积型铁矿	铁	C
		海相火山喷发沉积型铁铜硫矿	硫	
Ⅲ-4-25	新疆宝山 Fe、Cu、Au、S 综合预测区	海相火山喷发沉积型铁铜硫矿	铁	A
		与中酸性、酸性浅成或超浅成侵入岩有关的斑岩型铜钼金银矿	铜	
		破碎蚀变岩型金矿	金	
Ⅲ-4-26	新疆冬窝子 Au 综合预测区	破碎蚀变岩型金矿	金	C

（三）准噶尔盆地成矿区

1. 区域矿产特征

准噶尔盆地成矿带已发现各类矿产地共计 132 处，其中大型矿床 29 处、中型矿床 25 处、小型矿床 53 处。优势矿种为石油、天然气、煤（煤层气）。该区已建成新疆石油化工和煤炭资源的工业基地，是新疆经济最重要的现代产业带。主要产出于侏罗纪，成因类型主要为陆相沉积型。

2. 矿产预测类型

参与预测的矿种为铁、金、钾盐、硼（这里未涉及能源矿产）。预测方法类型为沉积型，主要特征见表 5-2-9。

表 5-2-9 矿产预测模型特征简表

序号	矿产评价模型	矿种	成矿时代	主要预测要素	矿产预测类型	典型矿床
1	沉积型铁矿	铁	早侏罗世	湖泊-沼泽相沉积盆地，砂沼相含煤碎屑岩沉积建造，砂岩、砂质泥岩、泥岩互层薄层铁质砂岩、铁质泥岩，中酸性花岗岩类侵入，地表可见褐铁矿化较为发育，羟基三级、铁染三级异常	大黄山式沉积型铁矿	大黄山铁矿
2	现代盐湖型钾盐	钾、硼	第四纪	断（凹）陷盆地，现代内陆盐湖，第四系全新统湖积层及化学沉积建造，干涸盐湖，河流尾闾	玛纳斯式现代盐湖型钾盐矿	玛纳斯钾盐矿
3	破碎蚀变岩型金矿	金	石炭纪	Au-Sb-As-Hg 组合异常，Au 异常形成内、中、外分带，北西向大型线状构造附近、线状与线状构造交会带、线状与环状构造交切带，有中等以上的线带状铁化、泥化等羟基异常，毒砂及自然金等重砂异常	双泉式破碎蚀变岩型金矿	双泉南金矿

3. 综合预测区圈定

准噶尔盆地成矿区中划分出5个综合预测区,其中B级2个、C级3个(表5-2-10)。

表 5-2-10　准噶尔盆地区综合预测区统计表

编号	名称	评价模型	矿种	级别
Ⅲ-5-1	新疆玛纳斯钾盐硼综合预测区	现代盐湖型钾盐	钾盐	B
		现代盐湖型钾盐	硼	
Ⅲ-5-2	新疆滴水泉Au综合预测区	破碎蚀变岩型金矿	金	C
Ⅲ-5-3	新疆双泉南Au综合预测区	破碎蚀变岩型金矿	金	C
Ⅲ-5-4	新疆苗普Fe综合预测区	沉积型铁矿	铁	C
Ⅲ-5-5	新疆大黄山Fe综合预测区	沉积型铁矿	铁	B

(四)准噶尔南缘成矿带

1. 区域矿产特征

该带内已发现矿产地212处,其中超型矿床1处、大型矿床16处、中型矿床15处、小型矿床40处。优势矿种为铜、金、煤、膨润土、透闪石玉。主要产出于石炭纪。成因类型主要为斑岩型和破碎蚀变岩型。

2. 矿产预测类型

参与预测的矿种为金、锑、银、铜、钼、硼等矿种。预测方法类型为侵入岩体型、火山岩型、层控内生型,主要特征见表5-2-11。

表 5-2-11　矿产预测模型特征简表

序号	矿产评价模型	矿种	成矿时代	主要预测要素	矿产预测类型	典型矿床
1	破碎蚀变岩型金矿	金、锑	晚石炭世	中基性-中酸性花岗岩类侵入岩,北西向断裂构造(破碎)带交会部位赋矿,石英细网脉发育,Au元素异常	查汗萨拉式破碎蚀变岩型金矿	查汗萨拉金锑矿
2	次火山热液型金银矿	银	早石炭世	中基性-中酸性花岗岩类侵入岩活动断裂与火山通道-火山角砾岩带复合控矿,良好的Hg、Au、As异常	索尔巴斯陶式陆相火山岩型金(伴生银)矿	索尔巴斯陶金矿
3	沉积变质再造型硼矿	硼	晚石炭世	弧后裂陷盆地,火山岩-火山碎屑岩建造,北西向次级断裂带是主要的赋矿构造,以硼为主的化探异常	西西尔塔格式海相火山岩型硼矿	西西尔塔格硼矿
4	海相火山岩型铜矿(银铅金)矿 VHMS	铜	早泥盆世	复合岛弧,中深-浅海环境,中性-酸性火山岩建造,火山机构的重力高边部的梯度带,区域航磁负场区,区域化探的Cu及Pb、Zn等元素异常	黄土坡式海相火山岩型铜矿	黄土坡铜锌矿

续表 5-2-11

序号	矿产评价模型	矿种	成矿时代	主要预测要素	矿产预测类型	典型矿床
5	与中酸性、酸性浅成或超浅成侵入岩有关的斑岩型铜钼金银矿	铜、钼	中三叠世	早二叠世二长花岗岩、中酸性山脉。较强的 Mo、Bi、W 组合化探异常	三岔口北式斑岩型钼矿	三岔口北钼矿

3. 综合预测区圈定

该成矿带共圈出金、铜、银、钼综合预测区 9 个，其中 A 级 2 个、B 级 2 个、C 级 5 个（表 5-2-12）。

表 5-2-12 准噶尔南缘成矿带综合预测区统计表

编号	名称	评价模型	矿种	级别
Ⅲ-6-1	新疆查汗萨拉 Au 综合预测区	破碎蚀变岩型金矿	金	A
Ⅲ-6-2	新疆古尔图河 Au 综合预测区	破碎蚀变岩型金矿	金	C
Ⅲ-6-3	新疆庙尔沟 Cu 综合预测区	与中酸性、酸性浅成或超浅成侵入岩有关的斑岩型铜钼金银矿	铜	C
Ⅲ-6-4	新疆西西尔塔格 B、Cu 综合预测区	与中酸性、酸性浅成或超浅成侵入岩有关的斑岩型铜钼金银矿	铜	B
		沉积变质再造型硼矿	硼	
Ⅲ-6-5	新疆大河坝林场 Ag 综合预测区	次火山热液型金银矿	银	C
Ⅲ-6-6	新疆索尔巴斯陶 Ag 综合预测区	次火山热液型金银矿	银	B
Ⅲ-6-7	新疆三岔口北 Mo 综合预测区	与中酸性、酸性浅成或超浅成侵入岩有关的斑岩型铜钼金银矿	钼	C
Ⅲ-6-8	新疆黄土坡 Cu、Ag、S 综合预测区	海相火山岩型铜锌（银铅金）矿 VHMS	铜	A
Ⅲ-6-9	新疆克孜尔卡拉萨依 Cu、Ag、S 综合预测区	海相火山岩型铜锌（银铅金）矿 VHMS	铜	C

（五）吐哈盆地成矿带

1. 区域矿产特征

该成矿区已发现煤、锰、石墨、钠硝石、芒硝（含钙芒硝）、（硬）石膏、耐火黏土等 13 个矿种，矿产地 68 处，以石油、天然气、煤、钠硝石、盐类、石膏、耐火黏土类矿产为主。

吐哈盆地自石炭纪末—二叠纪初发育成山间盆地，堆积较厚陆相中新生界磨拉石及含煤沉积，并且是新疆三大含油气盆地之一，钠硝石矿为世界级矿床，资源量超亿吨。

2. 矿产预测类型

参与预测的矿种为钼（这里未涉及能源矿产）。预测评价模型为与中酸性、酸性浅成或超浅成侵入岩有关的斑岩型钼矿。预测方法类型为侵入岩体型。典型矿床为白山斑岩型钼矿。

3. 综合预测区圈定

依据化探异常，圈定了 1 个新疆三岔口西 Mo 综合预测区，为 C 级，预测含矿地质体为早二叠世二长花岗岩、中酸性岩脉。钼矿预测地段出露地层主要为下石炭统雅满苏组,见有海西期酸性侵入岩。预测区南临雅满苏大断裂,最小预测区内有较强的 Mo、Bi、W 组合化探异常,并与矿产地对应关系很好,区内有白山钼矿。成矿地质条件良好,找矿前景好。

(六)觉罗塔格-黑鹰山成矿带

1. 区域矿产特征

觉罗塔格-黑鹰山成矿带已发现铁、铜、镍、钼、金、钨、稀有金属、煤、钠硝石、硅灰石等多种矿产,矿产地258处。优势矿种为铁、铜、镍、钼、金。成矿时代以古生代为主。主要矿床类型有海相火山岩型铜、铁矿,斑岩型铜钼矿,镁铁—超镁铁岩型铜镍矿和钛矿,破碎蚀变岩型金矿,花岗岩热液型钨矿,花岗伟晶岩型稀有金属矿,沉积型铁、锰、钒钛磁铁矿等。

2. 矿产预测类型

该成矿带参与预测的矿种为铁、钨、铜、锌、银、金、镍、钼、硫、钾盐,预测方法类型为火山岩型、侵入岩体型、沉积型,主要特征见表5-2-13。

表 5-2-13 矿产预测模型特征简表

序号	矿产评价模型	矿种	成矿时代	主要预测要素	矿产预测类型	典型矿床
1	海相火山喷发沉积型铁铜硫矿	铁	海西中期	酸性火山碎屑熔岩-硅质岩-大理岩建造,赋矿含铁火山碎屑-沉积岩,二长花岗岩及次火山岩-闪长岩、闪长玢岩,东西向断裂及各级断裂裂隙、节理,重磁弱异常	狼娃山式海相火山岩型铁矿	狼娃山铁矿
2	与花岗岩体有关的大脉、细脉带、网脉(浸染)型锡(钼)矿	钨	海西期	硅质泥岩-硅质岩建造,火山岩沉积建造,二长花岗岩岩株和长英质岩脉,北东向断裂破碎带,赋矿二长花岗岩岩株,W、Mo、Sn、Be化探异常	红尖兵山式夕卡岩(云英岩)-石英脉型钨矿	红尖兵山钨矿
3	海相火山喷发沉积型铁铜硫矿	铁	早石炭世	裂陷槽(陆缘裂谷),双峰式玄武质-流纹质岩火山岩建造,主矿体产于古火山机体中心附近的火山喷发不整合面之上,具夕卡岩化蚀变矿化带和磁铁矿化,区域重力高、磁力高	雅满苏式海相火山岩型铁矿	雅满苏铁矿、百灵山铁矿、白山泉铁矿、红云滩铁矿、赤龙峰铁矿、库姆塔格铁矿、鱼峰铁矿、铁岭1号铁矿
4	海相火山岩型铜锌(银铅金)矿 VHMS	铜、铅、锌、硫	早石炭世	海相火山-沉积盆地(裂谷或裂陷槽),双峰式玄武质-英安质岩火山岩系,区域性大断裂,地表氯铜矿、孔雀石、胆矾等发育,近东西向重力梯度带上叠加南北向重力变化区,高磁异常带与背景磁场的过渡带,主成矿元素Cu、Pb、Zn均有较强的异常,有良好的共生组合关系	小热泉子式海相火山岩型铜矿	小热泉子铜矿

续表 5-2-13

序号	矿产评价模型	矿种	成矿时代	主要预测要素	矿产预测类型	典型矿床
5	基性—超基性岩型铜镍(银铬)矿	铜、镍、银、硫	早二叠世	基性—超基性杂岩,超基性岩相控矿,重、磁异常,化探有明显的Cu、Ni、Co、Cr组合异常,异常套合较好,具有明显的共生组合关系	黄山式基性—超基性岩型铜镍矿	黄山东铜镍矿、图拉尔根铜镍矿
6	与中酸性、酸性浅成或超浅成侵入岩有关的斑岩型铜钼金银矿	铜、钼、银	晚石炭世	中-基性火山熔岩、火山碎屑-正常碎屑岩建造,斜长花岗斑岩、闪长玢岩复合岩体,韧-脆性断裂,近东西向重力梯度带、磁力高值叠加的南北向磁场变化区和局部磁力高,区域化探Cu、Mo、Ni、Co、Hg、Au、Fe_2O_3等元素的高背景带及局部异常	土屋式斑岩型铜矿	土屋-延东铜矿
7	次火山热液型金银矿	金、银	早二叠世	二叠纪陆相火山盆地,石英滩古火山机构边缘,康古尔塔格韧性剪切带,安山岩和安山质火山岩,环状和放射状断裂和破碎带,负磁异常中的局部弱异常,成矿部位高电阻率	石英滩式陆相火山岩型金矿	石英滩金矿、哈尔拉金矿
8	破碎蚀变岩型金矿	金	晚石炭世	火山岩-火山碎屑岩建造,含矿中酸性火山碎屑岩及火山熔岩,受韧性剪切带的控制,Au异常二级浓度带和Au、Cu、Pb、Zn、Ag、As综合叠加异常	康古尔式破碎蚀变岩型金矿	康古尔金矿、天木金矿
9	与中酸性、酸性浅成或超浅成侵入岩有关的斑岩型铜钼金银矿	钼	早三叠世	浅成中酸性侵入体,岩体与火山-碎屑岩内外接触带,Mo元素异常地段	东戈壁式斑岩型钼矿	东戈壁钼矿
10	夕卡岩型铅锌银(铜铁)矿	银	早石炭世	斜长花岗斑岩、闪长玢岩,砂岩、凝灰质岩屑砂岩、沉凝灰岩等,受破碎带及其次级裂隙控制,高极化、低阻、高磁异常特征,化探异常显示Ag、Cu、Pb、Zn、As等综合异常	维权式夕卡岩型银矿	维权银矿
11	现代盐湖型钾盐	钾盐	第四纪	断(凹)陷盆地,现代内陆盐湖,第四系全新统湖积层及化学沉积建造	红星戈壁式钾盐	红星戈壁钾盐

3. 综合预测区圈定

新疆觉罗塔格-黑鹰山成矿带中有铁、铜、铅、锌、银、金、镍、钼、锂、硫、钾盐12个矿种,经综合研究后共圈出28个综合预测区,其中A级19个,B级5个,C级4个(表5-2-14)。

表 5-2-14 觉罗塔格-黑鹰山成矿带综合预测区统计表

编号	名称	评价模型	矿种	级别
Ⅲ-8-1	新疆白房子Cu、Au、Zn、Ag综合预测区	海相火山岩型铜锌(银铅金)矿VHMS	铜、锌、银、硫	C
		次火山热液型金银矿	金	
Ⅲ-8-2	新疆小热泉子Cu、Au、Zn、Ag综合预测区	海相火山岩型铜锌(银铅金)矿VHMS	铜、锌、金、银、硫	A

续表 5-2-14

编号	名称	评价模型	矿种	级别
Ⅲ-8-3	新疆哈尔拉 Cu、Au、Zn、Ag 综合预测区	海相火山岩型铜锌(银铅金)矿 VHMS	铜、锌、金、银、硫	A
Ⅲ-8-4	新疆南庐 Fe、Au、Ag 综合预测区	海相火山喷发沉积型铁铜硫矿	铁	C
		次火山热液型金银矿	金、银	
Ⅲ-8-5	新疆石英滩 Au、Ag 综合预测区	次火山热液型金银矿	金、银	A
Ⅲ-8-6	新疆康古尔 Fe、Au、Ag 综合预测区	海相火山喷发沉积型铁铜硫矿	铁、硫	A
		次火山热液型金银矿	银	
		破碎蚀变岩型金矿	金	
Ⅲ-8-7	新疆维权 Fe、Au、Ag、Cu、钾盐综合预测区	海相火山喷发沉积型铁铜硫矿	铁	A
		海相火山岩型铜锌(银铅金)矿 VHMS	铜、硫	
		现代盐湖型钾盐	钾盐	
		夕卡岩型铅锌银(铜铁)矿	银	
		破碎蚀变岩型金矿	金	
Ⅲ-8-8	新疆白灵山 Fe、Cu、Ag 综合预测区	海相火山喷发沉积型铁铜硫矿	铁	A
		海相火山岩型铜锌(银铅金)矿 VHMS	铜	
		夕卡岩型铅锌银(铜铁)矿	银	
Ⅲ-8-9	新疆土屋 Cu、Mo、Au、Ag 综合预测区	与中酸性、酸性浅成或超浅成侵入岩有关的斑岩型铜钼金银矿	铜	A
			钼	
		次火山热液型金银矿	银	
		破碎蚀变岩型金矿	金	
Ⅲ-8-10	新疆黑山 Fe、Au 综合预测区	海相火山喷发沉积型铁铜硫矿	铁	B
		破碎蚀变岩型金矿	金	
Ⅲ-8-11	新疆岗南 Fe、Au 综合预测区	海相火山喷发沉积型铁铜硫矿	铁	C
		破碎蚀变岩型金矿	金	
Ⅲ-8-12	新疆红星戈壁 Fe、Cu、Au、Ag、钾盐综合预测区	海相火山喷发沉积型铁铜硫矿	铁	B
		海相火山岩型铜锌(银铅金)矿 VHMS	铜	
		破碎蚀变岩型金矿	金	
		现代盐湖型钾盐	钾盐	
		夕卡岩型铅锌银(铜铁)矿	银	
Ⅲ-8-13	新疆天木 Au、Cu、Ni、Ag、S 综合预测区	海相火山喷发沉积型铁铜硫矿	铁	A
		基性—超基性岩型铜镍(银铬)矿	铜、银、镍、硫	
		破碎蚀变岩型金矿	金	
Ⅲ-8-14	新疆东戈壁 Mo、Fe 综合预测区	海相火山喷发沉积型铁铜硫矿	铁	A
		与中酸性、酸性浅成或超浅成侵入岩有关的斑岩型铜钼金银矿	钼	
Ⅲ-8-15	新疆库木塔格 Fe、Cu、Au、Ag 综合预测区	海相火山喷发沉积型铁铜硫矿	铁	A
		海相火山岩型铜锌(银铅金)矿 VHMS	铜	
		破碎蚀变岩型金矿	金	
		夕卡岩型铅锌银(铜铁)矿	银	

续表 5-2-14

编号	名称	评价模型	矿种	级别
Ⅲ-8-16	新疆雅满苏 Fe、Au 综合预测区	海相火山喷发沉积型铁铜硫矿	铁	A
		破碎蚀变岩型金矿	金	
Ⅲ-8-17	新疆土墩 Cu、Ni、Ag、S 综合预测区	基性—超基性岩型铜镍（银铬）矿	铜、银、镍、硫	A
Ⅲ-8-18	新疆沙泉子 Fe、Cu、Au 综合预测区	海相火山喷发沉积型铁铜硫矿	铁	A
		海相火山岩型铜锌（银铅金）矿 VHMS	铜	
		破碎蚀变岩型金矿	金	
Ⅲ-8-19	新疆黄山东 Cu、Ni、Mo、Au、Ag、S 综合预测区	海相火山喷发沉积型铁铜硫矿	铁	A
		基性—超基性岩型铜镍（银铬）矿	铜、镍、银、硫	
		与中酸性、酸性浅成或超浅成侵入岩有关的斑岩型铜钼金银矿	钼	
		破碎蚀变岩型金矿	金	
Ⅲ-8-20	新疆鱼峰 Fe、Mo、Au 综合预测区	海相火山喷发沉积型铁铜硫矿	铁	B
		破碎蚀变岩型金矿	金	
		与中酸性、酸性浅成或超浅成侵入岩有关的斑岩型铜钼金银矿	钼	
Ⅲ-8-21	新疆野马泉 Cu、Ni、Au、Ag、S 综合预测区	海相火山喷发沉积型铁铜硫矿	铁	A
		基性—超基性岩型铜镍（银铬）矿	铜、镍、银、硫	
		破碎蚀变岩型金矿	金	
Ⅲ-8-22	新疆图拉尔根 Cu、Ni、Mo、Au、Ag、S、Li 综合预测区	基性—超基性岩型铜镍（银铬）矿	铜、镍、银、硫	A
		与中酸性、酸性浅成或超浅成侵入岩有关的斑岩型铜钼金银矿	钼	
		硬岩型锂矿	锂	
		破碎蚀变岩型金矿	金	
Ⅲ-8-23	新疆白山泉 Fe、Au 综合预测区	海相火山喷发沉积型铁铜硫矿	铁	A
		破碎蚀变岩型金矿	金	
Ⅲ-8-24	甘肃省 460-红石山 Au、Fe 综合预测区	破碎蚀变岩型金矿	金	A
		海相火山喷发沉积型铁铜硫矿	铁	
Ⅲ-8-25	甘肃省黑山口 W、Fe 综合预测区	与花岗岩体有关的大脉、细脉带、网脉（浸染）型锡（钼）矿	钨	C
		海相火山喷发沉积型铁铜硫矿	铁	
Ⅲ-8-26	甘肃省红尖兵山 W、Fe 综合预测区	与花岗岩体有关的大脉、细脉带、网脉（浸染）型锡（钼）矿	钨	B
		海相火山喷发沉积型铁铜硫矿	铁	
Ⅲ-8-27	甘肃省双尖山东 Au、Fe 综合预测区	次火山热液型金银矿	金	B
		海相火山喷发沉积型铁铜硫矿	铁	
Ⅲ-8-28	甘肃省双尖山-狼娃山 Au、Fe 综合预测区	次火山热液型金银矿	金	A
		海相火山喷发沉积型铁铜硫矿	铁	

(七)伊犁北缘成矿带

1. 区域矿产特征

该带已发现铁、铜、钨、钼、金、铅、锌、铀、磷、煤等多个矿种,矿产地 241 处,其中大型矿床 3 处、中型矿床 13 处、小型矿床 46 处。优势矿种为铜、金。主要产出于古生代,其中集中在泥盆纪、石炭纪、二叠纪,以石炭纪—二叠纪为主。含煤建造主要是早—中侏罗世。成因类型主要为海相火山岩型、岩浆热液型、斑岩型、夕卡岩型、陆相火山岩型、破碎蚀变岩型、碳酸盐岩-细碎屑岩型。

2. 矿产预测类型

该成矿带参与预测的矿种为金、银、铜、钼、铅、锌、钨、锡、磷、硫。预测方法类型有沉积型、火山岩型、侵入岩体型和层控内生型,主要特征见表 5-2-15。

表 5-2-15 矿产预测模型特征简表

序号	矿产评价模型	矿种	成矿时代	主要预测要素	矿产预测类型	典型矿床
1	与中酸性、酸性浅成或超浅成侵入岩有关的斑岩型铜钼金银矿	铜、钼	早二叠世	火山沉积构造、侵入岩构造与北西向断裂构造组合,中酸性侵入岩(斑岩)建造及夕卡岩变质建造,石榴子石夕卡岩、花岗闪长斑岩含矿,以 Cu、Pb、Zn、Ag 元素为主的化探异常	北达巴特式斑岩型铜矿	北达巴特铜矿、喇嘛苏铜钼矿、莱里斯高尔铜钼矿
2	碳酸盐岩-细碎屑岩型铅锌银矿 SEDEX	铅、锌	晚泥盆世	以火山沉积构造为主,北西向北西西向断裂构造组合,滨海相-浅海相火山碎屑岩沉积建造,Pb 元素化探异常	库尔尕生式碳酸盐岩-细碎屑岩型铅锌矿	库尔尕生铅锌矿
3	破碎蚀变岩型金矿	金	晚石炭世	细碎屑岩夹碳酸盐岩建造,近东西向韧脆性断裂破碎岩带赋矿,二长花岗岩,Au 地球化学异常,铁染(化)、黄钾铁钒二级梯度以上,羟基二级以上	萨日达拉式破碎蚀变岩型金矿	萨日达拉、望峰金矿
4	次火山热液型金银矿	金、银	早石炭世	陆相火山熔岩-火山碎屑岩建造,近南北向火山构造凹陷带内的破火山口环状断裂,化探 Au、Ag、Hg、Cd、Cu、Pb、Zn 等组合异常,遥感近东西与北西向线性构造及交会处,线性构造与环形构造交会处,羟基异常叠加铁染异常	阿希式陆相火山岩型金矿	阿希、恰布坎卓它、京西部拉克、山区林场金矿
5	夕卡岩-云英岩型钨锡萤石(银钼)矿	钨、锡	早石炭世	中酸性花岗类侵入岩,东西、北北西向大断裂和褶皱构造,W、Sn、Bi、F、Li 异常	祖鲁洪式石英脉型钨矿	祖鲁洪钨矿
6	沉积磷稀土矿	磷	早寒武世	浅海-滨海陆源碎屑岩沉积和碳酸盐岩沉积建造,P 元素化探异常,铁染三级浓度以上,羟基三级以上浓度与地质成矿有利部位相互叠加	吐拉苏式海相沉积型磷矿	吐拉苏磷矿

续表 5-2-15

序号	矿产评价模型	矿种	成矿时代	主要预测要素	矿产预测类型	典型矿床
7	海相火山岩型铜锌（银铅锌）矿 VHMS	铜	奥陶纪	火山建造，近火山口相，处于相对高值区域重力异常之中，大于 400Ω·m 充电异常分布地段与矿体对应较好	可可乃克式海相火山岩型铜矿	可可乃克铜硫矿

3. 综合预测区圈定

该成矿带圈出金、银、铜、钼、铅、锌等 14 个综合预测区，其中 A 级 6 个，B 级 4 个，C 级 4 个（表 5-2-16）。

表 5-2-16 伊犁北缘成矿带综合预测区统计表

编号	名称	评价模型	矿种	级别
Ⅲ-9-1	新疆祖鲁洪 W、Sn 综合预测区	夕卡岩-云英岩型钨锡萤石（银钼）矿	钨、锡	B
Ⅲ-9-2	新疆东达巴特 Cu、Mo 综合预测区	与中酸性、酸性浅成或超浅成侵入岩有关的斑岩型铜钼金银矿	铜、钼	C
Ⅲ-9-3	新疆喇嘛苏 Cu、Mo 综合预测区	与中酸性、酸性浅成或超浅成侵入岩有关的斑岩型铜钼金银矿	铜、钼	A
Ⅲ-9-4	新疆北达巴特 Cu、Mo、Pb、Zn 综合预测区	碳酸盐岩-细碎屑岩型铅锌银矿 SEDEX	铅、锌	A
		与中酸性、酸性浅成或超浅成侵入岩有关的斑岩型铜钼金银矿	钼、铜	
Ⅲ-9-5	新疆果子沟 Cu、Mo、P 综合预测区	与中酸性、酸性浅成或超浅成侵入岩有关的斑岩型铜钼金银矿	铜、钼	C
		沉积磷稀土矿	磷	
Ⅲ-9-6	新疆喀拉达坂 Cu、Mo、Pb、Zn、P 综合预测区	碳酸盐岩-细碎屑岩型铅锌银矿 SEDEX	铅、锌	C
		沉积磷稀土矿	磷	
		与中酸性、酸性浅成或超浅成侵入岩有关的斑岩型铜钼金银矿	铜、钼	
Ⅲ-9-7	新疆吐拉苏 P 综合预测区	沉积磷稀土矿	磷	B
Ⅲ-9-8	新疆阿希 Au、Ag、Cu、Mo、重晶石综合预测区	次火山热液型金银矿	金、银、重晶石	A
		与中酸性、酸性浅成或超浅成侵入岩有关的斑岩型铜钼金银矿	钼、铜	
Ⅲ-9-9	新疆哈勒尕提 Cu、Mo 综合预测区	与中酸性、酸性浅成或超浅成侵入岩有关的斑岩型铜钼金银矿	铜、钼	A
Ⅲ-9-10	新疆胡苏木萨拉 Au、Ag、Cu、Mo 综合预测区	次火山热液型金银矿	金、银	B
		与中酸性、酸性浅成或超浅成侵入岩有关的斑岩型铜钼金银矿	铜、钼	
Ⅲ-9-11	新疆加曼台 Au、Ag、Cu、Mo、重晶石综合预测区	次火山热液型金银矿	金、银	B
		与中酸性、酸性浅成或超浅成侵入岩有关的斑岩型铜钼金银矿	铜、钼	
Ⅲ-9-12	新疆亚曼萨拉 Au、Pb、Zn 综合预测区	碳酸盐岩-细碎屑岩型铅锌银矿 SEDEX	铅、锌	C
		破碎蚀变岩型金矿	金	
Ⅲ-9-13	新疆萨日达拉 Au、Pb、Zn 综合预测区	碳酸盐岩-细碎屑岩型铅锌银矿 SEDEX	铅、锌	A
		破碎蚀变岩型金矿	金	
Ⅲ-9-14	新疆可可乃克 Cu、Au、S 综合预测区	海相火山岩型铜锌（银铅金）矿 VHMS	铜、硫	A
		破碎蚀变岩型金矿	金	

(八)伊犁成矿带

1. 区域矿产特征

伊犁成矿带包括伊犁盆地及其中的阿吾拉勒和伊基克里克山,伊犁盆地内主要以煤(煤层气)、油气、铀矿为主;山系主要产铁、铜、铅、锌、金、钨等9个重要矿种。矿床类型划分为9类,即陆相火山岩型、海相火山岩型、碳酸盐岩-细碎屑岩型、海相沉积型、岩浆热液型、热液型、破碎蚀变岩型、斑岩型、夕卡岩型。

2. 矿产预测类型

伊犁成矿带参与预测的矿种为铁、铜、铅、锌、金、钨、锰、钼和重晶石。预测类型为火山岩型、沉积型、侵入岩体型,主要特征见表5-2-17。

表5-2-17 矿产预测模型特征简表

序号	矿产评价模型	矿种	成矿时代	主要预测要素	矿产预测类型	典型矿床
1	海相火山喷发沉积型铁铜硫矿	铁	早石炭世	海相火山岩、火山-沉积建造,以火山为主的复合构造,高强度磁异常	查岗诺尔式海相火山岩型铁矿	式可布台铁矿、查岗诺尔铁矿、备战铁矿、松湖铁矿、智博铁矿、萨海铁矿、尼新塔格铁矿
2	与中酸性、酸性浅成或超浅成侵入岩有关的斑岩型铜钼金银矿	铜、钼	早二叠世	钙碱性小斑岩体,赋矿岩石为石英钠长斑岩,岩体两侧的断裂带,近东西向、北西西向断裂构造,Cu单元素化探异常	群吉式斑岩型铜矿	群吉铜矿、玉希莫勒盖铜金矿、红石沟铜矿
3	破碎蚀变岩型金矿	金	早石炭世	海相火山碎屑岩沉积建造,火山构造,侵入岩构造,近东西向、北西西向断裂构造组合,化探Au元素异常	伊什基里克式破碎蚀变岩型金矿	尔戈带金矿
4	夕卡岩-云英岩型钨锡萤石(银钼)矿	钨	石炭纪	中酸性花岗岩类侵入岩,绢云母石英片岩-千片岩-结晶灰岩夹石英岩建造,北西向断裂构造,存在W、Sn、Bi化探异常	大恩别列式夕卡岩型钨矿	大恩别列钨矿
5	沉积型锰矿	锰	早石炭世	火山-沉积盆地,海相碳酸盐岩建造,中酸性小侵入体,Mn元素化探异常,浓集中心明显	昭苏式海相沉积型锰矿	加曼台锰矿
6	与岩浆热液有关的脉状热液型重晶石矿	重晶石	早石炭世	二长花岗岩,赋矿安山玢岩与凝灰岩接触带,受地层层位控制,重晶石重砂异常	宋官瞳式热液型重晶石矿	卡山奇重晶石矿、阿登套重晶石矿
7	碳酸盐岩-细碎屑岩型铅锌银矿 SEDEX	铅、锌	早石炭世	滨海相-浅海相火山碎屑沉积建造,Pb元素化探异常	四台海泉铅锌矿式碳酸盐岩-细碎屑岩型铅锌矿	四台海泉铅锌矿

3. 综合预测区圈定

该成矿带共圈出铁、铜、铅、锌等 13 个多矿种综合预测区,其中 A 级 6 个,B 级 4 个,C 级 3 个(表 5-2-13)。

表 5-2-18 新疆伊犁成矿带综合预测区统计表

编号	名称	评价模型	矿种	级别
Ⅲ-10-1	新疆红石沟 Cu、Mo、Au、Pb、Zn、重晶石综合预测区	碳酸盐岩-细碎屑岩型铅锌银矿 SEDEX	铅	A
			锌	
		与中酸性、酸性浅成或超浅成侵入岩有关的斑岩型铜钼金银矿	铜	
			钼	
		破碎蚀变岩型金矿	金	
		与岩浆热液有关的脉状热液型重晶石矿	重晶石	
Ⅲ-10-2	新疆加曼台 Mn、Fe 综合预测区	沉积型锰矿	锰	A
Ⅲ-10-3	新疆穷布拉克 Cu 综合预测区	与中酸性、酸性浅成或超浅成侵入岩有关的斑岩型铜钼金银矿	铜	B
Ⅲ-10-4	新疆阔勒萨依 Fe、Cu、Mo、Au、Pb、Zn、重晶石综合预测区	海相火山喷发沉积型铁铜硫矿	铁	A
		破碎蚀变岩型金矿	金	
		碳酸盐岩-细碎屑岩型铅锌银矿 SEDEX	铅	
			锌	
		与中酸性、酸性浅成或超浅成侵入岩有关的斑岩型铜钼金银矿	铜	
			钼	
		与岩浆热液有关的脉状热液型重晶石矿	重晶石	
Ⅲ-10-5	新疆阿登套重晶石综合预测区	与岩浆热液有关的脉状热液型重晶石矿	重晶石	B
Ⅲ-10-6	新疆斯木塔斯北 Fe 综合预测区	海相火山喷发沉积型铁铜硫矿	铁	C
Ⅲ-10-7	新疆大恩别列 W 综合预测区	夕卡岩-云英岩型钨锡萤石(银钼)矿	钨	B
Ⅲ-10-8	新疆式可不台 Fe、Cu 综合预测区	海相火山喷发沉积型铁铜硫矿	铁	A
		与中酸性、酸性浅成或超浅成侵入岩有关的斑岩型铜钼金银矿	铜	
Ⅲ-10-9	新疆确鹿特萨依 Fe 综合预测区	海相火山喷发沉积型铁铜硫矿	铁	C
Ⅲ-10-10	新疆玉希莫落盖 Fe、Cu 综合预测区	海相火山喷发沉积型铁铜硫矿	铁	B
		与中酸性、酸性浅成或超浅成侵入岩有关的斑岩型铜钼金银矿	铜	
Ⅲ-10-11	新疆查岗诺尔 Fe、Cu 综合预测区	海相火山喷发沉积型铁铜硫矿	铁	A
		与中酸性、酸性浅成或超浅成侵入岩有关的斑岩型铜钼金银矿	铜	
Ⅲ-10-12	新疆巴尔次赛力克 Cu 综合预测区	与中酸性、酸性浅成或超浅成侵入岩有关的斑岩型铜钼金银矿	铜	C
Ⅲ-10-13	新疆备战 Fe、Cu 综合预测区	海相火山喷发沉积型铁铜硫矿	铁	A
		与中酸性、酸性浅成或超浅成侵入岩有关的斑岩型铜钼金银矿	铜	

(九)伊犁南缘-中天山-旱山成矿带

1. 区域矿产特征

该带已发现矿产地计311处,其中大型矿床6处、中型矿床15处、小型矿床55处。优势矿种为铁、铬、锰、铅、锌、萤石。矿床成因类型有沉积变质型、蛇绿岩型、海相火山-沉积型、基性—超基性岩型、岩层控热液改造型、夕卡岩型、斑岩型、陆相火山岩型、岩浆热液型等。

2. 矿产预测类型

该成矿带参与预测的矿种为铁、铬、锰、铜、铅、锌、镍、钼、钨、锡、金、银、硫铁矿、萤石、钾盐。预测方法类型有火山岩型、侵入岩体型和层控内生型,主要特征见表5-2-19。

表 5-2-19 矿产预测模型特征简表

序号	矿产评价模型	矿种	成矿时代	主要预测要素	矿产预测类型	典型矿床
1	海相火山喷发沉积型铁铜硫矿	铁、锰	早石炭世	走滑拉分盆地的洼地,滨浅海相碎屑岩夹碳酸盐岩沉积建造,低缓的磁异常	莫托萨拉式海相火山岩型铁锰矿	莫托萨拉铁锰矿
2	沉积变质型铁硫矿	铁	青白口纪	变质火山岩、碎屑岩、碳酸盐岩建造,航磁异常	天湖式沉积变质型铁矿	天湖铁矿
3	夕卡岩型铁铜硫(钼金银)矿	铁	中元古代	浅-中等变质程度的片岩、大理岩、花岗岩,接触带夕卡岩,高磁异常	阿拉塔格式夕卡岩型铁矿	阿拉塔格铁矿
4	基性岩浆岩型铁铬(铜镍银)型铁矿	铁	中三叠世	碱性辉长岩建造,高磁、重异常	尾亚式岩浆型铁矿	尾亚铁矿
5	碳酸盐岩-细碎屑岩型铅锌银矿SEDEX	铅、锌、银、硫	蓟县纪	浅海相碎屑岩-碳酸盐岩建造,沉积变质作用,中酸性侵入岩浆活动,以Pb、Zn、Ag、As、Sb为主的化探组合异常	彩霞山式碳酸盐岩-细碎屑岩型铅锌矿	彩霞山铅锌矿、玉西铅锌矿
6	夕卡岩-云英岩型钨锡萤石(银钼)矿	钨	早石炭世	中粒黑云母花岗岩体,结晶灰岩,接触带夕卡岩,钨锡化探异常	小白石头式夕卡岩型钨矿	小白石头钨矿
7	基性—超基性岩型铜镍(银铬)矿	铜、镍	早石炭世	深大断裂旁侧,基性—超基性杂岩,主要为橄榄辉长岩、辉石橄榄岩,次为闪石化辉石岩、闪长岩,重、磁异常,极化率高、电阻率低	菁布拉克式基性超基性岩型镍矿	菁布拉克铜镍矿
8	与超基性岩有关的侵入岩体型铬矿	铬	晚石炭世	偏基性方辉橄榄岩-纯橄榄岩,含矿相带色调总体偏浅,北东向区域性大断裂(具推覆性质)及其次同向同性大断裂	卡瓦布拉克式蛇绿岩型铬矿	卡瓦布拉克铬铁矿
9	岩浆热液充填型萤石矿	萤石	晚二叠世	花岗岩-花岗斑岩建造,碎屑岩-碳酸盐岩建造,北东向断裂	巴音沟式岩浆热液型萤石矿	巴音沟萤石矿
10	夕卡岩型铅锌银(铜铁)矿	铅、锌	长城纪	海相钙质碎屑岩-碳酸盐岩沉积建造,闪长岩、二长花岗岩、黑云母花岗岩及石炭纪花岗闪长岩、黑云母花岗岩,北西向、北东向、近东西向次级断裂,岩体与大理岩化灰岩的外接触带附近	牙门沙拉式夕卡岩型铅锌矿	牙门沙拉铅锌矿

续表 5-2-19

序号	矿产评价模型	矿种	成矿时代	主要预测要素	矿产预测类型	典型矿床
11	沉积型锰矿	锰	早石炭世	火山-沉积盆地,海相碳酸盐岩建造,中酸性小侵入体,Mn元素化探异常,浓集中心明显	莫托萨拉式海相沉积型锰矿	莫托萨拉锰矿
12	现代盐湖型钾盐	钾盐	第四纪	全新统湖相化学沉积建造,封闭的现代盐潟,盐湖化学沉积盐类和碎屑沉积	大洼地式现代盐湖型钾盐矿	大洼地钾硝石矿
13	次火山热液型金银矿	金	早石炭世	赋矿地层中酸—酸性次火山岩、火山岩,控矿构造深大断裂次级断裂,金银及相关元素化探异常	马庄山式陆相火山岩型金矿	马庄山金矿
14	与花岗岩体有关的大脉、细脉带、网脉(浸染)型锡钼矿床	锡	海西晚期	赋矿地层,石英闪长岩、黑云母二长斑状花岗岩和二云花岗岩,东向挤压破碎带	明锡山式石英脉型锡矿	明锡山锡矿

3. 综合预测区圈定

在伊犁南缘-中天山-旱山成矿带内圈定15个多矿种综合预测区,其中A级预测区12个,B级预测区2个,C级预测区1个(表5-2-20)。

表 5-2-20 伊犁南缘-中天山-旱山成矿带综合预测区汇总表

编号	名称	评价模型	矿种	级别
Ⅲ-11-1	新疆菁布拉克 Cu、Ni 综合预测区	基性—超基性岩型铜镍(铂铬)矿	铜、镍	B
Ⅲ-11-2	新疆巴音沟 Fe、Pb、Zn、萤石综合预测区	夕卡岩型铁铜硫(钼金银)矿	铁	A
		夕卡岩型铅锌银(铜铁)矿	铅、锌	
		岩浆热液充填型萤石矿	萤石	
Ⅲ-11-3	新疆莫托萨拉 Fe、Mn、Pb、Zn、萤石综合预测区	海相火山喷发沉积型铁铜硫矿	铁	A
		夕卡岩型铅锌银(铜铁)矿	铅、锌	
		沉积型锰矿	锰	
		岩浆热液充填型萤石矿	萤石	
Ⅲ-11-4	新疆塔希干达坂 Pb、Zn、萤石综合预测区	夕卡岩型铅锌银(铜铁)矿	铅、锌	C
		岩浆热液充填型萤石矿	萤石	
Ⅲ-11-5	新疆彩霞山 Fe、Pb、Zn、Ag、Cr、综合预测区	夕卡岩型铁铜硫(钼金银)矿	铁	A
		碳酸盐岩-细碎屑岩型铅锌银矿 SEDEX	铅、锌、银、硫	
		现代盐湖型钾盐	钾盐	
		与超基性岩有关的侵入岩体型铬矿	铬	
Ⅲ-11-6	新疆卡瓦布拉克 Fe、Pb、Zn、Ag、Cr、钾盐综合预测区	夕卡岩型铁铜硫(钼金银)矿	铁	A
		碳酸盐岩-细碎屑岩型铅锌银矿 SEDEX	铅、锌、银、硫	
		现代盐湖型钾盐	钾盐	
		与超基性岩有关的侵入岩体型铬矿	铬	

续表 5-2-20

编号	名称	评价模型	矿种	级别
Ⅲ-11-7	新疆库木塔格 1 号 Fe、Pb、Zn、Ag、Cr、钾盐综合预测区	夕卡岩型铁铜硫(钼金银)矿	铁	A
		碳酸盐岩-细碎屑岩型铅锌银矿 SEDEX	铅、锌、银、硫	
		现代盐湖型钾盐	钾盐	
		与超基性岩有关的侵入岩体型铬矿	铬	
Ⅲ-11-8	新疆阿拉塔格 Fe、Pb、Zn、Ag、Cr、钾盐综合预测区	沉积变质型铁硫矿	铁	A
		碳酸盐岩-细碎屑岩型铅锌银矿 SEDEX	铅、锌、银、硫	
		现代盐湖型钾盐	钾盐	
		与超基性岩有关的侵入岩体型铬矿	铬	
Ⅲ-11-9	新疆玉西 Fe、Pb、Zn、Ag、钾盐综合预测区	沉积变质型铁硫矿	铁	A
		碳酸盐岩-细碎屑岩型铅锌银矿 SEDEX	铅、锌、银、硫	
		现代盐湖型钾盐	钾盐	
Ⅲ-11-10	新疆天湖 Fe、Cu、Ni、Pb、Zn、W、Sn、Ag 综合预测区	沉积变质型铁硫矿	铁	A
		碳酸盐岩-细碎屑岩型铅锌银矿 SEDEX	铅、锌、硫、银	
		基性—超基性岩型铜镍(银铬)矿	铜、镍	
		夕卡岩-云英岩型钨锡萤石(银钼)矿	钨	
Ⅲ-11-11	新疆天宇 Fe、Cu、Ni、Pb、Zn、W、Sn、Au、Ag 综合预测区	夕卡岩-云英岩型钨锡萤石(银钼)矿	钨	A
		碳酸盐岩-细碎屑岩型铅锌银矿 SEDEX	铅、锌、银	
		海相火山喷发沉积型铁铜硫矿	铁	
		基性—超基性岩型铜镍(银铬)矿	铜、镍、硫	
		次火山热液型金银矿	银	
Ⅲ-11-12	新疆铅炉子 Cu、Ni、Pb、Zn、Ag 综合预测区	基性—超基性岩型铜镍(银铬)矿	铜、镍	B
		碳酸盐岩-细碎屑岩型铅锌银矿 SEDEX	铅、锌、银、硫	
Ⅲ-11-13	新疆双井子 Pb、Zn、W、Sn、Mo、Ag 综合预测区	碳酸盐岩-细碎屑岩型铅锌银矿 SEDEX	铅、锌、银、硫	A
		夕卡岩-云英岩型钨锡萤石(银钼)矿	钨、锡	
Ⅲ-11-14	新疆马庄山 Fe、Cu、Ni、Pb、Zn、W、Sn、Au、Ag 综合预测区	海相火山喷发沉积型铁铜硫矿	铁、硫	A
		碳酸盐岩-细碎屑岩型铅锌银矿 SEDEX	铅、锌、银	
		基性—超基性岩型铜镍(银铬)矿	铜、镍	
		夕卡岩-云英岩型钨锡萤石(银钼)矿	钨、锡	
		次火山热液型金银矿	金	
Ⅲ-11-15	甘肃省明锡山-南金山 Au、Ag、Sn 综合预测区	次火山热液型金银矿	金、银	A
		与花岗岩体有关的大脉、细脉带、网脉(浸染)型锡(钼)矿床	锡	

(十)金窝子-公婆泉-东七一山成矿带

1. 区域矿产特征

该带已发现矿产地 32 处,优势矿种为金、铜、铅、铁。典型矿床有公婆泉斑岩型铜矿、金窝子金矿和方口山式沉积变质型磷矿。成因类型主要为斑岩型、岩浆热液型、超基性岩型和海相沉积型。

2. 矿产预测类型

该成矿带参与预测的矿种为铜、金等。预测方法类型为侵入岩体型，主要特征见表5-2-21。

表 5-2-21 矿产预测模型特征简表

序号	矿产评价模型	矿种	成矿时代	主要预测要素	矿产预测类型	典型矿床
1	与中酸性、酸性浅成或超浅成侵入岩有关的斑岩型铜钼金银矿	铜	海西期	海相火山-沉积建造，酸性侵入岩建造、次火山岩，石英闪长斑岩、花岗闪长斑岩、二长花岗岩，侵入、火山构造、沉积复合构造，Cu、Pb、Zn、Ag、Sb、Hg、Cd化探异常，遥感异常	公婆泉式斑岩型铜矿	公婆泉铜矿
2	与侵入岩有关热液型金矿	金	印支期	火山-沉积岩建造，海西期黑云母二长花岗岩，北东向、北北东向断裂构造，岩体内和围岩接触带，Au、Ag、As、Sb等单元素异常	金窝子式岩浆热液型金矿	金窝子金矿

3. 综合预测区圈定

该带共圈出金铜综合预测区2个，均为B级（表5-2-22）。

表 5-2-22 金窝子-公婆泉-东七一山成矿带综合预测区汇总表

编号	名称	评价模型	矿种	级别
Ⅲ-14-1	甘肃省金窝子Au综合预测区	与侵入岩有关的热液型金矿	金	B
Ⅲ-14-2	甘肃省公婆泉Cu、Ni综合预测区	与中酸性、酸性浅成或超浅成侵入岩有关的斑岩型铜钼金银矿	铜	B

三、塔里木成矿省

塔里木成矿省主体位于新疆南部，包括塔里木盆地及其周缘造山带和北山地区，主要成矿作用与塔里木陆块及其周缘弧盆系演化、中新生代板内演化关系密切，金属矿产成矿作用尤以晚古生代最为强烈。区内塔里木盆地（成矿区）是我国重要的石油、天然气、钾盐大型资源基地和主要产区，其周缘造山带内优势矿种为铁、铜、铅锌、金、萤石、磷矿等，主要成矿期集中在晚古生代，以产出铜、铅锌、金等金属矿产为主，其次为前寒武纪，以产铁、磷矿为主，中新代以产出铜、铅锌、钾盐为主，早古生代以产出铁、铜、铅锌、锰、磷等矿产为主。重要矿产预测类型有沉积变质型铁矿（迪木那里克铁矿、红山铁矿），海相火山岩型铁矿（磁海铁矿、喀拉大湾铁矿），岩浆型铁矿（瓦吉尔塔格铁矿），砂岩型铜矿（萨热克铜矿、滴水铜矿、库拜铜矿），砂砾岩型铅锌矿（乌拉根铅锌矿），海相火山岩型铅锌矿（喀拉达坂铅锌矿、卡兰古铅锌矿），碳酸盐岩-细碎屑岩型铅锌银矿（霍什布拉克铅锌矿），夕卡岩型铜、铅锌矿（辉铜山铜矿、花牛山铅锌矿），斑岩型铜矿（公婆泉铜矿、白山堂铜矿），沉积建造型金（锑）矿金矿（萨瓦亚尔顿），陆相火山岩型金矿（马庄山），破碎蚀变岩型金矿（祥云金矿、红十井金矿、小西弓金矿），岩浆型稀土矿（波孜果尔稀土铌钽矿），层控热液型萤石矿（铁列克萤石矿），海相沉积型磷矿（且干布拉克磷矿、平台山磷矿），现代盐湖型钾盐矿（腾龙钾盐矿）等。该成矿省进一步划分出6个Ⅲ级成矿带，共圈出铁、锰、铜、铅、锌、铝、镍、钨、锡、钼、金、银、稀土、磷、硫、钾盐、硼、重晶石、菱镁矿、萤石等综合预测区94个，其中，A级36个，B级24个，C级34个（图5-2-3）。

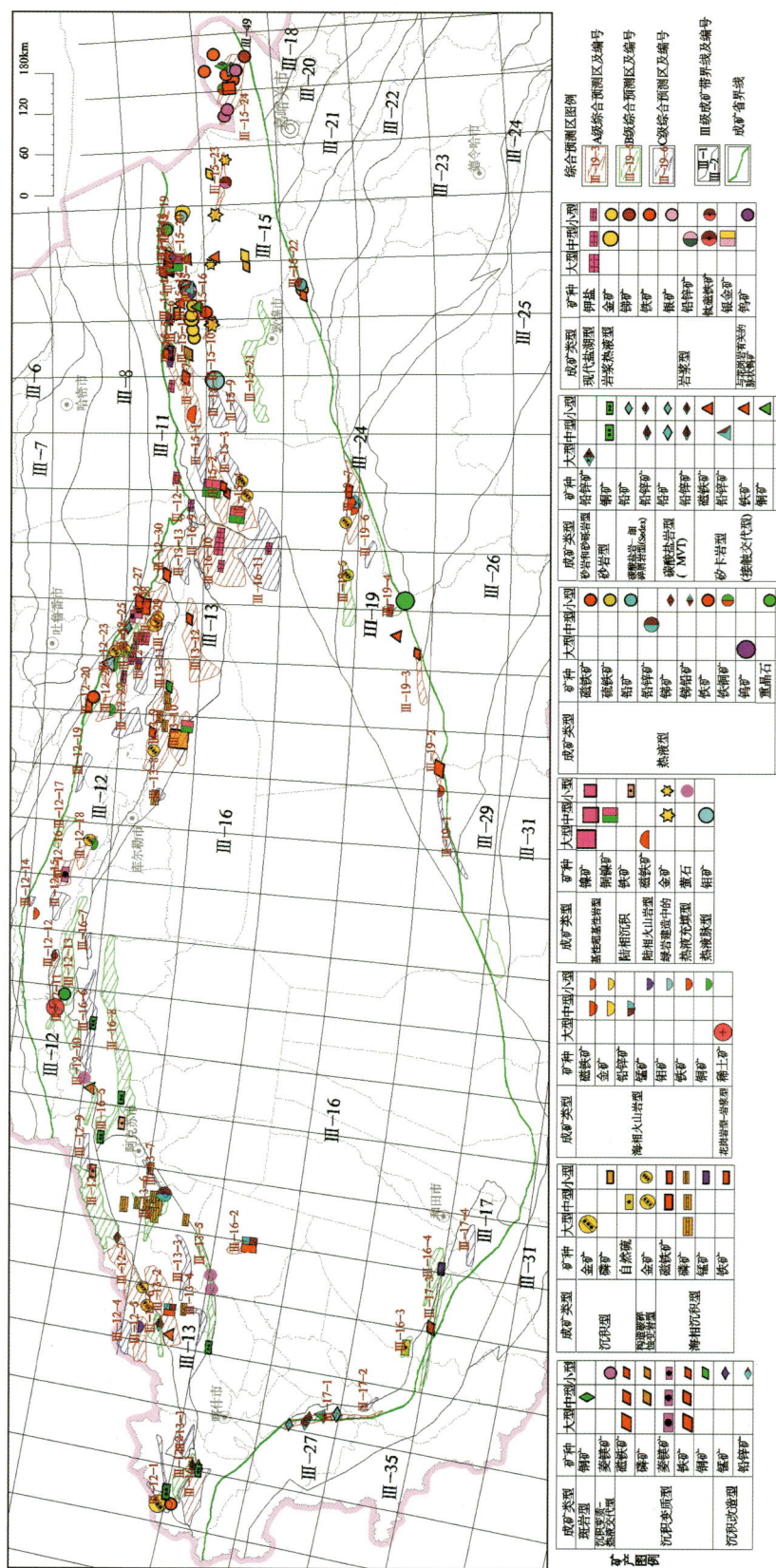

图 5-2-3 塔里木成矿省重要矿产与综合预测区分布图

(一)塔里木板块北缘成矿带

1. 区域矿产特征

该成矿带已发现有铁、钛、锰、铜、钼、铅、锌、钨、锡、金、锑、石油、天然气、煤、白云母、菱镁矿、铝土矿、萤石、天青石、石膏、石墨、水晶、硅灰石、红柱石、重晶石、磷灰石、白云岩、石灰岩、宝石、玉石、盐类及泥炭共33个矿种,矿产地447处,其中超大型矿床2处、大型矿床7处、中型矿床21处、小型矿床73处。优势矿种为铁、钛、锰、铅锌、金、石油、天然气、煤、菱镁矿、石墨、硅灰石、红柱石、重晶石矿。主要产出于泥盆纪、石炭纪、二叠纪。成因类型主要为砂砾岩型铅锌矿、夕卡岩型钨矿、海相沉积型铝土矿、花岗岩型稀土(稀有)金属矿、沉积变质型菱镁矿。

2. 矿产预测类型

该成矿带参与预测的矿种为铁、锰、金、银、铜、铅、锌、钨、锑、铝土矿、稀土、硫、钾盐、萤石、重晶石、菱镁矿。预测方法类型为沉积型、火山岩型、侵入岩体型、层控内生型,主要特征见表5-2-23。

表5-2-23 矿产预测模型特征简表

序号	矿产评价模型	矿种	成矿时代	主要预测要素	矿产预测类型	典型矿床
1	夕卡岩型铁铜硫(钼金银)矿	铁	晚石炭世	陆缘盆地,赋矿为千枚岩-片岩-变质砂岩-大理岩建造,中一酸性深成侵入岩,区域复合断裂构造,重力异常区以及重力梯度带,航磁高值异常,遥感解译铁染、线性构造	大红山式岩浆热液型铁矿	大红山铁矿、老虎台铁矿
2	沉积—水硬铝石型铝土矿	铝	晚石炭世	海相沉积含碎屑的碳酸盐岩建造,风化淋滤与沉积作用、古风化壳的喀斯特岩溶洼地及溶洞	阿依里式沉积型铝土矿	乌什县阿依里铝土矿
3	海相火山岩型铜锌(银铅金)矿 VHMS	铜、银、硫	早泥盆世	海相火山-碎屑岩建造,火山沉积盆地及断裂构造,Cu、Pb、Zn、As、Sb异常	彩华沟式海相火山岩型铜矿	彩华沟铜矿、可可乃克铜矿、柳树沟铜矿
4	砂岩型铜(银)矿	铜	上新世	陆缘盆地,砾岩-长石石英砂岩建造,Cu化探异常	萨热克式砂岩型铜矿	萨热克铜矿
5	碳酸盐岩-细碎屑岩型铅锌(银)矿 SEDEX	铅、锌	早志留世、中泥盆世、晚石炭世	浅海相碳酸盐岩-细碎屑岩建造,北西向断裂构造,Pb、Zn化探异常	觉东式碳酸盐岩型铅锌矿	觉东铅锌矿、霍什布拉克铅锌矿、汕里塔什铅锌矿
6	破碎蚀变岩型金矿	金	晚石炭世	海相碎屑岩-碳酸盐岩建造,北西向断裂和断裂破碎带,硅化、绢云母化等蚀变,Au化探异常	大山口式破碎蚀变岩型金矿	阿沙洼依、大山口金矿
7	碎屑岩地层中热液型锑金多金属矿	金、锑	中泥盆世	变质碎屑岩-碳酸盐岩建造,断裂构造及韧性剪切带,Au化探异常	萨瓦亚尔顿式沉积建造型金(锑)矿	萨瓦亚尔顿、梧南、喜迎、卡拉脚古牙锑矿
8	夕卡岩-云英岩型钨锡萤石(银钼)矿	钨	晚石炭世	沉积变质碎屑岩+碳酸盐岩,正长花岗岩,北西向断裂构造,W、Sn、Bi、F、Mn化探异常	忠宝式夕卡岩型钨矿	忠宝钨矿

续表 5-2-23

序号	矿产评价模型	矿种	成矿时代	主要预测要素	矿产预测类型	典型矿床
9	岩浆型稀土矿	稀土	晚二叠世	绿片岩-钠长绢云石英、片岩建造、大理岩变质建造,正长花岗岩,近东西向断裂构造,La、Y、Nb、Zr、F 化探异常,放射性异常	波孜果尔式岩浆型稀土矿	拜城县波孜果尔稀土铌钽矿
10	现代盐湖型钾盐	钾盐	第四纪	全新统湖相化学沉积建造,封闭的现代盐湖,盐湖化学沉积盐类和碎屑岩沉积	东盐湖式现代盐湖型钾盐矿	东盐湖钾盐矿、裤子山硝酸钠(钾)矿、大洼地钾硝石矿、乌勇布拉克硝酸钾矿
11	沉积型锰矿	锰	早泥盆世	海相硅质岩-碳酸盐岩建造,Mn 化探异常,航磁异常	开孜维克式海相火山岩型锰矿	卡郎古尔第二锰矿、开孜维克铁锰矿
12	沉积改造型萤石矿	萤石	早二叠世	碳酸盐岩-碎屑岩沉积建造,碳酸盐岩建造赋矿	铁列克式层控热液型萤石矿	铁列克萤石矿
13	镁质碳酸盐型菱镁矿	菱镁矿	中泥盆世	碳酸盐岩沉积建造、区域变质作用、区域重力场的布格低	哈勒哈特式沉积变质型菱镁矿	哈勒哈特菱镁矿、尖山菱镁矿
14	与岩浆热液有关的脉状热液型重晶石矿	重晶石	早—中志留世	海相沉积盆地(滨海-浅海盆地),海相碳酸盐岩建造,中酸性侵入岩,自然重砂异常	阿尔登可夕式热液型重晶石矿	阿尔登可夕重晶石矿
15	沉积型铁矿	铁	泥盆纪	海相硅质岩-碳酸盐岩建造,航磁异常	硫磺山式沉积型铁矿	硫磺山铁矿
16	与中酸性、酸性浅成或超浅成侵入岩有关的斑岩型铜钼金银矿	铜	海西期	酸性侵入岩建造、次火山岩、断裂构造,Cu 单元素化探异常	吉根式斑岩型铜矿	吉根铜金矿
17	沉积变质型铁硫矿	铁	青白口纪	变质火山岩、碎屑岩、碳酸盐岩建造,航磁异常	帕尔岗式沉积变质型铁矿	帕尔岗铁矿

3. 综合预测区圈定

该成矿带圈出铁、锰、金、银、铜、铅、锌等综合预测区 31 个(表 5-2-24),其中 A 级 11 个,B 级 9 个,C 级 11 个。

表 5-2-24 塔里木板块北缘成矿带综合预测区统计表

编号	名称	评价模型	矿种	级别
Ⅲ-12-1	新疆萨瓦亚尔顿 Au、Sb、Fe、Cu、Pb、Zn 综合预测区	夕卡岩型铁铜硫（钼金银）矿	铁	A
		与中酸性、酸性浅成或超浅成侵入岩有关的斑岩型铜钼金银矿	铜	
		碳酸盐岩-细碎屑岩型铅锌银矿 SEDEX	铅、锌	
		破碎蚀变岩型金矿	金	
		碎屑岩地层中热液型锑金多金属矿	金、锑	
Ⅲ-12-2	新疆沙里塔什 Pb、Zn、Fe 综合预测区	沉积型铁矿	铁	B
		碳酸盐岩-细碎屑岩型铅锌银矿 SEDEX	铅、锌	
Ⅲ-12-3	新疆盖克里克 Cu 综合预测区	砂岩型铜（银）矿	铜	C
Ⅲ-12-4	新疆科加尔特 Au、Cu、Fe 综合预测区	沉积型铁矿	铁	C
		与中酸性、酸性浅成或超浅成侵入岩有关的斑岩型铜钼金银矿	铜	
		破碎蚀变岩型金矿	金	
Ⅲ-12-5	新疆开孜维克 Mn、Fe、Au、Cu 综合预测区	沉积型铁矿	铁	A
		海相火山岩型铜锌（银铅金）矿 VHMS	铜	
		破碎蚀变岩型金矿	金	
		沉积型锰矿	锰	
Ⅲ-12-6	新疆霍什布拉克 Pb、Zn、Fe 综合预测区	夕卡岩型铁铜硫（钼金银）矿	铁	B
		碳酸盐岩-细碎屑岩型铅锌银矿 SEDEX	铅、锌	
Ⅲ-12-7	新疆布隆 Au、Mn、Sb、Fe 综合预测区	夕卡岩型铁铜硫（钼金银）矿	铁	A
		破碎蚀变岩型金矿	金	
		碎屑岩地层中热液型锑金多金属矿	金、锑	
		沉积型锰矿	锰	
Ⅲ-12-8	新疆阿依里铝土 Sb、Au 综合预测区	沉积一水硬铝石型铝土矿	铝	E
		破碎蚀变岩型金矿	金	
		碎屑岩地层中热液型锑金多金属矿	金、锑	
Ⅲ-12-9	新疆拖木尔峰 Fe 综合预测区	夕卡岩型铁铜硫（钼金银）矿	铁	C
Ⅲ-12-10	新疆铁列克 Fe、萤石综合预测区	夕卡岩型铁铜硫（钼金银）矿	铁	E
		沉积改造型萤石矿	萤石	
Ⅲ-12-11	新疆波兹果尔稀土 Sb、Mn、萤石、重晶石综合预测区	碎屑岩地层中热液型锑金多金属矿	锑	E
		岩浆型稀土矿	稀土	
		沉积型锰矿	锰	
		沉积改造型萤石矿	萤石	
		与岩浆热液有关的脉状热液型重晶石矿	重晶石	
Ⅲ-12-12	新疆依兰里克稀土 Fe、Sb 综合预测区	夕卡岩型铁铜硫（钼金银）矿	铁	A
		碎屑岩地层中热液型锑金多金属矿	锑	
		岩浆型稀土矿	稀土	

续表 5-2-24

编号	名称	评价模型	矿种	级别
Ⅲ-12-13	新疆卡郎古尔 Fe、Mn、Sb、重晶石综合预测区	夕卡岩型铁铜硫（钼金银）矿	铁	B
		碎屑岩地层中热液型锑金多金属矿	锑	
		沉积型锰矿	锰	
		与岩浆热液有关的脉状热液型重晶石矿	重晶石	
Ⅲ-12-14	新疆格尔恩廷格勒 Au 综合预测区	破碎蚀变岩型金矿	金	C
Ⅲ-12-15	新疆铁克里克 Au、Sb、菱镁矿综合预测区	破碎蚀变岩型金矿	金	C
		碎屑岩地层中热液型锑金多金属矿	锑	
		镁质碳酸盐型菱镁矿	菱镁矿	
Ⅲ-12-16	新疆哈勒哈特 Au 菱镁矿综合预测区	破碎蚀变岩型金矿	金	A
		镁质碳酸盐型菱镁矿	菱镁矿	
Ⅲ-12-17	新疆告荣达坂 Fe、Au、W、菱镁矿综合预测区	沉积型铁矿	铁	B
		破碎蚀变岩型金矿	金	
		夕卡岩-云英岩型钨锡萤石（银钼）矿	钨	
		镁质碳酸盐型菱镁矿	菱镁矿	
Ⅲ-12-18	新疆柳树沟 Au、Cu、菱镁矿综合预测区	海相火山岩型铜锌（银铅金）矿 VHMS	铜	A
		破碎蚀变岩型金矿	金	
		镁质碳酸盐型菱镁矿	菱镁矿	
Ⅲ-12-19	新疆石灰窑 Fe、W 综合预测区	沉积型铁矿	铁	C
		夕卡岩-云英岩型钨锡萤石（银钼）矿	钨	
Ⅲ-12-20	新疆库米什 Fe、Cu、Pb、Au、Ag 综合预测区	沉积型铁矿	铁	B
		海相火山岩型铜锌（银铅金）矿 VHMS	铜、铅、银、硫	
		破碎蚀变岩型金矿	金	
Ⅲ-12-21	新疆硫磺山 Fe、Pb、Au、Ag、菱镁矿综合预测区	沉积型铁矿	铁	A
		碳酸盐岩-细碎屑岩型铅锌银矿 SEDEX	铅、银	
		破碎蚀变岩型金矿	金	
		镁质碳酸盐型菱镁矿	菱镁矿	
Ⅲ-12-22	新疆克里 Au、W 综合预测区	破碎蚀变岩型金矿	金	C
		夕卡岩-云英岩型钨锡萤石（银钼）矿	钨	
Ⅲ-12-23	新疆彩华沟 Fe、Cu、Pb、Au、W、Ag、S 综合预测区	沉积型铁矿	铁	A
		海相火山岩型铜锌（银铅金）矿 VHMS	铜、铅、银、硫	
		破碎蚀变岩型金矿	金	
		夕卡岩-云英岩型钨锡萤石（银钼）矿	钨	
Ⅲ-12-24	新疆乌勇布拉克钾盐综合预测区	现代盐湖型钾盐	钾盐	C
Ⅲ-12-25	新疆孔雀沟 Fe、Cu、Pb、Au、Ag、菱镁矿综合预测区	沉积型铁矿	铁	B
		海相火山岩型铜锌（银铅金）矿 VHMS	铜、铅、银、硫	
		破碎蚀变岩型金矿	金	
		镁质碳酸盐型菱镁矿	菱镁矿	

续表 5-2-24

编号	名称	评价模型	矿种	级别
Ⅲ-12-26	新疆甘草湖 Pb、Au、W 综合预测区	碳酸盐岩-细碎屑岩型铅锌银矿	铅	C
		破碎蚀变岩型金矿	金	
		夕卡岩-云英岩型钨锡萤石(银钼)矿	钨	
Ⅲ-12-27	新疆梧桐沟 Fe、Cu、Pb、Au、Ag、菱镁矿综合预测区	破碎蚀变岩型金矿	金	A
		海相火山岩型铜锌(银铅金)矿 VHMS	铜、铅、银	
		沉积变质型铁硫矿	铁	
			硫	
		镁质碳酸盐型菱镁矿	菱镁矿	
Ⅲ-12-28	新疆鸽形山 Au 综合预测区	破碎蚀变岩型金矿	金	A
		现代盐湖型钾盐	钾盐	
Ⅲ-12-29	新疆辛格尔 Pb 综合预测区	碳酸盐岩-细碎屑岩型铅锌银矿	铅	C
Ⅲ-12-30	新疆帕尔岗 Fe、Pb、Au 综合预测区	沉积变质型铁硫矿	铁	A
		碳酸盐岩-细碎屑岩型铅锌银矿	铅	
		破碎蚀变岩型金矿	金	
Ⅲ-12-31	新疆采石场钾盐综合预测区	现代盐湖型钾盐	钾盐	C

(二)塔里木陆块北缘隆起成矿带

1. 区域矿产特征

该带已发现铁、钛磁铁矿、铜、铅、锌、镍、钼、金、磷、萤石等,矿产地136个,其中大型3个,中型4个,小型24个,矿点92个,矿化点13个。优势矿种为铁、铅锌、萤石、磷。主要产于晚古生代,成因类型为沉积变质型、破碎蚀变岩型、基性—超基性岩型、砂岩型、热液脉型、层控热液型、海相沉积型和岩浆型等。

2. 矿产预测类型

该成矿带参与预测的矿种为铁、金、铜、镍、铅、锌、萤石、磷。预测方法类型为沉积型、侵入岩体型、层控内生型,主要特征见表5-2-25。

表 5-2-25 矿产预测模型特征简表

序号	矿产评价模型	矿种	成矿时代	主要预测要素	矿产预测类型	典型矿床
1	沉积变质型铁矿	铁	古元古代	碎屑岩-碳酸盐岩建造、中基性火山-沉积建造,区域低绿片岩相-角闪岩相变质作用,航磁异常,铁染、羟基异常区	库鲁克塞式沉积变质型铁矿	库鲁克塞铁矿
2	基性—超基性岩型铜镍(银铬)矿	铜、镍	青白口纪	基性—超基性杂岩,断裂次一级断裂,Cu、Ni化探异常,磁异常与重力高值区	兴地塔格式基性—超基性岩型铜镍矿	兴地铜镍矿、鲍纹布拉克铜矿

续表 5-2-25

序号	矿产评价模型	矿种	成矿时代	主要预测要素	矿产预测类型	典型矿床
3	破碎蚀变岩型金矿	金	晚古生代	碎屑岩-火山碎屑岩沉积建造,花岗岩、花岗闪长岩、闪长岩、钠长斑岩,近东西向、北东向断层、断裂破碎带,Au、As、Sb 化探异常,Au 自然重砂异常,铁染、羟基异常叠加	双峰岭式破碎蚀变岩型金矿	永红山、双峰岭金矿
4	沉积磷稀土矿	磷	早寒武世	浅海-滨海相沉积盆地,浅海相沉积细碎屑岩-碳酸岩盐建造,含磷泥质岩、硅质岩和白云质碳酸盐沉积,P 元素化探异常,含矿地层中羟基异常较发育	苏盖提布拉克式海相沉积型磷矿	苏盖提布拉克磷矿、木穹库杜克磷矿
5	岩浆热液充填型萤石矿	萤石	晚二叠世	浅海相-陆缘碳酸盐岩建造,赋矿组灰岩、含燧石灰岩地层,花岗岩、次级张性和张扭性断裂,构造破碎带和岩性控矿,萤石重砂异常	塔提克布拉克式岩浆热液型萤石矿	塔提克布拉克-宏宇萤石矿
6	夕卡岩型铁铜硫(钼金银)矿	铁	石炭纪	片岩-变质砂岩-大理岩建造,中—酸性深成侵入岩,区域复合断裂构造,重力异常区以及重力梯度带,航磁高值异常,遥感解译铁染、线性构造	克孜尔卡普式岩浆热液型铁矿	克孜尔卡普铁矿
7	碳酸盐岩-细碎屑岩型铅锌(银)矿 SEDEX	铅、锌	早志留世、中泥盆世、晚石炭世	浅海相碳酸盐岩-细碎屑岩建造,北西向断裂构造,铅锌化探异常	沙里塔什式碳酸盐岩型铅锌矿	沙里塔什铅锌矿
8	次火山热液型金银(铅锌)矿	铅、锌	加里东期	晚寒武世—早奥陶世碳酸盐系和变质的火山岩系,后期岩浆热液活动,北东东向断裂构造	坎岭式岩浆热液型铅锌矿	坎岭铅锌矿
9	砂岩型铜(银)矿	铜	上新世	陆缘盆地,砾岩-长石石英砂岩建造,铜化探异常	伽师式砂岩型铜矿	伽师铜矿
10	沉积型铁矿	铁	泥盆纪	海相硅质岩-碳酸盐岩建造,航磁异常	札陵库杜克铁矿式沉积型铁矿	札陵库杜克铁矿
11	岩浆型磷矿	磷	新元古代	富碱超基性岩-碳酸岩杂岩体,深断裂及其次级断裂的构造破碎带	且干布拉克式岩浆型磷矿	且干布拉克磷矿
12	基性岩浆岩型铁铬(铜镍银)矿	铁	早二叠世	基性—超基性岩体,北东向断裂构造,侵入岩构造、沉积构造,含矿岩性中-粗粒辉长岩,重、磁异常	普昌式岩浆型铁矿	普昌铁矿

3. 综合预测区圈定

划分出 14 个综合预测区,其中 A 级 5 个,B 级 2 个,C 级 7 个(表 5-2-26)。

表 5-2-26　塔里木陆块北缘隆起成矿带综合预测区统计表

编号	名称	评价模型	矿种	级别
Ⅲ-13-1	新疆卡拉别塔克 Pb、Zn、Fe 综合预测区	夕卡岩型铁铜硫（钼金银）矿	铁	C
		碳酸盐岩-细碎屑岩型铅锌（银）矿 SEDEX	铅、锌	
Ⅲ-13-2	新疆普昌 Fe、Pb、Zn、萤石 综合预测区	基性岩浆岩型铁铬（铜镍银）矿	铁	A
		次火山热液型金银（铅锌）矿	铅、锌	
		岩浆热液充填型萤石矿	萤石	
Ⅲ-13-3	新疆阿尔登克 Fe、萤石综合预测区	夕卡岩型铁铜硫（钼金银）矿	铁	C
		岩浆热液充填型萤石矿	萤石	
Ⅲ-13-4	新疆克孜尔 Cu、萤石综合预测区	砂岩型铜（银）矿	铜	C
		岩浆热液充填型萤石矿	萤石	
Ⅲ-13-5	新疆伽师 Cu、萤石综合预测区	砂岩型铜（银）矿	铜	B
		岩浆热液充填型萤石矿	萤石	
Ⅲ-13-6	新疆苏盖提布拉克 Fe、Pb、Zn、P 综合预测区	沉积型	铁	B
		次火山热液型金银（铅锌）矿	铅、锌	
		沉积磷稀土矿	磷	
Ⅲ-13-7	新疆库鲁克 Fe、Pb、Zn、P 综合预测区	沉积型	铁	C
		次火山热液型金银（铅锌）矿	铅、锌	
Ⅲ-13-8	新疆多斯科 P 综合预测区	岩浆型磷矿	磷	C
Ⅲ-13-9	新疆苏盖特布拉克 Fe、Au、P 综合预测区	沉积变质型铁硫矿	铁	A
		破碎蚀变岩型金矿	金	
		沉积磷稀土矿	磷	
Ⅲ-13-10	新疆兴地 Fe、Cu、Ni、Au、P 综合预测区	沉积变质型铁硫矿	铁	A
		岩浆型磷矿	磷	
		破碎蚀变岩型金矿	金	
		基性—超基性岩型铜镍（银铬）矿	镍、铜	
Ⅲ-13-11	新疆西山布拉克 Fe、Au、P 综合预测区	沉积变质型铁硫矿	铁	A
		破碎蚀变岩型金矿	金	
		沉积磷稀土矿	磷	
Ⅲ-13-12	新疆库鲁克塞 Fe 综合预测区	沉积变质型铁硫矿	铁	A
Ⅲ-13-13	新疆兴地 Fe 综合预测区	沉积变质型铁硫矿	铁	C
Ⅲ-13-14	新疆克孜尔卡甫 Fe 综合预测区	夕卡岩型铁铜硫（钼金银）矿	铁	C

（三）敦煌成矿区

1. 区域矿产特征

该带已发现铁、金、钨、铜、铅、锌、锰、银、磷、菱镁矿、重晶石矿等，矿产地200余处，主要产出于晚古生代，成因类型主要为沉积变质型、夕卡岩型、海相火山岩型、岩浆型、碳酸盐岩-细碎屑岩型、现代内陆盐湖型、热液型。

2. 矿产预测类型

该成矿带参与预测的矿种为铁、锰、铜、镍、铅、锌、钨、金、银、磷、硼、钾盐、萤石、菱镁矿、重晶石。预测方法类型为变质型、侵入岩体型、层控内生型、综合内生型、沉积型，主要特征见表5-2-27。

表 5-2-27　矿产预测模型特征简表

序号	矿产评价模型	矿种	成矿时代	主要预测要素	矿产预测类型	典型矿床
1	沉积变质型铁硫矿	铁	青白口纪晚期	低绿片岩相浅变质岩系，主要岩性有绿泥绢云片岩、含铁石英岩、黑云石英片岩、石英砂岩，复式向斜之次级背斜，酸性侵入岩，局部磁异常高值区	红山式沉积变质型铁矿	红山铁矿
2	夕卡岩型铁铜硫（钼金银）矿	铁	海西中晚期	海相碎屑岩夹碳酸盐岩建造，辉绿岩，断裂和侵入岩构造裂隙，正磁异常	古堡泉式热液型铁矿	古堡泉铁矿
3	夕卡岩型铅锌银（铜铁）矿	铜、铅、锌	奥陶纪	变质沉积岩中建造，斑状二长岩、正长花岗岩，北西西—近东西向断裂破碎带，接触带夕卡岩，Cu、Pb、As、Mn、Sn、Zn组合异常	花牛山式夕卡岩型铅锌矿	辉铜山铜矿、花牛山铅锌矿
4	基性—超基性岩型铜镍（银铬）矿	铜、镍	加里东中期	基性—超基性岩体，角闪橄榄岩、辉岩橄榄岩、辉长岩、角闪辉长岩，区域性断裂带，Cu、Ni元素异常	黑山式岩浆型铜镍矿	黑山铜镍矿
5	与中酸性、酸性浅成或超浅成侵入岩有关的斑岩型铜钼金银矿	铜	海西中晚期	屑岩建造-灰岩-安山岩-流纹岩建造，酸性火山岩-流纹斑岩，北西向背斜北翼及断裂构造，主赋矿流纹斑岩体及其外接触带浅变质围岩，Cu、Pb、Zn、As组合异常	白山堂式斑岩型铜矿	白山堂铜矿
6	碳酸盐岩-细碎屑岩型铅锌银矿SEDEX	铅、锌	海西期	浅海-半深海砂泥岩-碳酸盐岩-基性火山岩建造和变质岩建造，赋矿斜长变粒岩夹大理岩、斜长石英片岩，Pb、Zn、Ag化探异常	掉石沟式沉积-改造型铅锌矿	掉石沟铅锌矿
7	与侵入岩有关热液型金矿	金	海西期、燕山期	石英片岩、二云片岩及花岗岩、石英闪长岩，北西西向断裂构造，复式花岗岩，Au、As、Ag、Mo元素异常	新老金厂式破碎蚀变岩型金矿	新金厂金矿、小西弓金矿
8	与中酸性岩浆热液有关的脉状银金铜矿床	银	海西中晚期	硅化角砾状结晶灰岩、结晶灰岩、泥砂质板岩，压扭性断裂及次一级断裂，中—酸性侵入岩，Au、Ag、Pb、Zn元素异常	南泉式热液型银矿	南泉银金矿
9	夕卡岩-云英岩型钨锡萤石（银钼）矿	钨	海西中晚期、燕山中期	中—酸性侵入岩及基性辉长岩，裂隙、断层破碎带，夕卡岩-云英岩化带，W化探异常与钨自然重砂异常	玉山式夕卡岩（云英岩）-石英脉型钨矿	玉山钨矿、小独山钨矿

续表 5-2-27

序号	矿产评价模型	矿种	成矿时代	主要预测要素	矿产预测类型	典型矿床
10	沉积型锰矿	锰	震旦纪、早寒武世	海相含锰碳酸盐岩-硅质泥质岩建造，断裂及褶皱构造	大红山式沉积改造型锰矿	大红山锰矿、玉石山锰矿
11	现代盐湖型钾盐	钾盐、硼	第四纪全新世	断（凹）陷盆地，现代内陆盐湖，第四系全新统湖积层及化学沉积建造	西湖式现代盐湖型硼矿	西湖（西羊水）硼矿点
12	岩浆热液充填型萤石矿	萤石	海西中期	砾岩-砂岩-酸性火山岩-灰岩建造，赋矿为砾岩、砂岩、灰岩，复背斜的次一级构造，F元素异常	神螺山式热液充填型萤石矿	神螺山萤石矿
13	镁质碳酸盐型菱镁矿	菱镁矿	海西中期	白云石大理岩建造，断裂构造，中酸性脉岩，向斜的核部	四道红山式热液交代型菱镁矿	四道红山菱镁矿
14	与岩浆热液有关的脉状热液型重晶石矿	重晶石	海西期	砂岩、砾岩建造，花岗细晶岩脉，层位构造控矿	双鹰山式热液充填型重晶石矿	双鹰山重晶石矿
15	海相火山喷发沉积型铁铜硫矿	铁	早二叠世	陆相火山岩建造，闪长岩-辉长岩-辉绿岩，侵入岩构造及褶皱构造，磁异常	磁海式海相火山岩型铁矿	磁海铁矿
16	基性—超基性岩型铜镍（银铬）矿	铜、镍	中二叠世	基性—超基性杂岩体，深大断裂，赋矿岩石辉橄岩、橄榄岩、纯橄岩、橄长岩、橄榄辉长岩、辉长岩，铜镍组合化探异常，重、磁异常，遥感环形构造	坡北式基性超基性岩型铜镍矿	坡十铜镍矿、红石山铜镍矿
17	破碎蚀变岩型金矿	金	晚石炭世	凝灰质砂岩、凝灰质板岩、玄武岩、糜棱岩及碎裂岩；深大断裂及韧性剪切带，Au、As、Sb、Hg 地球化学异常组合，遥感羟基异常	红十井式破碎蚀变岩型金矿	红十井金矿
18	沉积磷稀土矿	磷	早寒武世	浅海相沉积细碎屑岩-碳酸岩盐建造，硅质岩-碳酸岩地层赋矿，磷、钒元素化探异常	平台山式海相沉积型磷矿	平台山磷矿
19	沉积型锰矿	锰	早寒武世	以海相碎屑岩、硅质岩沉积建造，含锰硅质岩，Mn 化探异常，软锰矿重砂异常	大水式海相沉积型锰矿	大水钴锰矿

3. 综合预测区圈定

该带共圈出铁、锰、铜、镍、金等综合预测区 24 个，其中 A 级 11 个，B 级 5 个，C 级 8 个（表 5-2-23）。

表 5-2-28 敦煌（地块）成矿带综合预测区统计表

编号	名称	评价模型	矿种	级别
Ⅲ-15-1	新疆白玉山 Fe、钾盐综合预测区	夕卡岩型铁铜硫（钼金银）矿	铁	C
		现代盐湖型钾盐	钾盐	

续表 5-2-28

编号	名称	评价模型	矿种	级别
Ⅲ-15-2	新疆红石山 Cu、Ni、Fe 综合预测区	沉积变质型铁硫矿	铁	A
		基性—超基性岩型铜镍（银铬）矿	铜、镍	
Ⅲ-15-3	新疆淤泥河 Fe、Cu、Ni、Au 综合预测区	沉积变质型铁硫矿	铁	C
		基性—超基性岩型铜镍（银铬）矿	铜、镍	
		破碎蚀变岩型金矿	金	
Ⅲ-15-4	新疆坡北 Cu、Ni、Au、Fe 综合预测区	沉积变质型铁硫矿	铁	A
		基性—超基性岩型铜镍（银铬）矿	铜、镍	
		破碎蚀变岩型金矿	金	
Ⅲ-15-5	新疆大水 Fe、Mn、P、钾盐综合预测区	沉积变质型铁硫矿	铁	A
		现代盐湖型钾盐	钾盐	
		沉积磷稀土矿	磷	
		沉积型锰矿	锰	
Ⅲ-15-6	新疆花坪东 P、钾盐综合预测区	沉积磷稀土矿	磷	C
		现代盐湖型钾盐	钾盐	
		沉积型锰矿	锰	
Ⅲ-15-7	新疆磁海 Fe、Mn、P 综合预测区	海相火山喷发沉积型铁铜硫矿	铁	A
		现代盐湖型钾盐	钾盐	
		沉积磷稀土矿	磷	
		沉积型锰矿	锰	
Ⅲ-15-8	新疆白山 Fe 综合预测区	夕卡岩型铁铜硫（钼金银）矿	铁	C
Ⅲ-15-9	新疆土梁道 Fe 综合预测区	夕卡岩型铁铜硫（钼金银）矿	铁	C
Ⅲ-15-10	甘肃省小独山 W 综合预测区	夕卡岩-云英岩型钨锡萤石（银钼）矿	钨	B
Ⅲ-15-11	甘肃省方山口 P 综合预测区	沉积磷稀土矿	磷	C
Ⅲ-15-12	甘肃省玉石山 Mn 综合预测区	沉积型锰矿	锰	B
Ⅲ-15-13	甘肃省大山头南 Cu、Ni 综合预测区	与中酸性、酸性浅成或超浅成侵入岩有关的斑岩型铜钼金银矿	铜	C
		基性—超基性岩型铜镍（银铬）矿	镍	
Ⅲ-15-14	甘肃省狼山 Ag 综合预测区	与中酸性岩浆热液有关的脉状银金铜矿床	银	C
Ⅲ-15-15	甘肃省辉铜山-花牛山 Cu、Pb、Zn、Ag 综合预测区	夕卡岩型铅锌银（铜铁）矿	铜、铅、锌、银	A
Ⅲ-15-16	甘肃省老金厂 Fe、Au 综合预测区	沉积变质型铁硫矿	铁	A
		与侵入岩有关的热液型金矿	金	
Ⅲ-15-17	甘肃省红山 Fe、P 综合预测区	沉积变质型铁硫矿	铁	A
		沉积磷稀土矿	磷	
Ⅲ-15-18	甘肃省红山五矿区 Fe、Mn、重晶石矿综合预测区	沉积变质型铁硫矿	铁	B
		沉积型锰矿	锰	
		与岩浆热液有关的脉状热液型重晶石矿	重晶石	

续表 5-2-28

编号	名称	评价模型	矿种	级别
Ⅲ-15-19	甘肃省大红山-双鹰山 Cu、Ni、Mn、P、重晶石矿综合预测区	基性—超基性岩型铜镍（银铬）矿	铜、镍	A
		沉积型锰矿	锰	
		与岩浆热液有关的脉状热液型重晶石矿	重晶石	
		沉积磷稀土矿	磷	
Ⅲ-15-20	甘肃省五峰山 Fe 综合预测区	夕卡岩型铁铜硫（钼金银）矿	铁	B
Ⅲ-15-21	甘肃省玉门关-西湖钾盐综合预测区	现代盐湖型钾盐	钾盐	B
			硼	
Ⅲ-15-22	甘肃省红柳峡-掉石沟 Fe、Pb、Zn 综合预测区	沉积变质型铁硫矿	铁	A
		碳酸盐岩-细碎屑岩型铅锌银矿 SEDEX	铅	
			锌	
Ⅲ-15-23	甘肃省小西弓-跃进山 Au、W 综合预测区	破碎蚀变岩型金矿	金	A
		夕卡岩-云英岩型钨锡萤石（银钼）矿	钨	
Ⅲ-15-24	甘肃省四道红山-白山堂 Cu、W、Fe、菱镁矿、萤石矿综合预测区	与中酸性、酸性浅成或超浅成侵入岩有关的斑岩型铜钼金银矿	铜	A
		夕卡岩-云英岩型钨锡萤石（银钼）矿	钨	
		夕卡岩型铁铜硫（钼金银）矿	铁	
		镁质碳酸盐型菱镁矿	菱镁矿	
		岩浆热液充填型萤石矿	萤石	

（四）塔里木盆地成矿区

1. 区域矿产特征

该成矿区内各类矿产地 159 处，其中超大型矿床 1 处、大型矿床 24 处、中型矿床 26 处、小型矿床 54 处。优势矿种为石油、天然气、煤、铁、铜、锰、钾盐。成因类型有砂岩型、岩浆型、海相沉积型、现代盐湖型等。典型矿床有滴水砂（砾）岩型铜矿、罗布泊现代盐湖型钾盐矿。

2. 矿产预测类型

塔里木盆地成矿区预测矿种有铜、铁、铅、锌、锰、钾盐和自然硫。预测评价模型有砂岩型铜（银）矿、现代盐湖型钾盐矿、沉积型锰矿、沉积型自然硫矿。预测类型有侵入岩体型和沉积型，主要特征见表 5-2-29。

表 5-2-29　矿产预测模型特征简表

序号	矿产评价模型	矿种	成矿时代	主要预测要素	矿产预测类型	典型矿床
1	砂岩型铜（银）矿	铜	上新世	沉积盆地咸水湖陆棚区，沉积建造以砂岩建造为主，褶皱构造，Cu 化探异常，遥感影像	滴水式砂岩型铜矿	滴水铜矿、康村铜矿、庀拜铜矿

续表 5-2-29

序号	矿产评价模型	矿种	成矿时代	主要预测要素	矿产预测类型	典型矿床
2	现代盐湖型钾盐矿	钾盐	第四纪	全新统湖相化学沉积建造,封闭的现代盐湖,盐湖化学沉积盐类和碎屑沉积	罗布泊式现代盐湖型钾盐矿	腾龙钾盐矿
3	沉积型锰矿	锰	早寒武世	浅海相火山-碎屑岩含矿建造,灰黑色含锰灰岩	杜瓦式海相沉积型锰矿	杜瓦锰矿
4	沉积型自然硫矿	硫	中泥盆世	碳酸盐-硫酸盐岩建造,北西向断裂及其次级断裂造成地层及油气藏破裂,含矿层位石膏岩含油气黏土岩白云质灰岩	硫磺山式自然硫型硫矿	塔格拉克、玉力群硫矿
5	基性岩浆岩型铁铬(铜镍银)型	铁	早二叠世	基性—超基性岩体,北东向断裂构造、侵入岩构造、沉积构造,含矿岩性中-粗粒辉长岩,铁锰化探异常区,重、磁异常	瓦吉尔塔格式岩浆型铁矿	瓦吉尔塔格铁矿
6	砂砾岩型铅锌银矿	铅、锌	中新世	碎屑岩与碳酸盐岩交接部位,褶皱断裂构造,铅锌银化探异常	乌拉根式砂砾岩型铅锌矿	乌拉根铅锌矿

3. 综合预测区圈定

塔里木盆地成矿区共圈出 11 个多矿种综合预测区,其中 A 级 3 个,B 级 4 个,C 级 4 个(表 5-2-30)。

表 5-2-30　塔里木盆地成矿区综合预测区统计表

编号	名称	评价模型	矿种	级别
Ⅲ-16-1	新疆乌拉根 Pb、Zn、Cu 综合预测区	砂岩型铜(银)矿	铜	A
		砂砾岩型铅锌银矿	铅、锌	
Ⅲ-16-2	新疆瓦吉尔塔格 Fe 综合预测区	基性岩浆岩铁铬(铜镍银)矿	铁	A
Ⅲ-16-3	新疆玉力群 S 综合预测区	沉积型自然硫矿	硫	B
		沉积型锰矿	锰	
Ⅲ-16-4	新疆杜瓦 Mn、S 综合预测区	沉积型锰矿	锰	B
		沉积型自然硫矿	硫	
Ⅲ-16-5	新疆塔格拉克 Cu、S 综合预测区	砂岩型铜(银)矿	铜	B
		沉积型自然硫矿	硫	
Ⅲ-16-6	新疆黑英山 Cu 综合预测区	砂岩型铜(银)矿	铜	C
Ⅲ-16-7	新疆依其克里克 Cu 综合预测区	砂岩型铜(银)矿	铜	C
Ⅲ-16-8	新疆康村 Cu 综合预测区	砂岩型铜(银)矿	铜	B
Ⅲ-16-9	新疆大洼地钾盐综合预测区	现代盐湖型钾盐矿	钾盐	C
Ⅲ-16-10	新疆罗北凹地钾盐综合预测区	现代盐湖型钾盐矿	钾盐	A
Ⅲ-16-11	新疆罗南钾盐综合预测区	现代盐湖型钾盐矿	钾盐	C

(五)铁克里克成矿带

1. 区域矿产特征

该带已发现44个矿种,矿产地162处,具体包括煤、铁、锰、铬、铜、铅、锌、汞、金、铀、金刚石、石墨、自然硫、硫铁矿、水晶、石棉、云母、长石、(硬)石膏、冰洲石、菱镁矿、萤石、玉石、石灰岩、白云岩、石英岩、脉石英、黏土、橄榄岩、蛇纹岩、大理岩、矿盐、磷等。金属矿化以铅、锌、铜、金为主,金刚石次之。主要产出于古元古代、中泥盆世。成因类型主要为与碳酸盐-碎屑岩有关的层控型、岩浆热液型、沉积变质型。

2. 矿产预测类型

该成矿带参与预测的矿种为铅、锌、铁、银。预测方法类型为变质型和层控内生型,主要特征见表5-2-31。

表5-2-31 矿产预测模型特征简表

序号	矿产评价模型	矿种	成矿时代	主要预测要素	矿产预测类型	典型矿床
1	沉积变质型铁硫矿	铁	古元古代	浅变质陆缘碎屑岩沉积建造,陆源碎屑岩夹中酸性火山岩及碳酸盐岩,航磁异常,铁染、羟基异常	布穹式沉积变质型铁矿	布穹铁矿
2	碳酸盐岩-细碎屑岩型铅锌银矿SEDEX	铅、锌、银	中泥盆世	陆棚浅海相碎屑岩和碳酸盐岩建造,赋矿岩石为灰质白云岩、角砾状灰质白云岩,次一级褶皱转折端或构造变动强烈处、古含水层,Pb、Zn、Ag、Cd、Pb、Zr元素组合异常	卡兰古式海相火山岩型铅锌矿	卡兰古、塔木铅锌矿

3. 综合预测区圈定

该成矿带共圈出Pb、Zn、Ag、Fe综合预测区4个,其中A级1个,B级1个,C级2个(表5-2-32)。

表5-2-32 新疆铁克里克成矿带综合预测区统计表

编号	名称	评价模型	矿种	级别
Ⅲ-17-1	新疆卡兰古Pb、Zn综合预测区	碳酸盐岩-细碎屑岩型铅锌银矿SEDEX	铅	A
			锌	
			银	
Ⅲ-17-2	新疆卡拉吐什Pb、Zn综合预测区	碳酸盐岩-细碎屑岩型铅锌银矿SEDEX	铅	C
			锌	
			银	
Ⅲ-17-3	新疆布穹Fe综合预测区	沉积变质型铁硫矿	铁	B
Ⅲ-17-4	新疆米提孜河Fe综合预测区	沉积变质型铁硫矿	铁	C

(六)阿尔金成矿带

1. 区域矿产特征

该带已发现矿产地58处,其中大型矿床9处、中型矿床8处、小型矿床13处,其余为矿点。区内矿产种类以铁、铜、铅、锌、金、银、石棉、玉石为主,稀有及稀土金属、白云母、铬、镍、铂族元素、钒、钛、硫铁矿等次之。优势矿种为石棉、金、铜、玉石、铁。主要产出于古生代,成因类型主要为火山-沉积变质型、岩浆熔离型、热液型和斑岩型。

2. 矿产预测类型

该带参与预测的矿种为铁、铜、铅、锌、金、钾盐、银、镍、硼、硫。预测方法类型为火山岩型、变质型、沉积型、侵入岩体型,主要特征见表 5-2-33。

表 5-2-33 矿产预测模型特征简表

序号	矿产评价模型	矿种	成矿时代	主要预测要素	矿产预测类型	典型矿床
1	海相火山喷发沉积型铁铜硫矿	铁、钼	早石炭世	浅变质海相碎屑岩夹碳酸盐岩、火山岩碎屑岩建造,上叠火山盆地,深大断裂,磁异常,遥感羟基异常	喀拉大湾式海相火山岩型铁矿	英格布拉克铁矿、喀拉大湾铁(钼)矿
2	沉积变质型铁硫矿	铁	中奥陶世	类复理石岩建造-碎屑岩-碳酸盐岩建造-中基性火山岩建造,航磁异常的正磁异常范围	迪木那里克式沉积变质型铁矿	迪木那里克铁矿、苏巴里克铁矿
3	海相火山岩型铜锌(银铅金)矿 VHMS	铜、铅、锌、银	早石炭世、长城纪	双峰式火山岩-碎屑岩-碳酸盐岩建造,火山构造-变形变质构造-线状构造-侵入岩构造,铜化探异常	卡特里西式海相火山岩型铜矿	拉配泉铜矿
4	海相火山岩型铜锌(银铅金)矿 VHMS	铅、锌、银、硫	晚寒武世	玄武岩-安山岩-流纹岩建造,赋矿岩性为深灰色绢云绿泥千枚岩夹灰黑色千枚岩局部夹玄武岩-石英岩-含化石灰岩-硅化大理岩,区域性断裂,Pb、Zn、Cu 综合异常	喀腊达坂式海相火山岩型铅锌矿	喀腊达坂铅锌矿
5	破碎蚀变岩型金矿	金	长城纪	浅海相沉积的碳酸盐岩-火山岩-细碎屑岩-浅绿色变质岩建造,以硅化-碳酸盐化-黄铁矿化为主的构造破碎蚀变带,断裂控制的杂色构造破碎岩,Au、Sb、Hg、As 等元素组合异常	祥云式破碎蚀变岩型金矿	祥云金矿
6	现代盐湖型钾盐	钾、硼	第四纪	全新统湖相化学沉积建造,封闭的现代盐湖,盐湖化学沉积盐类和碎屑沉积	乌苏硝式现代盐湖型钾盐矿	乌苏硝钾盐矿
7	基性—超基性岩型铜镍(银铬)矿	镍	早石炭世	深大断裂旁侧,基性—超基性杂岩,重力、航磁异常	秦布拉克式基性—超基性岩型镍矿	秦布拉克镍矿

3. 综合预测区圈定

该带圈定了 7 个综合预测区,其中 A 级预测区 3 个,B 级预测区 2 个,C 级预测区 2 个(表 5-2-34)。

表 5-2-34 阿尔金成矿带综合预测区统计表

编号	名称	评价模型	矿种	级别
Ⅲ-19-1	新疆奏布拉克 Ni 综合预测区	基性—超基性岩型铜镍（铂铬）矿	镍	C
Ⅲ-19-2	新疆迪木那里克 Fe 综合预测区	沉积变质型铁硫矿	铁	A
Ⅲ-19-3	新疆苏巴里克 Fe 综合预测区	沉积变质型铁硫矿	铁	A
Ⅲ-19-4	新疆乌苏硝 Be、钾盐综合预测区	现代盐湖型钾盐	钾盐	B
			硼	
Ⅲ-19-5	新疆盘龙沟 Fe、Au 综合预测区	沉积变质型铁硫矿	铁	B
		破碎蚀变岩型金矿	金	
Ⅲ-19-6	新疆大通沟 Fe 综合预测区	沉积变质型铁硫矿	铁	C
Ⅲ-19-7	新疆喀腊达坂 Fe、Cu、Pb、Zn、Au、Ag、S 综合预测区	海相火山喷发沉积型铁铜硫矿	铁	A
		海相火山岩型铜锌（银铅金）矿 VHMS	铜、铅、锌、银、硫	
		破碎蚀变岩型金矿	金	

四、华北成矿省

华北成矿省在西北地区主要位于陕西、宁夏和甘肃北部，包括鄂尔多斯盆地及其西缘造山带和阿拉善地块南部地区，主要成矿作用有与阿拉善结晶基底及古陆缘相关的铁、铜镍、铅锌矿（前寒武纪），与中生代构造热隆起岩浆活动相关的钼、金矿，鄂尔多斯盆地晚古生代沉积型铁、铝矿等。区内鄂尔多斯盆地（成矿区）是我国重要的石油、天然气、煤大型资源基地和主要产区，其周缘优势矿种为铜镍、钼、金等，成矿时代以前寒武纪为主，晚古生代和中生代次之。重要矿产类型有沉积变质型铁矿（红柳峡铁矿）、基性—超基性岩型铜镍矿（金川铜镍矿）、岩浆热液充填型萤石矿（七坝泉萤石矿）、沉积磷矿（苏峪口磷矿）、夕卡岩型磁铁矿（木龙沟铁矿）、石英脉型金矿（桐峪金矿）、斑岩型钼矿（金堆城钼矿）。该成矿省进一步划分出 5 个Ⅲ级成矿带，共圈出铁、铜、铝、镍、钨、钼、金、银、稀土、磷、硫、萤石等综合预测区 17 个，其中，A 级 3 个，B 级 8 个，C 级 6 个（图 5-2-4）。

（一）阿拉善成矿带

1. 区域矿产特征

该带已发现矿产地 48 处，以铜镍为主，次为萤石、锰、铁、铅锌、磷矿等。主要产出于元古宙、古生代。成因类型主要为基性—超基性岩型、沉积变质型和岩浆热液型。

2. 矿产预测类型

该带参与预测的矿种为铁、铜、镍、银、磷、硫、萤石。预测方法类型为变质型、侵入岩体型，主要特征见表 5-2-35。

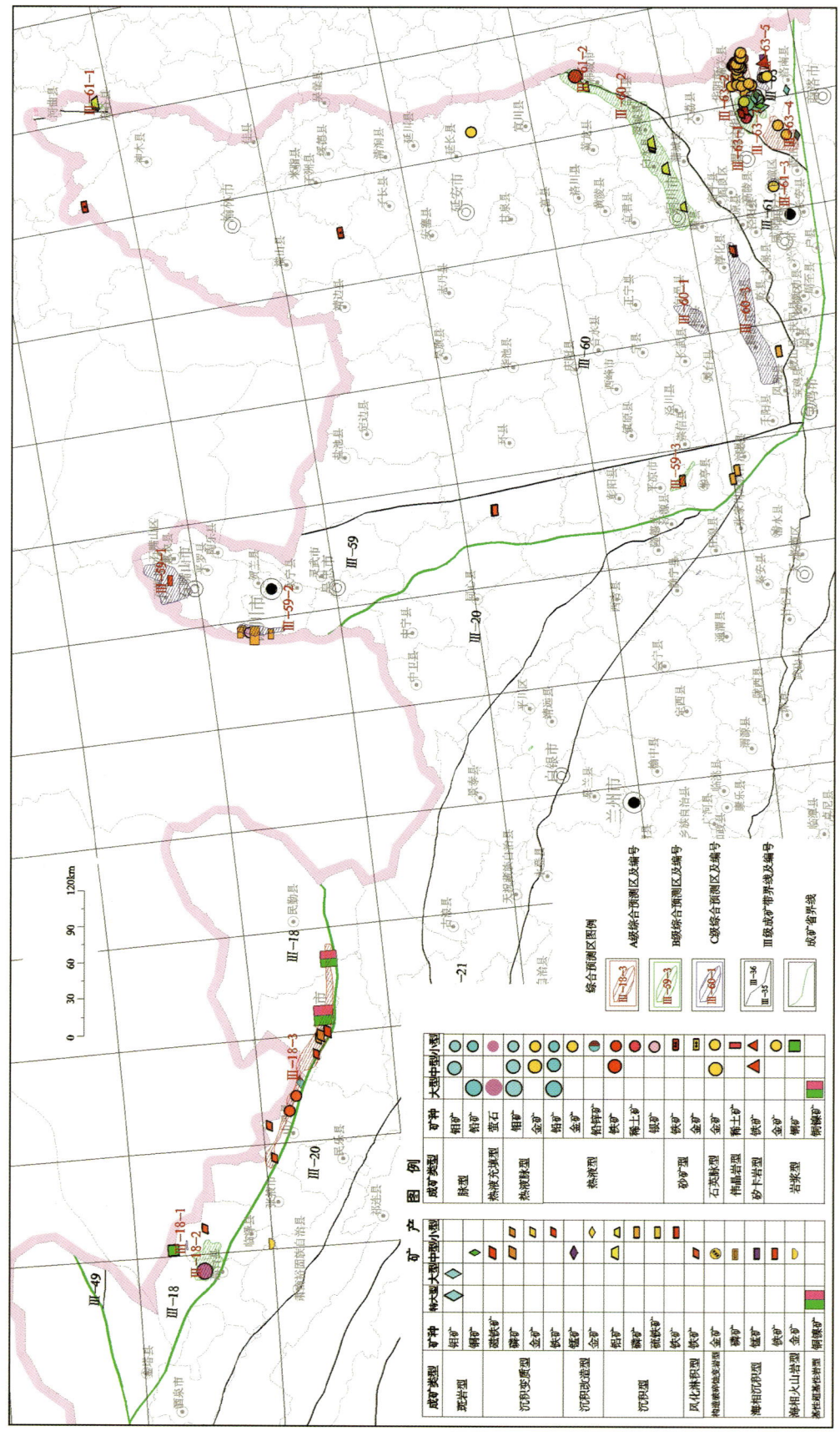

图 5-2-4 华北成矿省重要矿产与综合预测区分布图

表 5-2-35 矿产预测模型特征简表

序号	矿产评价模型	矿种	成矿时代	主要预测要素	矿产预测类型	典型矿床
1	基性岩浆岩型铁铬（铜镍银）矿	铁	板凳沟：加里东晚期。高家峡：加里东晚期	碳酸盐-碎屑岩-火山岩建造，超基性—基性侵入体，由角闪岩、闪长岩组成，角闪岩为成矿母岩，北西向断裂、褶皱构造，角闪岩体内的裂隙为成矿构造，磁异常	板凳沟式岩浆型铁矿	板凳沟磁铁矿
2	基性—超基性岩型铜镍（银铬）矿	铜、镍、银、硫	中-新元古代	超镁铁岩建造，纯橄榄岩、含辉橄榄岩和二辉橄榄岩等组合，赋矿纯橄岩，含辉橄榄岩、二辉橄榄岩，航磁异常正负相伴，重力高，Cu、Ni、Co、Au、Ag、Mn、Mo、V、La等元素异常	金川式岩浆型铜矿	金川铜镍矿
3	岩浆热液充填型萤石矿	萤石	海西晚期	变质碎屑岩建造，基性侵入岩，南北背斜及断裂构造，赋矿母岩为斜长片麻岩，F元素异常	七坝泉式热液充填型	七坝泉萤石矿

3. 综合预测区圈定

该成矿带共圈出铁、镍、铜、硫、磷、萤石、银多矿种综合预测区3个，其中A级1个，B级2个（表5-2-36）。

表 5-2-36 阿拉善成矿带综合预测区统计表

编号	名称	评价模型	矿种	级别
Ⅲ-18-1	甘肃省板凳沟Fe综合预测区	基性岩浆岩铁铬（铜镍银）矿	铁	B
Ⅲ-18-2	甘肃省七坝泉萤石矿综合预测区	岩浆热液充填型萤石矿	萤石	B
Ⅲ-18-3	甘肃省龙首山Cu、Ni、Fe、P、Ag硫铁矿综合预测区	基性—超基性岩型铜镍（银铬）矿	铜、镍、铁、银、磷、硫	A

（二）鄂尔多斯西缘成矿带

1. 区域矿产特征

该带已发现铁、金、磷、煤、冶镁白云岩、电石用石灰岩、硅石矿、石膏矿。主要产出于元古宙、古生代。成因类型主要为海相沉积型、沉积变质型。

2. 矿产预测类型

该带参与预测矿种有铁、金、铝土矿、磷。预测方法类型为沉积型、复合内生型，主要特征见表5-2-37。

表 5-2-37 矿产预测模型特征简表

序号	矿产评价模型	矿种	成矿时代	主要预测要素	矿产预测类型	典型矿床
1	沉积型铁矿	铁	青白口纪	海相碎屑岩建造，赋矿石英砂砾岩、粉砂岩-泥岩、铁质岩建造、硅质泥岩-硅质岩	王全口式沉积型铁矿	王全口铁矿
2	破碎蚀变岩型金矿	金	贺兰山群	片麻岩类、混合岩类建造，断裂构造，断层破碎带中有强烈硅化、黄铁矿化、褐铁矿化、绢云母化和绿泥石化，辉绿岩脉、石英脉，Au、Ag、Cu、Zn 元素异常	牛头沟式破碎蚀变岩-石英脉型	牛头沟金矿
3	沉积—水硬铝石型铝土矿	铝	晚石炭世	黏土岩、铝土岩（矿）铁质岩类建造、古风化壳、剩余重力异常	孝义克俄式古风化壳沉积型铝矿	大台子铝土矿
4	沉积型磷稀土矿	磷	寒武纪	海相碎屑-碳酸盐岩含磷建造，地层层位控矿	辛集式沉积型	苏峪口磷矿

3. 综合预测区圈定

该带共圈出多矿种综合预测区 3 个，其中 B 级预测区 1 个（Ⅲ-59-3 甘肃省大台子铝土矿综合预测区，沉积—水硬铝石型铝土矿床），C 级预测区 2 个（Ⅲ-59-1 宁夏牛头沟 Au-Fe 综合预测区，破碎蚀变岩型金矿、沉积型铁矿；Ⅲ-59-2 宁夏苏峪口 P-Fe 综合预测区，沉积磷稀土矿、沉积型铁矿）。

（三）鄂尔多斯成矿区

1. 区域矿产特征

区内矿产以煤、天然气、石油、岩盐为主，次为碳酸盐岩（包括水泥灰岩、化工灰岩）、油页岩、铁矿、铝土矿、黏土（陶瓷黏土和耐火黏土）、硫铁矿等。矿产地 38 处，其中铁矿产地 28 个，铝土矿矿产地 6 个，磷矿产地 1 个，硫铁矿矿产地 3 个。主要产出于晚古生代，成矿类型主要为沉积型。

2. 矿产预测类型

该成矿带参与预测的矿种为铁、铝、硫，预测方法类型为沉积型，主要特征见表 5-2-38。

表 5-2-38 矿产预测模型特征简表

序号	矿产评价模型	矿种	成矿时代	主要预测要素	矿产预测类型	典型矿床
1	沉积型铁矿	铁	石炭纪、早中二叠世	湖滨相含煤建造，奥陶纪灰岩古侵蚀面	口镇式沉积型铁矿	口镇铁矿
2	沉积型硫铁矿	硫	石炭纪	含煤碎屑岩建造、不整合界线	三眼桥式沉积型硫铁矿	三眼桥硫铁矿
3	沉积—水硬铝石型铝土矿	铝	晚石炭世	黏土岩、铝土岩（矿）铁质岩类建造、古风化壳、剩余重力异常	天桥则式古风化壳沉积型铝土矿	曹村铝土矿

3. 综合预测区圈定

该带共圈定了铁、铝、硫多矿种综合预测区 3 个,其中 B 级预测区 1 个(Ⅲ-60-2 陕西省澄城县硫铁矿铝土矿综合预测区,沉积型硫铁矿、沉积—水硬铝石型铝土矿),C 级预测区 2 个(Ⅲ-60-1 陕西省太村镇硫铁矿综合预测区,沉积型硫铁矿;Ⅲ-60-3 陕西省冯寺镇铁矿综合预测区,沉积型铁矿)。

(四)山西成矿带

1. 区域矿产特征

区内矿产以沉积型大型煤、油页岩、岩盐等矿产为主。能源矿产主要与中生代地层有关,岩盐主要产于奥陶系马家沟组碳酸盐岩-蒸发岩建造中,以及产于石炭系—二叠系中的铝土矿、黏土岩和黄铁矿、太古宇涑水群中的热液型磁铁矿、与花岗岩侵入作用有关的钨矿。

2. 矿产预测类型

该带参与预测的矿种为铝土矿、铁和钨,预测方法类型为沉积型和复合内生型。主要特征见表 5-2-39。

表 5-2-39 矿产预测模型特征简表

序号	矿产评价模型	矿种	成矿时代	主要预测要素	矿产预测类型	典型矿床
1	沉积变质型铁硫矿	铁	太古宙	太古宙混合岩化深变质岩系,北东向裂隙构造,航磁正高值异常	阳山庄式热液型磁铁矿	韩城市阳山庄铁矿
2	沉积一水硬铝石型铝土矿床	铝	石炭纪	碳酸盐岩台地,不整合地质界线,黏土岩、铝土矿类组合	天桥则式沉积型铝土矿	天桥则铝土矿
3	与花岗岩体有关的大脉、细脉带、网脉(浸染)型锡(钼)矿	钨	侏罗纪	侵入岩主要为侏罗纪黑云母花岗岩,断裂构造,钨化探异常三级浓度带内带	大蛇沟式石英脉型钨矿	大蛇沟钨矿

3. 综合预测区圈定

该带共圈出铝、硫、钨综合预测区 3 个,其中 B 级 2 个(Ⅲ-61-1 陕西省府谷铝土矿综合预测区,沉积一水硬铝石型铝土矿床;Ⅲ-61-2 陕西省韩城 Fe 综合预测区,沉积变质型铁硫矿),C 级 1 个[Ⅲ-61-3 陕西省临潼 W 综合预测区,与花岗岩体有关的大脉、细脉带、网脉(浸染)型锡(钼)矿床]。

(五)华北陆块南缘成矿带

1. 区域矿产特征

该带已发现矿种金、钼、铁、铅、锌、钨、铀、钽、石墨、蛭石、水晶、钾长石等。优势矿种为金、钼。成因类型主要为石英脉型、构造蚀变岩型、斑岩型,成矿时代以中生代为主。

2. 矿产预测类型

该成矿带参与预测的矿种为铁、金、钨、稀土、钼。预测方法类型为侵入岩体型、复合内生型,主要特征见表 5-2-40。

表 5-2-40　矿产预测模型特征简表

序号	矿产评价模型	矿种	成矿时代	主要预测要素	矿产预测类型	典型矿床
1	夕卡岩型铁铜硫（钼金银）矿	铁	燕山期	中酸性岩浆活动地带，闪长岩、花岗闪长岩，碳酸盐岩建造，压扭性断裂，高磁异常	木龙沟式夕卡岩型磁铁矿	洛南县木龙沟铁矿
2	绿岩建造型金矿	金	晚燕山期	黑云斜长片麻岩变质建造、角闪斜长片麻岩变质建造，近东西向的大型脆韧性剪切构造，大型复背斜，花岗岩及各类中基性岩脉，Au、Pb 单元素化探异常	桐峪 Q8 式石英脉型金矿	桐峪金矿
3	与中酸性、酸性浅成或超浅成侵入岩有关的斑岩型钼矿	钼	燕山期	花岗斑岩、二长花岗斑岩、钾长花岗斑岩，区域性北东—北西西向断裂，Mo 元素化探异常，辉钼矿 I 级异常	金堆城式斑岩型钼矿	金堆城钼矿
4	与岩浆热液作用有关脉型钼矿	钼	印支期	浅变质伴有中基性火山喷发的浅海相碎屑岩建造，断裂和节理构造，Mo 元素化探异常	大石沟式热液脉型钼矿	大石沟钼矿
5	与花岗岩体有关的大脉、细脉带、网脉（浸染）型锡（钼）矿	钨	侏罗纪	侵入岩主要为侏罗纪黑云母花岗岩，断裂构造，钨化探异常三级浓度带内带	大蛇沟式石英脉型钨矿	清峪钨矿
6	岩浆型稀土矿	稀土	海西期—燕山期	断裂构造，侵入岩浆活动	驾鹿式伟晶岩型稀土矿	驾鹿稀土矿

3. 综合预测区圈定

该带共圈出铁、金、钨、钼、稀土矿多矿种综合预测区 5 个，其中 A 级预测区 2 个，B 级预测区 2 个，C 级预测区 1 个（表 5-2-41）。

表 5-2-41　华北陆块南缘成矿带综合预测区统计表

编号	名称	评价模型	矿种	级别
Ⅲ-63-1	陕西省五龙山 Mo 综合预测区	与中酸性、酸性浅成或超浅成侵入岩有关的斑岩型钼矿	钼	B
Ⅲ-63-2	陕西省桐峪 Au、W、稀土矿综合预测区	绿岩建造型金矿	金	A
		与花岗岩体有关的大脉、细脉带、网脉（浸染）型锡（钼）矿床	钨	
		岩浆型稀土矿	稀土	
Ⅲ-63-3	陕西省金堆镇 Mo、W 综合预测区	与中酸性、酸性浅成或超浅成侵入岩有关的斑岩型钼矿	钼	B
		与花岗岩体有关的大脉、细脉带、网脉（浸染）型锡（钼）矿床	钨	

续表 5-2-41

编号	名称	评价模型	矿种	级别
Ⅲ-63-4	陕西省二郎山 Au、Mo、W、稀土矿综合预测区	绿岩建造型金矿	金	A
		与岩浆热液作用有关脉型钼矿	钼	
		与花岗岩体有关的大脉、细脉带、网脉(浸染)型锡(钼)矿床	钨	
		岩浆型稀土矿	稀土	
Ⅲ-63-5	陕西省石坡镇 Mo、Fe 矿综合预测区	与岩浆热液作用有关的脉型钼矿	钼	C
		夕卡岩型铁铜硫(钼金银)矿	铁	

第三节 特提斯成矿域

一、秦岭成矿省

秦岭成矿省位于秦祁昆中央山系中东段的陕西南部、甘肃南部和青海东南部地区,是长期分隔中国华北与扬子两大陆块的分界线。该成矿省经历了太古宙—古元古代原始陆核形成、中新元古代原始陆壳裂解与拼合、古生代—中三叠世俯冲碰撞、晚三叠世—白垩系陆内造山、新生代隆升5个构造演化阶段,物质组成和结构构造复杂。主要成矿作用有与中生代构造热隆起岩浆活动相关的钼、金矿,与陆缘盆地相关的铅锌矿、磷、重晶石等。区内金、铅锌、铜、铁、钼(钨)、汞锑等矿种具有比较明显的优势,其中金、铅锌矿最具优势和找矿潜力的矿种,中生代构造热隆起是重要壳源型金属矿产重要成矿有利部位,岩浆活动为金矿形成提供了热源。成矿时代以中生代为主,晚古生代次之。重要矿产类型有海相火山岩型铜矿(铜峪铜矿),碳酸盐岩-细碎屑岩型铅锌矿(厂坝铅锌矿、铅洞山铅锌矿),海相沉积岩型重晶石矿(水坪重晶石矿),海相火山岩型铅锌矿(下拉地铅锌矿),碳酸盐岩中热液型锑矿(崖湾锑矿、蔡凹汞锑矿),破碎蚀变岩型金矿(柴家庄金矿),微细浸染型(卡林型)金矿(大桥金矿),构造角砾岩型金矿(双王金矿)。该成矿省进一步划分出4个Ⅲ级成矿带,共圈出铁、锰、铬、铜、铅、锌、镍、钨、钼、金、银、锂、磷、硫、重晶石、萤石等综合预测区93个,其中,A级34个,B级28个,C级31个(图5-3-1)。

(一)北秦岭成矿带

1. 区域矿产特征

该成矿带已发现矿种有铜、锌、锰、铁、铅、锑、铬、钼、钨、镍、锂等金属矿产20余种。晶质石墨、夕线石、红柱石、磷灰石、透辉石、黄铁矿、萤石及云母、镁杆栏砂等非金属矿产15种,共发现矿床40余处。成因类型主要为花岗伟晶岩型、基性—超基性岩型、构造蚀变岩型。成矿时代以古生代为主。

2. 矿产预测类型

该成矿带参与预测的矿种为铁、铜、金、锑、钨、铬、锂、钼、镍(钴)、磷、萤石,预测方法类型为火山岩型、变质型、侵入岩体型、复合内生型,主要特征见表5-3-1。

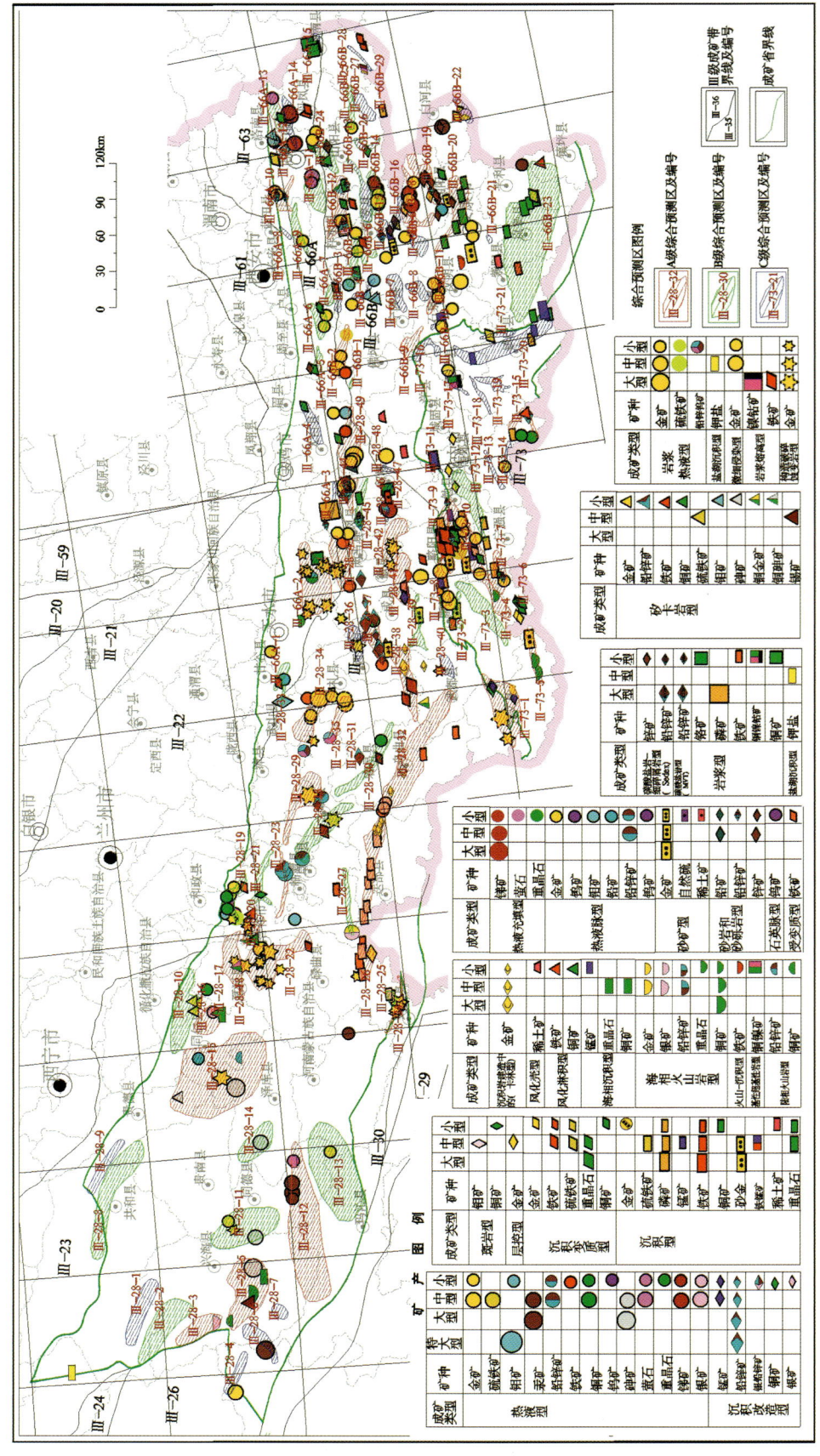

图 5-3-1 秦岭成矿省和扬子成矿省（部分）重要矿产与综合预测区分布图

表 5-3-1 矿产预测模型特征简表

序号	矿产评价模型	矿种	成矿时代	主要预测要素	矿产预测类型	典型矿床
1	海相火山岩型铜锌（银铅金）矿 VHMS	铜	奥陶纪	安山质火山碎屑岩-安山岩建造、安山角砾岩-凝灰岩建造，受火山机构和火山岩相控制，铜矿物自然重砂异常	铜峪式海相火山岩型铜矿	铜峪铜矿
2	破碎蚀变岩型金银矿	金	印支期	花岗岩建造，碎屑岩夹基性火山岩建造，复式深成杂岩体，韧性剪切带，Au、Ag、Cu、Pb、Zn 综合异常	金牛坪式构造-蚀变岩型金矿	金牛坪金矿
3	碳酸盐岩中热液型锑矿	锑	加里东-海西期	浅海陆棚相碎屑岩-碳酸盐岩建造，Sb 的次生晕异常，重砂异常	蔡凹锑矿	蔡凹汞锑矿
4	与花岗岩体有关的大脉、细脉带、网脉（浸染）型锡（钼）矿	钨	印支期晚期	变质岩建造，中粒二长花岗岩，围岩构造裂隙，钨-铋-钼-铅综合异常，钨矿物异常	大蛇沟大脉型钨矿	大蛇沟钨矿
5	与超基性岩有关的侵入岩体型铬矿	铬	中—新元古代	超基性岩体，纯橄岩、橄榄岩及条带状斜方辉橄、纯橄榄岩-方辉橄榄岩赋矿，Cr、Ni、Co、Fe_2O_3 单元素化探异常，铬矿矿物重砂异常	松树沟式超基性岩浆型铬铁矿	松树沟铬矿
6	岩浆热液充填型萤石矿	萤石	印支期晚期	中酸性岩体，黑云母角闪石英二长岩，北西西向断裂、北东向断裂，化探异常，重砂异常	玉石坡式低温热液型充填型萤石矿	玉石坡萤石矿
7	硬岩型锂矿	锂	加里东期	斜长角闪片岩夹大理岩建造，白云母花岗伟晶岩，深大断裂及其次级断裂，岩脉与深大断裂有关，矿体严格受岩脉控制，铍次生晕异常	凤凰寨式花岗伟晶岩型锂矿	凤凰寨锂矿
8	沉积变质型铁硫矿	铁	中生代	古生代关子镇蛇绿岩，沉积变质变形构造，低角闪岩相斜长角闪片岩夹磁铁石英岩建造，褐铁矿化蚀变带，具有较明显梯度带的磁异常	陈家庙式沉积变质型铁矿	范家寺铁矿
9	岩浆型磷矿	磷	早古生代	超基性—碱性杂岩体，岩体受断裂带控制，矿体严格受岩体控制，化探异常，环形构造	九子沟式岩浆型磷矿	九子沟磷矿
10	基性—超基性岩型铜镍（银铬）矿	镍	晚古生代	超基性岩体，复式背斜及次级褶皱和近东西向主断裂及其旁侧次级断裂交会复合，Ni、Co、Cu、S 化探异常，磁异常	煎茶岭式超基性镍硫化物型镍（钴）矿	岩湾镍（钴）矿
11	与岩浆热液作用有关脉型钼矿	钼	燕山期	地表有含矿岩体，Mo 元素化探异常分布	桂林沟式热液脉型钼矿	静峪—黄草坪一带钼矿

3. 综合预测区圈定

该带共圈出金、钼、钨、铬等多矿种综合预测区15个,其中A级3个,B级7个,C级5个(表5-3-2)。

表5-3-2 北秦岭成矿带综合预测区统计表

编号	名称	评价模型	矿种	级别
Ⅲ-66A-1	甘肃省范家寺Fe综合预测区	沉积变质型铁硫矿	铁	B
Ⅲ-66A-2	甘肃省大店沟Au综合预测区	破碎蚀变岩型金矿	金	A
Ⅲ-66A-3	陕西省红花铺磷矿综合预测区	岩浆型磷矿	磷	C
		基性—超基性岩型铜镍(银铬)矿	镍	
Ⅲ-66A-4	陕西省杜家村Li、Cu综合预测区	硬岩型锂矿	锂	C
		海相火山岩型铜锌(银铅金)矿VHMS	铜	
Ⅲ-66A-5	陕西省娘娘山Cr、Au、Ni、Cu综合预测区	与超基性岩有关的侵入岩体型铬矿	铬	B
		基性—超基性岩型铜镍(银铬)矿	镍、铜	
		破碎蚀变岩型金矿	金	
Ⅲ-66A-6	陕西省黑虎咀Cr、Au、Ni、Cu综合预测区	与超基性岩有关的侵入岩体型铬矿	铬	B
		破碎蚀变岩型金矿	金	
		基性—超基性岩型铜镍(银铬)矿	镍	
		海相火山岩型铜锌(银铅金)矿VHMS	金	
Ⅲ-66A-7	陕西省光头山Mo综合预测区	与岩浆热液作用有关脉型钼矿	钼	B
Ⅲ-66A-8	陕西省官上Mo、W综合预测区	与岩浆热液作用有关脉型钼矿	钼	C
		与花岗岩体有关的大脉、细脉带、网脉(浸染)型锡(钼)矿	钨	
Ⅲ-66A-9	陕西省云台山Cr、Au、Ni、W综合预测区	与超基性岩有关的侵入岩体型铬矿	铬	B
		破碎蚀变岩型金矿	金	
		基性—超基性岩型铜镍(银铬)矿	镍	
		与花岗岩体有关的大脉、细脉带、网脉(浸染)型锡(钼)矿	钨	
Ⅲ-66A-10	陕西省黑龙口Pb、Zn、Cu、W综合预测区	海相火山岩型铜锌(银铅金)矿VHMS	铅、锌	A
		与花岗岩体有关的大脉、细脉带、网脉(浸染)型锡(钼)矿	钨	
Ⅲ-66A-11	陕西省秦王山Mo、W、萤石矿综合预测区	与岩浆热液作用有关脉型钼矿	钼	B
		与花岗岩体有关的大脉、细脉带、网脉(浸染)型锡(钼)矿	钨	
		岩浆热液充填型萤石矿	萤石	
Ⅲ-66A-12	陕西省崎头山Mo、Pb、Zn、Cu、W、萤石矿综合预测区	与岩浆热液作用有关的脉型钼矿	钼	A
		海相火山岩型铜锌(银铅金)矿VHMS	铜、铅、锌	
		夕卡岩型铜铅锌(银钼)矿	铜	
		与花岗岩体有关的大脉、细脉带、网脉(浸染)型锡(钼)矿	钨	
		岩浆热液充填型萤石矿	萤石	

续表 5-3-2

编号	名称	评价模型	矿种	级别
Ⅲ-66A-13	陕西省蟒岭 Cu、Pb、Zn、W、萤石矿综合预测区	与花岗岩体有关的大脉、细脉带、网脉（浸染）型锡（钼）矿	钨	B
		海相火山岩型铜锌（银铅金）矿 VHMS	铜、铅、锌	
		岩浆热液充填型萤石矿	萤石	
Ⅲ-66A-14	陕西省蔡川镇 Sb 综合预测区	碳酸盐岩中热液型锑矿	锑	C
Ⅲ-66A-15	陕西省玉皇寨 Cr、Li、Ni 综合预测区	与超基性岩有关的侵入岩体型铬矿	铬	C
		硬岩型锂矿	锂	
		基性—超基性岩型铜镍（银铬）矿	镍	

（二）南秦岭成矿带东段

1. 区域矿产特征

该成矿带矿产种类较多，金属矿产以金、铅、锌、银、铜、铁、钛、钒等为主，非金属矿产以重晶石、滑石、石墨、白云母、蓝石棉、金红石、黄铁矿、石煤为主，是陕西省重要的有色金属和黄金产地。成矿时代以古生代、中生代为主。成因类型主要为碳酸盐岩型、破碎蚀变岩型、岩浆热液型、夕卡岩型、沉积型。

2. 矿产预测类型

该带参与预测的矿种为铁、铜、铅、锌、金、钼、银、锑、铬、硫、磷、重晶石。预测方法类型为沉积型、火山岩型、复合内生型、侵入岩体型、变质型，主要特征见表 5-3-3。

表 5-3-3 矿产预测模型特征简表

序号	矿产评价模型	矿种	成矿时代	主要预测要素	矿产预测类型	典型矿床
1	夕卡岩型铜铅锌（银钼）矿	铜	印支期	碎屑岩-碳酸盐岩建造，以花岗岩为主的小岩体群出现，向斜构造，Cu 化探异常、自然重砂异常	小河口式夕卡岩型铜矿	小河口铜矿
2	海相火山岩型铜锌（银铅金）矿 VHMS	铜	晚侏罗世	碱基性火山-沉积岩建造，碱基性火山-沉积岩中具多期活动的断裂，电法异常，Cu 化探异常	小镇式海相火山岩型铜矿	小镇铜矿
3	碳酸盐岩-细碎屑岩型铅锌银矿 SEDEX	铅、锌、银	中-晚泥盆世、印支期—燕山期	碳酸盐岩台地边缘相和浅海相，灰岩、千枚岩夹灰岩建造，背斜鞍部、两翼及层间裂隙，Pb、Zn 化探异常、重砂异常	铅硐山式碳酸盐岩-细碎屑岩型铅锌矿	铅硐山铅锌矿
4	碳酸盐岩-细碎屑岩型铅锌银矿 SEDEX	铅、锌、银	中泥盆世、印支期	浅海台地局部滞流环境，含碳泥质灰岩，珊瑚生物灰岩，构造挤压破碎带，Pb、Zn 化探异常、重砂异常	锡铜沟式碳酸盐岩-细碎屑岩型铅锌矿	锡铜沟铅锌矿
5	碳酸盐岩-细碎屑岩型铅锌银矿 SEDEX	铅、锌、银	早-中奥陶世、印支期	浅海台地相，中厚层-块状微细晶白云岩建造，矿层位及近东西向断层控矿，Pb、Zn 化探异常、重砂异常	东川式碳酸盐岩-细碎屑岩型铅锌矿	东川大沟铅锌矿

续表 5-3-3

序号	矿产评价模型	矿种	成矿时代	主要预测要素	矿产预测类型	典型矿床
6	碳酸盐岩-细碎屑岩型铅锌银矿 SEDEX	铅、锌	志留纪、海西期	千枚岩夹灰岩建造,背斜的翼部,近北西西向、近东西向顺层断裂,背斜翼部及层间裂隙控矿近东西向断裂	泗人沟式细碎屑岩型铅锌矿	泗人沟铅锌矿
7	碳酸盐岩-细碎屑岩型铅锌银矿 SEDEX	铅、锌	中-晚泥盆世、印支期	陆棚局限盆地相,灰色绢云千枚岩、千枚状绢云板岩、(粉砂质)板岩、角岩化粉砂岩建造,层位及近东西向断裂	桐木沟式细碎屑岩型锌矿	桐木沟锌矿
8	沉积建造型金矿	金	燕山期	含碳绢云母石英片岩及黑云母变斑晶绢云母石英片岩建造,中酸性岩体,断层的次级构造-劈理化带,Au化探异常,重砂异常	黄龙式微细浸染型金矿	黄龙金矿
9	沉积建造型金矿	金	中泥盆世	滨海沉积建造,复背斜与近东西向脆韧性断裂,Au、As、Hg、Sb化探异常,遥感解译的色斑、绢云母化、硅化	惠家沟式微细浸染型金矿	惠家沟金矿
10	沉积建造型金矿	金	印支期	赋矿地层薄层灰岩、粉砂质页岩建造,东西向韧性剪切变形构造和北东向、北西向断裂构造,Au、As、Hg、Sb化探异常	金龙山式微细浸染型金矿	金龙山金矿
11	沉积建造型金矿	金	印支期	黑色岩系,暗紫色硅质岩、灰黑色硅质板岩、灰质白云岩建造,断裂带及次级断裂,Au、As、Hg、Sb化探异常	夏家店式热液型金矿	夏家店金矿
12	变碎屑岩地层中热液型金矿	金	燕山期	千枚岩变质建造,酸性岩体,近东西向韧脆性剪切带,Au化探异常	马鞍桥式构造蚀变岩型金矿	马鞍桥金矿
13	与中酸性岩浆热液有关的脉状银金铜矿	银	海西期—印支期	中酸性火山-沉积建造,赋矿变泥质粉砂岩、凝灰质粉砂岩、含砾变石英角斑质凝灰岩、白云岩、含铁泥砂质白云岩、硅化石英片岩,背斜核部东西向轴面劈理带,Pb、Au、Ag、Hg化探异常,黄铁矿矿物自然重砂异常	大兴式热液型银矿	大兴银金矿
14	碳酸盐岩-细碎屑岩型铅锌银矿 SEDEX	银	中泥盆世	浅深海-半深海相,碳质千枚岩、千枚岩夹铁白云绢云结晶灰岩建造,北东向同生断裂,Ag、Pb、Zn化探异常,铅矿物自然重砂异常	银洞子式沉积型银矿	银洞子银矿
15	碳酸盐岩中热液型锑矿	锑	燕山期	碎屑-碳酸盐岩建造,受层位控制、断层及裂隙控制,Sb化探异常	西坡岭锑矿	西坡岭汞锑矿
16	碳酸盐岩中热液型锑矿	锑	燕山期	盆地边缘半封闭的潟湖环境,白云岩、少量黏土质白云岩建造,复式背斜与断裂复合部位次级断层破碎带,Hg、Sb、Ba、Pb、Zn化探异常,辰砂、辉锑矿自然重砂异常,重力异常低缓区,磁异常低缓区或负异常区	青铜沟锑矿	青铜沟汞锑矿

续表 5-3-3

序号	矿产评价模型	矿种	成矿时代	主要预测要素	矿产预测类型	典型矿床
17	与岩浆热液作用有关脉型钼矿	钼	燕山期	碎屑-碳酸盐岩建造,燕山期二长花岗岩,钾长花岗岩,侵入体接触带及断裂节理,夕卡岩赋矿,重力推断断裂,Mo元素异常,辉钼矿自然重砂异常,铁染异常	桂林沟式热液脉型钼矿	桂林沟钼矿
18	沉积磷稀土矿	磷	寒武纪	浅海陆棚环境,海相碎屑-碳酸盐岩含磷建造,单斜构造	胡家沟式沉积型磷矿	胡家沟磷矿
19	沉积变质型硫铁矿	硫	海西期	浅海陆棚相,粉砂岩、变泥钙质石英细砂岩含矿建造,断裂的次级北西西向断层,剩余重力异常、布格重力异常	月西式沉积变质型硫铁矿	月西硫铁矿
20	沉积型层状重晶石矿	重晶石	早震旦世—早寒武世	缺氧的深海-半深海环境,碳硅质岩、碳酸盐岩建造,赋矿碳硅质岩建造层位,重磁异常,Ba化探异常,重晶石单矿物异常	水坪式海相沉积岩型重晶石矿	水坪重晶石矿
21	沉积型层状重晶石矿	重晶石	晚震旦世—早寒武世	缺氧的深海-半深海环境,碳硅质岩建造层位,负磁异常,Ba化探异常,重晶石单矿物异常	石梯式海相沉积岩型重晶石矿	石梯重晶石矿
22	沉积型铁矿	铁、重晶石	泥盆纪	碎屑-碳酸盐含铁建造,磁异常	大西沟式沉积型铁重晶石矿	大西沟铁矿、西沟重晶石矿
23	基性岩浆岩型铁铬(铜镍银)矿	铁	晋宁期—加里东期	基性岩带侵入岩中穹隆构造,赋矿基性辉长岩,高磁异常	毕机沟式岩浆型磁铁矿	毕机沟铁矿

3. 综合预测区圈定

该带共圈出金、铁、铜、铅、锌、钼、汞、锑等综合预测区29个,其中A级7个、B级7个、C级15个(表5-3-4)。

表 5-3-4 南秦岭成矿带东段综合预测区统计表

编号	名称	评价模型	矿种	级别
Ⅲ-66B-1	陕西省厚珍子Pb、Zn、Ag综合预测区	碳酸盐岩-细碎屑岩型铅锌银矿SEDEX	铅、锌、银	B
Ⅲ-66B-2	陕西省厢营坪Au、Cu综合预测区	变碎屑岩地层中热液型金矿	金	A
		海相火山岩型铜锌(银铅金)矿VHMS	铜	
Ⅲ-66B-3	陕西省栈房Au、Mo综合预测区	变碎屑岩地层中热液型金矿	金	C
		与岩浆热液作用有关脉型钼矿	钼	
Ⅲ-66B-4	陕西省旬阳坝Au、Mo、Pb、Ag综合预测区	沉积建造型金矿	金	C
		与岩浆热液作用有关脉型钼矿	钼	
		碳酸盐岩-细碎屑岩型铅锌银矿SEDEX	铅、银	

续表 5-3-4

编号	名称	评价模型	矿种	级别
Ⅲ-66B-5	陕西省石翁子 Au、Mo、Pb、Zn、Ag 综合预测区	沉积建造型金矿	金	B
		与岩浆热液作用有关脉型钼矿	钼	
		碳酸盐岩-细碎屑岩型铅锌银矿 SEDEX	铅、锌、银	
Ⅲ-66B-6	陕西省白家口 Au 综合预测区	沉积建造型金矿	金	B
Ⅲ-66B-7	陕西省宁陕东 Au、Mo、Zn 综合预测区	沉积建造型金矿	金	C
		与岩浆热液作用有关的脉型钼矿	钼	
		碳酸盐岩-细碎屑岩型铅锌银矿 SEDEX	锌	
Ⅲ-66B-8	陕西省夏家砭子 Zn 综合预测区	碳酸盐岩-细碎屑岩型铅锌银矿 SEDEX	锌	C
Ⅲ-66B-9	陕西省小罐子 Au、Pb、Zn、Ag 综合预测区	沉积建造型金矿	金	A
		碳酸盐岩-细碎屑岩型铅锌银矿 SEDEX	铅、锌、银	
Ⅲ-66B-10	陕西省石泉县 Au 综合预测区	沉积建造型金矿	金	C
Ⅲ-66B-11	陕西省五泉岭 Au 综合预测区	沉积建造型金矿	金	A
Ⅲ-66B-12	陕西省凤凰寨 Fe、Cu、Zn、Ag、重晶石矿综合预测区	沉积型铁矿	铁	A
		海相火山岩型铜锌(银铅金)矿 VHMS	铜	
		沉积型层状重晶石矿	重晶石	
		碳酸盐岩-细碎屑岩型铅锌银矿 SEDEX	锌、银	
Ⅲ-66B-13	陕西省玉皇顶 Au、Pb、Sb、Ag 综合预测区	沉积建造型金矿	金	C
		碳酸盐岩中热液型锑矿	锑	
		碳酸盐岩-细碎屑岩型铅锌银矿 SEDEX	铅、银	
Ⅲ-66B-14	陕西省熨斗滩 Au、Sb、硫铁矿综合预测区	沉积建造型金矿	金	B
		沉积变质型铁硫矿	硫	
		碳酸盐岩中热液型锑矿	锑	
Ⅲ-66B-15	陕西省松树沟口 Pb、Zn、Ag、硫铁矿综合预测区	沉积变质型铁硫矿	硫	C
		碳酸盐岩-细碎屑岩型铅锌银矿 SEDEX	铅、锌、银	
Ⅲ-66B-16	陕西省熨斗滩南硫铁矿综合预测区	沉积变质型铁硫矿	硫	C
Ⅲ-66B-17	陕西省木耳山 Au、Pb、Ag 综合预测区	沉积建造型金矿	金	C
		碳酸盐岩-细碎屑岩型铅锌银矿 SEDEX	铅、银	
Ⅲ-66B-18	陕西省柳树沟口 Au、Pb、Sb、Ag 综合预测区	沉积建造型金矿	金	A
		碳酸盐岩中热液型锑矿	锑	
		碳酸盐岩-细碎屑岩型铅锌银矿 SEDEX	铅、银	
Ⅲ-66B-19	陕西省蜀河镇 Au、Pb、Zn、Ag 综合预测区	沉积建造型金矿	金	A
		碳酸盐岩-细碎屑岩型铅锌银矿 SEDEX	铅、锌、银	
Ⅲ-66B-20	陕西省神河镇 Au、Zn、重晶石综合预测区	沉积建造型金矿	金	A
		沉积型层状重晶石矿	重晶石	
		碳酸盐岩-细碎屑岩型铅锌银矿 SEDEX	锌	

续表 5-3-4

编号	名称	评价模型	矿种	级别
Ⅲ-66B-21	陕西省流水镇 Au 综合预测区	沉积建造型金矿	金	C
Ⅲ-66B-22	陕西省玉皇庙 Ag 综合预测区	与中酸性岩浆热液有关的脉状钨金铜矿	银	C
Ⅲ-66B-23	陕西省岚皋县 Fe、Cu、硫铁矿、重晶石矿综合预测区	沉积变质型铁硫矿	硫	B
		基性岩浆岩铁铬(铜镍银)矿	铁	
		海相火山岩型铜锌(银铅金)矿 VHMS	铜	
		沉积型层状重晶石矿	重晶石	
Ⅲ-66B-24	陕西省后台山 Fe、Cu、Zn、Ag、重晶石矿综合预测区	沉积型铁矿	铁	B
		夕卡岩型铜铅锌(银钼)矿	铜	
		沉积型层状重晶石矿	重晶石	
		碳酸盐岩-细碎屑岩型铅锌银矿 SEDEX	锌	
		与中酸性岩浆热液有关的脉状钨金铜矿	银	
Ⅲ-66B-25	陕西省天竺山东 Au、Pb、Zn、Ag、P 综合预测区	沉积建造型金矿	金	B
		沉积磷稀土矿	磷	
		碳酸盐岩-细碎屑岩型铅锌银矿 SEDEX	铅、锌、银	
Ⅲ-66B-26	陕西省大天竺山 Pb、Sb、Zn、Ag 综合预测区	碳酸盐岩-细碎屑岩型铅锌银矿 SEDEX	铅、银	C
		碳酸盐岩中热液型锑矿	锑	
Ⅲ-66B-27	陕西省龙山 Pb、Zn、Ag 综合预测区	碳酸盐岩-细碎屑岩型铅锌银矿 SEDEX	铅、锌、银	C
Ⅲ-66B-28	陕西省扁担山东区	碳酸盐岩-细碎屑岩型铅锌银矿 SEDEX	铅、银	C
Ⅲ-66B-29	陕西省广竹山 P、Pb、Ag 综合预测区	沉积磷稀土矿	磷	C
		碳酸盐岩-细碎屑岩型铅锌银矿 SEDEX	铅、银	

(三)南秦岭成矿带西段

1. 区域矿产特征

该成矿带已发现矿种主要有铬、铁、锰、铜、铅锌、金(银)、钨、锡、钼、汞、锑、砷、磷、萤石、重晶石、硫铁矿及煤 19 种。矿床类型有岩浆型、接触交代型、夕卡岩型、热液脉型、海相火山岩性、沉积型、沉积变质型、沉积改造型、破碎蚀变岩型、微细侵染型、风化淋滤型、砂矿型等。金属矿产的成矿时代主要集中于晚古生代—中生代。

2. 矿产预测类型

该成矿带参与预测的矿种为铁、铜、铅、锌、金、银、钼、钨、锡、锑、铬、重晶石。预测方法类型为层控内生型、复合内生型、侵入岩型、火山岩型、沉积型等,主要特征见表 5-3-5。

表 5-3-5　矿产预测模型特征简表

序号	矿产评价模型	矿种	成矿时代	主要预测要素	矿产预测类型	典型矿床
1	夕卡岩型铁铜硫（钼金银）矿	铁	燕山早期	中酸性构造岩浆岩带，中酸性侵入体外接触带透辉石类夕卡岩、大理岩及层间破碎带，磁异常	美仁式夕卡岩型铁矿	美仁磁铁矿
2	沉积型铁矿	铁	海西早期	滨浅海局限性台地边缘盆地，海相碎屑岩夹铁质砂岩沉积建造，沉积构造，铁质石英砂岩建造	黑拉式沉积型铁矿	黑拉赤铁矿
3	沉积型铁矿	铁	海西期末	边缘滨-浅海碳酸盐岩、磷铁台地，海相碎屑岩、碳酸盐岩沉积建造，沉积构造、顺层断裂构造，磁异常	查居式沉积再造型铁矿	洛大（查居）菱铁-赤铁矿
4	沉积型铁矿	铁	燕山期—喜马拉雅期	碳酸盐岩、硅质细碎屑岩建造，风化淋滤，张性断裂构造和碳酸盐岩溶洞，褐铁矿化露头	包家沟式淋滤型铁矿	包家沟褐铁矿
5	碳酸盐岩-细碎屑岩型铅锌银矿 SEDEX	铅、锌	海西晚期	碳酸盐-碎屑岩沉积建造，赋矿云母石英片岩、大理岩、石英岩、白云岩，大型脆性逆冲断裂带中逆冲剪切构造，控矿为同生断裂及滞留洼地，Pb、Zn、Cu、Ba 化探异常	厂坝式沉积，改造型铅锌矿	厂坝铅锌矿
6	碳酸盐岩-细碎屑岩型铅锌银矿 SEDEX	铅、锌	泥盆纪	碳酸盐和碎屑岩建造，赋矿碳酸盐岩层，北斜和层位，Pb、Zn、Ag 化探异常	邓家山式沉积-改造型铅锌矿	邓家山铅锌矿
7	层控碳酸盐岩型铅锌银矿 MVT	铅、锌	泥盆纪	碳酸盐和碎屑岩建造，赋矿碳酸盐岩层，背斜和层位，Pb、Zn、Ag 化探异常	代家庄式沉积-改造型铅锌矿	代家庄铅锌矿
8	海相火山岩型铜锌（银铅金）矿 VHMS	铅、锌	早石炭世晚期	浅海环境中沉积的夹有基性火山岩、黏土岩的不纯碳酸盐建造，构造裂隙，赋矿块状、条带状白云岩，Pb、Zn 化探异常	下拉地式海相火山岩型铅锌矿	下拉地铅锌矿
9	与侵入岩有关热液型金矿	金	燕山早期	绢云绿泥石板岩、变石英砂岩、变粉砂岩建造，北西向断裂破碎带，酸性复式岩体外接触带，Au、As、Sb、Ag、Pb 综合异常	李坝式岩浆热液型金矿	李坝金矿
10	与侵入岩有关热液型金矿	金	印支期末—燕山早期	变质建造，中酸性侵入体，北北东向、北北西向断裂破碎带，赋矿酸—基性"双峰式"变质火山岩（斜长角闪片岩），中酸性侵入体外接触蚀变带，Au、Ag、Cu、Zn、Mo、Bi、Sn、W 元素组合异常	柴家庄式破碎蚀变岩型金矿	柴家庄金矿

续表 5-3-5

序号	矿产评价模型	矿种	成矿时代	主要预测要素	矿产预测类型	典型矿床
11	与侵入岩有关热液型金矿	金	印支期末	变质建造，中酸性侵入体，北北东向、北北西向断裂破碎带，赋矿酸—基性"双峰式"变质火山岩（斜长角闪片岩），中酸性侵入体外接触蚀变带，Au、Ag、Cu、Zn、Mo、Bi、Sn、W 元素组合异常	大店沟式破碎蚀变岩型金矿	大店沟金矿
12	破碎蚀变岩型金矿	金	枣子沟：燕山期。鹿儿坝：印支期末—燕山早期	长英砂岩、粉砂岩及粉砂质板岩，近东西向次级压扭性断裂，花岗闪长玢岩脉，Au、Ag、As、Hg、Sb 组合异常	鹿儿坝式破碎蚀变岩型金矿	鹿儿坝金矿
13	沉积建造型金矿	金	燕山中早期和喜马拉雅早期	含硅质粉砂质板岩、含碳绢云母粉砂质板岩、碳质板岩，背斜构造，中酸性岩脉，Au、Hg、As、Sb、Ag、Li 组合异常	拉尔玛式微细浸染型（卡林型）金矿	拉尔玛金矿
14	沉积建造型金矿	金	印支期末	凝灰质板岩和含碳钙质板岩、泥质白云质生物灰岩，近东西向断裂，花岗闪长岩脉，Au、Hg、As、Sb、Ag-Li 组合异常	坪定式微细浸染型（卡林型）金矿	坪定金矿
15	沉积建造型金矿	金	印支期末—燕山期	硅质灰岩、碎屑岩、碳酸盐岩、浊积岩建造，中酸性侵入岩及脉岩，北东向和北西向区域性断裂及次级断裂裂隙，Au、Ag、As、Hg、Sb 异常	大桥式微细浸染型（卡林型）金矿	大桥金矿
16	与中酸性岩浆热液有关的银铅锌矿	银	燕山晚期或喜马拉雅早期	碎裂化、片理化的灰-泥质岩石建造，复式背斜，北北东向挤压破碎带，岩浆沿其空间侵入形成脉岩群，Pb、Zn、Ag 元素化探异常	赛日欠式热液型银矿	赛日欠银多金属矿
17	与中酸性、酸性浅成或超浅成侵入岩有关的斑岩型铜钼金银矿	铜、钼	印支期	中粒斑状二长花岗岩、细粒斑状二长花岗岩，北西西向、北北东向断裂构造，韧性逆冲剪切带，Mo、Cu、Ag、As、Bi 化探异常	温泉式斑岩型钼矿	温泉钼矿
18	夕卡岩型铅锌银（铜铁）矿	铅、锌、银	印支期	变质中基—酸性火山岩建造，断裂构造，花岗岩-花岗闪长岩，Au、Ag、As、Sb、Hg、Pb、Zn、Cd、Mo 组合异常	柳梢沟式热液型银矿	柳梢沟银多金属矿
19	与花岗岩体有关的大脉、细脉带、网脉（浸染）型锡（钼）矿	钨、锡、钼	中泥盆世	浅海相碳酸盐岩-碎屑岩建造，北西向断裂带及次级断裂，岩体的内外接触带，Ag、Cu、Zn、Sn、Bi 化探异常	雪花山式石英脉型钨矿	雪花山钨锡矿
20	碳酸盐岩中热液型锑矿	锑	印支期—燕山期	赋存于灰岩与板岩的层间断裂中，花岗闪长岩岩体，As、Au、Sb、Pb、Cu、Sn 组合异常	崖湾式碳酸盐岩中热液型锑矿	崖湾锑矿

续表 5-3-5

序号	矿产评价模型	矿种	成矿时代	主要预测要素	矿产预测类型	典型矿床
21	与岩浆热液有关的脉状热液型重晶石矿	重晶石	印支期	砂岩、灰岩、千枚岩建造，赋矿薄层灰岩夹砂岩，次级褶皱裂隙带，闪长玢岩，Ba元素异常	金临式热液充填型重晶石矿	金临重晶石矿
22	次火山热液型金银（铅锌）矿	金、银、铅、锌	印支期	华日组与日闹热组：安山岩、安山质火山角砾岩、次火山岩、隐蔽爆发角砾岩，中心式喷发的火山机构，磁异常，化探Pb、Zn元素异常	老藏沟式陆相火山岩型铅锌银（锡硫）矿	老藏沟铅锌矿
23	海相（火山-）沉积岩型铜（银金）矿 VHMS	铜、铅、锌、银	印支期	中—下三叠统隆务河组砂岩、粉砂岩、凝灰质板岩、凝灰质砂岩、大理岩、安山岩，化探Cu元素异常，Cu、Au、As、Ag组合异常	同仁地区恰冬式海相火山沉积型铜（铅锌银）矿	恰冬铜矿
24	夕卡岩型铜铅锌（银钼）矿	金、铜、铁	印支期	下二叠统果可山组、中—下三叠统隆务河组及中三叠统古浪堤组大理岩、薄层灰岩、泥钙质板岩等，印支期花岗闪长岩、斑状花岗闪长岩、似斑状二长花岗岩、闪长岩，夕卡岩化、角岩化、硅化等，磁异常，化探Cu、Au元素异常	同仁地区双朋喜式夕卡岩型金铜（铁）矿	双朋喜铜矿
25	破碎蚀变岩型金矿	金、锑	燕山期	隆务河组和古浪堤组长石砂岩、长石杂砂岩，粉砂质、泥钙质板岩及结晶灰岩，印支晚期—燕山期石英闪长岩、石英斑岩、花岗闪长岩、花岗斑岩，北西向及近东西断裂构造，蚀变硅化、黄铁矿化、辉锑矿化、毒砂矿化、绢云母化、碳酸盐化，磁法推断断裂构造，化探Au元素异常，Au、As、Sb组合异常	瓦勒根式破碎蚀变岩型金锑（砷）矿	瓦勒根金矿
26	碎屑岩地层中热液型锑金多金属矿	锑	早三叠世	海相陆源碎屑岩，北东向断裂构造，锑矿化与硅化强度呈正相关，Hg、As、Sb元素明显富集	东大滩式碎屑岩地层中热液型锑矿	同德地区锑矿
27	夕卡岩-云英岩型钨锡萤石（银钼）矿	钨、锡、钼	印支期	中二叠统切吉组碎屑岩建造、碳酸岩建造，印支期闪长岩、闪长玢岩、花岗岩，东西向构造，化探Sn、Zn、Pb、Mn组合异常，磁法、电法异常	日龙沟式夕卡岩型锡矿	日龙沟锡多金属矿床
28	夕卡岩型铜钼铁硫（金银）矿	铜	印支期—燕山期	斑状二长岩、正长花岗岩，断裂破碎带，接触带夕卡岩，Cu、Pb、As、Mn、Sn、Zn组合异常	辉铜山式夕卡岩型铜矿	德乌鲁铜矿
29	砂金矿	金	第四纪	现代河流、第四纪冲洪积层，金化探异常	碧口式砂金矿	镡家河砂金矿

续表 5-3-5

序号	矿产评价模型	矿种	成矿时代	主要预测要素	矿产预测类型	典型矿床
30	基性岩浆岩型铁铬（铜镍银）矿	铬	泥盆纪	富镁-超镁质超基性岩体，橄榄岩、辉长岩、席状基性岩墙和基性熔岩以及海相沉积物构成的"三位一体"岩体组合，深大断裂派生的北西西和南西西分枝断裂交叉部位，自然重砂异常	楼房沟式超基性岩浆型铬铁矿	茶店子铬矿

3. 综合预测区圈定

该带共圈出金、银、铜、钼、铅、锌等多矿种综合预测区 49 个，其中 A 级 24 个，B 级 14 个，C 级 11 个（表 5-3-6）。

表 5-3-6 南秦岭成矿带西段综合预测区统计表

编号	名称	评价模型	矿种	级别
Ⅲ-28-1	青海省兴海县玛温根 Au、Mo、Pb、Zn 综合预测区	破碎蚀变岩型金矿	金	C
		与花岗岩体有关的大脉、细脉带、网脉（浸染）型锡（钼）矿	钼	
		海相火山岩型铜锌（银铅金）矿 VHMS	铅、锌	
Ⅲ-28-2	青海省兴海县很琼沟 Au、Mo、Pb、Cu、W、Sn、Zn、Ag 综合预测区	破碎蚀变岩型金矿	金	B
		与花岗岩体有关的大脉、细脉带、网脉（浸染）型锡（钼）矿	钼、钨、锡	
		海相火山岩型铜锌（银铅金）矿 VHMS	铅、铜、锌、银	
Ⅲ-28-3	青海省兴海县索拉沟 Mo、Pb、Cu、W、Zn、Ag 综合预测区	与中酸性、酸性浅成或超浅成侵入岩有关的斑岩型铜钼金银矿	钼	A
		海相火山岩型铜锌（银铅金）矿 VHMS	铅、锌、银、铜	
		与花岗岩体有关的大脉、细脉带、网脉（浸染）型锡（钼）矿	钨	
Ⅲ-28-4	青海省玛多县坑得弄舍 Cu、硫铁矿综合预测区	海相火山岩型铜锌（银铅金）矿 VHMS	硫	C
			铜	
Ⅲ-28-5	青海省兴海县铜裕沟 Au、Mo、Pb、Sb、Cu、W、Sn、Zn、Ag、硫铁矿综合预测区	破碎蚀变岩型金矿	金	A
		碎屑岩地层中热液型锑金多金属矿	锑	
		夕卡岩-云英岩型钨锡萤石（银钼）矿	钨、锡、钼	
		海相火山岩型铜锌（银铅金）矿 VHMS	锌、银、铅、硫、铜	
Ⅲ-28-6	青海省兴海县苦海 Au、Sb、Cu、Sn、Ag、硫铁矿综合预测区	破碎蚀变岩型金矿	金	C
		碎屑岩地层中热液型锑金多金属矿	锑	
		海相火山岩型铜锌（银铅金）矿 VHMS	硫、铜、银	
		与花岗岩体有关的大脉、细脉带、网脉（浸染）型锡（钼）矿	锡	
Ⅲ-28-7	青海省郝穷 Sb 综合预测区	碎屑岩地层中热液型锑金多金属矿	锑	C

续表 5-3-6

编号	名称	评价模型	矿种	级别
Ⅲ-28-8	青海省共和县当家寺 Pb、Cu、W、Zn 综合预测区	海相火山岩型铜锌（银铅金）矿 VHMS	铅、铜、锌	B
		夕卡岩-云英岩型钨锡萤石（银钼）矿	钨	
Ⅲ-28-9	青海省湟源县哈乙亥 Cu 综合预测区	海相（火山-）沉积岩型铜（银金）矿 VHMS	铜	C
Ⅲ-28-10	青海省循化县谢坑 Cu 综合预测区	与中酸性、酸性浅成或超浅成侵入岩有关的斑岩型铜钼金银矿	铜	B
Ⅲ-28-11	青海省兴海县吉浪滩 Au、W、Ag 综合预测区	破碎蚀变岩型金矿	金	B
		碎屑岩地层中热液型锑金多金属矿	锑	
		夕卡岩-云英岩型钨锡萤石（银钼）矿	钨	
		次火山热液型金银（铅锌）矿	银	
Ⅲ-28-12	青海省同德县穆黑沟 Au、Sb 综合预测区	破碎蚀变岩型金矿	金	A
		碎屑岩地层中热液型锑金多金属矿	锑	
Ⅲ-28-13	青海省同德县石藏寺 Au、Sb 综合预测区	破碎蚀变岩型金矿	金	B
		碎屑岩地层中热液型锑金多金属矿	锑	
Ⅲ-28-14	青海省泽库县夺确壳 Au、Pb、W、Zn 综合预测区	破碎蚀变岩型金矿	金	B
		与花岗岩体有关的大脉、细脉带、网脉（浸染）型锡（钼）矿床	钨	
		海相火山岩型铜锌（银铅金）矿 VHMS	铅、锌	
Ⅲ-28-15	青海省泽库县瓦勒根 Au、Pb、Sb、Cu、W、Zn、Ag 综合预测区	破碎蚀变岩型金矿	金	A
		海相火山岩型铜锌（银铅金）矿 VHMS	铅、锌、银	
		碎屑岩地层中热液型锑金多金属矿	锑	
		海相火山岩型铜锌（银铅金）矿 VHMS	铜	
		夕卡岩-云英岩型钨锡萤石（银钼）矿	钨	
Ⅲ-28-16	青海省同仁县恰冬 Au、Pb、Sb、Cu、Zn 综合预测区	破碎蚀变岩型金矿	金	A
		夕卡岩型铅锌银（铜铁）矿	铅、锌	
		碳酸盐岩中热液型锑矿	锑	
		夕卡岩型铜钼铁硫（金银）矿	铜	
Ⅲ-28-17	甘肃省龙得岗 Cu 综合预测区	与中酸性、酸性浅成或超浅成侵入岩有关的斑岩型铜钼金银矿	铜	A
		夕卡岩型铁铜硫（钼金银）矿	铁	
Ⅲ-28-18	甘肃省阿姨山 Au、Cu、硫铁矿综合预测区	夕卡岩型铜钼铁硫（金银）矿	金、铜、硫	A
Ⅲ-28-19	甘肃省卡加沙格 Fe、硫铁矿综合预测区	夕卡岩型铁铜硫（钼金银）矿	铁	B
			硫	
Ⅲ-28-20	甘肃省德乌鲁 Au、Fe、Cu 综合预测区	夕卡岩型铜钼铁硫（金银）矿	金、铁、铜	A
Ⅲ-28-21	甘肃省尼克江 Fe、Cu 综合预测区	与中酸性、酸性浅成或超浅成侵入岩有关的斑岩型铜钼金银矿	铁、铜	B

续表 5-3-6

编号	名称	评价模型	矿种	级别
Ⅲ-28-22	甘肃省枣子沟 Au、Cu、Sb 综合预测区	破碎蚀变岩型金矿	金	A
		夕卡岩型铜钼铁硫（金银）矿	铜	
		碳酸盐岩中热液型锑矿	锑	
Ⅲ-28-23	甘肃省下拉地 Au、Pb、Zn 综合预测区	与侵入岩有关热液型金矿	金	A
		海相火山岩型铜锌（银铅金）矿 VHMS	铅、锌	
Ⅲ-28-24	甘肃省大水 Au 综合预测区	破碎蚀变岩型金矿	金	A
Ⅲ-28-25	甘肃省噶尔括合 Fe 综合预测区	沉积型铁矿	铁	B
Ⅲ-28-26	甘肃省拉尔玛 Au、Fe 综合预测区	沉积建造型金矿	金	A
		沉积型铁矿	铁	
Ⅲ-28-27	甘肃省赛日欠 Ag 综合预测区	与中酸性岩浆热液有关的银铅锌矿	银	B
Ⅲ-28-28	甘肃省鹿儿坝 Au、Sb 综合预测区	破碎蚀变岩型金矿	金	B
		碳酸盐岩中热液型锑矿	锑	
Ⅲ-28-29	甘肃省寨上 Au、Pb、Zn 综合预测区	破碎蚀变岩型金矿	金	A
		碳酸盐岩-细碎屑岩型铅锌银矿 SEDEX	铅、锌	
Ⅲ-28-30	甘肃省水眼头 Au、Sb、重晶石矿综合预测区	次火山热液型金银矿	金	E
		碳酸盐岩中热液型锑矿	锑	
		岩浆热液有关的脉状热液型重晶石矿	重晶石	
Ⅲ-28-31	甘肃省代家庄 Pb、Zn 综合预测区	碳酸盐岩-细碎屑岩型铅锌银矿 SEDEX	铅	A
			锌	
Ⅲ-28-32	甘肃省洛大-角弓 Au、Fe 综合预测区	沉积建造型金矿	金	A
		沉积型铁矿	铁	
Ⅲ-28-33	甘肃省温泉-店子林场 Mo 综合预测区	与中酸性、酸性浅成或超浅成侵入岩有关的斑岩型钼矿	钼	B
Ⅲ-28-34	甘肃省李坝 Au、W、Pb、Zn 综合预测区	与侵入岩有关热液型金矿	金	A
		与花岗岩体有关的大脉、细脉带-网脉（浸染）型锡（钼）矿床	钨	
		海相火山岩型铜锌（银铅金）矿 VHMS	铅、锌	
Ⅲ-28-35	甘肃省金山 Au、W、Sn 综合预测区	次火山热液型金银矿	金	A
		与花岗岩体有关的大脉、细脉带-网脉（浸染）型锡（钼）矿床	钨	
			锡	
Ⅲ-28-36	甘肃省北王山 Au 综合预测区	破碎蚀变岩型金矿	金	C
Ⅲ-28-37	甘肃省邓家山-厂坝 Ag、Pb、Zn 综合预测区	层控碳酸盐岩型铅锌银 MVT	银、铅、锌	A
Ⅲ-28-38	甘肃省大桥 Au、Sb 综合预测区	沉积建造型金矿	金	A
		碳酸盐岩中热液型锑矿	锑	
Ⅲ-28-39	甘肃省镡家河 Au 综合预测区	砂金矿	金	C
Ⅲ-28-40	甘肃省佛崖 Fe 综合预测区	沉积型铁矿	铁	C

续表 5-3-6

编号	名称	评价模型	矿种	级别
Ⅲ-28-41	甘肃省金家坪 Au、Fe 综合预测区	破碎蚀变岩型金矿	金	A
		沉积型铁矿	铁	
Ⅲ-28-42	甘肃省头滩子 Au、Fe 综合预测区	破碎蚀变岩型金矿	金	A
		沉积型铁矿	铁	
Ⅲ-28-43	甘肃省花崖沟 Au、Ag 综合预测区	破碎蚀变岩型金矿	金	A
		与中酸性岩浆热液有关的银铅锌矿	银	
Ⅲ-28-44	陕西省河口镇 Au、Pb、Zn、Cu、Ag 综合预测区	破碎蚀变岩型金矿	金	A
		海相(火山-)沉积岩型铜(银金)矿 VHMS	金、铜	
		碳酸盐岩-细碎屑岩型铅锌银矿 SEDEX	铅、锌、银	
Ⅲ-28-45	陕西省三岔 Au、Pb、Zn、Cu、Ag 综合预测区	破碎蚀变岩型金矿	金	B
		海相(火山-)沉积岩型铜(银金)矿 VHMS	金	
		碳酸盐岩-细碎屑岩型铅锌银矿 SEDEX	铅、锌、银	
Ⅲ-28-46	陕西省汤家坪 Au、Pb、Zn、Ag 综合预测区	破碎蚀变岩型金矿	金	C
		碳酸盐岩-细碎屑岩型铅锌银矿 SEDEX	铅、锌、银	
Ⅲ-28-47	陕西省茶店子 Cr 综合预测区	基性岩浆岩型铁铬(铜镍银)矿	铬	C
Ⅲ-28-48	陕西省青羊驿 Cr、Pb、Zn、Ag 综合预测区	碳酸盐岩-细碎屑岩型铅锌银矿 SEDEX	铅、锌、银	C
Ⅲ-28-49	陕西省黄柏塬 Au、Pb、Zn、Cu、Ag 综合预测区	沉积建造型金矿	金	A
		海相(火山-)沉积岩型铜(银金)矿 VHMS	铜	
		碳酸盐岩-细碎屑岩型铅锌银矿 SEDEX	铅、锌、银	

二、祁连成矿省

祁连成矿省位于秦祁昆中央造山系中东部,华北陆块和敦煌地块南部,主要成矿作用与中—新元古代超大陆裂解、裂谷和新元古代弧盆系,以及早古生代北祁连、中—南祁连弧盆系过程关系密切。成矿时代以早古生代为主,其次为晚古生代和前寒武纪,区内优势矿产主要为铜镍、铅锌、金、铁、钨、磷等。新生代有现代盐湖型钾盐产出(苏干湖钾盐矿)。重要矿产预测类型有沉积变质型铁矿(镜铁山铁矿、陈家庙铁矿),海相火山岩型铜矿(折腰山铜铅锌多金属矿、石居里铜矿),破碎蚀变岩型金矿(寒山金矿、鹰咀山金矿),夕卡岩(云英岩)-石英脉型钨矿(小柳沟钨矿、塔尔沟钨矿),岩浆型稀土矿(上庄铁磷稀土矿),海相火山岩沉积型锰矿(黑峡口锰矿、清水沟锰矿)等。该成矿省进一步划分出 4 个Ⅲ级成矿带,共圈出铁、锰、铬、铜、铅、锌、镍、钨、钼、金、银、锂、稀土、磷、硫、钾盐、硼、重晶石、菱镁矿、萤石等综合预测区 72 个,其中,A 级 21 个,B 级 23 个,C 级 28 个(图 5-3-2)。

(一)河西走廊成矿带

1. 区域矿产特征

该带已发现矿产地 47 处,区内矿产种类以铁、锰、铜、金、银、萤石、重晶石、硫、磷为主。主要产出于古生代,成因类型主要为沉积型、热液型和斑岩型。

第五章 重要矿产预测

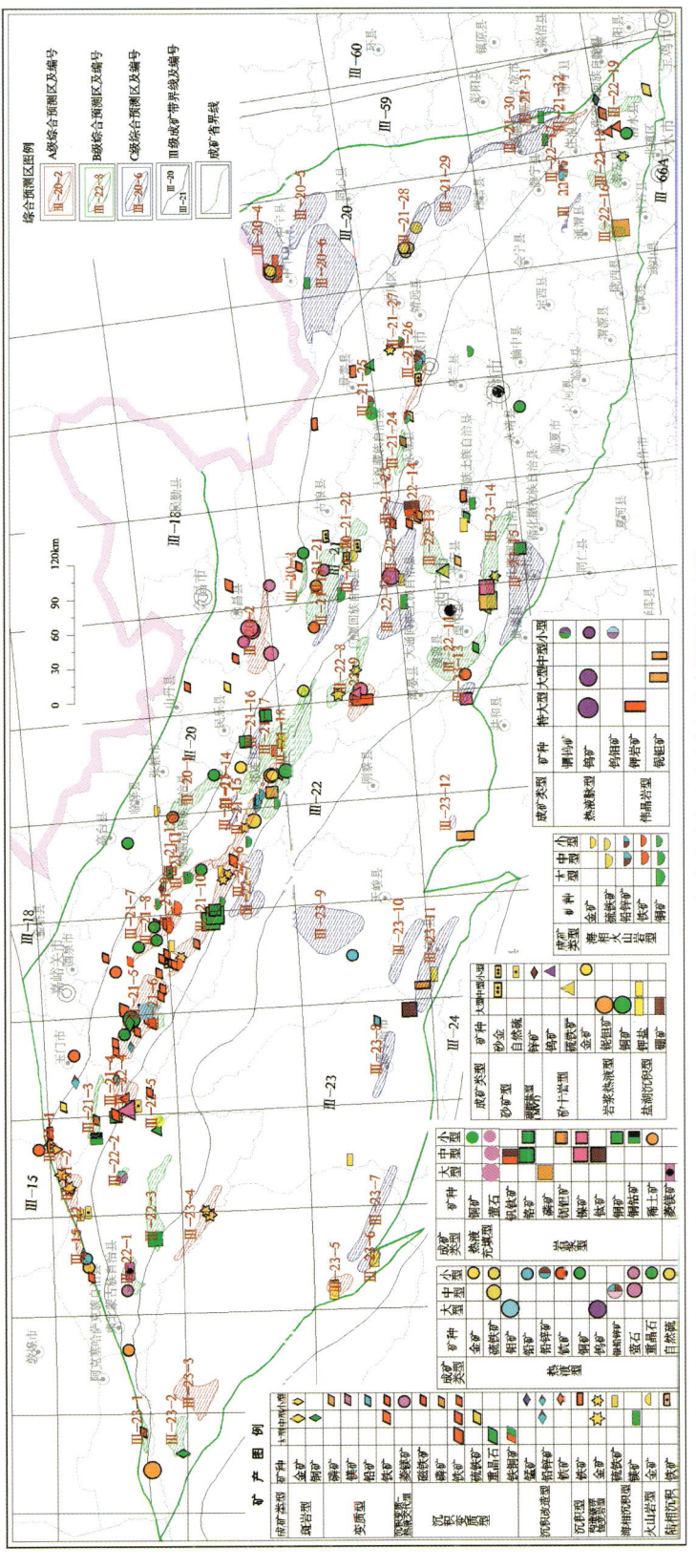

图 5-3-2 祁连成矿省重要矿产与综合预测区分布图

2. 矿产预测类型

该带参与预测的矿种为铁、锰、铜、金、银、萤石、重晶石、硫、磷。预测方法类型为沉积型和侵入岩体型，主要特征见表 5-3-7。

表 5-3-7　矿产预测模型特征简表

序号	矿产评价模型	矿种	成矿时代	主要预测要素	矿产预测类型	典型矿床
1	沉积型铁矿	铁	石炭纪	海相碎屑岩-碳酸盐岩，赋矿页岩、砂岩	照壁山式沉积改造型铁矿	照壁山铁矿
2	砂岩型铜（银）矿	铜	泥盆纪、石炭纪	红色碎屑岩灰岩、泥岩含膏盐建造，赋矿砂岩、灰岩，化探异常	香山式砂岩型铜矿	中卫市腰岘子铜矿
3	与中酸性、酸性浅成或超浅成侵入岩有关的斑岩型铜钼金银矿	铜	奥陶纪	硅质岩、粉砂岩、板岩建造，断裂构造，热液活动，化探异常	土窑式热液型铜矿	土窑铜矿
4	沉积建造型金矿	金、银	泥盆纪	碎屑岩-碳酸盐含膏盐建造，近东西向断裂或褶皱构造，闪长玢岩、斑状石英闪长岩，Au、Cu、Ag、Pb、Zn、As、Sb、Hg 元素异常	金场子式微细浸染型金矿	金场子金矿
5	岩浆热液充填型萤石矿	萤石	加里东中晚期	滨浅海相砂岩-浊积岩沉积建造，中酸性、酸性侵入岩体，近东西向断裂及其次级断裂，F 单元素异常	头沟式热液充填型萤石矿	头沟-照路沟萤石矿
6	沉积磷稀土矿	磷	奥陶纪	海相碎屑岩-碳酸盐岩含磷建造，地层层位控矿	油井山式沉积型磷矿	油井山磷矿
7	与中酸性岩浆热液有关的脉状银金铜矿床	银、铅	泥盆纪、石炭纪	红色碎屑岩、碎屑岩-碳酸盐岩建造，赋矿泥质砂岩碎裂岩、硅化粉砂岩角砾岩，热液改造银铅锌化探异常	二人山式热液型银铅矿	二人山银铅矿
8	与岩浆热液有关的脉状热液型重晶石矿	重晶石	泥盆纪	陆相磨拉石建造，碎屑岩，南北向的大断裂及东西向的次级断裂，热液活动	一条岭式热液型重晶石矿	一条岭、米地梁重晶石矿
9	沉积型锰矿	锰	晚奥陶世	海相沉积建造，含锰硅质岩系，区域布格重力异常均为重力低带	黑峡口式沉积改造型锰矿	黑石头沟锰矿
10	热液型黄铁矿	硫	泥盆纪、石炭纪	浅海陆源碎屑岩夹碳酸盐岩，闪长岩，断褶带之复背斜、断裂带，赋矿接触交代变质带	二人山式岩浆热液型硫铁矿	二人山硫铁矿

3. 综合预测区圈定

河西走廊成矿带中共圈出铁、锰、铜、金、银、萤石、重晶石综合预测区 6 个，其中 A 级 1 个、B 级 2 个、C 级 3 个（表 5-3-8）。

表 5-3-8 河西走廊成矿带综合预测区统计表

编号	名称	评价模型	矿种	级别
Ⅲ-20-1	甘肃省黑石头沟 Cu、Mn 综合预测区	砂岩型铜（银）矿	铜	B
		沉积型锰矿	锰	
Ⅲ-20-2	甘肃省头沟-照路沟萤石矿综合预测区	岩浆热液充填型萤石矿	萤石	A
Ⅲ-20-3	甘肃省石灰窑-斜壕重晶石矿综合预测区	岩浆热液有关的脉状热液型重晶石矿	重晶石	B
Ⅲ-20-4	宁夏二人山 Au、Fe、Cu、Ag、重晶石、硫铁矿综合预测区	岩浆热液有关的脉状热液型重晶石矿	重晶石	C
		沉积建造型金矿	金	
		热液型黄铁矿	硫	
		沉积型铁矿	铁	
		砂岩型铜（银）矿	铜	
		与中酸性岩浆热液有关的脉状银金铜矿	银	
Ⅲ-20-5	宁夏炭井子 Fe、Cu 综合预测区	沉积型铁矿	铁	C
		砂岩型铜（银）矿	铜	
Ⅲ-20-6	宁夏油井山 P、Fe、Cu、Ag 综合预测区	沉积磷稀土矿	磷	C
		沉积型铁矿	铁	
		与中酸性、酸性浅成或超浅成侵入岩有关的斑岩型铜钼金银矿	铜	
			银	

（二）北祁连成矿带

1. 区域矿产特征

北祁连成矿带矿产资源十分丰富，已发现的金属矿产有铁、铬、锰、铜、铅、锌、金、钨、锡、钼、钴、镍、锑、汞、铌、钽等，能源、非金属矿产有煤、石棉、蛇纹岩、滑石、菱镁矿、硫铁矿、玉石等，矿产地 482 处。

北祁连成矿作用在时间演化上具有多期性，从元古宙到新生代均有矿床形成。加里东成矿期是最主要的成矿期，形成铁、锰、铬、铜、铅、锌、金、铌、钽、石棉、滑石、玉石等矿产。其次是海西-印支成矿期，除形成一部分有色金属矿产外，这一时期是金矿的重要富集期。石炭纪、晚三叠世和中侏罗世是北祁连 3 个较重要的成煤期。

矿床类型较多，主要有沉积变质型（铁、铜、金组合），海相火山岩型（铜及铜、铅、锌组合），岩浆型（铬、镍、钴、铂组合），热液型-夕卡岩型（金、钨、钼、铜、锡、稀有、稀土组合），构造蚀变岩型（金），变质型（石棉、玉石、滑石、菱镁矿等）。

2. 矿产预测类型

北祁连成矿带参与预测的矿种包括铁、铬、铜、铅、锌、金、银、钨、钼、锰、稀土、菱镁矿、重晶石、萤石、硫等矿种，预测方法类型为沉积型、火山岩型、侵入岩体型、变质型和层控内生型。主要特征见表 5-3-9。

表 5-3-9　矿产预测模型特征简表

序号	矿产评价模型	矿种	成矿时代	主要预测要素	矿产预测类型	典型矿床
1	沉积变质型铁硫矿	铁、硫	晋宁期末	深变质的火山-陆源碎屑复理石-碳酸盐岩建造，矿体产于黑云母斜长片麻岩所夹磁铁石英（片）岩中，沉积构造和变质变形构造，航磁异常	陈家庙式沉积变质型铁矿	陈家庙磁铁矿
2	海相火山喷发沉积型铁铜硫矿	铁	早奥陶纪	海相火山岩建造，赋矿灰绿色玄武岩夹灰黑色含铁硅质岩建造内，北西向北东倾斜的单斜构造，航磁异常	拦门石式海相火山岩型铁矿	住藏沟铁矿
3	砂岩型铜（银）矿	铜	晚志留世、白垩纪	海相碎屑岩建造，砂岩为含矿地层，层位和向斜构造，化探异常	天鹿式海相砂岩型铜矿	天鹿铜矿、店峡铜矿
4	海相火山岩型铜锌（银铅金）矿 VHMS	铜	早奥陶世	海相基性火山沉积岩系，赋矿基性—中基性火山岩、火山碎屑岩中，北东向构造与区域北西西向构造带叠加复合的部位，以铜为主的铜锌套合异常、铜异常	石居里式海相火山岩型铜矿	石居里铜矿、蛟龙掌铅锌矿
5	海相火山岩型铜锌（银铅金）矿 VHMS	铜、铅、锌、硫	早中寒武世	海相火山岩、陆源碎屑岩-火山碎屑沉积建造，火山穹隆构造为主体，以及火山喷口构造、火山喷口斜坡构造和继承性成岩断裂构造，细碧石英角斑岩系、钠长斑岩，Cn、Zn、As、Mn 化探异常，磁异常，具"环形"影像	白银厂式海相火山岩型铜矿	折腰山、小铁山铜铅锌多金属矿
6	砂岩型铜（银）矿	铜	白垩纪	杂砂岩建造、粉砂岩建造、粉砂岩-泥岩建造，矿化与碳富集有关，红色岩层所夹之浅色岩层赋矿，化探异常	六盘山式沉积型铜矿	黄草沟铜矿点
7	与中酸性、酸性浅成或超浅成侵入岩有关的斑岩型铜钼金银矿	铜	蓟县纪	基性火山-沉积建造，赋矿含石墨白云母石英片岩，节理或层间裂隙充填含铜石英脉、钠长石石英脉，韧性剪切带，Cu 化探异常	西华山式热液型铜矿	簸箕掌铜矿化点
8	碳酸盐岩-细碎屑岩型铅锌银矿 SEDEX	铅、锌	加里东晚期	碎屑岩-碳酸盐岩，赋矿绿泥绢云千枚岩、钙质板岩，花岗岩类和辉长岩类，Pb、Zn、Ag 化探异常	大东沟式沉积-改造型铅锌矿	大东沟铅锌矿
9	与侵入岩有关热液型金矿	金	海西晚期	浅变质碎屑岩-海底喷发建造，斜长花岗斑岩，深大断裂及其北西向断裂，中基（酸）性火山岩中的构造破碎带，Au、Ag、As、Sb、Cd 综合异常	车路沟式岩浆热液型金矿	车路沟金矿
10	与侵入岩有关热液型金矿	金	海西期、印支期	中基性火山熔岩夹碎屑岩，赋矿片理化安山岩或安山玄武岩，深大断裂之次级东西向脆韧性剪切带，中粒斜长花岗岩，As、Au、Ag、Cu 元素化探异常，金重砂异常	寒山式破碎蚀变岩型金矿	寒山金矿、鹰咀山金矿

续表 5-3-9

序号	矿产评价模型	矿种	成矿时代	主要预测要素	矿产预测类型	典型矿床
11	破碎蚀变岩型金矿	金	海西中晚期	中酸性火山喷发岩夹含碳泥质细碎屑岩，区域断裂及次级断裂，角闪二长岩，正长（斑）岩，Au、Ag、As、Hg、Sb 组合异常	青分岭式破碎蚀变岩型金矿	青分岭金矿
12	夕卡岩-云英岩型钨锡萤石（银钼）矿	钨、钼	加里东期	碳酸盐岩-碎屑岩建造，二长花岗岩、斜长花岗斑岩，由花岗岩侵位导致的穹隆构造形成的层间裂隙和放射状、环状断裂，W、Sn、Mo、Bi 异常，重砂异常，遥感环形构造	小柳沟式夕卡岩（云英岩）-石英脉型钨矿	小柳沟钨矿
13	沉积型锰矿	锰	中寒武世晚期	中基性火山-含锰硅质岩建造，赋矿硅质岩夹千枚岩、板岩，构造破碎带以及构造复合部位	黑峡口式沉积改造型锰矿	黑峡口锰矿
14	岩浆型稀土矿	稀土	海西晚期	碱性斑岩体，环形构造、节理、裂隙，Pb、La、Y、W、F、Sn、Bi 元素综合异常	干沙河脑式岩浆型稀土矿	干沙河脑稀土矿
15	碳酸盐岩-细碎屑岩型铅锌银矿 SEDEX	铅、锌	白垩纪	陆相碎屑岩-碳酸盐岩建造，赋矿砂屑灰岩与泥质灰岩中，断裂破碎带，Pb、Zn 化探异常	杨岭式层控热液型铅锌矿	杨岭铅锌矿
16	与中酸性岩浆热液有关的脉状银金铜矿	铜、银、金	蓟县纪	基性火山-沉积建造，北西向构造破碎带及北东向、近南北向次级节理、裂隙、破碎带，花岗闪长岩、二长花岗岩及脉岩，Au、Ag、Cu、Zn 元素异常	西华山式热液型银金、银铜矿	马场沱金银铜矿
17	热液型黄铁矿	硫	蓟县纪	石英片岩、大理岩变质建造，变质变形改造，岩浆期后热液活动	阳洼沟式热液型硫铁矿	阳洼沟硫铁矿
18	海相火山喷发沉积型铁铜硫矿	铁、硫	中寒武世、早奥陶世	中寒武统、下奥陶统火山碎屑岩、化探 Cu、Mo、Mn、TFe、Cd、W 组合异常，自然重砂锰族、铁族异常，物探磁异常	小沙龙式海相火山-沉积型铁矿	小沙龙铁矿
19	海相火山岩型铜锌（银铅金）矿 VHMS	铜、锌、银、铅、金、硫	中寒武世、早、晚奥陶世	中寒武统、上（下）奥陶统火山碎屑岩-熔岩建造及次火山岩建造，古火山机构，化探 Cu、Pb、Zn、Au 异常	北祁连地区红沟式海相火山岩型铜（锌银铅金硫）矿	红沟铜矿
20	海相火山岩型铜锌（银铅金）矿 VHMS	铜	古生代	阴沟拜火山岩组中—中基性次火山岩及火山岩建造，走向北西—南东断裂构造，火山通道	北祁连地区浪力克式海相火山岩型铜矿	浪力克铜矿
21	海相火山岩型铜锌（银铅金）矿 VHMS	铅、锌	中寒武世	中寒武统黑茨沟组海相基性-酸性火山岩（双峰式火山岩组合），古火山穹隆，磁异常等值线正负异常转换部位，化探 Pb、Zn、Cu、Ni、Ag、Cd 组合异常	尕大坂式海相火山岩型铅锌矿	尕大坂铅锌矿

续表 5-3-9

序号	矿产评价模型	矿种	成矿时代	主要预测要素	矿产预测类型	典型矿床
22	次火山热液型金银矿	金	中寒武世	中寒武统黑茨沟组中基性-酸性火山岩-火山碎屑岩建造,化探 Au、Sn、Cu、Ni 组合异常	西山梁式海相火山岩型金矿	西山梁金矿床
23	沉积型锰矿	锰	中寒武世	海相火山岩含铁锰石英岩建造,重砂 Cu、Pb、Cr、Mn、重晶石矿物组合	清水沟式海相火山岩沉积型锰矿	清水沟锰矿
24	海相火山岩型铜锌(银铅金)矿 VHMS	硫	中寒武统	中寒武统基性火山熔岩,重砂铜(硫)锡、Pb、Zn、W、As、萤石、重晶石矿物组合	香子沟式海相火山岩型硫铁矿	香子沟硫铁矿
25	与超基性岩有关的侵入岩体型铬矿	铬	加里东期	蛇绿岩带镁质超基性岩体,磁异常,化探异常,重砂异常	玉石沟式蛇绿岩型铬矿	玉石沟铬矿
26	镁质碳酸盐型菱镁矿	菱镁矿	加里东期	大型镁质基性—超基性岩带,断裂带,化探异常,磁异常,重力异常,重砂异常	草大坂式热液型菱镁矿	草大坂菱镁矿
27	海相火山岩型铜锌(银铅金)矿 VHMS	铅、锌、银	中寒武世	中寒武统黑茨沟组海相基性-酸性火山岩,古火山穿窿,磁异常等值线正负异常转换部位,化探 Pb、Zn、Cu、Ni、Ag、Cd 组合异常	郭米寺式海相火山岩型铅锌(银)矿	郭米寺铜铅锌(银)矿
28	岩浆热液有关的脉状热液型重晶石矿	重晶石	加里东期	加里东期侵入于前寒武纪变质岩地层内岩浆岩,近东西向断裂构造,磁异常	小东索式热液型重晶石矿	小东索型重晶石矿
29	海相火山喷发沉积型铁铜硫矿	铁、铜	蓟县纪	裂陷海盆,碎屑岩-碳酸盐岩建造,向斜构造或单斜构造	镜铁山式沉积变质型铁矿	镜铁山铁矿
30	基性—超基性岩型铜镍(银铬)矿	铜	奥陶纪	奥陶纪墨绿色-深绿色变质橄榄岩、斜辉橄榄岩、蛇纹岩、蛇纹石化辉石橄榄岩、辉石岩,北西向区域性深大断裂带,Cu、Cr、Ni、Co 等元素组合异常,含矿岩体多位于遥感块要素内	黑山式岩浆型铜矿	香毛山铜矿
31	岩浆热液充填型萤石矿	萤石	加里东期	石炭系臭牛沟组石英砂岩,加里东早、中期石英闪长岩,多组断裂的复合构造,明显的 F 地球化学异常	头沟式热液充填型萤石矿	斑阳河萤石矿

3. 综合预测区圈定

该带共圈出铁、铅、铜、银、锌、钨、钼、锰等综合预测区 32 个,其中 A 级 13 个,B 级 8 个,C 级 11 个(表 5-3-10)。

表 5-3-10 北祁连成矿带综合预测区统计表

编号	名称	评价模型	矿种	级别
Ⅲ-21-1	甘肃省寒山-车路沟 Au 综合预测区	破碎蚀变岩型金矿	金	A
Ⅲ-21-2	甘肃省黑峡口 Au、Mn 综合预测区	破碎蚀变岩型金矿	金	A
		沉积型锰矿	锰	
Ⅲ-21-3	甘肃省香毛山 Cu 综合预测区	基性—超基性岩型铜镍(铂铬)矿	铜	B
Ⅲ-21-4	甘肃省柳沟峡-大东沟 Cu、Pb、Zn、Fe、Ag 综合预测区	碳酸盐岩-细碎屑岩型铅锌银矿 SEDEX	铜、铅、锌、银	A
		沉积变质型铁硫矿	铁	
Ⅲ-21-5	甘肃省桦树沟-小柳沟 Cu、Pb、Zn、W、Mo、Fe 综合预测区	海相火山岩型铜锌(银铅金)矿 VHMS	铜、铅、锌	A
		夕卡岩-云英岩型钨锡萤石(银钼)矿	钨	
			钼	
		沉积变质型铁硫矿	铁	
Ⅲ-21-6	甘肃省高崖泉 W、Mo 综合预测区	夕卡岩-云英岩型钨锡萤石(银钼)矿	钨	B
Ⅲ-21-7	甘肃省干巴河脑 Cu、W、Mo 综合预测区	与中酸性、酸性浅成或超浅成侵入岩有关的斑岩型铜金银矿	铜	A
		与中酸性、酸性浅成或超浅成侵入岩有关的斑岩型钼矿	钨	
			钼	
Ⅲ-21-8	甘肃省羊露河-野牛台 Fe 综合预测区	沉积变质型铁硫矿	铁	A
Ⅲ-21-9	青海省祁连县小沙龙 Cr、Fe 综合预测区	与超基性岩有关的侵入岩体型铬矿	铬	A
		海相火山喷发沉积型铁铜硫矿	铁	
Ⅲ-21-10	青海省祁连县小水沟 Cr、Au、Mn、Pb、Fe、Cu、Zn、Ag、菱镁矿、硫铁矿、重晶石矿综合预测区	与超基性岩有关的侵入岩体型铬矿	铬	A
		次火山热液型金银矿	金	
		镁质碳酸盐型菱镁矿	菱镁矿	
		沉积变质型铁硫矿	铁	
		沉积型锰矿	锰	
		海相火山岩型铜锌(银铅金)矿 VHMS	铅、铜、锌、银、重晶石、硫	
Ⅲ-21-11	甘肃省错沟-石居里 Cu 综合预测区	海相火山岩型铜锌(银铅金)矿 VHMS	铜	A
Ⅲ-21-12	甘肃省天鹿 Cu 综合预测区	砂岩型铜(银)矿	铜	B
Ⅲ-21-13	甘肃省寺大隆 Mn 综合预测区	沉积型锰矿	锰	C
Ⅲ-21-14	青海省祁连县夹道沟 Cr、Fe 综合预测区	与超基性岩有关的侵入岩体型铬矿	铬	C
			铁	
Ⅲ-21-15	青海省祁连县香子沟 Cr、Au、Mn、Pb、Fe、Cu、Zn、Ag、菱镁矿、硫铁矿综合预测区	与超基性岩有关的侵入岩体型铬矿	铬	A
		破碎蚀变岩型金矿	金	
		镁质碳酸盐型菱镁矿	菱镁矿	
		沉积型锰矿	锰	
		海相火山岩型铜锌(银铅金)矿 VHMS	硫铁矿、铅、铁、铜、锌、银	

续表 5-3-10

编号	名称	评价模型	矿种	级别
Ⅲ-21-16	青海省祁连县童子坝 Cr、Cu 综合预测区	与超基性岩有关的侵入岩体型铬矿	铬	C
			铜	
Ⅲ-21-17	青海省祁连县天朋河 Cr、Au、Mn、Fe、Cu、Ag、菱镁矿、硫铁矿综合预测区	与超基性岩有关的侵入岩体型铬矿	铬	B
		破碎蚀变岩型金矿	金	
		镁质碳酸盐型菱镁矿	菱镁矿	
		沉积型锰矿	锰	
		与超基性岩有关的侵入岩体型铬矿	铁	
		海相火山岩型铜锌(银铅金)矿 VHMS	铜、银、硫	
Ⅲ-21-18	青海省祁连县小东索 Cr、Mn、Pb、Zn、菱镁矿、硫铁矿、重晶石矿综合预测区	与超基性岩有关的侵入岩体型铬矿	铬	B
		破碎蚀变岩型金矿	金	
		镁质碳酸盐型菱镁矿	菱镁矿	
		岩浆热液有关的脉状热液型重晶石矿	重晶石	
		沉积型锰矿	锰	
		海相火山岩型铜锌(银铅金)矿 VHMS	铅、铜、锌、硫	
Ⅲ-21-19	青海省门源县浪力克 Cu 综合预测区	海相火山岩型铜锌(银铅金)矿 VHMS	铜	C
Ⅲ-21-20	青海省门源县功孙 W 综合预测区	夕卡岩-云英岩型钨锡萤石(银钼)矿	钨	C
Ⅲ-21-21	甘肃省半阳河稀土、萤石矿综合预测区	岩浆型稀土矿	稀土	B
		岩浆热液充填型萤石矿	萤石	
Ⅲ-21-22	甘肃省青分岭 Au、Fe 综合预测区	破碎蚀变岩型金矿	金	B
		海相火山喷发沉积型铁铜硫矿	铁	
Ⅲ-21-23	甘肃省住藏沟 Fe 综合预测区	海相火山喷发沉积型铁铜硫矿	铁	C
Ⅲ-21-24	甘肃省栏门石 Fe 综合预测区	海相火山喷发沉积型铁铜硫矿	铁	B
Ⅲ-21-25	甘肃省猪嘴哑巴 Cu 综合预测区	海相火山岩型铜锌(银铅金)矿 VHMS	铜	A
Ⅲ-21-26	甘肃省石青硐-小铁山 Cu、Pb、Zn、Mn、Ag、硫铁矿综合预测区	海相火山岩型铜锌(银铅金)矿 VHMS	铜、铅、锌、银、硫	A
		沉积型锰矿	锰	
Ⅲ-21-27	甘肃省银硐沟 Cu 综合预测区	海相火山岩型铜锌(银铅金)矿 VHMS	铜	C
Ⅲ-21-28	宁夏马场沟 Ag、Au 硫铁矿综合预测区	与中酸性岩浆热液有关的脉状银金铜矿	银、金	C
		热液型黄铁矿	硫	
Ⅲ-21-29	宁夏火石寨乡 Pb、Cu 综合预测区	碳酸盐岩-细碎屑岩型铅锌银矿 SEDEX	铅	C
		与中酸性、酸性浅成或超浅成侵入岩有关的斑岩型铜钼金银矿	铜	
Ⅲ-21-30	宁夏黄草沟 Pb、Cu 综合预测区	碳酸盐岩-细碎屑岩型铅锌银矿 SEDEX	铅	C
		与中酸性、酸性浅成或超浅成侵入岩有关的斑岩型铜钼金银矿	铜	

续表 5-3-10

编号	名称	评价模型	矿种	级别
Ⅲ-21-31	宁夏沙塘川 Pb、Cu 综合预测区	碳酸盐岩-细碎屑岩型铅锌银矿 SEDEX	铅	C
		与中酸性、酸性浅成或超浅成侵入岩有关的斑岩型铜钼金银矿	铜	
Ⅲ-21-32	甘肃省店峡 Cu 综合预测区	砂岩铜(银)矿	铜	A

(三)中祁连成矿带

1. 区域矿产特征

中祁连成矿带矿产资源丰富,已发现的金属矿产有铁、锰、钨、钼、铌钽、铜、铅、锌、金、银等,非金属矿产有煤、磷、石英岩、白云岩、大理岩、石膏、黏土、自然硫、硫铁矿等,矿产地 282 处。

中祁连成矿作用在时间演化上具有多期性,从元古宙—新生代均有矿床形成,元古宙形成有变质型铁矿,伟晶岩型稀土矿等,加里东成矿期形成接触交代型铁矿,热液型锰、钨、铌钽矿,构造蚀变岩型金矿等;海西—印支成矿期形成有沉积型铜矿;第四纪形成砂金、砂铂等。晚三叠世成煤期。

2. 综合预测区圈定

该带参与预测的矿种包括铁、铜、铅、锌、金、银、钨、钼、铬、稀土、磷、硫、萤石、菱镁矿,预测方法类型为沉积型、火山岩型、侵入岩体型、变质型,主要特征见表 5-3-11。

表 5-3-11 矿产预测模型特征简表

序号	矿产评价模型	矿种	成矿时代	主要预测要素	矿产预测类型	典型矿床
1	夕卡岩型铅锌银(铜铁)矿	银	晚奥陶世	角砾状硅化灰岩,花岗闪长岩,断裂的交会位置,Pb、Zn、Ag、Au、Cd、W、Bi、Mo、As 元素组合异常	石硐沟式热液型银矿	石硐沟银矿
2	夕卡岩-云英岩型钨锡萤石(银钼)矿	钨	晚奥陶世	二云母片岩夹斜长角闪岩、白云质大理岩-大理岩建造,二长花岗岩、花岗岩体,区域性北西向断裂次级断裂、裂隙,W、Sn、Bi 组合异常,重砂异常	塔尔沟式夕卡岩(云英岩)-石英脉型钨矿	塔尔沟钨矿
3	岩浆型磷矿	磷	晚古生代	中性、中性偏基性深成侵入岩,闪长岩为含矿岩体,岩体顶部、边部及其接触带赋矿,北北东—南北向断裂构造,磁异常	罗家峡式岩浆型磷矿	罗家峡式磷矿
4	沉积变质型磷矿	磷	长城纪	含磷硅质板岩-千枚岩-灰岩建造,含矿建造为含磷硅质板岩-含磷碳质板岩-磷块岩	先明峡式沉积变质型磷矿	先明峡磷矿
5	沉积型自然硫矿	硫	第四纪全新世	第四纪地壳深部岩浆活动,北西向断裂带和次级裂隙带	硫磺山式热液型硫矿	硫磺山硫矿

续表 5-3-11

序号	矿产评价模型	矿种	成矿时代	主要预测要素	矿产预测类型	典型矿床
6	沉积型磷稀土矿	稀土、磷	新元古代、中元古代	新元古代变质侵入体、砂泥质-碳酸盐岩建造，化探 P、La、Y、Ag、Ba、Cd、Fe_2O_3 组合异常	祁连夏拉河岩浆型稀土矿	上庄铁磷稀土矿
7	夕卡岩-云英岩型钨锡萤石（银钼）矿	钨	加里东期	泥钙质碎屑岩、碳酸盐岩建造及加里东中期花岗岩，云英岩化、夕卡岩化、硅化，化探异常	大黑山式夕卡岩-云英岩型钨矿	大黑山钨矿
8	夕卡岩-云英岩型钨锡萤石（银钼）矿	钨	加里东期	加里东期二长花岗岩及巴龙贡噶尔组碳酸盐岩建造，硅化、萤石化、云英岩化、化探 W 异常	龙门式夕卡岩-云英岩型钨矿	龙门钨矿
9	夕卡岩型硫铁矿	硫	晚奥陶世	古元古代湟源群东岔沟组碳酸盐岩建造，晚奥陶世岩浆岩，重砂 S、Pb、As、Sn、Au 矿物组合	上加克式夕卡岩型硫铁矿	上加克硫铁矿、青龙滩硫铁矿
10	岩浆热液充填型萤石矿	萤石	加里东期	加里东期二长花岗岩、钾长花岗岩、断裂构造，化探 F 异常，重砂萤石异常	花石掌式热液型萤石矿	花石掌萤石矿
11	镁质碳酸盐型菱镁矿	菱镁矿	加里东中期	白云质大理岩夹云母钙质片岩、白云质灰岩建造，赋矿为白云石大理岩，复背斜	别盖式热液交代型菱镁矿	别盖菱镁矿
12	基性岩浆岩型铁铬（铜镍银）矿	铁、铬	加里东期	蛇绿混杂岩带，蛇绿岩建造，纯橄榄岩、含辉纯橄榄岩，北西向断裂构造，高磁异常，重力异常梯度带，剩余重力异常明显，Cr、Ti、Ni、V、Mn、Fe、Co 等铁族元素组合富集，铬铁矿重砂异常	大道尔吉式岩浆型铬铁矿	大道尔吉铬铁矿
13	岩浆型稀土矿	稀土	燕山期—喜马拉雅期	元古宙二长花岗岩、花岗闪长岩变质侵入体，大型逆冲型韧性剪切带	干沙河脑式岩浆型稀土矿	干沙河脑稀土矿
14	海相火山岩型铜锌（银铅金）矿 VHMS	铜、铅、锌	古生代	上奥陶统火山岩组中-中基性次火山岩及火山岩建造，走向北西—南东断裂构造，火山通道	浪力克式海相火山岩型铜矿	蛟龙掌铅锌矿
15	次火山热液型金银矿	金	中寒武世	中寒武统黑茨沟组中基性—酸性火山岩—火山碎屑岩建造，化探金、砷、铜、镍组合异常	西山梁式海相火山岩型金矿	曹家湾地区金矿
16	沉积变质型铁硫矿	铁、硫	晋宁期末	深变质的火山—陆源碎屑复理石—碳酸盐岩建造，绿片岩相变质建造，沉积构造和变质变形构造，正、负磁场过渡带	陈家庙式沉积变质型铁矿	铁城沟铁矿
17	与中酸性、酸性浅成或超浅成侵入岩有关的斑岩型钼矿	钼	燕山期	中细粒二长花岗岩，北西西向构造，Mo、W、Cu、Bi、Be、Sb、F 综合异常发育，元素套合性较好，异常强度大，浓集中心明显，浓度梯度高	温泉式斑岩型钼矿	锁子峡钼矿

3. 综合预测区圈定

该带共圈出铁、铜、银、锌、钨、钼等综合预测区19个,其中A级3个,B级10个,C级6个(表5-3-12)。

表5-3-12 中祁连成矿带综合预测区统计表

编号	名称	评价模型	矿种	级别
Ⅲ-22-1	甘肃省别盖菱镁矿综合预测区	镁质碳酸盐型菱镁矿	菱镁矿	B
Ⅲ-22-2	甘肃省野马滩W综合预测区	夕卡岩-云英岩型钨锡萤石(银钼)矿	钨	B
Ⅲ-22-3	甘肃省大道尔吉Cr、菱镁矿综合预测区	镁质碳酸盐型菱镁矿	菱镁矿	B
		基性岩浆岩型铁铬(铜镍银)矿	铬	
Ⅲ-22-4	甘肃省塔儿沟W、Ag综合预测区	夕卡岩-云英岩型钨锡萤石(银钼)矿	钨	A
			银	
Ⅲ-22-5	甘肃省硫磺山硫矿综合预测区	沉积型自然硫矿	自然硫	B
Ⅲ-22-6	青海省祁连县牙马图P、稀土矿综合预测区	沉积型磷稀土矿	磷	C
		岩浆型稀土矿	稀土	
Ⅲ-22-7	青海省天峻县三道沟P、稀土矿综合预测区	岩浆型磷矿	磷	C
		岩浆型稀土矿	稀土	
Ⅲ-22-8	青海省门源县中多拉Cu、W、硫铁矿、萤石矿综合预测区	海相火山岩型铜锌(银铅金)矿VHMS	硫	B
			铜	
		夕卡岩-云英岩型钨锡萤石(银钼)矿	钨	
		岩浆热液充填型萤石矿	萤石	
Ⅲ-22-9	青海省大通县热水掌W、萤石矿综合预测区	夕卡岩-云英岩型钨锡萤石(银钼)矿	钨	A
		岩浆热液充填型萤石矿	萤石	
Ⅲ-22-10	青海省互助县安定村P、W综合预测区	沉积型磷稀土矿	磷	C
		夕卡岩-云英岩型钨锡萤石(银钼)矿	钨	
Ⅲ-22-11	青海省湟源县曹家湾Au、P、硫铁矿综合预测区	次火山热液型金银矿	金	B
		沉积型磷稀土矿	磷	
		夕卡岩型硫铁矿	硫铁矿	
Ⅲ-22-12	青海省互助县白家坡W、硫铁矿综合预测区	夕卡岩型铅锌银(铜铁)矿	硫铁矿	C
		夕卡岩-云英岩型钨锡萤石(银钼)矿	钨	
Ⅲ-22-13	青海省互助县夹道沟P、硫铁矿综合预测区	沉积型磷稀土矿	磷	B
		夕卡岩型硫铁矿	硫铁矿	
Ⅲ-22-14	甘肃省先明峡Fe、P综合预测区	沉积变质型铁硫矿	铁	A
		沉积变质型磷矿	磷	
Ⅲ-22-15	甘肃省刘家窑坡Fe综合预测区	基性岩浆岩型铁铬(铜镍银)矿	铁	C
Ⅲ-22-16	甘肃省罗家峡F综合预测区	基性岩浆岩型铁铬(铜镍银)矿	铁	B
		岩浆型磷矿	磷	
Ⅲ-22-17	甘肃省蛟龙掌Pb、Zn综合预测区	海相火山岩型铜锌(银铅金)矿VHMS	铅	C
			锌	

续表 5-3-12

编号	名称	评价模型	矿种	级别
Ⅲ-22-18	甘肃省锁子峡 Mo、Fe 综合预测区	与中酸性、酸性浅成或超浅成侵入岩有关的斑岩型钼矿	钼	B
Ⅲ-22-19	甘肃省张家沟 Fe、硫铁矿综合预测区	沉积变质型铁硫矿	铁	B
			硫铁矿	

(四)南祁连成矿带

1. 区域矿产特征

南祁连成矿带已发现金属矿产有铁、锰、铬、镍、铜、铅、锌、金、银、钼、稀土等,能源、非金属矿产有煤、磷、玄武岩、透辉石、重晶石、石英岩、白云岩、萤石等,矿产地 137 处,其中大型 3 处、中型 2 处,其余为小型和矿点。优势矿种为铜、钴、镍、铂。

成矿作用主要发生在加里东期,形成与铁质基性—超基性岩有关的铜、镍(铂族)矿床,矿床类型多为岩浆熔离型,少数为热液型。另外,本区还发育有与中酸性侵入岩有关的铅、锌、萤石、重晶石矿床,以及与沉积变质作用有关的石英岩、白云岩、石墨矿床。

2. 矿产预测类型

该成矿带参与预测的矿种为铁、铜、镍、钨、钼、金、稀土、钾盐、磷、重晶石,预测方法类型为侵入岩体型、复合内生型、沉积型、变质型,主要特征见表 5-3-13。

表 5-3-13 矿产预测模型特征简表

序号	矿产评价模型	矿种	成矿时代	主要预测要素	矿产预测类型	典型矿床
1	破碎蚀变岩型金矿	金	泥盆纪	浅海碎屑沉积建造,石英二长闪长岩,北西向构造破碎带及次一级的共轭断裂破碎带,Au、Mo、As、Sb 元素组合异常	黑刺沟式破碎蚀变岩型金矿	黑刺沟金矿
2	现代盐湖型钾盐	钾盐	第四系	现代内陆盐湖,第四系全新统湖积层及化学沉积建造	小苏干湖式现代盐湖型钾盐矿	苏干湖钾盐矿
3	破碎蚀变岩型金矿	金	加里东—海西期	滩间山群火山岩建造,加里东期及海西期花岗岩,断裂构造,化探 Au、Sn、Ti 组合异常	赛坝沟式破碎蚀变岩型金矿	赛坝沟金矿
4	破碎蚀变岩型金矿	金	加里东末期、海西期	晚寒武世中基性火山岩(玄武岩、玄武安山岩、安山岩),断裂构造,花岗闪长岩-石英闪长岩,化探 Au、As、Cu、Ni 组合异常	尼旦沟式海相火山岩型金矿	尼旦沟金矿
5	岩浆型磷矿	磷	加里东期	偏碱性超基性杂岩体,北西向穿壳断裂带,磁异常,化探 P 异常	上庄式岩浆型磷矿	上庄铁磷稀土矿

续表 5-3-13

序号	矿产评价模型	矿种	成矿时代	主要预测要素	矿产预测类型	典型矿床
6	基性—超基性岩型铜镍（银铬）矿	铜、镍	晚寒武世	寒武纪铁质基性—超基性杂岩，地球物理异常（重力高、磁力高、极化率高和电阻率低），化探 Cu、Ni 异常	拉水峡式岩浆型铜镍矿	拉水峡铜镍矿
7	沉积变质型铁硫矿	铁	古元古代	新太古代—古元古代敦煌岩群下岩组下岩段的海相含铁石英岩建造，中深变质低角闪岩相，构造交会部位	红柳沟式沉积变质型铁矿	红柳沟铁矿
8	与中酸性、酸性浅成或超浅成侵入岩有关的斑岩型铜钼金银矿	铜	海西晚期	古元古界基底变质岩系，海西晚期英云闪长斑岩，铜原生晕异常高含量地段与英云闪长斑岩岩体基本一致，低电阻率和高极化率异常套合性很好	化石沟式斑岩型铜矿	化石沟铜矿
9	夕卡岩-云英岩型钨锡萤石（银钼）矿	钨、钼	印支期	断裂构造发育，中酸性侵入岩发育，区域 W 元素异常明显，钨矿化与绿帘石夕卡岩关系密切	大黑山式夕卡岩-云英岩型钨矿	尕子黑钨矿
10	岩浆热液有关的脉状热液型重晶石矿	重晶石	加里东期	北西西向构造，沿断裂有重晶石脉，Ba 元素异常较好	小东索式热液型重晶石矿	大煤沟地区重晶石矿

3. 综合预测区圈定

该成矿带共圈出铁、铬、镍、铜、金、银综合预测区 15 个，其中 A 级 4 个，B 级 3 个，C 级 8 个（表 5-3-14）。

表 5-3-14 南祁连成矿带综合预测区统计表

编号	名称	评价模型	矿种	级别
Ⅲ-23-1	甘肃省红柳沟 Fe 综合预测区	沉积变质型铁硫矿	铁	B
Ⅲ-23-2	甘肃省化石沟 Cu 综合预测区	与中酸性、酸性浅成或超浅成侵入岩有关的斑岩型铜钼金银矿	铜	B
Ⅲ-23-3	甘肃省苏干湖钾盐综合预测区	现代盐湖型钾盐	钾盐	A
Ⅲ-23-4	甘肃省黑刺沟 Au 综合预测区	破碎蚀变岩型金矿	金	A
Ⅲ-23-5	青海省大柴旦钾、硼、锂矿综合预测区	现代盐湖型钾盐	钾盐、硼、锂	A
Ⅲ-23-6	青海省小柴旦钾、硼、锂矿综合预测区	现代盐湖型钾盐	钾盐、硼、锂	A
Ⅲ-23-7	青海省大柴旦镇大煤沟 Au、重晶石矿综合预测区	破碎蚀变岩型金矿	金	C
		与岩浆热液有关的脉状热液型重晶石矿	重晶石	
Ⅲ-23-8	青海省德令哈市小孤山 W 综合预测区	夕卡岩-云英岩型钨锡萤石（银钼）矿	钨	C
Ⅲ-23-9	青海省天峻县龙门 W 综合预测区	夕卡岩-云英岩型钨锡萤石（银钼）矿	钨	C
Ⅲ-23-10	青海省乌兰县果可山沟 W 综合预测区	夕卡岩-云英岩型钨锡萤石（银钼）矿	钨	C
Ⅲ-23-11	青海省乌兰县沙柳泉 W 综合预测区	夕卡岩-云英岩型钨锡萤石（银钼）矿	钨	C
Ⅲ-23-12	青海省共和县黑马河 W 综合预测区	夕卡岩-云英岩型钨锡萤石（银钼）矿	钨	C
Ⅲ-23-13	青海省共和县峪龙沟 Ni 综合预测区	基性—超基性岩型铜镍（银铬）矿	镍	C

续表 5-3-14

编号	名称	评价模型	矿种	级别
Ⅲ-23-14	青海省平安县元石山 Au、P、Ni、稀土矿综合预测区	破碎蚀变岩型金矿	金	B
		岩浆型磷矿	磷	
		基性—超基性岩型铜镍（银铬）矿	镍	
		岩浆型稀土矿	稀土	
Ⅲ-23-15	青海省化隆县拉水峡 Ni、Cu 综合预测区	基性—超基性岩型铜镍（银铬）矿	镍	C
			铜	

三、昆仑成矿省

昆仑成矿省位于秦祁昆中央造山系西段，塔里木陆块南部，主要包括柴达木盆地和东、西昆仑造山带，其中，柴达木盆地（成矿区）是我国油气和盐类大型资源基地，柴达木盆地周缘和东昆仑祁漫塔格为重要的铜镍、铅锌、铁等多金属矿产资源基地。成矿时代以中生代为主，其次为古生代，新生代有现代盐湖型钾锂硼盐矿产出。重要矿产预测类型有海相火山岩型铜矿（锡铁山铅锌矿床），破碎蚀变岩型金矿（滩间山金矿、木吉金矿），基性—超基性岩型铜镍矿（夏日哈木铜镍矿、牛鼻子梁铜镍矿），沉积型锰矿（玛尔坎苏锰矿），夕卡岩型铁（硫）铜钼锡矿多金属矿［肯德可克铁多金属矿、尕林格铁矿、卡而却卡铜（钼）矿、小卧龙（铁）锡矿］，斑岩型铜锡矿（乌兰乌珠尔铜矿），夕卡岩型钨矿（柯可卡尔德钨矿），砂岩型铜矿（盖孜特克里曼苏铜矿），热液型重晶石矿（锡铁山重晶石矿），现代盐湖型钾锂硼矿（察尔汗钾矿），地下卤水型钾锂硼盐（南翼山钾矿）等。该成矿省进一步划分出 4 个成矿带，共圈出铁、锰、铜、铅、锌、镍、钨、锡、钼、金、银、锂、稀土、硫、钾盐、硼、重晶石、萤石等综合预测区 68 个，其中，A 级 22 个，B 级 20 个，C 级 26 个（图 5-3-3）。

（一）柴达木北缘成矿带

1. 区域矿产特征

该带已发现的金属矿产有铁、铬、锰、铜、铅、锌、钨、金、银、锂、铌、钽等，能源、非金属矿产有煤、黏土、石灰岩、白云岩、硫铁矿、重晶石、萤石等。矿产地有 370 余处，其中金属矿产地 285 处，煤及非金属矿产地 85 处。已知矿床 39 处（其中大型矿床 6 处，中型矿床 8 处，小型矿床 25 处），各类矿点 144 处，各类矿化点 187 处。优势矿种为金、铅锌。

金属矿产的成矿时代主要集中于前寒武和早古生代，能源矿产主要集中于石炭纪和侏罗纪，盐类矿产主要集中为第四纪。成因类型主要为热液型、夕卡岩型、海相火山岩型、变质型、岩浆型，其次为破碎蚀变岩型和盐湖沉积型。

2. 矿产预测类型

该成矿带参与预测的矿种为铜、银、铅、锌、镍、锰、金、钨、锡、重晶石，预测方法类型为沉积型、侵入岩体型、火山岩型、复合内生型，主要特征见表 5-3-15。

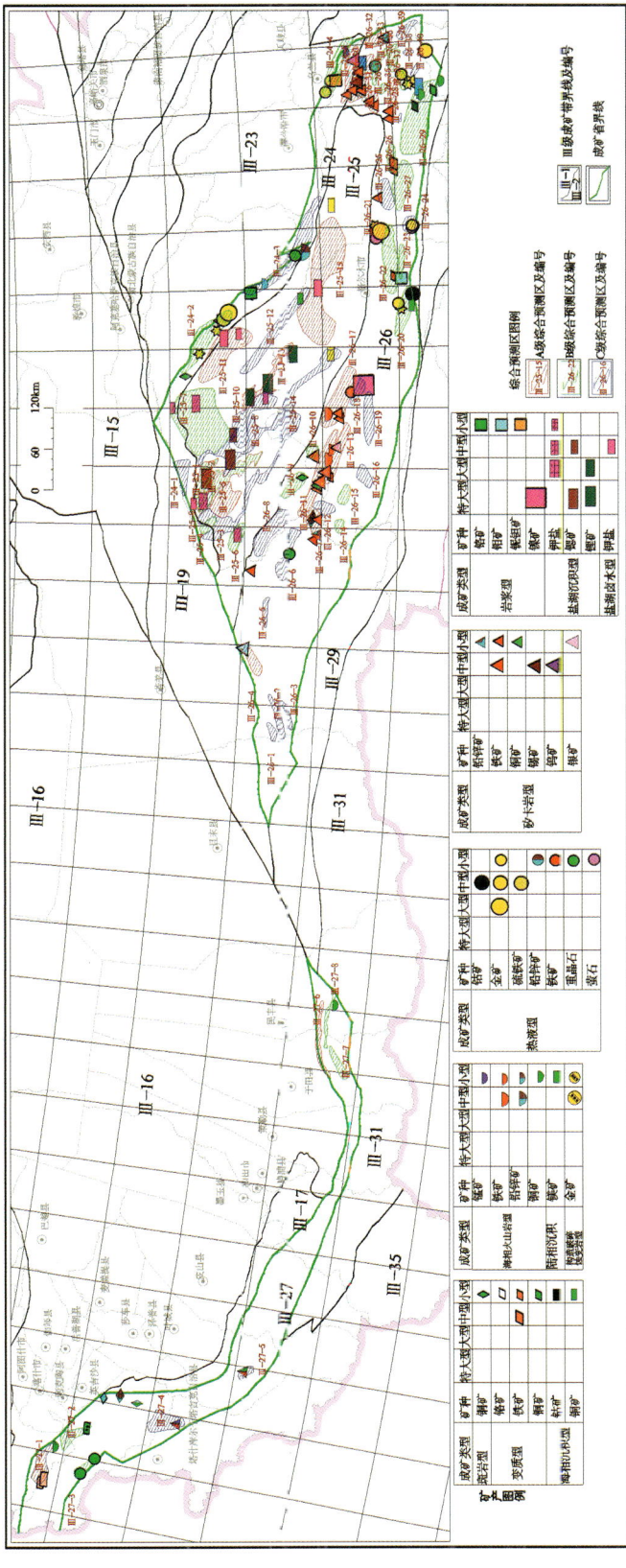

图 5-3-3 昆仑成矿省重要矿产与综合预测区分布图

表 5-3-15　矿产预测模型特征简表

序号	矿产评价模型	矿种	成矿时代	主要预测要素	矿产预测类型	典型矿床
1	海相火山岩型铜锌（银铅金）矿 VHMS	铜	古生代	滩间山群火山岩组英安岩、安山岩夹砂岩建造，重力推断沉积盆地、推断寒武系—奥陶系，化探 Cu、Au、Co、Ni、Mo、V 组合异常，遥感解译色要素（绢云母化、硅化）、带要素（滩间山地层），铜矿产地	苏干湖西-锡铁山绿梁山式海相火山岩型铜矿	绿梁山铜矿
2	海相火山岩型铜锌（银铅金）矿 VHMS	铅、锌	加里东期	滩间山群下部两岩性组合的黑色含碳绿泥石英绢云片岩、绢云石英片岩、大理岩或其接触带，北西—南东向主干断裂逆断裂，重力异常，重力推断沉积盆地，化探 Pb、Zn、Ag、Cr、Cd 组合异常，铅锌矿产地	锡铁山式海相火山岩型铅锌（铜银硫）矿	锡铁山铅锌矿
3	海相火山岩型铜锌（银铅金）矿 VHMS	铅、锌、铜、银	古元古代	古元古代金水口岩群，碳酸盐岩、安山质凝灰岩、中基性火山岩（近火山口的岩石组合），东西向断裂，磁异常，重力推断元古宙地层，重力推断盆地，推断断裂构造，化探 Pb、Zn、Cd、Ag、Cr 组合异常，锌铜（银）矿产地	沙柳河式海相火山岩型铅锌铜（银）矿	沙柳河铅锌矿
4	沉积型锰矿	锰	晚奥陶世	火山-沉积岩，化探 Mn、Co、Cr、Cu、Li、Ni、W 组合异常，重砂 Mn、Bi、Cr、Mo、Cu、W、锡族矿物异常组合	哈莉哈德山式海相火山沉积型锰矿	哈莉哈德山锰矿
5	破碎蚀变岩型金矿	金	蓟县纪—加里东期	含矿建造为中元古代蓟县纪沉积含金岩系（大理岩-变质砂岩-千枚岩），成矿岩体以花岗闪长斑岩、斜长细晶岩为主，次为闪长玢岩，此外有石英脉、碳酸岩脉等，北西向区域性断裂，磁法推断中酸性岩体，重力推断断裂构造、推断沉积盆地，推断中酸性岩体，化探 Au 元素异常，Au、Cu、Sn、Mo 组合异常，金矿产地	滩间山式破碎蚀变岩型金矿	滩间山金矿
6	基性—超基性岩型铜镍（银铬）矿	铜、镍	加里东期	加里东期超镁铁质基性—超基性杂岩，区域深断裂及其派生的次级断裂，物探超基性岩和含矿超基性岩引起的强磁异常，高激电异常，引起低电阻率异常，铜镍矿产地	牛鼻子梁式岩浆型铜镍矿	牛鼻子梁铜镍矿
7	与岩浆热液有关的脉状热液型重晶石矿	重晶石	海西期	滩间山群上部火山岩夹片岩段，北西向断裂构造和派生的北北西、北西西向次级裂隙构造，化探 Ba 元素异常，重砂重晶石矿物异常，重晶石矿产地	锡铁山式热液型重晶石矿	锡铁山重晶石矿
8	夕卡岩-云英岩型钨锡萤石（银钼）矿	钨、锡	海西期	区内岩浆岩发育，海西期及印支期以花岗岩类为主，构造活动强烈，发育北西向韧脆性剪切带和北东向脆性断裂，钨锡铅锌矿产地	沙柳河式夕卡岩-云英岩型钨锡矿	沙柳河南区钨锡铅锌矿

3.综合预测区圈定

该带共圈出镍、金、铅、锌、铜、锰等综合预测区 5 个,其中 A 级 1 个,B 级 2 个,C 级 2 个(表 5-3-16)。

表 5-3-16 柴运木北缘成矿带综合预测区统计表

编号	名称	评价模型	矿种	级别
Ⅲ-24-1	青海省茫崖镇牛鼻子梁 Ni 综合预测区	基性—超基性岩型铜镍(银铬)矿	镍	C
Ⅲ-24-2	青海省大柴旦镇滩金山 Au、Pb、Zn、Cu、硫铁矿综合预测区	破碎蚀变岩型金矿	金	B
		浅相火山岩型铜锌(银铅金)矿 VHMS	铅、铜、锌、硫铁矿	
Ⅲ-24-3	青海省大柴旦镇锡铁山 Au、Pb、Cu、Zn、硫铁矿、重晶石矿综合预测区	破碎蚀变岩型金矿	金	C
		浅相火山岩型铜锌(银铅金)矿 VHMS	铅、铜、锌、硫铁矿	
		岩浆热液有关的脉状热液型重晶石矿	重晶石	
Ⅲ-24-4	青海省乌兰县乌达热乎 Au、Mn、Pb、Zn、Ag 综合预测区	破碎蚀变岩型金矿	金	B
		沉积型锰矿	锰	
		浅相火山岩型铜锌(银铅金)矿 VHMS	铅、锌、银	
Ⅲ-24-5	青海省都兰县沙柳河 Mn、Pb、Cu、W、Sn、Zn 综合预测区	沉积型锰矿	锰	A
		浅相火山岩型铜锌(银铅金)矿 VHMS	铅、铜、锌	
		夕卡岩-云英岩型钨锡萤石(银钼)矿	钨、锡	

(二)柴达木盆地成矿区

1.区域矿产特征

该成矿区内分布着丰富的第四纪盐湖矿产和第三系(古近系+新近系)石油、天然气矿产。前者主要矿床类型为第四纪现代盐湖沉积型;后者与其石油、天然气共(伴)生的油田水中富含钾、硼、锂、碘等盐类矿产,是近 10 余年来新发现和评价的第三系(古近系+新近系)地下卤水型盐湖矿产。

第四纪现代盐湖沉积型主要矿产有钾盐、镁盐、石盐、芒硝、石膏、硼矿、锂矿、锶矿等,其中钾、硼、锂矿及镁盐、石盐、芒硝等矿产资源储量巨大,勘探程度较高,在盆地内第四系上更新统—全新统盐类沉积地层中已基本查清,有一定的资源保证程度;盆地西部中、下更新统盐类沉积层中尚有部分矿床未全部查清其资源储量。

2.矿产预测类型

该成矿带参与预测的矿种为锂、钾、硼 3 个矿种,预测方法类型为沉积型,预测评价模型有现代盐湖型钾盐和地下卤水型钾盐两种,主要特征见表 5-3-17。

表 5-3-17 矿产预测模型特征简表

序号	矿产评价模型	矿种	成矿时代	主要预测要素	矿产预测类型	典型矿床
1	现代盐湖型钾盐	钾盐、锂、硼	第四纪	第四纪现代盐湖沉积	察尔汗式现代盐湖型钾锂硼矿	察尔汗钾矿、大浪滩钾矿
2	地下卤水型钾盐	钾盐、锂、硼	新近纪	新生代沉积盆地、含矿建造	南翼山式地下卤水型钾锂硼盐	南翼山钾矿

3. 综合预测区圈定

该成矿带共圈出钾盐、锂、硼综合预测区 15 个，其中 A 级 9 个，C 级 6 个（表 5-3-18）。

表 5-3-18 柴达木盆地成矿带综合预测区统计表

编号	名称	评价模型	矿种	级别
Ⅲ-25-1	青海省大浪滩钾硼锂矿综合预测区	现代盐湖型钾盐	钾盐、硼、锂	A
Ⅲ-25-2	青海省尖顶山、小梁山钾硼锂矿综合预测区	地下卤水型钾盐	钾盐、硼、锂	C
Ⅲ-25-3	青海省干柴沟、狮子沟、油砂山、红沟子、茫崖钾硼锂矿综合预测区	地下卤水型钾盐	钾盐、硼、锂	C
Ⅲ-25-4	青海省咸水泉钾硼锂矿综合预测区	地下卤水型钾盐	钾盐、硼、锂	C
Ⅲ-25-5	青海省南翼山、油泉子钾硼锂矿综合预测区	地下卤水型钾盐	钾盐、硼、锂	C
Ⅲ-25-6	青海省尕斯库勒钾硼锂矿综合预测区	现代盐湖型钾盐	钾盐、硼、锂	A
Ⅲ-25-7	青海省昆特依、察汗斯拉图钾硼锂矿综合预测区	现代盐湖型钾盐	钾盐、硼、锂	A
Ⅲ-25-8	青海省大风山、碱山、碱石山、红三旱一号、三号、落雁山钾硼锂矿综合预测区	地下卤水型钾盐	钾盐、硼、锂	C
Ⅲ-25-9	青海省开特米里克、油墩子钾硼锂矿综合预测区	地下卤水型钾盐	钾盐、硼、锂	C
Ⅲ-25-10	青海省红南凹地、一里沟钾硼锂矿综合预测区	现代盐湖型钾盐	钾盐、硼、锂	A
Ⅲ-25-11	青海省马海钾硼锂矿综合预测区	现代盐湖型钾盐	钾盐、硼、锂	A
Ⅲ-25-12	青海省南里滩、东陵湖钾硼锂矿综合预测区	现代盐湖型钾盐	钾盐、硼、锂	A
Ⅲ-25-13	青海省一里坪，东、西台吉乃尔湖钾硼锂矿综合预测区	现代盐湖型钾盐	钾盐、硼、锂	A
Ⅲ-25-14	青海省茫崖湖、甘森泉、中灶火北钾硼锂矿综合预测区	现代盐湖型钾盐	钾盐、硼、锂	A
Ⅲ-25-15	青海省察尔汗钾硼锂矿综合预测区	现代盐湖型钾盐	钾盐、硼、锂	A

（三）东昆仑成矿带

1. 区域矿产特征

东昆仑地区内生金属矿产比较丰富，是重要的钨锡、铜镍、铁多金属成矿带之一。已发现矿产有铁、锰、铬、钒、铅、锌、铜、锡、钨、钼、金、银、钴、水晶、石棉、石墨、磷、芒硝、白云石、萤石等。成矿时代主要在中生代。成因类型主要为接触-交代型和热液型。

2. 矿产预测类型

该成矿带参与预测的矿种为铁、铜、钨、锡、铅、锌、金、钼、银、稀土、萤石、硫，预测方法类型为侵入岩体型、火山岩型、层控内生型、复合内生型，主要特征见表 5-3-19。

表 5-3-19 矿产预测模型特征简表

序号	矿产评价模型	矿种	成矿时代	主要预测要素	矿产预测类型	典型矿床
1	夕卡岩型铁铜硫（钼金银）矿	铁、硫	中、晚三叠世	寒武系—奥陶系滩间山群、石炭系大干沟组及缔敖苏组碳酸盐岩，印支期—燕山期闪长岩、花岗闪长岩，磁法 500~100nT 等值线圈定的范围，化探 Cu、Pb、Zn 及氧化钙异常	肯德可克式夕卡岩型铁（硫）多金属矿	肯德可克铁多金属矿、尕林格铁矿、野马泉铁多金属矿、牛苦头铁多金属矿

续表 5-3-19

序号	矿产评价模型	矿种	成矿时代	主要预测要素	矿产预测类型	典型矿床
2	夕卡岩型铁铜硫（钼金银）矿	铁	中、晚三叠世	缔敖苏组碳酸盐岩建造，印支期—燕山期石英正长斑岩、钠长霏细斑岩、闪长玢岩岩石组合，化探Bi、Sn、Zn、Cd异常，重砂铁、锰、铋、钼族矿物异常	白石崖式夕卡岩型铁矿	白石崖铁矿
3	夕卡岩-云英岩型钨锡萤石（银钼）矿	锡	燕山期	下石炭统缔敖苏组碳酸盐岩建造，早侏罗纪钾长花岗岩、二长花岗岩，东西向断裂，1:5万磁法异常，化探Cu、Ag、Pb、Zn、Sn元素组合异常	五一河式夕卡岩型锡矿	五一河（铜）锡矿
4	夕卡岩-云英岩型钨锡萤石（银钼）矿	锡	印支期	奥陶系祁漫塔格群碎屑岩和碳酸盐岩，印支期酸性侵入岩，重力推断的中酸性体，化探Cu、Sn、Bi元素，激电异常，1:5万磁法异常	小卧龙式夕卡岩型锡矿	小卧龙（铁）锡矿
5	夕卡岩-云英岩型钨锡萤石（银钼）矿	锡	印支期	中二叠统切吉组碎屑岩建造、碳酸盐岩建造，印支期闪长岩、闪长玢岩、花岗岩，东西向构造，化探Sn、Zn、Pb、Mn组合异常，磁法、电法异常	日龙沟式夕卡岩型锡矿	日龙沟锡多金属矿
6	夕卡岩型铜铅锌（银钼）矿	铜、钼	晚三叠世	祁漫塔格群碳酸盐岩建造，印支期花岗闪长岩，化探Cu、Ag、Hg、Mo、W组合异常，磁法异常	祁漫塔格卡尔却卡式夕卡岩型铜、钼矿	卡而却卡铜（钼）矿
7	夕卡岩型铅锌银（铜铁）矿	铅、锌、硫	印支期	石炭系缔敖苏组生物屑亮晶碳酸盐岩建造，印支期二长花岗岩，化探Cu、Mo、Ag、Sn异常，1:5万磁法异常	四角羊沟式夕卡岩型铅锌（硫）矿	四角羊铅锌（硫）矿
8	夕卡岩型铅锌银（铜铁）矿	铜、铅、锌、银	印支期	石炭系大干沟组碳酸盐岩建造，砂岩建造，千枚状板岩建造，印支期花岗闪长岩，化探W、Bi、Nb、Ag、Sn、Cu、Cd、Pb组合异常，1:5万磁法异常	什多龙式夕卡岩型铜铅锌银矿	什多龙铜矿
9	海相火山岩型铜锌（银铅金）矿VHMS	铜、锌、银	二叠纪	中二叠统切吉组钙碱系列火山岩建造，生物滩碳酸盐岩建造和（不）含蛇绿岩碎片的浊积岩建造，化探Cu、Sn、Ag、As、Bi、Cr、Cd组合异常，1:5万磁法异常，遥感环要素、带要素	铜峪沟式海相火山岩型铜锌（银）矿	铜峪沟铜矿
10	海相火山岩型铜锌（银铅金）矿VHMS	铜	元古宙	中新元古代碳酸盐岩建造、海相火山岩建造，化探Ni、Cu、Cr组合异常，1:5万磁法异常，电法异常，重砂Sn、Zn、Cu矿物异常	布尔干布达山督冷沟式海相火山岩型铜矿	督冷沟铜矿
11	与中酸性、酸性浅成或超浅成侵入岩有关的斑岩型铜钼金银矿	铜、钼、金、银	印支期	印支期花岗闪长岩，斑状花岗闪长岩，化探Cu、Ag、Au、As异常	都兰-鄂拉山地区加当根式斑岩型铜矿	加当根铜矿

续表 5-3-19

序号	矿产评价模型	矿种	成矿时代	主要预测要素	矿产预测类型	典型矿床
12	与中酸性、酸性浅成或超浅成侵入岩有关的斑岩型铜钼金银矿	铜、锡	早三叠世	海西期—印支期花岗斑岩,化探 Cu、Pb、Zn、As、Sn、W、Ag、Be、Li 组合异常,电法异常	祁漫塔格乌兰乌珠尔式斑岩型铜锡矿	乌兰乌珠尔铜矿
13	与中酸性、酸性浅成或超浅成侵入岩有关的斑岩型钼矿	钼	海西期	海西期的花岗岩体,岩体原生裂隙带,岩体内构造发育地段,钼铅矿、方铅矿、辉钼矿、孔雀石、磁铁矿等重砂异常	热水式斑岩型钼矿	热水(铜)钼矿
14	岩浆型稀土矿	稀土	海西期	印支中晚期—燕山早期中酸性岩浆岩,化探 La、Y、Nb、P 等元素异常,重力与航磁推测基性、超基性岩体及深大断裂,遥感环形、线性构造	伯喀里克-香日德岩浆型稀土矿	
15	次火山热液型金银(铅锌)矿	铅、锌、银	印支期	上三叠统鄂拉山组陆相火山岩沉积建造,Pb、Bi、Mo、Ag、W 异常组合,重砂 Mo、Sn、Au、Cu、Pb 异常,磁电异常	鄂拉山式陆相火山岩型铅锌(银)矿	鄂拉山口铅锌矿
16	破碎蚀变岩型金矿	金	印支期	金水口岩群、丘吉东沟组、祁漫塔格群变质岩建造,北西西向、北西向、北北西向破碎蚀变带,化探 Au、As、Sb 组合异常	五龙沟式破碎蚀变岩型金矿	五龙沟金矿
17	夕卡岩-云英岩型钨锡萤石(银钼)矿	钨	印支期	清水河组、昌马河组、甘德组、纳赤台群碳酸盐岩建造,海西期、燕山期二长花岗岩体、花岗闪长岩体,北西向及北北西向裂隙,1:5 万 W、Sn、Bi 异常	五雪峰-扎日尕那夕卡岩-云英岩型钨矿	
18	岩浆热液充填型萤石矿	萤石	印支期	印支期钾长花岗岩,北西向、北北西张扭性、张性断裂,化探 F 异常,重砂萤石、锡石、铅族矿物、铁族矿物、钼族矿物、自然金异常	大格勒式热液型萤石	大格勒沟萤石矿
19	夕卡岩型铁铜硫(钼金银)矿	铁	晚三叠世	大理岩、片岩、片麻岩等中—深变质岩建造,二长花岗岩及花岗闪长岩,赋矿岩石为接触交代变质的夕卡岩,Fe、Cu、Pb、Zn、Ag、Cd 组合异常,中、大比例尺的强磁异常,铁矿物重砂异常	蟠龙峰式夕卡岩型铁矿	蟠龙峰铁矿
20	碳酸盐岩-细碎屑岩型铅锌银矿 SEDEX	铅、锌、银	蓟县纪	碳酸盐岩、碎屑岩建造,夕卡岩化碳酸盐岩地层,Pb、Zn、Cu、Ag 化探异常	维宝式碳酸盐岩-细碎屑岩型铅锌矿	维宝铅锌矿

续表 5-3-19

序号	矿产评价模型	矿种	成矿时代	主要预测要素	矿产预测类型	典型矿床
21	破碎蚀变岩型金矿	金	晚二叠世	大断裂及其次一级断裂组，中（酸）性岩浆岩，含矿建造为闪长岩＋花岗闪长岩＋凝灰质粉砂岩＋砂岩，含有闪长岩或花岗闪长岩等中酸性岩的构造角砾岩，区域化探 Au 异常的三级浓度带为带范围区或 As 异常范围内	克孜勒萨依式破碎蚀变岩型金矿	克孜勒萨依金矿
22	夕卡岩-云英岩型钨锡萤石（银钼）矿	钨、锡	志留纪	二云石英片岩、绿泥绢云石英片岩、变质石英砂岩夹变玄武岩、砂板岩、大理岩建造，中酸性岩浆岩，深大断裂次级断裂，W、Sn 异常	白干湖式夕卡岩型钨矿	柯可卡尔德钨矿

3. 综合预测区圈定

该带共圈出金、钨、锡、铁、铅、锌、银、铜、硫、钼、稀土、萤石等综合预测区40个，其中A级10个，B级14个，C级16个（表5-3-20）。

表 5-3-20　东昆仑成矿带综合预测区统计表

编号	名称	评价模型	矿种	级别
Ⅲ-26-1	新疆克孜勒萨依 Au 综合预测区	破碎蚀变岩型金矿	金	C
Ⅲ-26-2	新疆坎萨依 Au、W、Sn 综合预测区	破碎蚀变岩型金矿	金	C
		夕卡岩-云英岩型钨锡萤石（银钼）矿	钨、锡	
Ⅲ-26-3	新疆月亮湾 Au 综合预测区	破碎蚀变岩型金矿	金	C
Ⅲ-26-4	新疆白干湖 W、Sn 综合预测区	夕卡岩-云英岩型钨锡萤石（银钼）矿	钨、锡	A
Ⅲ-26-5	新疆鸭子达坂 W、Sn 综合预测区	夕卡岩-云英岩型钨锡萤石（银钼）矿	钨、锡	C
Ⅲ-26-6	新疆花石山 Fe、W、Sn 综合预测区	夕卡岩型铁铜硫（钼金银）矿	铁	C
		夕卡岩-云英岩型钨锡萤石（银钼）矿	钨	
Ⅲ-26-7	新疆蟠龙峰 Fe、Pb、Zn 综合预测区	夕卡岩型铁铜硫（钼金银）矿	铁	A
		碳酸盐岩—细碎屑岩型铅锌银矿 SEDEX	铅、锌、银	
Ⅲ-26-8	青海省茫崖镇公路沟 Pb、Fe、Cu、Sn、Zn、硫铁矿综合预测区	夕卡岩型铅锌银（铜铁）矿	硫铁矿、铅、铁、铜、锡、锌	C
Ⅲ-26-9	青海省茫崖镇乌兰乌珠尔 Pb、Cu、Sn、Zn、硫铁矿综合预测区	夕卡岩型铅锌银（铜铁）矿	硫铁矿、铅、铜、锌	B
		夕卡岩-云英岩型钨锡萤石（银钼）矿	锡	
Ⅲ-26-10	青海省格尔木市尕林格 Fe、硫铁矿综合预测区	夕卡岩型铁铜硫（钼金银）矿	硫铁矿	B
			铁	
Ⅲ-26-11	青海省格尔木市肯德可克 Mo、Pb、Fe、Cu、Sn、Zn、硫铁矿综合预测区	夕卡岩型铅锌银（铜铁）矿	硫铁矿	A
		夕卡岩型铁铜硫（钼金银）矿	钼	
		夕卡岩型铅锌银（铜铁）矿	铅、铁、铜、锌	
		夕卡岩-云英岩型钨锡萤石（银钼）矿	锡	

续表 5-3-20

编号	名称	评价模型	矿种	级别
Ⅲ-26-12	青海省格尔木市别里赛北沟 Pb、Fe、Cu、Sn、Zn、硫铁矿综合预测区	夕卡岩型铅锌银（铜铁）矿	硫铁矿、铅、锌	C
		夕卡岩型铁铜硫（钼金银）矿	铁	
		夕卡岩型铜铅锌（银钼）矿	铜	
		夕卡岩-云英岩型钨锡萤石（银钼）矿	锡	
Ⅲ-26-13	青海省格尔木市莫河下拉 Mo、Pb、Fe、Cu、Sn、Zn、硫铁矿综合预测区	夕卡岩型铅锌银（铜铁）矿	硫铁矿、铅、锌	A
		夕卡岩型铁铜硫（钼金银）矿	钼、铁	
		夕卡岩型铜铅锌（银钼）矿	铜	
		夕卡岩-云英岩型钨锡萤石（银钼）矿	锡	
Ⅲ-26-14	青海省茫崖镇嘎顺达 Mo、Pb、Fe、Cu、Zn、硫铁矿综合预测区	夕卡岩型铅锌银（铜铁）矿	硫铁矿、铅、铁、铜、锌	B
		与中酸性、酸性浅成或超浅成侵入岩有关的斑岩型钼矿	钼	
Ⅲ-26-15	青海省格尔木市乌兰拜兴 Mo、Pb、Fe、Zn、硫铁矿综合预测区	夕卡岩型铅锌银（铜铁）矿	硫铁矿	B
		与中酸性、酸性浅成或超浅成侵入岩有关的斑岩型钼矿	钼	
		夕卡岩型铅锌银（铜铁）矿	铅、铁、锌	
Ⅲ-26-16	青海省格尔木市阿勒坦郭勒 Mo、Fe、Cu、硫铁矿综合预测区	夕卡岩型铅锌银（铜铁）矿	硫铁矿、铁、铜	C
		与中酸性、酸性浅成或超浅成侵入岩有关的斑岩型钼矿	钼	
Ⅲ-26-17	青海省格尔木市它温查汉 Pb、Fe、Cu、Sn、Zn、硫铁矿综合预测区	夕卡岩型铅锌银（铜铁）矿	硫铁矿、锌、铅、铁、铜	A
		夕卡岩-云英岩型钨锡萤石（银钼）矿	锡	
Ⅲ-26-18	青海省格尔木市拉陵高里 Mo、Fe、硫铁矿综合预测区	夕卡岩型铅锌银（铜铁）矿	硫铁矿、铁	C
		与中酸性、酸性浅成或超浅成侵入岩有关的斑岩型钼矿	钼	
Ⅲ-26-19	青海省格尔木市乌腊德 Mo、Fe、硫铁矿综合预测区	夕卡岩型铅锌银（铜铁）矿	硫铁矿、铁	C
		与中酸性、酸性浅成或超浅成侵入岩有关的斑岩型钼矿	钼	
Ⅲ-26-20	青海省格尔木市纳赤台 Au、Mo、Cu、W 综合预测区	破碎蚀变岩型金矿	金	B
		夕卡岩-云英岩型钨锡萤石（银钼）矿	钨	
		与中酸性、酸性浅成或超浅成侵入岩有关的斑岩型铜钼金银矿	铜、钼	
Ⅲ-26-21	青海省都兰县红旗沟-深水潭 Au、Mo、Fe、稀土矿、萤石矿综合预测区	破碎蚀变岩型金矿	金	A
		夕卡岩型铁铜硫（钼金银）矿	钼、铁	
		岩浆型稀土矿	稀土	
		岩浆热液充填型萤石矿	萤石	
Ⅲ-26-22	青海省格尔木市磁铁山 Au、Mo、Fe、稀土矿、萤石矿综合预测区	破碎蚀变岩型金矿	金	B
		夕卡岩型铁铜硫（钼金银）矿	钼、铁、铜	
		岩浆型稀土矿	稀土	
		岩浆热液充填型萤石矿	萤石	
Ⅲ-26-23	青海省格尔木市大干沟 Fe、Cu 综合预测区	夕卡岩型铁铜硫（钼金银）矿	铁、铜	B

续表 5-3-20

编号	名称	评价模型	矿种	级别
Ⅲ-26-24	青海省都兰县开荒北 Au、稀土矿综合预测区	破碎蚀变岩型金矿	金	C
		岩浆型稀土矿	稀土	
Ⅲ-26-25	青海省都兰县诺木洪 Fe、稀土矿、萤石矿综合预测区	夕卡岩型铁铜硫(钼金银)矿	铁	C
		岩浆型稀土矿	稀土	
		岩浆热液充填型萤石矿	萤石	
Ⅲ-26-26	青海省都兰县清水河 Au、Mo、Fe 综合预测区	破碎蚀变岩型金矿	金	B
		与中酸性、酸性浅成或超浅成侵入岩有关的斑岩型钼矿	钼	
		夕卡岩型铁铜硫(钼金银)矿	铁	
Ⅲ-26-27	青海省都兰县冰沟脑 Au、Mo、Fe、Cu、稀土矿、萤石矿综合预测区	破碎蚀变岩型金矿	金	B
		与中酸性、酸性浅成或超浅成侵入岩有关的斑岩型钼矿	钼	
		夕卡岩型铁铜硫(钼金银)矿	铁	
		夕卡岩型铜铅锌(银钼)矿	金	
		岩浆型稀土矿	稀土	
		岩浆热液充填型萤石矿	萤石	
Ⅲ-26-28	青海省都兰县香家乡乌妥沟 Pb、Zn 综合预测区	夕卡岩型铅锌银(铜铁)矿	铅、锌	C
Ⅲ-26-29	青海省都兰县江巴尕日当 Au、Cu、硫铁矿、稀土矿综合预测区	破碎蚀变岩型金矿	金	B
		夕卡岩型铁铜硫(钼金银)矿	硫铁矿	
		夕卡岩型铜铅锌(银钼)矿	铜	
		岩浆型稀土矿	稀土	
Ⅲ-26-30	青海省都兰县小卧龙 Mo、Pb、Fe、Cu、W、Sn、Zn、Ag 综合预测区	夕卡岩型铁铜硫(钼金银)矿	钼、铅、铁、铜、钨、锡	A
		次火山热液型金银(铅锌)矿	锌、银	
Ⅲ-26-31	青海省都兰县下西台 Pb、Fe、Cu、Zn、Ag、稀土矿综合预测区	次火山热液型金银(铅锌)矿	铅、铜、锌、银	A
		岩浆型稀土矿	稀土	
		夕卡岩型铁铜硫(钼金银)矿	铁	
Ⅲ-26-32	青海省兴海县什多龙 Mo、Pb、Cu、Sn、Zn、Ag 综合预测区	夕卡岩-云英岩型钨锡萤石(银钼)矿	钼、锡	A
		海相火山岩型铅锌(银铅金)矿 VHMS	铅、铜、锌、银	
Ⅲ-26-33	青海省都兰县扎麻山 Mo、Pb、Fe、Cu、Zn、Ag 综合预测区	与中酸性、酸性浅成或超浅成侵入岩有关的斑岩型钼矿	钼	B
		夕卡岩型铁铜硫(钼金银)矿	铅、铜、锌、银	
		夕卡岩型铅锌银(铜铁)矿	铁	
Ⅲ-26-34	青海省都兰县隆统 Pb、Fe、Cu、Zn、Ag 综合预测区	夕卡岩型铁铜硫(钼金银)矿	铅	B
		夕卡岩型铅锌银(铜铁)矿	铁	
		夕卡岩型铁铜硫(钼金银)矿	铜、锌、银	
Ⅲ-26-35	青海省都兰县双庆 Mo、Pb、Fe、Cu、W、Sn、Zn、Ag 综合预测区	夕卡岩-云英岩型钨锡萤石(银钼)矿	钼、钨、锡	A
		夕卡岩型铅锌银(铜铁)矿	铅、铁、铜、锌、银	
Ⅲ-26-36	青海省都兰县哈陇休玛 Mo、Pb、Fe、Zn、Ag 综合预测区	与中酸性、酸性浅成或超浅成侵入岩有关的斑岩型钼矿	钼	B
		夕卡岩型铅锌银(铜铁)矿	铅、铁、锌、银	

续表 5-3-20

编号	名称	评价模型	矿种	级别
Ⅲ-26-37	青海省都兰县瓦勒尕 Au、Mo、Fe 综合预测区	破碎蚀变岩型金矿	金	B
		与中酸性、酸性浅成或超浅成侵入岩有关的斑岩型钼矿	钼	
		夕卡岩型铁铜硫（钼金银）矿	铁	
Ⅲ-26-38	青海省康切尔东 Fe、Ag 综合预测区	夕卡岩型铁铜硫（钼金银）矿	铁	C
		夕卡岩型铅锌银（铜铁）矿	银	
Ⅲ-26-39	青海省都兰县什多龙 Cu 综合预测区	与中酸性、酸性浅成或超浅成侵入岩有关的斑岩型铜钼金银矿	铜	C
Ⅲ-26-40	青海省都兰县德龙 Fe、Cu 综合预测区	夕卡岩型铁铜硫（钼金银）矿	铁	C

（四）西昆仑成矿带

1. 区域矿产特征

该带已发现铜、钼、锌、金、铂族金属、多金属、硫铁矿、石棉、石膏、煤、石墨、蛇纹岩及盐类等矿产。各类矿产地 124 处，其中大型矿床 6 处、中型矿床 2 处、小型矿床 21 处，其余为矿点。优势矿种为铁、铜、铅、锌。成矿期主要有早古生代、石炭纪和古元古代。成因类型主要为热水沉积型、火山岩型和沉积变质型。

2. 矿产预测类型

该成矿带参与预测的矿种为铁、铜、金等矿种，预测方法类型为火山岩型、沉积型、侵入岩体型、复合内生型，主要特征见表 5-3-21。

表 5-3-21　矿产预测模型特征简表

序号	矿产评价模型	矿种	成矿时代	主要预测要素	矿产预测类型	典型矿床
1	海相火山岩型铜锌（银铅金）矿 VHMS	铜、硫	晚石炭世	火山沉积建造，含矿为火山熔岩，沉积层状构造，单环磁异常，Cu 化探异常	乌依塔什式海相火山岩型铜矿	上其汗铜矿、乌依塔什铜矿
2	砂岩型铜（银）矿	铜	中泥盆世	紫红色铁质砂岩、铁质细砂岩、灰色石英细砂岩、灰白色砂岩，矿体均赋存于灰白色砂岩中，北西向断裂与北东向断裂交会处，Cu、Sb、Au 化探异常	盖孜特克里曼苏式砂岩型铜矿	盖孜特克里曼苏铜矿
3	与中酸性、酸性浅成或超浅成侵入岩有关的斑岩型铜钼金银矿	铜	志留纪	黑云斜长片岩、云母石英片岩、白云岩建造，北西向褶皱构造，区域性断裂构造，花岗岩体，Cu 化探异常	卡拉玛式热液型铜矿	卡拉玛铜矿
4	破碎蚀变岩型金矿	金	中泥盆世	碎屑岩-碳酸盐岩到建造，复背斜翼部断裂之间的大型韧性剪切带，中-酸性—碱性喷发或侵入岩，基性—超基性脉岩，Au、As、Cu、Sb、Hg、Au 元素组合异常	木吉式破碎蚀变岩型金矿	木吉金矿

续表 5-3-21

序号	矿产评价模型	矿种	成矿时代	主要预测要素	矿产预测类型	典型矿床
5	夕卡岩型铁铜硫（钼金银）矿	铁	晚石炭世	陆缘盆地,赋矿为千枚岩-片岩-变质砂岩-大理岩建造,中—酸性深成侵入岩,区域复合断裂构造,重力异常区以及重力梯度带,航磁高值异常,遥感解译铁染、线型构造	大红山式岩浆热液型铁矿	沙里塔什铁矿
6	基性岩浆岩铁铬（铜镍银）矿	铁	早古生代	蛇绿构造混杂岩带,细粒纯橄岩,多具蛇纹石化蚀变,Cr、Ni 元素值相应较高	库地式蛇绿岩型铬铁矿	库地铬铁矿

3. 综合预测区圈定

该带共圈出铜、铁、金综合预测区 8 个,其中 A 级 2 个,B 级 4 个,C 级 2 个（表 5-3-22）。

表 5-3-22　西昆仑成矿带综合预测区汇总表

编号	名称	评价模型	矿种	级别
Ⅲ-27-1	新疆乌依塔什 Fe、Cu、S 综合预测区	夕卡岩型铁铜硫（钼金银）矿	铁	A
		海相火山岩型铜锌（银铅金）矿 VHMS	铜	
			硫铁矿	
Ⅲ-27-2	新疆盖孜特克里曼苏 Fe、Cu 综合预测区	夕卡岩型铁铜硫（钼金银）矿	铁	B
		砂岩型铜（银）矿	铜	
Ⅲ-27-3	新疆卡拉玛 Cu 综合预测区	与中酸性、酸性浅成或超浅成侵入岩有关的斑岩型铜钼金银矿	铜	B
Ⅲ-27-4	新疆达尔达坂 Fe 综合预测区	夕卡岩型铁铜硫（钼金银）矿	铁	C
Ⅲ-27-5	新疆库地 Fe 综合预测区	基性岩浆岩铁铬（铜镍银）矿	铁	C
Ⅲ-27-6	新疆苦阿 Au 综合预测区	破碎蚀变岩型金矿	金	A
Ⅲ-27-7	新疆也普 Au、Cu 综合预测区	海相火山岩型铜锌（银铅金）矿 VHMS	铜	B
		破碎蚀变岩型金矿	金	
Ⅲ-27-8	新疆上其汗 Au、Cu 综合预测区	海相火山岩型铜锌（银铅金）矿 VHMS	铜	B
		破碎蚀变岩型金矿	金	

四、巴颜喀拉-松潘成矿省

巴颜喀拉-松潘成矿省属华南陆块群（前南华纪）、华南-羌塘板块（南华纪—早古生代），中生代处于特提斯洋北缘活动大陆边缘,主要成矿作用与中生代构造热隆起岩浆活动、活动大陆边缘关系密切。区内优势矿种为铅锌、锂、金（锑）、铜（钴）,特别是近年来铅锌、锂矿找矿取得了重大突出。成矿时以中生代为主,晚古生代次之。重要矿产类型有海相火山岩型铜（硫）矿（德尔尼铜钴矿）,海相火山岩型铜锌矿（卡特里西铜锌矿），破碎蚀变岩型金矿（大水金矿、大场金矿），热液型锑矿（黄羊岭锑矿），花岗岩型锂矿（大红柳滩锂矿），层控碳酸盐岩型铅锌矿（火烧云铅锌矿）等。该成矿省进一步划分出 3 个成矿带,共圈出铁、铜、锌、钨、锑、金、银、锂、稀土、硫等综合预测区 34 个,其中,A 级 5 个,B 级 7 个,C 级 22 个（图 5-3-4）。

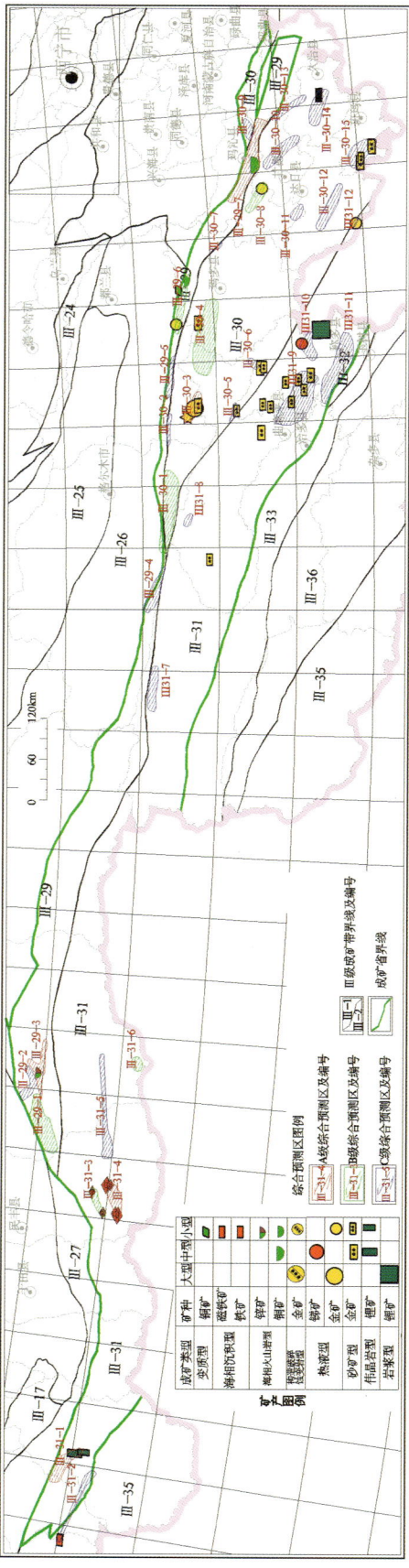

图5-3-4 巴颜喀拉-松潘成矿省重要矿产与综合预测区分布图

(一)喀拉米兰(阿尼玛卿)成矿带

1. 区域矿产特征

喀拉米兰(阿尼玛卿)成矿带内生金属矿产比较丰富,是重要的铜、钴金属成矿带之一。已知矿产有铜、钴、锌、金、银、钨、锑、钛、砂金、煤等,并有石棉、石墨、煤、蛇纹岩、玉石及盐类矿产。主要产出于晚古生代,成因类型主要为海相火山岩型、破碎蚀变岩型。

2. 矿产预测类型

该成矿带参与预测的矿种为铜、锌、金、锑,预测方法类型有火山岩型、复合内生型,主要特征见表5-3-23。

表5-3-23 矿产预测模型特征简表

序号	矿产评价模型	矿种	成矿时代	主要预测要素	矿产预测类型	典型矿床
1	海相火山岩型铜锌(银铅金)矿VHMS	铜、硫	二叠纪	中二叠统马尔争组结晶灰岩、泥灰岩、中基性火山岩、碎屑岩等,岩体为辉橄岩、橄榄岩、蛇纹岩物探磁异常,电法具高极化率特征化探Cu异常	德尔尼式海相火山岩型铜(硫)矿	德尔尼铜矿
2	海相火山岩型铜锌(银铅金)矿VHMS	铅、锌、银	早石炭世	双峰式火山岩-碎屑岩-碳酸盐岩建造,火山构造-变形变质构造-线状构造-侵入岩构造,Cu化探异常	卡特里西式海相火山岩型铜锌矿	卡特里西铜锌矿
3	破碎蚀变岩型金矿	金	晚泥盆世	近东西向、北东向断层、断裂破碎带,长石岩屑砂岩-绢云母板岩夹砂屑灰岩沉积建造,花岗岩、花岗闪长岩、闪长岩,Au、As、Hg化探异常	苦阿-恰克能萨依式破碎蚀变岩型金矿	苦阿-恰克能萨依金矿
4	碎屑岩地层中热液型锑金多金属矿	锑、金	早三叠世	上-中三叠统昌马河组泥岩-千枚岩建造,碎屑岩建造,北西向断裂,物探磁异常,重力推断断裂构造,大比例尺电磁异常,化探AuAsSb组合异常	东大滩式碎屑岩地层中的热液型锑矿	黑海南地区锑矿

3. 综合预测区圈定

该成矿带共圈出金、铜、锌、银、钨、锑、硫铁矿综合预测区7个。其中A级2个,B级2个,C级3个(表5-3-24)。

表5-3-24 喀拉米兰成矿带综合预测区汇总表

编号	名称	评价模型	矿种	级别
Ⅲ-29-1	新疆色娥子永滚Au综合预测区	破碎蚀变岩型金矿	金	B
Ⅲ-29-2	新疆喀帕Au综合预测区	破碎蚀变岩型金矿	金	C
Ⅲ-29-3	新疆卡特里西Cu、Zn、Ag综合预测区	海相火山岩型铜锌(银铅金)矿VHMS	铜、锌	A
			银	
			锌	

续表 5-3-24

编号	名称	评价模型	矿种	级别
Ⅲ-29-4	青海省格尔木市黑海南 Au、Sb 综合预测区	破碎蚀变岩型金矿	金	C
		碎屑岩地层中热液型锑金多金属矿	锑	
Ⅲ-29-5	青海省都兰县琼走 Au、硫铁矿综合预测区	破碎蚀变岩型金矿	金	C
		海相火山岩型铜锌（银铅金）矿 VHMS	硫铁矿	
			铜	
Ⅲ-29-6	青海省都兰县马尼特 Au、Cu、硫铁矿综合预测区	破碎蚀变岩型金矿	金	B
		海相火山岩型铜锌（银铅金）矿 VHMS	铜、硫铁矿	
Ⅲ-29-7	青海省甘德县恰那格弄 Au、Cu、硫铁矿综合预测区	破碎蚀变岩型金矿	金	A
		海相火山岩型铜锌（银铅金）矿 VHMS	硫铁矿	
			铜	

（二）北巴颜喀拉-马尔康成矿带

1. 区域矿产特征

该带内矿种有金、砂金、铁、铜、锑、汞、锡、盐矿等，矿产地43处，其中超大型矿床1处，中型矿床6处，小型矿床4处，矿点32处。优势矿种是砂金和金矿。成矿时代主要在第四系的砂金成矿期和盐湖成矿期，侏罗纪、三叠纪、二叠纪均有成矿。成因类型主要类型有砂岩型（砂金）、破碎蚀变岩型、热液型、海相火山岩型、盐湖沉积型、夕卡岩型，最主要的为砂岩型，其次为破碎蚀变岩型和热液型。

2. 矿产预测类型

该成矿带参与预测的矿种为铜、金、钨、锑、稀土，预测方法类型为侵入岩体型、复合内生型、层控内生型和火山岩型。主要特征见表 5-3-25。

表 5-3-25 矿产预测模型特征简表

序号	矿产评价模型	矿种	成矿时代	主要预测要素	矿产预测类型	典型矿床
1	破碎蚀变岩型金矿	金	燕山早中期	碳酸盐岩-碎屑岩建造，赋矿为泥晶白云岩、白云质灰岩、泥晶灰岩地层，中酸性侵入岩及其派生的大量脉岩，弧形区域性断裂构造次级断裂带和侵入岩的复合构造，Au、Ag、As、Hg、Sb 组合异常	大水式破碎蚀变岩型金矿	大水金矿
2	破碎蚀变岩型金矿	金	印支晚期—燕山早期	下—中三叠统昌马河组泥岩-千枚岩建造，碎屑岩建造，南西西向断裂，物探磁异常，重力推断盆地，推断为断裂构造以及大比例尺电磁异常，化探 Au、As、Sb 组合异常，金矿产地	大场式破碎蚀变岩型金矿	大场金矿

续表 5-3-25

序号	矿产评价模型	矿种	成矿时代	主要预测要素	矿产预测类型	典型矿床
3	碎屑岩地层中热液型锑金多金属矿	锑、金	早三叠世	下—中三叠统昌马河组泥岩-千枚岩建造,碎屑岩建造,北西向断裂,物探磁异常,重力推断为断裂构造,大比例尺且磁异常,化探 Au、As、Sb 组合异常,锑矿产地	东大滩式碎屑岩地层中的热液型锑矿	东大滩锑矿
4	夕卡岩-云英岩型钨锡萤石(银钼)矿	钨	早侏罗世	三叠系巴颜喀拉山群清水河组、昌马河组,中新元古界万宝沟群片岩组上段,二叠系马尔争组,印支期—燕山期石英闪长等中酸性岩,推测沉积盆地边部及深大断裂,化探 W、Sn、Bi 异常	年保玉则-昌马河夕卡岩-云英岩型钨矿	
5	岩浆型稀土矿	稀土	印支中晚期—燕山早期	中酸性岩浆岩,化探镧、钇、铌、磷等元素异常,重力与航磁推测基性、超基性岩体及深大断裂,遥感环形、线形构造	磁铁山-埃肯德勒斯特岩浆型稀土矿	
6	海相火山岩型铜锌(银铅金)矿 VHMS	铜、硫	晚石炭世	火山沉积建造,含矿为火山熔岩,沉积层状构造,单环磁异常,铜化探异常	卡特里西式海相火山岩型铜锌矿	

3. 综合预测区圈定

该带共圈出综合预测区 15 个,其中 A 级预测区 1 个,B 级预测区 3 个,C 级预测区 11 个(表 5-3-26)。

表 5-3-26 北巴颜喀拉-马尔康成矿带综合预测区统计表

编号	名称	评价模型	矿种	级别
Ⅲ-30-1	青海省格尔木市东大滩 Au、Sb、W、稀土矿综合预测区	破碎蚀变岩型金矿	金	B
		碎屑岩地层中热液型锑金多金属矿	锑	
		夕卡岩-云英岩型钨锡萤石(银钼)矿	钨	
		岩浆型稀土矿	稀土	
Ⅲ-30-2	青海省都兰磁铁山-埃肯得勒斯特稀土矿综合预测区	岩浆型稀土矿	稀土	C
Ⅲ-30-3	青海省曲麻莱县大场 Au、Sb 综合预测区	破碎蚀变岩型金矿	金	A
		碎屑岩地层中热液型锑金多金属矿	锑	
Ⅲ-30-4	青海省玛多县柯尔咱程 Au、Sb、Cu、硫铁矿综合预测区	破碎蚀变岩型金矿	金	B
		海相火山岩型铜锌(银铅金)矿 VHMS	硫铁矿	
			铜	
		碎屑岩地层中热液型锑金多金属矿	锑	

续表 5-3-26

编号	名称	评价模型	矿种	级别
Ⅲ-30-5	青海省称多县拉浪情曲 Sb 综合预测区	碎屑岩地层中热液型锑金多金属矿	锑	C
Ⅲ-30-6	青海省称多县多曲 Sb 综合预测区	碎屑岩地层中热液型锑金多金属矿	锑	C
Ⅲ-30-7	青海省嗡里隆哇西 Cu、硫铁矿综合预测区	海相火山岩型铜锌(银铅金)矿 VHMS	硫铁矿	C
			铜	
Ⅲ-30-8	青海省甘德县东乘公麻 Au、W 综合预测区	破碎蚀变岩型金矿	金	B
Ⅲ-30-9	青海省肯定那 Au、W 综合预测区	破碎蚀变岩型金矿	金	C
		夕卡岩-云英岩型钨锡萤石(银钼)矿	钨	
Ⅲ-30-10	青海省甘德县青珍 Au、W 综合预测区	破碎蚀变岩型金矿	金	C
		夕卡岩-云英岩型钨锡萤石(银钼)矿	钨	
Ⅲ-30-11	青海省格亚尕玛 W 综合预测区	夕卡岩-云英岩型钨锡萤石(银钼)矿	钨	C
Ⅲ-30-12	青海省达日县都曲 W 综合预测区	夕卡岩-云英岩型钨锡萤石(银钼)矿	钨	C
Ⅲ-30-13	青海省久治县灯朗 Au 综合预测区	破碎蚀变岩型金矿	金	C
Ⅲ-30-14	青海省西门错 Au、W 综合预测区	破碎蚀变岩型金矿	金	C
		夕卡岩-云英岩型钨锡萤石(银钼)矿	钨	
Ⅲ-30-15	青海省班玛县吉卡 Au 综合预测区	破碎蚀变岩型金矿	金	C

(三)南巴颜喀拉-雅江成矿带

1. 区域矿产特征

该成矿带已知矿化为铁、锰、铬、镍、铜、钼、铅锌、锑、汞、稀有金属、白云母、石棉、硫铁矿、煤及盐类、金、砂金、锂盐等,矿产地 93 处,其中大型矿床 1 处、中型矿床 5 处、小型矿床 21 处。主要产出于三叠纪、侏罗纪。成因类型主要为热液型、夕卡岩-云英岩型、斑岩型、破碎蚀变岩型。

2. 矿产预测类型

该成矿带参与预测的矿种为铁、铜、钨、金、锑、锂、稀土,预测方法类型为沉积型、侵入岩体型、复合内生型、层控内生型,主要特征见表 5-3-27。

表 5-3-27 矿产预测模型特征简表

序号	矿产评价模型	矿种	成矿时代	主要预测要素	矿产预测类型	典型矿床
1	与中酸性、酸性浅成或超浅成侵入岩有关的斑岩型铜钼金银矿	铜	早三叠世	复理石沉积建造,细粒二长花岗岩-粗粒斑状二长花岗岩,侵入岩中的裂隙和解理,Mn、Zn、Ni、Cr 单元素异常	云雾岭式斑岩型铜矿	云雾岭铜矿

续表 5-3-27

序号	矿产评价模型	矿种	成矿时代	主要预测要素	矿产预测类型	典型矿床
2	碎屑岩地层中热液型锑金多金属矿	锑	三叠纪—侏罗纪	海相碎屑岩建造，含矿为岩屑砂岩-页岩，断裂带次级断裂，低温热液系列 Sb、Hg、As 元素化探异常，中高羟基遥感异常	黄羊岭式热液型锑矿	黄羊岭、卧龙岗锑矿
3	硬岩型锂矿	锂	早侏罗世	深大断裂及次级断裂构造带，海相火山岩建造，二云母花岗岩、花岗伟晶岩，Li、B 组合异常	甲基卡式花岗岩型锂矿	大红柳滩锂矿
4	沉积型铁矿	铁	早志留世	碎屑岩夹碳酸盐岩建造，浅变质岩系，碎屑岩与碳酸盐岩的过渡带，侵入岩与地层外接触带附近，层控线状构造，铁锰中高异常、弱铜异常	切列克其式沉积型铁矿	
5	夕卡岩-云英岩型钨锡萤石（银钼）矿	钨	侏罗纪	海相沉积的碎屑岩建造，侏罗纪花岗闪长岩，深成中酸性岩体，昆南断裂南侧，1∶5 万水系沉积物异常突出	五雪峰-扎日尔那夕卡岩-云英岩型钨矿	
6	破碎蚀变岩型金矿	金	印支期—燕山期	海相碎屑岩，构造活动频繁带，水系沉积物 Au、Sb、稀土异常突出，规模大、浓集分带明显，有金、铍铌钽矿点成矿事实	大场式破碎蚀变岩型金矿	
7	岩浆型稀土矿	稀土	印支期—燕山期	岩浆岩多期侵入，构造发育，水系沉积物 Au、Sb、稀土异常好，浓集分带明显	扎朵-莫注涌地区岩浆型稀土矿	

3. 综合预测区圈定

该带共圈出锂、铁、锌、锑、铜、钨、金综合预测区 12 个，其中 A 级 2 个，B 级 2 个，C 级 8 个（表 5-3-28）。

表 5-3-28 南巴颜喀拉-雅江成矿带综合预测区统计表

编号	名称	评价模型	矿种	级别
Ⅲ-31-1	新疆大红柳滩 Li 综合预测区	硬岩型锂矿	锂	A
Ⅲ-31-2	新疆泉山东 Fe 综合预测区	沉积型铁矿	铁	C
Ⅲ-31-3	新疆宿营地 Sb 综合预测区	碎屑岩地层中热液型锑金多金属矿	锑	B
Ⅲ-31-4	新疆黄羊岭 Sb 综合预测区	碎屑岩地层中热液型锑金多金属矿	锑	A
Ⅲ-31-5	新疆黑山南 Sb 综合预测区	碎屑岩地层中热液型锑金多金属矿	锑	C
Ⅲ-31-6	新疆云雾岭 Cu 综合预测区	与中酸性、酸性浅成或超浅成侵入岩有关的斑岩型铜钼金银矿	铜	B
Ⅲ-31-7	青海省治多县雪月山 W 综合预测区	夕卡岩-云英岩型钨锡萤石（银钼）矿	钨	C
Ⅲ-31-8	青海省千万尼哇西 W 综合预测区	夕卡岩-云英岩型钨锡萤石（银钼）矿	钨	C

续表 5-3-28

编号	名称	评价模型	矿种	级别
Ⅲ-31-9	青海省称多县扎朵 Au、Sb、稀土矿综合预测区	破碎蚀变岩型金矿	金	C
		碎屑岩地层中热液型锑金多金属矿	锑	
		岩浆型稀土矿	稀土	
Ⅲ-31-10	青海省称多县保日卡玛 Sb 综合预测区	碎屑岩地层中热液型锑金多金属矿	锑	C
Ⅲ-31-11	青海省称多县莫洼涌 Au、Sb、稀土矿综合预测区	破碎蚀变岩型金矿	金	C
		碎屑岩地层中热液型锑金多金属矿	锑	
		岩浆型稀土矿	稀土	
Ⅲ-31-12	青海省达日县上红科 Au 综合预测区	破碎蚀变岩型金矿	金	C

五、喀喇昆仑-三江成矿省

喀喇昆仑-三江成矿省位于巴颜喀拉-松潘成矿省之南,北以康西瓦-甜水海缝合带为界,东与巴颜喀拉-松潘成矿省毗邻,南至与印度的国界。主要成矿作用与特提斯洋形成、演化和消亡过程关系密切,另与喀喇昆仑地块结晶基底形成相关的沉积变质型磁铁矿构成了塔什库尔干大型铁矿资源基础。区内优势矿种为铜、铅锌、铁等,成矿时代以中生代为主,晚古生代和新生代次之。重要矿产类型:海相火山岩型铜矿(尕龙格玛铜矿),沉积变质型铁矿(赞坎铁矿),沉积型铁矿(切列克其铁矿),斑岩型铜钼硫矿(纳日贡玛铜矿),碳酸盐岩型铅锌银矿(东莫扎抓铅锌矿)等。该成矿省进一步划分出 4 个成矿带,共圈出铁、铜、铅、锌、钨、钼、锑、金、银、稀土、硫等综合预测区 42 个,其中,A 级 10 个,B 级 4 个,C 级 28 个(图 5-3-5)。

(一)金沙江成矿带

1. 区域矿产特征

该带已发现铁、铜、铅、锌、银、锰、砂金。矿床地 28 处,其中中型 2 处,小型 5 处,矿点 21 处。优势矿种主要是铁、铜、铅、锌,成矿时代主要是第四纪,其次为三叠纪。成因类型主要为砂岩型(砂金),其次为夕卡岩型和陆相沉积型。

2. 矿产预测类型

该带参与预测的矿种为铁、铅、锌、铜、钼、银、稀土,预测方法类型为沉积型、火山岩型、侵入岩体型,主要特征见表 5-3-29。

3. 综合预测区圈定

该带共圈出以铁、铜、铅锌、稀土等多矿种综合预测区 7 个,其中 A 级 1 个,B 级 1 个,C 级 5 个(表 5-3-30)。

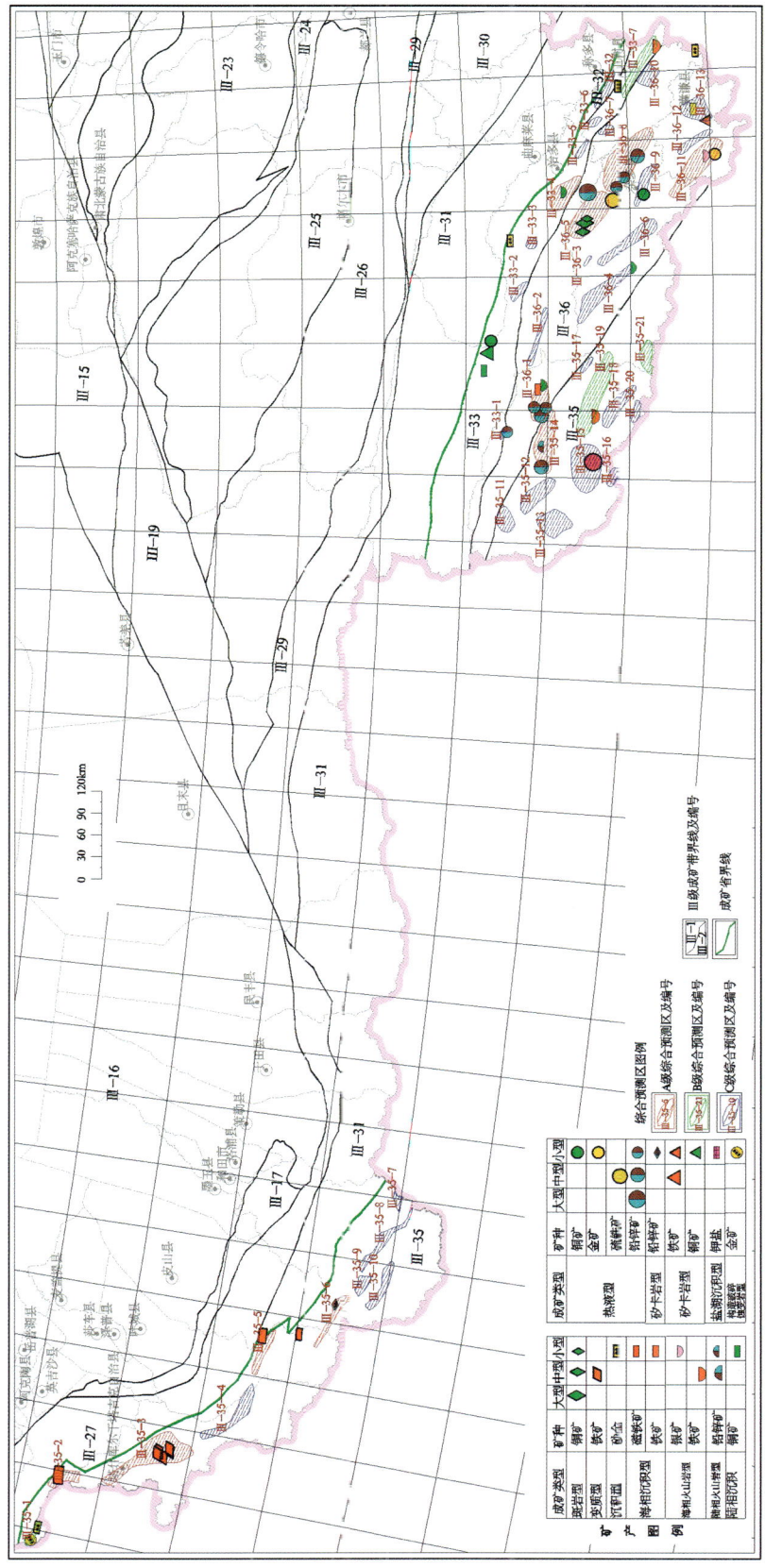

图 5-3-5 喀喇昆仑—三江成矿省重要矿产与综合预测区分布图

表 5-3-29 矿产预测模型特征简表

序号	矿产评价模型	矿种	成矿时代	主要预测要素	矿产预测类型	典型矿床
1	海相火山岩型铜锌（银铅金）矿 VHMS	铁、铅、锌、银	晚三叠世	含矿地层上三叠统巴塘群上部浊积岩建造，北西向断裂是主要控矿断裂构造，磁法－500～2500nT 异常强度等值线范围，Ag、Pb、Zn 等化探异常	赵卡隆式海相火山沉积型铁铅锌银矿	赵卡隆铁铅锌银矿
2	次火山热液型金银（铅锌）矿	铅、锌	印支期	华日组第二岩性段第四韵律层，日闹组，Pb、Hg、Sb 组合异常，推断断裂构造	老藏沟式陆相火山岩型铅锌（银）矿	老藏沟铅锌矿
3	海相火山岩型铜锌（银铅金）矿 VHMS	铜、铅、锌	印支晚期	巴塘群火山岩-碳酸盐岩组，化探 Pb、Zn、Cu、Au 异常，铜矿产地	尕龙格玛式海相火山岩型铜铅锌矿	尕龙格玛铜铅锌矿
4	夕卡岩型铁铜硫（钼金银）矿	铁、钼	印支期	区内断裂构造发育，东部有闪长岩侵入，Mo 异常较好，南部发现有铅锌矿和铜矿	约改地区夕卡岩型钼矿	
5	海相火山喷发沉积型铁铜硫矿	铁	晚三叠世	巴塘群火山岩—碳酸盐岩组，水系沉积物 Pb、Zn、Ag、Au 异常套合好，浓集分带明显，区内磁异常突出	纠才多谢地区沉积型铁矿	
6	夕卡岩型铅锌银（铜铁）矿	铜、铅、锌、铁	印支期	巴塘群砂岩、板岩组，火山岩、灰岩组，碎屑岩组，高精度磁异常较好，水系沉积物 Cu、Pb、Zn 等异常突出，规模大、浓集分带明显	征毛涌地区夕卡岩型铁铜铅锌矿	
7	岩浆型稀土矿	稀土	印支期—燕山期	岩浆岩多期侵入，构造发育，水系沉积物 Au、Sb、稀土异常好，浓集分带明显	松日扎给地区岩浆型稀土矿	

表 5-3-30 金沙江成矿带综合预测区统计表

编号	名称	主要矿产评价模型	主要矿种	级别
Ⅲ-33-1	青海省格尔木市约改 Mo 综合预测区	夕卡岩型铁铜硫（钼金银）矿	钼	C
Ⅲ-33-2	青海省纠才多谢 Pb、Fe、Cu、Zn、Ag 综合预测区	海相火山岩型铜锌（银铅金）矿 VHMS	铅、铜、锌、银	C
		海相火山喷发沉积型铁铜硫矿	铁	
Ⅲ-33-3	青海省扎根海 Fe、Ag 综合预测区	海相火山喷发沉积型铁铜硫矿	铁	C
		次火山热液型金银（铅锌）矿	银	
Ⅲ-33-4	青海省尕龙格玛 Pb、Fe、Cu、Zn、Ag 综合预测区	海相火山岩型铜锌（银铅金）矿 VHMS	铅、铜、锌、银	A
		夕卡岩型铁铜硫（钼金银）矿	铁	
Ⅲ-33-5	青海省治多县征毛涌 Pb、Fe、Cu、Zn、稀土矿综合预测区	夕卡岩型铅锌银（铜铁）矿	铅、铁、铜、锌	C
Ⅲ-33-6	青海省松日扎给 Ag、稀土矿综合预测区	岩浆型稀土矿	稀土	C
		次火山热液型金银（铅锌）矿	银	
Ⅲ-33-7	青海省玉树县挡拖 Pb、Fe、Cu、Zn、Ag 综合预测区	海相火山岩型铜锌（银铅金）矿 VHMS	铅、铜、锌、银	B
		夕卡岩型铁铜硫（钼金银）矿	铁	

(二)昌都-普洱成矿带

1. 区域矿产特征

该带已发现的金属矿产有铅、锌、铁、铜、金、锡、银等,非金属矿产有盐类矿产、重晶石、硫铁矿、萤石等。矿产地有100余处,其中金属矿产地87处,非金属矿产地13处。已知矿床21处(其中大型矿床2处,中型矿床4处,小型矿床15处),各类矿点79处。

金属矿产的成矿时代主要集中于二叠纪、三叠纪和石炭纪,非金属矿产中盐类矿产主要集中在第四纪,在第三纪也有零星成矿。成因类型主要为海相火山岩型、斑岩型、碳酸盐岩型和热液型。

2. 矿产预测类型

该成矿带参与预测的矿种为铁、铜、银、铅、锌、钼、硫、稀土,预测方法类型为沉积型、侵入岩体型、层控内生型和火山岩型,主要特征见表5-3-31。

表5-3-31 矿产预测模型特征简表

序号	矿产评价模型	矿种	成矿时代	主要预测要素	矿产预测类型	典型矿床
1	海相火山喷发沉积型铁铜硫矿	铁	中二叠世	诺日巴尔日保组砂岩-石灰岩-玄武安山岩建造,航磁异常分布范围(大于20nT),推断与铁矿有关的甲类航磁异常,重力异常,重砂铁铜锌族矿物异常,化探Zn、Cu元素异常遥感推断的二叠纪地层	开心岭式海相火山-沉积型铁铜锌矿	开心岭铁锌矿
2	海相火山岩型铜锌(银铅金)矿VHMS	铜	早中二叠世	下二叠统诺日巴尔日保组沉积建造,遥感解译的二叠纪地层,航磁推断的二叠纪地层,重力推断的沉积盆地和基底凹陷,地球化学Cu元素异常为主,Ag、Pb、Fe、Zn元素异常,重砂-铜锌铅族矿物异常,铜矿产地	开心岭-杂多黑牛山式海相火山岩型铜矿	黑牛山铜矿
3	与中酸性、酸性浅成或超浅成侵入岩有关的斑岩型铜钼金银矿	铜、钼、硫	喜马拉雅期	新生代古近纪花岗斑岩,重力、磁法推断侵入体,地球化学Cu、Ag、W、Bi组合异常,遥感解译环形构造,铜钼矿产地	沱沱河-然者涌地区纳日贡玛式斑岩型铜钼硫矿	纳日贡玛铜矿
4	碳酸盐岩-细碎屑岩型铅锌银矿SEDEX	铅、锌、银	石炭纪、二叠纪、三叠纪	下石炭统杂多群、下二叠统尕笛考组、上三叠统甲丕拉组和波里拉组灰岩建造,断裂构造,围岩蚀变硅化、碳酸盐化等,磁法异常,Pb、Zn、Ag组合异常,重砂异常	东莫扎抓式碳酸盐岩型铅锌银矿	东莫扎抓铅锌矿、茶曲怕查铅锌矿

续表 5-3-31

序号	矿产评价模型	矿种	成矿时代	主要预测要素	矿产预测类型	典型矿床
5	岩浆型稀土矿	稀土	新生代古近纪	新生代古近系沱沱河组火山岩段,含矿喜马拉雅期辉石正长斑岩,开心岭-杂多-景洪岛弧带,昌都-兰坪双向弧后前陆盆地,重力、航磁推测基性、超基性岩体及深大断裂,地球化学以La、Y、Nb、P等元素异常为主,遥感线、环形构造,浅色与暖色调团块状影像体交界	巴那能-东巴地区岩浆型稀土矿	
6	与中酸性岩浆热液有关的银铅锌矿	铅、锌、银	侏罗纪	中侏罗统雁石坪群海相碎屑岩建造,铅锌银矿产地,地球化学特征Hg、Ag、Sb组合异常,自然重砂铅锌银矿物异常,地球物理推断断裂构造,遥感羟基、铁染异常套合	解嘎式热液型铅锌银矿	解嘎铅锌银矿

3. 综合预测区圈定

该带共圈出以铁、铜、铅锌、稀土等多矿种综合预测区13个,其中A级4个,C级9个(表5-3-32)。

表 5-3-32　昌都-普洱成矿带综合预测区统计表

综合预测区编号	综合预测区名称	主要矿产评价模型	主要矿种	级别
Ⅲ-36-1	青海省格尔木市茶曲帕查Pb、Fe、Cu、Zn、Ag综合预测区	海相火山岩型铜锌(银铅金)矿VHMS	铅、铜、锌、银	A
		海相火山喷发沉积型铁铜硫矿	铁	
Ⅲ-36-2	青海省治多县沱沱河Mo综合预测区	与中酸性、酸性浅成或超浅成侵入岩有关的斑岩型钼矿	钼	C
Ⅲ-36-3	青海省夏麻贡Cu综合预测区	海相火山岩型铜锌(银铅金)矿VHMS	铜	C
Ⅲ-36-4	青海省杂多县旦荣Pb、Fe、Cu、Zn、Ag综合预测区	海相火山岩型铜锌(银铅金)矿VHMS	铅	C
		海相火山喷发沉积型铁铜硫矿	铁	
		海相火山岩型铜锌(银铅金)矿VHMS	铜、锌、银	
Ⅲ-36-5	青海省杂多县宗格涌Mo、Pb、Fe、Cu、Zn、Ag、硫铁矿综合预测区	与中酸性、酸性浅成或超浅成侵入岩有关的斑岩型铜钼金银矿	硫铁矿	A
			铜	
		与中酸性、酸性浅成或超浅成侵入岩有关的斑岩型钼矿	钼	
		海相火山岩型铜锌(银铅金)矿VHMS	铅、锌、银	
		海相火山喷发沉积型铁铜硫矿	铁	
Ⅲ-36-6	青海省巴纳能Mo、Cu、硫铁矿、稀土矿综合预测区	与中酸性、酸性浅成或超浅成侵入岩有关的斑岩型铜钼金银矿	硫铁矿	C
			钼	
			铜	
		岩浆型稀土矿	稀土	
Ⅲ-36-7	青海省吾龙色Pb、Cu、Zn、Ag综合预测区	海相火山岩型铜锌(银铅金)矿VHMS	铅、铜、锌、银	C

续表 5-3-32

综合预测区编号	综合预测区名称	主要矿产评价模型	主要矿种	级别
Ⅲ-36-8	青海省杂多县东莫扎抓 Mo、Pb、Fe、Cu、Zn、Ag、硫铁矿、稀土矿综合预测区	海相火山喷发沉积型铁铜硫矿	硫铁矿	A
			铁	
		与中酸性、酸性浅成或超浅成侵入岩有关的斑岩型铜钼金银矿	钼	
			铜	
		岩浆型稀土矿	稀土	
		碳酸盐岩-细碎屑岩型铅锌银矿 SEDEX	铅、锌、银	
Ⅲ-36-9	杂多县吉龙 Sb、Zn、Ag、稀土矿综合预测区	海相火山岩型铜锌（银铅金）矿 VHMS	铅、锌、银	C
		岩浆型稀土矿	稀土	
Ⅲ-36-10	青海省玉树市凶娜 Mo、Ag 综合预测区	与中酸性、酸性浅成或超浅成侵入岩有关的斑岩型钼矿	钼	C
		海相火山岩型铜锌（银铅金）矿 VHMS	银	
Ⅲ-36-11	青海省囊谦县解嘎 Cu、Ag、硫铁矿、稀土矿综合预测区	海相火山岩型铜锌（银铅金）矿 VHMS	硫铁矿	A
			铜	
		岩浆型稀土矿	稀土	
		与中酸性岩浆热液有关的银铅锌矿	银	
Ⅲ-36-12	青海省玉树县耶泳松多 Cu、Ag 综合预测区	海相火山岩型铜锌（银铅金）矿 VHMS	铜	C
Ⅲ-36-13	青海省囊谦县冶金山 Fe、稀土矿综合预测区	海相火山喷发沉积型铁铜硫矿	铁	C
		岩浆型稀土矿	稀土	
		海相火山岩型铜锌（银铅金）矿 VHMS	银	

（三）喀喇昆仑-羌北成矿带

1. 区域矿产特征

新疆喀喇昆仑成矿带已发现矿产种类有铅锌、铁、铜、钼、金、石膏等，以铅锌、铜和石膏矿为主。矿产地 71 处，其中大型矿床 6 处、中型矿床 5 处、小型矿床 15 处。成因类型主要为沉积变质型、海相沉积型和层控碳酸盐岩型。青海喀喇昆仑成矿带已发现的金属矿产有铅、锌、铁、铜等。矿产地 19 余处，中型 2 处，小型 1 处，各类矿点 16 处。优势矿种为铁。成因类型主要为热液型、夕卡岩型、海相火山岩型。主要产出于侏罗纪、白垩纪、古近纪。

2. 矿产预测类型

该带预测矿种主要为铁、铅、锌、金、银、稀土、钨、钼、硫，预测方法类型为沉积型、变质型、火山岩型、侵入岩体型、层控内生型，主要特征见表 5-3-33。

表 5-3-33　矿产预测模型特征简表

序号	矿产评价模型	矿种	成矿时代	主要预测要素	矿产预测类型	典型矿床
1	海相火山岩型铜锌(银铅金)矿 VHMS	铁、铅、银	中侏罗世	雀莫错组上岩段碎屑岩建造,航磁与铁矿有关的乙类异常,化探 Fe、Pb、Zn、Cu 元素异常,遥感羟基强异常带,解译的侏罗纪地层,铁铅矿产地	小唐古拉式海相火山-沉积型铁铅银矿	小唐古拉山铁铅矿
2	次火山热液型金银(铅锌)矿	铅、锌、银	古近纪	古近系查保玛组火山岩段石英岩屑砂岩-安山玄武安山岩建造,北西向断裂,激电异常,化探 Ag、Pb、Cu Sb、Zn 组合异常	那日尼亚式陆相火山岩型铅锌银矿	那日尼亚铅锌矿
3	岩浆型稀土矿	稀土	古近纪	沱沱河组玄粗岩、粗面岩建造,燕山期早白垩世肉红色细粒二长花岗岩复式岩体($K_1\gamma\eta$),渐新世正长斑岩($E_3\xi\gamma$),化探异常元素组合 La、Y、Nb、P 等,异常面积大,浓度分带明显,峰值高,遥感线要素和环形构造	沱沱河地区岩浆型稀土矿	
4	夕卡岩-云英岩型钨锡萤石(银钼)矿	钨	中侏罗世	碳酸盐岩建造,遥感解译中酸性岩体,航磁推断中酸性岩体,地球化学 W 元素异常、Sn、Bi 元素异常,钨矿产地	格拉丹东-龙亚拉夕卡岩-云英岩型钨矿	
5	沉积变质型铁硫矿	铁	中元古代	变质碎屑岩、双峰式火山岩、硅铁建造,北西—近东西断裂及其次生断裂带内形成的沉积构造和侵入岩构造,重力梯度带,航磁异常,遥感解释线形构造与线形构造、线形构造与环形构造等交会部位	赞坎式沉积变质型铁矿	赞坎铁矿
6	沉积型铁矿	铁	早志留世	碎屑岩夹碳酸盐岩建造,浅变质岩系,碎屑岩与碳酸盐岩的过渡带、侵入岩与地层外接触带附近,层控线状构造,铁锰中高异常、弱铜异常	切列克其式沉积型铁矿	切列克其铁矿、黑黑孜站干铁矿
7	碳酸盐岩-细碎屑岩型铅锌银矿 SEDEX	铅、锌	晚白垩世	海相沉积碳酸盐岩-细碎屑岩建造,Pb、Zn、Hg 化探异常区	宝塔山式碳酸盐岩-细碎屑岩型铅锌矿	宝塔山铅锌矿
8	破碎蚀变岩型金矿	金	中泥盆世	碎屑岩-碳酸盐岩到建造,复背斜翼部断裂之间的大型韧性剪切带,中—酸性—碱性喷发或侵入岩,基性—超基性脉岩,Au、As、Cu、Sb、Hg、Au 元素组合异常	木吉式破碎蚀变岩型金矿	
9	海相火山喷发沉积型铁铜硫矿	铁	燕山期	侏罗系雁石坪群雀莫错组二岩段的灰岩建造	八字错地区海相火山-沉积型铁矿	

续表 5-3-33

序号	矿产评价模型	矿种	成矿时代	主要预测要素	矿产预测类型	典型矿床
10	与中酸性、酸性浅成或超浅成侵入岩有关的斑岩型铜钼金银矿	钼、硫	喜马拉雅期	侵入岩广泛分布,斑岩型铜钼硫矿赋存于喜马拉雅期黑云母花岗斑岩、细粒花岗斑岩中	纳保扎陇地区斑岩型铜钼硫矿	

3. 综合预测区圈定

该带内共圈出以铁、铅锌、银、稀土等多矿种综合预测区 21 个,其中 A 级 5 个,B 级 3 个,C 级 13 个(表 5-3-34)。

表 5-3-34　喀喇昆仑-羌北成矿带综合预测区统计表

编号	名称	评价模型	矿种	级别
Ⅲ-35-1	新疆阔克吉勒嘎 Au 综合预测区	破碎蚀变岩型金矿	金	3
Ⅲ-35-2	新疆切列克其 Fe 综合预测区	沉积型铁矿	铁	A
Ⅲ-35-3	新疆赞坎 Fe 综合预测区	沉积变质型铁硫矿	铁	A
Ⅲ-35-4	新疆喀其 Fe 综合预测区	沉积变质型铁硫矿	铁	C
Ⅲ-35-5	新疆黑黑孜站干 Fe、Pb、Zn 综合预测区	沉积型铁矿	铁	A
		碳酸盐岩-细碎屑岩型铅锌银矿 SEDEX	铅、锌	
Ⅲ-35-6	新疆宝塔山 Pb、Zn 综合预测区	碳酸盐岩-细碎屑岩型铅锌银矿 SEDEX	铅、锌	A
Ⅲ-35-7	新疆阿克萨依湖 Pb、Zn 综合预测区	碳酸盐岩-细碎屑岩型铅锌银矿 SEDEX	铅	C
Ⅲ-35-8	新疆多坦塔格山 Pb、Zn 综合预测区	碳酸盐岩-细碎屑岩型铅锌银矿 SEDEX	铅、锌	C
Ⅲ-35-9	新疆长山岭 Pb、Zn 综合预测区	碳酸盐岩-细碎屑岩型铅锌银矿 SEDEX	铅、锌	C
Ⅲ-35-10	新疆红山顶 Pb、Zn 综合预测区	碳酸盐岩-细碎屑岩型铅锌银矿 SEDEX	铅、锌	C
Ⅲ-35-11	青海省枕头崖 Pb、Ag、稀土矿综合预测区	海相火山岩型铜锌(银铅金)矿 VHMS	铅、银	C
		岩浆型稀土矿	稀土	
Ⅲ-35-12	青海省江塔西 Pb、Fe、Ag、稀土矿综合预测区	海相火山岩型铜锌(银铅金)矿 VHMS	铅、银	C
		海相火山喷发沉积型铁铜硫矿	铁	
		岩浆型稀土矿	稀土	
Ⅲ-35-13	青海省岗尕路 Pb、Ag、稀土矿综合预测区	海相火山岩型铜锌(银铅金)矿 VHMS	铅、银	C
		岩浆型稀土矿	稀土	
Ⅲ-35-14	青海省格尔木市纳保扎陇 Mo、Pb、Fe、Cu、Zn、Ag、硫铁矿、稀土矿综合预测区	与中酸性、酸性浅成或超浅成侵入岩有关的斑岩型铜钼金银矿	硫铁矿	A
			钼	
		海相火山岩型铜锌(银铅金)矿 VHMS	铅、铜、锌、银	
		海相火山喷发沉积型铁铜硫矿	铁	
		岩浆型稀土矿	稀土	
Ⅲ-35-15	青海省格尔木市岗失那扎 Pb、Fe、W 综合预测区	海相火山岩型铜锌(银铅金)矿 VHMS	铅	C
		海相火山喷发沉积型铁铜硫矿	铁	
		夕卡岩-云英岩型钨锡萤石(银钼)矿	钨	

续表 5-3-34

编号	名称	评价模型	矿种	级别
Ⅲ-35-16	青海省旦玛北小唐古拉 Fe、Ag 综合预测区	海相火山喷发沉积型铁铜硫矿	铁	C
		次火山热液型金银(铅锌)矿	银	
Ⅲ-35-17	青海省多尔丘索巴 Pb、Fe 综合预测区	海相火山岩型铜锌(银铅金)矿 VHMS	铅	C
		海相火山喷发沉积型铁铜硫矿	铁	
Ⅲ-35-18	青海省格尔木市雀宰日 Pb、Fe、W、Ag、稀土矿综合预测区	海相火山岩型铜锌(银铅金)矿 VHMS	铅	C
		海相火山喷发沉积型铁铜硫矿	铁	
		夕卡岩-云英岩型钨锡萤石(银钼)矿	钨	
		岩浆型稀土矿	稀土	
		海相火山岩型铜锌(银铅金)矿 VHMS	银	
Ⅲ-35-19	青海省格尔木市小唐古拉山 Pb、Fe、W、Ag 综合预测区	海相火山岩型铜锌(银铅金)矿 VHMS	铅	B
		海相火山喷发沉积型铁铜硫矿	铁	
		夕卡岩-云英岩型钨锡萤石(银钼)矿	钨	
		次火山热液型金银(铅锌)矿	银	
Ⅲ-35-20	青海省格尔木市八字错 Fe 综合预测区	海相火山喷发沉积型铁铜硫矿	铁	C
Ⅲ-35-21	青海省杂多县唐古拉山乡扎布恰约玛 Pb、Fe、W、Ag 综合预测区	海相火山岩型铜锌(银铅金)矿 VHMS	铅	B
			银	
		海相火山喷发沉积型铁铜硫矿	铁	
		夕卡岩-云英岩型钨锡萤石(银钼)矿	钨	

六、扬子成矿省

扬子成矿省地处秦岭造山带和四川盆地稳定克拉通的过渡带,主体位于华南,西北地区仅在陕西南部划出龙门山-大巴山矿成矿带(Ⅲ-73)。区内优势矿种有金、铁、铜(钴)、铅锌、磷、锰、重晶石等。成矿时代以前寒武纪为主,古生代次之。重要矿产类型有岩浆型磁铁矿(毕机沟铁矿),沉积变质型铁矿(鱼洞子铁矿),层控碳酸盐岩型铅锌矿(马元楠木树铅锌矿),超基性镍硫化物型镍(钴)矿[煎茶岭镍(钴)矿],沉积型磷锰矿(天台山磷矿、沟岭子锰矿),沉积变质型重晶石矿(东风沟重晶石矿),破碎蚀变岩型金矿(煎茶岭金矿、李家沟金矿),海相火山岩型铜矿(铜厂铜矿),砂矿型砂金矿(碧口砂金矿)等。该成矿省西北地区只涉及龙门山-大巴山(陆缘坳陷)Fe、Cu、Pb、Zn、Mn、V、P、S、重晶石、铝土矿成矿带Ⅲ级成矿带(Ⅲ-73),共圈出铁、锰、铬、铜、铅、锌、铝、镍、金、磷、硫、重晶石等综合预测区 21 个,其中,A 级 8 个,B 级 4 个,C 级 9 个(图 5-3-1)。

龙门山-大巴山成矿带

1. 区域矿产特征

该成矿带已发现铁、锰、金、银、铅、锌、铜、铬、镍、石棉、磷等。优势矿种为金,素有"金三角"之称。成因类型主要为沉积变质型、火山岩型、基性—超基性岩型、沉积型、构造蚀变岩型。成矿时代为元古宙、古生代、中生代。

2. 矿产预测类型

该带参与预测的矿种为铁、铝、铜、金、铅、锌、磷、镍、锰、铬、硫、重晶石,预测方法类型为沉积型、火山岩型、变质型、侵入岩体型、层控内生型、复合内生型,主要特征见表 5-3-35。

表 5-3-35 矿产预测模型特征简表

序号	矿产评价模型	矿种	成矿时代	主要预测要素	矿产预测类型	典型矿床
1	基性岩浆岩型铁铬(铜镍银)矿	铁	晋宁期—加里东期	基性岩带侵入岩中穹隆构造,赋矿基性辉长岩,高磁异常	毕机沟式岩浆型磁铁矿	毕机沟铁矿
2	沉积变质型铁硫矿	铁	新太古代	以斜长角闪岩为主,夹绿泥斜长片岩、石英斜长片岩、大理岩及磁铁石英岩建造,航磁、地磁异常	渔洞子沉积变质型磁铁矿	略阳县鱼洞子铁矿
3	沉积—水硬铝石型铝土矿	铝	二叠纪	古风化壳	关坪式沉积型铝土矿	西乡关坪铝土矿
4	破碎蚀变岩型金矿	金	海西期—印支期	超基性岩体,纯橄榄岩、斜方辉橄岩、辉石岩,压扭性逆断层,金化探异常、重砂异常	煎茶岭式破碎蚀变岩型金矿	煎茶岭金矿
5	与侵入岩有关热液型金矿	金	印支期—燕山期	硅质白云岩建造,东西向断裂带及剪切裂隙组,Au、Ag 化探异常,金重砂异常	李家沟式构造蚀变岩型金矿	李家沟金矿
6	构造蚀变岩型金矿	金	海西期—印支期	硅化变质石英砂岩、蚀变细碧岩、凝灰质绢云千枚岩,近东西向韧性剪切带,Au 化探异常、重砂异常	铧厂沟式构造蚀变岩型金矿	铧厂沟金矿
7	海相火山岩型金银矿	金	印支期—燕山期	凝灰含角斑岩、含集块角斑岩变质建造,近东西向压扭性断裂带,Au、Ag 化探异常,金重砂异常	东沟坝式海相火山岩型金银矿	东沟坝金银矿
8	海相火山岩型铜锌(银铅金)矿 VHMS	铜	海西期—印支期	海相沉积,变玄武岩、安山岩、基性火山岩、石英角斑岩及凝灰岩、细碧质-石英角斑质凝灰岩、火山角砾岩建造,中酸性岩浆侵入,区域性复合断裂,Cu 化探异常	铜厂式海相火山-侵入改造型铜矿	铜厂铜矿
9	层控碳酸盐岩型铅锌银矿 MVT	铅、锌	晚震旦世	陆缘浅海台地环境,碳酸盐岩建造,白云岩、断裂构造角砾岩带,Pb、Zn 化探异常,铅矿物重砂异常	马元式碳酸盐岩型铅锌矿	马元楠木树铅锌矿
10	沉积型磷稀土矿	磷、锰	寒武纪	深陆棚环境,细碎屑岩、碳质细碎屑岩-硅质灰岩、白云质灰岩建造,赋矿云石英片岩或千枚状碳质板岩、硅质灰岩、含锰泥板岩、泥灰岩,Mn 元素异常	天台山式沉积型磷锰矿	天台山磷矿
11	沉积型磷稀土矿	磷	震旦纪	陆缘海湾-浅海环境,碎屑-碳酸盐岩含磷建造,层位及向斜构造	何家岩式沉积型磷矿	何家岩磷矿

续表 5-3-35

序号	矿产评价模型	矿种	成矿时代	主要预测要素	矿产预测类型	典型矿床
12	热液型黄铁矿	硫	加里东期—燕山期	变质火山岩，少量凝灰质砂岩、板岩，含铁石英岩建造，玄武质火山熔岩构造，重磁异常	二里坝式热液型硫铁矿	二里坝硫铁矿
13	沉积型锰矿	锰	早震旦世	大陆斜坡相，细碎屑岩、细碎屑岩-硅质灰岩建造，赋矿含锰硅质灰岩、钙质绢云板岩夹含锰硅质灰岩、碳质板岩、千枚状板岩、钙质板岩及黏板岩含矿建造	黎家营式海相沉积型锰矿	黎家营锰矿
14	沉积型锰矿	锰	早震旦世	深陆棚相，钙质页岩建造，紫红色钙质页岩赋矿	屈家山式海相沉积型锰矿	屈家山锰矿
15	基性—超基性岩型铜镍（银铬）矿	镍	新元古代	超基性岩体，复式背斜及次级褶皱和近东西向主断裂及其旁侧次级断裂交汇复合，Ni、Co、Cu、S 化探异常，磁异常	煎茶岭式超基性镍硫化物型镍（钴）矿	煎茶岭镍（钴）矿
16	基性—超基性岩型铜镍（银铬）矿	镍	新元古代	黑云斜长变粒岩、中基性火山岩建造，基性岩体，辉石苏长岩、辉斑橄榄苏长岩赋矿，北东向断裂，Cu、Ni、Co 化探异常，重磁异常，遥感影像	余家山式基性铜-镍硫化物型镍铜（钴）矿	余家山铜镍（钴）矿
17	基性岩浆岩型铁铬（铜镍银）矿	铬	泥盆纪	富镁—超镁质超基性岩体、橄榄岩、辉长岩、席状基性岩墙和基性熔岩以及海相沉积物构成的"三位一体"岩体组合，深大断裂派生的北西西和南西西分枝断裂交叉部位，自然重砂异常	楼房沟式超基性岩浆型铬铁矿	楼房沟铬矿点
18	海相火山岩型铜锌（银铅金）矿 VHMS	铜	蓟县纪	绿帘绿泥片岩、绢云石英片岩建造，裂隙式多中心喷发的古火山机构，中基酸性海底火山喷发熔岩、火山碎屑岩、正常流纹岩及过渡性岩石，线性构造、半环形构造	筏子坝式海相火山岩型铜矿	筏子坝铜矿
19	破碎蚀变岩型金矿	金	印支期末—燕山早期	细碎屑岩、泥岩、碳酸盐岩沉积建造，近北东向大型逆断层带及其次级断裂、节理裂隙带，蚀变斜长花岗斑岩脉，Au 单元素异常	阳山式破碎蚀变岩型金矿	阳山安坝金矿
20	砂金矿	金	第四纪	现代河流、第四纪冲洪积层，金化探异常	碧口式砂矿型砂金矿	碧口砂金矿
21	沉积型锰矿	锰	震旦纪	含铁锰细碎屑岩-碳酸盐岩建造，假整合面，Mn、Co、Cr、V、Ni、Cu、P 综合异常	沟岭子式沉积改造型锰矿	沟岭子锰矿
22	沉积型层状重晶石矿	重晶石	加里东期	硅质、含碳质粉砂岩建造，背斜及其次一级背、向斜构造、断裂构造，Ba 元素地球化学异常	东风沟式沉积变质型	东风沟重晶石矿